중소기업 구조조정

Corporate Restructuring for Small and Medium-sized Enterprises

| 김규진 신충태 박상우 外 지음 |

중소기업 구조조정

초판 1쇄 발행　2015년 11월 25일

지은이 | 김규진 신충태 박상우 外
펴낸이 | 홍영숙
펴낸곳 | 첨단금융출판
등　록 | 2005년 2월 4일 제312-2005-000006
주　소 | 서대문구 홍제1동 362-8
총　판 | 경제서적 736-0640
내용문의 | 02-395-8385
팩　스 | 02-736-0641

ISBN 978-89-97211-07-4 (93320)
값은 뒤표지에 있습니다. 잘못 만든 책은 교환해 드립니다.

중소기업 구조조정

Corporate Restructuring for Small and Medium-sized Enterprises

| 김규진 신충태 박상우 外 지음 |

중소기업 구조조정 추천사

우리 경제의 근간인 중소기업을 육성하는 중요한 역할을 수행해 온 중소기업진흥공단(중진공)의 이사장으로 부임하게 되어 무거운 책임감을 느낀다. 현재 우리 경제는 역사적 변곡점에 놓여 있고, 중소기업에 대한 관점도 변화되고 있으나 중소기업의 경영환경은 여전히 녹록치 않다. 대외적으로는 글로벌 금융위기 이후 세계 경제의 불확실성이 지속되고 글로벌 경쟁이 가속화되고 있으며, 대내적으로는 내수침체와 저성장으로 중소기업이 판로개척과 인력확보에 어려움을 겪고 있다. 이러한 현실에서 중소기업의 더 나은 내일을 위해 우리 중진공은 중소기업의 「자생력 강화」와 「글로벌화」를 지원의 핵심목표로 설정하고 역량을 집중해 나갈 계획이며, 중소기업 인력문제와 창업과 재도전 등 중소기업 전반에 활력을 불어넣기 위해 최대한 노력할 계획이다.

때마침 2014년에 중기청이 주최하고 중진공의 지원 하에 위탁처로 선정된 대한상공회의소에서 부실위험이 있는 중소기업의 경영정상화를 지원할 중소기업 구조개선전문가 양성과정을 개설하여 30여명의 초대 전문가를 배출하였다. 본 과정 수료자에게 전문가로서의 인증 수료증을 발급했으며 IMF 구제금융시기에 활동한 기업구조조정전문가를 비롯한 경영컨설턴트, 변호사, 세무사, 회계사, 금융전문가, 대기업 퇴직임원 등이 모여 있다. 중소기업 구조개선전문가란 기업 현장에 직접 투입돼 부실 요소를 진단하고 맞춤식 처방을 제시하는 회생 전문가를 말한다. 미국에서는 1993년부터 변호사, 세무사 · 회계사, 금융전문가로 구성된 기업회생관리협회(TMA) 주관으로 공인 기업회생전문가(CTP)를 육성해, 현재 500여 명이 중소기업 부실 예방과 회생을 돕고 있다.

기업집단이나 대기업이 우리 경제를 견인하고 있지만, 그 실상은 보이지 않는 그늘에서 일하는 중소기업이 있기에 경제가 성장하고 고용을 유지하는 것이 우리 경제의 현실이다. 그러나 중소기업은 뉴노멀(New Normal)시대를 맞이하여 심한 어려움을 겪고 있고, 중소기업에 대한 부정적인 인식, 저출산 · 고령화 등으로 인재난을 겪고 있는 등 중소기업의 경영환경은 대기업보다 훨씬 열후하다. 이에 정부와 중기청 및 중진공단은 기존의 정책자금 금융지원이나 생산제조지원으로부터 중소기업의 자생력 강화와 재도전을 핵심목표로 하여 지원수단을 고도화하고 있다.

특히 2015년의 정부 법안에서는 대기업의 산업구조조정을 제시하였는데, 이 경우 중소기업에도 지각 변동이 올 수 있다. 이러한 시점에서 산업계, 법조계, 금융계의 중소기업 구조개선전문가들이 모여 중소기업에 주로 착안한 구조조정 해설서를 발간한다니 반가운 일이다. 기존의 재무, 사업 구조조정에 추가하여 중소기업이 우수인재를 유치하여 기술과 핵심역량을 개발하고 수출과 판로개척을 해야 한다는 명제를 조직인력과 이익관리 구조조정으로 풀어 해설하였으므로, 낮에는 영업을 하고 밤에는 경영을 체계화해야 하는 중소기업 경영인에게 유용한 참고가 될 것이다.

2015. 11.

중소기업진흥공단 이사장 임채운

중소기업 구조조정 서문

2015년 4월 GE는 금융부문을 매각하며 해당 분야의 몸집을 75%가량 줄였다. 독일 지멘스는 가전사업부문을 매각하고 에너지사업에 올인한다. 국내에서도 2014년 11월과 2015년 10월에 걸쳐 삼성그룹이 방산부문과 화학부문을 각각 한화그룹과 롯데그룹에 매각하는 자발적 빅딜을 추진하여 IT, 금융, 바이오 부문에 핵심역량을 집중하기로 한다. 중소 · 중견기업에 대해서 전 국가브랜드 위원장은 한국의 중견기업이 히든챔피언 대비 규모, 수출 비중, R&D투자에서 매우 취약하다고 지적하였으며, 산업통상자원부 장관이 수출부진 업종 긴급점검회의를 개최한 자리에서 "기업들의 자발적인 사업구조 재편"을 강조한 바 있다.

이에 정부는 상생결제제도를 도입하고 글로벌 히든챔피언 육성에 나섰으며, 2013년부터 중소기업 건강진단을 금융권의 워크아웃과 연계 운영하고 있다. 국회는 2015년 기업활력 제고를 위한 특별법 입법을 추진하고 있으며, 재계에서는 소위 원샷법이 중소 · 중견기업의 대기업 사업부분 공동인수나 공동회사 설립 등을 통해 대기업으로 성장하는 산업생태계 조성에도 큰 힘이 될 것이란 인식 아래 특별법의 조속한 제정을 촉구하고 있다. 대기업의 사업구조조정 지원 특별법은 중소 · 중견기업에게 사업구조조정을 추진할 호기가 될 것이다.

이러한 시기를 맞이하여 2014년 12월 중기청이 주최하고 중진공의 지원하에 대한상공회의소의 중소기업 구조개선전문가 양성과정을 수료한 30여 명의 초대 전문가들, 즉 IMF 구제금융시기에 활동한 기업구조조정전문가를 포함한 경영컨설턴트, 변호사, 세무사, 회계사, 금융전문가 등이 모여 실물과 금융을 연결하고, 대기업과 중소기업 간의 관계를 분석하여 중소기업 구조조정 전문해설서를 발간하게 된 데에 자부심을 느낀다. 중소기업이라는 특성 상 정보와 분석이 미흡하지만, 중소기업 경영인들의 시각에서 부도 발생 이후의 구조조정과 이전의 구조개선을 구분하여 이론과 실무자료를 수집하고 정리한 데에 의미가 있다고 생각하여 과감히 발간에 나섰다.

발간을 지원해 주신 중소기업청과 중소기업진흥공단 및 대한상공회의소 그리고 한국자산관리공사(캠코)에 감사드리며, 출판에 아낌없는 도움을 주신 첨단금융출판사와 디자인 숲, 그리고 저자 가족들에게도 감사드린다. 각계의 전문가들이 팀을 짜서 비용 효율적으로 수행해야 하는 중소기업 컨설팅에 유용한 지침서로 활용되기를 기대하며, 또한 기업구조조정업계와 금융업계의 구조조정 이론과 실무해설서이자 강의교재로도 적극 활용되기를 희망한다.

2015. 11.

중소기업 구조조정 지은이 일동

중소기업 구조조정 목차

제2장 중소기업 제도 234

제1장

기업구조 조정론

제1장 기업구조조정론

OECD Health Data에 따르면 우리나라가 2003년부터 OECD 회원국 34개 국가 중 자살률 1위에 등극한 이후, 최근까지 OECD 회원국 중 11년째 1위라는 불행하고도 충격적인 소식이 들려온다. 더욱 충격적인 것은 지난 2013년 기준 한국의 자살률은 인구 10만 명당 29.1명으로 OECD 회원국 평균 자살률 12명의 2배를 훌쩍 넘었다는 것이다. 2014년 통계청의 '사망원인통계'를 토대로 연도별 자살률을 분석한 결과, 우리나라에서는 경제위기가 발생한 직후마다 자살률이 급증했던 것으로 나타났다. 그러나 문제는 글로벌화 시대에 경제(금융)위기가 상시화하고 있다는 사실이다. 우리나라의 자살률(인구10만 명당 자살자 수)은 외환위기를 겪은 다음해인 1998년 18.4명으로 직전년 대비 40% 급증했다. 카드대란으로 신용불량자가 폭증했던 2003년(22.6명)과 글로벌 금융위기의 직격탄을 맞은 2008년(31.0명)도 각각 26%, 15%씩 자살률이 증가하였다. 특히 경제위기 상황으로 한 번 치솟은 자살률은 그 다음해에도 회복되지 않은 채 비슷한 수준을 유지하는 특성을 보였다. 또한 통계청의 '사회조사'에서도 13세 이상 인구 중 지난 1년 동안 이들이 자살을 생각한 가장 큰 이유로는 '경제적 어려움'이라는 응답이 가장 많았다.

이는 우리가 추구하는 자본주의가 아마도 인간에게 행복을 주는 자본주의이어야 함에도 불구하고 우리 사회를 구성하는 경영자도, 근로자도, 청소년도, 노장년도 불행하다는 것을 보여준다. 자살의 원인은 경제 양극화와 허술한 사회안전망 등이 복합적으로 작용하는 만큼 개인의 문제로 볼 수만은 없다. 개인이 아닌 사회구조적 문제에서 비롯되고 있다는 것을 반증하는 셈이다. 전문가들도 경제적 어려움이 곧 가정불화나 고독 등 심리적인 문제나 육체적 질병으로 이어지고 있다는 분석을 내놓고 있다. 또한 "경제적 어려움을 해소하는 근본적인 대책과 자살위험군의 심리적 불안감을 체계적으로 치료해 주는 두 가지 차원에서 접근할 수밖에 없다"고 지적하고 있다.

21세기 자본론을 쓴 토마 피케티 교수는 현재의 자본주의 위기를 "자본수익률(r) 〉 경제성장률(g)"에 따른 사회구성원 간의 소득 양극화에 있다고 진단하고 있다. 미국의 경우 소득 상위 10%가 전체 소득의 48%를 점유하고 있다고 한다. 우리나라도 예외가 아니다. 경제적 어려움을 해소하는 근본적인 대책으로서 **마이클 포터 교수의 자본주의 5.0(인간중심 자본주의)**에 입각하여 이러한 사회적 문제를 해결하면서 기업가치를 창출하는 아이디어를 통해 기업의 새로운 성장기회를 창출하는, 즉 사회적 가치와 기업가치를 동시에 추구하는 **공유가치창조(CSV) 경영전략**이 그 해답일 것이다. 2009년 구글이 세계 톱 미래학자로 뽑았던 토마스 프레이 다빈치연구소 소장은 "지나친 경쟁"이 한국인의 삶을 힘들게 만들고 있다고 진단했다. 고도 성장기를 지난 현시점에서 경쟁보다는 협력에 더 무게중심을 두어야 한다고 조언했다.

중소기업이 우리나라 경제에 미치는 영향은 한마디로 말해 "9988"이다. 우리나라 사업체 중 중소기업 사업체수 비중이 99%이고, 종사자수 비중은 88%이다. 반면 생산액과 부가가치는 그 절반에도 미치지 못하고 있다. 이를 구조개선(경영개선)과 구조조정 전략 및 파괴적 혁신전략을 통해 강한 중소기업으로, 히든챔피언으로 변혁시키고, 일자리 창출권 제도를 도입하고, 이를 통해 우량한 정규직 일자리를 혁신적으로 창출하여 경제 양극화와 소득 양극화를 해소하는 것이다. 특히 일시적 위기에 제대로 대처하지 못해 부실이 가중되는 중소기업에게 보다 잘 양성된 구조개선(경영개선)전문가를 통해 맞춤형으로 회생과 경영정상화를 지원하는 것이 매우 중요하다.

본 장에서는 우선 경영전략으로서의 기업구조조정론과 그 시대적 배경 및 트렌드에 대하여 소개코자 한다. 그리고 그동안의 기업구조조정 과정과 기업구조조정의 개념, 목표, 유형 등에 대하여 개괄적으로 다루어본 다음, 기업구조조정을 위한 기업가치분석에 대하여 소개코자 한다. 이러한 내용들은 대기업, 기업집단을 포함한 일반기업 입장에서 정립된 이론과 실무를 기반으로 소개할 수밖에 없으나, 우리 경제에서 중소기업이 수행하는 고용창출의 기여도와 역할이 매우 큰 만큼 중소기업에 해당하는 중요 사항은 별도로 강조하고자 노력하였다. 또한 중소기업 관련 제도는 제2장으로 분리하여 기술하였다.

제1절 경영전략으로서의 기업구조조정

1. 경영전략

오늘날 기업을 둘러싼 경제환경은 크게 보면 첫째 **글로벌화**(Globalization)[1]와 무역자유화 및 경제블록화, 둘째 기술의 발전

---

1) 본 장에서 글로벌화(globalization)는 기업이 국가단위로 각기 다른 전략을 취하는 것에서 벗어나서 전세계시장을 하나의 시장으로 보고 동일한 전략을 수행하는 것으로 국경에 따른 시장구분이 더 이상 의미가 없어졌다는 의미이며, 이에 반해 **국제화**(internationalization)는 종전의 국가단위로 구성되었던 경제상황에서 한 국가에 있는 기업이 다른 국가로 진출하는 의미로 사용하였다.

과 혁신 및 정보통신의 발달이라는 두 가지 요인 때문에 변화의 속도는 훨씬 더 거세지고 경쟁 또한 현저하게 격화되었다. 국가간 · 산업간의 경계가 무너지고 기술의 발전과 확산 속도는 무섭도록 빠르다. 과거의 경쟁우위의 근원들은 더 이상 경쟁력을 주지 못한다.

현대 기업경영에 있어 산업환경과 개별 기업환경은 잠시도 쉬지 않고 끊임없이 변화하며, 이런 급격한 변화는 개별 기업에게 지속적으로 위기와 기회를 함께 제공하기 때문에, 변화하지 않는 기업과 변화하지 못하는 기업은 단순히 3, 4등의 후순위로 뒤처지는 것이 아니라 그 존립 자체를 위협받는다. 기업은 이러한 절체절명의 위기를 기회로 살리기 위한 개별 기업의 경영전략과 그에 따른 구조조정전략과 **파괴적 혁신전략**(disruptive innovation)[2]이 절실하다. 아마도 이 기회를 성공으로 이끄는 요인으로는 개별 기업의 혁신능력(innovation), 유연성(flexibility), 속도(speed), 지식의 통합능력(integration)일 것이다.

---

2) 하버드 경영대 크리스텐슨 교수의 "혁신기업의 딜레마(The Innovation's Dilemma)"와 "성장과 혁신(The Innovation's Solution)" 참조.
파괴적 혁신은 현재 시장의 대표적인 제품, 서비스의 성능에는 못 미치는 제품 또는 콜롬비아 달걀과 같은 역발상 상품을 도입해 기존 시장을 파괴하고 새로운 시장을 창출하는 전략이며, 여기에는 기존시장에서 저가상품 고객들을 끌어들이는 로우엔드 파괴적 혁신과 비소비자를 소비자로 전환시키는 신시장 파괴적 혁신이 있다. 이에 반해 **존속적 혁신(sustaining innovation)**은 과거보다 더 나은 성능의 고급 제품과 서비스를 선호하는 고객들을 목표로 기존 제품과 서비스를 지속적으로 개선해 보다 높은 가격에 제공하는 하이엔드 전략이다.
기존시장의 선도기업은 고마진을 지향한 하이엔드 첨단 신제품을 대규모 R&D투자를 통해 개발해 비싼 가격에 판매하는 존속적 혁신에 몰두하여 복잡한 형태의 상품을 출시하게 되나, 대부분의 경우 소비자들이 필요치 않는 훨씬 복잡한 사양들을 높은 가격에 출시하기 때문에 소비자들은 그런 제품을 오히려 외면할 가능성이 높고, 결국 싸고 파괴적 혁신을 통한 단순한 상품을 만드는 기업들에 야금야금 시장을 빼앗기며, 그 싼 상품들의 품질수준이 발전하여 소비자가 원하는 수준까지의 기술에 도달하게 되면, 그 최신 상품을 대체하게 되고 선도 기업이 몰락하게 된다는 것이 크리스텐슨 교수의 파괴적 혁신이론이다.

경영전략(Strategy)이란 기업의 외부와 내부 환경분석을 통해 정해진 기업의 미션(Mission)과 경영목표(Objectives)를 달성하기 위하여 한정된 경영자원(resources)을 효율적으로 배분하고, 핵심역량(Core Competencies)을 파악하고 창출하여 기업의 경쟁우위(competitive advantage)를 획득하고 유지시켜줄 수 있도록 하는 중요한 의사결정행위이다. 한마디로 말하면 경쟁에서 이기는 방법이며 경영목표의 달성수단인 것이다.

그러므로 경영전략은 구체적인 목표의 설정, 외부환경에 대한 명확한 이해, 자사와 경쟁자가 가지고 있는 경영자원의 강점과 약점에 대한 객관적인 평가, 전략의 효과적인 수행능력을 골고루 갖추어야 성공할 수 있을 것이다. 따라서 효과적인 경영전략을 위해서 이들 외부환경, 내부의 경영자원과 핵심역량, 조직구조와 관리구조시스템, 리더십과 기업문화가 서로 일치하여야 한다는 주장[3]은 일리가 있다.

경영전략을 구성하는 요소에는 첫째, 전략수립에 있어서 가장 중요한 결정사항으로 어떤 사업영역에서 어떤 상품으로 어떤 소비자를 타깃으로 상품을 기획하고 판매할 것인가 하는 즉, 어디에서 경쟁할 것인가 하는 경쟁장소(arena)과 둘째, 인수합병(M&A), 전략적 제휴(Strategic alliance), 라이센싱(Licensing), 연구개발(R&D) 등 목표에 도달하기 위한 수단(vehicles)과 셋째, 가격, 이미지, 스타일, 내구성, 생산성 등 경쟁우위를 위한 차별화요소(differentiators)와 넷째, 한정된 자원을 바탕으로 기업경영을 하는 것이니 만큼 전략수립 및 실행도 어차피 선택의 문제이므로 그 우선순위를 배정하고 전략실행의 우선순위 결정 또는 단계화(staging) 그리고 다섯째, 모든 전략은 결국 수익을 낼 수 있는지 여부에 달린

3) 장세진, 글로벌경쟁시대의 경영전략(2010) 참조.

것이므로 어떻게 돈을 벌 것인가 하는 수익모델의 개발과 그 지속여부의 경제성(economic logics) 등 다섯 가지 요소가 있다. 그 중 우선순위 결정시에는 기업 조직이 보유한 자원과 역량에 맞는 사업인지를 고려하는 자원의 적합성, 얼마나 시급한 투자를 필요로 하는 사업인가를 고려하는 시급정도, 그리고 사업의 성공정도와 그 가능성을 고려한다.

왜 어떤 기업이 다른 기업보다 더 잘 나가는지 그 이유를 규명한 경영전략모델에는 서로 다른 세 가지 모델이 있다. 하나는 어떤 산업에 위치하느냐(positioning)에 따라 즉, 산업구조에 따라 경영성과가 다르므로 외부환경분석을 통해 유망하고 뜨는 사업발굴에 역점을 두어야 한다는 **산업조직모델(Industrial Organization Economics Model)**이며, 또 다른 하나는 경영성과는 회사역량에 있으므로 내부환경분석을 통해 부가가치를 창조하고 모방 불가능한 자원과 역량계발(developing and leveraging value-creating, hard-to-imitate resources)에 역점을 두어야 한다는 **자원기반모델(Resource-Based View Model)**이다. 그리고 마지막으로 기업가치와 사회적가치를 공동으로 추구하는 **공유가치 창조 모델(Creating Shared Value Model)**이다.

가. 외부환경분석

산업조직모델은 인구구조학적 소비자의 구성, 거시경제적 환경, 사회문화적 환경, 기술적 환경, 정치적 · 제도적 환경 그리고 글로벌 환경을 포함한 기업의 행동방식과 경영성과에 영향을 주는 기회와 위기(opportunities and threats)의 요소들로서 기업이 통제할 수 없는 일반환경(the general environment)을 분석하고, 그 다음 실제 기업의 활동에 가장 큰 영향을 주는 산업환경(the industry environment)을 분석한다. 산업환경분석은 그 기업이 속한 산업 내 경쟁의 양상과 수익성을 결정하는 요인들을 체계적으로 분석할 수 있는 **마이클 포터(M. Porter) 교수의 5 forces model**이 있다. 이 분석기법은 그 산업에 참여하는 여러 주체간의 경쟁관계를 신규진입의 경쟁위협, 대체재의 경쟁위협, 구매자의 경쟁위협, 공급자의 경쟁위협, 기존 경쟁자의 경쟁위협으로 구분하고, 이러한 경쟁위협관계에서의 상대적 경쟁우위에 따라 그 기업과 산업의 기회와 위기(opportunities and threats) 그리고 수익성이 결정된다고 보고 있다. 이중 보통 세 가지 경쟁위협이 낮고 두 가지 정도의 경쟁위협이 높으면 일반적으로 유망한 산업으로 보고 있다.

그림1-1. 산업환경과 경쟁환경 - 마이클 포터의 5 Forces 경쟁모델
(Industry Environment and Competitive Environment
- M.Proter's 5 Forces Model of Competition)

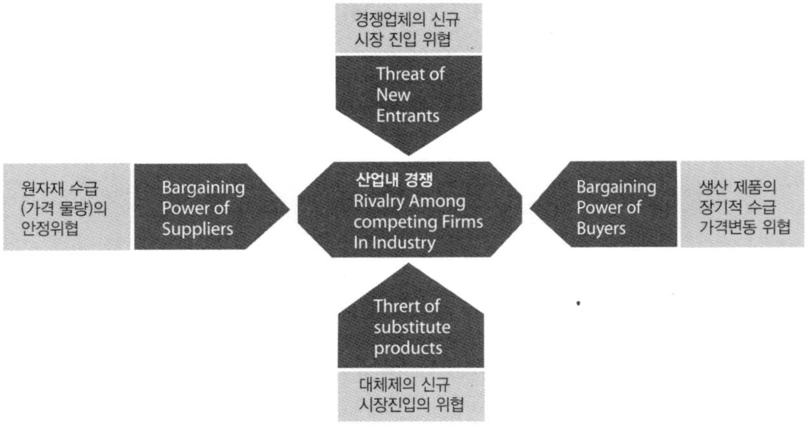

신규진입의 경쟁위협에 있어서 핵심 요소는 **진입장벽(entry barriers)**의 정도이며, 규모의 경제, 제품차별화, 자본 소요규모, 고객의 **전환비용(switching cost)**, 유통채널에의 접근능력, 절대적 비용우위(cost disadvantages independent of scale), 정부규제 등이 주요 진입장벽이 될 수 있다. 공급자의 경쟁위협은 공급자가 가격을 인상하거나 공급품의 품질을 떨어뜨릴 때 공급자의 교섭력(bargaining power)이 높을 경우 발생한다. 소수의 공급자가 그 산업 전체를 좌지우지하거나, 공급자가 공급하는 물건의 대안을 찾기 어렵거나, 구매자가 공급자에게 별로 중요한 고객이 아닌 경우, 공급제품이 구매자 입장에서 매우 중요한 경우, 공급자가 공급하는 제품이 차별화되어 있는 경우, 높은 전환비용이 드는 공급제품일 경우, 그리고 공급자가 **전방통합(forward integration)**을 시도할 경우 공급자의 교섭력이 높아진다. 구매자의 경쟁위협도 구매자의 교섭력이 높을 때 발생한다. 구매자의 교섭력은 구매자가 소수만 존재하는 경우, 아주 거대한 구매력을 가진 구매자가 존재하는 경우, 제품이 차별화되지 않을 경우, 전환비용이 낮은 경우, 구매자가 수직계열화를 통해 **후방통합(backward integration)**을 시도할 경우 높아진다. 대체재는 비슷한 성격의 가치나 서비스를 다른 방법으로 제공해 주는 상품을 말하며, 원래 제품의 가격인상을 방해한다. 전환비용이 낮은 경우, 대체재의 가격이 훨씬 저렴한 경우, 그리고 대체재가 비슷한 가격에 더 좋은 가치나 서비스를 제공하는 경우 대체재의 경쟁위협은 커진다. 기존 경쟁자의 경쟁위협은 당연히 경쟁자가 많거나 힘의 균형을 이룬 경쟁자들이나 다양한 경쟁자들이 존재하는 경우, 저성장산업(slow growth industry)의 경우, 높은 고정비용, 높은 보관비용이 드는 경우, 제품차별화나 전환비용이 거의 없는 경우, 그리고 높은 **철**

수장벽(high exit barriers)[4)]이 있는 경우 증가한다.

이 분석기법은 특정산업에 대한 오랫동안의 경험축적이 없어도 다섯 가지 기본적인 산업구조를 분석하는 것만으로 그 산업에서 어떻게 경쟁이 이루어지는지에 대한 이해를 가능케 한다는 점에서 장점이 있다.

나. 내부환경분석

자원기반모델에 있어서 **내부환경**이란 기업이 통제할 수 있는 모든 자산, 능력, 역량, 조직 프로세스, 기업속성, 정보, 그리고 지식을 포함한 기업이 보유하고 있는 유형, 무형의 자원과 인적자원과 사회적 자원을 포함한 **자원과 능력**(Resources and Capabilities) 그리고 최근에 부각되고 있는 핵심역량(Core Competencies)을 의미한다. **유형자원**은 눈에 보이고 수량화하기 쉬운 자원으로 공장 및 설비와 그 위치, 건물, 토지, 환금성과 용도전환 가능성까지 포함하며 원자재의 획득능력, 자금차입능력도 포함한다. **무형자원**은 눈에 보이거나 만질 수 없으나 권리나 지식의 형태로 보유한 자원으로 브랜드 파워 및 명성, 특허권, 저작권, 노하우 등의 기술자원, 조직을 유연하게 하고 경쟁기업보다 앞서게 하는 조직문화를 포함한다. **인적자원**은 기술인력, 종업원의 교육정도, 보유한 전문기술, 충성도, 주인의식, 책임의식을 포함한다. 능력은 보유 자원의 복잡한 조합에 의해서 만들어지는 것으로서 오랜 기간의 투자, 기술력 그리고 인간관계나 사회적 유대관계 같은 사회적 자원까지 조합되어 만들어 진다. 특히 핵심역량은 개별사업단위에서 경쟁우위의 원천이기도 하며 기업성장의 근원이

---

4) 높은 철수장벽이란 그 산업의 미래 예상수익이 의문시 될 때에도 철수를 불가능하게 만드는 경제적, 전략적, 감정적 요인들을 말한다.

기도 하다. 핵심역량은 기업이 다른 기업에 비해 경쟁우위를 갖도록 하며 고객에게 가치를 높이거나 그 가치가 전달되는 과정을 더 효율적으로 할 수 있는 특정한 방법의 능력이다. 컨설팅회사 맥킨지는 경영자들에게 자기 회사의 핵심역량 세, 네 가지 정도는 파악하고 전략수립과 실행에 사용하라고 권고하고 있다.

핵심역량은 내부환경분석을 통해 기업의 자원과 능력, 강점과 약점(strenths and weaknesses) 등 기업의 특성을 파악한 후 이를 바탕으로 찾는다. 이러한 핵심역량은 **마이클 포터 교수의** Value Chain을 통해 M&A 등으로 외부에서 습득할 수도 있고(이를 **"자원습득형 핵심역량"**이라 한다), 선택과 집중(downscoping)을 통해 능력을 내부에서 구축할 수도 있다(이를 **"능력구축형 핵심역량"**이라 한다). 자원과 능력이 가치 있고, 드물고, 모방이 어려우며, 대체 불가능할 때 핵심역량이 되며 경쟁우위를 발휘한다. **경쟁우위**(competitive advantage)는 기업의 내재된 능력과 외부의 산업환경과 밀접한 관련을 가지며, 경쟁적 우월성(competitive superiority), 비모방성(inimitability), 지속성 또는 내구성(durability), 비대체가능성(non-substitutability), 전용성(appropriability) 등 다섯 가지 특질을 가지고 있어야 한다. 이상 논의 내용을 정리하면 다음 그림과 같다.

그림1-2. 자본주의 3.0 전략개발모델 : "SWOT" 모델

강점 (internal resources strengths)	약점 (internal resources weaknesses)	→	자원기반모델 (Resource-Based View Model)
기회 (external environment opportunities)	위협 (external environment threats)	→	산업조직모델(Industrial Organization Economics Model)

	(Internal) Strengths	(Internal) Weaknesses
(External) Opportunities	**Choose the strategy developed here**	
(External) Threats		**Avoid the strategy developed here**

다. 기업가치와 사회가치의 공동 추구

1) Andrews 모델

최근 또 하나의 **경영전략모델**이 대두되고 있다. 2012년 마이클 포터(Michael E. Porter)[5]교수는 기존 자본주의 3.0의 "기업이 더 이상 '천사의 모습'만 보이지 말고, 사회를 마음속으로 영접하는 진실된 인간들이 '천사의 마음을 가진 자본주의'를 이끌어나가자", "기업의 가치와 기업이 속한 사회의 가치를 동시에 증진하자"라고 주장하면서 자본주의 5.0 즉, 공유가치창조(CSV) 자본주의(인간중심 자본주의)를 정식 재기하였고, 이를 통해 최근 자본주의 5.0의 경영전략개발모델인 **"Andrews" 모델**이 부각되고 있다.

---

5) 마이클 포터 하버드대 교수가 2011년 발표한 "자본주의를 어떻게 치유할 것인가(How to Fix the Capitalism)"라는 글에서 정식 제기한 개념

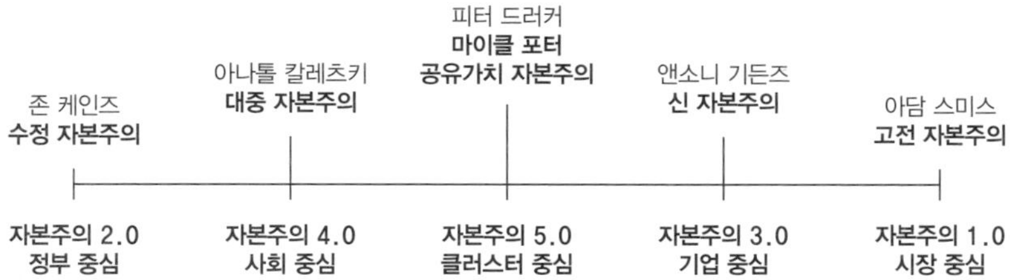

그림1-3. 자본주의 5.0 전략개발모델 : "Andrews" 모델

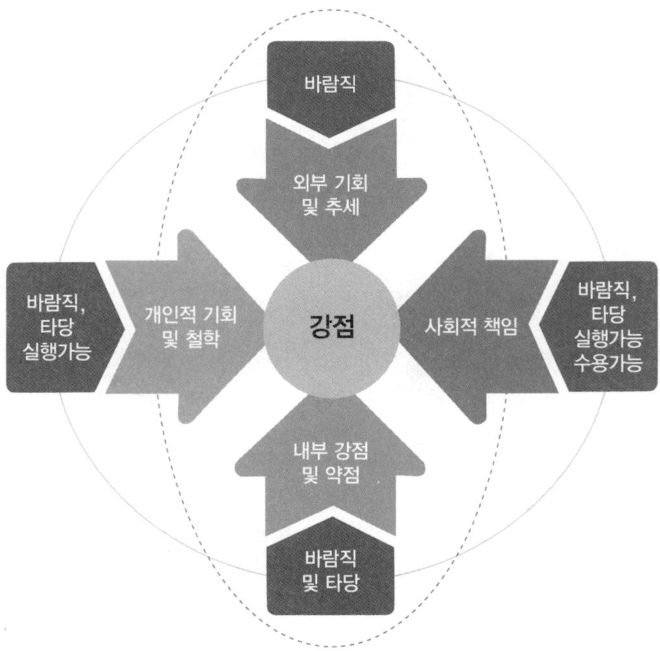

(자료 : 조동성 교수, "공유가치창조(CSV)"(2014)

공유가치(shared value)는 부가가치 창조와 새로운 성장의 핵심이다. CSV(Creating Shared Value)는 다른 기업들이 생각지 못했던 사회적 문제를 해결하면서 동시에 가치를 창출하는 아이디어를 통해 기업의 새로운 성장기회를 창조하는 것이다. 보다 정교한 해석은 "기업가치 · 사회가치 공동추구"이며, 저성장이 정상인 뉴노멀시대를 맞이하여 Andrews 모델이 최근 부각되는 이유는 지속가능한 경쟁력을 추구한다는 것이다.

그림1-4. 공유가치창조의 개념

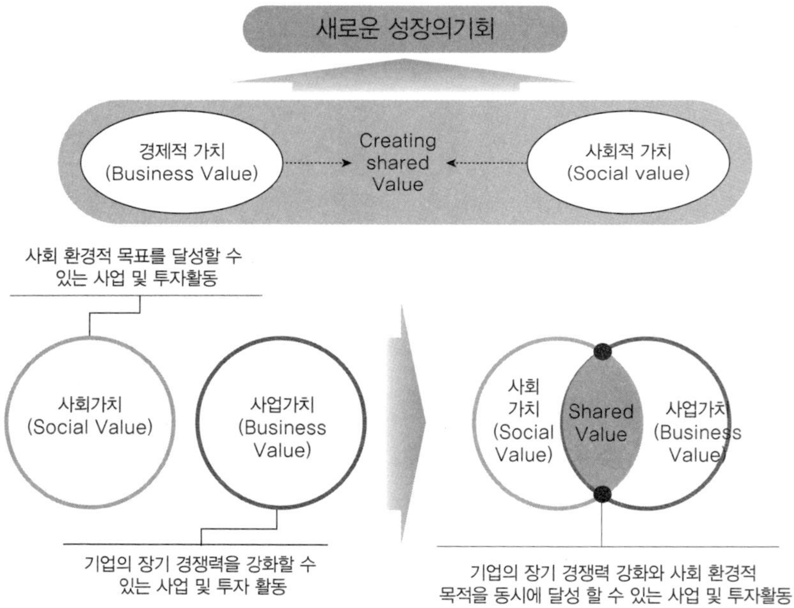

특히 공유가치창조 전략개발모델은 21세기 경영전략에 있어서 가장 중요한 기업의 신뢰와 밀접한 관련이 있는 것으로 나타났다. 최근 기업이 사회공헌활동에 적극적임에도 여전히 기업 신뢰도가 낮다는 점에 초점을 맞추어 2001년부터 2013년까지 13년 동안 총 29개국을 대상으로 한 결합시계열 회귀분석을 실시하였다.[6)]

6) GlobeScan · 동아시아연구원 · 사회적기업연구소의 RADAR 2013 국제인식조사

분석결과[7], 기업이 공유가치창조(CSV)을 실현하는 것은 기업의 신뢰도를 높이지만, 사회적 책임(CSR)이나 수익창출에 초점을 맞추는 것은 기업 신뢰도에 아무런 영향을 미치지 못하는 것으로 나타났다. 그동안 시혜적 차원에서 제공되던 기업의 사회공헌활동이 지속가능성 측면에서 한계가 있는 것이며, 기업이 사회문제를 해결해 줄 것이라고 기대했던 국민들의 요구를 제대로 충족시키지 못하였음을 의미한다.

2) 일자리 창출권

최근 미국에서 "B Corporation" 제도에 관심이 집중되고 있다. 이 기업은 정관에 Social Value와 Firm Value을 동시에 추구한다는 내용과 백서를 통해 Social Value의 지속가능경영 현황을 발표하고 이를 외부인증기관으로부터 인증을 받는다는 조항을 두고 있으며, 이를 사회적 기여도를 반영한 **임팩트 투자**(Impact Investment)에 이은 "고용창출권"에 대한 할당 제도의 출발점으로 보는 견해도 있다.[8]

현재 경제위기(금융위기)의 상시화와 자산버블 위기의 핵심은 우량한 일자리 감소로 인한 실질 취업률의 감소, 국민소득의 저하, 이로 인한 계층별 소득 양극화에 있다. 그 해결책은 현실적으로 글로벌 무한경쟁과 효율성을 통해 생존, 성장할 수 밖에 없는 환경에 처한 국내 글로벌 기업집단과 대기업 등에만 의존할 수 없으므로, 강한 우량 중소기업을 육성하여 좋은 정규직 일자리를 많이 만들어 내고, 이를 통해 소득 양극화 현상을 해소하고 국민 전체소득을 끌어올려 내수와 소비, 투자를 촉진시키는 선순환 경제구조를 만들어야 한다고 보고있다.

---

7) 전경련 조사 참여기업의 사회공헌 지출규모는 2002년 53.8억원에서 2011년 140.7억원으로 2.6배 증가한 반면, CSR 추진 대기업 신뢰도는 2001년 39%에서 2013년 36%로 하락

8) 박영석 외, 대 · 중소기업 양극화 해소의 새로운 패러다임, 한국경영학회, 2013.5. 참조

이를 위해 사회적 협약이나 현행 "중소기업 사업전환 촉진에 관한 특별법[9)]" 등 중소기업 관련법령을 전면 개정하여(제2장 제1절-6 중소기업 구조개선 및 재도전 촉진법 입법검토 참조), 탄소배출권과 유사한 "**일자리 창출권**" 제도를 신설하고, CSV에 입각한 구조개선과 재도전 등을 통해 우량한 일자리를 일정 규모이상 창출한 중소기업 등이 회계연도 말에 회계감사 후 국가가 지정한 인증기관(공공기관)에 일자리 창출권을 신청하면 이를 심사하여 동 창출권을 부여하는 것이다.

---

9) **중소기업 관련 법령과 그 제정 목적 : 중소기업 사업전환 촉진에 관한 특별법**은 경제 환경의 변화로 인하여 어려움을 겪고 있는 중소기업의 사업전환을 촉진하여 중소기업의 경쟁력을 강화하고 산업구조의 고도화를 달성함으로써 국민경제의 건전한 발전에 기여함을 목적으로 한다. **중소기업 기본법**은 중소기업이 나아갈 방향과 중소기업을 육성하기 위한 시책의 기본적인 사항을 규정하여 창의적이고 자주적인 중소기업의 성장을 지원하고 나아가 산업구조를 고도화하고 국민경제를 균형 있게 발전시키는 것을 목적으로 한다. 중소기업인 책무-중소기업인은 기술개발과 경영혁신을 통하여 경쟁력을 확보하고 투명한 경영을 통하여 경쟁력을 확보하고 기업의 사회적 책임을 다하여 국가경제의 발전과 국민의 후생증대에 이바지할 수 있도록 노력하여야 한다. 기업구조의 전환-정부는 중소기업의 구조를 고도화하기 위하여 중소기업의 법인전환, 사업전환이나 중소기업 사이의 합병 등을 원활히 할 수 있도록 필요한 시책을 실시하여야 한다. 판로확보-정부는 정부, 지방자치단체, 공공단체, 정부투자기관 등이 물품 또는 용역을 조달할 때에는 중소기업자의 수주 기회를 증대시키기 위하여 필요한 시책을 실시하여야 한다. **중소기업 창업지원법**은 중소기업의 설립을 촉진하고 성장 기반을 조성하여 중소기업의 건전한 발전을 통한 건실한 산업구조의 구축에 기여함을 목적으로 한다. **벤처기업 육성에 관한 특별조치법**은 기존 기업의 벤처기업으로의 전환과 벤처기업의 창업을 촉진하여 우리 산업의 구조조정을 원활히 하고 경쟁력을 높이는 데에 기여하는 것을 목적으로 한다. **중소기업 진흥에 관한 법률**은 중소기업의 구조 고도화를 통하여 중소기업의 경쟁력을 강화하고 중소기업의 경영기반을 확충하여 국민경제의 균형 있는 발전에 기여함을 목적으로 한다. **소기업 및 소상공인 지원을 위한 특별조치법**은 소기업 및 소상공인의 자유로운 기업 활동을 촉진하고 구조개선 및 경영안정을 도모하여 균형 있는 국민경제의 발전에 이바지함을 목적으로 한다. **중소기업 기술혁신 촉진법**은 중소기업의 기술혁신을 촉진하기 위한 기반을 확충하고 관련 시책을 수립, 추진함으로써 중소기업의 기술경쟁력을 강화하여 국가경제 발전에 이바지함을 목적으로 한다. **중소기업 인력지원 특별법**은 중소기업의 인력수급 원활화와 인력구조 고도화 및 인식개선사업을 지원하여 중소기업의 경쟁력을 높이고 고용을 촉진함으로써 국민경제와 사회의 균형 있는 발전에 이바지함을 목적으로 한다. 인력구조 고도화사업이란 중소기업 관련 단체 및 협동조합 등이 고급인력의 확보, 인력관리의 개선, 근로시간의 단축 등을 목적으로 사업계획을 수립하고 실시하는 사업을 말한다. (이상의 세부 내용은 제2장 중소기업 제도 참조)

일자리 창출권을 부여받은 중소기업 등은 국가지정 자산처분시스템(온비드)를 통해 매각신청하고, EBITA 또는 영업이익+인건비 대비 적정 우량 정규직 일자리수(HCVA)와 인건비(HCROI)[10] 등을 창출하지 못한 국내 글로벌 기업집단과 대기업, 사회적 협약을 통한 클라우드 펀딩으로 조성한 기금 등은 이 시스템을 통해 이를 의무 매입함으로서 기존에 정책적으로 법인세(3%) 인하 시 기대했던 투자활성화 등을 통한 일자리 창출의 낙수 효과를 실현할 수 있고 국가 전체적으로 고용 없는 성장도 치유할 수 있을 것이다. 또한 일자리 창출권 재원 중 일부를 기금으로 조성하여 중소기업 등의 CSV에 입각한 구조개선과 재도전 지원 정책의 재원으로도 활용할 수 있어 지속가능한 선순환 구조를 이룰 수 있을 것이다.

라. 사업부 차원의 전략(business level strategy)

전략 수립과 실행 주체의 수준에 따라 경영전략에는 어떤 사업에 뛰어들어 경쟁할 것인가 하는 **회사 전체의 전사전략(corporate level strategy)**과 어떻게 회사 상품을 시장에서 자리매김해서 경쟁에서 이길 것인가 하는 **사업부 차원의 전략(business level strategy)**으로 나눌 수 있다. 사업부 차원의 전략은 어떻게 핵심역량을 사용해서 어떤 고객을 대상으로 그 고객의 어떤 요구를 충족시켜 주어서 경쟁력을 확보할 것인가 하는 구체적인 시장전략이다. 기업의 구조는 기업의 제품다각화, 국제화전략 등 각 전략의 중요도에 따라 여러 형태로 나타날 수 있으나 일반기업에서 흔히 볼 수 있는 기업조직은 사

10) HCVA : Human Capital Value Added, HCROI : Human Capital Return on Investment

업부제 조직일 것이다. 사업부제 조직은 분권화에 의해 의사결정의 효율성을 높이고 책임경영을 추구하는 장점이 있는 반면, 지나치게 세분화된 **사업부제** 조직은 부서이기주의를 조장하고 기업 전체의 핵심역량 육성을 저해할 수 있는 단점이 있다. 또한 사업부의 경영성과를 평가하고 그에 상응하는 인센티브를 지급하는데 있어 인화와 공정성을 중요시 하는 조직문화를 가진 기업에게 냉정한 평가와 개인별 인센티브는 역효과를 낳을 가능성도 있다.

마이클 포터 교수의 본원적 전략(generic business level strategy)에 의하면 사업부 차원의 전략에는 크게 **비용우위전략**(cost leadership business strategy) 즉 **저가전략**(low cost strategy)과 **차별화전략**(differentiation strategy)과 **집중전략**(focused business level strategy) 그리고 이를 혼합한 **혼성전략**(integrated low cost-differentiation strategy)이 있다. 집중전략은 다시 집중저가전략과 집중차별화전략으로 나눌 수 있다.

저가전략 또는 비용우위전략은 규격화 되어 있고 대다수의 사람들이 쓰는 상품을 최저가격에 제공하는 전략이다. 가격경쟁에서 이기려면 무엇보다도 비용우위가 필수적이다. 이를 위해 효율적인 규모로 운용하고, 생산원가는 물론 마케팅, AS, R&D비용 등을 절감하고, 최신설비로 생산하며, 단순화하고 외부 계약자로부터의 비용상승 요인에 주의하는 등 가격경쟁력을 갖추는 것은 비용우위전략의 필수조건이다. 비용우위를 창출하는 요인은 규모의 경제, 경험효과(experience curve effect), 투입소요비용, 생산시설의 활용, 온라인사업모형의 활용, 생산공정 및 디자인개선, 조직상의 효율성 등이 있으며, 가치사슬기법(value chain)을 사용하여 각 단계에서의 비용결정요인(cost drivers)을 찾아 분석하고 경쟁자와의 비교, 다른 단계와의 연결성 분석을 통하여 기업의 비용구조를 분석할 수 있다. 비용우위에 근거한 저가전략은 개별시장의 특성과 경쟁자의 특성에 따라 좌우된다. 비용절감을 위해서는 생산과정 변경, 자동화, 새로운 공급채널, 새로운 광고 미디어, 간접판매에서 직판으로 변경, 새로운 원자재 공급책, 전방통합, 후방통합, 구매자 및 공급자 근처로 공장이전 등 가치사슬을 재구성하는 방법도 필요하다. 적극적 가격전략은 특히 가격탄력성이 높은 재화에서, 자신이 초과설비를 보유하고 있을 상황에서, 규모가 작은 기업일수록, 비용에서 경쟁우위가 있을 때 선호된다. 또한 신규진입을 저지하기 위해서도 자신의 비용우위, 초과설비의 존재, 장기적인 이윤극대화의 추구 여부에 따라 진입저지가격을 설정한다.

비용우위전략에 성공한 가격리더 또는 원가리더(cost leader)는 경쟁자들이 가격경쟁을 하는 것을 주저하게 만들며, 구매자들은 원가리더에게는 가격인하요구를 하지 않을 가능성이 높다. 원가리더들은 대체로 경쟁자에 비해서 마진을 크게 갖고 있기 때문에 공급자로부터의 가격인상에 더 유연하게 대처할 수 있고, 원가리더의 가격경쟁력은 일종의 진입장벽을 만들어 신규진입을 막고 대체재를 무력화시키는 역할을 한다. 따라서 가격리더는 마이클 포터의 5 Forces가 위협적인 상황에서도 살아남는다. 그러나 저가전략은 급격한 기술변화와 소비자 요구의 변화에 약하고 또 다른 저가전략의 모방 가능성을 유발하는 문제점이 있다.

차별화의 기회는 제품 및 서비스의 특성과 소비자의 선호체계에 달려 있으므로 차별화전략은 고객의 선호를 만족시키기 위하여 독특한 개성과 멋 그리고 탁월한 품질과 성능을 가진 제품 또는 높은 서비스로 가치를 창출하고, 높은 가격으로 품격과 차별성을 어필하여 이를 고객에게 전달되는 방법을 창안해 내는 것이다. 차별화전략은 새로운 제품과 서비스의 개발, 광고를 통한 이미지 차별화, 탁월한 품질향상, 우수한 R&D능력, 인적자원의 적절한 활용 등을 통한 지속적인 노력을 요한다. 가치사슬은 기업의 생산활동을 단계별로 구분하여 어떻게 그 기업이 독특한 방법으로 소비자에게 더욱더 큰 가치를 제공해 줄 수 것인가를 분석하는 틀을 제공해 준다. 많은 기업들이 비용우위 전략보다 차별화전략에 더 매력을 느끼는 이유는 차별화에 기초한 경쟁우위가 외부환경변화에 덜 민감하고 경쟁기업이 모방하기가 쉽지 않기 때문이다. 높은 차별화 성공전략을 가진 기업은 대개 마진폭이 크므로 공급자로부터의 가격인상에 더 유연하게 대처할 수 있고, 상대적으로 가격 비탄력적인 상품과 서비스이므로 해당기업이 공급자의 가격상승분을 소비자 고객에게 전가할 수 있다. 또한 차별화는 일종의 진입장벽을 만들어 신규진입을 막고 차별화에 따르는 높은 브랜드 충성도는 대체재의 경쟁위협을 무력화시킨다. 그러나 지나친 차별화나 경쟁기업의 모방으로 차별화 우위가 없어지는 순간 차별화전략에 수반하는 높은 비용구조는 기업에게 영업상 커다란 부담이 된다.

집중전략은 기본적으로 기존의 사업부 차원의 전략을 틈새시장에 적용하는 것이다. 대기업이나 기업집단 등 대형회사가 미처 손대지 못한 틈새시장이 존재하거나 산업전반에 걸쳐 경쟁력을 확보할 수 없을 때 작은 틈새시장은 오히려 중소시업이 다른 큰 기업보다 더 잘할 수 있다. 요점은 한 가지 핵심역량에 집중하는 것이다. 그러나 집중전략은 경쟁자로부터 아웃포커싱 당할 위험이 있고 대형 경쟁자가 출현할 위험도 있다.

그림1-5. 마이클 포터의 본원적 전략

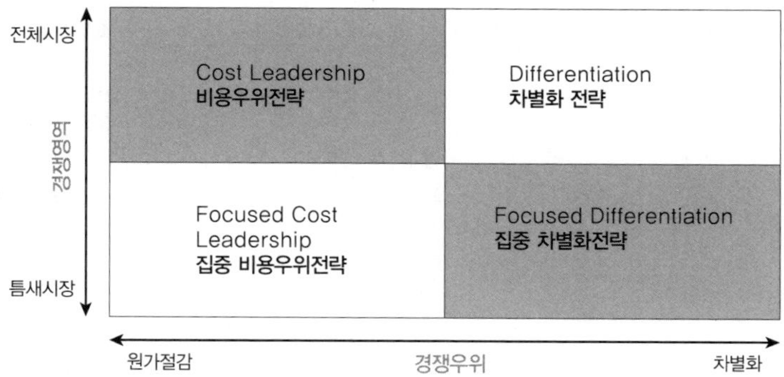

기업의 행동은 본질적으로 경쟁적이며 한 기업의 경쟁전략은 즉각 경쟁기업의 반응을 부르고 경쟁기업의 대응전략은 원래 경쟁전략을 실행하던 기업으로부터 또 다른 움직임을 야기하고 도전과 응전과정에서 경쟁관계가 정립이 된다. 따라서 사업부 차원의 경쟁전략을 수립하기 위해서 경쟁자의 전략에 대한 이해, 즉 경쟁자가 누구인지, 어떠한 전략을 추구하는지에 대한 이해가 있어야 한다. 기업이 경쟁자에 대해 갖는 경쟁우위는 외부환경의 변화와 기업내부에서의 혁신에 의하여 창출된다. 외부환경변화에 대한 대응과 내부혁신의 능력은 경영자원과 핵심역량에서 비롯되고 다른 측면에서는 이것이 기업에 유리한 산업구조를 만들어 줄 수도 있다. 그러나 이러한 경쟁우위를 창출하는 요인을 경쟁기업이 쉽게 획득하거나 모방할 수 있으면, 경쟁우위는 순식간에 사라진다. 따라서 성공적인 경쟁전략을 위해서는 경쟁기업의 행동을 예측하여야 한다. 경쟁기업의 행동을 예측하기 위해서는 경쟁기업의 현재의 전략, 경쟁기업의 목표, 경쟁기업이 산업에 대해 가진 주요 가정, 경쟁기업이 소유한 경영자원에 대한 이해가 필요하다.

그림1-6. 기업간 경쟁모델 : 도전과 응전 가능성[11]

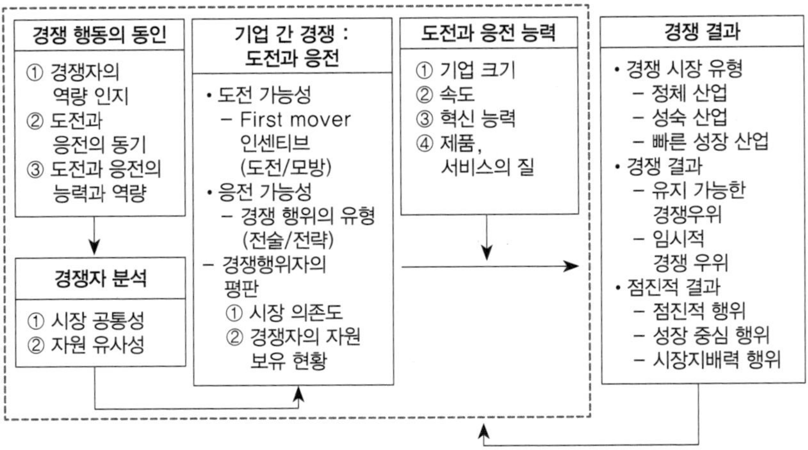

마. 기업 전체 차원의 전략(corporate level strategy)

기업 전사차원의 전략에는 다각화전략, 수직적 통합과 아웃소싱전략, 해외시장진출전략, 전략적 제휴 및 인수합병전략 등이 있다. 다각화전략은 기업이 갖고 있는 경영자원과 핵심역량을 새로운 사업분야에 적용하여 시너지를 창출하는 것이며, 한마디로 핵심역량의 확대 적용과정이라고 할 수 있다. 따라서 기업인수합병으로 다각화를 추구했던 기업들은 실패할 확률이 높으며, 특히 성장과 위험감소를 위한 다각화는 주주 전체를 위한 것이기보다는 경영자 자신을 위한 다각화일 수도 있기 때문에 실패할 확률이 더욱 높게 된다. 다각화전략이 새로운 가치를 창출하기 위해서는 범위의 경제성, 시장지배력, 내부시장의 활용은 물론이고 기술 및 핵심역량의 이전, 경영자원과 활동분야의 공유가 필수적이다.

11) 김양민, 전략경영(2012) 참조

수직적 통합(vertical integration)과 아웃소싱전략은 핵심역량적 관점과 **거래비용이론**(transactions cost theory)[12]에 따라 어느 활동까지를 시장에 의존하고 어느 활동까지를 내부화할 것인가를 결정하는 전략이다. 이는 시장을 통한 거래비용과 내부화한 기업조직에서 발생하는 관리비용을 비교하여 비용이 절감되는 방향으로 결정된다[13]. 기업들은 후방통합(backward integration), 전방통합(forward integration), 아웃소싱을 통해 자신의 핵심부문만을 내부화하고 기타 비핵심부문은 시장을 활용함으로서 비용절감의 효과와 유연성을 확보할 수 있다.

해외시장진출전략은 기존의 사업부문이 해외사장에 진출하여 시장을 확대하는 전략이다. 이는 국제전략(international strategy), 다국적전략(multidomestic strategy), 글로벌 표준화전략(global standardization strategy), 초국적전략(transnational strategy) 등 네 가지로 나누어진다. 기업들은 직간접 수출, 라이센스(license), 프랜차이즈(franchise), 생산계약(manufacturing contract) 그리고 합작투자(joint venture), 신설투자(greenfield investment), 기업인수(acquisition) 등 **해외직접투자의 방법**으로 진출한다. 경영자원과 핵심역량, 해외사업운영 경험, 산업의 특성, 진출 또는 투자대상국의 정치, 경제, 문화적인 환경을 이해하는 것이 필수적 고려사항이다.

---

12) 2009년 노벨경제학상을 수상한 Oliver E. Williamson, Markets and Hierarchies: Analysis and Antitrust Implications, New York: Free Press, 1975 및 The Economic Institutions of Capitalism: Firms, Markets and Relational Contracting, New York: Free Press, 1985 참조

13) 1992년 노벨경제학상을 수상한 R. H. Coase, "The Nature of the Firm", Economica 4, 1937, pp. 386 ~ 405 참조

그림1-7. 해외시장 진출 전략

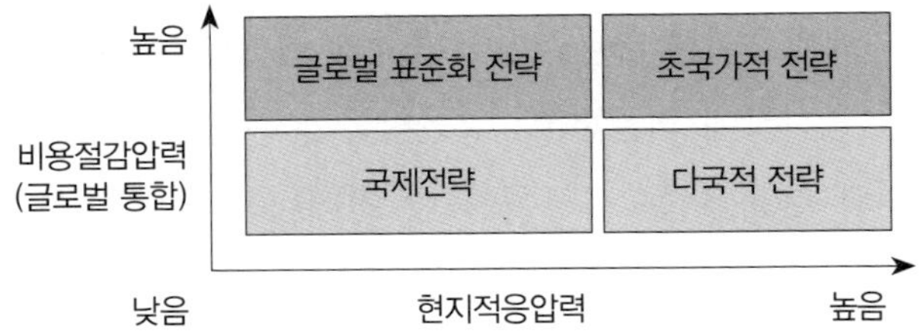

(자료 : C.Hill(2011), Global Business Today, 7th edition, McGraw Hill: New York.)

국제전략은 글로벌통합전략도 적게 사용하고 현지적응전략도 적게 사용하는 소극적인 전략으로서, 국내에서 생산한 제품 또는 서비스를 수정하지 않고 그대로 수출한다. 다국적전략은 글로벌통합전략은 낮게 사용하고 현지적응전략을 높인다. 생산제품과 생산, 마케팅 활동을 현지국가의 사정에 맞춰 차별화한다. 글로벌표준화전략은 글로벌통합전략을 높게 사용하고 현지적응전략을 낮게 사용한다. 생산활동과 마케팅 활동을 전세계에 통합하여 운영한다. 초국가적 전략은 생산 및 마케팅 활동을 전세계적으로 통일시키면서 현지 시장의 서로 다른 환경에 맞춰 적용한다. 현지적응압력과 비용절감압력을 동시에 달성하고자 하는 전략이다.

전략적 제휴(strategic alliance)는 경쟁관계에 있는 기업이 일부 사업부문 또는 기능별 활동부문에서 일시적인 협조관계를 갖는 전략이다. 전략적 제휴를 함에 있어 제휴의 성격자체가 경쟁을 위한 일시적인 협력이라는 점을 유의해야 하며, 전략적 제휴의 성공여부는 제휴파트너가 보유한 경영자원과 핵심역량을 얼마나 빠른 시일 내에 자기 것으로 만드느냐에 있다. 제휴는 몰입도에 따라 합작투자, 인수합병으로 높아진다. 기업인수합병(M&A)은 경영전략을 수행하는데 필수적인 전략적 수단이며, 기업이 갖지 못한 경영자원과 핵심역량을 피인수기업으로부터 획득하는 방법이며, 인수합병 시너지효과의 과대평가나 순조로운 통합에 실패할 경우 어려움이 뒤따른다.

2. 기업구조조정의 필요성과 그 원인

기업의 경영성과는 사업부 차원의 전략과 전사 차원의 전략을 변화하는 외부 · 내부 환경에 맞춰 지속적으로 수행하고 파괴적 혁신전략을 성공적으로 실행한다면 계속 높은 수준으로 유지될 수 있을 것이다. 그러나 현실의 기업경영은 지속적인 변화를 저해하는 각종 제약이 존재하고 변화의 필요성에 대한 인식 또한 경영자들 마다, 조직구성원들 마다 차이가 있다. 따라서 기업들은 지속적인 전략의 수정을 가하기보다는 오랫동안 정체되다가 필연적으로 짧은 순간 큰 폭의 변화를 보이는 구조개선과 구조조정을 자의적이든 타의적이든 추진하곤 한다.

기존의 시스템이나 조직을 새로운 방향으로 조정하기 위하여 기업 차원에서는 사업포트폴리오의 개편, 부채비중의 감축과 같은 자본구조의 변화, 조직구조의 혁신, 보상과 인센티브제도의 개혁, 기업문화의 혁신과 같은 기업경영의 제반 시스템의 변화를 추구하려 하나, IMF 구제금융과 글로벌 금융위기 시기에 경험했듯이 지속적인 구조개선과 구조조정이 일어나기보다는 오랜 기간 동안 변화가 지연되다가 어느 한 순간에 모든 기존시스템이 붕괴하면서 새로운 시스템으로의 변혁이 한꺼번에 이루어지기 쉽다는 사실을 알 수 있다.

이는 최근 빠른 속도로 발전하고 있는 **복잡계이론(complexity theory)**[14]에서 잘 설명해 주고 있듯이, 기업은 자기 스스로 지속적

14) 복잡계이론에 대해서는 M. Waldrop의 Complexity, 1996 참조

인 변화를 추구하기 보다는 변화에 저항하고 현 체제를 고수하려는 관성(inertia)을 갖고 있어 오랜 기간 동안 변화가 지연되다가, 기존 시스템이 한계에 다다랐을 때야 비로소 일순간에 지금까지 연기되었던 변화가 한꺼번에 이루어지는 속성을 가지고 있기 때문이다. 기업들이 몰아서 구조조정을 겪게 되는 가장 중요한 이유는 순조로운 구조조정을 막아온 관료주의적 기업조직과 문화, 경영지식의 부재, 금융산업의 비효율성, 정부의 과도한 규제 등 각종 사화적, 경제적 장애물 때문이다. 따라서 순조로운 구조개선과 구조조정을 하기 위해서 무엇보다도 먼저 이러한 장애물을 치우는 것이 필요하다.

자만심과 오만, 미약한 그러나 중요한 시그널에 대한 불충분한 관심, 비전과 위험감수의 부족, 기존 사업모델로 인한 함정, 내부 의사결정과정에서의 오차, 단기적이고 조직구성원이 모두 겁쟁이가 되는 잘못된 승진과 인센티브시스템, 즉 어려운 과제에 도전하다 실패한 경우 오히려 창의적인 아이디어 제시에 보상을 주고 격려해야 함에도 해당 조직구성원을 문책하는 **조직관성** 등이 파괴적 혁신에 실패한 이유들이다. 파괴적 혁신이 성공하려면 항상 깨어있는 자세로 조기 경보체제(early monitoring system)를 구축해야 하고, 문화적 구조적 관성(inertia)를 막아야 하고 아부와 뒷배경이 아니라 도전과 실험정신이 있고 아이디어를 창출한 사람을 대우하고 그의 아이디어 소유권을 인정하는 기업문화를 만들어야 하고, 핵심역량을 구축하고 변화를 시켜야 하나 현실은 그러지 못하다는 점이 구조조정이 필연인 이유이다.

기업구조조정(corporate restructuring activities)은 기업운영시스템의 파괴적 혁신에 대한 대안혁신(개혁)을 의미하므로 방법과 그 유형은 사실상 기업의 운영시스템을 얼마나 자세히 나누어보느냐에 따라 많은 종류가 있을 수 있다. 기본적으로는 downsizing, downscoping, M&A(LBO) 등으로 분류할 수 있고, 사업구조조정, 재무구조조정, 조직구조조정 등 세 가지로 크게 나누어 볼 수도 있다[15].

그림1-8. 기업구조조정과 그 결과

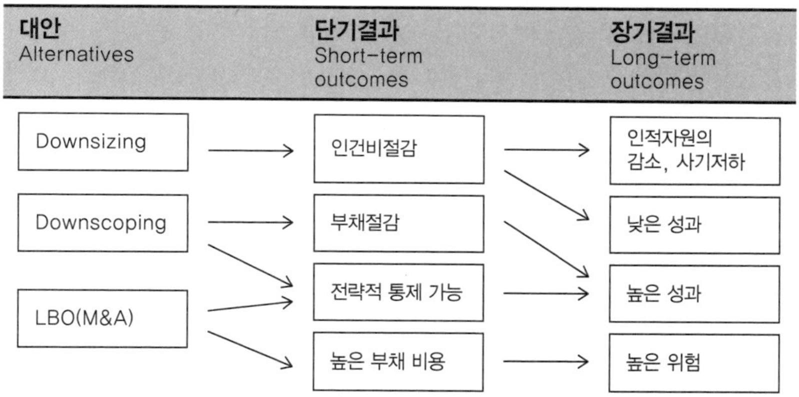

먼저 **사업구조조정**(business portfolio restructuring)은 기업의 다각화된 사업포트폴리오에 있어서의 변화를 의미한다. 사업구조조정이란 일부 사업이나 자산을 매각하거나(divestment or asset sales), 해체(liquidation) 또는 분사화(spin-off)하는 다양한 사업포트폴리오의 구성에 있어서의 조정을 의미한다. **재무구조조정**(financial restructuring)이란 기업의 자산의 구성비율, 즉 부채 대 자기자본비중을 바꾸거나, 차입매수(leveraged buyout; LBO) 등을 의미한다. **조직구조조정**은 기업의 조직구조를 보다 단순한 형태로 조정하거나 조직의 규모를 축소하는 변화, 기업문화의 혁신적인

15) E. Bowman and H. Singh, "When Does Restructuring Work?" Working Paper, The Wharton School, 1996 참조

개혁을 의미한다. 조직구조조정은 기업의 여러 사업부들을 합치거나 나누고, 권한이양의 정도를 바꾸는 것을 포함하며 이에 따라 인력구조조정도 발생할 수 있다.

이러한 구조조정을 위하여 가장 먼저 수행할 업무는 자신의 핵심역량이 무엇인가 하는 핵심역량에 입각한 사고이다. 구조조정의 방향은 이러한 핵심역량을 배가하고 핵심사업을 확장하기 위하여 어느 사업이나 조직을 매각하고 정리하여야 하는가를 결정하여야 한다. 또한 사업이나 조직을 정리함에 있어 자신의 핵심역량을 잃게 되는 것은 아닌지도 검토해야 한다[16].

또한 기업구조조정이 기업의 경쟁력 확보를 위해 기업의 모든 구조를 변경시키는 일련의 행위로 본다면 다음과 같은 전략과 유형으로 분류할 수도 있을 것이다[17].

16) 김양민, 전략경영(2012) 및 장세진, 글로벌경쟁시대의 경영전략(2010) 참조

17) 제해진, M&A와 기업구조조정전략(2010) 참조

그림1-9. 기업구조조정(Restructuring Activities) 전략과 유형

- Expansion(확장) :
  M&A(인수합병), Tender Offers(공개매수),
  Strategic Alliances & Joint Ventures(전략적 제휴 및 합작투자)
- Sell-offs(분할) :
  Spin-offs(분리설립), Split-offs(분할설립), Split-ups(분리정리),
  Divestitures(완전매각), Equity Carve-outs(분리공개)
- Corporate Governance(지배경영) :
  Premium buy-backs(프리미엄부 환매),
  Standstill agreements(불가침협정),
  Antitakeover amendments(정관변경), Proxy contests(위임장경쟁)
- Changes in Ownership Structure(소유구조 개편) :
  Exchange offers(전환제의), Share Repurchases(자기주식 매입),
  Going private(비상장기업화), Leveraged buy-out(차입매수)

출처 : Werson, J. Fred, S. Chung, Susan E. Hoag, "Mergers, Restructuring and Corpoate Control", Prentice-Hall, 1990, p3

3. 기업구조조정 방식의 패러다임 쉬프트 – 산업구조조정 입법

최근 금융당국은 좀비기업 구조조정의 부작용에 대비해 개별 기업이 아닌 산업별 구조조정이 이뤄져야 한다며 기존 부실기업 구조조정 패러다임을 바꾸어야 한다는 구상을 밝혔다. 개별 부실기업에 대한 청산가치와 계속기업가치를 따져 기업회생 여부를 결정해온 기존 방식에서 벗어나 업종 전체 경쟁력을 극대화하기 위해 기업 통폐합을 추진해야 한다는 취지다. 예를 들어 특정 조선사를 채권단이 살렸는데, 해당 조선사가 회복한 경쟁력을 가지고 저가 수주경쟁에 뛰어들면 나머지 조선사들은 더 나빠질 수밖에 없을 것이다.

그림1-10. 연도별 규모별 "한계기업" 추이

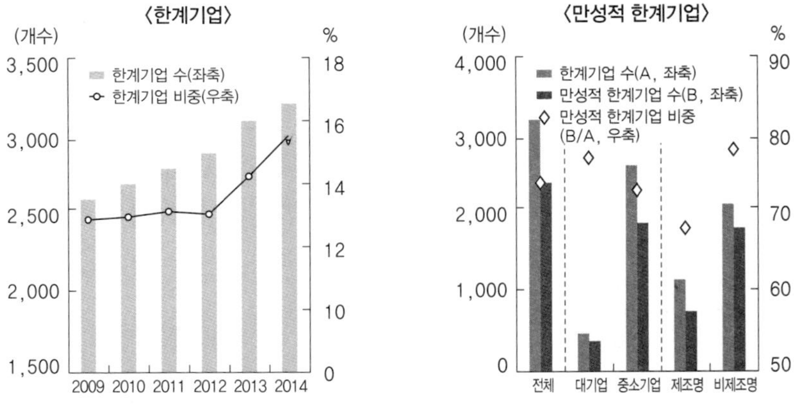

주: 1) 이자보상비율 3년 연속 100% 미만 기업
2) 2014년 말 현재 한계기업 가운데 2005~13년 중 한계기업 경험이 있는 기업

(자료: KIS-Value)
(출처: 한국은행)

그림1-11. 업종별 "한계기업" 비중

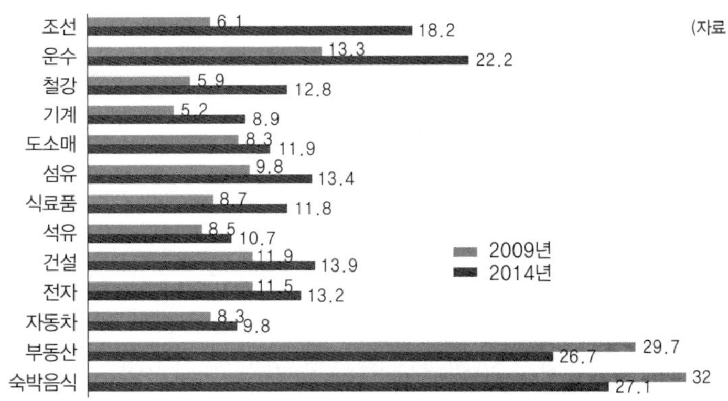

(자료: KIS-Value)

특히 금리상승시의 시뮬레이션에 의하면 이자보상배율이 저조한 기업의 업체 수 증가는 비교적 완만하지만 부실부채의 증가액은 거의 절반에 달한다.

기획재정부가 '사업재편지원 특별법'에 대한 국회 입법을 추진하겠다고 한 것도 이 때문이다. 이 특별법은 그룹사별 강점이 있는 업종으로 사업구조를 재편할 수 있도록 주식매수청구권 규정을 완화하는 등 인수 · 합병(M&A) 절차를 간소화하는 내용을 담고 있다.

그림1-12. 금리상승에 따른 부실기업 스트레스 테스트 결과

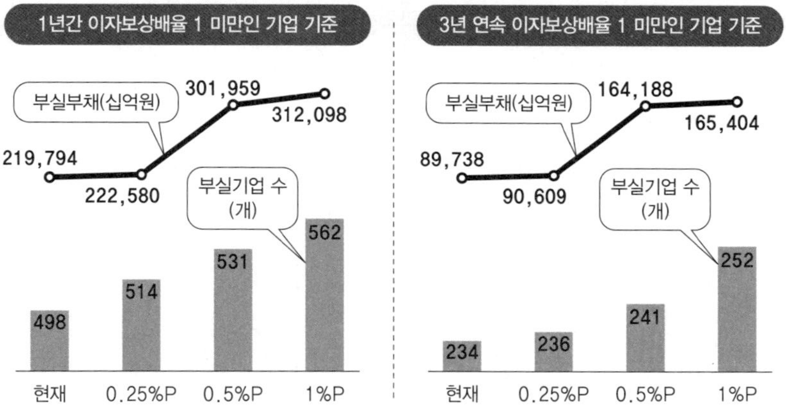

(자료: 매일경제신문 · 한국금융연구원)

전경련 등 경제단체도 상법, 세법, 공정거래법 등에 흩어진 관련 제도를 한데 모아 패키지형 지원책을 만들고 누구나 빠르고 손쉽게 활용할 수 있도록 하는 기업활력 제고를 위한 특별법 제정을 요구하였다[18]. 기업들의 사업재편 수요는 늘어나고 있지만, 기업구조조정촉진법이나 중소기업사업전환촉진법은 이미 부실화된 기업이나 중소기업만을 대상으로 하는 한계가 있고, 각각의 제도가 개별법에 단편적으로 흩어져 있어 수요자 입장에서 쉽게 파악하여 활용하기 어렵다는 것이다.

게다가 부실기업에 대한 지원정책은 상대적으로 많은 비용과 시간이 소요되는데 비해 그 효과는 부실기업의 생존을 겨우 유지하는 정도에 불과하다. 반면 정상기업이나 우량기업의 사전적 · 선제적 사업재

18) 유환익, 사업재편지원 특별법 제정이 시급하다. 전경련 산업본부. 2015.4.8.

편을 지원할 경우 적은 비용으로 단시간에 경쟁력 제고 효과를 기대할 수 있다.

최근 한 · 중, 한 · 베트남 FTA 등으로 우리 산업의 해외진출 기회가 크게 확대되고 있으며, 이를 우리 경제의 대도약의 기회로 만들기 위해서는 우리 산업과 기업의 튼튼한 경쟁력이 전제되어야 한다. 그러나 최근 한국경제는 신흥국의 급속한 추격에 따른 주력산업의 수출 부진, 기업의 영업실적 악화, 투자활동 위축 등으로 경제의 활력이 저하되고 중장기 경쟁력마저 약화될 조짐을 보이고 있다.

산업 차원에서도 철강, 자동차 등 기존 주력산업은 30년 이상 고령화된 상태이며, 새로운 산업이 태동해 주력산업으로 성장하지 못하는 정체상태가 지속되고 있다. 이러한 기업의 실적 부진과 산업의 활력 저하로 인해 잠재적 부실 가능성에 대한 근심이 높아지고 있으며, 최근 한계기업 증가 및 부실기업 처리 지연 등에 따라 막대한 공적자금 투입도 우려되는 상황이다. 특히, 포스트 2020 新기후체제의 출범이 가시화됨에 따라 온실가스 감축목표의 이행과 우리 산업의 경쟁력 제고라는 상충되는 가치를 여하히 조화시켜 나가야 하는 정책적 딜레마에 봉착할 가능성도 있다.

최근의 어려운 경제상황을 극복하고 새로운 기회요인을 극대화하여 우리 경제의 대도약의 전기를 열어 나가기 위해서는 산업의 경쟁력을 높이고 기업의 활력을 제고하기 위한 특단의 조치가 필요하다. 그래서 2015년 7월 9일에는 기업활력 제고를 위한 특별법안이 의원 입법으로 국회에 제출되었다.

산업과 기업의 경쟁력 제고를 위해 기업의 자발적이고 선제적인 사업재편활동을 촉진할 필요가 있으므로, 신산업 진출 등 기업의 원활한 사업재편활동을 뒷받침하고, 사업재편에 수반되는 연구개발, 설비

투자 등 기업의 혁신활동을 지원하는 것이 법안의 제안 이유이다.

1) 사업재편 촉진체계의 구축(안 제2장)

기업의 자발적인 사업재편활동을 촉진하기 위한 사업재편계획심의위원회의 구성 · 운영(안 제6조), 사업재편계획실시지침의 수립 · 운영(안 제7조), 사업재편 관련 기초조사의 수행(안 제8조) 등의 사항을 규정함.

2) 사업재편계획의 신청 및 승인(안 제3장)

기업의 사업재편계획의 신청, 심의, 승인 및 변경승인에 관한 사항에 대한 투명한 절차를 규정(안 제9조, 제10조 및 제12조)하고, 기업의 사업재편계획을 이행하는 과정을 투명하게 관리하는 한편(안 제11조), 허위 · 부실기재 등을 통한 기업의 부당한 승인 획득가능성을 배제하고, 거짓 · 부정한 방법 등으로 승인을 받은 기업에 대한 승인 취소의 방법과 효력을 규정함(안 제10조, 제13조 및 제14조).

3) 사업재편에 대한 지원(안 제4장)

소규모 분할, 소규모 합병, 간이합병 등 기업의 사업재편계획 에 따라 이루어지는 상법상 조직재편활동에 대한 절차 간소화 특례를 부여하고(안 제4장제1절), 지주회사 규제에 대한 유예기간 연장 및 유예기간 종료 후 당초 규제 적용 등에 관한 사항을 규정함(안 제4장제2절). 또한 사업재편과 그에 수반되는 새로운 제품 · 서비스의 개발 등 사업의 혁신활동을 촉진하기 위하여 세제 · 금융, 연구개발 활동, 중소 · 중견기업의 사업혁신 및 고용안정을 지원할 수 있는 근거규정을 마련함(안 제4장제3절).

4) 규제애로 해소 지원(안 제5장)

기업이 사업재편을 통해 새로운 사업 등을 개척하고 신규로 투자하고자 할 경우 발생할 수 있는 법령 · 규제의 불확실성을 해소하고, 대안적인 규제 완화 방안을 도입하기 위하여 사업재편을 추진하는 기업의 규제 애로 해소에 대한 지원을 규정함(안 제32조부터 제35조까지).

5) 비밀유지 등 행정상 관리(안 제6장)

이 법에 따라 승인받는 기업의 영업비밀이 누출되지 않도록 보완장치를 규정하는 한편(안 제37조), 효율적인 행정적 업무가 이루어 질 수 있는 근거 규정(안 제36조)과 불성실한 승인기업에 대한 벌칙 규정(안 제38조)을 마련함.

2015년 10월에는 '산업경쟁력 강화 및 구조조정 협의체'가 구성되어 금융위원회가 컨트롤 타워를 맡았다. 구조조정 대상기업은 신용위험평가를 기준으로 선정된다. 한계 부실기업을 기간산업과 대기업 그룹, 대기업, 중소기업의 3개 리그로 나누어 구조조정을 진행하며, 유암코가 민간 자본과 함께 구조조정전문회사 역할을 수행한다(구조조정 전문회사는 제10장 구조조정 투자자본 후술 참조).

참고 | 일본의 산업재생법 입법 사례

일본의 경우, 장기화된 경기침체를 극복하고, 산업과 기업의 경쟁력을 높이기 위해 1999년부터 「산업활력법」을 제정하여 기업의 선제적인 사업재편활동을 지원하여 오고 있으며, 최근에는 그 지원의 효과를 인정받아 2014년 「산업경쟁력강화법」으로 확대 개정하여 지원의 효율성을 높여 나가고 있다. 이러한 일본의 사업재편 지원제도는 최근 일본의 확장적 재정 · 통화정책과 함께, 일본 산업과 기업의 경쟁력 회복에 상당부분 기여한 것으로 평가받고 있다.

1) 입법 경과

일본의 장기불황 극복대책으로 재정지출 확대전략을 지속하였으나 효과가 미미하였음에 따라 (89~99년 동안 실업률 2배 증가, 주가지수 절반수준으로 폭락) 기업 구조조정을 촉진하기 위해 1999년 산업재생법을 정하여 '기업 자율형 상시 구조조정'을 지원하였다.

- 부실기업, 정상기업 구분하지 않고 필요한 기업이 스스로 추진
- 특별상각, 취득세 경감, 금융지원, 기업결합 심사기간 단축, 기

업결합시 주주총회 결의 면제 등의 인센티브를 패키지로 제공

- 2003년 기업의 설비투자, 2007년 기술개발 활동, 2009년 저탄소 에너지 절감활동 등으로 적용대상을 확대

표1-1. 일본 산업재생법 개정 경과 (자료 : 전경련)

시기	주요 내용
1999.10	• 구조조정을 통한 생산성 향상 목적으로 '사업재구축 계획'
2003. 4	• '경영자원재활용계획', '공동사업재편계획' 등 지원대상 확대 • 합병시 주총결의 면제 등 지원조치 확대 • 적용기한 연장(2003.3 → 2008.3)
(2005. 7)	• 신회사법에 합병 대가 유연화 등 일부 특례 규정 반영
2007. 8	• '기술활용사업혁신계획', '경영자원융합계획' 등 지원대상 확대 • 적용기한 연장(2008.3 → 2016.3)
2009. 4	• 에너지 절감 제품을 제조하기 위한 시설투자 지원 등 확대 • 중소기업의 사업재생 강화(사업분할시 중소기업의 인허가 승계 허용 등) • 산업혁신기구 창설(기업과 대학에 사장되어 있는 첨단기술이나 특허를 집약)

2) 산업재생법 적용대상

- 부실(징후)기업 뿐만 아니라 우량기업에도 적용한다.
- 구조조정 유형을 폭넓게 규정, 기업의 경쟁력 향상 활동을 지원한다.
- 기업간 인수합병, 회사신설 등을 추진하는 경우(사업재구축)
- 다른 기업으로부터 사업부문을 양수받는 경우(경영자원재활용)
- 2이상의 사업자가 과잉공급설비를 폐기 또는 집약하는 경우(공동사업 재편)
- 신사업 설비를 도입하는 경우(사업혁신설비도입)
- 다른 기업으로부터 기술 등 지적재산권을 이전받는 경우(기술활

용 사업혁신)

- 2이상의 사업자가 합작투자(Joint Venture)하는 경우(경영자원 융합)

※( ) 은 산업재생법상 용어

표1-2. 산업재생법의 적용대상

구분	주요 내용
사업재구축	그룹내 구조조정 등 핵심 사업에 집중 투자하는 경우(선택과 집중)
경영자원 재활용	다른 기업으로부터 사업부문을 인수(승계)하는 경우
공동사업 재편	2이상의 사업자가 과잉설비를 폐기하고 첨단분야 등에 투자하는 경우
채무면제 대상기업 지원	상기 3계획에 더하여 채무면제를 받는 것이 예정되어 있는 경우
기술활용 사업혁신	사업혁신설비(국내 최초도입 설비, 신기술 설비 등)를 도입하는 경우
경영자원 융합	2이상의 사업자가 경영자원을 통합하여 특정사업에 집중하는 경우 (JV 등)

(자료 : 전경련)

- 세제, 금융, 공정거래법, 상법, 민법상 특례 등을 패키지로 지원한다.

세제, 금융지원, 주총결의 면제, 기업결합 심사기간 단축 등이 한꺼번에 패키지로 지원되기 때문에 신속 원활한 자발적 구조조정이 가능하다.

중소기업의 경우, 우수자원이 있으나 경영이 부진한 중기 대상으로 중소기업재생지원협의회가 경영개선 및 사업재생계획 수립을 지원하였다(회계사, 변호사 등 전문가 참여).

중소기업이 '중소기업승계사업재생계획'을 작성하고 계획을 인정받으면 다양한 혜택을 제공한다.

① 제2회사가 영업상 인허가를 재취득할 필요가 있는 경우, 이전 회사의 사업 인 · 허가 승계
② 제2회사를 신규로 설립하는 경우, 등록에 따른 등록면허세, 부동산 이전에 따른 취 · 등록세 감면
③ 제2회사가 사업승계를 받기 위해 추가적인 신규 자금 필요시, 일본정책금융공고의 융자제도, 신용보험법의 보증 활용 가능

표1-3. 산업재생법 지원유형

구분	주요 내용
세제	· 과세의 이연과 설비투자자산의 조기회수를 위해 특별상각(20~30%) · 채무면제시 자산평가손의 손금산입 허용하여 세부담 경감 · 등록면허세(0.7%→0.35%등) 및 부동산 취득세 (3.0%→2.5%등) 경감
금융	· 구조조정 등을 위해 필요한 자금을 정책투자은행 등으로부터 융자, 출자 혜택 · 독립행정법인인 중소기업 기반정비기구에 의한 채무보증
공정거래법	· 기업결합 심사기간이 30일에서 15일 또는 7일로 단축
상법 (회사법)	· 자회사의 조직재편행위에 대해 자회사의 주주총회 결의 면제 · 주식병합시 주주총회 결의 면제
민법	· 사업양도시 1개월 내에 채권자의 이의가 없으면 이에 동의한 것으로 간주

(자료 : 전경련)

이 중 타당성 및 필요성이 검증된 제도는 2005년에 제정된 신회사법에 반영하여 모든 기업에 확대 적용되었다.

3) 지원 절차

기업은 구조조정을 통해 생산성 향상(ROE 2%p 이상 향상 등), 재무건전성 제고(경상수입 경상지출 등), 사업혁신(제조원가 절감율 5% 이상 등) 등을 달성할 수 있도록 목표를 제출한다. 주무장관은 심사단계에서 목표의 타당성, 달성 가능성을 고려하여 승인여부를 판단한다. 승인

받은 기업은 년1회 주무장관에게 진행상황에 대한 보고서를 제출한다.

구조조정 계획이 있는 기업이 주무장관의 승인을 얻은 경우 세금 감면, 금융지원, 주총결의 면제 등의 지원을 패키지로 제공받는다.

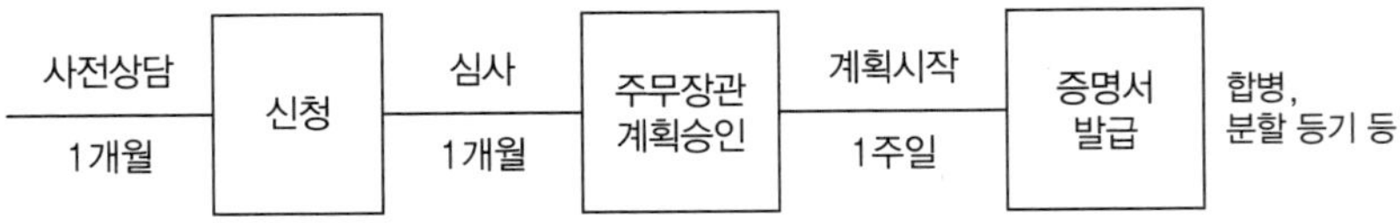

4) 산업재생법의 효과

동법 제정 이후, 총 492건의 구조조정이 승인되었으며, 기업의 생산성 향상과 산업의 경쟁력 제고에 기여하였다.

경제산업성 소관은 총320건(65%), 구조조정(사업재구축) 유형이 437건(89%)으로 대부분을 차지하였다. 우량기업, 대기업, 중소기업 등 다수의 기업이 구조조정을 경쟁력 강화 수단으로 활용하였고, 산업전반의 체질 강화에 기여하였다.

제2절 기업구조조정의 시대적 배경

대개 대기업이나 기업집단의 구조조정과 구조개선은 B2B 거래관계를 통해서 중소기업에 직·간접적인 영향을 미친다. 본절에서는 중소기업이 벤치마킹할 수 있도록 우선 일반환경의 관점에서 기업구조조정과 구조개선의 각 측면을 고찰하고자 한다. 그런 차원에서 기업구조조정과 구조개선 니즈의 시대적 배경에 대하여 살펴보고자 하며, 그 현실적 배경으로 경제사상적 측면으로는 신자유주의와 FTA 그리고 뉴노말(New Normal)을, 실물경제적 측면에서는 넛크래커 상황과 제조업 공동화 우려 그리고 디지털 경제의 가속화를 설정하였다.

1. 신자유주의와 FTA

오늘날 세계 경제를 지배하는 패러다임은 인정하고 싶지 않지만 아직까지는 **신자유주의(Neoliberalism)**이다. 신자유주의의 개념에 대하여 정치, 경제, 사회적으로 다양한 논의가 있었다. 그러나 신자유주의를 경제적 관점에서 보면 "글로벌 시장주의를 지향하는 경제 이데올로기"이라고 할 수 있다. 이러한 개념 정의가 다소 모호하다면 대외개방, 국가개입의 축소, 탈규제, 민영화 등을 통하여 시장경제 원리를 범세계적으로 신장하는 것으로 이해하면 될 것이다[19].

신자유주의는 자유주의를 기반으로 한다. 일찍이 아담 스미스는 보이지 않는 손(invisible hand)에 의한 시장만능주의를 제창하여 자유주의 경제사상을 정통의 경제이론체계로 확립시켰다. 그러나 1930년대의 세계경제불황으로 보이지 않는 손에 대한 믿음은 깨어지고 말았다. 당시의 대공황(Great Depression)을 타개하기 위한 케인즈 경제학은 세계경제의 번영과 안정을 구가하는 데 큰 기여를 하였다. 그러나 경제회복을 위한 재정정책의 지속적인 확대는 1970년대부터 경기후퇴 하의 인플레이션이란 새로운 이중적 경제현상, 즉 스태그플레이션[stagflation]을 발생시키고 말았다.

---

19) 워싱턴 컨센서스는 그동안 신자유주의의 대명사로 사용되어왔다. 워싱턴 컨센서스(합의)는 원래 라틴 아메리카에 필요한 경제개혁에 미국정부, IMF, 세계은행 사이에 성립된 합의가 있다고 미국의 국가경제연구소의 존 윌리엄슨(John Williamson)이 사용한 용어이며, 그 합의내용은 ① 재정적자 시정, ② 보조금 삭감 등 재정지출 변경, ③ 세금제도 개혁, ④ 금리 자유화, ⑤ 경쟁력 있는 환율, ⑥ 무역자유화, ⑦ 직접투자 · 인수 촉진, ⑧ 국영기업 민영화, ⑨ 규제 완화, ⑩ 소유권법 확립 등 10개 항목이다.

당시의 스태그플레이션은 케인즈 경제학에 대한 새로운 비판을 불러일으켰고, 그 결과 자유주의학파들의 주장이 설득력을 얻어 오늘의 세계자본주의 경제의 기틀로서 신자유주의 경제기조가 자리 잡게 되었다. 2008년의 글로벌 금융위기가 자본주의의 본고장으로 일컬어지는 미국에서 발생하자 기다렸다는 듯이 다수의 지식인이 신자유주의를 비판하고 있으나, 한편에서는 정밀한 이론이나 일관된 원칙을 기초로 한 비판은 드문 실정이고 글로벌 금융위기는 오히려 미국의 각종 반자본주의 정책이나 제도, 반자본주의 심리, 자유시장경제를 파괴하는 정치제도 등에 연유하고 있다고 지적하고 있다[20].

그렇다면 신자유주의의 본질은 무엇인가? 신자유주의는 자유주의에 "신(neo)"이 추가된 것이다. 여기서, 新(neo)에 담긴 뜻은 바로 세계화(globalization)이다.

2차 세계대전 이후 세계시장에서의 국제무역과 투자에 대한 장벽을 해소하고자 선진국을 중심으로 "관세와 무역에 관한 일반협정(GATT)"을 체결하고 국제무역기구(WTO)를 출범시키면서 관세율의 인하와 해외직접투자에 대한 규제철폐를 추진함으로써 각 국가 간의 재화와 서비스 및 자본의 이동이 자유롭게 되었다. 이와 같은 각 국가들의 무역장벽과 해외직접투자에 대한 규제철폐 외에 인터넷을 비롯한 통신기술과 운송기술의 발전의 영향으로 기업경영 방식이 종전의 독립적인 국가경제체제에서 지금은 상호 의존적이며 통합적인 세계경제하에서 이루어지는 글로벌화를 추구하게 되었다. 최근에는 자유무역협정(FTA)으로 그 분위기가 한층 고조되고 있다.

20) 전용덕, 국제금융위기와 신자유주의, 한국경제연구원 이슈페이퍼 09-05

이와 같은 신자유주의 경제질서가 기업의 경영전략이나 구조조정전략에는 어떠한 영향을 미치는가?

신자유주의는 상대적인 우위를 확보하고 있는 우량기업들에게는 이익창출의 기회를 확대시키는 반면, 그렇지 못한 기업들에 대해서는 경쟁력 강화의 부담과 고통을 안겨 주고 있다. 물론, WTO 회원국 간에 특정상품의 수입으로 수입국의 생산자에게 심각한 타격을 초래하거나 그 가능성이 있는 경우에는 일정한 요건 하에 관세를 일부 인상하거나 수입물량 제한을 통하여 국내 산업을 보호할 수 있는 쎄이프가드(Safeguards)가 있으나 이는 임시방편적인 보호일 뿐이다. 2007년 4월 2일 한미FTA로 시작된 다수국과의 FTA 타결로 정부의 기업구조조정 정책은 새로운 국면을 맞이하고 있다. 현대경제연구원은 2007년 4월 '한 · 미 FTA 타결이후 국가경제 선진화 7대 긴급 과제' 보고서에서 "FTA가 던져준 개방의 기회를 성공적으로 활용하려면, 정부가 일관성 있는 정책을 유지하고 고부가가치화, 신성장동력 확보, 중소기업 지원이 필요하다"고 주장했으며, 이는 사업, 지배 및 소유, 조직구조조정으로 연결된다. 기업들은 결국 WTO 체제 내에서 끊임없는 구조조정과 파괴적 혁신(disruptive innovation)을 추진해야 하며, 자기 기업의 핵심역량에 맞는 국제화전략(international strategy)을 세워야 한다. 자유무역협정(FTA)의 이행으로 피해를 입었거나 입을 것이 확실한 중소기업에 대하여 금융지원 및 컨설팅을 통해 기업의 경쟁력 회복 및 무역조정지원을 도모하는 「**자유무역협정 체결에 따른 무역조정 지원에 관한 법률**」이 입법되었다. 신자유주의 경제 파도에 휘둘리지 않기 위해서는 평소에 기업구조조정을 착실히 진행하여야 한다.

2. 뉴노멀 시대

그러나 한편에서는 글로벌 금융위기 이후 글로벌경제에 나타난 **뉴노멀(New Normal)**[21]에 대한 논의도 확산되었다. 즉, 위기 이전의 규제완화와 실물 및 금융경제의 빠른 성장세가 자산가격의 버블과 그 버블붕괴가 초래되는 등 미국이 주도하는 선진국 중심의 세계경제 지배구조로는 위기에 적절히 대응할 수 없어 "올드 노멀(Old Normal)"의 변화가 불가피하며, 뉴노멀(New Normal)로의 전환에 따른 시장 변동성 확대, 저성장, 자원경쟁 등 세계경제 환경의 변화는 개방형 강소국을 지향하는 한국경제에 중요한 외생변수로서 능동적 대응이 긴요하고, 변화로부터 새로운 성장을 창출하기 위한 전략수립이 과제로 부상하는 등 위협과 기회 요인에 적극 대처할 필요가 있다는 주장도 재기되고 있다.

과거에 대한 반성과 새로운 질서 모색, 위기의 후유증 등에 따라 글로벌 금융위기가 진정된 이후의 세계경제는 다음과 같은 세 가지 변화의 방향에서 뉴노멀로 진입하였다고 한다. 첫 번째 저성장, 신금융질서와 디레버리징(deleveraging : 부채축소) 등으로 소비와 금융투자행태가 변화할 것으로 보이는 등 과잉소비와 위험투자에 의존한 고성장이 위기를 초래했다는 반성에 따른 과잉과 탐욕의 해소, 두 번째 신흥국의 부상, 미국 중심 일극체제의 약화와 글로벌 금융질서의 변화(개편 움직임) 등 주도세력의 변화로 G20 다극체제와 G2(미국, 중국) 양극체제와의 병존, 달러 위상 약화 등 글로벌 금융시장의 불안

---

21) 시대변화에 따라 새롭게 부상하는 노멀 (표준 또는 체제)로 위기 이후 10년간의 세계경제를 특징짓는 현상으로 정의하고, '올드 노멀'의 틀에 근거한 과거의 사고방식이 더 이상 유효하지 않음을 대비하여 이르는 말로써, IT버블이 붕괴한 이후인 2003년 미국의 벤처투자가인 로저 맥나미(Roger McNamee)가 처음으로 사용하였다.

상황이 증대되고, 세 번째 「**효율적 시장가설**」이 깨진 상황에서 시장의 자율적 조정 · 자정 능력에 대한 과도한 신념이 위기를 초래했다는 판단과 민간부문의 성장능력 저하와 위축에 대응 · 보완하기 위한 정부 및 공공부문의 역할 확대 흐름, 즉 저성장과 위기충격으로 인한 경기 침체를 극복하고 안정 성장을 지속하기 위해서는 적극적인 공공부문의 공적 역할이 필요하다는 주장이다.

그림1-13. 세계경제의 Old Normal과 New Normal의 비교[22)]

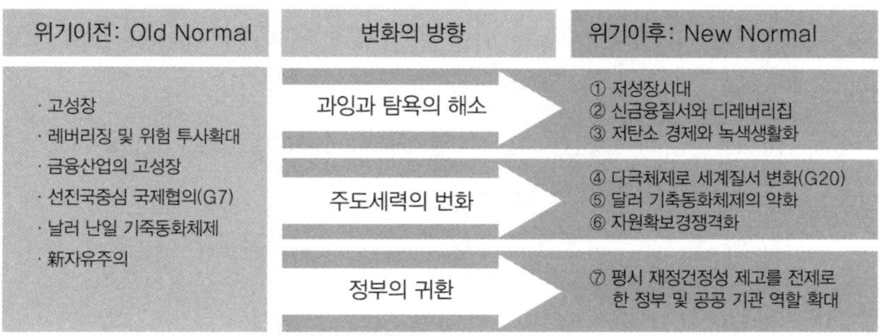

특히 2008년 글로벌 금융위기로 신자유주의의 「효율적 시장가설(Efficient market hypothesis)」은 힘을 잃었고, 인간의 본성이 합리적이라는 경제학적 가정에 대한 반성이 필요하다는 지적이다. 시장참여자들이 경쟁할 때 경제에 선순환이 이루어질 수 있다는 가설은 더 이상 작동하지 않고 있으며, 정부의 규제 없이도 시장이 제대로 작동할 수 있다는 믿음은 깨졌다는 진단이다[23)]. 주류 경제학은 시장이 자율과 자정 능력을 갖고 있어 수요와 공급이 일치해 효율적으로 자원을 배분한다는 「효율적 시장가설」에 기반을 두고 있으나, 글로벌 금

22) 박현수, "위기이후 세계경제의 '뉴노멀'", 삼성경제연구소, 2010.3.24. 참조, 일부 재구성

23) 안국신 한국경제학회장 겸 중앙대 경제학 교수, 한국경제학회 한미경제학회 합동 세미나, 2010.8.10.

융위기와 그 이후 전개된 사태는 이런 가설에 문제가 있다는 점을 보여줬고 "주류 경제학이 말하는 '보이지 않는 손'은 정말 보이지 않았는데, 그 이유는 존재하지 않았기 때문"이며, 특히 주류 경제학은 금융 부문을 진지하게 고려하지 않아 금융이 비금융에 미치는 엄청난 영향을 제대로 분석하지 못했다고 지적하면서, 지금 주류 경제학의 상황은 마치 천동설을 주장한 프톨레 마이오스의 가설을 지키려고 학자들이 온갖 복잡한 이론과 설명을 동원했던 것과 비슷하다고 지적하고 있다[24). 따라서 경제학의 기본가정인 인간의 합리성과 시장의 효율성 대신, 인간의 비합리성 또는 제한된 합리성에 의해 시장이 비효율적으로 움직이고 있다는 주장이 경제학의 신조류[25)]이다.

런던 G20 금융정상회의(2009.4.)에서 니콜라 사르코지 프랑스 대통령은 G20 합의에 따라 앵글로 색슨형 자본주의의 시대는 끝났다고 말했으며, 의장을 맡았던 브라운 영국 수상도 낡은 **워싱턴 컨센서스(Washington consensus)**[26)]의 시대는 끝났다면서 본회의를 마무리했다. 워싱턴 컨센서스는 그동안 신자유주의의 대명사로 사용되어왔다. 세계은행 부총재를 역임하고 노벨 경제학상을 수상한 스티글리츠 교수 등은 이런 원칙(워싱턴 컨센서스)을 IMF 및 세계은행이 지

24) 노벨 경제학상 수상자인 조지프 스티글리츠 미국 컬럼비아대 교수, 파이낸셜 타임스 기고문, 2010.8.20.

25) 조지 애컬로프 교수의 "레몬이론의 정보의 비대칭성"과 "야성적 충동(Animal sprit)", 로버트 실러 교수의 "비이성적 과열(Irrational exuberance)", 특히 최근 로버트 쉴러, 디니엘 카너먼, 댄 애리얼리 듀크대 교수 등의 "행동(주의) 경제학(behavioral economics)", 앤드루 로 MIT 경제학 교수의 진화경제학의 "적응적 시장 가설(adaptive market hypothesis)" 등이 부각

26) 워싱턴 컨센서스(합의)는 원래 라틴 아메리카에 필요한 경제개혁에 미국정부, IMF, 세계은행 사이에 성립된 합의가 있다고 미국의 국가경제연구소의 존 윌리엄슨(John Williamson)이 사용한 용어이며, 그 합의내용은 ① 재정적자 시정, ② 보조금 삭감 등 재정지출 변경, ③ 세금제도 개혁, ④ 금리 자유화, ⑤ 경쟁력 있는 환율, ⑥ 무역자유화, ⑦ 직접투자 · 인수 촉진, ⑧ 국영기업 민영화, ⑨ 규제 완화, ⑩ 소유권법 확립 등 10개 항목이다.

원조건으로 개발도상국에 강제 적용하여 신자유주의적 발상이 세계에 퍼진 것이 금융위기나 소득격차 등과 같은 여러 가지 문제를 일으켰다고 비판하고 있다[27].

폴리처상을 두 번이나 수상한 《살아있는 역사, 버냉키와 금융전쟁(In FED We Trust)》의 저자며, 월스트리트저널(WSJ) 경제에디터 데이비드 웨슬(David Wessel)은 "FRB 의장인 그린스펀은 저금리를 너무 오랫동안 유지했고, 서브프라임 부실이 쌓이는 것을 보지 못해 대응하지 못했다"고 지적하면서, "「금융시장은 스스로 자신들이 하는 일을 잘 알고 있다」는 그린스펀의 신념은 잘못된 것으로 판명됐다"고 평가했다. 이는 금융경제학의「효율적 시장 가설」을 확신하여, 평상시 선제적으로「효율적 부실처리 인프라」를 정부 및 공공부문 주도로 구축하지 않았기 때문에 버블과 부실이 쌓이고 있는지를 전혀 몰랐던 것이고, 따라서 이번 2008년 미국의 금융위기도, 1997년 한국의 IMF 외환위기도「효율적 부실처리 인프라」와 Good Bank와 Bad Bank분리원칙('GB/BB분리원칙')의 부재로 선제적으로 인지하고 대응하지 못한데 그 원인이 있다고 할 수 있다[28].

27) 노무라자본시장연구소 호치타 야스유키(淵田康之),「The New Global Financial Order」, 2009.11.

28) 신충태 외, 부실채권 인수투자 편람 중 "글로벌 금융 · 경제위기 이후 뉴노멀('New Normal')로의 패러다임 변화" 등, (2012) 참조

3. 제조업 공동화

가. 제조업 공동화와 고도화

제조업 공동화란 국민경제 전체 입장에서 제조업체의 비중이 비교적 빠른 기간 내에 감소하는 현상을 말한다.

원래 '**공동화**(hollowing-out)'라는 개념은 세계적으로 통용되는 용어라기보다는 매스컴 용어이다. 학문적으로는 경제발전 과정에서 내 · 외부적 요인 등으로 제조업의 생산 · 고용 비중이 줄고 서비스 비중이 증가하는 '**탈공업화**(deindustrialization)'현상을 의미한다. 제조업 공동화와 탈공업화는 제조업 비중이 감소되는 측면에서는 같으나, 제조업 공동화는 공장이나 사업의 해외이전 급증 등 외부충격으로 산업기반이 급격히 붕괴되는 부정적 측면이 강조된 반면에, 탈공업화는 산업구조 고도화 결과로서 나타나는 긍정적 측면이 강조된 개념이라고 할 수 있다.

이러한 탈공업화의 내부요인으로는 소득증대에 따른 서비스 수요증가, 제조업의 생산성 향상에 따른 상대가격 하락을 들 수 있고, 외부요인으로는 대외무역 확대에 따른 개발도상국 제품의 수입 증가, 임금상승 등으로 국내 제조업의 경쟁력 약화에 따른 해외투자 증가를 들 수 있다.

2014년 대한상공회의소가 해외진출 중소기업 300개사를 대상으로 '중소기업의 해외시장 진출실태와 정책과제'를 조사한 결과, 중소기업들이 해외투자를 주로 하는 지역으로는 중국 · 인도 등 '신개도국'이 59.7%로 가장 높았고, 미국이나 일본 등 '선진국'은 35.8%였다('저개발국'은 4.5%). 또한 해외투자를 하는 목적으로는 응답 업체의 66.3%가 '현지 및 주변국 시장진출'을 꼽았고 '인건비 등 비용절감'

이라는 응답은 26.5%, '기술제휴 및 협력'이라는 응답은 7.2%였다. 대개 국제화전략에 있어서 일반 기업의 해외진출 모티브가 보통 ① 시장점유율 증대, ② 규모의 경제와 신기술 · 경영 노하우 습득, ③ 장소 · 위치에 따른 이점, ④ 투자수익률 등에 두고있는 것과 일맥상통한다.

제조업 공동화를 우려하는 것은 제조업이 지금까지 우리 경제의 성장동력이었기 때문이다. 오마에 겐이치[29]는 한국은 부품과 공작기계를 일본으로부터 수입하고 그것들을 조립해서 수출하는 부가가치가 낮은 **패스스루(pass through)경제**라고 혹평하였고, 미국에 수출을 하여 돈을 벌려고 하면할수록 일본으로부터의 수입이 증가하는 구조가 돼 버렸다고 진단하였다(SAPIO지, 1999.7.28.).

중국정부는 2006년말과 2007년 가공무역 금지품목을 확대하여 중국에 진출한 한국기업들을 긴장시켰다. 2007년 3월 19일자 Financial Times지는 저임금 중국과 고도기술 일본 사이에 낀 한국을 비유한 '샌드위치'나 '넛크래커' 이론을 종종 얘기하며, 일본이나 독일식의 제조업 공동화 가능성을 제기한다고 보도하였다.

중국의 경우 대만으로부터의 투자와 결합한 **"차이완(Chaiwan) 경제"**를 세우고 있다. 차이완의 주된 힘은 주문생산(OEM · ODM)이다. 차이완 기업의 원가구조는 이미 한국이 대응 가능한 수준을 뛰어넘었다. 필요한 때 필요한 단가로 물건을 조달하는 대만 특유의 '소싱네트워크'가 대만과 중국 사이에 거미줄처럼 쳐졌기 때문이다. "대만

29) 세계적인 경영컨설팅업체 맥킨지에서 23년간 일하며 일본 지사장과 아시아 · 태평양 지역 회장을 지낸 경영컨설턴트이자 경제전문가다. 국가의 종말, 지식의 쇠퇴, 더 넥스트 글로벌 스테이지 등 100여 권에 이르는 저서를 집필했다. 1994년 영국 이코노미스트지 세계 5대 경영구루에 피터 드러커, 톰 피터스와 함께 이름을 올리기도 했다. 최근 한 신문과의 인터뷰에서 "한국 IT위기는 '차이완 태풍' 못 읽은 탓"이라고 진단하기도 했다.

기업들은 주문에서 물량을 묻지 않고, 대당 이익을 묻지 않고, 납기를 묻지 않는다"고 알려진다.

현대경제연구원[30]에 의하면 2013년 현재 한국제조업의 수출 고도화 지수는 독일, 일본과 비슷한 수준으로 나타났다. 한국의 수출 고도화 지수는 106.9p로 일본(111.7p)보다는 낮지만 미국(103.0p)을 제치고 독일(108.5p)에 근접한 수준으로 상승했다. 중국은 2000년 77.3p에서 2013년 91.7p로 크게 상승했으나 아직까지는 주요국들과 격차가 유지되고 있는 상황이다. 한편 한국 제조업의 수출 고도화 지수는 주요 선진국들과 달리 IT 산업에 대한 비중이 26.7%로 의존도가 높은 것으로 나타났다. 주요국들과의 격차가 점차 줄어들고 있는 추세인데다 중국이 글로벌 생산기지 역할을 수행하면서 해당 산업의 고도화가 빠르게 진행되며 한국의 지위를 위협하고 있다.

나. 공동화에 대응한 기업구조조정

2005년 6월 16일 대한상공회의소는 '제조업 공동화 현황과 대응방안'이란 제목의 보고서를 통해 갈수록 심화되고 있는 제조업 공동화와 설비투자 하락에 경종을 울리면서 '수도권 입지규제 완화'와 '노사관계 선진화'등을 통해 대처할 것을 제안했다.

아울러 동 보고서는 제조업 공동화를 극복하기 위한 대책으로 설비투자 확대와 기술혁신, 친기업적 환경조성 등을 통해 주력업종 경쟁력을 강화하고 이와 함께 신산업 개발, 서비스업 고부가가치화로 성장잠재력을 회복해야 한다고 지적했다. 특히 불확실한 여건이 설비투자 위축요인이 되고 있는 만큼 수도권 입지규제 완화, 노사관계 선진

30) 현대경제연구원, 한국 제조업의 수출 고도화 현황과 시사점, 경제주평 2015.3.6.

화 등 불확실성 제거와 규제해소에 주력해야 한다고 지적했다.

또한 서비스업 비중이 높은 선진국도 기계, 화학, 자동차, 전기, 전자 등 주력산업을 통해 2만 달러의 벽을 돌파한 점을 감안, 제조업 공동화를 방지하기 위한 신산업을 적극 육성하고 첨단기술의 지속적인 개발에 정부와 기업 모두 주력해야한다고 밝혔다.

이제 우리 경제는 예전처럼 저임금에 의존한 저가제품에 기반을 둔 경제성장을 이루기는 불가능하므로 대신 지속적으로 고부가가치 상품으로 생산이 옮겨지는 산업 및 기업구조조정 현상을 겪을 것으로 예상된다. 이것이 기업구조조정의 지속적 추진이 필요한 두 번째 배경이다.

따라서 제조업의 공동화든 탈공업화든 부정적 요인을 최소화시킬 필요가 있는데 이를 위해서는 제조업에 대한 착실한 구조조정이 필요하다. 제조업에 대한 구조조정이 성공할 경우 우리나라는 제조업 공동화를 방어함은 물론 산업구조 고도화도 이루어 낼 수 있을 것으로 보인다.

다. 해외진출기업의 국내복귀에 관한 법률

기업의 해외직접투자(OFDI)는 잔액기준으로 지속적으로 확대되어 왔다. 해외직접투자의 대상국은 과거 미국과 중국 중심에서 홍콩, 오스트레일리아, 베트남, 캐나다의 비중이 커지면서 다변화 되었다.

'현지시장진출'과 '제3국진출'을 위한 해외직접투자의 증가로 국내 산업공동화에 대한 우려가 커지고 있는 반면, 산업활성화 지원을 위한 투자는 감소하고 있는 추세다. '현지시장진출'과 '제3국진출'을 위한 해외직접투자는 특히 2006~2014년에 크게 늘어 산업공동화에 대한 우려가 점점 커지고 있다[31].

국내 시장의 투자 한계를 벗어나는 해외투자는 생산 및 수출에 긍정적이지만, 국내투자 부족으로 이어져 생산 및 고용에 제약을 가할 수 있다.

세계 최대 자동차시장으로 부상한 중국에서 국내 승용완성차업체와 부품협력사의 동반성장 관계를 분석한 수출입은행의 연구[32]에 의하면, 원부자재를 한국으로부터 조달한 비중은 자동차산업 전체로 2002년 71%에서 2010년 17.6%로 대폭 감소한 것으로 나타났다.

정부는 FTA 확대를 통한 경제 영토 확장, 신흥국 인건비 상승 등 대내외 여건 변화를 고려하여 해외생산시설을 국내로 U턴시킬 수 있는 대책에 대한 필요성이 커짐에 따라 「**해외진출기업의 국내복귀에 관한 법률**(2013.12월 시행)」에 'U턴 기업 지원정책'을 시행하고 있다. 국내 산업구조 고도화 및 제조업 경쟁력 강화를 위해서는 업종별로는 제조업, 투자 목적별로는 산업공동화 우려 부문, 기술수준으로는 고부가가치 부문을 모두 충족하는 해외투자에 해당하는 금액에 대한 국내 U턴이 필요하다. 개성공단을 '저임활용' 목적의 해외직접투자가 국내로 유입되는 유인 요인으로 활용할 수 있다.

---

31) 임희정, 해외직접투자 증가의 특징과 시사점 – 해외투자의 국내 유턴 '유인책' 필요 현대경제연구원, 2015.3.2.

32) 2010년말 현재 부품업체의 중국 진출은 완성차계열 부품업체('부품계열사')는 24건에 4억 41백만 달러, 그 외 부품업체('부품협력사')가 795건에 17억 89백만 달러를 투자하였다. 완성차업체의 중국 현지 부품조달 비율은 2010년 95.9%로 증가하였다. 부품계열사의 원부자재 현지조달은 64.9%였고, 부품협력사는 71.1%였다. 김주영 · 김유신 · 이미혜 · 강수연, 자동차산업의 중국 동반진출 성과와 정책 시사점 – 국내 승용완성차 및 협력업체를 중심으로 – 수출입은행 2011.12.

4. 디지털 경제(digital economy)의 가속화

가. 디지털 경제

디지털 경제란 좁은 의미로는 ICT 산업[33] 및 인터넷을 기반으로 하는 전자상거래의 역할을 중시하는 개념이다. 여기서는 보다 넓은 의미로서 재화와 서비스의 생산, 분배, 소비 등 주요 경제활동이 디지털화되고 네트워크화 된 정보와 지식이라는 생산요소에 주로 의존하는 경제로 본다. 또는 정보의 흐름을 매개하는 전자적인 수단에 기초해서 재화 및 서비스의 생산, 판매, 소비가 네트워크에 의존하는 경제이다.

한편, 이러한 디지털 경제는 종래의 아날로그 경제에 대비된 개념으로 이들을 비교해 보면 아래 표와 같다.

표1-4. 아날로그 경제와 디지털 경제

구분	아날로그 경제	디지털 경제
사업 구조	· 다국적 개념 · 선형적 가치사슬(value chain) · 필요에 의한 제휴관계 · 지식의 산재 · 경계가 명확하고 제한적인 관계	· 글로벌 개념 · 통합 가치네트워크(value network) · 제휴관계는 기본 · 지식의 공유 · 경계가 불분명하고 친밀한 관계
조직 구조	· 상위 하달식 통제 · 책임에 초점 · 부분적인 이노베이션 · 효율성 제고를 위한 관리 · 학습 후 실행 · 수직적인 명령/통제조직 · 대면접촉을 통한 커뮤니케이션 · 팀 중심에 프로젝트 · 수행 · 비전자적 거래	· 대폭적인 권한 이양 · 비전에 초점 · 지속적인 이노베이션 · 변화를 위한 관리 · 실행 후 학습 · 유연한 조직 · 가상 커뮤니케이션 · 팀 중심의 비즈니스 실행 · 전자적 상거래

33) 정보통신기술 : ICT(Information Communication Technology) 산업

디지털 경제의 주요특징으로는 다음 네 가지를 제시할 수 있다.

첫째, 디지털 경제는 마찰 없는 경제를 구현한다. 디지털 경제에서는 정보의 신속한 공유가 이루어짐으로써 정보의 비대칭성에서 기인했던 제반 비효율성이 줄어들게 된다. 디지털기술 발전으로 정보의 가공, 복제가 용이해지고 가공된 정보가 네트워크를 통해 실시간으로 상호 교환됨으로써 정보의 자유로운 교류가 이루어진다. 과거 통신매체는 정보제공의 범위(정보를 제공받는 사람의 수)와 깊이(정보내용의 풍부성) 중 하나만 선택해야 했으나 인터넷은 많은 사람들에게 풍부한 정보를 제공하는 것을 가능하게 해 주었다. 소비자와 생산자, 최종 생산자와 중간 생산자, 근로자와 사용자, 정부와 국민 등 수요자와 공급자 간의 정보공유는 수요자로 하여금 최적의 선택을 가능케 한다. 기업이나 정부 등 조직체 내부의 정보공유는 이제까지 정보의 습득과 전달을 위해 존재했던 제반 중간단계들을 축소시키는 역할을 할 것이다.

둘째, 공간개념 소멸이다. 네트워크의 광속성, 쌍방향성은 물리적인 입지의 중요성을 점차 축소시켜 경제의 글로벌화를 진전시킨다. 노동, 자본 등 유형의 생산요소와 달리 정보와 지식은 어떤 위치로도 실시간 제공할 수 있기 때문에 공간적 제약이 없어진다. 생산요소와 생산, 생산과 소비간의 지리적 제한이 없어지면서 경제주체들의 범국가적인 활동이 가능해 진다.

셋째, 예측의 불가능이다. 급격한 기술변화로 경쟁이 변화무쌍하게 전개되는 디지털 경제에서는 미래를 예측하는 것이 더욱 어려워진다. 디지털 및 네트워크 기술의 빠른 발전으로 제품의 라이프 사이클이 점차 단축되면서 기술의 선두에 서려는 경쟁이 치열하게 전개된다. 디지털 정보의 혼합으로 여러 가지 기술이 융합되어 새로운 제품이 탄생하면서 어떤 기술이 새로운 산업부문을 주도할 것인지 예측하기 어려워진다.

넷째, 선점의 중요성이 커진다. 디지털 재화의 수확체증적 성격, 네트워크 외부성 등에 의해 시장 선점의 중요성이 커진다. 시장을 선점한 기업이 낮은 비용으로 생산을 확대시킬 수 있게 되고 수요자를 많이 확보할수록 서비스의 가치가 확대된다. 인터넷 기업들이 단기적인 손실을 감수하고 무료로 정보를 제공하는 것이 바로 선점의 이익을 얻기 위해서이다.

나. 디지털 경제와 기업구조조정

이와 같은 디지털 경제는 ICT강국인 우리나라에서는 기업경영의 중요한 변수로 되었다. 기업구조조정은 경영환경의 변화에 적응하여 기업의 생존과 번영을 위한 전략이다. 기업구조조정을 유발시키는 경영환경 변화로 세계적 무역자유화, 제조업의 공동화와 더불어 인터넷 및 전자적 시스템을 이용하는 경제적 트렌드는 앞으로도 더 확장될 것이므로 중요한 경영환경 변화임이 분명하다.

디지털 경제가 기업구조조정에 시사하는 바는 크게 세 가지로 요약할 수 있다.

첫째, 산업구조의 선진화를 촉진하는 수단이 된다. 제조업의 공동화가 주로 중국의 산업화에 기인한다면 탈공업화는 디지털 경제를 주도하는 ICT산업의 발전에 기인하는 것이다. 이것이 산업 구조조정 또는 산업정책적 관점에서 본 디지털 경제의 시사점이다.

둘째, 개별 기업에게는 사업 프로세스의 디지털화를 요구한다. 기업구조조정은 기업에 존재하는 비효율성을 최대한 제거하여 효율성을 극대화하는데 있다고 할 수 있다. 인터넷과 ICT기술의 활용은 소비자와 공급자간의 정보의 비대칭성을 제거하여 시장을 보다 효율적으로 만들며 자원배분의 효율성을 제고하고 있는데, 우리 경제의 디지털화는 현재 추진하고 있는 기업 및 금융구조조정과 맞물려 기업 경영시스템의 비효율성 제거에 일익을 담당할 수 있을 것이다. 이것이 기업의 경영관리 측면에서 본 디지털 경제의 시사점이다. 기획, 생산, 조달, 제조, 회계, 인사 관리, 정보 관리, 고객 서비스 등 모든 업무에 전자 정보기술이 접목되고 있으며 제조업의 서비스화는 정보기술의 발달로 더욱 진전되고 있다. 따라서 생산기획, 부품조달, 제조, 회계, 인사관리, 정보관리, 고객서비스 등 기업경영의 제반 활동의 정보화가 가능해졌다. 이러한 기업구조조정을 디지털 방식의 관리구조조정이라 할 수 있을 것이다.

셋째, 전통제조업의 e-비즈니스화이다. 온라인상의 e-비즈니스가 급격히 확산됨에 따라 물리적 공간에서 경영활동을 전개해 온 전통적인 제조업체의 위기의식이 심화되고 있는 것이다. e-비즈니스화란 이미 많은 기업들이 채택하고 있는 방법인데 기존 경영활동의 영역을 가상공간으로 이전시킴으로써 기업경영의 효율화를 도모하거나 새로운 수익창출 원동력을 확보하는 것을 의미한다. 이러한 e-비즈니스화는 전통적인 제조업체에도 그 필요성이 크게 대두되고 있는 것이다. 이것이 전통 제조업(bricks & mortars)이 인터넷을 영업이나 마케팅에 활용하는 Bricks-and-Clicks 또는 Clicks and Mortar 전략이다.

이상과 같은 디지털 경제가 기업구조조정에 시사하는 세 가지 중 두 번째와 세 번째를 합하여 디지털화 관리구조조정이라 할 수 있으며 구체적으로는 빅데이터를 기반으로 한 경영정보시스템(MIS), 지식경영시스템(KMS), 고객관계관리(CRM) 등으로 전개되고 있다.

제3절 기업구조조정의 새로운 트렌드

기업들은 기업의 생존과 성장을 통한 번영, 경쟁력 강화와 기업가치 극대화를 위하여 필수적인 전략으로서 기업구조조정을 당위론으로 이해하게 되었다. 기업구조조정의 문제를 본격적으로 논의하기에 앞서 기업구조조정의 트렌드와 성공요체가 무엇인지에 대하여 살펴보고자 한다.

구조조정이라 하면 일부에서 인원을 정리하는 것으로 먼저 생각하는 사람들이 많다. 이것은 매우 잘못된 생각이다. 우선 비용을 절감하게 되니까 그렇게 하는 경우가 있지만 이는 구조조정을 평소에 하지 않은 기업들이 실행하는 낮은 수준의 구조조정이다. 구조조정(restructuring activities)은 기본적으로 ①Downsizing, ②Downscoping, ③**Leveraged Buyout(LBO)**만 하는 것이라 오해될 수 있으나 말 그대로 시스템이나 조직을 새로운 방향으로 조정, 즉 재구조화하여 **전략적 통제(strategic control)**를 되찾는 것이다.

그렇다면 제대로 된 구조조정, 진정한 구조조정은 무엇인가? 과거에 기업구조조정은 부실기업을 대상으로 하는 것으로 인식하는 경향이 있다. 그러나 진정한 구조조정은 정상 기업이 부실의 징후를 사전에 진단하여 차단하고 성장엔진과 경쟁력을 공고히 하기 위한 선제적 상시 전략이라고 보아야 한다. 이러한 관점에서 2005년을 전후한 시기부터 우리나라의 우수기업들이 사전적, 상시적, 자발적으로 구조조정을 추진하는 경향이 두드러지고 있다. 이 세 가지가 진정한 기업구조조정의 성공요체라 할 수 있다.

본절에서는 최근 우리나라 기업들의 구조조정 트렌드로 나타나고 있는 사전적 · 상시적 · 자발적 기업구조조정과 M&A 전 · 후 기업구조조정에 대해서 차례대로 살펴본다.

그림1-14. 구조조정 트랜드

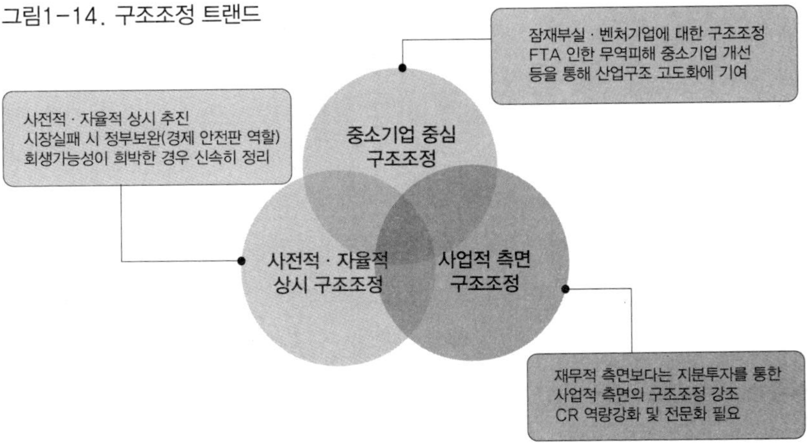

(자료 : 신충태, 구조조정기업 투자사례분석, 한국채권연구원, 2015)

1. 사전적 · 상시적 · 자발적 기업구조조정

가. 사전적 기업구조조정

우리나라 기업들은 IMF위기 이후 재무적 곤경(financial distress)에 처함에 따라 재무구조개선을 위한 구조조정전략을 중점적으로 추진해 왔다. 즉 사후적(ex-post) 관점의 구조조정을 추진한 것이다.

이보다는, 현재는 부실화되지 않았으나 부실화될 우려가 있는 기업과 사업부분을 선정하여 사전적으로 구조조정을 추진하는 것이 필요하다. 기업의 부실을 만회하기 위한 비용은 시간이 경과할수록 기하급수적으로 증가하고 대상기업이 부실화된 이후에 구조조정을 추진할 경우 대상기업에 대한 채권금융회사의 채권회수율과 주주, 투자자 등 이해관계자에게 기업가치가 저하되므로 사전적 기업구조조정은 아무리 강조해도 지나침이 없다. 따라서 신속하고 효율적인 기업구조조정을 위해서는 대상기업이 부실화되기 전에 대상기업, 채권금융회사 등 이해관계자가 자율적으로 추진해야 한다. 그렇게 함으로써 대상기업의 신속한 경영정상화와 채권금융회사의 채권회수율과 투자자 등의 기업가치 제고를 도모할 수 있다. 이를 위해 부실징후기업(C등급)보다는 부실징후기업이 될 가능성이 큰 기업(B등급)을 중심으로 대상기업, 채권금융회사, 이해관계자 자율로 대상기업의 구조조정을 추진하는 것을 고려할 수 있다(제7장 워크아웃 후술 참조).

이러한 지적은 과거의 재무구조개선을 위한 재무구조조정 중심에서 탈피하여 사업구조, 즉 사업의 포트폴리오를 재구성하여 새로운 성장 동력을 찾아야 한다는 것으로 요약할 수 있다.

대기업들은 이와 같은 필요성을 인식하여 부실화 또는 저효율(under-performing) 사업정리, 부실의 사전 예방과 신성장 동력 구축을 위하여 M&A, 해외사업 진출, 사업제휴 등으로 부단히 움직이고 있다. 이제 부실기업만이 기업구조조정을 추진하는 것이 아니라 정상기업도 기업가치 극대화를 위하여 기업의 구조적인 문제를 해결하고 있는 것이다.

구조조정은 부실이 발생되기 전에 추진되어야 하며 사업의 기회가 퇴보되기 전에 실시해야 한다. 사전적 기업구조조정이란 부실을 예방하기 위한 구조조정임과 동시에 다른 경쟁자보다 한발 앞선 경영전략상의 성장전략이다.

이와 같은 사전적 기업구조조정의 트렌드를 정리하면 다음과 같다.

표1-5. 기업구조조정의 뉴트렌드

구분	종전	현재 이후
중점분야	재무구조조정, 대기업	사업구조조정, 중소기업
주요 수단	워크아웃, 법정관리	핵심역량을 위한 사업부매각, M&A
성격	사후적, 채권자 중심	사전적, 부실예방 및 성장동력 구축
목표	재무구조개선	사업포트폴리오 재구성, 기업자산 효율성 제고

나. 상시적 기업구조조정

구조조정은 평소에 해야 한다. 정부에서도 '상시구조조정'이라는 정책목표를 제시한 바 있었다. 상시적 구조조정은 기업이 위기에 처하여 수동적으로 행하는 구조조정이 아니라 능동적으로 기업의 가치를 높일 수 있는 여지를 구조적 관점에서 발견하고 구조조정을 지속적으로 단행하는 것이다.

기업구조조정이 평소 이루어져야 한다는 주장은 이미 2001년 7월 노동부 발간자료에서도 확인되고 있다. 그 필요성으로 당시 노동부 발간자료는 세 가지를 들고 있다.

첫째, 세계화(globalization) 흐름 속에서 진행되는 시장 개방, 무역장벽의 축소 · 철폐, 국가 간 경쟁 등이 격화되고 있는 추세이다. 즉, 국내시장에서 보호 받던 산업들이 글로벌 경쟁에 노출되고 재화에서 용역에 이르기까지 모든 기업의 산출물이 치열한 글로벌 경쟁에 놓이게 되면서 기업은 생존 차원에서 기업조직과 경영의 효율성을 최대한 높이지 않으면 안 되는 상황이 되었다. 이는 앞에서 설명한 신자유주의에 이은 뉴노멀 물결과 같은 맥락이다.

둘째, 산업구조가 2차 산업 중심에서 첨단 고부가가치 산업 중심으로 변화되고 기술혁신의 속도가 가속화되면서 기업의 생산방식, 인적

자원 관리방식 등 경영 패러다임도 변화할 수밖에 없게 되었다. 이는 탈공업화를 의미하는 것이다.

셋째, 소비자의 기호와 욕구가 다양해지고 시장의 수요가 다변화되면서 다품종 소량생산과 고품질의 제품 · 서비스 생산이 요구되고 있다.

상시구조조정이 필요한 이유에 대하여 글로벌경쟁, 산업고도화, 시장의 다양한 욕구 등을 지적한 것인데, 상시구조조정이라는 신선한 정책목표는 향후에도 계속 발전 유지시켜야 한다. 그러한 정책들이 산업정책에 잘 반영되어 기업구조조정을 지원 장려함으로써 기업의 경쟁력을 강화시켜야 한다.

단적인 예로 정부의 재벌(또는 기업집단 또는 대기업) 정책은 국가경쟁력의 강화라는 목표를 달성하는 데 도움이 되는 방향으로 전개되어야 한다. 간혹 재벌기업의 구조조정본부 해체론이 거론되는 경우가 있었다. 총수의 전위조직인 구조조정본부가 계열사로부터 부당한 내부지원을 받으면서 동시에 계열사의 경영전략과 인사에 개입하는 등 기업의 독립성과 주주의 권리를 침해하고 있기 때문에 해체해야 한다는 것이다. 반면, 재계는 이러한 시각에 대해 구조조정본부는 신규사업 진출 및 부실사업 퇴출과 같은 전략적 의사결정을 담당하는 밴처캐피탈 리스트의 역할과 핵심사업을 효과적으로 수행하고 그룹전체의 리스크를 관리하는 효율적 조정자의 역할을 한다고 강조하면서 그 필요성을 주장하였다.

그러나 신자유주의 경제시스템에 기업들이 능동적으로 대응하기 위해서는 강력한 기업구조조정정책을 추진할 수 있는 기구를 그룹이나 회사 내에 설치하는 것을 오히려 장려해야 한다. 기업구조조정은 호황이나 불황을 불문하고 평소에 해야 하는 것이기 때문이다. 다만, 재벌들은 구조조정본부의 역기능을 제거하기 위하여 구조조정 본부의 투명성을 높여야 할 것이다.

앞에서 언급하였듯이 현실적으로 어렵지만 평소에 구조조정을 해 온 기업들은 어려움이 닥쳐와도 흔들리지 않으며, 불황이 닥쳐와도 인원을 줄이지 않아도 된다. 기업구조조정을 상시적으로 추진하기 위해서는 기업내부에 기업구조조정을 전담하는 조직이 있으면 더욱 효과적이다. 경영기획실, 전략기획팀, 구조조정추진팀, 기업구조조정 본부 등 그 명칭 여하를 떠나, 기업구조조정을 실질적으로 추진하는 조직이면 된다.

다. 자발적 기업구조조정

구조조정은 자발적으로 해야 한다. 타율적으로 기업구조조정을 추진하면 아래에서 설명하는 바와 같이 저효율, 고비용, 저효과 등의 문제가 발생하기 때문이다.

첫째, 타율적으로 추진할 경우에는 조직의 피로도가 가중되고 저효율, 비효율적으로 될 가능성이 높다. 기업 스스로 구조조정을 하면 즐겁고 활력이 오르기 마련이다. 각종 컨설팅이나 외부 자문을 받기 이전에, 기업 내부에서 자체 역량으로 기업구조조정의 방향을 정하여야 한다. 기업구조조정은 전문가의 영역이기도 하지만, 이들 외부전문가의 지원하에 기업 내부사정에 정통한 내부인력으로도 추진될 수 있는 경우가 많다.

둘째, 타율적으로 추진될 경우에는 높은 비용을 지불하게 된다. 채권단이 개입되거나 법원이 개입되면 시장에서 평판은 악화되고 갱생 자체가 어려워 질 수도 있다. 시간이 많이 걸리고, 각종 채권단 및 이해관계자와의 관계에 많은 비용이 수반된다.

셋째, 타율적으로 기업구조조정을 추진하는 경우에는 임직원들의 일자리 보전이 불안하고 주주들도 경우에 따라서는 지분권을 포기해야 하는 경우가 많다. 이와 같이 임직원들의 일자리가 불안한 상태에서 추진되는 기업구조조정은 시간이 갈수록 기업의 가치가 떨어지고 다시 일자리가 축소되는 악순환이 반복될 우려도 있다. 또한, 대주주들도 법원이나 채권단이 개입되는 구조조정 하에서는 경영권이 제한되거나 박탈될 여지가 있다. 그러나 자율적으로 추진할 경우에는 임직원들 간에 합의에 의하여 임직원들의 의사가 반영된 기업구조조정을 추진할 수 있기 때문에 전직이나 일자리 조정 등이 가능해진다. 따라서 기업구조조정은 임직원들이 자율적으로 추진할 때 효과가 배증된다.

2. M&A 전 · 후 기업구조조정

가. M&A 전 매도자에 의한 기업구조조정

M&A에서 매도자는 궁극적으로 높은 가격에 기업이나 사업부문을 매도하는 것이 목적이다. 이를 위해서는 매도기업을 사전에 구조조정할 필요가 있다.

이를 M&A에서 매도자(Seller)의 사전구조조정이라 할 수 있는데, 이는 인수합병의 매력도를 높이는 과정이며 프리미엄을 극대화하는 방법이다. M&A 대상기업 또는 최대주주 등 매도주체들의 마케팅 준비 과정인 셈이다.

우선 사업구조조정 측면에서 비관련 사업부문의 정리, 부실자산의 정리, 생산라인의 재조정을 들 수 있다. 재무구조조정 관점에서는 재무제표에 대한 회계감사를 진행하여 회계적 오류나 문제점을 정리하여야 한다. 이 과정을 통해서 부실의 요인과 과다부채를 사전에 정리함으로써 협상가격 하락요인을 제거하게 된다. 더 나아가 잠재적 투자자들이 수행하는 실사[34]에서 자료공개의 방법(가상 데이타룸 이용여부 등), 자료의 공개 수위(A,B,C 등 등급으로 분류하여 각각 공개여부와 사본제공 여부를 결정)를 정하게 된다. 관리구조조정 차원에서는 소송이나 분쟁을 종결하거나, 환경관리시스템을 정돈할 필요가 있다. M&A에서 매도자의 사전구조조정은 매각프리미엄을 극대화함은 물론 매수자측이 실사에 소요되는 시간과 비용을 단축하게 함으로써 매각절차를 신속하고 원만하게 진행하는 데 도움을 줄 수 있다.

나. M&A 후 매수인에 의한 기업구조조정

매수인(Buyer)의 입장에서 M&A의 동기와 목적은 ①사장지배력의 강화, ②시장 진입장벽 완화, ③신제품, 신기술 개발에 따른 위험 및 비용 분산, ④빠른 시장진출, ⑤사업다각화(diversification), ⑥경쟁범위의 재조정(reshaping competitive scope) 등을 동인으로 한 '기업가치 극대화'이다. 기업가치 극대화를 위한 M&A가 성공하기 위해서는 M&A종결(Closing)이후에 사후구조조정을 통하여 기업간의 시너지를 극대화할 수 있는 방안을 수립하고 이를 체계적으

34) M&A에서 기업실사는 대상기업의 경영, 자산, 부채, 재무, 영업, 고객관계 등 일체의 상태를 조사하여 인수·합병의 대상을 명확하게 이해함으로써, 인수자가 기업가치를 평가하여 적정한 인수가격을 책정할 수 있도록 하고, 법률적 위험은 최소화하며 경제적 효과를 극대화하는 거래구조를 설계할 수 있게 한다. 인수자는 대상회사의 상황을 파악하여 인수를 진행할지의 여부를 결정하고, 실사 중에 발견된 사항을 반영하여 적절한 가치를 평가할 수 있다. 경영진과의 면담을 통해 경영의 실상을 파악할 수 있으며 실사에 기초하여 계약서상 매도인의 진술과 보장의 범위, 가격협상 시에 고려할 법적 위험을 확정하게 된다. 실사 과정에서 나타난 요인을 고려하여 다른 이행약정(covenant)을 요구할 수 있고, 거래구조를 변경할 수도 있다.

로 실행할 필요가 있다. 이를 M&A에서 매수자에 의한 사후구조조정이라 할 수 있다.

M&A를 성사하고 나면 ①통합의 어려움, ②시너지효과의 결여, ③인수대상의 과대평가, ④M&A에 따른 지나치게 높은 부채비율, ⑤ 나친 다각화, ⑥M&A중독에 따른 합병가치의 객관적 판단능력 상실 등 M&A에 따른 많은 문제점이 노출된다. 이중 M&A이후 매수자에 의한 사후구조조정 시 핵심사항들로는 소위 '인수합병 후 통합(PMI)'에 해당되는 것으로 가장 중요한 것은 조직구조조정이다. 조직의 문화적, 화학적 통합이 없이는 어떠한 시너지도 발생될 수 없다. 오히려 역시너지(Allergy)가 발생할 수 있다. 사업구조조정이 이와 연계된 사항이라면 시스템의 통합 등 관리구조조정은 이에 수반되게 된다. 따라서 M&A에서 매수자의 사후구조조정은 조직구조조정과 사업구조조정을 선행시키는 가운데 시스템 통합 등 관리구조조정이 중요한 포인트가 된다.

그림1-15. M&A의 방법

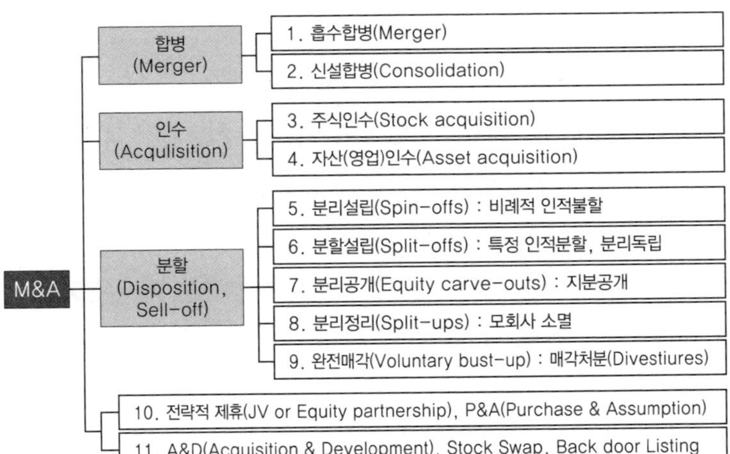

(자료 : 신충태, 구조조정기업 투자사례분석, 한국채권연구원, 2015)

표1-6. 문화적 환경의 차이[35)]

문화 분류	구분 차이 내용
개인주의 정도	개인주의(Individualism)와 집단주의(Collectivism)
권력격차의 정도	Large Power Distance(권위주의적)와 Small Distance(민주주의적)
불확실성 회피 정도	강한 불확실성 회피 문화(전통, 과거지향적)와 약한 불확실성 회피 문화(창의, 미래지향적)
남성성 정도	남성문화(Masculinity)와 여성문화(Feminity)
배경문화 정도	고배경문화(일본, 중동, 이태리)와 저배경문화(미국, 북유럽)
종교의 차이	4대 종교: 기독교, 이슬람교, 힌두교, 불교
언어의 차이	번역, 숫자, 제스처 차이

제4절 기업구조조정의 의의

1. 기업구조조정의 개념

미국의 경우 구조조정이라는 용어가 경영전략 분야에서 쓰이기 시작한 것은 1980년대 초이다. 당시 레이건 대통령은 공급중심 경제정책으로 독과점금지법을 완화하고 기업의 세금을 낮추어 투자확대를 유도하였다. 그러나 결과는 기업들이 여유자금을 활용해 단기·투기적인 목적 하에 차입금으로 기업을 인수하는 LBO(M&A) 위주의 구조조정이 횡행하였다. 여기에는 Junk Bond의 발명과 높은 부채를 가진 기업의 경영자가 경영효율에 전념할 것이라는 미신에 가까운 믿음에 따른 M&A중독도 한몫하였다. 이에 따라 일부 기업들은 의도적으로 재무구조를 악화시켰으며, 이로 인하여 '재무구조조정'이라는 개념에 대해 부정적인 이미지가 담기게 되었다.

35) 이철, 글로벌경영(2012) 참조

그림1-16. LBO(차입매수)

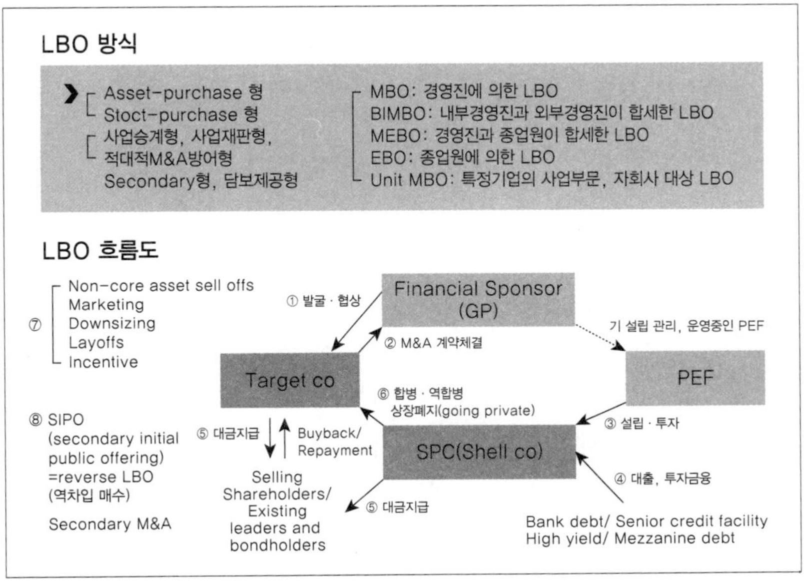

(자료 : 신충태, "M&A Project Financing", 매경교육센터, 2013.4.)

그러나 구조조정은 1990년대 들어와서는 M&A와는 관계없이 경영혁신의 수단으로 사용되기 시작하였다. 1990년대 초반까지는 리엔지니어링이 상당히 유행하였으나 1995년을 전후하여 퇴조하고, 이때부터 리스트럭처링이 경영혁신의 주류로 부각되기 시작하였다.

가. 기업구조조정 개념에 대한 다양한 견해

기업구조조정이라는 용어는 매우 포괄적인 의미를 갖고 있다. 생산, 투자, 조직, 유통, 판매 및 경영 일반에 이르기까지 기업의 전반적인 활동에 걸친 재편성(再編成)을 내용으로 한다는 막연한 정의를 내릴 수밖에 없다(김세원).

기업구조조정이란 기업이나 기업집단 또는 소유주가 경제 및 산업 여건의 변화에 대응하여 기업의 조직변경, 사업조정, 경영합리화 등을 통하여 기업의 경쟁력을 향상시키기 위하여 행하는 모든 노력을 말한다. 달리 말하면 기업구조조정이란 기업의 가치와 경쟁력을 높이기 위하여 행해지는 기업 또는 기업군의 구조를 바꾸는 작업을 의미하며, 이때 기업의 구조란 기업의 내부기구 및 기업의 형태는 물론 생산, 판매, 유통과 관련된 경영구조 그리고 부채와 자산의 조달 및 운용방식, 계열사와의 관계까지 포함되는 광범위한 개념이다(장태평).

아직까지 기업구조조정에 관한 통일된 정의는 없으나 기업의 경쟁력과 효율성을 증대시키기 위하여 기업규모를 확장, 축소하거나, 소유구조나 지배권을 변화시키는 활동과 관련이 있다(강신규 외 3인).

기업구조조정이란 기업가치 극대화라는 목표를 가장 효율적으로 달성하기 위하여 경영의 각 부문에 대한 혁신을 이룰 수 있는 방법이다(강효석 외 3인).

기업구조조정은 부실기업의 회생이라는 소극적 의미와 상시구조조정을 통한 기업가치 제고, 산업구조의 고도화, 국가경쟁력 강화로서 궁극적으로는 환경변화에 따른 생존 및 성장전략이다(구본용).

새로운 경쟁력의 원천을 찾기 위한 사업, 조직, 인력, 재무, 경영시스템의 총체적 혁신과정으로 기업구조조정은 일회성 조치가 아니며, 기업이 존재하는 한 계속되어야 하고 과거의 부실과 비효율을 제거하고 현재의 경쟁력을 높여가면서 미래에도 대비하는 연속적인 경영활동이다. 또한, 사업구조의 재편, 조직 및 인력의 효율화, 재무비율 합리화, 경영시스템 고도화 등 전반적인 개혁이 있어야만 기업의 생존과 성장이 보장된다(김종년).

기업구조조정은 새로운 경쟁력의 원천을 찾기 위한 사업, 조직, 인력, 재무, 경영시스템의 총체적 혁신 과정이며, 사업구조의 개편, 조직 및 인력 효율화, 재무구조 합리화, 경영시스템 고도화 등 전반적 개혁이 있어야만 기업의 생존과 성장이 보장된다(장영순).

기업의 성장 또는 생존을 위하여 기업의 자산구조, 재무구조를 조정하는 일련의 과정으로 협의로는 부실기업(distressed company)만을 대상으로 하지만 광의로는 비효율적 기업(inefficient company)까지 포함한다(김형태).

또한 기업의 기존 사업구조나 조직구조를 보다 효과적으로 그 기능 또는 효율을 높이고자 실시하는 구조개혁 작업을 말한다. 성장성이 부족한 사업분야의 축소 내지 폐지, 중복성을 띤 사업의 통폐합, 기구 인원의 감축, 부동산 등 소유자산의 매각처분 같은 수동적[소극적] 기업구조조정 방법이 있고, 국내외 유망기업과 제휴하여 새로운 기술을 개발하고 전략적으로 다른 사업 분야와 공동사업을 추진하는 방법 등 능동적[적극적] 기업구조조정 방법이 있다(캠코 부실채권 용어사전).

법률적 정의로 본다면 구조조정은 기업의 경쟁력 강화를 위한 구조개선이고(독점규제 및 공정거래에 관한 법률 제10조(출자총액의 제한) ①항 4호), 구조개선은 합병, 전환, 정리 등 구조조정 또는 재무구조개선을 도모하는 것이다(부실자산의 효율적 처리에 관한 법률 제26조 ①항 7호). 기업구조조정은 영업양도, 합병, 자산매각 등을 통하여 해당 기업의 제무구조개선 또는 경영정상화의 추진하는 것이다(산업발전법 제21조).

일반적으로, 기업구조조정이란 해당 기업의 자산구성, 자본구조, 혹은 조직 관리측면에서 중요하고 급격한 변화를 의미한다(Bowman & Singh, 1993).

기업구조조정은 사업부문 매각, 중요한 인수, 자본(구조의) 변경 및 내부조직(구조의) 변경을 포괄한다(Restructuring can encompass a broad of transactions, including selling lines of business or making significant acquisition, changing capital and even changing the internal organization of the firm). (Harbir Singh)

기업구조조정 거래들은 합병, 인수, 공개매수, LBO, 자산매각, 회사분할, 자회사분리 상장, 청산, 회사재건을 포함한다(Major corporate restructuring transactions include mergers, acquisitions, tender offers, leveraged buyouts, divestitures, spin-offs, equity carve-outs, liquidations and reorganizations).

나. 기업구조조정의 정의

앞에서 열거한 기업구조조정 개념들은 기업구조조정을 다양한 시각에서 설명한 유력한 견해들이다. 그러나 최광의의 견해에 따르면 기업구조조정이 평소의 일상적인 경영혁신 활동과 차이점이 모호해 지고, 광의로 보는 경우에는 기업구조조정의 대상을 제한적으로 보는 문제점이 있다.

한편, 위 견해들은 기업구조조정의 목적으로 기업회생, 효율성 제고, 경쟁력 강화, 재무구조개선, 경영정상화, 생존과 성장 및 기업가치 극대화 등을 제시하고 있다. 기업구조조정의 대상으로서는 부실기업을 중심으로 넓게는 정상 기업까지 포함하면서 사업 · 재무 · 조직 · 인력 · 비용 · 소유 구조 등을 열거하고 있다. 또 구조조정 방법으로서는 기업 인수합병(M&A), 사업축소(downsizing), 사업 선택과 집중(downscoping) 등을 예시하고 있다.

그런데, 기업구조조정을 말뜻 그 자체로 해석한다면 기업의 구조 또는 기업구조를 조정하는 것이다. 조정은 행위이고 기업구조는 그 대상이다. 그러므로 기업구조조정을 정의하기 위해서는 기업구조(corporate structure)의 본질을 조정(restructuring activities)이라는 관점에서 분석할 필요가 있다. 이하에서는 기업의 구조와 조정을 차례대로 살펴본다.

기업의 "구조(structure)"란 다양한 측면에서 파악될 수 있다. 우리가 기업을 묘사(description)할 때 목적에 따라 서로 다른 묘사를 할 수 있을 것이다. 예를 들면, 투자에 관심이 있는 사람은 일반적으로 가장 먼저 재무제표를 중심으로 기업을 파악할 것이고, 기업정책에 관심이 있는 사람은 기업의 지분소유 관계로서 기업을 파악할 것이다. 반면 기업관리 및 생산성에 관심이 있는 사람은 관리조직, 작업조직, 기업문화, 인사제도, 인력조정, 노사관계 등 다양한 측면에서 파악하고자 할 것이다. 이러한 기업의 다면적 구조를 아래의 네 가지로 압축하여 표현할 수 있다.

기업의 구조는 넓은 의미에서 인적 구조와 물적 구조로 구분할 수 있다. 소유 · 지배 · 관리 · 조직 · 인력은 인적구조에 해당되며, 기타는 물적 구조이다. 물적 구조는 자본의 조달과 자산의 구성, 구성된 자산에 대한 경영활동 결과 수반되는 비용 및 수입의 구조를 말한다.

그리고 이를 다시 본다면, 소유 · 지배구조는 머리로서 경영진을 의미하고 조직 · 인력 · 사업 · 재무구조는 몸체로서 경영의 대상이 되며, 경영의 결과물이 이익이다.

이러한 기업의 구조가 지니는 특성은 각 구조의 유기적 관련성이다. 즉, 이들은 유기적으로 연관되어 있어 하나를 움직이면 다른 하나가 움직이게 된다. 여기서 기업구조조정은 입체적인 전략이 필요함을 알 수 있다.

다음으로 '조정(restructuring activities)'을 살펴보자. 단어 그 자체의 뜻으로 보면 조정이란 말은 어떤 기준이나 실정에 맞게 정돈하는 것이다. 경영진이 생각하는 경영목표(기준) 또는 경영환경(실정)이 변경되거나 그 변화가 예견되는 경우에는 위 네 가지 기업구조도 그러한 변경이나 변화에 적합하게 조정할 필요가 있게 되는 것이다.

이상과 같은 내용들을 정리하면 기업구조조정이란 '기업의 이해당사자들이 기업의 사업구조, 재무구조, 조직구조 등을 조정함으로써 기업의 생존, 성장 및 경쟁력을 강화하고 궁극적으로는 기업가치를 제고하는 대안혁신작업'이며, "전략적 통제(strategic controls)를 되찾는 것"이다.

이를 분설하면 기업구조조정의 주체는 기업의 이해당사자들이다. 정상기업의 경우 경영자들이 주축이 되겠지만 부실기업의 경우에는 채권자나 법원이 기업구조조정을 주도 한다. 기업구조조정의 대상은 부실기업은 물론 정상기업을 포함한다.

또한, 기업의 사업구조나 재무구조에 한정되는 것이 아니라 조직, 인력, 이익 구조도 포함된다. 그리고 기업구조조정의 목표는 기업의 회생과 생존은 물론 경영정상화, 성장, 경쟁력 강화 및 기업가치 제고로 요약된다.

2. 기업구조조정의 구분

가. 대상범위에 따른 구분

기업구조정의 대상을 기준으로 협의의 기업구조조정과 광의의 기업구조조정으로 나눌 수 있다.

협의의 기업구조조정은 부실기업을 대상으로 하는 사업구조조정, 재무구조조정 및 조직구조조정을 들 수 있다. 앞의 두 가지가 구조조정의 핵심 유형이다. 인력, 소유, 지배, 이익, 관리 구조조정은 핵심 유형으로부터 파생되는 성격이 강하다.

광의의 기업구조조정은 정상기업까지 포함하며 사업구조와 재무구조는 물론 조직, 지배구조 및 원가, 이익, 매출 등에 대한 구조조정도 포함된다.

그리고 기업구조조정은 기업의 구조를 그 대상으로 하기 때문에 비구조적인 측면에서 파괴적 혁신(disruptive innovation)을 제외한 기업들이 평시에 하는 경영혁신활동이나 개선활동은 기업구조조정의 범주에서 제외된다.

본서에서는 기업구조조정의 개념을 광의의 개념으로 본다. 그러므로 비효율적 기업 또는 부실기업은 물론 정상 기업까지도 기업구조조정의 대상이 되며 구조조정은 상시적, 자발적, 사전적으로 추진하여야함을 설명하였다. 기업구조조정을 협의로 정의할 경우에는 부실기업에 한하여 기업구조조정이 필요한 것이 된다.

표1-7. 턴어라운드 기업(구조조정대상기업)의 범위와 정의

◎ 턴어라운드 기업의 범위 - 협의 : 회생기업 - 광의 : 구조개선기업, 부실징후기업, 회생기업
◎ 구조개선기업의 정의(부실자산의 효율적 처리에 관한 법률 제26조 제1항 제7호) - 합병, 전환, 정리 등 구조조정[주2] 또는 재무구조개선[주1]을 도모하는 법인과 그 계열기업
◎ 부실징후기업의 정의(부실자산의 효율적 처리에 관한 법률 제2조 제3항) - 금융회사 또는 금융회사 등으로 구성된 단체가 여신거래기업 중 경영상태가 불량하여 경영위기에 처하거나 부실화 될 가능성이 있다고 판단되는 기업 - 주채권은행이 기업신용위험 상시평가를 통하여 부실징후기업으로 분류한 기업 또는 개별 채권은행이 내규에 의하여 부실 가능성이 큰 기업으로 분류한 기업 (채권은행협의회 운영협약, 소위 "중소기업 워크아웃협약" 제2조 제5항)
◎ 회생기업의 정의(도산법 제1조) - 재정적 어려움(financial distress이지 bussiness distress가 아님, 즉 경제성이 있어야 함)으로 인하여 파탄에 직면하여 있는 채무자가 채권자, 주주 등의 법률관계 조정을 통하여 채무자, 사업의 효율적인 회생을 도모하는 재건형 기업

[주1] "재무구조개선기업"의 범위(자본시장법 제278조의 2 제1항)

1) 기촉법상 부실징후기업
2) 채무자 희생 및 파산에 관한 법률에 따라 법원에 희생절차개시 신청기업
3) 법원에 파산을 신청한 기업
4) 채권금융기관과 채무구조개선을 위한 약정을 체결한 기업
: 채권 금융기관의 총 채권액 중 100분의 50 이상을 차지하는 채권금융기관이 개별 또는 공동으로 약정을 채결하는 기업으로서 금융위원회의 확인을 받은 기업
5) 법인의 합병, 전환, 정리 등 대통령령이 정하는 바에 따라 구조조정 또는 재무구조개선 등을 하려는 기업
   가) 자본금의 총계가 납입자본금보다 적은 기업
   나) 부채비율이 업종별 평균 부채비율의 1.5배를 초과하는 기업
   다) 어음의 부도, 보증채무의 이행, 외상매출금 또는 수출대금의 미회수 등으로 인한 손실액이 직접 사업냔도 매출애그이 5% 이상인 기업
   라) 신용평가회사를 이상으로부터 회사채 투자부적격 등급을 받은 기업
   마) 사업연도 말 재무제표의 따른 영업손실이 최근 2년간 연속하여 발생한 기업

[주2] 산업발전법 제21조 제5호의 "기업구조조정 필요 기업"의 정의
(시행령 제 12조 구조조정 대상기업의 요건 등)

1) 재무제표(한정의견 이상의 감사의견을 받은 것) 상의 자본금의 총계가 납입자금보다 적은 기업으로서 경영 정상화가 필요한 기업

2) 부채 비율이 업종별 평균 부채비율의 1.5배를 초과하는 기업
3) 제6조 제1항에 따른 사업 전환 등을 위하여 자산 또는 영업의 매각 등이 불가피하다고 인정되는 기업
4) 다음 각 목의 사유로 인한 손실액이 직전 사업연도 매출액의 100분의 5 이상인 기업
   가) 어음의 부도
   나) 외상매출금 또는 수출대금의 미 회수
   다) 보증채무의 이행
5) 6개월 이내에 신용평가업자 둘 이상으로부터 회사채 투자부적격 등급을 받은 기업
6) 영업 손실이 최근 2년간 연속하여 발생한 기업
7) 「자유무역협정 체결에 따른 무역조정 지원에 관한 법률」 제6조에 따른 무역조정지원기업으로서 구조조정을 할 필요가 있다고 인정되는 기업

광의의 기업구조조정 관점에서 앞에서 기술한 기업구조를 기준으로 기업구조조정을 8 가지 유형으로 나눈다.

나. 추진성격에 따른 구분

기업구조조정은 소극적, 수세적, 축소적인 경우와 적극적, 공격적, 확장적인 경우로 나룰 수 있다. 전자를 통칭하여 소극적 구조조정, 후자를 적극적 구조조정이라 할 수 있다.

회생과 생존을 위한 구조조정이 소극적이라면 적극적인 구조조정은 이익과 현금흐름 극대화 등을 위하여 사업확장이나 기업인수 등을 추진하는 확장형 또는 성장형 구조조정이다.

소극적 구조조정은 산업구조의 근본적 개선을 통한 경쟁력 제고와 부가가치 창출보다는 기업자산의 매각을 포함한 비용절감, 인력조정 등을 통해 당장의 위기를 모면하려는 구조조정이다. 이러한 소극적인 구조조정은 근본적인 문제는 그대로 두고, 비용만을 절감하기 위해 정규직을 비정규직으로 대체한다든지, 인력만을 감축한다든지 하여

장기적으로 경쟁력, 성장잠재력, 눈에 보이지 않는 기업의 중요한 자산(숙련된 인력, 신뢰, 안정성)을 해칠 수 있다.

적극적 구조조정은 시장의 변화, 기술발전, 고객의 수요 변화 등에 대응하거나 그에 한 발 앞서 대응하기 위한 구조조정이다. 이러한 적극적 구조조정은 시장에서의 경쟁우위와 수익성을 유지하려는 구조조정 전략이다.

다. 추진주체에 따른 구분

기업구조조정을 추진하는 동기가 다른 이해관계자의 권유에 의한 것인가 또는 스스로 선택한 경우인가에 따라 기업구조조정은 타율적 기업구조조정과 자율적 기업구조조정으로 구분될 수 있다.

자율적 구조조정은 정상기업 또는 비효율적 기업의 경영진, 주주, 종업원이 자발적으로 구조조정 프로그램을 수립해서 추진하게 된다. 이를 실무에서는 "구조개선"이라고 하고 대상기업을 구조개선기업이라 한다.

타율적 구조조정은 자본잠식이나 유동성 부족으로 차입금 상환능력이 악화된 상태에서 채권단, 정부기관 또는 법원에 의해서 행해지는 구조조정이다. 여기에 해당되는 기업에는 회생기업, 부실징후기업, 부실기업이 있다.

자율적 구조조정은 기업의 시장가치 분석에 기초한다. 대리인 문제 및 비효율이 심각하여 기업의 시장가치가 내재가치에 미달하는 경우로서 적대적 인수를 당하게 되면 기존 경영진은 모두 면직되는 것이 상례이기 때문에 경영진에게 경영비효율을 줄여야 할 동기를 부여한다. 또한 주식시장에서 투자자들도 주식을 매각하여 주가 하락 압력을 행사하고, 이를 통해 신주발행과 차입 여건을 악화시킴으로서 경영자에게 영향력을 행사한다. 주가하락은 기업인수의 표적이 될 가능성을 크게 하므로 기업구조조정을 통한 시장가치 상승을 유인한다.

한편 채권은행도 자금회수의 위협을 통해 경영자를 견제할 수 있다. 채권은행은 다른 이해관계자보다 정보분석 및 관리능력이 우월하고 기업의 투자계획 및 자금조달계획 등 축적된 정보가 많아 정보의 비대칭성을 완화할 수 있는 장점이 있다.

주식시장에 의한 감시가 사후적임에 반해 은행의 감시는 사전적이라는 점에서도 효율성이 우월하다고 할 수 있다.

기업구조조정은 원칙적으로 자율적으로 추진되어야 한다. 기업 스스로 면밀한 분석을 통하여 생존, 성장, 기업가치 제고 등의 활동을 하여야 한다. 그러나 불가피하게 타율적 구조조정을 하여야 하는 경우가 있다. 기업 스스로 기업구조조정을 추진하지 못하여 차입금 상환능력을 상실하였거나 그 우려가 있다면, 채권단이나 법원 등에 의한 타율적 구조조정이 불가피 할 것이다.

1997년 이후 한국에서 진행된 구조조정은 기본적으로는 IMF와 정부가 그 집행의 역할을 떠맡아 추진한 타율적 구조조정이었다. 특히 재벌기업의 구조조정, 금융산업의 구조조정, 고용노사관계의 구조조정은 국가의 감독 아래 진행되어 왔다. 그러나 이러한 정부 주도의 기업구조조정이 나름대로 성과가 있었다.

제5절 그 동안 기업구조조정 과정

1. 우리나라의 기업구조조정

우리나라의 기업구조조정 역사는 추진 주체의 관점에서 볼 때 정부 주도형 기업구조조정으로부터 기업 주도형 기업구조조정으로 발전하고 있다. 이것이 신자유주의와 뉴노멀시대 정신에도 부합된다. IMF 이전에는 주로 정부 주도형 사업구조조정이 주종이였으나, IMF 구제금융 이후에는 기업자율에 의한 다양한 형태의 기업구조조정이 진행되고 있다. 향후에도 기업가치 극대화와 핵심역량 관점에서 기업 자율에 의한 기업구조조정이 더 증가될 것이다.

가. IMF 구제금융 이전 기업구조조정 정책

1) 1972년의 8 · 3 조치

정부는 경제의 안정과 성장을 위한 긴급명령 제15호(1972년 8월 3일)로 기업의 사채를 동결하고 금융기관 대출금리를 내린 바 있다.

사채동결을 통해 당장의 금융위기를 해결하고, 장기적으로 기업공개를 유도해 기업들의 직접자금 조달을 원활하게 만드는 방안을 강구하기 위한 것이었다.

긴급조치의 골자는 기업과 사채권자의 모든 채권채무 관계를 1972년 8월 3일을 기준으로 무효화시키고, 정부가 2000억 원을 마련해 기업이 은행에서 빌린 단기고리 대출금의 일부를 연리 8% 장기저리 대출로 대체해준다는 것이었다.

채무자는 신고한 사채를 3년 거치, 5년 분할상환 조건으로 상환하되 이자율은 월1.35%로 낮췄다. 당시 사채 평균이자가 월 3.84%였던 만큼 긴급조치로 인해 기업의 사채이자 부담이 3분의 1 수준으로 대폭 경감된 셈이었다.

박정희 대통령은 긴급명령과 함께 발표한 특별담화문을 통해 '허다한 기업들이 사채의 질곡에 허덕이고 있는가 하면, 또 한편으로는 일부 기업들이 탈세의 수단으로 위장사채를 보유하고 있는 현실은 선량한 기업보호뿐만 아니라 사회정화라는 견지에서도 마땅히 광정(匡正)되어야 한다'고 밝혀 고리사채 근절 의지를 재천명했다. 박 대통령은 또 '막중한 재정부담을 무릅쓰고 기업을 지원하는 이유가 기업의 이익만을 보장해 주려는 데 있는 것이 아니다'며 기업의 건실한 성장 없이는 경제발전과 국민생활의 향상을 기대할 수 없기 때문에 이 같은 긴급조치를 취하게 되었다'고 배경을 설명했다. 이와 같은 조치는 권력에 의한 재무구조조정(원금 상환유예 및 이자 탕감)이라 할 수 있다.

2) 1980년대의 산업합리화조치

1980년대 말의 산업합리화조치는 그 동안 정부주도의 경제운영과 관치금융에 의한 기업관리 방식 하에서 누적적자와 부채과다로 부실기업군이 급증하게 되자, 금융 및 세제지원을 통해 제3자 인수 및 자체 정상화의 방법에 의한 부실기업 정리조치였다. 산업합리화 정책은 경제운영정책이 차질을 빚게 되자 불가피하게 관련 법률 및 제도의 정비를 통해 부실기업들을 정리하기 위한 목적으로 시작된 것으로, 정부주도의 부실기업정리의 전형을 이루고 있다.

당시 부실기업의 개별정리방식으로는 도저히 감당할 수 없을 정도로 회수 불가능한 부실채권의 규모가 컸을 뿐만 아니라 기업에 자금을 지원한 금융기관들의 부실화마저 초래할 가능성이 높았기 때문에 이루어진 조치였다. 정부주도방식의 부실기업정리는 1969년에 청와대 부실기업 정리반이 설치되어 수차례에 걸쳐 부실기업정리를 단행한 것을 기점으로 1980년대 초에도 여러 번 시도된 적이 있었으나, 산업합리화정책과 같이 제도적 근거조항까지 마련하여 부실기업정리를 대대적으로 단행한 것은 처음이었다. 당시 극심한 불황상태를 겪고 있던 해운업과 조선업을 비롯하여 해외건설업체들이 잇달아 대규모의 적자상태를 보여 관련 금융기관들의 부실채권 규모가 급증하게 되었을 뿐 아니라, 정아그룹과 국제그룹과 같은 대규모 기업집단의 해체가 이루어지는 등 금융계 전반이 위기상황에 처하게 되자 그 동안 누적되어온 부실기업의 정리를 더 이상 미룰 수가 없게 되었고, 이에 대한 돌파구를 모색한 결과가 산업합리화 정책으로 나타난 것이다.

이러한 산업합리화조치에 따라 관 주도하에서 하나의 계열기업군이 무더기로 합리화 대상기업군으로 지정될 정도로 대규모의 부실기업의 정리가 집단적으로 이루어졌다. 제3자 인수는 말할 것도 없고 계열사를 매각하거나 재무구조개선을 위해 관계회사 흡수합병을 실시한 경우가 적지 않았다. 이밖에 기아특수강이나 한주통산과 같이 서둘러 기업공개를 추진하거나 태평양건설과 같이 건설업 면허반납으로 상장폐지된 경우도 있었다. 아울러 인수기업과 피인수기업에 대해서 금융 및 세제지원이 뒤따랐다는 점에 비추어 볼 때 부실기업정리 역사에서 독특한 위상을 차지하고 있다.

1986년 5월 9일에 처음으로 대한중기와 풍만제지를 포함하여 이들 기업을 각각 인수하게 된 기아산업, 기아정공, 기아써비스, 동우정기, 계성제지 등 7개사에 대해 산업합리화 대상기업 지정조치가 내려지면서 시작된 산업합리화조치는 이후 모두 5차례에 걸쳐 실시되었다. 1988년 7월 재무부가 국회에 제출한 자료에 따르면 1986년 5

월부터 1988년 2월까지 57개의 개별 부실기업들이 제3자 인수 등의 방법으로 정리되었다고 한다.

이러한 산업합리화에 대해서는 특혜시비와 부실화 책임전가의 문제가 심심찮게 제기되었다. 금융 및 세제지원을 통해 이들 부실기업을 인수하게 됨으로써 재계의 판도가 바뀌게 되었고 이에 대한 비판이 계속되었다.

이에 따라, 1990년대에 접어들어서는 산업합리화기업 지정방식의 정리방침이 지양되고, 대신에 관련 금융기관의 자율결정에 따라 부실기업의 처리가 이루어지는 새로운 기업구조조정 형태가 모색되기 시작하였다.

3) 1990년대의 주력업체제도

정부는 1991년부터 30대 그룹의 76개 계열사를 주력업체로 지정하고 이들에게 여신관리상의 바스켓관리, 자구노력 의무 등을 면제하였다. 1993년 들어서 주력업종과 주력업체를 선정하고 전문화 유도시책도 시행되었다. 구체적으로는 30대 기업집단을 중심으로 주력 업종 내에서 전업률 70%이상, 주력 업종 내 매출 10%이상인 기업 중에서 주력 업종을 자율적으로 선정하도록 하고 주력업종에 대해서는 여신관리 규제완화, 출자총액제한 완화 등 여신제한을 완화하였다.

그러나 주력업종전문화제도는 주력기업이 그룹의 자금파이프라인 구실을 하면서 여신관리제도만 왜곡시켰을 뿐 기업집단의 전문화 유도에는 실패하였다는 지적이 있다.

4) 부도유예협약

대기업의 연쇄 부도 사태를 막기 위해 1997년 4월 21일 35개 은행간에 체결된 “부실징후기업의 정상화 촉진과 부실채권의 효율적 정리를 위한 금융기관 협약”의 약칭이다. 일시적인 자금난을 겪는 기업이 금융기관들의 자금회수 공세로 도산하게 되는 사태를 막기 위해 도입됐다.

협약 적용대상 기업은 은행 여신(대출금+지급보증)이 2천5백억원 이상인 대기업으로, 주거래은행이 협약 적용을 위해 채권단 회의 소집을 통보한 날로부터 2개월(당초는 3개월)까지는 해당기업의 어음이나 수표를 부도처리 되지 않도록 하였다.

전국 35개 은행장은 1997년 9월 1일 은행회관에서 회의를 열고 부도유예협약을 적용 받으려면 경영권 포기각서 등 채권 확보서류와 인원정리 등에 대한 노조동의서를 미리 내야 한다는 내용을 골자로 한 부도유예협약 개정안을 처리했다.

연쇄부도파문 속에서 기업과 금융기관 양측에 모두 유익한 제도라며 실시된 부도유예협약이 4개월 만에 개정된 원인은 기아그룹에 대한 채권금융기관의 누적된 불만에서 시작되었다. 기아그룹 채권금융단은 부도유예협약에 따라 경영정상화를 위한 자금지원의 전제조건으로 줄곧 기아그룹 회장의 사표제출을 촉구했다. 하지만 회장과 노조는 강력한 유대관계를 바탕으로 거부하였다. 이 제도가 없었더라면 기아그룹은 이미 부도가 났던가 법정관리에 들어갈 운명이었다.

그러나 협약 개정에도 불구하고 부도유예협약을 적용 받았던 업체의 92%가 정상화되지 못하고 법정관리나 화의신청으로 귀착되는 등 협약의 실효성이 거의 없는 것으로 나타났다. 당시 부도유예협약의 적용을 받았다가 유예기간이 만료된 25개 업체 중 자력갱생을 추진하는 곳은 대농그룹의 (주)미도파와 기아그룹의 삼안건설기술공사 등 2곳에 불과하였다. 나머지 23개 업체 중 기아자동차, 아시아자동차,

대농, 대농중공업 등 주력업체 중심의 7개사는 법정관리로 귀착됐으며 나머지 16개사는 화의신청으로 변질됐다. 2개월간의 부도유예를 거쳐 기업의 회생을 도모한다는 부도유예협약의 원래 취지에 부합하지 못하였다는 지적이다. 부도유예협약이 갑자기 대기업군이 부도처리 되거나 무더기 화의신청이 이뤄질 때 발생하는 일시적인 충격을 완화하는 효과는 거둘 수 있지만 부도유예를 통해 기업을 회생시키는 효과는 거의 없었음을 알 수 있다. 오히려 2개월 안팎의 시간낭비 없이 곧바로 법정관리나 화의절차 진행으로 가는 것이 우리 경제의 불안심리를 최소화하는 데 도움이 되지 않았나 하는 지적이 있었다. 부도유예협약은 'workout 협약'에 의하여 폐지되었다.

나. IMF 구제금융 시기의 기업구조조정

1) IMF 구제금융의 발생배경

IMF 구제금융 이전의 부도기업들은 우선 건전기업에 비해 상당히 많은 부채를 조달하였다. 특히 계속적인 수익성의 악화로 부채조달 규모는 점점 상승하였고, 어느 정도의 단기지급능력을 보유하고 있었음에도 불구하고 이자지급부족과 부채상환능력의 부족으로 부도가 발생한 것으로 분석할 수 있다.

이와는 대조적으로 IMF 구제금융 이후 부도기업들은 단기간의 유동성 악화와 이로 인한 단기지급능력의 부족으로 수익회복능력이 있음에도 불구하고 부도가 발생한 것으로 보인다.

결국 IMF 구제금융 이전의 부도기업들은 현저한 재무상태의 악화로 부도가 날만한 기업이 부도가 난 반면, IMF 구제금융 이후의 부도기업들은 건전한 재무상태에도 불구하고 단기자금 융통에 실패함으로써 부도가 발생하였다. 기업 경영전략 차원에서 과거의 우리나라 기업들은 성장성 위주의 사업정책으로 주관하였으며, 재무적인 환경이 매우 악화되어 있었음을 알 수 있다.

이와 같은 결과로 비추어 볼 때 IMF 지원 체제하에서 기업의 부도원인은 과거의 안일한 경영전략으로 시작된 불안한 재무구조와 환경변화에 적응할 수 있는 대응력의 부족으로 부도가 발생한 것으로 볼 수 있다.

결국 한국경제의 위기는 이미 경제침체 속에 그 모습을 드러내고 있었고, 이러한 사실을 단적으로 보여주는 것이 1997년 초부터 시작된 재벌기업의 연속 부도사태라 할 수 있다. 여기에 외국자본 철수라는 외부적 요인이 결합되어 외환위기가 시작되었다. 그러나 외환위기가 단기 유동성 위기에 그치지 않고 전반적인 경제위기로 진행된 것은 정부의 성급하고 근시안적인 개방정책, 한국경제의 구조적인 문제, 특히 전근대적이고 비효율적인 재벌체제 그리고 취약한 금융구조 요인과「효율적인 부실처리 인프라」및 GB/BB분리원칙의 부재로 선제적으로 인지하고 대응하지 못한 요인 등이 중첩적으로 작용하여 발생하였다고 볼 수 있다. 이런 요인들에 의해 재벌은 더 이상 한국 경제발전의 선봉이 아닌 한국 경제개혁의 핵심적 대상으로 논의되었다.

2) IMF 구제금융 시기의 기업구조조정 정책

1998년 정부는 기업구조조정의 5대 기본과제를 선정하였다. 기업경영의 투명성 제고, 상호지급보증 해소, 재무구조의 획기적 개선, 핵심부문 설정, 지배주주 및 경영진의 책임강화 등이다.

그리고 5대 재벌(財閥)에 대해서는 재무구조개선약정, 빅딜을 추진하였고, 6대 이하 그룹과 중견기업(中堅企業)에 대해서는 기업구조조정 협약을 통하여 금융기관 주도하에 기업개선작업을 추진하였다. 그리고 중소기업(中小企業)에 대해서는 자체 구조조정 능력이 취약하고 채권금융기관의 수가 많지 않은 점을 감안하여 개별 금융기관 차원의 금융지원을 대폭 강화하는 방향으로 추진하였으며 자금난 해소 및 연쇄부도 방지에 역점을 두었다. 정부는 세계은행과 기업 · 금융 구조조정협의(consultation for corporate and financial sector restructuring)를 통해 기업 및 금융구조조정을 추진하였으며, 동 협의는 2000년 2월 성공적으로 종료되었다.

이하에서는 국민의 정부가 추진한 기업구조조정 정책에 대하여 살펴본다.

3) 대기업 사업부문 Big Deal에 의한 사업구조조정

빅딜은 IMF 구제금융 이후인 1999년에 추진되었지만 그 성격이 정부 주도형 사업구조조정이므로 IMF 구제금융 이전의 구조조정과 본질적으로 동일하다. 그 내용은 반도체, 정유, 발전설비 등 관련산업에서의 인수합병이 핵심이다. 빅딜은 7개 부문에서 진행되었다.

- 반도체 : 현대전자가 L G반도체를 인수
- 정유 : 현대정유가 한화에너지를 인수
- 발전설비 : 한국중공업 또는 현대중공업으로 일원화
- 선박용 엔진 : 한국중공업이 삼성의 선박용 엔진을 인수
- 철도차량 : 현대정공, 대우중공업, 한진중공업이 단일 법인으로 정리
- 유화 : 현대석유화학과 삼성종합화학이 합병
- 항공 : 항공부문은 삼성항공 대우중공업 현대우주항공 3사가 통합 조정함으로써 업종전문화를 유도한다는 차원에서 고안되었다.

이러한 빅딜은 동일업종 내 수평적 기업결합의 성격을 갖고 있다. 기업결합은 그로 인한 독과점에 따른 폐해를 능가하는 효율성 증대를 전제로 추진되는 것이다. 이 점에 관하여 빅딜은 표면적으로는 기업자율의 형식을 빌었지만 내용적으로는 철저하게 정부에 의해서 주도됨으로써 산업정책이 경쟁정책보다 우위를 점하여 시장의 경쟁을 훼손하였다는 지적이 있다.

4) 부채비율 200% 달성을 통한 재무구조개선

IMF 구제금융의 원인 중의 하나인 과다한 차입경영에 따른 불안한 재무구조를 개선하기 위하여 정부는 부채비율 200%의 가이드라인을 제시하고 각종 유인정책을 추진하였으며, 많은 기업들은 출자전환, 유상증자, 자산 매각 후 부채상환 등을 통하여 부채비율 200%의 신화를 이루어 냈다.

재무구조조정의 핵심은 1999년 말까지 부채비율을 200%이하로 낮추겠다는 것이었다. 5대 그룹 계열의 경우 자체적인 구조조정 능력을 보유하고 있는 점을 감안하여 주채권은행과 체결한 재무구조개선약정을 체결하고 이를 자율적으로 추진하도록 하였다. 그 결과 1999년 6월말 현재 5대 재벌의 부채비율은 302.2%(삼성 192.5%, SK 227.3%, LG 246.5%, 현대 340.8%, 대우 588.2%)였다. 현대와 대우를 제외한 3대 그룹의 경우 정부 정책에 부합하는 조치를 취한 것으로 볼 수 있다. 이와 같은 부채비율 낮추기는 실질적인 구조조정의 추진결과가 아니라는 비판이 있었다. 부채비율을 낮추는 과정에서 부실 계열사를 매각하거나 외자유치를 통해 부채비율을 축소하는 것이 바람직함에도 재벌들은 대부분 저금리에 의한 증시활황에 기댄 유상증자, 계열사간 순환출자, 자산재평가 등을 통한 부채비율 낮추기를 추진하였기 때문이다.

일반적으로 경제논리에 기초하지 않는 지시적 규제는 경제주체의 규제 회피행위를 부추길 수 있다. 실질적인 기업체질개선이 없이 단순히 부채비율을 낮추기 위하여 자산재평가와 순환출자를 동원하는 것도 지시적 규제에 대한 규제 회피행위이다. 5대 재벌 그룹은 1999년 2월 채권은행에 제출한 재무구조개선 이행계획서에서 자산재평가를 통하여 14조 7,000억원 상당의 차익을 자본으로 전입하여 부채비율을 낮췄다고 보고하였다. 결국 당시 금감위는 이러한 규제회피행위를 막기 위하여 1999년 3월 재평가 차액을 자기자본으로 전입하는 것을 금지시켰다.

또 순환출자의 경우에도 30대 기업집단의 내부 지분율이 1998년 4월 44.5%에서1999년 4월 50.5%로 크게 증가하였다. 이는 내부 지분율 중에서 계열사가 차지하는 비중이 급격히 늘어났기 때문이다. 내부 지분율 중에서 동일인 지분은 3.1%에서 2.1%로, 특수관계인 지분율은 4.8%에서 3.4%로 낮아졌으나, 계열사가 보유한 지분율은 36.6%에서 45.1%로 증가하였다. 이처럼 계열사 내부 지분율이 높아진 것은 순환출자를 통해 가공자본이 많이 늘어났음을 반증하는 것으로 해석되었다.

순환출자가 가능했던 배경에서는 1998년 공정거래법 개정으로 출자총액 제한제도가 폐지되었기 때문이다. 이 같은 규제 폐지는 기업의 구조조정 차원에서 결합재무제표의 도입, 기업지배구조의 개선, 외국인에 의한 적대적 M&A 허용 등이 추진됨에 따라 기업들이 무분별한 사업다각화를 할 가능성이 적어져 제도 유지의 법익이 적은 데다 외국기업에 비해 국내기업을 역차별하는 문제가 발생할 수 있다는 정책적 판단에 기초한 것이었다. 그 후 순환출자의 폐해가 다시 나타남에 따라 출자총액규제가 2001년 4월 다시 부활되었으나, 이는 기업 구조조정을 막는 걸림돌이 될 뿐이라는 재비판이 일어 "예외조항 인정"등의 조치를 통해 다시 완화되었다.

5) 회생절차와 워크아웃

1997~1998년간 법정관리와 화의 업체들이 대거 발생하였으며, 법원은 적극적인 M&A프로그램을 시행하였다.

법원 M&A에서는 회사의 수익력보다도 주가, 감자비율, 담보채권과 무담보채권 비율 등이 가격결정에 중요 요소가 되며, 2001년에 16개사, 2002년에는 17개사가 M&A를 통해 회생하여 법정관리에서 졸업시켰다.

6대 이하 그룹의 구조조정을 위하여 운영된 워크아웃 제도는 83개사가 활용하였으며, 2000년 아남반도체와 강원산업, 2001년에는 대우조선, 대우종합기계, 신원, 다이너스카드 등이 2002년에는 대우건설, 대우인터내셔널, 대우캐피탈, 신호제지 등이 정상화되었다.

6) 기업구조조정촉진법에 의한 기업구조조정 성과

2001년 9월 기업구조조정촉진법 시행 이후 '05.9월말까지 구조조정 대상인 부실징후기업으로 선정된 기업은 총 25개사였고, 자산규모별로는 1천억원 미만 기업 7개사, 1천억원~1조원 기업 13개사, 3조원 초과 5개사였다. 13개사가 구조조정을 종료하거나 중단하였으며, 경영정상화를 달성하여 채권단 관리를 종료한 기업이 5개사, 제3자에 매각된 기업 5개사 및 회사정리나 파산절차 개시로 채권단 관리 중단 기업이 3개사였다.

표1-8. 부실징후기업 구조조정 추진 현황('01.9~'05.9 기간중) (단위 : 개사)

부실징후기업 선정	관리 종료				구조조정 진행중	종료예정
	경영정상화	매각	중단	소계		
25	5	5	3	13	12	6

2005년 6말 현재 20개 부실징후기업의 자구계획 이행실적은 총 5.7조원이었다(2005년도에 선정된 4개사 및 채권단 지원 없이 구조조정을 중단한 1개사 제외). 부동산, 유가증권 등 자산매각이 2.6조원(45.8%)으로 가장 컸으며, 계열사 및 사업부문 정리 1.7조원(29.4%), 유상증자 1.2조원(21.4%) 등이었다. 기업별로는 하이닉스가 1.7조원으로 가장 많았으며, SK네트웍스 1.6조원, 현대건설 1.2조원으로 이들 3개사가 전체 실적의 81.2%를 차지하였다.

표1-9. 부실징후기업 자구계획 이행실적[1] (단위 : 억원, %)

기업명	자산매각	부동산	유가증권	기타자산	계열사 · 사업부문 정리	사업부문	계열사주식	유상증자	기타[2]	합계
금액 (구성비)	25,895 (45.8)	11,386 (20.1)	8,403 (14.9)	6,106 (10.8)	16,624 (29.4)	13,906 (24.6)	2,718 (4.8)	12,105 (21.4)	1,912 (3.4)	56,536 (100.0)

주 1) 졸업(중단) 기업은 졸업(중단)시점까지의 실적을 기준으로 함
2) 인원감축 및 경영개선 등을 통한 비용 절감액 등

다. IMF 구제금융 시기의 중소기업 구조조정

외환위기를 맞아 중소기업의 대량도산을 우려하여 정부지원이 대폭 증가하였다. 그 후 경제가 정상화된 후에도 지속되었다.

표1-10. 중소기업 지원예산 증가 추이 (단위: 백만원)

	중소기업 지원예산	전체 정부예산	중소기업 지원비율
1996	103,257	58,480,817	0.2%
1997	921,531	63,962,100	1.4%
1998	1,991,345	73,225,982	2.7%
1999	2,150,618	80,509,887	2.7%
2000	1,431,229	87,464,491	1.6%

(자료 : 재정경제부)

1996년 1,032억원으로 전체 정부예산의 0.2%였던 중소기업 지원예산은 1997년 1.4%로, 외환위기를 맞이한 1998년과 1999년에는 2조 원 수준인 2.7%로 상승하였다. 2000년부터는 1.6%로 하락하였으나, 글로벌 금융위기 이후인 2009년에 다시 증가한다(2009년의 예산 16조 9,486억원은 정부 총지출 301.8조원의 5.6%를 점유한다. 그 배경은 정책금융 지원 예산이 10조 8,657억원으로서 전년도의 4조1,553억원보다 6조 7,104억원 증액되었기 때문이었다)[36].

한편, 국내은행들은 2004년 7월 중소기업 워크아웃제도를 도입하여 '08.12월말까지 총 6,687개사가 워크아웃 대상기업으로 선정되어, 5,004개사는 워크아웃 종료되었으며, 추진중인 업체는 1,683개사 였다. 워크아웃 종료업체 중 경영정상화에 성공한 업체는 3,408개사이며, 부도발생 등으로 중단한 업체는 1,596개사였다(제7장 워크아웃 참조).

36) 김주훈, 김동석, 이시욱, 위기극복 이후의 중소기업 구조조정 : 외환위기 경험을 중심으로 KDI 2009

라. IMF 구제금융 체제가 우리나라 기업구조조정에 미친 영향

IMF 구제금융 체제 이후 우리나라 기업들의 경영방식은 큰 변화를 보여 왔다. 첫째, 사업구조 측면에서 선택과 집중(downscoping)이 관심사항으로 등장하였다. IMF 구제금융 체제 이전에는 과다차입 경영, 문어발식 경영이 부분적으로 성공하였다. 외형중심의 경영방식을 많은 기업들 특히 대기업들 사이에 보편적인 경영형태였다. 그러나 IMF 구제금융 체제를 거치면서 부채비율 하락, 정부의 빅딜 정책 등으로 해당기업의 강점이 있는 사업분야에 특화하는 모양이 두드러졌다. 이것은 한마디로 '선택과 집중'이다.

둘째, 재무구조 측면에서는 부채비율의 하락이다. 과다차입 경영에 따른 후폭풍을 뼈저리게 반성하고 재무적 안정성만이 기업의 계속성을 뒷받침한다는 신념이 상식이 되었다.

셋째, 지배구조 측면에서는 주주중시 경영이 제도적인 측면에서 보강되었다. 1999년 3월 민간으로 구성된 기업지배구조개선위원회를 통해 모범규약 초안을 작성하고 이를 공론화한 뒤에 법제화하였다. 사외이사제, 감사위원회 등 지배구조의 투명성과 소수주주권의 강화를 위한 조치가 이루어졌으며, 이 모든 변화를 주주중심 경영이라 할 수 있다.

표1-11. IMF 구제금융 체제가 우리나라 기업구조조정에 미친 영향

구분	IMF 체제 이전	IMF 체제 이후
사업구조	다각화	집중화
재무구조	차입 확대	차입 축소
지배구조	오너 중심	주주 중시

2. 2008년 글로벌 금융위기 시기의 기업구조조정

2008년 9월 리먼브러더스 파산 신청 및 AIG의 유동성 부족 사태 등을 계기로 글로벌 금융위기가 촉발되었다. 이로 인해 선진국 금융기관들이 위험관리를 강화하고 디레버리징을 가속화하자 국제금융시장에서 주가가 폭락하고 금리가 급등하였다. 특히 달러화 유동성 부족 현상이 발생하면서, 신흥시장국의 통화가치가 급락하고 해외에서의 자금조달 여건이 악화되었다. 국내에서도 외화자금 조달이 어려워지고, 신용경색 현상이 나타났다. 2008년 4분기부터 경제성장률이 마이너스로 들어섰으며, 자금사정이 취약한 중소기업만이 아니라 건설, 조선, 해운업 등 경기민감 업종, 과도한 기업인수(M&A) 부채를 안고 있는 그룹들에서 대규모 기업 부실이 우려되었다.

2008년의 구조조정은 외환위기 당시에 이미 부실화된 다수 기업을 사후적으로 대규모 정리하던 방식과 달리, 부실이 현재화되지 않은 기업을 선제적 · 예방적 차원에서 추진한다는 차이점이 있었다[37].

정부는 2008년 10월 은행의 대외채무 지급을 보증 조치하였고, 10월 "가계 주거부담 완화 및 건설부문 유동성 지원 · 구조조정 방안"을 발표하였으며, 2008년 12월 9일에는 기업구조조정 추진방향 및 추진체계를 발표하였다.

가. 추진방향

- 기업구조조정은 기업 살리기에 중점을 두고 추진하되, 회생가능성이 없는 기업은 신속히 정리 다만, 외환위기시와 같이 이미 부

37) 금융감독원, 글로벌 금융위기 이후 기업구조조정, 2010.12.

실화된 기업에 대한 일괄적 구조조정이 아닌 개별 기업 및 그룹별로 구조조정을 추진하되 필요한 경우 산업별로도 대응

- Fast Track Program(FTP), 대주단협약 등을 적용받고 있는 일시적 유동성 부족 기업에 대해서는 금융지원과 구조조정을 병행 추진
- 은행자본확충펀드 4조원을 지원하고, 구조조정기금(2009년 20조원)을 활용한 부실 부동산 PF 및 금융회사 부실채권 정리 등을 유도, 미분양 부동산펀드 조성을 통한 건설업 유동성 지원
- 원활한 보증서(해외건설계약 등) 발급을 지원하고, 해운업 구조조정을 위해 구조조정기금을 활용한 선박펀드 조성
- 워크아웃 업체에 신규자금 지원시, 충당금 적립 부담을 완화(50%수준)하는 등 채권은행의 신속한 자금지원 유도(은행업 감독규정 개정, 2009. 6월)
- 기업재무안정 PEF 도입 등을 내용으로 하는 자본시장법 개정(2010.3월)

나. 대기업 구조조정

외환위기 당시 부채비율 200%를 달성하는 약정으로 운영되었던 주채무계열 제도가 2005년 11월에 주채무계열 재무구조개선 운영준칙으로 체계화되어 있었다. 2009년 말에 국제회계기준 도입(2009년부터 자발적 조기 적용 가능) 및 지주회사화 현상에 따라 운영준칙이 보완 개정되었다.

기업구조조정촉진법에 따른 채권금융기관 간 이견이 있는 경우 조정 역할을 수행하는 채권금융기관 조정위원회의 권한을 강화시켰다.

2009년 2월 은행연합회는 조정위원회의 권한 강화를 위해 '기업구조조정 촉진을 위한 채권은행 협약'을 제정하였다. 조정위원회가 주채권은행을 통해 부실징후기업의 구조조정 진행 상황을 파악할 수 있도록 하고, 필요시 조정신청 이전에 주채권은행으로 하여금 조정위원회에 의견 제시를 요청할 수 있도록 하였다. 2009년 6월 9개 대기업 그룹과 재무구조개선 약정을 체결하였고, 업종별로는 경기순응 업종 277개사 중 46개사(C등급 32사, D등급 14사)를 구조조정 대상으로 선정하였다.

다. 중소기업 구조조정

2008년 9월 이후 신규 대출취급 및 연체발생 상황에 대한 모니터링을 하면서 9월 11일 중소기업 금융애로상담센터를 설치하였다. 각 은행에도 금융애로 상담반을 운영하고, KIKO거래은행에 대한 현장점검을 실시하였다. 10월 13일부터 FTP을 시행하였다.

2009년 6월 11일에 경기 순응업종 대기업의 신용위험 평가가 종료됨에 따라, 기업재무개선지원단은 6월 23일 중소기업 구조조정 추진계획을 발표하여 3차에 걸쳐 중소기업 구조조정을 추진하였다.

◎ 중소기업 신용위험평가

중소기업의 경우 업체수가 많고 이용가능한 정보도 제한적인 점을 감안하여 여신규모 등에 따라 순차적으로 신용위험평가를 실시하였다[38].

38) 중소기업 구조조정 추진계획,2009.6.22.금융위원회/금융감독원 보도자료

1차 신용위험평가는 여신규모 50억원 이상 500억원 미만 외감법인 10,738개사 중 재무적 요인(3년연속 영업현금흐름 적자, 3년연속 이자보상배율 1미만, 요주의 이하 업체)을 기준으로 선정된 861개 업체를 세부평가 대상으로 7월 15일까지 진행되었다. 이중 113개사 (C등급 77사, D등급 36사)를 구조조정 대상으로 선정하였다. 이들 C/D 등급에 대한 은행권 총 신용공여액은 1조 6,316억 원으로서, 은행의 대손충당금 추가적립 예상액은 약 2,700억원 수준이었다.

2차 신용위험평가에는 여신 규모 30억원 이상 50억원 미만 외감법인과 1차 평가 대상 중 연체와 부도 등 질적 요인 미적용 기업을 대상으로 9월 30일까지 진행하였다. 2차 평가시에는 질적 요인을 추가하여 평가함에 따라서 대상기업 수는 1차 평가(861사)의 약 2배 수준인 1,461개사로 증가하였다. 평가 결과 총 174개사가 구조조정 대상으로 선정되었다. 2차 대상기업에 대한 은행권 총 신용공여액은 2조 5,428억원이며, 대손충당금 추가적립 예상액은 약 3,800억원 수준이었다.

3차 평가에서는 여신규모 30억원 이상 비외감 및 개인사업자와 여신규모 10억원에서 30억원의 외감법인 1,842개사를 대상으로 2009년 12월 15일까지 진행되었다. 3차 평가에서는 평가 누락 기업(725개사)를 모두 포함하여 평가하였다. 그 결과 총 225개사가 구조조정 대상으로 선정되었다. 3차 대상기업에 대한 총 신용공여액은 1조 8,534억원이며, 대손충당금 추가 적립 예상액은 약 3천억원 수준이었다. 3차례에 걸치 신용위험평가 결과 C등급 291사가 워크아웃 대상에 포함되었으며, D등급 221개사는 회생절차 등을 밟게 되었다. 291개사 중 2010년 12월 말 현재 워크아웃 진행중인 업체는 134개였고, 나머지 157개사는 졸업 또는 중단하였다.

표1-12. 2009년 중소기업 신용위험평가 결과 (단위: 개,%)

	총 업체수	세부평가업체수	C등급	D등급	C/D합계(비중)
1차(50억원 이상)	10,738	861	77	36	113(13.1)
2차(30-50억원)	15,618	1,461	108	66	174(11.9)
3차(10-30억원)	21,366	1,842	106	119	225(12/2)
합계	40,734	4,164	291	221	512(12.3)

(자료 : 금융위원회, 금융감독원)

2009년의 신용위험평가 결과 공동 워크아웃 대상기업에 대해 일부 은행이 평가대상에 포함되지 않는다고 주장하는 등, 공동 워크아웃에 애로가 있었다. 특히 주채권은행이 신용위험평가를 실시하지 않을 경우 선제적인 구조조정을 실기할 가능성이 있었다. 아울러 중소기업 특성을 반영한 평가기준이 마련되지 않아서 평가의 실효성이 저하되고 있었다. 비 외감 중소기업과 개인사업자에 대해서도 재무평가 항목만으로 대상을 선정함에 따라 재무제표 신뢰도가 낮은 중소기업이 평가대상에서 누락될 가능성이 있었다. 평가항목도 대기업의 것을 적용함에 따라 평가의 신뢰성이 저하되었다.

이에 전국은행연합회는 2010년 6월 14일 중소기업 신용위험 상시평가를 위한 은행권 공동의 기준을 마련하여, 신용공여 합계액 500억원 미만 법인 및 개인사업자에 대한 신용위험평가 시 적용하였다.

□ 주요내용

<절차>

○ 채권은행은 기본평가 및 세부평가를 실시하여 평가결과에 따른 사후 관리실시

- 부실징후기업으로 분류된 기업은 주채권은행에 통보

- 주채권은행은 부실징후기업에 대하여 채권은행 공동관리 또는 회생절차 추진

<대상기업>

○ 신용공여 합계액이 500억원 미만인 법인 또는 개인사업자 중 개별은행 신용공여 30억원 이상인 기업

<기본평가주기>

○ 정기평가대상기업* : 매년 1회 평가(7월말까지)

* 매년 5월말 채권액 기준으로 당해 채권은행 채권액 50억원 이상인 기업

○ 수시평가 대상기업* : 분기별 평가(5, 8, 11, 2월말까지)

* 매 분기말(3, 6, 9, 12월말) 채권액 기준으로 당해 채권은행 채권액이 30억원 이상인 기업

○ 기본평가 후 신용위험도가 높은 기업을 세부평가 대상기업으로 선정

<세부평가>

○ 대상기업에 대해 기본평가 후 3개월(수시 2개월)* 이내 평가 완료

* 정기평가 대상기업 : 10월말까지 , 수시평가 대상기업 : 7, 10, 1, 4월말까지

○ 대상기업을 외감기업, 비외감기업, 개인사업자로 구분하여 산업 및 영업위험, 경영 · 재무위험 및 현금흐름 등 평가

<평가결과에 따른 조치>

○ A등급(정상적인 영업이 가능한 기업) 및 B등급(부실징후기업이 될 가능성이 큰 기업) : 필요시 개별 채권은행 자체 조치

○ C등급(부실징후기업에 해당되나 경영정상화 가능성이 있는 기업) : 협약에 따라 채권은행 공동관리 등 진행

○ D등급(부실징후기업에 해당되며 경영정상화 가능성이 없는 기업) : 회생절차 등 진행

2010년의 신용위험평가에서는 신용공여액 50억원에서 500억원의 1,290사를 대상으로 외감기업 946개사는 8월 1일부터 9월 16일까지, 비외감 기업 344개사는 9월 20일부터 10월 20일까지 진행하였다. 평가결과 121개사 (C등급 49개, D등급 72개)가 구조조정 대상으로 선정되었다. 대상기업에 대한 은행권 총 신용공여액은 1조 3,520억원으로, 대손충당금 추가 적립 예상액은 2,980억 원 수준이었다.

표1-13. 2010년 중소기업 신용위험 평가 결과 (단위: 개,%)

	세부평가업체수	C등급	D등급	C/D합계(비중)
정기평가	1,290	49	72	121(9.4)
2분기 수시평가	504	40	74	114(22.6)
합계	89	106	146	235(13.1)

(자료 : 금융위원회, 금융감독원)

1) 중소기업 보증확대

2009년 2월에는 보증지원 확대 및 은행대출 만기 연장 등을 추진하였다. 신용보증기금 등 4개 보증기관은 원칙적으로 만기 도래 보증을 전액 1년 간 연장하고, 보증 심사기준과 한도를 완화하였다. 아울러 상생협력보증 프로그램 활성화, 수출기업, 녹색성장기업 등 핵심분야에 대한 보증 비율(95%에서 100%로) 및 보증한도 확대(30억원에서 100억원으로)을 추진하였다.

무역보험공사도 3,500개 수출기업의 만기 도래 보증분 1.5조원을 만기 연장하였으며, 수출신용보증 지원 총액을 1.5조원으로부터 6조원으로 증액하고, 보증심사 시의 재무제표 기준을 완화하였다. 금융위원회와 감사원은 보증업무 처리 임직원의 면책기준을 마련하였다.

보증지원 조치로 2009년의 신규 보증규모는 전년도의 17.6조원

대비 38.4조원으로 급증하였다. 이러한 보증확대 조치는 2010년부터 단계적으로 정상화되었다.

2) 중소기업 대출

정부는 2008년 11월 은행권과 대외채무 지급보증 양해각서를 체결하면서, 중소기업대출 목표비율을 반영시켰다. 은행별로 최근 3년간 중소기업대출 평균보다 높은 수준의 목표비율과 목표금액을 설정하고, 2009년 말까지 준수하도록 명시하였다. 양해각서는 2009년 말 만료하였는데, 2009년 중 18개 국내은행의 중소기업대출 취급비율이 67.6%로서, 목표비율 50.4%를 초과하였다.

2009년 2월 은행들은 2009년 만기 도래하는 중기 대출을 1년 간 전액 만기연장하기로 자율 결의하여 중소기업 대출 만기연장 가이드라인을 채택하였다. 그 내용을 보면 보증서 담보대출에 대해 보증기관의 보증 연장조치와 동일하게 전액 1년 간 만기연장을 하되, 휴폐업, 부도와 폐업, 대위변제, 대지급금액 미회수 기업 및 허위자료 제출 기업은 제외하였다.

비보증대출도 전액 1년 간 만기연장을 원칙으로 하되, 보증서 담보대출의 만기연장 제외사유에 해당하는 기업 및 보증대출을 제외한 여신이 연체 중인 기업은 연장대상에서 제외하였다.

은행의 만기연장은 당초 2009년 말까지 시행할 계획이었으나 6개월 연장되었다. 은행의 월 평균 중소기업대출 만기연장률은 2008년 88.2%에서 2009년 91.7%로 크게 상승하였으며, 2010년 상반기에도 91.0%의 안정적 수준을 유지하였다.

3. 2015년의 기업구조조정

기획재정부의 2015년 경제정책 방향에서는 선제적이고 시장 친화적인 기업구조조정으로 경쟁력을 향상시킨다.

일반 기업에는 혁신역량 강화, 선제적 구조조정 등을 촉진할 수 있도록 M&A관련 세제 등 제도 개선을 추진하고, 기업이 신 사업분야 진출을 위해 사업재편시 절차 특례등을 패키지로 지원할 수 있도록 특별법(가칭 : 사업재편지원 특별법)을 제정한다. 사업재편 업종에 전직 지원을 강화하고, 필요 시 취약업종 밀집지역에 대한 맞춤형 고용지원을 추진한다. 일본의 경우 산업활력법을 1999년에 제정하여 기업의 사업재편에 대하여 절차 특례 및 세제 금융지원을 패키지로 제공하였다. 2015년 1월 26일 전국 상공회의소 회장단은 부총리 초청 간담회에서 사업재편지원 특별법의 조속한 입법을 호소하였다.

한계기업에 대해서는 주요 경기민감산업의 과잉공급 조정 및 경쟁력 강화를 지원한다. 건설업에는 부실업체 조기경보 시스템, 구조조정기업 시공능력 재평가를 공시한다. 해운업에는 해운보증기구를 본격 운용하고, 선박금융 클러스터로서 부산에 해양금융종합센터와 캠코선박운용(주)가 출범 · 이전하였다. 조선업에는 채권단 관리 조선사를 조기 정상화한다.

한시법인 기업구조조정촉진법을 보완한 상시 입법을 통해서, 부실징후기업에 대한 안정적 구조조정을 추진한다. 경기 악화에 대비하여 기업재무안정 PEF 활성화 등 시장 친화적인 기업구조조정 지원 방안을 마련한다(제9절 기업형태별 기업구조조정 참조).

제6절 기업구조조정의 목표

기업구조조정의 목표는 단기적, 중기적, 장기적 목표로 나누어 볼 수 있다. 단기적 목표는 기업의 생존이며 중기적 목표는 기업의 경쟁력 강화를 통한 성장이고 장기적이고 궁극적인 목표는 기업가치 제고이다.

이러한 기업구조조정의 단계별 목표는 기업의 사정에 따라 달라진다. 부도직전의 기업은 기업의 생존과 회생에 목표를 두어야 한다. 그러나 우량기업은 단기적인 측면의 구조조정보다는 중 · 장기적인 관점에서 구조조정을 추진해야 할 것이다.

1. 단기적 목표 - 기업의 생존

기업구조조정은 변화하는 비즈니스 환경에 적응, 생존하기 위해서 상시적으로 추진해 나가야 하는 과제로서 일상적 기업활동이다. 즉 소비자의 욕구 변화, 기업간 글로벌 경쟁과 산업구조의 디지털화 추세에 능동적으로 대처하기 위하여 기업이 취하여야 할 생존법이라고 할 수 있다.

기업구조조정은 새로운 경쟁력의 원천을 찾기 위한 사업 · 조직 · 인력 · 재무 · 경영시스템의 구조적 혁신과정으로 이러한 기업구조조정을 통한 기업전반의 개혁이 있어야만 기업의 생존과 성장이 보장될 수 있다.

기업구조조정은 일회성 조치가 아니며 기업이 존재하는 한 계속되어야 한다. 즉 일시적으로 행하여지는 조치가 아닌 과거 부실과 비효율을 제거하고, 현재의 경쟁력을 높여가면서, 미래에도 대비하는 연속적인 경영활동이라고 할 수 있다.

이러한 기업의 생존을 목표로 하는 기업구조조정은 모든 기업들이 지향할 목표이나 부실기업의 경우에 특별히 강조되는 목표이다. 부실기업의 경우 대부분 경영의 비효율성이 결국 재무적 위기로 나타나 있는 경우가 많다. 기업의 생존은 재무적 위기에 처해 있을 때 가장 크게 위협받는다. 재무적 위기를 극복하기 위한 방안으로 행해지는 재무구조조정은 생존을 위한 기업구조조정의 방법 중 가장 중요한 방법이다.

2. 중기적 목표 - 기업 경쟁력 강화를 통한 성장

기업의 경쟁력이란 동일 또는 유사업종에 속하는 기업들과의 사업에서 승리할 수 있는 우월적 힘, 즉 경쟁우위(competitive advantage)라고 할 수 있다. 기업의 경쟁력에는 기술경쟁력, 품질경쟁력, 서비스경쟁력, 판매경쟁력 등이 있다. 경쟁력을 구성하는 요소로는 경쟁자의 수, 가격(Price), 품질(Quality), 서비스(Service)가 중요하다.

기업이 보유한 자원과 능력은 ①가치있고(valuable), ②드물고(rare), ③모방이 어려우며(costly to imitate), ④대체 불가능한(non-substitutable) 조건을 충족해야 핵심역량(core competence)이 되며 경쟁우위를 발휘할 수 있다. 이러한 핵심역량은 M&A 등을 통해 습득할 수 있고(이를 “자원습득형 핵심역량”이라 한다), 선택과 집중(downscoping)을 통해 능력을 구축할 수도 있다

(이를 "능력구축형 핵심역량"이라 한다).

기업구조조정의 차원이 '헌옷을 자꾸만 빠는 것'에서는 미래가 없다. 생존차원의 구조조정을 넘어 진정한 의미의 기업경쟁력 강화에 대한 노력이 필요하다.

경쟁력은 여러 가지 방법으로 창출될 수 있다. 우선 기업 스스로는 경쟁력을 강화하기 위한 다양한 기업구조조정을 추진해야 한다. 사업의 경쟁력을 확보하기 위해서는 사업구조조정을 추진해야 하고, 조직의 경쟁력을 갖추기 위해서는 조직구조조정을 추진해야 한다. 인력의 경쟁력을 구축하기 위해서는 인력의 질적인 측면과 양적인 측면의 구조조정이 필요하다. 그리고 국가는 기업들이 글로벌 경쟁에서 승리할 수 있도록 제도적 뒷받침을 하여야 한다. 금융지원 시스템의 확립, 산업 간의 유기적 협조체제 등 많은 과제가 있으며 다양한 정책들이 효과적으로 추진될 때 기업의 경쟁력은 더욱 강화될 것이다.

3. 장기적/궁극적 목표 – 기업가치의 극대화

글로벌경제시대를 맞아 경쟁이 치열해지고 기업경영의 투명성이 강조되면서 이제는 기업의 가치를 고객들이 직접 평가하고 경영에 영향을 미칠 수 있는 단계에 이르렀다. 즉 오늘날 기업의 가치는 여러 가지 평가지표에 의해 평가되고 공개됨으로써 고객들의 선호도를 자극하고 이에 따라 기업의 매출실적 변화나 주가의 변동도 직접 영향을 받고 있기 때문이다. 따라서 경영자들은 기업가치를 최대한 높이는데 중점을 두는 가치 중시의 경영전략을 구사할 수밖에 없다.

기업가치를 극대화하기 위해 경영자는 기업의 수익성을 높여야 하고 장기적으로는 성장성을 향상시킬 수 있는 전략을 추구해야 한다. 수익성(profitability)은 매출이익률 또는 투자자본수익률(rate of return on invested capital, ROIC)로 측정되며 이 비율은 기업의 순이익을 매출액 또는 총투자자본으로 나누어 산정할 수 있다. 성정성은 장기적인 순이익 또는 매출의 증가율로 측정될 수 있다. 일반적으로 수익성과 성장성이 높은 기업은 가치가 상승하여 주주를 포함한 그 기업의 이해관계자에게 높은 수익을 안겨준다(Hill, 2011)[39].

그림1-17. 기업가치 결정요인

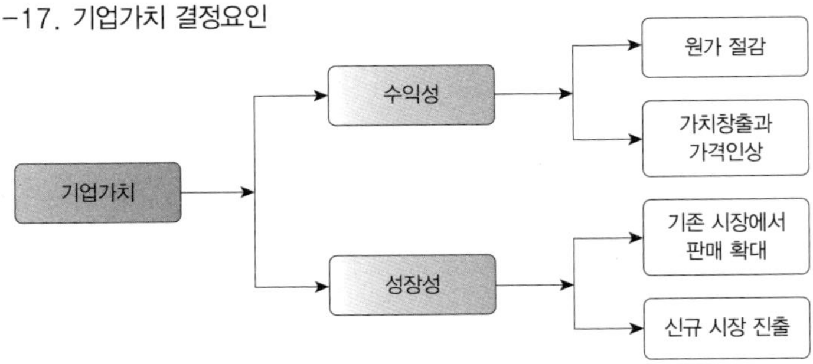

(자료 : C. Hill(2011), Global Business Today, 7th edition, McGraw Hill : New Yotk)

지난날 우리나라 기업들은 기업영업의 다각화라는 명분 아래, 자신의 핵심역량과는 무관한 비전문적인 분야에까지 무분별하게 참여함으로써 여러 분야에서 과잉 중복투자를 유발시켰고 이로 인한 경영악화는 기존사업의 경쟁력마저 약화시키게 되었다. 이러한 한국경제의 체질 자체를 바꾸려면 기업경영방식에 대한 대전환이 필요하며, 이런 대전환의 요체는 기업가치 극대화를 목표로 하는 공유가치창조경영이라고 할 수 있다(본장 제1절-1-다 전술 참조).

기업의 가치란 일반적으로 그 기업이 앞으로 벌어들일 미래 현금흐

39) 이철, 글로벌경영(2012) 참조

름의 현재가치이다. 따라서 부가가치는 기업이 생산과 판매라는 본원적인 활동을 통해 자본비용 이상으로 얼마만큼의 현금흐름을 창출하였는가를 의미한다. 이러한 기업의 가치를 중심으로 하는 경영은 승부사업 육성과 한계사업 철수를 위한 사업구조조정 및 사업가치와 직결되는 업무를 개선하기 위한 조직, 인력구조조정 등 기업구조조정과 밀접한 관련이 있다.

기업가치 극대화와 관련하여 경기순환 주기상 정점에서 신주를 발행하거나, 경기 저점에서 자사주를 매입하는 방안 등 적절한 재무전략을 구사하는 것도 기업가치 극대화의 방안이 될 수 있다. 더 나아가 M&A 측면에서 접근하여 경기 고점에서 자산매각을 추진하고 저점에서 기업인수를 추진하는 것도 대안이 될 수 있을 것이다.

제7절 기업구조조정을 위한 기업가치 분석

1. 기업가치평가의 의의

기업가치란 기업이 보유한 유무형의 수익창출 능력을 현재가치로 평가한 것을 말한다. 또한 회계 측면에서 기업가치는 타인자본의 가치와 자기자본의 가치의 합으로 나타내어지며 법률적 청구권의 관점에서는 채권자의 가치와 주주의 가치로 나누어 볼 수 있다. 대부분 정상기업의 부채가치는 정해져 있으므로 기업가치의 극대화는 주주가치의 극대화라고 말할 수 있다.

엄밀한 의미에서 기업의 가치를 정확하게 계산하는 방법이란 존재하지 않는다. 왜냐하면 어떤 기업의 가치란 그 기업의 미래의 경제활동에 의해 결정되는 데, 이를 정확하게 평가하는데 필요한 변수가 너무 많을 뿐더러, 불확실성도 매우 높기 때문이다.

2. 기업구조조정과 기업가치평가

기업경영자는 장기적으로 자본비용 이상의 수익을 올림으로써 '채권자 및 주주 가치 극대화'를 위하여 모든 기업활동에 집중한다.

그런데 기업가치 극대화라는 관점은 부실기업과 정상기업이 다르다. 부실기업의 경우에는 채권자 가치의 중요성이 크게 부각된다. 부실기업이란 주로 차입금 상환능력이 상실, 우려되는 기업이다. 그러므로 주주가치를 고려할 여유가 없이 채권자 가치를 극대화하는 것이 급선무이다.

그러나 정상기업의 경우에는 주주가치 극대화를 위한 기업구조조정 및 구조개선이 가능하다. 손익계산서에는 임직원, 채권자, 정부 및 주주들의 청구권이 순차적으로 차감되도록 되어 있다. 임직원의 가치란 매출원가인 노무비 또는 판매관리비인 급료로 처리된다. 채권자의 가치는 영업외 비용인 이자로서 지급된다. 정부의 가치는 법인세 등 제세공과금으로, 주주의 가치는 배당금으로 각각 표시되는 것이다. 정상기업의 경우에는 임직원, 채권자, 정부의 가치는 그다지 변동되지 않는다. 임직원의 가치는 임금협상의 결과로서 임금이 책정되고, 채권자의 가치는 차입 시 채권자에게 약정한 금리를 주면 그만이다. 그리고 정부의 가치도 법인세 등의 큰 변동 없이 고정되어 있다. 그러므로 기업가치의 많고 적음에 가장 큰 이해관계가 있는 당사자는 최후순위자인 주주이다. 그래서 기업가치 극대화는 정상기업에 관한한 주주가치 극대화로 이어지는 것이다.

기업가치 극대화를 달성하기 위한 경영전략은 영업현금흐름의 극대화와 자본비용의 최소화로 요약된다.

$$\sum_{t=1}^{n} \frac{FCF_t}{(1 + WACC)^t}$$

→ 영업현금흐름의 최대화 (분자)

→ 자본비용의 최소화 (분모)

이와 같이 기업가치는 기업구조조정에서 목표로서의 의미를 가지고 있으면서 다른 한편으로는 수단으로서의 의미를 가지게 되는데, 예를 들어 사업구조조정 차원에서 기업구조조정 수단으로 M&A를 한다고 할 경우 적정 매도가격 수준의 판단은 기본적으로 기업가치의 평가에 기초하게 된다. 이외에도 적정차입금의 산출을 통한 초과차입금의 출자전환 등을 위한 재무구조조정이나, 기업회생절차에서 청산가치 및 계속기업가치의 산정을 통한 기업회생절차 개시결정 등이 기업구조조정과 관련된 기업가치평가의 필요 분야이다. 또한 기업구조조정 및 구조개선을 하기에 앞서 기업의 어떤 부분이 이상이 있는지 비효율적인지 또는 부실화되었는지 진단하는데도 유용하게 활용할 수 있다.

실패한 기업의 7가지 습관에 의하면[40] 실패한 기업은 일반적으로 매출액이 투하자산보다 적고, 매출액영업이익률이 급격히 떨어지며, 영업이익이 금융비용 보다 작고, 장기부채상환능력 등 원금상환능력이 악화되고, 현금유입액이 현금유출액 보다 작으며, 단기부채의존도가 100%를 초과하고, 부실 이전 2개월 전까지 주가가 시장평균보다 급락하는 특징을 보였다. 이러한 기업들의 습관들을 기업가치평가 분석과

40) LG경제연구원, 실패한 기업의 7가지 습관, 2000.5.

진단을 통해 도출해 내고 기업구조조정 전략에 반영 할 수 있을 것이다.

1997년 IMF 구제금융과 2008년 글로벌 금융위기 시기에 기업의 부실화 과정을 보면, 영업활동 부문에서 매출이 부진하거나 급성장한 경우 재고자산매출채권 누적 및 급증, 영업현금흐름 악화, 단기 자금조달, 재무적 유연성 감소로 이어지면서 부실화되었으므로 상대적 수익성과 영업 변동성과 기업의 규모 및 성장에 유의하여 분석, 진단하여야 할 것이다. 투자활동 부문에서 투자수익률이 자본비용에 못 미치는 비효율적 투자가 발생한 경우 낮은 수익성, 영업현금흐름 악화, 단기 자금조달, 재무적 유연성 감소로 이어져 부실화되고, 문어발식 과도한 투자가 발생한 경우 영업활동과 투자활동 현금흐름의 부의 현금흐름, 차입금 의존도 증가, 재무적 유연성 악화로 이어져 부실화되었으므로 자산의 상대적 유동성과 자산회전율에 유의하여 분석, 진단하여야 할 것이다. 또한 재무활동 부문에서 시설투자 자금을 대부분 단기차입금에 의존한 경우 고정장기적합률 증가, 재무적 유연성 감소로 이어져 부실화되고, 영업활동 및 투자활동을 위한 자금을 주로 차입금에 의존한 경우 부채비율 증가, 재무적 유연성 악화로 이어져 부실화되었으므로 부채 및 단기부채의 상대적 비율에 유의하여 분석, 진단하여야 할 것이다.

가. 사업구조조정과 M&A를 위한 기업가치평가

사업부문별 가치를 산출하여 사업가치가 낮은 사업부문의 경우는 철수대상으로 하고 높은 부문에는 지속적인 투자를 고려하기 위하여 사업부문별 기업가치를 평가할 수 있다. 이 경우에는 수익가치 방식으로 기업가치를 산정하는 경우가 많다. 사업부문별 기업가치평가에서는 공통된 비용들을 각 사업부문에 공정하게 배분하는 것이 중요하다.

합병(Merger)의 경우에는 상장법인 간 합병, 상장법인이 비상장법인을 합병하여 상장법인이 되는 경우, 비상장법인이 상장법인을 합병하여 비상장법인이 되는 경우 등 여러 가지 조합이 있다. 그러나 합병가액 산정 방법은 상장법인 간 합병과 상장과 비상장법인간의 합병 등 2가지로 구분된다.

상장법인 간 합병은 시가에 근거하지만 비상장법인이 개입될 경우 자본시장법은 가액의 적정성에 대하여 외부평가기관의 평가를 의무화하였다.

1) 평가기관

자본시장법 시행령 제176조의5(합병의 요건 · 방법 등)

④ 주권상장법인이 주권비상장법인과 합병하여 주권상장법인이 되는 경우에는 다음 각 호의 요건을 충족하여야 한다.

1. 합병가액의 적정성에 대하여 제7항에 따른 외부평가기관의 평가를 받을 것. 다만, 다른 회사의 발행주식 총수를 소유하고 있는 회사가 그 다른 회사를 합병하면서 신주를 발행하지 아니하는 경우에는 그러하지 아니하다.
2. 합병의 당사자가 되는 주권상장법인이 법 제161조 제1항에 따라 주요사항보고서를 제출하는 날이 속하는 사업연도의 직전사업연도의 재무제표를 기준으로 자산총액 · 자본금 및 매출액 중 두 가지 이상이 그 주권상장법인보다 더 큰 주권비상장법인이 다음 각 목의 요건을 충족할 것
   가. 법 제390조에 따른 증권상장규정에서 정하는 재무 등의 요건
   나. 감사의견, 소송계류, 그 밖에 공정한 합병을 위하여 필요한 사항에 관하여 상장규정에서 정하는 요건

⑥ 주권상장법인이 다른 법인과 합병하여 주권비상장법인이 되는 경우에는 제7항에 따른 외부평가기관의 평가를 받아야 한다. 다만, 합병의 당사자가 되는 법인이 모두 제1항제1호에 따라 합병가액을 산정하는 경우 또는 제4항제1호 단서에 해당하는 경우에는 그러하지 아니하다.

제176조의6(영업양수 · 양도 등의 요건 · 방법 등)

③ 법 제165조의 4 제2호에 따른 중요한 영업 또는 자산의 양수 · 양도, 같은 조 제3호에 따른 주식의 포괄적 교환, 포괄적 이전(「상법」 제360조의2 및 제360조의15에 따른 완전자회사가 되는 법인 중 주권비상장법인이 포함되는 경우와 완전모회사가 주권비상장법인으로 되는 경우만 해당한다) 또는 법 제165조의 4 제4호에 따른 분할합병을 하려는 경우에는 각각 영업 또는 자산의 양수 · 양도 가액, 주식의 포괄적 교환 비율, 포괄적 이전 비율 또는 분할합병 비율의 적정성에 대하여 외부평가기관 (제176조의5제9항에 따라 합병에 대한 평가를 할 수 없는 외부평가기관은 제외한다)의 평가를 받아야 한다. 다만, 중요한 자산의 양수 · 양도 중 증권시장을 통한 증권의 매매, 자산의 경매 등 외부평가기관의 평가 필요성이 적은 자산의 양수 · 양도로서 금융위원회가 정하여 고시하는 경우에는 외부평가기관의 평가를 받지 아니할 수 있다.

외부평가기관이 「자본시장과 금융투자업에 관한 법률」 시행령 제176조의5 및 제176조의6에 의한 평가업무를 수행함에 있어 준수해야 할 사항들을 정함을 목적으로 공인회계사회, 감정평가협회, 변리사회 등 외부전문가 등이 공동 참여한 T/F팀 협의를 거쳐 외부평가기관이 준수해야 할 「외부평가업무 가이드라인」을 제정하였다. 외부평가기관은 금융투자회사, 회계법인 및 신용평가회사에 인가되어 있다[41].

평가의견서의 이용자가 가치평가의 기초가 된 자료, 분석, 추론, 평가가액 산출근거 등 평가내용을 이해할 수 있도록 평가의견서의 필수 기재사항을 명시하며, 평가대상 자산의 최근 거래가격이나 평가실

41) 자본시장법 시행령 제176조의5(합병의 요건 · 방법 등)

⑦ 외부평가기관은 다음 각 호의 어느 하나에 해당하는 자로 한다.

1. 제68조제2항제1호 및 제2호의 업무를 인가받은 자
2. 「신용정보의 이용 및 보호에 관한 법률」에 따라 허가를 받은 신용평가회사
3. 「공인회계사법」에 따른 회계법인

적 등 최종가치산출 시 평가자가 반드시 고려해야 될 사항을 제시하도록 하였다. 금융감독원은 상장기업의 변칙적인 현물출자 차단을 위해 법원의 사실조회 등 정보제공 요구에 적극적으로 응하고, 부적절한 평가사례를 송부하는 등 법원과의 협조체제를 강화한다.

금융감독원은 기업 M&A 등 자산거래 시 부실평가를 사전에 차단하는 등 공정한 외부평가시스템이 정착되도록 하기 위해 평가계약 체결단계부터 평가자가 준수하여야 할 기본원칙, 평가방법을 제시하였다.

외부평가기관은 계약체결단계에서 당해 평가와 관련하여 공정성, 객관성, 정당한 주의의무 등 전문가적 판단을 할 수 있는 능력이 있다고 판단되는 경우에만 계약을 체결하도록 한다. 평가자는 평가업무 수행 시 윤리기준을 준수하며, 성공보수조건의 평가업무 수임이 금지된다.

평가자는 타 전문가의 능력과 객관성 등 전문가로서 적격성을 평가하고 타 전문가가 평가에 적용한 가정과 방법이 적정한 경우에만 타 전문가의 업무를 활용하도록 하였으며, 타 전문가의 업무를 평가의견서에 인용하는 경우에는 타 전문가로부터 동의를 받도록 의무화하였다.

2) 평가방법

평가자는 평가대상 자산의 특성을 고려하여 이용가능한 평가방법 중 가장 적합하다고 판단되는 하나 또는 둘 이상의 평가방법을 선택한다.

자산별로 특성을 가장 잘 반영할 수 있는 평가방법을 예시하고 다른 방법을 선택하여 평가하는 경우는 합리적인 근거를 평가의견서에 기재한다. 이익접근법, 시장접근법, 자산접근법으로 구분하여, 일반적으로 건물평가 시 자산접근법 또는 시장접근법을 적용하나 임대목적의 상업용 건물평가 시 이익접근법을 적용하게 하는 등 자산특성을 반영할 수 있는 평가방법을 예시한다.

나. 재무구조조정을 위한 기업가치평가

기업이 차입을 시작하면 차입금액만큼 기업의 자산은 증가하고, 기업 자산의 총가치는 자본과 차입의 가치합계가 된다.

시간이 가면서 기업의 자산가치(장부가치가 아닌 실질가치)는 변화한다. 기업의 가치는 동 기업의 수익성 및 사업전망, 위험도 및 경제내의 다른 투자 대안 대비 위치 등에 좌우된다. 이러한 기업가치는 대차대조표(재무상태표) 상의 장부가치와는 상이하다. 장부가치는 자산의 취득원가 및 감가상각을 반영한 과거수치일 뿐이다. 국제회계기준에서는 공정가치 평가를 도입하였으며, M&A에서 지배-종속회사 간을 제외하고는 자산가치가 공정가치로 평가변경되고 공정가치와 인수대가와의 차액이 영업권(Goodwill)으로 회계처리된다.

문제는 차입의 만기가 도래할 때 자산가치가 차입상환 소요액에 미달하는 경우이다. 자산가치가 충분하다면 주주가 차입을 상환할 수 있지만, 자산가치가 부족하다면 회사는 차입을 상환할 능력이 없다. 주주들은 떠나가고 증자는 불가능할 것이다. 회사는 파산을 선언하고, 채권자들이 주주들을 배제하고 기업자산을 배분받을 것이다. 이에 따라 채권자는 여신액과 배분받은 자산의 가치와의 차액만큼 대손을 실현할 것이다.

기업회생절차와 워크아웃(기업구조개선작업)의 경우 기업가치는 계속기업가치(繼續企業價値)와 청산가치(淸算價値)로 구분하여 파악하고 계속기업가치가 청산가치보다 큰 경우에 기업회생절차 또는 워크아웃절차를 개시하는 것이 원칙이다. 계속기업가치란 기업이 영구히 존속한다는 가정 하에 평가하는 것으로서 주로 수익가치 산출방식으로 산출한다. 기업부실채권에 대한 투자자가 투자판단을 하기 위해서는 정확한 가치평가가 요구된다. 가치평가를 위해서는 대상기업의 회생 가능성뿐만 아니라 제반 법적 문제, 부외채무 등 정상자산과 달리 높은 위험이 수반될 수 있으므로 정교한 분석과 기법이 요구된다.

일반적인 판단요소로는 대상기업의 사업현황, 부실원인, 회복가능성, 기대수익 등이 감안된다. 구체적으로는 동업종의 성장성, 기업의 부채구조, 현금흐름뿐만 아니라 정부 규제, 불황, 노동, 제반 법적 문제 등도 고려된다. 투자기간 내에 부실을 극복할 수 있을지의 여부를 판단하여 투자가 이루어지기 위해서는 채무재조정 가능성, 경영진, 노사관계, 경기 등이 관건이 된다.

회생절차 중의 기업 또는 파산기업의 재무제표를 활용할 때에 주의할 점으로는 정확성 및 신뢰성에 대해 신중하게 접근해야 하며, 부실기업에 대한 영업권은 명백히 객관적으로 그 가치가 평가될 수 있어야 인정할 수 있다.

담보의 평가에서는 담보물의 가치, 채무자의 신용도, 유통시장의 존재 여부 및 그 시장의 유동성, 시장금리, 매각에 지장이 없을 정도의 수량을 보유하고 있는지의 여부 등이 판단된다. 공장 및 설비는 기업이 정상적인 활동을 수행할 때에는 적절한 가치를 유지하지만 기업이 부실화된 후에는 제대로 가치를 부여할 수 없다. 오히려 공장에 저장된 유해물 또는 설비의 해체비용 등의 부담이 클 수 있으며, 선순위 저당권 파악에 유의해야 한다. 보유기간이 오래된 토지가 재평가되지 않았다면 시가 대비 장부가격이 낮을 것이므로 적절히 평가해야 한다.

청산가치는 현 시점에서 매각(Quick Liquidation)의 시장가치를 산정하는 것으로 매각비용을 감안해야 한다. 반면 수익가치는 영업현금흐름의 현재가치이다. 양자를 비교해서 투자판단하게 되는데, 여기에서 수익가치가 청산가치에 미달할 경우 시간이 경과할수록 기업가치는 파괴된다는 점을 유의해야 한다.

기업의 부채에는 여러 가지 상이한 종류가 있으므로 기업이 청산될 때 채권자가 자산을 배분받는 데에도 우선순위 서열이 존재한다. 따라서 특정 기업의 파산확률은 모두에게 동일하다 하더라도, 채권의 서열에 따라 여신의 대손 위험도는 상이하다. 예를 들면, 신규 차입이 일어날 경우에 기존 선순위 채권자의 예상대손은 감소되고 기존 후순위 채권자의 예상대손은 증가된다.

채무기업 차원에서 후순위채가 신규 발행되거나 기존 선순위 채무가 상환된다면 기업 신용도는 상승하게 된다. 후순위채가 상환되고 선순위 채무가 신규 차입된다면 기업신용도는 하락한다. 따라서 후순위채는 채권단에게 준 자본과 같은 보호막 역할을 해준다.

채권자는 대손 위험을 판단하는 데에 있어서 선후순위 서열뿐만 아니라 채권의 만기도 고려하여야 한다. 그의 채권은 선순위라 하더라도 다른 후순위 채권이 먼저 만기도래하여 파산이 미리 발생해 버릴 수가 있기 때문이다.

자본구조조정을 협상할 때 청구권자들이 자신의 청구권을 고평가하고 타인의 청구권을 저평가할 유인이 존재한다. 예로서, 선순위청구권자들은 구조조조정 전 사업가치를 저평가할 유인을 갖는데, 그 이유는 후순위청구권자들에게 배분될 구조조정 후의 청구권이 최소화되기 때문이다. 반대로 구주주를 포함한 후순위청구권자들은 정반대의 이해관계를 가지므로 구조조정 전 가치를 부풀리려 한다.

〈 기업가치 평가에 따른 선 · 후순위 채권단 간의 이해관계 상충 예시 〉

- 총채무 300억원, 우선순위채무 200억원, 후순위채무 100억원인 경우
- 회사의 금전적인 실제가치는 260억원 가정시
- 기업재건계획이 260억원 기준으로 타결 경우
  - 선순위 채권자는 200억원 전액 수령하고
  - 후순위채권자는 60억원만 수령
  - 주주는 처음부터 300억원을 초과하는 재건계획을 원하지만 전액 손실로 끝난다.
- 만약 기업재건 계획이 180억원으로 타결 경우
  - 선순위채권자만이 명목가치 180억원을 독점하고 후순위채권자와 주주는 전액 손실을 본다.
  - 선순위채권자는 실제가치와 명목가치의 차액인 80억원을 독점하게 된다.
  - 이에 따라 선순위채권자는 기업재건 가치를 낮게 추진하므로 후순위채권자 및 주주와 재건 계획 표결에서 격돌하게 된다.

다. 기업구조조정에 의한 가치창출 메트릭스

기업구조조정 및 구조개선의 목적은 기업가치 극대화이다. 그리고 기업구조조정 및 구조개선은 사업, 재무 등 8 가지의 유형으로 전개된다. 또, 기업가치는 영업현금흐름 등 5 가지가 결정요소(후술된 관련 부분 참조)이다. 이들을 매트릭스로 구성하여 기업구조조정을 추진하면 기업구조조정을 통한 기업가치 증가액을 추정할 수 있다. 아래 표에서 FCF증가의 비용은 각 부문별 구조조정 코스트를 의미하

며, 이익구조조정의 비용은 영업비용(매출원가+판매관리비)에 대한 구조적 문제점 해결이나 개선을 의미한다.

그림1-18. 기업구조조정에 의한 가치창출 산출 매트릭스(예시)

			기업가치 결정요인															
구조조정 유형	구분		FCF 증가			WACC 감소			FCF_{n+1} 증가			영구성장율 증가			VNOA 증가			합계
			수익	비용	기타	자기	타인	기타	최종	경기	기타	내생	외생	기타	매각	임대	기타	
	사업	축소 확장 기타																
	재무	차입 상환 기타																
	조직	통합 신설 기타																
	인력	양적 질적 기타																
	지배	효율성 투명성 기타																
	소유	대주주 우호주 기타																
	이익	수익 비용 기타																
	관리	고객관리 시스템 기타																
	합계																	

3. 기업가치평가의 모형

기업가치를 평가하는 3가지 모형인 수익접근법, 시장접근법, 원가접근법에 대해서 개관하였다. 기업가치평가에는 공인회계사 등 전문가의 도움이 필요하다.

그러나 일반기업이나 금융기관 등에서 기업재무전략 수립, 기업구조조정 추진 등의 업무를 담당하는 사람이나 CFO 등 경영진들까지도 기업가치평가나 기업가치를 결정하는 요인 등을 종합적으로 이해하는 것이 업무목적 달성을 위해 반드시 필요하다.

가. 수익접근법(Income Approach)

미래에 예상되는 효용과 이익 등을 적절한 방법을 통해 가치로 전환시켜 평가대상을 측정하는 절대 평가방법으로 배당할인모형, 영업현금흐름 (FCF)모형, 경제적 부가가치(EVA) 모형 등이 있다.

이러한 수익가치 모형은 적용과정에 있어서 현금흐름에 대한 정확한 예측치와 이에 따른 가정들을 필요로 한다는 제약이 있으나, 현재까지 기업가치 평가방법 중 가장 많이 이용되는 접근방법이다.

1) 배당할인모형(Discounted Dividends Model)

이 모형에 따르면 주식가치는 주식으로부터 발생하는 미래의 현금흐름(연도별배당금과 주식매각대금)을 적절한 할인율로 할인한 값이다. Williams(1938)가 제시한 이 모형은 다음과 같은 특징을 지니고 있다.

우선, 배당할인모형은 주주의 가치를 산출하는 모형이다. 따라서, 채권자 가치와 주주의 가치를 합친 기업가치 개념과는 다른 것이다.

둘째, 투자자 입장에서 투자가치를 검토할 때 적절한 모델이다. 투자자가 투자 주식이 가져다 주는 향후 현금흐름에 주목하여 기업가치를 평가할 수 있다는 것이다.

셋째, 배당현금흐름이 예상되는 기업에 대한 주식을 평가하는 방법이다. 기업들은 일반적으로 배당을 하는 기업 못지 않게 배당을 실시하지 않는 기업들도 상당수 존재한다. 그리고 배당을 실시하지 않는 기업이라고 하여 부정직하거나 부실기업이라고 할 수 없다. 배당이 없는 기업에 대해서도 이 방법의 적용은 가능하지만, 그 신뢰도는 떨어질 수밖에 없다.

그러나 이러한 배당할인모형은 이론적인 타당성에도 불구하고 다음과 같은 이유로 사용하기에 어려움이 있다.

첫째, 앞에서 살펴본 바와 같이 배당할인모형은 배당을 전제로 하는 평가방법인데 현실 세계의 기업들 중에는 배당을 하지 않는 경우도 많이 존재하고 있는데, 이들 기업에 대한 평가로서는 부적절하다. 물론 이들 기업에 대해서는 현재 보유하고 있는 지분을 향후에 처분하여 회수할 금액을 현재가치로 환산하면 되겠지만, 향후 매각 시점과 가격을 어떻게 예측하겠는가 하는 것은 근본적인 기업가치를 산출하지 않고서는 측정하기 어렵다.

둘째, 무성장기업, 일정성장기업, 고속성장기업 등으로 나누어 배당평가모형을 도출해 낼 수 있으나, 현실의 기업을 지나치게 단순화시켜 산출한 기업가치는 설득력을 확보하기 어렵다.

셋째, 실용적인 관점에서 배당할인모형에 따라 기업가치를 결정하기 위해서는 무한기간의 예측을 필요로 한다. 즉, 가까운 미래에 발생할 사건에 대해서는 비교적 정확한 예측이 가능하나 예측기간이 길어질수록 불확실성이 증가하므로 기대배당의 예측치 분산이 커지게 될 것이다.

2) 현금흐름할인모형(Discounted Free Cash Flow Model)

기업가치 측정방법의 이론적 뿌리는 기본적으로 현금흐름할인모형이다. 다만, 기업가치의 결정 요소인 현금흐름의 크기를 어떻게 측정하는가에 따라 여러 방법론들이 제시되고 있을 뿐이다. 현금흐름할인 모형의 이론적 근거는 회계수치에 대한 불신에서 비롯되며 현금흐름이 실질(real)이고 회계이익은 조작(artifact)이라는 사고에 기초하고 있는데, 발생주의 회계원칙과 다양한 회계처리방법이 불신의 주요 원인이다. 이 현금흐름할인모형은 재무관리분야에서 많이 사용되고 있으며, 이론적으로도 실무적으로도 인정받고 있는 기업가치평가 모형이므로 제7절-4에서 따로 설명하였다.

3) 경제적 부가가치(EVA) 모형

경제적 부가가치(Economic Value Added; EVA)는 경영활동을 통해서 창출된 영업이익(營業利益)이 경영활동에 투자된 자본비용(資本費用)을 초과(超過)하는 금액(金額), 즉 세후영업이익(NOPLAT)에서 투하자본(IC)에 대한 자본비용을 차감한 잔여이익(殘餘利益)으로 기업가치를 나타낸 것이다. 이때 잔여이익은 자본제공자인 주주와 채권자들의 위험을 고려한 비용과 세금을 영업이익으로부터 차감한 순수 잔여이익, 즉 주주에게 귀속되는 순이익을 의미한다. 따라서 EVA가 양(+)이라는 것은 주주들에게 기회비용을 초과하여 경제적으로 새로운 가치를 창출하였다는 것을 의미하고, EVA가 음(-)이라면 투자자들은 자본제공에 대한 대가를 충분히 보상 받지 못하고 있음을 의미한다. 따라서 경제적 부가가치 모형은 전체 기업가치 보다는 주주가치를 산출하기 위한 방법이다.

전통적으로 기업가치를 결정하는 주요 요인으로 사용되는 회계이익은 단순히 법인세 차감 후 순이익을 기준으로 경영성과를 평가하게 함으로써 자본조달에 따른 자본비용을 충분히 감안하지 못하는 오류를 범하게 하고 있다. 즉 투자수익률과 자본비용의 개념을 제대로 반영하지 않기 때문에 회계이익이 가지고 있는 유용성에도 불구하고 경영 성과지표로서의 한계성을 가지고 있는 것이다.

이에 반하여 EVA모형에서는 투자자본에 대한 기회비용의 성격이 명확하게 설정되어 있어서 기업의 영업활동을 통하여 창출한 순가치 증가분을 측정하는 방법이다. EVA모형의 기본적인 논리는 회계이익을 사용하는 대신에 영업활동으로 인한 현금흐름으로 기업의 가치를 평가하고자 하는 것이며, 기업가치를 기업활동의 모든 측면을 내포하고 있는 당기순이익보다 기업 본연의 업무인 영업활동을 통한 부가가치를 더욱 중시하고 있는 것이다.

EVA와 기업가치

EVA는 기업이 자본비용보다 높은 수익률을 제공하는 사업에 투자할 때 창출되는 부가가치로서 투하자본수익률(ROIC)과 가중평균자본비용율(WACC)의 차이에 투하자본(IC)의 곱이며 다음과 같이 표현된다.

$$EVA = IC \times (ROIC - WACC)$$

따라서 순수한 영업활동의 성과를 반영하는 투하자본수익률이 재무활동의 결과를 나타내는 가중평균자본보다 높을수록, 그리고 투자규모가 클수록 EVA가 커진다. 이때 EVA는 자본비용을 상회하여 창출된 금액이므로 EVA 극대화는 기업가치의 극대화라는 목표에도 부합된다.

EVA의 유용성

경영자는 주주로부터 회계이익을 기준으로 평가를 받는 것으로 인식하는 경향이 강하다. 반면에 주주들은 기업이 부담하는 자기자본비용을 자신들이 자본을 제공한데 대한 대가이며 결국 자신들에게 귀속되어야 할 몫으로 인식한다. 따라서 자기자본비용에 대한 경영자와 주주들 간의 인식차이로 인하여 대리인 문제(agency problem)가 발생하게 된다. 즉, 경영자는 회계상 당기순이익이 발생하였으면 그 규모가 자기자본비용보다 낮더라도 관심이 낮은 반면, 주주들은 당기순이익이 자기자본비용을 초과하는 수준인지에 대해서도 관심을 가지게 된다. 그런데, EVA는 투하자본수익률(ROIC)에서 가중평균자본비용율(WACC)을 차감한 초과수익률과 투하자본의 규모를 동시에 고려하여 산출된다. 따라서 경영자의 경영목표를 EVA의 극대화에 맞추게 하면, 경영자와 외부주주간의 목표가 일치하게 되므로 대리인 문제가 축소될 수 있다.

기업이 EVA경영을 성실히 수행할 경우, 자원의 효율적 활용이 가능해지게 되므로 비합리적이고 무분별한 자원의 사용을 억제시키며 투자자의 경영활동에 대한 효과적인 감시가 가능해 진다. 또한 EVA 경영을 실시하는 기업은 자기자본비용을 낮추기 위해서 기업파산위험 등의 재무위험을 낮추어야 하고 적절한 재무구조를 유지해야 때문에 재무구조에 대한 개선효과도 나타날 것이다.

가치창조경영(Value-Based Management; VBM)은 기업가치의 극대화를 목표로 기업경영을 계획, 실행 및 통제하는 일련의 경영활동을 의미한다. EVA를 극대화하는 경영은 기업가치 극대화를 목표로 하는 경영, 즉 주주를 중시하는 경영이 된다. 따라서 가치창조경영의 방법으로 EVA의 제고를 목표로 하는 방안이 활용될 수 있을 것이다.

따라서 EVA는 과거의 기회비용 측면에서 생각했던 자기자본비용을 타인자본비용과 동일하게 취급하고 그 개념을 보다 명확하게 함으로써 다른 기업가치평가모형보다 더욱 보수적인 평가방법이라고 할 수 있다.

나. 시장접근법(Market Approach)

시장접근법은 비교 대상이 되는 유사 기업군으로부터 평가대상 기업의 가치를 추정해 내는 방법으로 상대평가모형이다. 비교 대상기업은 동일 업종의 상장회사나 인수합병 사례에서 찾을 수 있다.

배당할인모형과 현금흐름할인모형 등 수익접근법은 이론적인 강점에도 불구하고 미래의 배당이나 현금흐름에 대한 예측치를 필요로 한다는 중요한 제약이 있다. 이에 비해 상대평가방식인 승수모형은 주가이익 비율(price-earning ratio : PER) 또는 주가 장부가치 비율(price-book value ratio : PBR) 등 쉽게 얻을 수 있는 회계정보를 이용하여 기업의 가치를 평가하기 때문에 실무에서 널리 쓰인다.

1) PER 모형

기업가치를 결정하는 승수로 이용되기도 하고, 주가의 적정성 여부를 판단하는 기준으로도 이용되는 주가수익비율(Price Earning Ratio; PER)은 보통주의 시장가격을 주당순이익으로 나눈 비율로 정의된다. 이때 주당순이익(EPS)은 당해 사업연도의 순이익에서 우선주가 있는 경우 우선배당금을 차감하고 난 후의 보통주 순이익을 평균발행주식수로 나누어 계산한다.

PER = Price / EPS * → Price(주당기업가치) = PER × EPS

* (당기순이익-우선주배당금) / 평균발행주식수

이론적으로 현재의 주가를 결정하는 요소는 미래이익이므로 PER를 계산하기 위해 미래의 예상주당이익을 사용하는 것이 바람직하지만 실무적으로는 현재의 주당이익으로 나누어 PER를 산출하고 있다.

기업가치에서 주당순이익을 위주로 하는 PER은 순이익이 장기적으로 기대되는 현금흐름의 근사치인 경우에만 기업가치평가에 유용하게 이용될 수 있다.

2) PBR 모형

주가 순자산 비율(Price to Book-value Ratio; PBR)은 개별기업 주식의 시장가격을 주당순자산, 즉 자기자본의 주당장부가치(BPS)로 나눈 비율로서 장부상의 소유지분과 시장에서 평가되는 가치를 비교한 것이다. 총액기준으로는 장부가치 대 시장가치비율(book-to-market ratio)라고도 하며, 자기자본의 시장가치(MV)를 장부가치(BV)나눈 비율이다.

$$PBR = Price / BPS = MV / BV \rightarrow Price = PBR \times BPS$$

PBR과 PER의 차이점을 보면, PER은 수익가치(收益價値)와 대비한 상대적인 주가수준을 나타내는 지표인데 반하여 PBR은 자산가치(資産價値)와 대비한 상대적인 주가수준이다. 보통주 1주에 귀속되는 대차대조표(재무상태표)상의 주당순자산의 가치가 실질가치를 정확하게 반영하게 되면 PBR은 1이 되지만 대부분은 주가와 주당순자산은 같지 않기 때문에 1과 다르게 나타난다.

한편 기업간에 PBR이 차이를 보이는 이유는 기업마다 주당순자산의 질적 차이가 반영되기 때문이다. PBR을 이용하여 기업가치를 평가하는 것은 PER를 이용하는 방법과 마찬가지로 PBR에 BPS를 곱하여 주가를 산출한다.

3) PSR 평가모형

주당 매출액 비율(Price Sales Ratio; PSR)은 주가를 기업의 외형적인 성과지표인 주당 매출액으로 나눈 것으로 주당매출액(SPS)의 몇 배가 주가로 평가되는지를 나타내는 모형이다.

PER 모형과 PBR 모형과 마찬가지로 PSR모형을 이용하여 주가를 추정하는 것도 정상적 PSR에 주당매출액(SPS)을 곱하는 방법을 사용한다. 매출액순이익률(ROS)은 EPS / SPS이므로 이론주가는 다음과 같이 나타낼 수 있다.

PSR = Price / SPS → Price = PSR × SPS

다. 원가접근법(Cost Approach)

자산접근법(asset-based approach)라고도 하는데 이는 평가대상이 되는 모든 자산과 부채를 각각 적정한 가치를 나타낼 수 있도록 수정하여 가치를 측정하는 방법이다.

장부상에 나타나 있는 역사적 가치(historical value)를 기준으로 한 장부가격은 공정 시장가치를 반영하고 있지 못한 경우가 많으므로, 일정한 기준에 따라 장부가격을 적절히 수정해야 한다.(순자산가치, 청산가치)

청산가치(淸算價値, liquidating value)는 회생절차 신청기업 또는 한계기업들에 대하여 청산을 할 것인가, 계속기업을 위한 구조조정

작업을 진행할 것인가를 결정할 때 계속기업가치와 비교 대상이 된다.

청산가치는 개별 자산을 모두 분리해 처분할 때의 금액을 합친 금액으로, 유동자산은 매출채권 · 재고자산 등을 말하며, 대손(貸損)과 가치 하락의 위험을 생각해 거래처에서 회수할 수 있을 것으로 예상되는 매출액에서 회수 예상비용을 뺀 회수 가능액 등으로 평가한다. 또 토지(부동산)와 같은 유형자산은 최근 6개월 내에 감정한 감정액 또는 보험가입액 · 기준시가 등에 과거 일정기간(6개월간) 평균낙찰률을 곱하여 평가한다.

4. 현금흐름할인모형(DCF법)

가. 개요

현금흐름할인법(Discounted Cash Flow : DCF 방법)이란 영업활동(營業活動)을 통한 미래 영업현금흐름을 현재가치로 환산하여 기업가치를 산출하는 방법이다.

현금흐름할인법의 개념을 다음과 같이 3가지로 요약해 볼 수 있다.

첫째, 영업활동의 결과에 대한 평가이다. 이를 자산측면에서 보면 영업용 자산의 영업현금흐름이다. 때문에 평가 대상기업의 비영업용 자산에 대해서는 이 방법을 적용할 수 없고 자산가치 접근법 등에 따라 별도 평가하여 합산하여야 한다.

둘째, 미래 잉여현금(剩餘現金)을 평가대상으로 한다. 따라서, 이미 재무제표에 반영되어 있는 과거의 영업현금흐름은 평가대상이 아니다. 미래의 현금흐름을 추정하는 것이 DCF 방법에 의한 기업가치 산정에서 가장 중요한 작업이라 할 수 있다. 다만, 미래 무한정의 기간을 평가자가 추정한다는 것은 불가능하므로 일정한 예측기간을 정하여 평가하고 그 후 기간부터는 계속기업을 전제로 恒常 성장률을 기준으로 산정하고 있다.

셋째, 현재가치(現在價値) 개념이다. 따라서 예측기간의 기업가치와 그 후의 기업가치는 모두 현재가치로 환산하게 된다. 여기서는 할인율이 중요한 개념이 된다. 더 나아가 비영업용 자산가치에 대해서는 매각에서 현금화까지 1년 이상이 소요된다면 현재가치로 수정하는 것을 고려할 필요가 있다.

현금흐름할인법에 의한 기업가치평가에서는 미래 현금흐름의 예측과 할인율의 산출 등 전문적 기법이 필요하다. 그런데, 그러한 전문적 평가기법에 대하여 평가자의 주관적 판단이 개재될 여지가 크다는 비판도 제기되고 있으나, 기업구조조정을 위한 기업가치평가방법 등으로 널리 활용되고 있다.

기업가치는 크게 채권자가치와 주주가치로 나누어진다. 기업가치를 산출할 때에 이 두 가지를 합쳐서 산출할 것인가 분리하여 산출할 것인가가 문제되는데, 보통의 경우에는 통합해서 산출하고 채권자 가치를 차감하여 주주가치를 산출하게 된다. 그러나 산출과정에서부터 주주가치를 전체 기업가치와는 다르게 산출할 수도 있다. 이를 주주영업현금흐름 할인모형이라고 한다. 이 경우에는 매출액에서 모든 비용, 세금, 그리고 이자와 부채원금상환액까지 차감한 후의 잔여 현금흐름을 자기자본비용으로 할인하여 구하는 방법이다.

DCF 방법에 의한 기업가치평가의 절차는 기초분석, 예측기간 동안의 기업가치 산출, 예측기간 후의 기업가치 산출, 비영업용 자산가치를 각각 산출하여 합산하게 된다.

이하에서는 기업가치평가의 기초분석에 대하여 간단히 살펴본 후

기업가치 구성요소와 결정요인에 관하여 차례대로 정리하였다.

나. 기초분석

기업가치를 분석하기 위해서는 경제분석, 산업분석, 기업분석이 전제되어야 한다. 이러한 3가지 분석은 평가대상기업의 기업가치 산출에 대한 근거를 보다 명확히 하기 위한 기초적인 분석으로 중요하다.

1) 경제분석

기업가치는 국내외의 경제흐름 속에서 개별기업 고유의 장점과 특징이 발현된 산물이다. 경제분석은 국제 경제분석과 국내 경제분석으로 나누어진다.

오늘날 경제는 신자유주의(Neoliberalism)와 글로벌화(Globalization)로 특징지어지는 것처럼 국제적 거래가 크게 증가하여 국제경제의 움직임이 기업가치에 큰 영향을 미치고 있다. 국제 경제분석이 기업가치분석에서 중요한 의미를 갖는 경우는 다국적기업, 해외 현지법인과 긴밀한 매출관계를 가지고 있는 기업, 수출비중이 높은 기업 등이다. 국제 경제분석은 그 범위가 광대하고 전문적인 영역이나 기업가치분석의 관점에서는 환율, 국제금리, 지역경제특색 등을 중심으로 현재 상황과 향후 전망에 대하여 전문 연구소의 자료를 활용하면 된다. 최근에는 중국과의 교역확대 및 현지화 전략 등으로 중국에 대한 경제분석이 중요해 지고 있다.

국내 경제분석은 정부의 경제정책, 인구통계학적 변화, 소비자 트렌드의 변화 등이다. 정부의 거시경제정책 방향은 기획재정부나 정부산하 경제연구소의 자료를 활용하면 된다. 필요한 경우에는 외국 증권사의 분석자료도 유용하게 활용될 수 있다.

2) 산업분석

산업분석은 산업의 위험요소 및 경쟁구조를 분석하여 개별 평가대상기업의 수익성, 재무구조, 현금흐름에 미치는 영향을 파악하기 위한 것이다. 산업분석은 매출전망의 토대가 된다. 앞에서 경제분석을 할 때 정부의 경제정책을 분석하면서 평가대상기업이 속한 산업에 대한 경제정책 분석자료를 기초로 활용한다.

산업분석은 일반적으로 기초자료 수집, 산업특성 분석, 수요공급 분석, 경쟁구조분석, 업계동향 분석, 중단기 전망을 통해서 산업의 매력도를 파악하는 과정으로 진행한다. 기초자료는 개별기업이 속한 산업의 협회 홈페이지에서도 볼 수 있다.

산업특성 분석은 수출산업/내수산업, 민수/관수, 자본집약/노동집약/기술집약, 시장생산/주문생산, 기술진화 속도, 산업 경기순환 등의 관점에서 파악한다.

수급분석에서 수요측면은 수요자 니즈의 변화, 인구통계학적 변화, 유행과 라이프 스타일의 변화 등 수요결정요인을 분석하고, 가격탄력성과 소득탄력성에 대하여도 분석한다. 공급분석은 산업의 공급능력, 신증설 움직임 등을 분석하게 된다.

아울러, 수요규모와 공급능력을 예측하여 수급상의 균형여부를 파악하게 되며 공급과잉여부는 없는지 확인한다.

경쟁구조분석은 마이클 포터의 4개의 핵심적인 외부요소인 대체재(substitute products), 납품업체의 협상능력(supplier bargaining power), 고객의 협상능력(customer bargaining power), 진입 및 퇴출장벽(entry/exit barriers)을 활용할 수 있다.

산업의 경기순환분석은 과거의 매출액, 재고자산 등을 기준으로 파악한다. 이러한 산업 1주기(Cycle) 파악은 영업현금흐름 산출을 성장률을 이용하여 평가할 것인지, 연도별로 직접 산출할 것인지를 판단하는 기준으로 활용할 수 있다.

3) 기업분석

경제분석과 산업분석이 마무리 되었으면 기업분석을 실시한다. 기본적으로 기업분석은 평가 대상기업에 대하여 기초자료를 확보하여 서류 검토를 마친다. 필요한 경우에는 기업가치평가를 위한 현장실사(Due Diligence)를 추가하게 된다. 이 과정에서는 주요 임직원에 대한 면담이 병행되게 된다. 평가대상기업이 자체적으로 기업가치를 평가하는 경우에도 반드시 이러한 작업을 거쳐야 한다.

기업분석에서는 기본적으로 기업가치를 결정하는 제반요인들을 직접 조사한다. 기업가치 결정요인 중 영업현금흐름의 예측이 가장 중요한데, 이를 효과적으로 수행하기 위해서는 평가 대상기업의 경쟁우위를 창출할 수 있는 가능성에 대해 파악해야 한다.

양호한 투자수익률을 창출하기 위한 경쟁우위는 다음과 같은 3가지의 범주로 나누어 볼 수 있다. 경쟁자들이 모방할 수 없는 가격우위 및 제품의 특성을 결합시켜 고객에게 우월한 가치를 제공할 수 있는가? 경쟁자들보다 낮은 비용으로 생산한 수 있는가? 경쟁자들보다 자본을 더욱 생산적으로 이용하는가? 경쟁우위는 결국 이러한 3개의 범주 중 하나 또는 둘 이상의 결합에 의해 만들어 질 수 있으며 이러한 범주를 이용하여 경쟁우위를 정의하는 것은 해당 기업의 재무제표를 예측하는 데 도움이 된다.

다. 기업가치의 구성요소

기업가치는 크게 영업가치(營業價値)와 비영업용 자산가치(非營業用 資産價値)로 구성된다. 영업가치는 다시 예측기간 동안의 기업가치와 예측기간 후의 기업가치로 나누어진다. 따라서 기업가치는 이들 3가지의 가치를 합산한 것이다. 이들 각각에 대하여 기업가치 결정요소를 정리하면 아래 표와 같다.

표1-14. DCF 방식의 기업가치

= 예측기간 동안의 기업가치 + 예측기간 후의 기업가치 + 비영업용 자산가치

$$= \sum_{t=1}^{n} \{FCFt /(1+WACC)t\} + \{FCFt +1 /(WACC-g)\}/(1+WACC)t + VNOA)$$

위 3가지 구성 중 마지막의 비영업용 자산가치는 DCF 방법에 의한 기업가치가 아니라 자산가치 접근방식이다. 그러나 비영업용 자산가치 평가는 DCF 방법과 결합해서 기업가치를 설명할 수 있는 보완수단이다.

한편 이와 같은 세 가지 기업가치 구성요소를 결정하는 요인들이 무엇인지에 대하여 살펴보는 것이 중요한데 이들을 아래 표에서 정리하였다.

표1-15. 기업가치 결정요소

구분	결정요소	산출산식
예측기간 동안의 기업가치	① 영업현금흐름(FCF)	세후영업이익 - 순투자
	② 가중평균자본비용율(WACC)	타인자본비율 x 이자율(1-법인세) + 자기자본비율 x 기대수익률
예측기간 후의 기업가치	③ 기초잉여현금(FCF_t+1)	예측기간 현금흐름의 평균값(또는 기타)
	④ 영구성장율(g)	경제성장율 등
	② 가중평균자본비용율(WACC)	
⑤ 비영업용 자산가치(VNOA)		비영업용 부동산의 매각가치
		기타 비영업용 자산의 매각가치

그런데 인터넷 기업은 고성장, 고위험, 고손실의 특징을 가지고 있어 기업가치평가에 어려움이 있다. 이 경우에는 향후 시나리오에 따라 각각 현금흐름을 산출하고 각각의 시나리오가 나타날 확률을 적용하여 가중평균하는 방법이 가능하다.

예를 들면 국내 인터넷 경매기업 가치를 평가한다고 할 때 다음과 같은 몇 가지 시나리오를 가지고서 DCF를 산출하고 이를 가중평균하여 사용할 수 있을 것이다.

표1-16. 시나리오 확률가중평균 기업가치

향후 경영실적에 대한 시나리오	매출액	DCF가치(A)	시나리오 확률(B)	가중평균 기업가치 (A X B)
우수	125	62	30%	18.6
보통	100	50	50%	25
부진	70	34	20%	6.8
합계	295	146	100%	50.4

* 상기 기업가치는 비영업용 매각가치와 잔존가치(CV)가 제외된 것임

이와 같은 확률적 접근방법을 따르면 단일한 예측방법이 빠질 수 있

는 함정을 피할 수 있으며 보다 다양한 시나리오에 대한 검토를 하게 되어 기업가치평가의 신뢰도를 높일 수 있는 장점이 있다.

경기순응형 기업(cyclical company)의 경우에도 순이익의 변동이 심하기 때문에 이들 기업에 대한 현금흐름을 분석함에 있어서는 세심한 주의가 필요하다. 주로 철강, 항공, 제지, 화학, 조선 등에 속하는 기업들이 이 범주에 포함될 수 있다.

인터넷기업 가치평가에 있어서 시나리오 확률 가중평균방식으로 기업가치를 산출하였는데 경기순응형 기업의 경우에도 동일한 방식을 적용해 볼 수 있다.

라. 예측기간 동안의 기업가치

예측기간 동안의 기업가치는 영업현금흐름의 산출, 할인율의 산출에 의하여 결정된다.

1) 현금흐름 추정

영업현금흐름을 추정하는 것이 기업가치 산출의 첫번째 과제이다. 업종과 업력 등에 따라 여러 가지를 고려해서 추정하게 된다.

현금흐름을 추정하는 순서는 추정손익계산서를 작성하고 이를 바탕으로 추정대차대조표(재무상태표)를 작성한 후 다시 추정현금흐름표를 작성하게 된다.

- 손익계산서 항목의 추정
- 대차대조표(재무상태표) 항목의 추정
- 영업현금흐름의 추정
- 비영업용 자산가치의 추정

여기서는 일반적인 영업현금흐름 산출과정을 간단히 살펴보았다. 앞에서 설명한 기초분석에 따라 해당기업의 과거 실적 및 경쟁지위 등을 분석하게 되면 향후 추정매출액을 산정하는 데 여기에는 적절한 성장률이 반영되게 된다. 매출액 성장률을 추정하는 것이 영업현금흐름 추정의 핵심이 된다.

◎ 영업현금흐름의 기초자산(영업용자산) 식별

대차대조표(재무상태표)상의 자산은 유동자산과 비유동자산으로 구분된다. 그러나 기업가치분석을 위한 관점에서는 영업용자산과 비영업용자산으로 구분하여야 한다. 그래야만 영업용자산에서 창출되는 현금을 추출해 낼 수 있고, 비영업용자산의 가치를 산출할 수 있기 때문이다. 비영업용자산에는 초과보유 현금 및 현금성자산, 단기금융상품, 시장성유가증권, 투자자산, 비업무용 부동산 등이 포함된다.

영업용자산은 영업에 투하되는 자산을 말한다. 영업용자산인지를 구별하는 것은 원칙적으로 비영업용자산을 분리해 내는 방법으로 진행하는 것이 좋다. 정상적인 기업이라면 대부분 영업용자산이 많을 것이기 때문이다.

비영업용자산을 식별해 내고 남은 자산들이 잉여현금흐름을 창출하는 기초자산이 된다.

◎ 예측기간의 설정

예측기간은 현금흐름을 매년별로 구체적으로 예측하는 기간이다. 이 기간을 짧게 잡으면 잔여가치의 비중이 커지는 문제가 있고, 너무 길게 잡으면 예측의 신뢰성과 예측작업의 어려움에 직면한다. 따라서 적절한 기간 동안을 예측하기 위하여 평가과정의 효율성과 평가결과의 신뢰성을 확보하여야 한다.

산업경기순환 1주기를 원칙으로 한다. 보통 5년 내지 10년의 기간이다. 그러나 성장률이 매우 높거나 경기순응형의 기업인 경우에는 예측기간을 더 늘려서 어느 정도 성숙단계에 이르는 기간까지 추정이 필요하기 때문에 10년 내지 15년을 잡을 필요도 있다. 그리고 전력산업 등의 경우에는 예외적으로 20년을 추정하는 경우도 있다.

◎ 매출액의 추정

예측기간을 설정했으면 매출액을 추정하여야 한다. 매출액 추정은 영업현금흐름 산출의 출발점이 된다. 매출액의 추정방법은 연도별로 직접 추정하는 방법과 가중평균매출액 성장률로 추정하는 방법 등이 있다.

- 연도별 직접 추정
  산업의 특성 또는 과거의 매출실적에 근거하여 산업주기(Cycle)가 비교적 분명한 경우에는 1주기 기간 동안의 매출액을 연도별로 개별적으로 추정하여야 한다.
- 성장율로 추정하는 방법
  위에서 설명한 바와 같이 영업현금흐름을 구하기 위해서 우선은 기업분석과 산업분석을 통한 평가하고자 하는 기업의 미래 매출액을 추정하고 그에 따르는 매출원가의 추정이 이루어져야 한다. 매출액 추정은 매출액 성장율을 추정하는 것으로 가능하다. 과거 5년간 매출액 성장률을 중심으로 해당산업의 전체 수요증가율 등을 기준으로 가중평균하여 산출할 수 있다.

(가중평균 매출액 성장률의 예)
= (과거 5년간 매출성장률 × 2 + 산업전체의 수요증가율 × 1) / 3

이러한 가중평균 추정방식은 추정의 객관성을 높이는 방법이므로 매출액 이외에도 인건비 등 비용증가율에도 적용할 수 있다.

◎ 추정 대차대조표(재무상태표)와 추정 손익계산서의 작성

매출액이 추정되었다면 평가 대상기업의 대차대조표(재무상태표)와 손익계산서를 추정한다. 이 두 가지 제무제표를 작성하는 것은 영업현금흐름을 결정하는 제비용과 투자 등이 어떻게 연관되어지고 구체적 타당성을 가지고 있는 지를 검토할 수 있게 해준다.

대차대조표(재무상태표)와 손익계산서의 추정도 앞에서 설명한 성장율 또는 증가율 개념으로 추정할 것인지 매 년도별 구체적인 추정을 할 것인지가 문제가 되는데, 두 가지 방법을 적절히 조화시켜 사용하는 것이 바람직하다.

◎ 영업현금흐름의 산출

영업현금흐름(FCF : Free Cash Flow)은 해당 기업이 실제로 창출하는 '영업활동으로부터의 현금흐름(operating cash flow)이다. 잉여현금흐름은 해당 기업이 만들어 내는 세후현금흐름(total after-tax cash flow)이며 종업원의 임금, 원재료 공급자의 납품가, 정부의 세금을 납부하고 남은 현금흐름이다. 즉 채권자 및 주주들 모두에게 귀속될 수 있는 현금흐름이다. 따라서 잉여현금흐름은 채권자나 주주에게 부채와 자본의 구성내용에 따라 원리금 및 배당금 지급을 가능하게 한다.

예측기간 동안의 영업현금흐름 산출은 그 자체가 기업가치에 영향을 미치는 것은 물론 예측기간 후의 초년도 현금흐름의 기초가 되기 때문에 기업가치에 큰 영향을 미친다.

재무구조는 해당 기업의 가중평균자본비용(WACC)에 영향을 줌으로써 궁극적으로 해당 기업의 가치에 영향을 줄 수는 있지만 영업현금흐름에는 영향을 미치지 않는다. 왜냐하면 부채비율이 높은 경우 차입금도 높은 경우가 많으므로 이자비용이 많아지겠지만, 영업현금흐름은 이자나 배당금을 지급하기 전의 현금흐름이기 때문이다.

FCF = NOPLAT – 순투자
FCF = NOPLAT + 감가상각 – 순운전자본의 증가 – 자본적 지출

잉여현금 흐름은 세후영업이익(NOPLAT)을 기준으로 산출한다. 감가상각은 EBIT로부터 차감된 비현금비용을 말한다. 여기에는 특허권과 프랜차이즈와 같이 명확한 내용연수가 있는 무형자산의 상각도 포함된다.

2) 가중평균 자본비용률(할인율)

기업전체의 가치는 기업 전체에 발생하는 현금흐름을 그에 해당하는 위험을 반영한 적절한 할인율로 할인하여 구해진다. 할인률을 기업이 사용하는 모든 자본(자기자본, 타인자본)에 대해 각각의 자본비용을 각 자본이 차지하는 비중을 토대로 가중평균한 값으로 사용되어져야 하며, 이를 보통 가중평균자본비용(WACC : weighted average cost of capital)라 부른다.

그리고, 영업현금흐름이 세후기준이므로 WACC 역시 해당 기업의 세금을 공제한 후 산출되어야 하며, 인플레이션, 체계적 위험, 기대되는 자본구조의 변화에 따라 현금흐름 예측기간 중에도 WACC는 변화될 수 있다.

가중평균자본비용(WACC) 산출

$$WACC = (1-t) \times Kd \times Wd + Ke \times We$$

t : 법인세율(주민세 포함)

Ke : 자기자본 기대수익률

Kd : 타인자본 비용률

We : 총자본중 자기자본 가중치

Wd : 총자본중 타인자본 가중치

가중평균자본비용은 타인자본비용률, 자기자본 기대수익률 및 타인자본과 자기자본의 구성비에 의하여 결정된다.

◎ 타인자본비용률

부채는 유동부채와 비유동부채로 나누는데, 기업가치를 산출하는 경우에는 무이자부 부채, 이자부 부채, 자기자본성 부채(퇴직급여충당금, 대손충당금 등)로 구분할 필요가 있다. 이때 자기자본성 부채는 자기자본과 합산되어 조정된 자기자본을 구성하게 된다.

타인자본비용률은 **이자지급예상액(1-t)/이자부부채**이다. 그러므로 이자지급액과 이자부 부채액에 의하여 타인자본비용률이 결정된다. 이자지급예상액이란 과거 해당기업의 이자부 부채에 대한 지급이자액을 참고하여 향후 지급이자 예상액을 산출한 값이다. 이 경우 향후 5년 내에 금리의 변동가능성, 해당기업의 조달금리 증감 가능성 등을 따져서 추정하여야 하나, 실무적으로 쉽지 않은 것이 현실이다.

따라서 대부분의 경우 평가시점의 기업의 지급이자액을 기준으로 가감 조정하되, 조정에 논리성과 현실성이 있어야 한다.

회사채를 발행한 기업인 경우 시장가격에 의한 만기수익률에 의하여 추정할 수 있다. 만기수익률은 시장의 수요와 공급에 의하여 결정된 수익률이라는 객관성이 주장될 수 있는 반면, 발행된 회사채가 회사의 특정 자산에 대하여 우선적 권리를 가지고 있는 경우 등 채권의 특성에 따라서는 실제 회사의 부채조달비용보다 낮은 경우도 있으므로 신용등급에 의한 부채조달비용과 상호 비교 검증하여야 한다.

신용평가기관으로부터 신용등급을 평가받은 기업에 대하여 타인자본비용률을 조사하는 경우에는 동 등급에 상응하는 Default Spread를 가산하여 타인자본비용률을 추정할 수 있다. 그리고 신용평가등급이 확보되지 아니한 경우에는 실제 조달비용을 합산하여 전체 타인자본에 대한 비율이나 이자보상비율(Interest Coverage Ratio)에 상응하는 등급으로서 추정해 볼 수 있다. 좀더 Global Standard에 가까운 타인자본비용은 다음과 같다(세금효과는 자본비용에서 반영).

Kd = Rf + RP

Kd = Rf $_{us}$ + DS $_{us}$ + λX CDS $_{kor}$

Kd : Cost of Debt : 타인자본비용률

Rf us : 미국의 무위험이자율

DS us : 미국의 Company Default Spread

CDS kor 한국의 Country Default Spread(CDS)

λ: Lamda : Country Default Spread(CDS)에 대한 개별기업 익스포져 민감도

◎ 자기자본 기대수익률

자기자본 기대수익률을 산출하는 것은 간단치가 않다. 자기자본의 기회비용을 추정하기 위한 주요한 모형에는 자본자산가격결정모형(CAPM : Capital Asset Pricing Model)과 차익거래가격결정모형(APM)이 있다. CAPM이 시장위험이라는 하나의 변수에 대한 민감도인 베타(β)를 측정하여 주식의 기대수익률을 구하는데 반해, 재

정가격 결정이론(裁定價格 決定理論, APM, arbitrage pricing theory)은 여러 가지 위험요인 각각에 대한 민감도를 측정하여 주식의 기대수익률을 계산하는 것이다. 실무적으로는 주로 CAPM으로 자기자본비용을 산출한다. CAPM 산식은 아래와 같다.

자본자산가격결정모형(CAPM)

자기자본비용율(Ke) = 무위험이자율 + 평가대상기업의 리스크 프리미엄

$= Rf + [\ E(Rm) - Rf\ ] \times \beta$

$= Rf_{us} + \beta_{bottom\text{-}up} \times MRP_{us} + \lambda \times CRP_{kor}$

Ke : Cost of Equity : 자기자본 기대수익률, 자기자본비용률

Rf : 무위험이자율

E(Rm) : 시장포트폴리오 수익률

β : Beta : 해당 주식의 체계적 위험

Rf us : 미국의 무위험이자율

β bottom-up : 산업특성, operating leverage,
financing leverage 조정 후 Beta

λ : Lamda : Country Risk Premium(CRP)에 대한
개별기업 익스포져 민감도

위 식에서와 같이 CAPM이 주장하는 바는 자기자본의 기회비용은 무위험증권의 수익률과 해당 기업의 위험 프리미엄(시장위험 프리미엄)을 합하여 구해질 수 있다는 것이다. 따라서 CAPM에서 자기자본의 기회비용 즉 할인율을 구하기 위해서는 무위험수익률(Risk Free Rate), 시장위험프리미엄(MRP, Market Risk Premium) 및 체계적 위험(β)을 추정해야 한다.

무위험수익률(Rf)은 지급불능위험이 없는 수익률이므로 주로 국채

수익률, 은행의 정기예금금리 등이 사용된다.

글로벌하게는 미국의 10년 만기 T-bond(Note) 수익율을 사용한다. 국내에서는 10년 국고채권(국채) 수익률을 대체사용하기도 하고 거래실적이 많고 발행역사가 긴 국민주택채권 1종(만기 5년)의 수익율을 이용하기도 하였다. 이 수익률은 한국금융투자협회의 홈페이지에서 확인할 수 있는데, 3대 신용평가회사가 제시하는 수익율의 평균을 사용하는 것이 바람직하다. 그러나 엄격히 말한다면 국내 국고채권수익률 등은 무위험수익률이라 할 수 없다.

시장위험프리미엄([E(Rm) - Rf])은 시장포트폴리오 기대수익률에서 무위험수익률을 차감한 값인데, 종합주가지수 수익률을 시장포트폴리오 기대수익률로 이용하여 시장위험프리미엄을 구한다. 그러나 실무적으로는 미국시장의 시장위험 프리미엄에 한국 외평채의 미국재무성증권 가산금리와 주식시장 추가 프리미엄을 합산하여 산정하기도 한다.

체계적 위험(β)의 측정은 평가대상 기업의 주식이 상장되어 있으면 공개된 베타를 사용하고 비공개기업의 경우에는 같은 업종에 속한 상장기업 중 규모나 자산구조 등에 있어 유사한 경쟁기업의 베타를 사용할 수 있다. 이런 기업조차도 찾기가 어려울 경우에는 그 기업이 속한 산업전체의 베타를 사용하며 이러한 베타는 각 증권회사의 보고서나 자료실을 이용하면 구할 수 있다.

◎ 자기자본과 타인자본의 가중치

자기자본비용율과 타인자본비용률을 산출하였다면 이들을 가중평균하기 위한 가중치를 산출하여야 한다. 엄밀한 의미에서 자기자본과 타인자본의 가중치는 매년마다 당해 연도의 자본구조를 추정하여 반영하여야 한다. 그러나 매년마다 부채조달 규모나 유상증자 등을 일일이 파악하여야 하는데 이는 현실적으로 불가능하다. 따라서 실무적으로는 전체 추정기간에 걸쳐 단일한 자본구조를 추정하고 그 가중치를 사용하는 것이 보통이다.

단일한 자본구조의 가중치를 산정하는 방법으로는 ①과거 일정기간(최근 3년간 또는 5년간 등) 동안의 평균 자기자본과 평균 타인자본의 가중치, ②평가기준일 현재 대차대조표(재무상태표)상 타인자본과 자기자본의 가중치 또는 시장가치에 의한 가중치, ③미래 유지될 것으로 예상되는 목표자본구조(target capital structure)상 타인자본과 타인자본의 가중치 등을 고려해 볼 수 있다. 그런데, 기본적으로 현금흐름할인방법으로 기업가치를 산출하는 것은 미래의 현금흐름을 현재가치로 전환하는 것이고, 계속기업은 지속적인 재무활동을 전개하기 때문에 미래에는 현재의 자본구조와는 다른 구조를 가지게 되는 것이 보통이므로 자본구조도 미래의 자본구조를 기준으로 평가하는 ③의 방법이 적합하다.

목표자본구조(target capital structure)를 도출하기 위해서는 ⓐ평가기준일 현재 대차대조표(재무상태표)상 자기자본과 타인자본의 시장가치 가중치, ⓑ비교대상 기업의 자기자본과 타인자본의 가중치, ⓒ경영층이 지향하는 자본구조상 자기자본과 타인자본의 가중치 등 3가지를 산출하여 이들을 평균하여 적용하거나, ⓐ ⓑ ⓒ 중 가장 적합하다고 판단되는 하나의 자본구조를 선택하여 동 자본구조상의 자기자본과 타인자본의 가중치를 적용할 수 있다. 위 ⓐ를 산출시에는 자본의 시장가치 중 타인자본의 경우 시장가치와의 차이가 크지 않는 것이 보통이므로 장부가액을 기준으로 산정할 수 있으며, 자기자본의 경우에는 시가총액(market capitalization)으로 산정할 수 있다. ⓑ를 산출하는 경우에는 비교대상 기업을 선정하고 동 자본구조를 검토해 보는 것이 필요하다. 이를 통하여 시장가치로 산정한 자기자본과 타인자본의 가중치가 적정한지를 검증할 수 있으며, 비상장기업의 자기자본 시가총액을 추정하는데 유익하다. ⓒ를 산출하기 위해서는 평가대상 기업의 경영층이 지향하는 현재의 자본구조와 다른 어떤 목표자본구조를 파악하여 보고 그 내용이 현실적으로 수년 내로 달성 가능한 것으로 믿어진다면 동 자본구조를 경영층이 지향하는 자본구조로 인정할 수 있을 것이다.

(예시)

A기업의 총자산가치가 120억원, 자기자본가치가 50억원인 경우에 WACC를 구하여라. 국채만기수익률이 2.3%이고, 시장위험프리미엄이 5.5%, 법인세율이 30%이다.

해당 기업의 체계적 위험은 0.93이며 가중평균 차입이자율이 6%이다.

자기자본비용 = 2.3% + (7.8% − 2.3%) × 0.93 = 7.415%
(시장위험프리미엄이 5.5%이므로 시장포트폴리오수익률은 7.8%이다)
WACC = 7.415% × (50/120) + 6% × (1−30%) × (70/120)
= 5.539%

3) 예측기간의 기업가치 산출

이상과 같이 예측기간동안의 영업현금흐름과 할인율이 결정되었으며 각 연도별 현금흐름을 현재가치로 환산하는 작업을 진행하여 예측기간의 기업가치를 산출하게 된다.

마. 예측기간 후의 기업가치

1) 잔존가치의 의의

한 기업의 영업현금흐름은 두 개의 기간으로 구분될 수 있고 이에 근거해서 기업의 영업가치는 다음과 같다.

기업의 영업가치 = 현금흐름 예측기간의 가치 + 예측기간 후의 가치

위에서 예측기간 후의 가치가 잔존가치(CV: continuing value; terminal value; residual value)이다. 예측기간 후 발생할 해당 기업의 경영실적에 대한 단순화된 가정들(예를 들어, 일정한 성장률을 가정하는 것을 들 수 있다)을 사용함으로써 CV를 추정할 수 있다. CV는 예측기간 후의 모든 현금흐름을 포함하기 때문에 기업가치에서 차지하는 비중이 상대적으로 크다. 특히 기업의 미래성장성이 높게 전망될수록 잔존가치의 값은 커질 것이다. 일반적으로 당해 사업의 경제적 잔여수명에 대한 정확한 예측이 필요하고 동 기간 동안의 잉여현금흐름에 대한 예측이 가능하여야 한다.

이러한 CV의 추정을 위한 방법으로는 장기현금흐름예측에 근거한 방법, FCF의 영구연금공식, 가치창출 요소공식 등이 있다. 이들 방법들은 제반 가정들이 일관되게 유지되는 이상 똑같은 CV 추정치를 만들어 내게 된다. 이중에서 실무적으로 가장 많이 쓰이는 방식은 영구연금공식에 의한 잔존가치 산출방식이다. 이 방법은 해당 기업의 FCF가 일정한 율로 성장한다고 가정하는 경우 FCF의 수열을 영구연금공식을 이용하여 산술적으로 단순화시킨 것이다. 산출식은 아래와 같다.

아래식을 살펴보면 잔존가치를 결정하는 요소는 현금흐름 예측기간 후 첫해의 정상적인 FCF, 가중평균자본비용률, 영구성장률임을 알 수 있다.

$$CV = FCF_{(t+1)} / (WACC-g) / (1+WACC)^{t}$$

$FCF_{(t+1)}$ = 현금흐름예측기간 후 첫해 정상적인 FCF

WACC = 가중평균 자본비용률

g = 영구연금 형태로 성장할 FCF의 기대성장률

위 식을 살펴보면 잔존가치를 결정하는 요소는 현금흐름 예측기간 후 첫해의 정상적인 FCF, 가중평균 자본비용률, 영구성장률임을 알 수 있다. 이 중에서 가중평균 자본비용률은 앞에서 설명하였으므로 첫해의 잉여현금 흐름과 영구성장률에 대하여 살펴보자.

기업의 가치를 예측기간 동안의 가치와 예측기간 후의 가치로 구분 산출하고 여기에 비영업용 자산가치를 합산하여 산정한다. 기업가치를 구성하는 세 가지 가치 중 잔존가치의 비중이 50% 내외를 점유하는 경우가 많다. 잔존가치는 산출방식의 단순성에 비하여 기업가치의 높고 낮음에 크게 영향을 미치기 때문에 예측기간 동안의 기업가치 만큼 신중한 접근과 세심한 검토가 필요하다.

미국의 경우 담배산업, 스포츠용품산업, 피부관리산업, 하이테크 산업에 대하여 예측기간을 8년으로 하여 9년부터 잔존가치를 산출한 결과 기업가치 중 잔존가치의 비중이 담배산업은 56%, 스포츠용품 산업은 81%, 피부관리용품 산업은 100%, 하이테크 산업의 경우에는 무려 125%로 산출되었다는 보고가 있다. 예측기간을 짧게 할수록 잔존가치의 비중이 높게 나타난다. 이와 같은 현상은 계속기업이라는 관점에서 기업을 영구적 존재로 가정하고 영구히 일정한 성장률로 현금흐름을 창출한다는 논리적 한계 때문인데, 현실 속 기업들의 생명은 평균 30년 내외라는 조사가 있는 점에 비추어 볼 때 DCF법의 단점이라고 지적할 수 있다.

2) 예측기간 후 첫해의 잉여현금

흔히 실무적으로 추천되는 방법은 사업종료연도를 기준으로 최근 3년간 혹은 최근 5년간의 잉여현금액의 평균액에 영구성장율을 고려한 금액을 예측기간 후 첫해의 영업현금흐름으로 가정하는 것이다. 즉, 예측기간 후 첫해의 영업현금흐름은 예측기간 최종년도의 현금흐름에 (1+영구성장율)을 곱해서 산출할 수 있다.

3) 영구성장률

영구성장률이란 영업현금흐름의 성장률이다. 따라서 매출액 성장률과 비용증가율과는 다르다. 영구성장률은 고정성장률이다. 기업의 성장률이 고정되어 있는 것은 현실세계에서는 존재하지 않는다. 그러나 기업가치 산정을 위하여 무한정 현금흐름을 추정하는 것은 불가능하므로 일정율로 성장한다고 전제하고 기업가치를 산출하는 것이다.

보통의 경우 영구성장율은 예측물가 상승률보다 높지 않아야 한다. 실무에서는 5%를 넘지 않으며 2~3% 수준에서 결정하는 예가 많다.

4) 현재가치로 환가

잔존가치도 현재가치로 전환하여야 한다. 이때 할인연도수는 현금흐름예측기간이 10년이라면 10년으로 한다. 11년으로 하지 않는 이유는 잔존현금흐름의 합계가 이미 추정기간의 마지막 연도말로 표시되기 때문이다.

바. 비영업용 자산가치

1) 의의

비영업용 자산은 계속기업의 영업에 투입되지 않는 자산이다. 이는 조속한 시일 내에 매각하여 차입금을 상환하거나 신규투자의 자금으로 활용하여야 한다. 기업가치평가 기준일 현재 이와 같은 비영업용 자산이 있는 경우에는 매각예상가액을 기준으로 평가하여 기업가치에 합산하여야 한다.

2) 산출방법

비영업용자산은 크게 부동산과 기타의 자산으로 구분될 수 있다. 부동산의 경우에는 시장가치가 형성되어 있고 경매나 공매에 의하지 않더라도 매각가능성이 있는 경우에는 시장가격으로 평가한다. 그렇지 않은 경우에는 부동산 감정가격, 공시지가, 장부가격이 참고가 될 수 있을 것이다.

기계장치, 설비 등에 대해서는 범용성이 떨어지는 경우가 많으므로 평가산정에 난점이 많다. 대부분의 경우에 감정가격과 장부가격을 참고하여 평가할 수 있다.

5. 기업가치평가의 적정성 검토

가. 개념

기업가치평가의 적정성 검토란 기업가치에 영향을 미치는 가정이나 조건, 현금흐름 추정, 할인율 등의 적정성을 검토하여 기업가치가 과다 또는 과소 산출되었는지의 여부를 파악하는 것이다. 검토 결과, 오류나 고의에 의하여 기업가치가 왜곡된 것으로 의심되면 수정하여야 한다. 기업가치 적정성의 평가는 특히 평가자보다는 평가보고서를 접수하는 당사자에게 의미 있는 작업이다.

이러한 검토작업은 산출된 기업가치가 기업구조조정 추진상 의사결정의 중요한 기준이 되므로 판단오류를 방지하기 위한 것이다.

나. 주요 검토 대상

1) 업종 및 기본가정의 적정성 검토

- 해당 업종 또는 제품 시장 성숙도에 대한 판단의 적정성(성장기, 성숙기, 쇠퇴기), 시장경쟁의 강도 등을 검토한다.
- "회사가 잘된다면…" 등 근거 없는 막연한 가정은 없는지를 검토한다.

2) 매출액 및 영업이익 산정의 적정성 검토

- 과거 일정기간 동안의 추세를 반영하였는지(과거에 영위한 사업을 향후에도 영위하는 경우에는 대내외적 조건에 큰 변화가 없는 한 기본적으로 과거의 추세에서 크게 벗어나지 않는다는 시

각으로 접근)와 과거 재무자료를 기초로 매출액을 추정한 경우 재무자료가 분식은 없었는지(회계의 질 검토)

- 매출액 성장률의 적정성(피평가기업의 담당자가 제공하는 자료를 검토 없이 원용한 경우라면 일단 근거를 확인할 필요가 있음)을 검토한다.
- 신규 사업의 추정매출액은 기존회사를 참조하되 리스크가 높은 만큼 보수적으로 평가하는 것이 바람직하다.
- 변동비와 고정비의 비율은 적정한지(변동비로 분류되어야 할 비용이 고정비로 분류되어 있다면 생산량이 증가함에 따라 원가율이 하락하게 되어 과다 산정의 가능성 있음)
- 추정 원가율을 하락추세로 추정한 경우에는 원가절감의 혁신적인 방법이나 원부자재 구입단가 인하요인이 명확한지를 파악한다.

3) 운전자본, 투자계획 및 인원계획 등 비용산정의 적정성 검토

- 운전자본 추정은 통상 회전율의 개념을 적용하는 데, 이 회전율 가정치의 변동이 현금흐름에 미치는 효과가 상대적으로 크므로 회전율의 가정치가 적정한지를 파악한다.
- 환경관련 규제 등으로 필수적인 투자가 이루어져야 하는 경우 그 내용이 적절히 반영되었는지 체크한다.
- 기타 주요 비용이 과소계상 또는 과대계상 여부를 검토한다.

4) 가중평균 자본비용률 및 영구성장률

가중평균 자본비용률의 경우 가장 문제가 되는 것은 위험할인율이다. 위험할인율이 낮게 책정되지는 않았는지 검토한다. 또 영구성장

률은 보수적인 관점에서 접근하였는지를 확인한다.

5) 시장가치와의 차이

산출결과가 시장가치와 얼마나 차이나는지? 차이가 현저한 경우 그 원인이 객관적으로 설명가능한지를 검토한다. 더 나아가 자산가치 또는 장부가격과는 차이가 어떻게 나타나는지에 대하여도 분석할 필요가 있다.

기업가치 평가액이 주식의 시가총액보다 높으면 M&A를 통해서 경영권 프리미엄이 주주에게 실현될 수 있다. 기업인수자 입장에서 기업자산의 공정가치와 장부가격과의 차이가 M&A를 통해 회계적으로 실현되면 감가상각비를 통해 현금흐름에 영향을 주게 되며, 그 이유는 M&A 회계기준상 기업인수가격이 기업자산의 공정가치를 초과하는 부분은 영업권으로 계상되기 때문이다(합병회계 참조).

6. 경영권 프리미엄

경영권 프리미엄(Control Premium)이란 주가 또는 기업가치를 초과하는 인수가격을 의미한다. 경영권 프리미엄은 M&A의 인수 또는 합병가격에서 나타나는 현상이다. 지분인수의 경우에는 인수대상기업의 기업가치를 상회하여 지불한 금액을 말하고 합병의 경우에는 합병되는 2개 이상의 기업 중 시장가격 등 기업가치를 상회하여 지불되거나 받는 주식가치를 말한다.

경영권 프리미엄이 발생되는 경우는 인수대상기업의 인수로 인하여 경영권이 행사가능한 경우이다. 경영권 행사가 가능한 지분 즉, 지배

지분을 인수하는 대가이므로 경영권 프리미엄을 지배지분할증이라고도 한다. 여기서 인수에는 주식지분인수방식과 경영권을 포함한 자산인수방식 또는 경영권을 포함한 영업일체를 양수받는 경우를 말한다. 그러나 경영권 프리미엄은 지분인수의 경우에 주로 나타나는 현상이므로 이하에서는 지분 매각 또는 그 인수를 중심으로 설명한다.

경영권 프리미엄이 나타나는 이유는 경영권 자체의 특권 가치와 그 행사로 나타나는 시너지 가치 때문이다. 본서에서는 편의상 전자를 경영권 가치(經營權 價値), 후자를 시너지(synergy) 가치로 구분하여 설명하고자 한다. 다만, 경영권 가치는 지분인수자가 개인이든 법인이든 모두에게 고려될 수 있으나, 시너지 가치는 일정한 요건을 구비한 법인 인수자에게 나타날 수 있는 현상이다.

가. 경영권 가치

경영권 가치란 경영권이 지니는 각종 특권의 가치이다. 대주주들은 경영권(Control)이라는 일종의 특권을 갖는다. 인수자가 경영권 가치를 포함하여 기업의 주식을 인수하기 위해서는 경영권 행사가능 지분을 인수하여야 한다. 그러한 지분은 보통의 경우에는 의결권 있는 주식의 50%+1주를 의미하지만, 소유구조에 따라서는 동 지분율보다 더 낮은 주식수로도 경영권 행사가 가능할 수 있다(Blocking Position).

경영권이 지니는 각종 특권을 지배구조에 관한 특권, 사업구조에 관한 특권, 재무구조에 관한 특권 등으로 나누어 볼 수 있다.

1) 지배구조에 관한 경영권

(가) 경영진의 선임 및 해임

(나) 경영진에 대한 보수와 상여에 대한 결정

(다) 회사 정관과 내규의 변경 등

2) 사업구조에 관한 경영권

(가) 회사 정책이나 업무방향 결정

(나) 중요 자산의 취득과 처분

(다) 거래 당사자의 선택과 중요계약의 체결

(라) 영업 양수도

(마) 청산, 일부 영업부문의 매각과 자본구성의 재편성 등

3) 재무구조에 관한 경영권

(가) 자사주의 취득과 처분

(나) 배당

(다) 유무상 증자 등

나. 시너지 가치

시너지(synergy)란 흔히 말하는 것처럼 「(1+1) 〉 2」의 현상이다. 시너지는 두 개이상의 주체가 화학적 반응을 일으켜서 발생되는 것이다.

기업의 인수 · 합병 과정에서 발생되는 시너지가 모두 금전적인 효과를 발생시키는 것으로 보고 그러한 결과는 손익계산서에 표현된다고 볼 때 시너지를 비용절감 효과와 수입증대 효과의 두 가지로 구분

할 수 있다. 비용절감 시너지로는 공동구매 또는 구매력 증대에 따른 매출원가 감소, 중복되는 관리부분의 임직원을 줄임으로써 발생되는 일반관리비 감소, 자금조달능력 증대에 따른 영업외 비용감소 등을 들 수 있다. 수입증대 시너지로는 규모와 범위의 경제로 인한 매출 증대, 공동마케팅을 통한 매출 증대 등을 들 수 있다.

한편, 시너지를 인수기업의 상황을 기준으로 살펴보면, 보편적 시너지, 인수기업 시너지, 특수 시너지로 나누어 볼 수 있다.

1) 보편적 시너지(universal synergy)

인수 추진기업이 유능한 경영진과 적절한 자원을 갖춘 경우 일반적으로 얻을 수 있는 시너지이다. 예를 들면 경영정보시스템을 공유하게 되는 경우 조직의 규모가 확대됨에 따라 동 시스템에 투자된 단위당 정보시스템 비용이 감소하는 효과, 중복되는 임직원의 감축에 따른 인건비 감소 효과, 가격 인상, 기업 일반관리비 절감, 불필요한 중복부문 제거 등에 따른 시너지이다. 이러한 시너지는 주로 관리부문에서 나타나는 시너지이다. 그리고 이러한 시너지가 발생되기 위해서는 인수합병 이후 관리부분의 구조조정이 전제되어야 할 것이다.

2) 인수기업 시너지(endemic synergy)

소수의 인수기업에게만 발생 가능한 종류의 시너지이며 전형적으로 피인수기업과 같은 업종에 종사하는 인수기업에게 발생한다. 이러한 시너지의 유형으로는 범위의 경제(economic of scope: 지리적 판매대상 지역을 확대하는 것)효과와 기업인수에 의해 발생되는 기회(예를 들면, 판매인력의 중복에 따른 인력절감)들이 포함된다.

3) 특수 시너지(unique synergy)

특정 인수기업 또는 피인수기업만이 이용할 수 있는 기회를 갖고 있을 때, 이를 특수한 시너지라고 할 수 있다.

기업인수에 의해 인수기업 및 피인수기업에게 발생하는 시너지 가치의 크기는 시너지의 유형과 이 시너지를 어느 쪽이 통제할 수 있는가에 달려 있다. 즉, 보편적인 시너지는 여러 가지 방면에서 일반적 인수기업들에게 공통적으로 발생될 수 있기 때문에, 이로 인한 효익은 여러 인수기업들 사이의 인수가격 경쟁 시 높은 인수가격을 유발시켜 그 효익이 통상 피인수기업에게 귀속되는 것으로 본다. 마찬가지로 특수한 시너지의 경우에도 시너지 효과의 원천이 피인수기업에게 귀속된다면 이로 인한 효익은 피인수기업에게 귀속될 것이다. 만일, 특수한 시너지 원천이 인수추진기업에게 귀속되는 경우에는 인수추진기업은 낮은 인수가격을 지불하게 됨(왜냐하면 해당 시너지를 놓고 인수경쟁을 할 수 있는 기업이 없기 때문에 높은 인수가격을 유발시킬 필요가 없음)과 아울러 그 인수거래에 의해 발생하는 가치의 대부분을 얻게 된다. 이것은 특히 인수기업이 특정기업을 인수목표로 하지 않고도 자신의 능력으로 '돈이 되게 할 수 있는' 대안을 가지고 있는 경우에는 더욱 그러하다.

엄밀한 의미에서는 시너지 효과에 따른 가치 상승 부분은 경영권 프리미엄과는 별도로 보아야 한다. 이 경우에는 기업인수시 지불된 프리미엄은 단지 경영권만이 아니라 시너지 효과까지 반영되기 때문에 인수 프리미엄(Acquisition Premium)이라고도 한다. 이 점에서 인수 프리미엄에는 경영권 프리미엄이 포함된다고 볼 수 있다.

그러나 시너지 효과에 따른 가치 상승분도 궁극적으로는 경영권을 바탕으로 하므로 경영권 프리미엄에 시너지 효과에 따른 가치 상승분을 포함하여도 무방할 것이다.

경영권 프리미엄이 발생하는 이유는 경영권을 확보함에 따라 회사에 대한 자금의 조달과 자산의 운영을 법규가 허용하는 범위 내에서 경영권을 행사하는 주주 또는 경영진에게 유리하게 행사할 수 있기 때문이다.

다. 경영권 프리미엄 산출방법

일반 소액 주주에 비해 대주주들은 유망한 기업을 인수대상으로 하여 가격협상을 할 경우 경영권 프리미엄을 지불하는 것이 일반적이다. 1991년 L전자가 J사를 인수할 때 주당 10.34달러에 구매하였는데 이는 당시 주가 7달러 대비 3달러가량의 프리미엄을 지불하였다. 이와 같이 우량기업을 인수하는 경우에는 일반적으로 경영권 프리미엄은 시가의 40~50%를 지불한다.

그러나 경영악화나 재정난에 빠진 기업 등 부실기업을 인수하는 경우에는 인수프리미엄을 거의 지불하지 않는다.

참고로 우리나라 상속세법 제63조 3항에 의하면 상속 또는 증여세가 부과되는 재산의 가액을 평가함에 있어서 최대주주의 주식에 대해서는 경영권프리미엄의 개념으로 가치평가액에 할증평가율 20%를 가산하게 규정하고 있으며, 50%를 초과하여 지분을 소유하는 최대주주의 경우 가치평가액의 30% 할증평가율을 가산하게 규정하고 있다(중소기업의 경우는 10% 및 15%).

경영권 프리미엄은 시가와 인수가격 또는 합병가격과의 차액으로 정의되므로, M&A 가격에서 M&A 발표전 시장 주가를 차감하여 산출된다.

경영권 프리미엄은 산출 주체에 따라 상이하다. 경영권 행사 가능한 수준의 주식 묶음을 매각하는 매도인은 시가 또는 기업가치에 어느 정도의 경영권 프리미엄을 가산해서 매각할 것인가가 관심이다. 반면에 인수인은 경영권 프리미엄을 어느 정도 추가하여 제시하여야 인수자로 결정될 수 있는가에 대하여 관심을 가지게 된다.

7. M&A의 시너지 가치 창출인자들

시너지란 기존의 사업과 새로운 사업의 결합에 따라 가치가 상승하는 현상이다. M&A에서 시너지 가치는 합병(M)시너지와 인수(A)시너지로 분리해서 보아야 한다.

합병(M)의 경우에는 전형적으로 시너지가 나타난다. 합병 법인들이 합병 전에 보유하였던 사업구조 등이 합병 후에는 변화된 모습으로 재탄생하면서 시너지가 창출되는 것이다. 이 경우, 동종(유사)업종인지 이종업종인지에 따라 시너지가 다르게 나타나는데, 일반적으로 동종 또는 유사업종인 경우에 시너지가 많이 창출되고 있는 것으로 보고되고 있다.

그런데, 인수(A)의 경우에는 인수 주체가 개인인 경우와 법인인 경우가 다르다. 개인이 인수의 주체가 되는 인수는 원칙적으로 시너지 가치가 창출되는 것은 아니다. 개인이 별개의 다른 기업을 최대주주 형태 등으로 보유하고 있을 경우에는 양사간의 전략적 제휴 등을 통하여 시너지 가치가 간접적으로 형성될 수 있을 뿐이다. 법인이 인수주체가 되는 경우에는 재무적/전략적 투자자 여부, 동종/이종업종 여부 등에 따라 시너지가 달리 나타나게 될 것이다. 일반적으로 재무적 투자자 보다는 전략적 투자자가 인수하는 것이 시너지가치가 높게 형성되는 것으로 예상할 수 있다.

한편, 인수합병은 필연적으로 기업구조조정을 수반한다. "인수합병 후 통합(PMI)"이라는 것은 결국 기업구조조정 과정이다. 그리고 그러한 통합 과정, 즉 기업구조조정 과정은 시너지가치 창출을 통한 기업가치 극대화에 목적이 있다.

시너지 가치를 창출하는 인자들을 구조조정의 분야별로 분석해 볼 수 있다. 첫째, 인수합병은 비용구조조정을 가능케 한다. 부서의 통합에 따른 관리비용의 축소, 공동구매를 통한 매입원가 절감 등이다. 둘째, 인수합병은 사업구조조정을 가능케 한다. 하나의 울타리 안에 동일 또는 유사한 사업구조를 유지할 것인지, 이를 통합하여 운영할 것인지는 시너지가 큰 방향으로 사업구조를 하면 된다. 셋째, 인수합병은 재무구조조정을 가능케 한다. 자금조달 창구를 집중하거나 다원화하여 조달비용을 줄일 수 있으며, 담보제공 능력을 보완함으로써 자금조달 협상력을 높이게 되는 것이다. 이 외에도 영업네트워크 통합에 따른 관리시스템의 효율성 향상 등 관리구조조정을 통하여 기업의 가치를 재고할 수 있으며, 인수 후 지배구조가 안정화되고 투명성이 제고될 경우 주식시장의 반응은 우호적으로 바뀌게 된다. 일반적으로 M&A가 주식시장에 긍정적으로 작용하는 이유는 위와 같은 다양한 구조조정을 통하여 기업가치를 제고할 수 있는 가능성 때문이다.

그런데, 시너지 가치는 긍정적인 시너지만 창출되는 것이 아니다. 오랜 기간 동안 상이한 기업문화와 관리시스템 하에 있던 조직이 통합되어 시너지를 창출하는 데는 직간접 비용(Synergy Cost)이 발생하고 화학적 통합과정에서 알레르기(Allergy) 반응이 발생하며 이로 인하여 부정적 시너지(Negative Synergy = Synergy Cost + Allergy)가 나타나기도 한다.

그림1-19. M&A 후 기업구조조정을 통한 시너지가치 창출

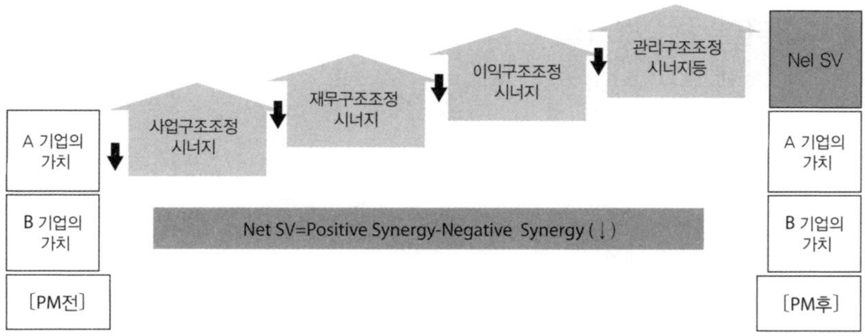

표1-17. M&A 후 기업구조조정을 통한 시너지가치 창출 예시

구분	Positive Synergy	Nagative Synergy	Net Synergy
사업구조조정 시너지	· 생산설비 재조정 · 중복자산의 비효율 제거(매각)	· 통합비용 · 인수비용	
재무구조조정 시너지	· 자본비용 감소 · 조달원천 다양화	· 세금	
이익구조조정 시너지	· 규모의 경제 등을 통한 영업영토 확장 · 마켓팅 네트워크 통합 · 중복비용 제거 · 수익의 다변화 · 세금절감 효과도 가능	· 시장지배력 강화에 따른 경쟁업체의 저항 제거비용	극대화되도록 PMI 전략을 수립하여 시행
관리구조조정 등 시너지	· 상호벤치마킹에 의한 업무효율화	· 문화충돌 해소비용 · 전산통합 비용 · CI 교체 비용 · 근로교섭 비용 등	

M&A에서 시너지효과가 과대평가될 수도 있는데 그 이유는 M&A에 관련된 여러 이해관계자들이 서로 다른 인센티브를 가지고 거래에 임하기 때문이다. M&A에는 주주로부터 권한을 위임받은 경영진과 이사회뿐만 아니라 자문역들이 의사결정과정에 참여한다. 이들은 '주주가치의 극대화'를 명분으로 내세우지만 실상은 M&A거래의 성

사에 따른 성공보수에 매력을 느끼며, 경영진도 M&A를 통해 사세가 확장되면 좋은 평가를 받을 수 있으므로 거래의 성사에 몰두(Deal Fever)하게 되어 시너지를 과대평가할 개연성이 높은 것이다.

8. 중소기업 가치평가

가. 중소기업 회계처리 특례

과거에 취득원가에 의한 재무제표는 기업자산의 공정가치와 불일치함으로 인해서 재무제표의 유용성과 자산평가의 효용에 한계가 있었으나, 한국채택 국제회계기준에서 공정가치평가를 도입함에 따라 높아졌고 가치평가의 환경이 개선되었다.

그러나 한국채택 국제회계기준의 시행 이후에 2013.2월 법무부 고시 중소기업 회계기준에서는 중소기업에 회계 특례를 부여하였다.

이는 이해관계자가 적은 중소기업의 회계처리 부담을 완화하기 위하여 다른 기업회계기준에서 정한 사항과 다르게 적용할 수 있는 인식과 측정의 기준 및 공시에 필요한 사항을 정하는 목적이지만 (단 상장법인, 금융감독위원회 등록법인 및 금융업 법인은 적용 제외), 중소기업의 가치평가에 어려움이 상존한다.

- 정형화된 시장에서 거래되지 않아 시가가 없는 파생상품에 대하여는 계약시점 후 평가에 관한 회계처리를 아니할 수 있다.
- 시장성이 없는 지분증권은 취득원가로 평가할 수 있다. 다만, 감액손실에 대하여는 기준서 제8호 '유가증권' 문단을 준용한다.
- 중대한 영향력을 행사할 수 있는 지분증권에 대하여는 지분법을

적용하지 아니할 수 있다. 다만, 연결재무제표 작성대상의 범위에 해당하는 종속회사에 대하여는 지분법을 적용한다.

- 장기연불조건의 매매거래 및 장기금전대차거래 등에서 발생하는 채권 · 채무는 명목가액을 재무상태표가액으로 할 수 있다.
- 주식결제형 주식기준보상거래가 있는 경우에는 부여한 지분상품이 실제로 행사(예: 주식선택권이 부여된 경우)되거나 발행(예: 주식이 부여된 경우)되기까지는 별도의 회계처리를 아니할 수 있다. 예를 들어, 부여한 주식선택권이 행사되기 전까지는 별도의 회계처리를 아니할 수 있으며, 이러한 경우 주식선택권의 행사시점에 신주를 발행하는 경우에는 행사가격과 신주의 액면금액의 차액을 주식발행초과금으로, 자기주식을 교부하는 경우에는 행사가격과 자기주식의 장부금액의 차액을 자기주식처분손익으로 회계처리한다. 현금결제형 주식기준보상거래가 있는 경우에는 주식기준보상에 관한 기업회계기준에 따라 회계처리하되, 부채는 매 보고기간종료일과 최종결제일에 내재가치로 측정할 수 있다. 거래상대방이 결제방식을 선택할 수 있는 주식기준보상거래가 있는 경우에도 주식기준보상에 관한 기업회계기준에 따라 회계처리하되, 복합금융상품 중 부채요소만을 인식할 수 있으며 부채요소는 매 보고기간종료일과 최종결제일에 내재가치로 측정할 수 있다.
- 1년내의 기간에 완료되는 용역매출 및 건설형 공사계약에 대하여는 용역제공을 완료하였거나 공사 등을 완성한 날에 수익으로 인식할 수 있으며, 1년 이상의 기간에 걸쳐 이루어지는 할부매출은 할부금 회수기일이 도래한 날에 실현되는 것으로 할 수 있다.

- 유형자산과 무형자산의 내용연수 및 잔존가액의 결정은 법인세법의 규정에 따를 수 있다.
- 토지 또는 건물 등을 장기할부조건으로 처분하는 경우에는 당해 자산의 처분이익을 할부금회수기일이 도래한 날에 실현되는 것으로 할 수 있다.
- 법인세 비용은 법인세법 등의 법령에 의하여 납부하여야 할 금액으로 할 수 있다.
- 손익계산서에서 주당이익을 공시하지 아니할 수 있다.
- 사업부문별 정보는 주석으로 기재하지 아니할 수 있다.
- 중단된 사업부문의 정보는 주석으로 기재하지 아니할 수 있다.

나. 가치평가 방법의 한계

중소기업은 회계의 투명성이 낮고, 신용상태를 파악하는 데 필요한 경영 전반의 정보가 체계적으로 정비되지 못하였으며, 금융거래에서 자사에게 불리한 정보는 감추고 유리한 정보만을 제공하려는 유인에 이끌린다.

산업, 경영, 영업위험에 노출 하에서 경영자의 선택 유연성이 높은 중소기업에는 기업가치평가모델이 적용되기 어렵다. 종래의 기업가치평가방식인 현금흐름할인방식은 예상 외의 사건 하에 변화하는 기업가치를 반영하기 곤란하다. 실제 기업에 사업의 연기, 일시 및 단계별 확장, 축소, 일시 중단 및 재개, 취소, 시장진입 또는 청산 시나리오의 옵션에 의한 옵션가치가 반영된다면 초기나 쇠퇴 기업에 옵션 가치가 커질 것이다(성숙기업은 현금흐름가치가 클 것이다).

그러나 M&A 대상기업의 가치평가에 대해 이해당사자들이 공감할 수 있는 객관적이면서 공정한 가격산정이 이루어지지 못하고 있다. 이로 인해서 협상가격에 상당한 괴리가 발생하고 협상이 장기화되거나 결렬되는 상황이 반복적으로 발생하고 있다. 이는 가치평가기관의 역량부족에도 원인이 있지만 보다 근원적으로는 대다수 중소기업에서의 회계분식 또는 오류 가능성으로 인해 회계정보의 신뢰성이 부족하고, 기업실사(due diligence)에 의존하는 비율이 높기 때문에 나타나는 현상이라 할 수 있다.

결국, 이와 같은 회계자료의 신뢰성 부족은 M&A거래를 저조하게 하는 큰 원인이 되고있다. 즉, 인수대상기업 회계자료의 불투명성에 따른 기업가치의 평가곤란, 이로 인해 복잡한 기업실사를 해야 하는데 따른 시간 · 비용부담의 가중이 M&A 활성화에 커다란 장애요인이 되고 있다.

제8절 기업구조조정의 유형

1. 개요

기업구조조정의 구체적인 모습과 관련하여 Bowman과 Singh(1993)의 연구에서는 세 가지 유형 즉, 사업구조조정, 재무구조조정 그리고 조직구조조정이 제시된 바 있다. 적어도 이 세 가지 구조조정은 기업 스스로 하는 구조조정의 핵심과제라는 점에서는 위 유형분류가 설득력이 있다.

그러나 정부차원에서 주로 추진될 수 있는 소유/지배구조조정이 있는가 하면, 조직구조조정으로부터 인력구조조정을 파생시켜 검토할 가치가 있고, 여러 가지 구조조정으로도 기업의 성과가 개선되지 않는 경우에는 이익구조에 문제가 있어 이에 대한 구조조정의 필요성도 있다. 더 나아가 기업구조조정이 기업가치 극대화를 달성하기 위한 적극적인 경영혁신 방법이라면 이를 체계적으로 관리할 시스템을 정비할 필요가 있는 데 이를 관리구조조정이라고 할 수 있을 것이다.

그러므로 본서에서는 기업구조조정의 개념을 광의로 보고 그 유형도 사업구조조정, 재무구조조정은 물론 소유구조조정, 지배구조조정, 조직구조조정, 인력구조조정, 이익구조조정 및 관리구조조정을 포함하여 8 가지로 구분하였다.

이러한 8 가지 분야는 모두 기업경영에 있어 중요한 위치를 차지하며 서로가 서로를 필요로 하는 상호 밀접한 보완관계에 있다. 따라서 대안혁신을 시도하는 기업의 주어진 현실과 여건에 따라 개혁의 시발점과 개혁 추진상 각 기업별 강조분야가 달라질 수는 있으나 그 대안혁신과정에서 여타 나머지 개혁과제나 혁신영역에 대해 미칠 영향과 대책은 종합적으로 고려되어져야 한다.

우선 기업구조조정부문을 8 가지의 분야로 나누어 정리하면 아래와 같다.

표1-18. 기업구조조정 부문

구조조정분야	관련시장
소유구조조정	자본시장/기업지배권시장
지배구조조정	기업지배권시장/경영자시장
사업구조조정	제품시장/경쟁사
재무구조조정	자본시장/금융시장
조직구조조정	노동시장
인력구조조정	노동시장
이익구조조정	제품시장/생산요소시장
관리구조조정	경영자시장/노동시장

* 출처 : 강효석 외, 기업구조조정론(1998), 일부 수정하여 재구성

상기 구조조정부문은 기업과 상호작용하는 시장의 유사성과 기업경영 관련정보의 유사성을 기준으로 아래와 같이 크게 네 가지 영역으로 구분해 볼 수 있다.

그림1-20. 기업구조조정부문간 상호연관성[42)]

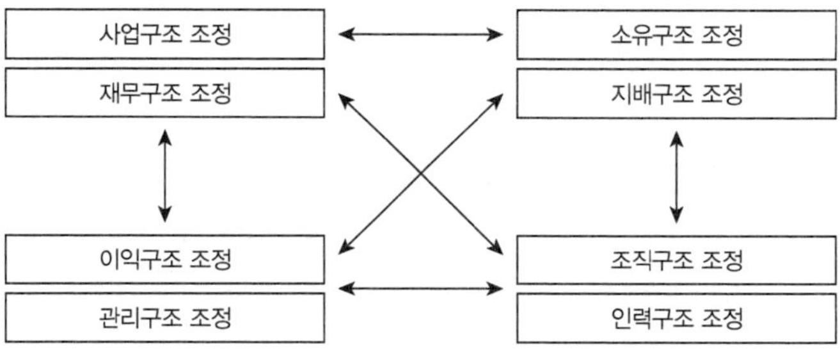

첫째 소유구조와 지배구조가 밀접한 관계에 있으며, 둘째 사업구조와 재무구조가 불가분의 관계에 있다. 셋째 조직구조와 인력구조도 밀접한 관계에 있으며, 넷째 이익구조와 관리구조도 상호연관성이 높다. 이러한 구조조정분야에 대해서는 본서 제3장 이후의 기업구조조정 방법론에서 상술할 것이다.

기업가치의 극대화는 부가가치 창출의 극대화가 전제되어야 한다. 그리고 기업의 부가가치 창출은 경영자원의 효율적인 배분과 핵심역량 확보에 의해 가능하다. 이런 부가가치 극대화 조건들이 충족된 상황을 흔히 경쟁력이 있다고 하는 것이다. 즉 기업이 당당한 사회구성원으로서의 존재 의미를 갖기 위해서는 우선 시장경쟁에서 생존하여야 하며, 그 경쟁과정에서 정당한 부가가치를 창출할 능력을 갖추어야 하는 것이다.

42) 강효석 외, 기업구조조정론(1998) 참조

2. 기업구조조정의 유형

가. 사업구조조정(Business restructuring)

사업구조조정이란 자원배분의 최적화를 달성하기 위하여 사업의 영역을 재구축하거나 사업에 투입된 자산을 변화시킴으로써 기업이 경제적 부가가치 창출능력을 제고하고자 시행하는 일련의 변화 행동이다.

사업구조는 대차대조표(재무상태표)상 차변의 자산구조를 말하는 것이다. 이런 이유로 사업구조조정을 자산구조조정이라고 하는 경우도 있다. 또한, 다수의 논문들에서는 포트폴리오 구조조정(portfolio restructuring)이라는 표현도 등장하는 데 그 내용은 사업구조조정과 같은 의미이다.

이 자산구조의 내용이 곧 사업구조인 것이다. 사업구조는 회사에 따라 다양한 사업부문으로 구성되어 있다. 흔히 본부장제 또는 사업부제로 구분한다.

사업구조조정 전략의 핵심은 가치를 창출하지 못하거나 가치를 파괴하는 사업을 정리, 전환, 매각하고(downsizing) 핵심사업을 중심으로 매진하기 위한 선택과 집중(downscoping)에 있다. 또한 집중적 자원배분을 위한 핵심사업에는 반드시 일시적이 아닌 장기적인 경쟁우위를 확보할 수 있는 내부역량의 축적이 이루어져야 한다. 조직 내부에 그러한 자원과 능력이 보족할 경우 외부에서 조달(M&A)한다.

사업구조조정을 검토하는 방향은 다각화 또는 집중화이다. 어느 것을 선택할 것인가의 문제는 회사 사정과 시장여건 등을 고려하여 결정할 일이다. 그러나 부실기업의 경우에는 집중화를 위한 사업구조조정이 시행되는 것이 일반적이다.

그림1-21. 사업구조조정의 절차

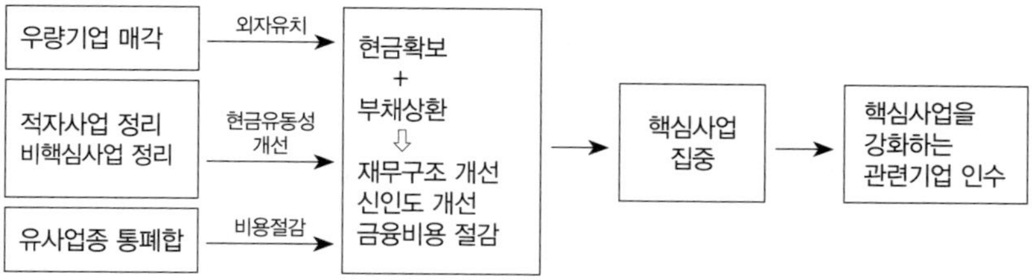

(자료 : 장세진, 글로벌 경쟁시대의 경영전략, 2010)

사업구조조정의 방법으로는 downsizing, downscoping, 그리고 회사분할, 영업양수도, 인수, 합병 등의 M&A(LBO)가 있다. 公기업의 소유권을 민간에게 매각하는 민영화와 기존 민간기업의 특정사업을 분할하여 새로운 회사를 만든다든지 혹은 이들 사업, 비핵심사업/손실발생사업을 매각하는 것들은 소유권의 재편을 가져온다. 또한 규모의 경제 혹은 범위의 경제를 추구하기 위해 단행하는 기업인수나 합병 또한 기업의 소유권의 변동을 수반한다.

이러한 비핵심사업/손실발생사업의 매각은 그동안 기업의 사업다각화, 확대전략으로 방만해진 사업 가운데 비핵심사업, 쇠퇴산업, 손실발생사업을 줄이고 핵심사업, 성장사업에 재집중하거나 특정한 고객을 겨냥함으로써 경쟁력과 가치를 높이는 조치이다. 기업인수합병을 통한 소유권 재편은 규모 혹은 범위의 경제 이익이 가져다주는 시너지효과를 계산하여 이루어지는 구조조정 조치이다.

나. 재무구조조정(financial restructuring)

재무구조조정이란 기업이 기존의 자본 및 소유구조에 변화를 시도함으로써 추가적인 부가가치를 창출하는 일련의 활동이다.

기업의 재무구조는 자본구조를 말한다. 부채비율, 장단기 차입금의 만기 및 이자율, 자기자본의 구성내용 등을 말하는 것이다.

재무구조조정의 방법들로는 비업무용자산매각, 출자전환, 이자율 인하, 만기연장, 원리금상환유예, 유상증자 등을 들 수 있다.

이 재무구조조정은 사업구조조정과 함께 기업구조조정의 핵심분야이다. 이 두 가지는 대차대조표(재수상태표)의 차변과 대변에 관한 사항이다. 대차균형의 원리에 따라 어느 한쪽의 변동은 다른 한쪽의 변동을 수반한다. 그러므로 재무구조조정은 사업구조조정과 불가분의 관계에 있다.

재무구조조정은 부실기업들에게 가장 필요한 구조조정 방법이나, 채권단이 개입되는 특성이 있다.

빠른 성장기 혹은 성장산업에서는 기업이 부채 대 자산의 비율이 높아도 빠른 성장을 통해 금융비용을 감당할 수 있지만, 이런 높은 부채비율(high leverage)은 성장률이 떨어지거나 혹은 경기가 후퇴로 돌아설 때 그리고 이자율이 높아질 때는 기업에 상당한 부담이 되어 기업을 부실 그리고 최종적으로는 파산으로 몰고 갈수 있다.

한편, 부채가 과소하거나 자본이 비효율적으로 활용되고 있는 기업은 주주에게 자본을 환원하여 자본을 채무로 전환하게 되면 지급이자를 손비로 인정받게 된다.

이러한 현상은 외국인 주주들이 국내기업으로부터 과도하게 유상감자 및 배당지급을 받아 간다는 논란에 의해 촉발되었다.

기업재무와 관련하여 구조조정의 또 다른 주요대상이 되어야 할 것으로는 기업운영의 재무지표인 회계의 분식을 근절하는 것으로 2004년까지의 위반사항을 2006년 결산에서 자진 수정하면 감리를 면제하는 금융감독원의 조치가 이루어졌다.

다. 소유구조조정(Ownership Restructuring)

기업의 소유구조는 대차대조표(재수상태표)상 자본금의 출자구조가 어떻게 구성되어 있는가 하는 문제이다. 예를 들면,주요주주의 구성원 구조, 구성원간의 역학관계(가족 친지) 등이다. 2006년 기업의 경영권 승계 핵심인 '상속세'에 대해 논란이 발생하였다. 재계는 금기시하던 경영권 상속문제를 정면으로 논의할 시점이라고 보고, 정당하게 경영권을 자녀에게 물려줄 수 있는 제도적 뒷받침이 필요하다고 주장하였다. 현행 상속세는 최대주주 주식 상속분에 대한 할증률을 30%까지 적용한다면 상속세의 최고 세율이 무려 65%에 이르기 때문에 상속은 바로 경영권 안정을 위협하고, 이는 경제성장에 부정적 영향을 초래할 수 있다고 경고한다. 중소기업도 동일하게 상속세 부담을 갖는 것으로 나타났다. 최근에는 지주회사와 관련하여 기업에 의한 기업의 소유가 중요한 문제로 되고 있다.

기업의 소유구조는 바로 기업의 주인이 누구인지를 규명해 주고, 기업의 지배권이나 경영권을 행사하게 해주는 정당성의 원천이 무엇인가를 설명해 준다.

기업소유구조 결정요인에 대한 이론들로는 대리이론, 정보신호이론, 거래비용이론 및 경영자원이론 등이 있다.

라. 지배구조조정(Corporate governance Restructuring)

기업지배구조는 기업 경영에 관한 의사결정을 담당할 경영진에 대한 선임 및 해임의 결정자가 누구이며, 기업경영에 대한 의사결정구조가 어떻게 되어 있는가 하는 문제이다.

기업의 지배자는 주주, (대표)이사, 이사회, 감사, 위원회 등이다. 지배구조조정은 기업경영의 투명성과 합리성을 제고시킬 방안으로 진행되어야 한다. 또한, 독립성과 감시가 조화되는 구조가 바람직한 것이다.

이와 같은 지배구조조정은 주로 제도와 법규에 의하여 진행된다. 공정거래법에서는 상호출자와 상호지급보증을 통한 재벌 소유주에 의한 계열기업의 장악과 왕조적 지배를 금지했으나, 여전히 재벌소유주는 순환출자 등으로 피해나가면서 계열기업 장악력을 확보하고 있다. 이와 같은 소유구조 개편과 맞닿아 있는 것이 기업의 지배구조 개편이다. 재벌 소유주 직할의 비서실, 기획조정실 등을 통해 법적 권한도 없는 계열회사의 경영을 좌지우지하던 관행을 중지시키자, 재벌 소유주들은 다시 구조조정본부를 만들어 여전히 막강한 영향력을 행사하고 있다. 이처럼 낮은 비율의 주식밖에 소유하고 있지 않은 재벌의 소유주가 중요한 투자를 결정하고, 인사를 좌우하며, 기업들이 다수 주주들의 이익에 반하는 행동을 하도록 영향력을 행사하는 관행이 개선되지 않은 채 여전히 남아 있다. 2007년 공정거래법상의 지주회사 요건이 완화되면서 많은 그룹들이 지주회사화를 선택하였다.

마. 조직구조조정(Organizational Restructuring)

조직은 인력을 담아내는 그릇이다. 기업의 조직구조란 조직간 의사소통구조, 조직간 이동의 유연성, 조직의 전문성, 조직의 상하구조 등을 말한다.

조직구조조정의 방법으로는 분권형 책임경영제, 조직 슬림화, 의사결정 구조의 단순화 및 신속성 확보, 학습조직, 지식경영 등이 있다.

소사장제, 네트워크형 조직, 아메바 조직 등도 조직구조조정의 유용한 방법들이다.

관리조직의 개편과는 다른 차원의 조직재편방식으로 사업을 재조직화하는 사업과정 재구축(business process re-engineering), 회계의 정비, 조달과 구매체계의 개선, 부품공급라인의 정비, 건물/재산관리의 합리화, 인적자원관리의 체계화, 전사적 자원관리, 사업이전 및 이들의 자동화와 컴퓨터화와 관련된 합리화 등이 있다. 더구나 이들 사업의 재조직화는 최근 이들 사업의 합리화에 기초한 소프트웨어의 개발과 컴퓨터화로 상당한 정도로 효율적으로 재조직되고 있다.

사업의 재조직화는 무엇보다도 각 사업을 수행함에 있어 각 업무의 단계별로 수익성 추구와 관계없거나, 효율성을 가로막는 요인들을 발굴, 분석하여 이들 요인들을 제거하거나 합리화한다. 조직 내 관료주의, 경직성, 부서간의 다툼을 줄이고 권한을 명확히 하며 외부 혹은 내부 고객의 입장에서 사업이 진행되도록 개혁함으로써 생산성 향상, 고객맞춤 서비스와 생산개선, 납기단축 등을 이루어낸다.

사업의 재조직화가 관리조직의 변화나 합리화를 이끌어 낼 수 있다. 직무기술(job description)이 없거나 부족한 우리나라 실정에서는 매우 유용한 수단이 될 수 있으며, 자기 직무가 마땅히 없는 관리자들의 경우에도 관리업무 이외에 자기 전문업무를 맡도록 하는데도 긴요하게 이용될 수 있다.

그 내용으로는 조달과정의 혁신, 인적자원관리의 체계화, 건물과 재산관리의 합리화 및 건물의 이전, 아웃소싱(outsourcing) 등이 있다.

바. 인력구조조정

구조조정하면 인력구조조정을 말하거나 연상하는 경우가 있다. 그러나 인력구조조정은 구조조정의 한 유형일 뿐이다.

인력구조란, 구성원의 평균연령, 학력, 지역적 분포, 전공유형 등을 포함하여 논의할 수 있으나, 최근에 논의되는 것은 비정규직 인원의 문제이다.

과잉인원에 대한 인력구조조정의 방법으로는 양적 구조조정과 질적 구조조정이 있다. 문제가 되고 있는 정리해고가 가장 보편적인 양적 구조조정 방법이다. 그러나 일자리 나누기, 근로시간 공유 등을 통한 정리해고 회피형 구조조정도 가능하다. 질적 구조조정의 방법으로는 학습조직 강화, 생산성 강화 등이 있을 수 있다.

그러나 양적 구조조정과 질적 구조조정의 방법은 축소형 구조조정을 염두에 둔 것이다. 그러므로 이를 축소형 인력구조조정이라 해야 할 것이다.

확장형 인력구조조정이란 경기회복기에 즈음하여 장차 도래할 호황기를 대비한다거나 또는 벤처기업의 수익모델이 안정화되어 현금흐름이 크게 개선되고 마켓점유율이 증가하는 경우에는 인력을 추가적으로 고용하는 것이 필요한 경우에 발생하게 된다.

인력구조조정은 직업의 안정성과 관련되고 개인의 생계와 직결되는 사항으로서 구조조정 분야에서 가장 난해하고 어려운 문제이고 협상능력이 필요한 분야이다. 인력구조조정의 목표로는 노동의 유연성 확보, 인건비 절감을 통한 경쟁력 강화, 노동생산성 향상 등이 있다.

사. 이익구조조정

이익구조는 주로 손익계산서를 분석함으로써 파악된다. 구체적으로는 매출액 대비 매출총이익률, 영업이익률, 경상이익률, 당기순이익률을 분석하는 것에서부터 총자산이익률, 자기자본순이익률, 주당순이익, 손익분기점분석, EVA 분석 등으로 파악가능하다. 이러한 분석은 회사 전체에 대한 분석보다는 사업부제별 또는 본부별 분석이 유용하다. 이러한 분석을 통해서 사업부별로 고비용 또는 저효율 요인을 규명할 수 있다.

이러한 이익구조에 대한 분석 결과에 따라서는 재무구조조정, 사업구조조정, 조직구조조정 등과 연계하여 추진하거나 시장 또는 마케팅 관리로 이어지게 된다. 이익구조조정은 투입은 줄이고 수입은 늘려 궁극적으로는 이익을 올리는 작업이다.

아. 관리구조조정(management restructuring)

관리구조조정은 기업구조조정의 완결이며 이를 통해서 각종 기업구조조정은 기업가치로 가시화 된다. 여기서 관리란 기업의 인적 · 물적 여러 요소를 적절히 결합하여 그 운영을 지도 · 조정하는 것으로, 경영은 관리를 포함하는 것을 말한다. 경영이 기업의 대내외 관계를 총괄하는 리더십이라면 관리는 내부에 중점을 둔 리더십이다.

관리구조조정은 성과평가시스템[BSC], 주가관리[IR], 경영정보시스템[MIS], 업무프로세스개선[BPR], 고객관계관리[CRM], 전사적위험관리[ERM] 등에 관한 사항과 이미 기술한 7가지의 기업구조조정에 해당되지 않는 구조조정에 관한 사항들이다. 이러한 관리구조에 대한 조정도 필요한 것일까 하는 의문이 있을 수 있으나, 인사관리, 성과관리, 주가관리 등의 경우에도 구조적인 문제가 있을 수 있으므로 구조조정의 대상이 된다. 산업간 경계가 모호해지면서 인적자원, 문화, 지식, 브랜드 등과 같은 기업의 내부역량이 더욱 중요한 수익의 원천으로 부상하고 있다.

제9절 기업형태별 기업구조조정

1. 부실기업, 정상기업, 벤처기업의 구조조정

앞에서 기업구조조정 개념의 구분에서 우리는 기업구조조정의 개념을 몇 가지 형태로 구분한 바 있다. 그러한 개념의 분류는 사실상 부실기업과 정상기업의 분류와 관련되어 있다.

부실기업의 경우에는 주로 재무구조조정, 사업구조조정이라는 협의의 구조조정에 집중하게 되며, 그 추진도 채권단이나 법원에 의해 타율적으로 추진되는 경향이 강하고, 추진내용도 소극적이고 축소 지향적이다.

한편, 기업의 Life Cycle은 일반적으로 태동기, 성장기, 성숙기 및 쇠퇴기로 구분하는 것이 일반적이다. 그리고 벤처기업은 주로 태동기에 많이 있으며, 부실기업들은 쇠퇴기에 많이 분포한다고 볼 수 있다.

그런데, 오늘날과 같이 경영환경이 급변하는 상황에서는 이미 언급한 것처럼 정상기업이라고 하더라도 기업구조조정(CRA, Corporate Restructuring Activities)을 도외시할 수 없다. 아래 그림은 기업은 생명주기상 정상기업도 언젠가는 부실기업이 될 수 있음을 보여주고 있다. 영원한 정상기업이 있을 수 없는 이상 부실기업이 되기 전에 기업구조조정을 지속적으로 추진하여야 정상기업의 지위를 지속적으로 유지할 수 있다.

그림1-22. 기업의 Life Cycle과 기업구조조정

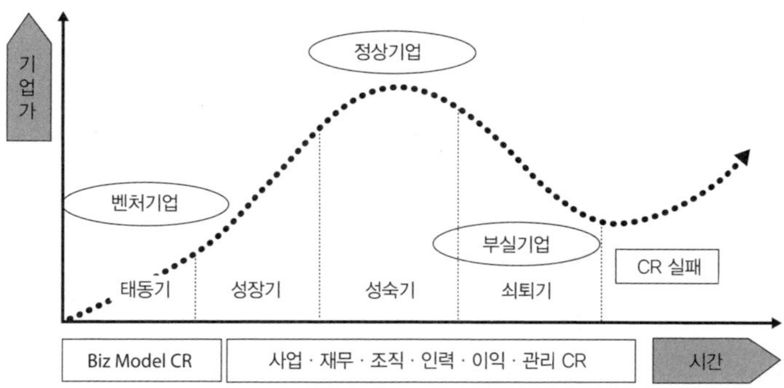

가. 부실기업과 구조조정

기업의 부실이란 용어도 그 개념이 명확하지 않다. 일반적으로는 경영상태가 매우 악화된 기업 또는 기업활동을 종식해야만 하는 법률적 파산기업의 의미로 사용되고 있다.

부실기업의 개념을 가장 명료하게 정리한 견해는 E.I. Altman의 견해이다. 이하에서는 E.I. Altman의 견해를 중심으로 부실을 경제적 부실, 재무적 부실(지급불능) 그리고 법률적 부실(파산) 3가지로 나누어 보았다.

첫째, 경제적 부실(economic failure)이라는 개념이다. 가장 넓은 의미의 부실로 사용되는 개념으로 기업의 총수익이 총비용에 미달

하는 경우, 기업의 평균투자수익률이 자본조달비용보다 낮은 경우, 기업의 실현수익률이 평균투자수익률에 미달하는 경우, 기업의 수익성 저하가 원인이 되어 나타나는 경제적 현상을 의미한다.

이러한 현상이 지속되면 결국 지급불능이나 법률적 도산에 이르게 된다. 그러므로 이는 1단계 부실에 해당된다. 경제적 부실의 현상이 존재한다고 하더라도 지급기일이 도래한 유동부채가 없고 기업의 부채상환능력이 유지될 수 있다면 기업은 그대로 존속될 수 있기 때문이다.

둘째, 지급불능(insolvency)라는 개념으로 이는 재무적 부실개념이다. 이는 다시 기술적 지급불능(technical insolvency), 실질적 지급불능(real insolvency)으로 나누어 볼 수 있다.

"기술적 지급불능(技術的 支給不能)"은 만기가 도래한 채무를 상환할 수 없는 유동성 부족(流動性 不足)의 경우이다. 이는 공식적인 파산선언의 직접적인 원인이 되기도 하지만 자금의 뒷받침이 있게 되면 곧 정상적인 영업활동을 재개할 수도 있다. 이는 결국 일시적 지급불능 상태가 되는 것이므로 채권자의 동의가 있으면 기업이 해산되거나 정리되지 않는다.

"실질적 지급불능(實質的 支給不能)"은 기술적 지급불능과 달리 그 원인이 일시적 유동성 부족이 아닌 만성적인 결손누적에 있는 것이 일반적이다. 이 상태에서는 대규모 자산매각, 은행의 특별융자 등과 함께 회생을 위한 중대한 자구책을 강구하지 않으면 파산으로 갈 수 있으므로 파산적 지급불능이라고도 할 수 있다. 이와 같은 재무적 부실은 대부분 경제적 부실이 심화되어 나타난다. 따라서 이를 2단계 부실이라 할 수 있다.

셋째, 파산(bankruptcy)이란 기업의 총자산가치가 총부채가치

보다 적은 경우로서 실질 순자산가치가 負가 되는 경우이다. 채권자들이 기업의 폐지를 법원에 신청하고 기업을 종식시키는 경우를 말한다. 이는 법률적 부실이다.

법률적 부실은 경제적 부실과 재무적 부실이 심화된 형태의 부실이다. 주로 경제적, 재무적 부실이 해결되지 못한 경우에 나타나는 3단계의 부실이다.

기업의 부실화는 어느 한 가지 원인에 의해 이루어지는 것이 아니라 여러 가지 원인이 복합적으로 작용하여 발생한다. 복합적 부실원인을 정확히 규명할 수 있어야 기업부실을 회피, 예방할 수 있고, 기업경영자가 특별히 주의하여야 할 경영관리상의 모든 문제나 개선점을 구체적으로 이해 할 수 있다. 또한, 현실적으로 기업경영전략을 수립하기 위한 지침으로 활용할 수 있게 된다.

부실기업의 구조조정은 부실유형에 따라 중점적 방향이 다르다. 기본적으로는 앞에서 언급한 바 있는 입체적 구조조정 전략을 취해야 한다. 다만, 부실의 원인과 유형에 따라 기업구조조정의 중점적 방향이 다를 수 있을 것이다. 경제적 부실의 경우에는 사업성이 떨어지는 경우이므로 사업구조조정을 중점적으로 추진하여야 한다. 재무적 부실의 경우에는 유동성위기에 직면한 상태이므로 재무구조조정을 통하여 출자전환, 차입금 만기연장 등의 조치가 우선적으로 필요하다.

표1-19. 부실단계별 기업구조조정 전략

구분		내용	기업구조조정 중점 대상
1단계 부실	경제적 부실	총비용 〉 총수익	사업구조조정
2단계 부실	재무적 부실	유동자산 〉 유동부채	재무구조조정
3단계 부실	법률적 부실	총부채 〉 총자산	파산 · 정리

나. 정상기업과 구조조정

정상기업도 부실의 유형 중 경제적 부실이 없는지에 대하여 항상 점검하고 문제가 있으면 신속하게 해소시켜야 한다. 휴브리스(Hubris)는 과거에 성공하였던 경영진이 자신의 능력과 방식을 너무 과신하여 환경 변화를 무시하고 독단적으로 경영함으로써 커다란 실패를 보게 되는 경우이다. 휴브리스의 愚는 경영위험에 속하는데, 경영위험의 특성상 위험이 현실화되면 손실규모가 크게 발생할 수 있다. 계속기업으로써 영업활동 유지를 위해서는 경영자의 지속적, 다양한 의사결정이 필요한데, 기업의 성공적인 영업활동과 경영성과, 장기 생존성은 경영자의 합리적인 의사결정 과정에 의해 성패가 좌우된다.

- 오너 와병설에 촉각 : 건강 위독설이 신용으로 직결된다.
- 경영진에 의한 거액의 횡령 및 배임 발생으로 자금 경색 심화
- 무리한 기업인수합병(승자의 저주) 이에 따라 대출기관에서는 그룹사의 오너 경영진의 성향을 대출 심사에 반영하고 있다.

한편 대기업 계열사의 신용평가에서 그룹의 신용도와 분리하여 평가하는 독자신용요소도 선제적 구조조정 요인이 된다. 독자신용등급은 글로벌 신용평가사들이 2000년대 중반 도입한 개념이다. 처음에는 정부의 지원 가능성이 큰 은행업에 도입되었다가, 이제는 글로벌 스탠다드가 되었다.

외환위기 당시 계열사 간 상호지급보증이 금지(1998년 4월)되면서 대기업그룹의 채무보증 금액은 지속적으로 감소해 파산위험을 공유할 수준이라 볼 수 없는 수준이 되었다[43]. 1998년 63.5조원에 달했던

43) 전경련, 재무구조개선약정제도의 문제와 시사점, 전경련 이슈페이퍼, 2011. 10.

전체 채무보증금액이 2011년 2.9조원으로 축소되어 외환위기 당시의 4.6%에 불과하였다. 그러나 계열기업 간 채무보증이 없어지더라도 금융기관의 대출관행에 변화가 없는 한 재벌에 대한 자금공급의 총량과 배분양태에는 근본적 변화가 없을 것이라는 지적이 있었다[44].

실제로, 2011년 LIG건설, 진흥기업 등 모회사의 지원중단에 따른 회생절차 개시신청 등이 발생 시 투자자의 손실 사례가 다시 부각되었다. 이에 2011.12.15. 신용평가시장 선진화 방안에서 독자신용등급을 추진하였으나, 2012년 11월 제정 '신용평가 등급의 공시 및 업무관행 개선에 대한 모범규준'에 포함되지 않았다.

이후, 2013년 11월 '금융업 경쟁력 강화방안의 세부 추진계획(자본시장의 역동성 제고 방안)'에서는 외부지원 가능성을 배제하고 개별회사의 독자적 사업 · 재무능력을 반영한 독자신용등급 제도를 기업자금시장 여건, 경기상황 등에 대한 검토 하에서 2015년 중 도입을 추진한다.

다. 기술혁신형 기업과 구조조정

과거 은행권 워크아웃은 기술자산 등 무형자산의 가치가 더 중요한 기술혁신형 기업들을 '한계기업'으로 간주하였다. 은행권 워크아웃 제도의 경우 절차의 복잡성이 존재하고, 이로 인한 소요기간의 지연으로 인해 기업의 위험이 더욱 악화될 리스크가 존재하였다. 또한, 기업회생을 위한 필수조건인 추가금융지원은 이루어지지 않는 등, 소극적인 회생노력에 불과하며,미래사업성의 평가가 매우 중요함에도 불구

44) 이규억, 「구조전환기 기업집단정책의 비판적 고찰」,『산업조직연구』, 제8집 제1호(2000), 한국산업조직학회.

하고, 재무제표와 같이 과거의 성과에 치중한 시장성의 가치에만 초점이 맞춰져, 기술가치 등 향후 미래사업성으로의 가능성이 간과되기 쉽다는 점이 지적되었다.기술기업의 워크아웃시, 기술보증기금이 보유한 우수한 기술평가능력과 채권은행들이 보유한 우수한 재무적 평가능력 및 워크아웃 추진능력('주거래은행'관계를 포함)을 긴밀하게 상호 결합시키는 '기술가치평가형 워크아웃'을 추진할 필요가 대두하였다[45].

현행 워크아웃 제도의 문제점을 보완하기 위해, 정부차원의 정책금융과 국책금융기관 등 공공기관의 사모펀드, 그리고 사적시장과 공적시장의 기술 및 사업성 평가의 협력체계의 공조가 필요하다.

과거 기술보증기금 보증 수혜기업의 부실화시 적극 회생을 도모하는 사업은 부실벤처기업에 대한 재보증사업(일명 '패자부활')을 도입한 바 있었으나 사실상 유명무실한 반면, 순수 민간자본은 기술혁신형 중소벤처기업의 구조조정 투자에 한계가 있다. 따라서, 국가 R&D출연금 지원 또는 기보, 중진공의 기술가치평가 정책금융지원을 받은 기술혁신형 중소기업의 부실화 및 청산과정에서 무형자산(특허 포함) 및 노하우가 사장되지 않도록 정부는 기술금융 활성화를 추진하고, 성장사다리펀드와 한국벤처투자의 모태펀드에서 민간자본과 매칭으로 재기지원 펀드를 조성하여 운용하고 있다(제10장 참조).

45) 정승일, 기술혁신기업 구조조정 추진체계 개선방안 2009. 12. 1 제35호

2. 기업규모별 기업구조조정 전략

가. 기업집단의 기업구조조정

재벌(Chaebol, Conglomerate)의 개념은 명확하게 정립되어 있지 않으나, 공정거래법상 대규모 기업집단 보다는 광의의 개념으로 사용되고 있다. 통상 재벌은 특정인 또는 그 친인척에 소유가 집중되어 있으며, 여러 계열사를 거느리면서 직접 경영권을 장악하고 있는 하나의 기업집단을 의미한다.

우리나라의 재벌은 정부의 경제개발정책에 적극적으로 참여하여 자본집적과 기술개발을 통해 국민경제의 성장 · 발전에 기여한 면이 크나 과도한 국민경제상의 비중, 정부의존적인 성장과정, 시장의 독과점화 등의 비판도 받은 바 있다. 공정거래법은 재벌들의 과도한 경제력집중을 억제하여 국민경제의 균형적 발전을 도모하게 하기 위하여 자산총액 일정 규모 이상 기업집단에 상호출자, 순환출자, 채무보증 제한을 가하여 경제력집중억제 시책을 운용하고 있다.

금융감독원은 전체 금융권 신용공여액의 0.075% (2014년 기준 1조 2251억원) 이상을 공여받고 있는 그룹사들을 '주채무계열'로 매년 선정하여 관리한다. 「은행업감독규정」 제79조에 따른 사전적인 여신관리이므로, 이미 기업구조조정촉진법이 적용된 기업은 제외한다(제7장 워크아웃 후술).

2014년에는 총 42개 계열이 주채무계열로 선정되어 전년(30개)보다 12개 계열이 증가하였다[46]. 한편 경기민감업종에 대한 은행권 전체 대출(168.3조원) 중 기업은행 · 산업은행의 비중이 32.9%에 달하고 있다. 이에 2015년 10월 정부의 산업은행 역할 강화방안에서는 계열별

46) 금융감독원, 2014년도 주채무계열(42개) 선정 결과, 2014.4.4. 보도자료.

여신집중도에 따른 사전위험관리를 위한 계열위험조기진단시스템과 대내외 기업정보 및 심사이력정보를 통합DB화하는 심사정보통합시스템을 구축하여 거대여신 기업에 대한 공동모니터링을 강화한다. 구조적 문제가 발생할 수 있는 한계업종 및 기업군을 상시 점검하며, 이를 위해 정책금융기관간 협의체 구성(산은 · 수은 · 무보 포함)을 추진한다[47].

나. 대기업의 기업구조조정

주채무계열을 제외한 중견 · 일반대기업은 기업신용평가를 통해 부실화 여부를 판단하여 부실징후기업에 대해서는 선제적으로 관리하며, 경기민감업종에 대해서는 고용시장, 협력 중소업체, 지역경제 등에 대한 영향을 감안하여 정책금융기관이 산업별 전망 등을 종합적으로 고려한 여신 심사시스템을 구축하여 시장안전판 기능을 수행한다.

시장친화적인 구조조정(유암코, 구조조정PEF 등)방식을 적극 활용하기 위하여 산업은행과 유암코의 구조조정 협업을 추진하고, 유암코가 중견 · 일반대기업에 대한 구조조정전문회사로 정착할 수 있도록 지원한다.

그림1-23. 선제적 · 체계적인 구조조정

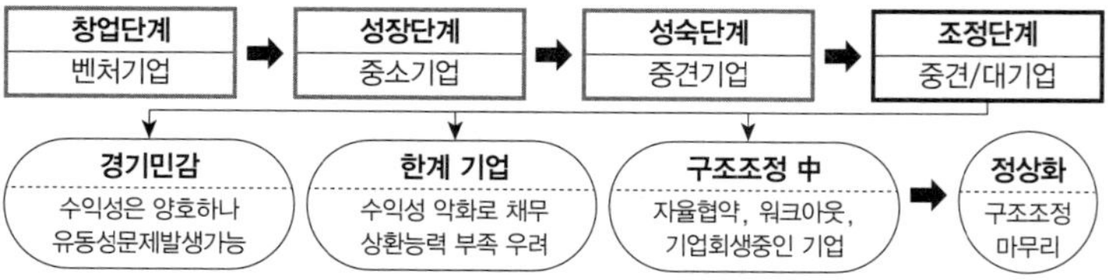

(자료: 금융위원회)

47) 금융위원회, 창의 · 혁신 · 기술기업의 창업과 성장 촉진을 위한 기업은행 · 산업은행 역할 강화, 2015. 10. 29. 보도자료

다. 중소기업의 기업구조조정

1) 중소기업의 현실

우리나라 중소기업기본법은 종업원 수에 의거하여 중소기업의 기준을 정하고 있다. 동 법은 양적인 측면에서 중소기업을 규정하고 있는데 질적인 측면을 덧붙여 중소기업을 정의해 보면, "인간관계에 바탕을 둔 경영, 낮은 기술력과 시장지배력 등을 특징으로 하는 소규모 기업"으로 정의할 수 있다.

이와 같은 중소기업의 문제점으로는 기술경쟁력 취약, 빈약한 재무구조, 인력부족, 정보화 미비 등이 지적되고 있다.

중소기업계는 생계형 소기업 비중이 높아 과당경쟁 상태이다.

그림1-24. 대기업과 중소기업의 영업이익률 추이

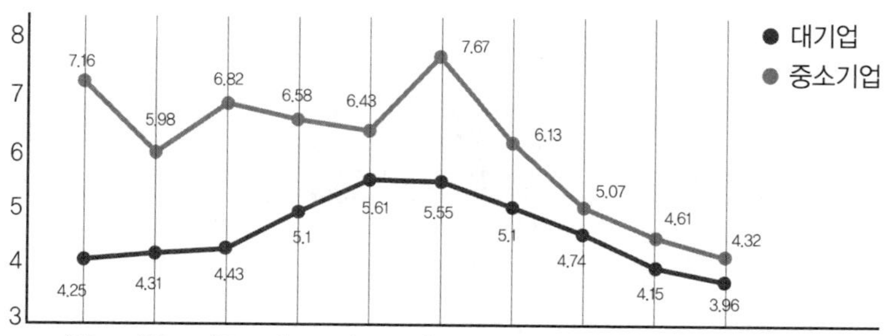

(자료 : 한국은행, 중소기업진흥공단)

대 · 중소기업 간 수익성의 차이가 지속되고 있으며 중소기업은 제대로 호황기를 누려본 적도 없었다. 한계기업 비중은 대기업에서 15%이지만, 중소기업은 21%에 달한다.

그림1-25. 한계기업 비중

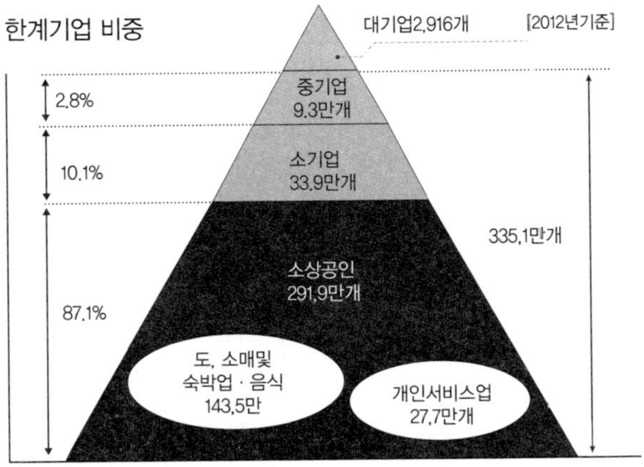

(자료 : 중소기업진흥공단)

중소기업은 중견기업으로 성장해도 대기업에 전속성 및 내수의존성으로 인해서 성장의 장벽에 부딪힌다.

그림1-26. 중견기업의 환경

(자료 : 안현호 세계적 전문 중견기업 육성전략, 2010.6.10)

중소기업을 기업구조조정 관점에서 살펴보면 수익기반 및 재무구조의 취약, 업무처리 프로세스의 비효율성으로 요약할 수 있다.

중소기업 전략에 관한 기존 연구들은 대부분 대기업과의 직접경쟁을 회피하고 틈새(Niche)시장에서 안주하는 소극적 전략을 주장하였다. 중소기업의 수익기반 강화를 위해서는 대기업과 상생(相生)할 수 있는 여건 마련이 정책적으로 필요하다. 2006년 7월 13일 한림공학원이 주최한 최고경영자 집담회(集談會)'에서 중소기업 대표는 1970년 이후 기업 3백만 개가 창업했으나 글로벌 대기업으로 성장한 기업은 거의 없으며 대기업과 상생하기 어렵고, 중견기업을 만드는데 따르는 리스크는 엄청나게 큰 반면 성공했을 때 따르는 보상은 별로 없다고 주장하였다. 2007년 2월 공정거래위원회 위원장은 "국내의 대기업 그룹에 속해 있지 않은 기업은 사업하기가 어려우며 대기업으로 성장할 수 없다"는 우려를 표명하였다.

한편 윌리엄 바넷 스탠포드대 교수는 대기업과 중소기업간 색다른 상생 · 공존의 해법을 제시하면서, "실패할 가능성이 큰 창조적인 넌컨센서스 아이디어를 성공시키는 역할의 주역은 중소기업이 되어야 한다[48]. 포스코도, 구글도 당시에는 넌컨센서스 아이디어를 가지고 무모하게 도전한 것"이라고 주장했다. 이 과정에서 공정성의 핵심은 '좋은 아이디어를 가진 사람에게 기회를 주는 것'으로 제시했다.

'중소기업이 위험을 감수해 혁신을 만들더라도 대기업에서 가져가기 때문에 리스크 감수의 유인이 생기지 않는다'는 한국 청중의 지적에 대해서 바넷 교수는 "한국만의 상황이 아니라 미국 등 선진 자본주의 국가들에서 지금까지 벌어졌던 일"이라고 설명하고, 미국 AT&T 사가 독점 유지를 위해 필립스사의 혁신기술을 돈으로 사들여 사장시킨 사례도 제시했다.

48) William P. Barnett and David G. Mckendrick, Why Are Some Organizations More Competitive than Othes? Evidence from a Changing Global Market, Administrative Science Quarterly Vol. 49, No. 4(Dec. 2004), pp. 535-571

한국경제연구원은 기업의 역동성이 저하된 현상으로서 기업의 진입퇴출률이 떨어지고 일자리의 재배치율이 저하하였으며, 중소기업 규모에서 대기업으로 이행하는 이동성저하 현상을 지적하였다[49). 기업의 역동성을 높이기 위해서는 기업의 진입 및 규모 간 이동이 용이하도록 제조업과 서비스업에 포진된 진입 규제를 개혁하고 좀비기업의 퇴출을 유도하는 한편, 중소기업 지원확대 정책과 대기업 규제정책과 같이 기업규모를 바탕으로 한 규모의존정책(size-dependent policy)을 개선해야 한다고 제언한다.

중소기업의 구조조조정과 관련하여 중소기업진흥공단은 수익기반 및 업무프로세스 개선을 위하여 중소기업 구조고도화 사업을 추진하고 있다.

2) 중소기업의 중견기업으로 육성 지원[50)]

중소기업 범주를 벗어나면 바로 대기업으로 분류되어 지원을 덜 받고 규제가 증가하는 문제가 있었으므로 2005년 산업발전법에서 중소기업 졸업의 부담을 완화시켜 주고, 기업은행 거래 신용보증기금 보증의 가산 보증료 및 무역금융 부담을 완화 조치하였다. 2014년 1월에는 중견기업 성장촉진 및 경쟁력 강화에 관한 특별법을 입법하였다.

기술역량 강화를 위해서는 산업원천기술개발 사업에 중소중견기업의 지원 비중을 확대하고, 글로벌 시장 진출에 필요한 응용기술을 집중지원하였다. 중소 중견기업 부설연구소를 세계적 수준으로 육성하고, 독일의 중소중견기업 육성전략을 벤치마킹하였다.

49) 이병기, 우리나라 기업의 역동성 저하 점검, KERI 브리프 15-02, 2015.3.5.

50) 안현호, 세계적 전문 중견기업 육성전략, 2010.6.10.

그림1-27. 독일의 중소중견기업 육성전략(70-80년대)

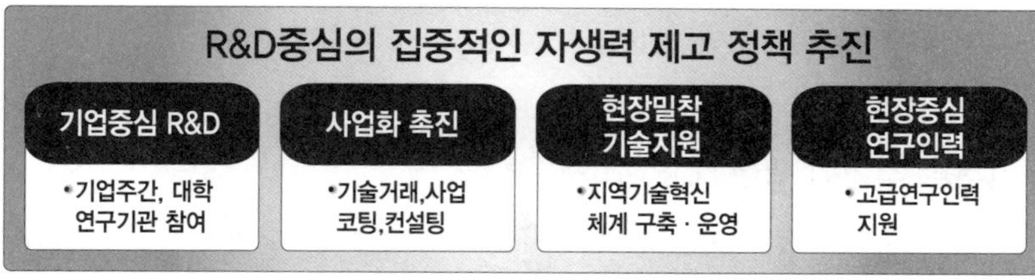

전문인력 확보를 위해서 고급 연구인력 인건비 지원, 출연 연구소 연구인력의 단기 기술지원, 제품화 생산 마케팅 전문인의 활용장려금을 지원하였고, 협력업체 기술인력의 전문성 지원을 위해서 상생협력 지원재단을 통해서 대기업과 1차 협력업체가 2~3차 업체 인력을 지도하고, 출연연구소의 연구인력 파견제를 도입하고 엔지니어링 하우스를 확산하였다. 대기업 퇴직 전문인력의 채용을 위해 전경련과 중소기업 중앙회의 데이터베이스를 연계하고, 대기업과 협력업체의 퇴직 기술자의 재고용 협약제도를 도입하였다.

3. 경기순환 주기별 기업구조조정

일반적으로 경기순환(business cycle)은 호황기, 후퇴기, 불황기, 회복기의 4개 주기로 순환하는 데, 이와 같은 경기순환이 발생하는 이유에 대해서는 여러 가지 학설과 요인이 있지만, 경기변동은 총체적인 수요 · 공급의 불균형으로 발생되며 특히 투자의 불안정성이 경기변동의 근원이 되는 경우가 많다. 경기를 판별하는 지표로는 선행지표(수출신용장내도액, 기계수주액), 동행지표(산업생산지수, 생산자출하지수), 후행지표(실업률, 제품재고지수) 등이 있다.

그러나 인터넷을 비롯한 정보기술(IT)의 발달로 기업의 재고파악이 용이해져 "주문 즉시 생산 (On-Demand)"체제로 바뀌고 있기 때문에 경제전반의 수급불균형이 과거보다 신속히 해소되는 경향이 있어 경기순환 주기가 짧아지고 있다.

경기순환과 기업구조조정은 경기의 순환주기에 동조하느냐 역행하느냐의 문제와 경기순환 시기별 기업구조조정의 중점 대상이 무엇이냐의 문제로 나누어 볼 수 있다.

가. 경기후행형 기업구조조정

일반적으로 기업구조조정은 경기순환과 역의 관계에 있게 된다. 경기가 좋을 때에는 기업구조조정을 등한시 하다가 불황기에 접어들어 기업구조조정을 착수하게 되는 경향이 많기 때문이다.

특히, 불황기에 이르도록 기업 스스로 자발적인 기업구조조정을 추진하지 않을 경우에는 재정적 파국에 이를 가능성이 높다. 그렇게 되면 자본잠식 또는 그와 유사한 재무구조에 빠져 자력 회생이 불가능해진다. 그리하여 채권금융기관 또는 법원에 의한 타율적 구조조정으로 진행하게 될 것이다. 그러나 이러한 경우에는 다수의 채권자간의 갈등과 의사결정과정의 복잡화로 기업구조조정의 신속성이 떨어지고 그에 따른 추가적인 기업가치 하락을 피할 수 없게 된다. 따라서 이와 같은 경기후행형 기업구조조정은 기업의 이해관계자입장에서는 바람직하지 않다.

나. 경기선행형 기업구조조정

구조조정의 타이밍과 속도가 매우 중요하다. 시장의 변화를 미리 읽고 심각한 위기가 도래하기 전에 구조조정에 착수해야 한다.

경기는 순환한다. 현재 호황이라는 것은 장래에 불황이 도래할 것을 의미한다. 호황기에 불황기를 대비한 기업구조조정 전략을 수립하고 실행하여야 한다. 이와 같은 경기선행형 기업구조조정이야 말로 진정한 의미의 기업구조조정이다. 이러한 기업구조조정은 진정한 의미의 기업구조조정 요소인 자발성, 상시성, 적합성을 모두 충족할 수 있기 때문이다. 호황기에 유휴설비를 매각하고 종업원을 감원함으로써 비싼 값에 설비를 팔 수 있고 종업원들도 새 일자리를 찾는데 유리하다.

스타벅스 커피의 하워드 슐츠 회장은 저서 '커피한잔의 성공신화'에서 성공하고 있을 때는 자신을 다시 새롭게 하는 동기유발이 어렵지만 스타벅스가 다가올 미래에도 오랫동안 건전한 회사로 남을 수 있도록 목표를 설정했다. 이는 인생이 완전하게 보일 때라도 위험을 무릅쓰고 다음 단계로 도약하는 자기혁신과 관련되었다. 그렇지 않으면 자기도 모르는 사이에 자기만족에 빠져 하향곡선을 그리기 시작한다고 자신을 독려했다. "무엇을 하든지, 안전하게만 하려고 하지 말라. 언제나 해 왔던 방법으로 일을 추진하지 말라. 정형화된 틀에 일을 맞추려고 하지 말라. 남들이 기대하는 것만큼만 한다면, 결코 그 범주를 벗어난 성공을 거두지 못할 것이다."

제10절 기업구조조정의 추진순서

1. 입체적 구조조정

기업구조는 앞에서 살펴본 바와 같이 8개의 분야로 구분될 수 있는데 이들 각 구조는 서로 유기적 연관 속에서 작동되는 것이므로 기업구조조정을 개별 부문별로 관련성 없이 추진하게 되면 기업의 효율성을 오히려 저해할 우려가 있다. 그러므로 기업구조조정은 각 부문별 유기적 관련성을 종합적으로 이해 · 분석한 바탕위에서 기업구조조정이 필요한 부문에 대한 기업구조조정을 동시에 추진할 필요가 있는 데 이것이 입체적 구조조정이다. 특히, 부실기업의 경우에는 입체적 구조조정을 취하지 않으면 회생이 어렵게 되는 경우가 많다.

예를 들어 사업구조조정을 추진하게 되면, 조직 및 인력구조조정이 당연히 수반되는 것이고, 재무구조조정을 추진하는 경우에는 이익구조조정을 병행하는 것이 당연하다.

그러나 위와 같은 입체적 구조조정은 대체로 부실기업이나 비효율적 기업이 재정적 파탄에 직면하거나 유동성 위기에 처하여 긴급하게 기업구조조정을 단행하는 경우에 해당된다.

2. 순차적 구조조정

앞에서 설명한 입체적 구조조정이 일반적인 구조조정의 형태일 수 있다. 그러나 기업의 구조가 안정화되어 있는 경우 장기적인 관점에서 기업구조를 혁신하게 되는 경우에는 일정한 순서에 입각하여 기업구조조정을 추진하여야 하는 경우가 있는 데 이것이 순차적 구조조정이다. 즉, 비교적 정상기업의 상태에 있으나, 특정 부분이나 전체적으로 기업의 효율성을 제고하기 위하여 기업 전체적으로 기업구조조정을 설계하는 경우에는 합리적인 추진순서에 따라 기업구조조정을 추진하여야 효과를 극대화 할 수 있게 된다. 따라서 순차적 구조조정은 비교적 정상기업의 구조조정 방법론이라 할 것이다.

바람직한 추진순서를 수립하기 위해서는 우선 기업현상에 대한 분석과 국내외 경영환경 분석이 전제되어야 한다. 기업현상에 대한 분석이란 기업내부에 대한 분석을 말한다. 그리고 국내외 경영환경에 대한 향후 전망분석이란 기업내부에 대한 분석과 연관하여 현재와 미래를 진단하는 작업이다. 보통 이러한 분석작업은 기업 자체적으로 할 수도 있지만 대개 외부 경영컨설팅을 통해서 수립하는 것이 보다 객관적이고 합리적일 수 있음을 유의할 필요가 있다.

그러한 분석의 결과 사업구조, 재무구조, 지배구조, 손익구조 등 어느 분야에 문제가 있는지를 파악하고 그에 따라 긴급성과 중요성을 고려하여 어느 부분부터 어떠한 방법으로 구조조정을 추진할 지를 결정하게 된다.

이상과 같은 관점에서 생존형 구조조정에서 성장형 구조조정으로, 거시적인 측면에서 미시적인 측면으로 추진하는 것이 바람직하다. 이하에서 구체적으로 살펴본다.

가. 생존형 구조조정과 성장형 구조조정

긴급성이 전제된다면 생존을 위한 구조조정을 먼저 추진하고 성장을 위한 구조조정은 생존이 완전히 확보된 뒤에 추진하는 것은 당연하다.

그리고 생존을 위한 구조조정은 경우에 따라서는 여러 부분에 걸쳐 입체적이고 동시적으로 구조조정을 추진해야 할 필요도 있을 것이다.

예를 들어 재무적 곤경에 처한 기업은 우선 유동성 확보를 위하여 각 부문에 걸쳐 비효율을 제거하고 현금흐름을 극대화하는 단기적 처방이 필요할 것이다. 반대로, 유동성은 문제가 없으나, 시장성이 파탄에 이르러 다른 대안 모색이 불가능하다면 손실을 감내하고서라도 해당 사업에서 철수하는 사업구조조정을 우선적으로 추진해야 할 것이다.

1) 생존전략과 성장전략

기업은 이윤창출이란 목표를 가진 조직이다. 그런데 이윤은 수익에서 비용을 뺀 것이므로 이윤을 창출하려면 수익을 높이거나 비용을 줄여야 한다. 따라서 기업목표를 달성하는 수단인 기업전략 역시 수익을 늘리는 성장전략과 비용을 줄이는 생존전략으로 나눌 수 있다.

성장전략이란 수익, 즉 매출액을 높이는 전략으로 시장심화전략, 다양화전략, 국제화전략, 다각화전략 등이 있다. 반면 생존전략은 비용을 줄여 이익을 도모하는 전략으로 손익분기점을 매출액 이하로 낮추는 전략이다. 사실 경영학은 계속기업의 유지 · 발전이라는 측면에서 성장전략을 중심으로 해서 학문을 발전시켜온 반면, 생존전략에 대해서는 연구가 부족하다. 그 이유는 세계경제는 1945년 이후 꾸준히 성장세를 유지했고, 한국경제 역시 지난 30여 년간 줄기차게 성장했기 때문이다.

2) 생존형 구조조정

영업이익으로 금융비용을 감당할 수 없는 기업들에게는 생존전략으로서의 기업구조조정이 필요한 것이다. 생존전략으로서 구조조정은 비효율 제거를 위한 사업구조조정과 비용구조조정 및 유동성 확보를 위한 재무구조조정이 핵심이다(제6장 제6절 '한계 중소기업 개선의 실전 프로그램 사례' 후술 참조).

생존전략의 1단계는 모든 부분에서 비효율을 제거하는 것이다. 이는 고정비와 변동비를 포함한 모든 비용을 절약함으로써 가능해진다. 그리고 이러한 비효율의 제거방법으로는 축소형 사업구조조정이 단기적 처방으로 적합하다. 사업구조조정을 통해 비효율을 제거하는 방법으로는 사업부 매각, 저효율 고비용 사업부의 분사, 비영업용 부동산 매각 등이 있다. 기업이 흑자를 내다 적자상황으로 바뀌면 고정비를 줄이거나 생산단위당 변동비를 줄여서라도 원가를 절감해야 한다. 이 과정에서 기업은 매출액이 줄더라도 원가절감을 통해 손익분기점을 낮춤으로써 흑자를 발생시킬 수 있다.

1단계를 거쳐 비용항목에서 불필요한 거품을 모두 뺀 기업은 생존전략의 2단계로 비용구조조정 전략을 시작해야 한다. 이 단계의 핵심은 고정비를 변동비로 변환하는 것이다. 모든 비용항목이 각기 효율적으로 사용되고 있을 때, 즉 더 이상의 효율성 제고가 불가능한 때도 기업은 고정비를 변동비로 전환함으로써 손익분기점을 더 낮추어 더 많은 이익을 남길 수 있다.

생존을 위한 3단계 구조조정은 위 기술한 1단계와 2단계로서도 생존이 담보되지 않을 경우에는 채권자들과 협상하여 재무구조를 조정하는 방법을 마지막으로 선택하게 된다. 이러한 경우에는 워크아웃, 회생절차 형태로 진행되는 경우가 일반적이다.

3) 성장형 구조조정

생존전략은 단순히 살아남는 데 초점을 두어서는 안 된다. 기업의 비전을 장기적으로 추구하기 위한 준비작업으로서 성장형 구조조정이 추진되어야 한다.

만약 기업이 오로지 원가절감에만 초점을 맞춰 구조조정을 추진하여 모든 것을 정리한 결과 아무것도 가진 게 없는 상태가 된다면 시장상황이 다시 좋아지더라도 이를 활용할 수 없다. 따라서 진정한 생존전략을 이루기 위해서는 교육비 · 연구개발비 · 광고비 등 기업의 장기경쟁력 강화를 위한 투자성 비용을 증대시켜가야 한다.

미국의 자동차회사인 아메리칸 모터스(AMC)를 예로 들어보자. AMC는 1954년 여러 군소 자동차회사를 합병해 만든 회사로 당시 사장으로 취임한 조지 롬니는 3단계 과정을 거쳐 큰 성공을 거두었다.

먼저 화장실 휴지를 갱지로 바꾸는 등 모든 비용을 절감하고, 그 다음으로는 부품 자급률을 줄이고 직판점을 판매대리점으로 전환하는 한편 고정급을 보너스로 지급하는 등 고정비를 변동비로 전환하는 작업을 했으며, 마지막 3단계에서는 상당한 부담을 감수하면서 축소형 자동차를 개발하고 꾸준하게 광고비에 투자했다. 그 결과 AMC는 생존확보 후 축소형 자동차를 가지고 시장점유율을 1%에서 6.4%로 증가시켰다.

그러나 1962년 롬니 사장의 후임으로 취임한 애버내티 사장은 중 · 대형 자동차생산으로 제품다양화를 시도했다. 그 결과 이 회사는 1964년 파산지경에 이르렀다. 그후 새로 취임한 경영자는 다시 생존전략을 구사했으나 성장 전략을 결여한 비용절감 일변도 전략으로 일관해 인력 · 제품 · 소비자면에서 경쟁력을 잃고 결국 1972년 프랑스

르노(Renault)사에 흡수합병 당했다. 이 사례는 생존전략이후 성장 전략이 수반될 때 기업구조조정이 성공할 수 있음을 보여 주고 있다.

나. 거시적 구조조정과 미시적 구조조정

일단 구축된 사업구조나 지배구조를 재수정하는 것은 용이하지 않다. 또한, 그러한 구조들은 기업구조 중 인프라에 해당하는 것으로 이익, 재무, 조직 구조에 영향을 미치게 된다. 따라서 기업구조조정은 사업구조나 지배구조를 포함한 거시적인 구조조정에서부터 시작하는 것이 바람직하다.

1) 거시적 구조조정과 미시적 구조조정의 중첩

기업경영은 미시적 관점과 거시적 관점에서 동시에 이루어지고 있다. 거시적 경영(macro management)이란 경영환경을 고려하여 기업이 나아갈 방향을 설정하고 설정된 방향에 적합하게 기업의 자원을 배분하는 것으로 환경(environment) · 전략(strategy) · 조직 설계(organization design)가 핵 심요소이다. 미시적 경영(micro management)은 기업을 둘러싼 환경에 따라 전략적 경영목표를 달성하기 위하여 설정된 개별 조직들에게 적합한 전술적 경영의 방향을 제시하는 것이다. 거시적 경영이 전략적, 장기적, 통합적 경영인 반면에 미시적 경영은 전술적, 단기적, 부문적 경영이라 할 수 있다.

기업구조조정은 경영전략의 한 형태이므로 위와 같은 거시적 경영과 미시적 경영과 관련하여 기업구조조정의 유형을 거시적 구조조정과 미시적 구조조정으로 구분할 수 있다. 거시적 구조조정이란 거시적 경영전략에 따라 자원배분의 최적화를 추구하기 위한 사업구조조정과 기업의 운영메커니즘을 결정하는 지배구조조정을 말하고, 미시적 구조조정이란 거시적 경영 전략을 달성하기 위한 전술적 측면으로 재무관리 · 마켓팅 · 원가절감 등과 관련된 재무구조조정 · 인력구조조정 · 이익구조조정 등을 말한다.

기업구조조정의 추진순서의 문제는 크게 보아 미시적 구조조정에서 거시적 구조조정으로 확대시킬 것인가? 아니면 반대방향으로 추진할 것인가의 문제이다.

물론 이러한 문제가 복잡한 경영현실에서는 그대로 적용될 수 없는 점도 있다. 예를 들어 미시적 구조조정과 거시적 구조조정을 동시에 수행할 수도 있고, 거시적 구조조정을 마무리하고 미시적 구조조정을 진행하다가 시행착오 또는 경영환경의 변화로 인하여 거시적 구조조정을 다시 진행하여야 하는 경우도 있을 수 있는 것이다.

그러나 만일 미시적 구조조정을 먼저 추진하고 거시적 구조조정으로 발전시키는 경우에는 미시적 구조조정을 마무리한 사업이 극단적으로 정리대상 사업으로 간주된다면 미시적 구조조정의 성과는 아무런 의미가 없는 것이 될 것이다.

그러므로 적어도 기업구조조정 추진전략을 수립함에 있어서는 경영환경에 따라 달리 정할 수도 있겠으나 일정한 기간을 정하여 구조조정을 추진한다고 할 때에는 일반적으로 거시적 구조조정을 먼저 시행하면서 점차적으로 미시적 구조조정을 중첩(overlap)시키면서 종국적으로는 미시적 구조조정으로 마무리하는 것이 바람직하다. 즉, 구조조정의 시작단계에서는 거시적 측면에 중점을 두고 중간단계에서는 거시적 측면과 미시적 구조조정을 동시에 진행하여야 하며 구조조정 완성단계에서는 미시적 구조조정으로 마무리 하면 된다.

그림1-28. 미시적 구조조정과 거시적 구조조정의 중첩

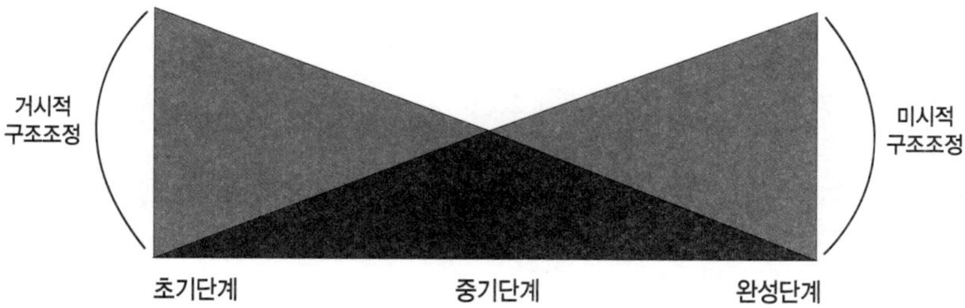

2) 유형별 추진순서

이러한 측면에서 볼 때 구조조정의 영향이 큰 사업구조조정을 먼저 추진하여 한계사업을 정리해 재원을 확보해야 한다. 그 다음에는 사업구조조정에서 확보한 재원으로 재무구조를 조정하고, 그 수준에 맞는 조직/인력구조를 조정한다. 사업구조조정과 재무구조조정이 완성되면 추가적으로 그리고 최종적으로 이익구조조정 및 관리구조조정을 추진하면 된다. 다만, 소유 및 지배구조는 이 과정에서 순서에 관계없이 진행될 수 있다.

제1장 참고문헌

강신규외 3, 경영학원론, 형설출판사, 2002.
강효석외, 기업구조조정론, 홍문사, 2002.
구본용, 사례별 구조조정의 structure 수립방안, 전경련 국제경영원 제4기 기업구조조정전문가과정 강의교재 2002.4.16.
권기범, 기업구조조정법, 삼지원, 2002.
권기환 · 조동성, 기업구조조정: 선행요인과 구조조정 성과에 관한 비판적 고찰, 경영학연구 제32권 제6호, 2003년 12월, 1533~1569.
금융감독원, 기업구조조정촉진법에 따른 기업구조조정 추진성과, 2005.12.2. 보도자료.
금융감독원, 글로벌 금융위기 이후 기업구조조정, 2010.12.
금융감독원, 2014년도 주채무계열(42개) 선정 결과, 보도자료, 2014.4.4.
금융위원회/금융감독원, 중소기업 구조조정 추진계획, 2009.6.22. 보도자료
김광두, 한국제조업의 국제경쟁력현황과 과제, 서강경제논집 Vol.31 No.2(서강대학교 경제학연구원), 2002.
김규진 외, 기업구조조정총설, 첨단금융출판사, 2007.8.4
김대래, 경제백서에 나타난 구조조정 용어의 검토(1981~1995), 경제학 논집.Vol.8 No.2. 한국국민경제학회, 1999.
김성표, 한국기업경쟁력의 실상과 과제, 삼성경제연구소,2002.12.4.(제377호 CEO Information)
김세원, 경제구조조정과 정보통신기술(ITT)의 역할, 경제논집 제40권 제4호 (서울대학교경제연구소), 2001.
김양민, 전략경영, 서강대, 2012
김용진, 한국의 산업공동화 현상에 대한 이론적 이해와 정책 대응, 한국경제의 분석 제10권2호 26쪽, 한국금융연구원.
김우석, 우리나라 企業構造調整 및 M&A 市場의 現況과 展望, 2005.11.26. 상명대학교 특강.
김재윤외3, 제조업 공동화 가속과 대응방안, 삼성경제연구소, 2003.8.20.
김종년, 기업구조조정에 성공한 기업들, 삼성경제연구소, 2001.7.4.
김종년, 김성표, 강현정, 정태수, 한국기업경쟁력의 재점검, 삼성경제연구소 CEO Information 제 611 호, 2007.7.4.
김주영 · 김유신 · 이미혜 · 강수연, 자동차산업의 중국 동반진출 성과와 정책 시사점 - 국내 승용완성차 및 협력업체를 중심으로- 수출입은행 2011.12.

김주훈, 김동석, 이시욱, 위기극복 이후의 중소기업 구조조정: 외환위기 경험을 중심으로 kDI 2009
김현종, 구조조정본부의 구조조정, 한국경제연구원 홈페이지, 2003.12.2.
김형태, 구조조정시장의 현황분석 및 발전방안, KDI 국제경영대학원 강의교재, 2002.
김호진, 구조조정에 관한 올바른 이해, 노동부, 2001.7.
남명수, IMF전후의 기업부실 원인, 상장회사협의회 조사연구자료 98.7.
박동원 · 김광준 · 박순풍, 기업가치평가, 경문사, 2004.
박래정, 양희승, 제조업 공동화 논란의 허실, 엘지경제연구원, 2004.2.29.
박영석 외, 대 · 중소기업 양극화 해소의 새로운 패러다임, 한국경영학회, 2013.5.
박천익, 신자유주의경제사상과 경제위기의 구조화(Ⅰ), 대구대학교 사회과학연구소, 2001.3.30.
박현수, "위기이후 세계경제의 '뉴노멀'", 삼성경제연구소, 2010.3.24.
배규식, 구조조정의 의미에 대한 고찰, 노무관리 154, 2001.6. pp. 6~23.
부종철외 2, 경제불황하의 일본기업의 경쟁력 강화전략, 산경논집 Vol.9 (제주대학교 관광산업연구소), 1995.
삼일회계법인, 한국자산관리공사 직문전문화교육 강의 자료(기업 및 경영분석을 통한 기업가치 극대화 전략), 2003.
서울대 행정대학원 한국정책지식센터, "실패한 정책들-정책학습관점에서", 박영사, 2015.9.30.
송영관, '제조업 공동화' 우려에 대한 리카도의 답변, 한국경제연구원 홈페이지, 2004.3.9.
신충태 외, 부실채권 인수투자 편람 중 "글로벌 금융 · 경제위기 이후 뉴노멀('New Normal')로의 패러다임 변화" 등, 캠코, 2012
신충태, 구조조정기업 투자사례분석, 한국채권연구원, 2015
신충태, "M&A Project Financing", 매경교육센터, 2013.4.
안국신 한국경제학회장 겸 중앙대 경제학 교수, 한국경제학회 한미경제학회 합동 세미나, 2010.8.10.
안세영, 글로벌협상전략, 협상사례중심, 박영사, 2003.
안현호, 세계적 전문 중견기업 육성전략, 2010.6.10.
양재진, 멕시코의 구조조정과 사회복지 개혁, 국제지역연구(GIAS), 서울대학교 국제지역원, Vol.11 No.3 [2002], 111-132.
유환익, 사업재편지원 특별법 제정이 시급하다. 전경련 산업본부. 2015.4.8.
윤성훈, 「미국과 영국의 경제구조조정 사례와 시사점」, 삼성경제연구소.
윤영선, 제조업 공동화 현상과 대응방안, 나라경제 2004년 1월호.

윤창인, 무역 · 투자의 자유화와 지속가능발전(OECD논의를 중심으로), 대외경제정책연구원, 2004.12.
이규억, 「구조전환기 기업집단정책의 비판적 고찰」, 『산업조직연구』, 제8집 제1호(2000), 한국산업조직학회.
이병기, 우리나라 기업의 역동성 저하 점검, KERI 브리프 15-02, 2015.3.5.
이병기, 「외국기업의 구조조정과 시사점(GE, Sony 및 Alfa사를 중심으로)」, 한국경제연구원, 1998.6.
이신모, 전통산업기업의 e-biz화 전환전략, 산업연구(동덕여자대학교 산업연구소), 2000.
이영미 · 송평인 · 박현진, IMF 1년 구조조정: 3백개사 넘게 정리, 1998.11.11.
이용만 외2,디지털 경제의 도래와 우리 경제에의 시사점, 엘지경제연구원, 2000년, 1쪽.
이정연외1, 우리나라 벤처기업의 육성방안에 관한 연구, 한양대학교 산업경영연구소, 산업경영연구 Vol.13 No., 2001.
이지평, 제조업 공동화와 기업의 대응, LG경제연구원, 2002.7.
이천표, 국제금융의 최근동향과 한국경제의 적응방안, 경제논집, 서울대학교경제연구소, Vol.37 No.4 [1998], 749-802.
이철, 글로벌경영, 넷북, 2012
임희정, 해외직접투자 증가의 특징과 시사점 - 해외투자의 국내 유턴 '유인책' 필요 현대경제연구원, 2015.3.2.
장세진, 글로벌경쟁시대의 경영전략, 박영사, 2010
장영순, Successfully Implementing Corporate Restructuring Strategies, 2005.10.17. 기업구조조정 컨퍼런스(Marcus Evans주관) 발표자료.
전경련, 재무구조개선약정제도의 문제와 시사점, 전경련 이슈페이퍼, 2011. 10.
전경련, 기업구조조정 정책개선 방안 (일본 산업재생법과 시사점) 2009.6.
전병유 외1, 디지털 경제와 일자리 창출, 한국노동연구원, 2003.4. 1쪽.
전용덕, 국제금융위기와 신자유주의, 한국경제연구원 이슈페이퍼 09-05
정승일, 기술혁신기업 구조조정 추진체계 개선방안 2009. 12. 1 제35호
정용수, 블루오션전략의 본질을 읽어라, LG주간경제 2005.6.8.
제해진, M&A와 기업구조조정전략, 씨앤톡, 2010
조동근, 기업구조조정정책과 자유주의, Korea Hayek Society 학회정책 심포지움 (한국사회와 자유주의-한국사회, 활로는 있는가) 제1발제원고, 2001년 10월.
조동성, Imperatives of Restructuring(구조조정 이렇게 하라), Seoul Economy and Business Administration, 1998.
조동성, "공유가치창조(CSV)", 서울대, 2014

조지프 스티글리츠 미국 컬럼비아대 교수, 파이낸셜 타임스 기고문, 2010.8.20.
최낙균, 21세기를 대비한 산업정책방향, 산업연구원 1998.11.23.
최인철, 50억 미만 여신보유 中企도 공동워크아웃 가능, 2005.12.28. 서울경제신문.
한국은행, 外換危機 이후 企業構造調整이 投資 및 雇傭에 미친 影響, 2006. 2.
한창수, 기업회생의 경영학, 삼성경제연구소, 2004.12.22.
현대경제연구원, 한미 FTA 타결 이후 국가 경제 선진화 위한 7대 긴급 과제, 2007.4.
현대경제연구원, 한국 제조업의 수출 고도화 현황과 시사점, 경제주평 2015.3.6
황선웅, 상장기업의 가치평가적정화에 관한 연구, 한국상장회사협의회, 2003.3.
LG경제연구원, 실패한 기업의 7가지 습관, 2000.5.
——, 산업공동화 어떻게 대비할 것인가, 2014.4.23, 서울경제신문, 사진단
——, 윤종용 삼성전자 부회장-변대규 휴맥스 사장 설전, 경향신문, 2006.7.13.
——, 차이완 기업'이 온다 〈上〉 조선일보 2007.8.1.
——, 중기 인력난 불 껐지만 기술전수 맥 끊겼다, 한겨레2006.9.1.
—— "좀비기업, 워크아웃 · 법정관리 대신 업종별로 통폐합" 매일경제신문 2015.5.16.
Anna Fifield, Asian export champion is at risk of losing its way Financial Times 2007.3.19.
Booz-Allen & Hamilton, Competing in the Digital Age, 1999. 5. 20
Charles Morris, Money Greed and Risk, Times Books, 1999.
Clayton Christensen, The Innovation's Dilemma" 하버드 경영대 2009
Clayton M. Christensen, Michael E. Raynor, "성장과 혁신(The Innovation's Solution)"(2005), 세종서적
C. Hill, Global Business Today, 7th edition, McGraw Hill(2011)
E. Bowman and H. Singh, "When Does Restructuring Work?" Working Paper, The Wharton School, 1996
GlobeScan · 동아시아연구원 · 사회적기업연구소, RADAR 2013 국제인식조사
Harbir Sin , Challenges in researching corporate restructuring, Journal of management Studies; 30/Jan 1993.
Martin Neil, Nippon's Neroes, Barrons, Mar 22 1999, p18~19 www.tmp.co.uk
Oliver E. Williamson, Markets and Hierarchies: Analysis and Antitrust Implications, New York: Free Press, 1975 및 The Economic Institutions of Capitalism: Firms, Markets and Relational Contracting, New York: Free Press, 1985

Richard Dobbs,Marc Goedhart and Hanna Suonio, Are Companies getting better at M&A? The McKinsey Quarterly, 2006.12.
R. H. Coase, "The Nature of the Firm", Economica 4, 1937, pp. 386 ~ 405
M. Waldrop, Complexity, 1996
Thomas Piketty, 21세기 자본론 2014
Weston, J. Fred, Juan A. Siu, and Brian A. Johnson. Takeovers, Restructuring, and Corporate Governance, 3rd ed. Upper Saddle River, NJ: Prentice Hall, 2001
William P. Barnett and David G. Mckendrick, Why Are Some Organizations More Competitive than Others?
______ Evidence from a Changing Global Market, Administrative Science Quarterly Vol. 49, No. 4(Dec.2004), pp. 535-571

제2장

중소기업 제도

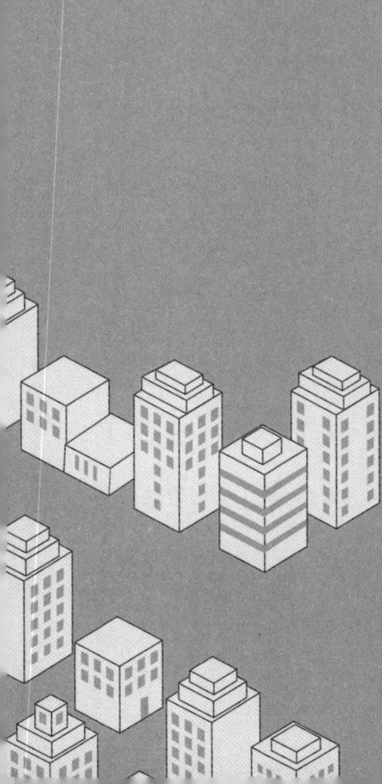

제2장 중소기업 제도

제1절 중소기업 정책

중소기업은 기업 수(99.9%), 종사자 비중(87.7%) 등의 측면에서 우리 경제의 근간이며[1], 중소기업의 상당수가 대기업과의 거래에 크게 의존하고 있다. 중소기업 중 하도급 업체 비율이 절반(50.3%), 많은 납품업체들(39,349개)이 소수의 대형 유통업체(64개)와 거래하며, 가맹점(194,199개)은 가맹본부(3,482개)에 비해 거래상 지위가 열위에 있다.

그림2-1. 중소기업의 위상(2011)

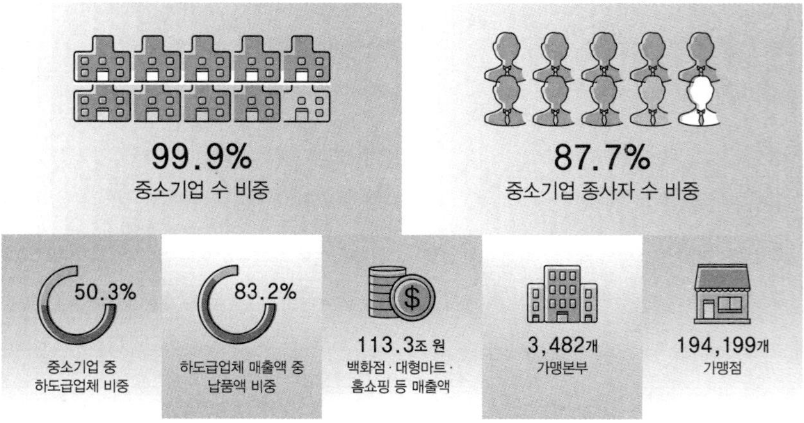

1) 공정거래위원회 '대 · 중소기업 간 불공정 거래 관행 개선을 통한 시장경제 질서 확립방안. 2015년 1월 12일 보도자료.

1. 고도성장기의 중소기업 정책

가. 중소기업의 계열화

과거 고도 성장기에 정부는 대기업으로 구성되는 완성품업체의 경쟁력을 강화하는 전략을 채택하였으며, 이는 후발공업국들이 채택한 전형적 성장전략으로서 자본과 기술이 부족한 상태에서 공업화를 위하여 불가피한 선택이었다. 조립가공을 담당하는 완성품업체를 우선적으로 육성시킨 결과 부품을 공급하는 부품업체들은 완성품업체의 성장에 비하여 상대적으로 완만한 성장을 할 수밖에 없었다.

1970년대의 제3차 경제개발 5개년계획에서부터는 중화학공업 육성을 위해서 중소기업을 업종 규모와 대기업과의 관련성에 따라 고유중소기업형, 계열화형, 대기업화 형 3가지로 분류하였고, 특히 대기업과의 계열화 촉진을 위해서 '중소기업 계열화 촉진법'을 입법하였다.

1966년 「중소기업기본법」과 1967년의 「기계공업진흥법」, 1969년의 「전자공업진흥법」, 1970년의 「석유화학공업육성법」 등 개별공업 입법에서 계열화를 강조하였으며, 1973년 중화학공업화가 선언되면서 중화학공업 기획단 역시 전문화, 계열화를 주요한 방법론으로 추구해 왔다. 중화학공업은 생산 및 기술의 전문화와 계열화의 원칙에 입각하여 관련산업이나 관련부문간 조화와 협조가 요청되었기에, 정부는 중화학 공업화 정책을 효율적으로 추진하기 위해서도 전문화 및 계열화 체계를 강화시킬 필요가 있었다.

1975년 정부가 중소기업 계열화 촉진법을 입법한 목적은 대기업은 일관생산시설에 자본을 집중적으로 투하하는 것보다 적정규모의 중요기간시설에 대해서만 투자를 하게 하고, 이 기간산업을 중심으로 한 연관산업에 대해서는 중소규모의 전문기업들을 계열적으로 편성함으로서 투자의 효율성을 제고하는 것이었다. 또한, 대기업과 중소기업간의 도급관계에 있어 대기업의 횡포 규제와 도급대금의 지불지연 등의 방지로 도급거래 질서를 제고하여 중소기업의 보호육성과 국민경제의 균형 있는 발전을 도모하였다. 이에 따라 상공부장관이 지정하는 업종에서 모기업체는 제조 또는 가공을 도급기업체에 위탁하도록 하였다.

나. 1989년 중소기업 구조조정기금 설치

80년대 초 경제위기를 겪으면서 대기업의 육성 만으로는 경제 효율의 향상에 한계가 있음을 인식하게 되었다. 저가품 수출에 의존하여 오던 비용 우위전략이 한계에 봉착했고, 대책의 한가지로서 품질고급화가 거론되기 시작하였다. 제품의 가격 및 품질의 경쟁력을 강화하기 위해서는 완성품업체는 물론 부품업체의 노력이 필요했으나, 과거의 고도성장전략으로 인해 부품업체의 경쟁력은 취약한 상태였다.

1980년대 초반에 부품공업 육성 정책을 실시하여 중소기업의 질적인 성장을 추구했으며, '중소기업 진흥 장기계획'을 수립하였다. 중소기업 협동조합 중앙회 내에 '중소기업 계열화 촉진협의회'를 설치하고, '하도급 거래공정화에 관한 법률'을 제정하여 도급거래 질서 확립을 구축하였다. 중소기업 공제사업기금을 설치하였고, 공업진흥청을 기술지도의 총괄지도기관으로 선정하였다.

1989년에는 원화절상이나 임금상승 등의 여건악화에 따른 중소기업의 당면문제를 시급히 특별지원하기 위한 **중소기업의 경영안정 및 구조조정 촉진에 관한 특별조치법**을 입법하였다. 중소기업의 일시적인 구조적 혼란을 극복하기 위한 조치로서 한시적 특별조치법을 제정한 것이었다. 따라서 중소기업의 핵심이념이 90년대에는 '구조조정'이 되었다.

⊙ 1989년 법안 원문 (1989.3.6. 국회상공위원장)

위기에 처한 중소기업자에게 긴급 경영정책을 수립하고 지원하기 위하여 중소기업구조조정기금을 설치하며 기금 채권을 발행할 수 있다(제5조), 중소기업진흥공단에 운용 관리하여 사업전환 유휴시설의 해외이전 (제11조) 등 구조조정을을 통한 경영안정을 도모한다. 상공부 산하에 생산기술연구원을 설립하여 대기업이 영위하고 있는 중소기업형 사업을 중소기업자에게 이양을 촉진하고(제26조), 이를 이양하는 대기업(제28조) 및 이양 받는 중소기업에게 세제 및 금융 상의 혜택을 부여한다 (제9조). 중소기업에 이전될 사업에는 공업용지를 우선 공급한다(제14조), 정부는 생산기술연수원에 경비를 출연할 수 있다(제23조).

⊙ 사업전환의 정의(제2조 5항)

중소기업자가 영위하고 있는 업종을 폐지하고 새로운 업종으로 전환하는 것. 중소기업자가 영위하고 있는 업종을 축소하고 새로운 업종을 추가하여 추가한 업종이 대통령령이 정하는 바에 의하여 전체 사업활동의 상당부분을 차지하게 되는 것.

중소기업의 경영안정 및 구조조정 촉진에 관한 특별조치법의 내용

가. 中小企業構造調整基金의設置
- ○ 基金의造成
  - '92年까지 1조원이상을 조성
  - 정부 또는 지방자치단체의 출연금 또는 융자금
  - 정부 또는 지방자치단체외의 자의 출연금 또는 융자금
  - 채권의 발행자금
  - 기금의 운용으로 생기는 수익금
- ○ 基金의使用
  - 긴급경영안정지원을 위한 사업
  - 사업전환사업
  - 기술개발사업

- 기술도입에 의한 試製品개발사업
- 기술인력 양성사업
- 정보화사업
- 대기업사업의 이양촉진사업
- 중소기업진흥기금의 사용용도로 사용

나. 中小企業의 經營安定 지원

○ 緊急經營安定計劃의 수립
- 긴급경영안정자금의 지원
- 자금의 상환연기, 법인세, 소득세의 징수유예조치

○ 사업전환계획의 수립
- 사업전환의 대상, 고용대책, 자금지원, 직업훈련등에 관하여 상공부장관이 수립

다. 中小企業의 技術開發의 促進

(1) 기술개발 촉진사업

○ 중소기업의 기술개발계획의 수립
- 기술개발의 내용, 자금지원등에 관하여 상공부장관이 관계부처 의장과 협의하여 수립

○ 지원사항
- 신기술개발제품의 우선구매
- 기술인력의 양성지원
- 국제간 기술교육지원
- 자금, 조세, 신용보증우선, 정보제공등의 지원

라. 生産技術硏究院의 지원

중소기업의 생산기술의 연구개발을 효율적으로 지원하기 위한 목적으로 설립되는 동 연구원은 생산기술에 관한 연구개발 및 상담, 기술이전 및 지도, 기술정보의 제공, 생산기술교육등의 사업을 행한다. 그런데 여기서 生産技術이라함은企業의 제품 및 재료의 생산을 위한 企劃, 設計, 生産工程, 포장 및 출하의 과정에서 필요로 하는 기술을 말한다.同生産技術硏究院에 대하여는 그 設立 및 運營에 대하여 政府가 出捐하고 國有財産을 무상으로 양여할 수 있도록 하였다. 한편 各生産技術分野에 대한 각 업종별, 기능별로 民間生産技術硏究所의 設立과 共同硏究를 지원하도록 규정하고 있다.

2. 중소기업 정책기조 변화

가. 2000년의 중소기업 발전 비전

2000년의 닷컴 상황에서 중소기업의 환경은 하드웨어 중심이던 20세기 제조업이 21세기에는 지원산업화되고, 20세기의 지원산업이었던 소프트웨어, 콘텐츠, 물류, 커뮤니케이션, 광고, 지식산업 등 제조업 지원 서비스가 전면에 나서는 등 산업구조가 새롭게 바뀔 것으로 보였다. 경쟁 구조가 완제품 중심에서 부품 · 소재 중심으로 전환되고 있었으며, 공급기업이 글로벌 소싱에 편입되어 시장 확대와 동시에 기업 간 경쟁이 격화된다는 것이었다.

그러나 대기업과 중소기업 간에 공동기술 개발, 합리적 성과 배분, 해외 공동 진출 등과 같은 질적 협력은 미약한 실정이고, 대기업의 우월적 지위는 지속되고 있었다. 내수와 하도급 판매에 크게 의존하는 판로 구조의 취약성은 중소기업의 안정적이고 지속적인 성장에 중대한 제약 요인으로 작용하게 될 것이었다.

이에 2000년 11월 대통령 직속 중소기업 특별위원회는 중소기업 발전 비전에 디지털, 벤처기업과 글로벌 경쟁력을 추가하였다[2].

중소기업특별 위원회는 다음과 같은 정책 방향을 발표하였다.

부품 · 소재 중소기업에 대해서는 전문화 및 대형화를 유도하고, 스타 컴퍼니(star company)를 육성한다. 내수시장기반 확충 및 수출지원, 국제 자원 활용 등을 통해 **부품 · 소재산업**의 해외 의존도를 낮

---

2) 대통령직속중소기업특별위원회, 중소기업발전비전2010 – 21C 디지털시대의창조적성장엔진 2000.11. 중소기업특별위원회는 중소기업 지원을 위해 1998년부터 2008년까지 활동했던 중앙행정기관이다. 1998년 2월 중소기업특별위원회 설치를 골자로 하는 정부조직법 개정으로 같은 해 4월 28일 대통령 직속의 특별위원회로 출범했다. 2008년 이명박 정부 출범 이후 위원회 폐지 결정에 따라 정리 대상이 된 215개의 위원회와 함께 폐지되었다.

추고 국제경쟁력을 강화한다. 중소기업에게 불리한 거래 조건을 해소하여 공정 경쟁 기반이 확립될 수 있도록 하도급 구조의 개선을 유도하고, 직권 실태조사 및 시정조치를 강화한다. 기업 간 협력 강화로 시너지 효과를 창출하기 위해 수평적 네트워크의 구축, 협력을 통한 지식 · 정보의 창출과 공유의 활성화, 소기업에 대한 지원 강화 등을 적극적으로 추진한다.

수출 중소기업을 위해서는 범 세계적인 시장 개방 추세에 따라 중소기업의 수출경쟁력을 제고시킬 수 있는 인프라 및 지원체계를 확립하고, 해외시장에의 접근성 강화, 무역장벽 회피 및 현지 자원 활용을 위한 해외직접투자의 활성화를 도모한다.

새로운 유통 방식의 도입과 확산에 대응하여 새로운 유통 모델의 개발과 보급, 유통 효율화 기반 구축, 건전한 전자상거래 확립, 유통 교육 확대 등으로 유통산업의 현대화를 추진한다.

소기업 경영에 필요한 지식 자산을 효율적으로 관리할 수 있는 네트워크를 추구하고 지식기업화를 유도하며 내부지식 관리 역량을 강화한다.

중소기업의 기술력 향상 및 사업화 능력을 제고시키기 위한 자금 · 인력 · 지원기관의 종합 지원 체계를 마련한다.

그림2-2. 중소기업 비전체계도

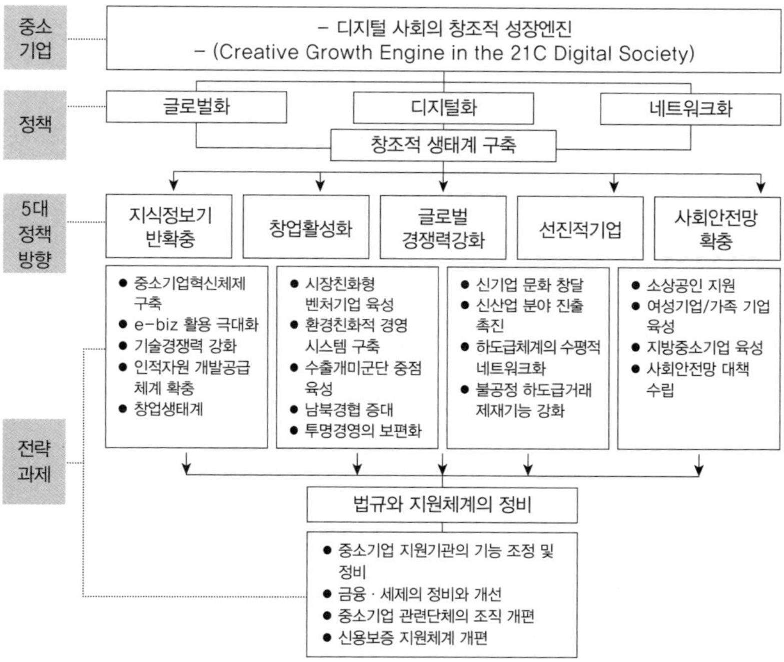

(자료 : 대통령 직속 중소기업 특별위원회)

나. 창조경제로의 체질 개선

우리 경제는 대 · 중소기업간 양극화, 수출 의존형 성장구조 등으로 인해, 저성장 기조가 고착화될 위기에 직면하였다. 과거의 대기업 중심 요소 투입형 성장은 고용 없는 성장, 수출과 내수의 불균형, 낙수효과(trickle-down-effect)의 약화, 양극화와 이중 구조 고착화 우려, 중산층 감소와 빈곤층 증가라는 한계에 직면하였다.

경제위기와 내수 부진이 심화되면서, 우리경제의 회복모멘텀이 미약하고, 고용없는 성장의 장기화 우려가 대두하였다.

이에 정부는 내수 침체 등 저성장 국면 문제를 극복하기 위해서 추격형 발전에서 선도형 성장으로의 경제 패러다임 변화를 추구한다. 대기업 주도의 '산업경제' → 중소 · 중견기업 중심 '창조경제'로의 혁신은 한국경제의 百年大計를 위한 시대적 사명이며, 중소기업과 중견기업의 창조적 혁신과 상생 협력을 통한 양극화 및 이중구조 해소는 국가 경제의 시대 정신이다.

3. 대 · 중소기업 양극화 대책

가. 양극화 현상

'60년대 이후 90년대 중반까지 가용 자원이 주요 대기업에 집중 배분되어 대기업집단 중심의 경제구조가 형성되었고, 자금 · 인력 등 경영 자원이 대기업에 집중됨으로써, 독립중소기업은 성장 기반이 취약하여 발전할 기회 자체가 제한되었다. 대기업에 납품하는 중소기업들이 대기업의 발전에 편승하여 성장하였으나, 외환위기를 겪고 난 후 대기업과 중소기업 사이의 수익성, 임금, 미래혁신역량 면에서 격차가 크게 벌어지기 시작했고, 대기업에 종속된 위치는 지속 가능한 성장에 장애요인이 된다는 문제제기가 이루어졌다.

중소기업의 입지 약화는 역사적 · 구조적 요인과 아울러 산업구조의 변화 · 글로벌 경쟁 심화 등 다양한 경제 환경 변화 요인에도 기인하였다. 세계 수준에 도달한 대기업과는 달리 중소기업은 준비가 안 된 가운데 글로벌화를 맞이하여 외국기업과의 경쟁에 급속하게 노출됨으로써 어려움이 가중되었다[3].

3) ㈜기술과 가치, 「대 · 중소기업 상생협력 사례 분석 정책연구」 과제에 대한 최종보고서, 2006.9.10

제조업 가동율과 중소제조업의 가동율은 큰 격차를 보였다.

그림2-3. 중소제조업 가동률 (단위 : %)

(자료 : 통계청, 중소기업 중앙회)

대기업과 중소기업 간의 노동생산성과 임금, 수익성 격차가 확대되었으며, 원자재 구매가격과 납품가격 변동 추세는 원자재 가격이 상승해도 납품 단가에 반영되지 못하는 상황을 보여 준다.

표2-1. 원자재 구매 가격과 납품단가 변동

	2009	2009.10	2010.1	2010.4
원자재 구매가격	100.0	105.7	109.7	118.8
납품단가	100.0	100.6	100.4	101.7

(자료 : 중소기업중앙회)

양극화 대책으로서 2009년 4월 **하도급거래 공정화에 관한 법률** 제16조의 2에서는 납품단가 조정협의 의무제[4]가 도입되었고, 하도급법 제11조(부당감액의 금지)는 수급사업자에게 책임의 사유가 없는 경우에는 원사업자가 하도급대금을 부당하게 감액하는 행위를 금지하고 있다.

대기업이 중소기업의 기술을 유용하는 행위를 방지하기 위해 2007년 5월 대 · 중소기업 상생협력 촉진에 관한 법률 제24조의 2에서는 기술자료 임치제도를 도입하였다.

나. 중소기업적합업종 제도

1979년 정부는 중소기업에 적합한 것으로 판단되는 업종을 중소기업 고유업종으로 지정해 놓고, 이들 지정업종의 사업 분야에 대해서는 원칙적으로 대기업의 신규 참여를 금지함으로써 중소기업의 사업영역을 보호해 주는 중소기업 고유업종제도를 도입하였다.

중소기업 고유업종은 1979년에 23개 업종을 지정한 이래 1989년에는 237개 업종으로 업종 수가 크게 늘어났으나 1989년에 고유업종지정의 해제 예시제가 도입된 후 2004년 12월 개정 중소기업의 사업영역 보호 및 기업간 협력 증진에 관한 법률에서는 고유업종관련 규정을 폐지하였다.

중소기업의 사업영역 보호 및 기업간 협력증진에 관한 법률은 2006년 대 · 중소기업 상생협력 촉진에 관한 법률로 대체된다.

---

4) 수급사업자는 원재료 가격의 변동 등으로 인하여 하도급대금의 조정이 불가피한 경우 원사업자에 대해 하도급대금의 조정을 신청할 수 있고, 원사업자는 10일 이내에 협의를 개시하여야 하며, 정당한 이유 없이 협의를 거부하거나 해태하여서는 아니 된다.

그런데 2009년 4월 대기업의 출자총액 제한제도 폐지 이후 대기업의 비상장 계열사들이 중소기업 영역에 진출이 진행됨에 따라, 정부는 2010년 9월 중소기업의 사업 영역 보호제도를 다시 도입하였다.

대 · 중소기업 동반성장 추진대책에서 **중소기업 적합업종** · 품목을 지정하여 민간기구인 동반성장위원회가 사회적 합의를 통해 대 · 중소기업간 합리적 역할 분담을 유도한다[5).

중소기업 적합업종 · 품목은 중소규모 기업에 의해 운영되어도 충분히 기술적인 효율성이 보장될 뿐만 아니라 생산기술 특성 상 규모의 경제 또는 최소효율규모가 작아서 중소자본으로 운영되는 업종이나 품목을 의미한다.

중소기업 적합업종제도는 민간 위원회가 운영하며 법률상 강제성이 없고 보호기간이 제한되어 있으나, 서비스 업을 포함하고 있다.

동반성장위원회는 중소기업 적합업종 선정을 위해 관련 공청회를 거쳐 적합업종 선정 가이드라인을 확정하였다.

그러나 중소기업 적합업종제도라는 안전망에 기대어 생존하게 된 우리 중소기업들이 경쟁력을 잃고 더 영세한 경쟁시장에 갇혀 수익성은 바닥을 치고 기술개발이나 규모 확장은 요원해진 반면, 경쟁력을 잃은 시장에 엉뚱하게도 "외국 대기업들이품질 가격 경쟁력을 앞세우서 무혈입성하고, 국내 대기업은 규제 때문에 시장이 잠식되는 모습을 지켜만 봐야한다"는 견해도 있다[6).

5) 김세종, 대 · 중소기업 상생발전 방안, 국민법제관 워크숍 2012.11.16

6) 서울대 행정대학원 한국정책지식센터, "실패한 정책들-정책학습관점에서", 박영사, 2015.9.30.

표2-2. 중소기업 적합업종 선정 기준

주요 항목	세부 항목
제도운영의 효율성	· 시장참여 중소기업 수
	· 시장규모(출하량)
중소기업 적합성	· 최소효율규모(상시근로자수 기준)
	· 1인당 생산성(중소기업 1인당 생산량+대기업 1인당 생산량)
	· 중소기업 종사자 비중
부정적 효과 방지	· 소비자 만족도
	· 협력사 피해
	· 수압 비중
	· 대기업 수출 비중
중소기업의 경쟁력	· 매출액 대비 R&D 투입비중
	· 경쟁력 수준

(자료 : 동반성장위원회)

그림2-4. 중소기업 적합업종 지정절차

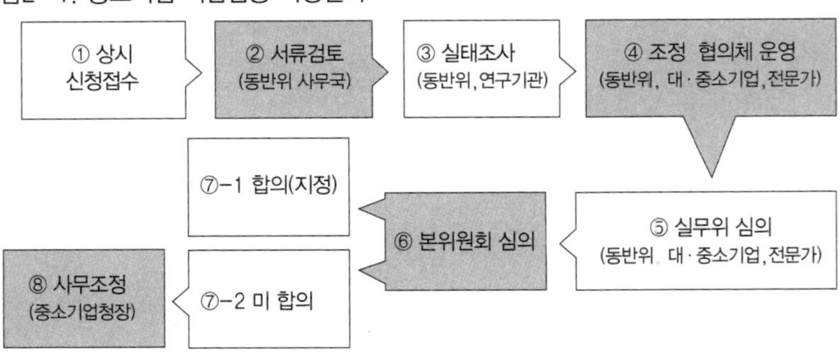

대기업과 중소기업 간의 중소기업 적합업종 논의는 정부가 개입하기보다는 산업의 자율적 판단에 맡기자는 취지이다. 그러나 현재의 적합업종 선정은 대기업이 논의를 아예 거부하거나 합의에 소극적이면 아무것도 할 수 없다는 주장이 있다[7].

7) 정운찬, 2014.11.10 한겨레 시론. 중소기업 적합업종 법제화해야.

2015년 2월 동반성장위원회는 중소기업 적합업종 77개를 발표하였다. 2014년 12월 의결된 26개 품목을 제외한 51개 품목을 상정하여, 재합의 37건, 시장감시 4건, 상생협약 10건을 의결하였다.

다. 대 · 중소기업 상생협력

2005년 7월 산업자원부는 **상생협력** 강화를 위한 3대 목표와 9대 과제를 보고하였다.

그림2-5. 상생협력 3대 목표와 9대 과제

공정하고 호혜적인 파트너쉽 구축	중소기업의 자립능력 제고	지속적인 상생협력 이행확보 체계 구축
① 성과공유제 확산 ② 기술.인력 교류 촉진 ③ 자본 참여 확대	④ 개방적 거래관계 확산 ⑤ 중소기업 전문화.대형화 ⑥ 부품소재중핵기업 육성	⑦ 협력 우수사례 확산 ⑧ 업종별 상생협력 추진 ⑨ 대기업 설비투자 확대

정부는 2005년부터 상생협력 보고대회를 계기로 상생협력 필요성에 대한 공감대 확산 및 이론적 기반을 마련하였다 (본장 후술 참조).

그림2-6. 상생협력 추진 경과

시기	중점분야	추진방향
05.5.16 제1차 상생협력 대책회의	정부기업 공감대 형성	▶ 제조업 중심 대, 중소기업간 파트너쉽 구축(성과공유제, 부품, 소재육성 등)
05.7.5 제2차 상생협력 점검회의	상생협력 지원체계 구축	▶ 상생협력 촉진에 관한 법률 제정 추진 ▶ 범부처적 인센티브 확대 및 협력실태 점검 체계 구축
05.12.22 제3차 상생협력 간담회	상생협력 확산방향	▶ 수직적 확산 : 대기업-1차 → 2~3차 협력업체 ▶ 異업종 확산 : 제조업 → 유통, 건설 등
06.5.24 제4차 상생협력 보고회의	상생협력 이론적 기반	▶ 기업경영전략으로서의 유효성 검증 ▶ 역량강화, 신뢰구축, 기업생태계 혁신 등상생협력 3대시책 정비
06.12.28 제5차 상생협력 성과보고회	업종별 상생협력	▶ 업종별 특성을 반영한 산업별 상생협력 방향 제시 ▶ 지역혁신클러스터와의 연계 방향 제시
07.9.19 제6차 상생협력 성과보고회	성과평가 및 차기과제 도출	▶ 전략적 상생협력 파트너쉽 강화 ▶ 상생협력의 지평 확대 및 저변 확산

4. 이업종 교류 활성화

21세기 세계경제는 융합(convergence)의 시대로 급속히 전환하고 있으며, 이러한 패러다임의 전환기를 맞아 산업융합은 신성장 동력과 일자리 창출의 핵심적인 보고(寶庫)로 인식되고 있다. 이에 따라 종전에 칸막이 식으로 구획된 산업의 틀 속에서 만든 법령과 제도를 융합의 시대에 맞도록 정비할 필요성에 따라서 2011년 **산업융합촉진법**이 시행되었다.

산업융합 신제품을 제조 · 판매 · 설치 · 운행 등을 하려는 자는 허가 등의 근거가 되는 법령에 산업융합 신제품에 맞는 기준 · 규격 · 요건 등이 없거나 허가 등의 근거가 되는 법령에 산업융합 신제품에 맞는 기준 · 규격 · 요건 등을 적용하는 것이 맞지 아니하여 허가 등을 받지 못하는 경우에는 소관 중앙행정기관의 장에게 산업융합 신제품의 적합성 인증을 신청할 수 있다(제11조 제1항).

관계 중앙행정기관의 장은 중소기업자 등이 산업융합을 통한 연구개발이나 그에 따른 연구 성과의 사업화를 추진하는 때에 그에 드는 비용을 출연하거나 필요한 지원을 할 수 있다(법 제24조 제1항).

1990년 중소기업진흥공단 내 교류지원과 신설 후 1994년에 사단법인 전국 이업종 교류연합회가 설치되고, 1996년부터 기술융합화 사업 공동 연구개발 보조금 지원 업무를 개시하였다. 2009년에는 **중소기업융합중앙회**로 개칭하였다. (http://www.koshba.or.kr)

이업종 교류 활성화는 중소기업의 신사업 창출 및 기존 산업의 고부가가치화를 위한 산학연 연계 및 정부의 정책적 지원을 통한 지식 및 기술 융합의 체계적인 추진에 의해 지식 및 기술 융합 체계화의 출발점으로 자리매김 하였다.

그림2-7. 4대분야 대형 융합 과제 (자료 : 산업통상자원부)

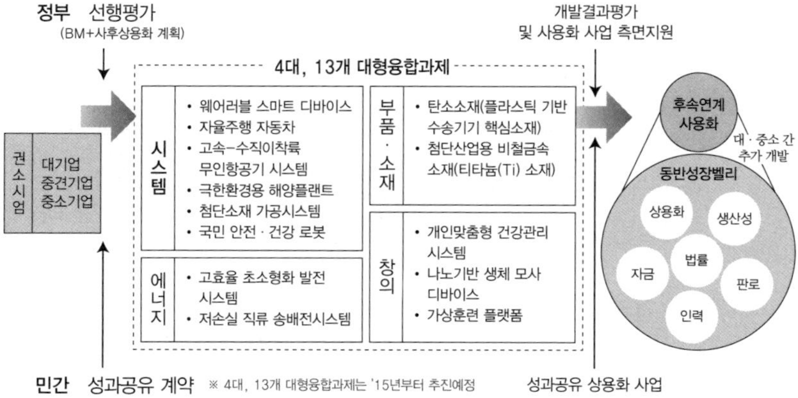

산업융합촉진법 적합성 인증 사례

산업융합촉진법 적합성 인증 1호기업인 KMW사는 무선통신 · 센서 · 조명 등 작업에 필요한 기기들을 안전모에 일체화한 일명 '융합안전모' 제품 개발업체다.

융합안전모는 안전모에 낙하물 충격이 감지되면 센서가 작동, 착용자에게 괜찮은지 음성으로 물은 뒤 응답이 없을 경우 주변사람의 안전모나 관리소에 사고발생을 자동으로 통보해주는 첨단 제품이다. 하지만 기존 안전모 안전기준 및 요건에 맞지 않아 시장 출시가 상당 시일 지연됐었다. 현행 보호구 의무안전고시는 안전모의 기준을 무게 440g 미만으로 정하고 있으나 융합안전모는 센서 부착 등으로 규정 무게를 초과할 수밖에 없었던 것이다.

이에 산업통상자원부는 고용노동부, 안전보건공단, 국가산업융합지원센터 등과 협의해 이 제품에 산업융합촉진법상 '적합성 인증' 제도를 적용, 시장 출시를 이끌었다.

산업통상자원부는 2015년 1월 "융합안전모처럼 제2, 제3의 인증 사례가 나올 수 있게 필요 시 산업융합촉진법 개정도 적극 추진하겠다"고 강조했다.

5. 소상공인의 보호 및 지원을 위한 법률

중소기업청이 2013년 전국 16개 시 · 도 소상공인 사업체 1만490개를 대상으로 13개 주요 업종에 대해 벌인 소상공인 실태조사 결과에 따르면 소상공인 사업주의 평균연령은 50.6세(남성 57.2%, 여성 42.8%)였다.

창업 동기에 대해선 '생계유지'라고 답한 경우가 82.6%로 가장 많았다. '성공 가능성이 있어서'란 응답은 14.3%에 그쳤다. 소상공인 대부분이 생계형 창업이라는 설명이다.

1997년 정부는 "소기업 육성을 위한 특별조치법"을 입법하였으며, 2003년에 **"소기업 및 소상공인 지원을 위한 특별조치법"**으로 개정되었다.

2015년 3월 개정법의 내용은 다음과 같다.

법률의 제명을 "소상공인의 보호 및 지원에 관한 법률"로 변경하였다. 소상공인의 정의는 중소기업기본법 제2조 제2항에 따른 소기업 중 상시 근로자수가 10명 미만인 기업을 의미한다.(제2조).

중소기업청이 수행하는 소상공인 창업, 소상공인의 경영안정 및 성장 등을 위한 지원사업의 세부내용을 정하고, 소상공인의 업종 및 입지 성정을 지원하기 위한 정보시스템 구축, 운영의 근거를 마련하였다.

중소기업청장 등이 불공정거래로 피해를 입은 소상공인의 보호 및 지원을 위한 상담센터를 설치, 운영할 수 있도록 개선, 보완 하였다.

정부는 소상공인 · 골목상권의 체계적인 지원을 위해 소상공인진흥기금을 만들어 운용한다. 기존 중소기업 창업 및 진흥기금에 속해 있던 소상공인진흥계정을 별도 기금으로 분리하고 지원 규모도 전년도의 1조3000억원에서 2조원으로 확대한다.

경제의 근간이자 소비 주체인 영세 자영업자의 뿌리가 흔들리면 내수소비 진작이 어렵다는 판단에 따른 것이다.

기금은 자금 융자와 특성화 지원, 정보 제공 등을 통해 소상공인의 자생력을 키우는 데 쓰인다.

집행은 '소기업 및 소상공인 지원을 위한 특별조치법'에 따라 중기청 산하 소상공인진흥원과 시장경영진흥원을 통합해 새롭게 출범한 소상공인시장진흥공단이 맡는다.

6. 중소기업 구조개선 및 재도전 촉진법 입법 검토

일본의 경우 2005년에 창업이나 경영 혁신에 관한 법률을 정리 통합하는 동시에 중소기업 개별 회사의 대처 지원에 부가하여 이업종 제휴에 대하여도 지원을 하는 중소기업 신사업활동 촉진법 이 제정되었다. 2012년에는 중소기업 경영력 강화 지원법이 제정되어 해외 진출을 지원하고, 종래부터의 중소기업 지원기관(상공회 등)과 세무사 · 회계사 · 지역금융기관 등이 새롭게 중소기업의 지원기관으로서 위치를 부여 받았다. 아베(安倍) 정권이 2013년 1월에 공표한 일본 경제 재생을 향한 긴급경제대책에 있어서도 중소기업을 일본경제의 활력의 원천으로 하고, "새로운 비즈니스에의 도전, 경영개선 · 사업재생 등의 지원을 한다"는 취지가 명기되었다.

국내의 경우 기업구조조정촉진법은 채무액이 500억원 초과하는 부실화된 기업만을 대상으로 하여 중소기업에 관련성이 없다. 중소기업 사업전환법에 의한 사업전환은 부실에 따른 재무구조조정 등 사후조치보다는 부실에 앞서 사업구조의 조정을 지원하는 사전적 조치로 큰 의미가 있다. 그러나 중소기업에 적합한, 원활한 구조조정을 지원하는 내용은 결여되어 있다. 중소기업구조조정을 "중소기업이 설비투자, 기술개발, 사업전환, 경영혁신, 재무조정, 자산조정 등을 통한 생산 및 경영구조의 고도화로 부가가치를 향상시키려는 일체의 행위"로 정의할 때, 그리고 현행 구조조정기구나 수단의 활용이 중소기업에 대해 제한적인 점을 감안할 때, 중소기업 법률 체계에서 유일하게 성숙단계 중소기업에 관한 법인 2005년 입법 **중소기업 사업전환촉진에 관한 특별법**이 사업전환 뿐만 아니라 계속 기업으로의 존속 및 원활한 구조조정을 돕는 내용을 담을 필요가 있다[8](제3장 사업전환 참조). 정부는 「**중소기업 사업전환 촉진에 관한 특별법**」을 『(가칭) 중소기업 구조개선 및 재도전 촉진법』으로 전면 개정을 검토한다[9].

제2절 대 · 중소기업 상생

1. 대 · 중소기업 관계의 분류

하도급 중소기업은 내부역량 만으로는 기술혁신에 필요한 요건을 감당할 수 없으며, 대기업과의 협력을 유지해야 한다. 상생협력을 통하여 중소기업은 시장 개척의 부담이 줄어들고 전문기술의 축적이 가능하며, 기술이전을 받음으로써 연구개발 투자 부담을 덜 수 있다[10].

가. 외주가공 방식 분류

회사에서 외주업체를 통하여 부품을 가공 구입하는 방법(시스템)은 크게 3가지로 구성된다.

---

8) 한국법제연구원, 중소기업 재기지원 활성화를 위한 사업전환촉진법 개정 방안 연구 용역보고서, 2014.
9) 관계부처 합동, 선순환 기업생태계 조성을 위한중소기업 재도전 종합대책 (2013.10.3)
10) 박우종, 중소기업의 혁신역량이 대 · 중소기업 협력성과에 미치는 영향에 관한 실증연구, 2014. 한양대 박사논문

1) **도급** : 외주업체에서 자재(재료)를 별도로 시장에서 사서 가공을 한후 회사로 납품하는 방법이다. 이 경우 회사는 재료비와 가공비에 관리비 및 이윤을 포함한 단가를 지불한다. 이를 도급(都給)이라고 칭한다.

2) **사급** : 외주업체에서 구입이 곤란하거나 발주회사에서 구입하는 것이 경제적으로 유리한 경우, 혹은 외주업체가 자금사정이 좋지 않아 재료를 구입할 능력이 없을 경우 회사는 그 자재를 구입하여 외주업체에 공급하게 되는데 이를 사급(賜給)이라고 칭한다. 유상사급은 외주업체가 직접 구매하며, 다량구매 또는 인지도에 의해 저렴하게 구입할 수 있다. 자재비를 완성품 대가에서 공제하므로, 외주업체에 자금 부담을 덜어 준다. 즉 발주회사는 공급하였던 자재금액을 공제한 후, 가공비와 관리비 이윤 금액 만을 외주업체에 지급한다. (상계) 무상사급의 경우 외주업체와 간에 자재금액을 상계 정산할 필요가 없이, 가공비와 마진만 지급하게 된다.

나. 거래관계 수준

대 · 중소기업 간의 관계는 단순거래 관계(arm's length contractual relation)와 협력관계(cooperation)로 분류된다[11).

단순 거래관계는 다수가 경쟁하는 입찰을 통해 가격 협상이 이루어지며, 거래 기간이 짧고 계약서를 기반으로 거래가 이루어진다. 대기업의 요구조건을 가장 저렴한 가격으로 만족시키는 중소기업만이 생존하게 되므로, 단기 지향적이고 상호의존도가 낮다. 단순 거래관계

11) Sako, Mari:Prices, quality, and trust : inter-firm relations in Britain and Japan, Cambridge University Press, 1992

는 범용성 부품이나 낮은 기술수준의 제품에서 적합하다.

협력관계는 파트너십 또는 장기 계약에 의한 시너지 극대화를 중시하고, 유연성과 효율성을 추구한다. 대기업과 중소기업이 상호 독립성은 유지하면서 자원과 정보를 공유하므로, 상호간 신뢰, 장기 파트너십 등이 특징이다. 대기업은 단순히 원재료를 공급받는 차원을 넘어 신제품이나 제품도입 사이클에 하청기업을 참여시키는 것이 협력의 핵심이다. 동반자적 하청은 신중하게 선발된 벤더와 공동의 목표하에 상호 이익을 위해 노력한다.

단순거래 관계에서 협력관계로 발전하려면 중소기업은 기술역량을 바탕으로 생산효율성 제고를 통하여 원가경쟁력을 확보하는 것이 핵심이다. 제품은 중간급 기술의 관계 특정적 부품이 일반적이고, 생산역량과 함께 설계역량을 개선하므로, 대기업 측에서도 중장기적 관점에서 지원을 고려하게 된다. 대기업들은 공급사슬관리(Supply Chain Management)에 의해 필요한 부품이 적시에 적절한 원가에 공급되도록 관리하고 있다. MIT Sloan School의 C. Fine교수는 개별 기업의 경쟁력이 제품개발, 조립생산, 공급사슬의 3대 축에서 시작된다고 주장하였다.

하도급 중소기업의 입장에서는 (B2B), 마케팅 활동은 수요 대기업의 요구에 맞추어서 한정된 경영 자원을 가지고 새로운 가치를 창출하여 경쟁력을 추구해야 한다. 중소기업은 발주기업에 전문기술을 제공하고, 제품 개발 상의 과제를 해결하는 기술자로서의 역할을 담당해야 한다.

2. 동반성장 기본계획

2006년 3월 3일 「**대 · 중소기업 상생협력 촉진에 관한 법률**」이 신규 입법되었다. 산업통상자원부장관은 법 제4조 및 제5조에 의거, **대 · 중소기업 동반성장 기본계획**을 3년 단위로 고시한다.

정부의 2008년 제1차 동반성장 기본계획('08~'10년)은 거래 관행과 결제조건 등 하도급 제도 개선이 중심이고, 제2차 기본계획은 성과공유제 도입, 동반성장 펀드 조성, 기술 보호장치 등 중소기업 경쟁력 강화가 중심이었다.

표2-3. 2009년의 세부 추진계획(3분야 32개 정책)

추진분야		세부추진계획	관련부처
상생 협력 파트너십 지원	자금 · 금융	상생보증프로그램('09. 1. 4)	지경부 · 금융위
		수출납품대금 현금결제보증 제도('09. 3)	지경부
		수출 중소기업 네트워크 대출제도('09. 3)	기재부
		상생협력펀드 확대(연중)	금융위
	R&D	대 · 중소기업 공동R&D 확대(연중)	지경부 · 중기청 등
		구매조건부 신제품개발 사업 확대(연중)	중기청
		싱글PPM 품질혁신 지원 확대(연중)	중기청
		환경 · 에너지 파트너십 강화(연중)	지경부
		신뢰성 · 품질 혁신 지원(연중)	지경부 · 중기청
	판로	수출지원 상생프로그램('09. 4)	지경부
		해외 건설 · 플랜트 공동수주 지원(연중)	국해부 · 지경부
	인력	고용유지 및 재훈련 모델('09. 1)	지경부 · 노동부
		대기업 인력 활용 中企경영 지원(연중)	노동부 · 중기청
		중기근로자 외부 우수훈련과정지원(연중)	노동부
		비정규직 근로자 대상 직업능력개발 프로그램 개발(연중)	노동부
		건설기능인력 양성(연중)	국해부

추진분야		세부추진계획	관련부처
제도적 기반 및 공정거래 환경 조성	법령 정비	사업조정제도 개선('09. 1)	지경부 · 중기청
		기술자료 임치제도('09. 3)	중기청
		납품단가 조정협의제('09. 3)	공정위
		주계약자관리방식 공동계약 제도('09. 4)	기재부
	불공정 거래조사	불공정거래 조사 강화(연중)	공정위 · 중기청
		하도급대금 지급확인 제도(연중)	국해부
	자율적 공정 거래 인프라	공정거래 자율준수 협약 촉진('09. 2)	공정위
		서면계약문화 정착 캠페인('09. 5)	공정위
		유통분야 공정거래 확립(연중) – 제조 · 유통 상생협의회 운영 정례화 – 유통업 공정거래 자율준수 협약 체결	지경부 · 공정위
		수 · 위탁거래 표준약정서 활용 권장(연중)	중기청
상생협력 기업문화확산		성과공유제 확산(연중)	지경부
		업종별 상생협력위원회 확대 운영(연중)	지경부
		상생협력주간 행사('09. 12)	지경부
		협동조합 공동사업 통한 中企 협력모델 도입	중기청
		대 · 중소기업 상생모범 및 우수 기업 선정 · 홍보	지경부 · 노동부· 중기청
		건설산업 상생협의체 활성화(연중)	국해부

2014. 11월 '제3차 동반성장 기본계획'은 2008년부터 2차례 기본계획을 거치면서 지속적으로 발전시켜온 기조를 한층 강화한 것으로 참여주체(종적) 및 적용영역(횡적) 확장을 통해 동반성장을 고도화한다. 즉, 중견기업, 2 · 3차협력사, 잠재적 협력사 등을 포괄하여 명실상부한 동반성장 생태계 범위를 확립하고, 서비스업 등 비 제조분야, 산업 안전 등으로 영역을 확장한다.

제3차 동반성장 기본계획은 민간 스스로가 공정과 상생을 넘어 성장 사다리로 진화할 수 있도록 '동반성장밸리 구축', '상생결제시스템 도입', '다자간 성과공유제 도입' 등 3대 과제가 핵심이다(상생결제시스템에 대해서 제4장 후술 참조).

표2-4. 3차 동반성장 기본계획의 3대 전략 및 6대 이행과제

3대전략	6대 이행과제	주요내용
성장 사다리 구축	대기업의 중소기업 성장 지원 강화	▶ 대기업별 동반성장 자원을 연결하여 개방적으로 통합 운영하는 민간주도형 협력플랫폼 구축 ▶ 정부사업 연계로 협력 플랫폼의 시너지 제고 ▶ 대기업 직접투자 활성화 및 투자 재원 확대
	2 · 3차기업의 경쟁력 강화 지원	▶ 스마트 공장 보급 등 산업 혁신3.0 확산 · 발전 ▶ 대기업에서 2 · 3차협력사까지 순차적인 다자간 성과공유제 확산 ▶ 중소기업의 신속한 납품 대금 회수 및 현금 확보를 위한 상생 결제 시스템 확산
	국내외 판로 개척 및 인력 지원	▶ 해외시장 공동개척 · 진출, 국내시장 판로 확대를 위한 기업 간 협력 확대 ▶ 대기업 브랜드와 역량을 활용한 중소기업 인력 확보 및 역량 강화 지원
동반성장 문화확산	동반성장 생태계 확장	▶ 금융 · 디자인 · 문화 · 물류 · IT 등 7대 서비스 분야의 자발적 동반 성장 강화 ▶ 중견기업, 2 · 3차협력사의 동반 성장 참여 확대
	동반성장 인프라 강화	▶ 성과공유제를 동반 성장 모델로 정착 · 확산 ▶ 공유가치 창출형 동반성장 사다리 조성 ▶ 협력 중소기업의 안전 경영 확산 지원
공정거래정착	공정거래 제도내실화	▶ 기술탈취 · 유출방지 및 분쟁해결 기반 확충 ▶ 자율적 개선 노력(일감 나누기, 사급제도 개선 등) 전개 및 거래상 지위 남용 · 부당 행위 감시 강화 ▶ 법 위반에 대한 시정조치 강화, 중소기업으로 비용 전가 해소 등 거래 관행 개선 조치 적극 시행

3. 중견기업의 역할

정부는 2015년의 동반성장 당면 과제로서 대 · 중소기업간 소통 활성화를 토대로 중소협력사의 경쟁력 제고 및 성장 촉진을 통하여 창조경제 실현을 위한 '대 · 중소기업 간 협력 파트너' 관계 강화를 제시하였다[12].

2 · 3차 협력사 등 영세 중소기업 대상의 동반 성장 정책 지원이 필요하다.

그러나 대기업과 1차 협력사 간의 성과공유제와 공동사업 추진 등의 동반 성장의 혜택이 2 · 3차 이하로 연결되는 **낙수 효과**는 미미하다. 2013년 10월 중소기업중앙회에 의하면 1차와 2 · 3차 동반 성장 체감도 격차는 지속 증가하였다 : ('11) 1.96 → ('12) 2.25 → ('13)2.62 이에 따라 대기업부터 2 · 3차로 이어지는 동반 성장 가교역할을 하는 중견기업(1차)의 동반성장 역할 강화를 대 · 중소기업계가 공히 요구하고 있다.

따라서 정부는 **중견기업 성장촉진 및 경쟁력 강화에 관한 특별법**에 의해서 대기업으로부터 2 · 3차로 이어지는 동반 성장 가교의 역할을 중견기업(1차)의 역할 강화를 요구하고 있다.

특별법은 성장촉진을 위한 경제구조의 고도화와 질 좋은 일자리를 시급하게 창출하기 위한 정책적 산물이다. 왜냐하면 중견기업은 대기업보다 고용창출에의 기여도가 높을 뿐만 아니라 혁신성과 성장성도 높은 것으로 평가되고 있어, 고용정책의 기반이 되는 산업정책을 건전하게 견인할 수 있는 주체이기 때문이다[13].

---

12) 관계부처 합동, 제3차 대 · 중소기업 동반성장 기본계획, 2014.11.17

13) 이종영, 중견기업 특별법 제정의 의미와 시사점, 중견기업연합회 자료실, 2014.7.20.

그림2-8. 동반성장 패러다임의 변화

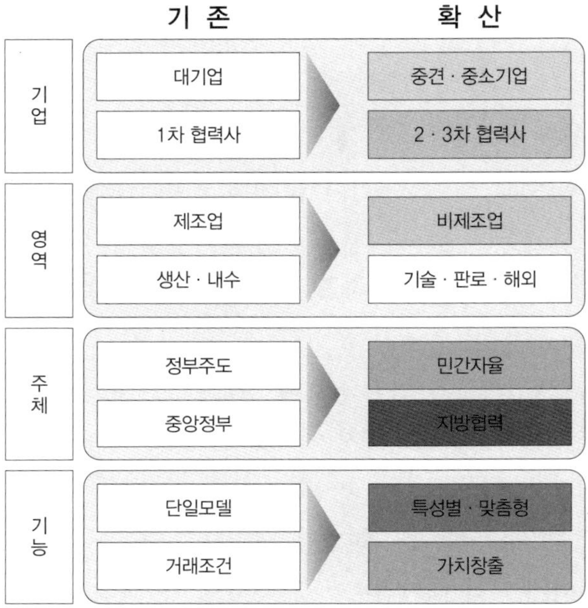

(자료 :곽수근. 2014. 7. 16.)

〈중견기업의 정의: 중견기업 성장촉진 및 경쟁력 강화에 관한 특별법〉

법 제2조(정의)

1. "중견기업"이란 다음 각 목의 요건을 모두 갖춘 기업을 말한다.
   가. 「중소기업기본법」 제2조에 따른 중소기업이 아닐 것
   나. 「공공기관의 운영에 관한 법률」 제4조에 따른 공공기관이 아닐 것
   다. 그 밖에 지분 소유나 출자관계 등이 대통령령으로 정하는 기준에 적합한 기업

시행령 제2조(중견기업 및 중견기업 후보기업의 범위) ① 「중견기업 성장촉진 및 경쟁력 강화에 관한 특별법」 제2조제1호다목에서 "지분 소유나 출자관계 등이 대통령령으로 정하는 기준에 적합한 기업"이란 다음 각 호의 요건을 모두 갖춘기업을 말한다.

1. 소유와 경영의 실질적인 독립성이 다음 각 목의 어느 하나에 해당하지 아니하는 기업일 것

가. 「독점규제 및 공정거래에 관한 법률」 제14조제1항에 따른 상호출 자제한 기업집단 또는 채무보증제한기업집단에 속하는 기업

나. 자산총액이 5조원 이상인 기업 또는 법인이 해당 기업의 주식(「상법」 제344조의3에 따른 의결권 없는 주식은 제외한다) 또는 출자지분의 100분의 30 이상을 직접적 또는 간접적으로 소유하면서 최다출자자인 기업. 이 경우 최다출자자는 해당 기업의 주식등을 소유한 법인 또는 개인으로서 단독으로 또는 다음의 어느 하나에 해당하는 자와 합산하여 해당 기업의 주식등을 가장 많이 소유한 자로 하며, 주식등의 간접소유비율에 관하여는 「국제조세조정에 관한 법률 시행령」 제2조제2항을 준용한다.

1) 주식등을 소유한 자가 법인인 경우 : 그 법인의 임원

2) 주식등을 소유한 자가 개인인 경우 : 그 개인의 친족

① 법 제2조제1호다목에서 "지분 소유나 출자관계 등이 대통령령으로 정하는 기준에 적합한 기업"이란 다음 각 호의 요건을 모두 갖춘 기업을 말한다.

1. 소유와 경영의 실질적인 독립성이 다음 각 목의 어느 하나에 해당하지 아니하는 기업일 것

가. 「독점규제 및 공정거래에 관한 법률」 제14조제1항에 따른 상호출 자제한 기업집단 또는 채무보증제한기업집단에 속하는 기업

나. 자산총액이 5조원 이상인 기업 또는 법인(외국법인을 포함한다. 이하 같다)이 해당 기업의 주식(「상법」 제344조의3에 따른 의결권 없는 주식은 제외한다) 또는 출자지분(이하 "주식등"이라 한다)의 100분의 30 이상을 직접적 또는 간접적으로 소유하면서 최다출자자인 기업. 이 경우 최다출자자는 해당 기업의 주식등을 소유한 법인 또는 개인으로서 단독으로 또는 다음의 어느 하나에 해당하는 자와 합산하여 해당 기업의 주식등을 가장 많이 소유한 자로 하며, 주식등의 간접소유비율에 관하여는 「국제조세조정에 관한 법률 시행령」 제2조제2항을 준용한다.

1) 주식등을 소유한 자가 법인인 경우 : 그 법인의 임원

2) 주식등을 소유한 자가 개인인 경우 : 그 개인의 친족

중견기업은 중소기업 졸업과 동시에 77개 정부 지원이 배제 · 축소되는 "지원絕壁"에 직면하고, 대기업과 동일하게 취급하여 20개의 새로운 규제를 부담하게 되는 "규제山城"에 봉착하게 되는 상황임에 따라서, 정부는 중견기업이 되더라도 정책 지원은 유지하되, 성장 단계에 따라 맞춤형 지원을 제공한다.

그림2-9. 중견기업 지원 체계

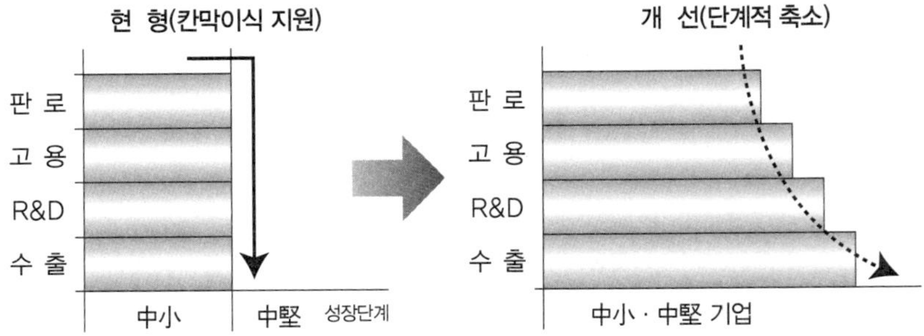

(자료 : 중소기업청)

『중견기업 성장촉진 및 경쟁력 강화에 관한 특별법』 제26조 및 동법 시행령 제15조 2항에 따라 **한국중견기업연합회**에서 중견기업 관련 정보를 한 곳에서 쉽게 찾아볼 수 있는 통합 서비스 플랫폼 '중견기업 정보마당(www.hpe.or.kr)을 운영한다.

4. 공정거래위원회의 동반성장협약

가. 협약 내용

2007년 공정거래위원회에서는 **대 · 중소기업간 공정거래 및 동반**

성장 협약 제도를 도입하였고, 절차 · 지원 등에 관한 기준(하도급분야)을 제정하였다.

2008. 2월 이후 2012년 초까지 178개 대기업이 협약을 체결하였으며, 협약이행 평가를 받은 110개 대기업 중 양호 이상은 63개사였다.

공정거래위원회는 협약절차, 평가기준 및 인센티브 제공 기준을 제정하고, 협약내용 승인, 협약이행 상황 점검 및 평가를 실시하여 협약이행 우수 대기업에 대해 인센티브를 제공한다.

2006년 공정거래위원회는 재정경제부와 산업자원부 등 10개 부처가 참여하는 부처간 하도급 정책협력 네트워크를 구성했으며 이를 통해 하도급법 상습 위반업체와 모범업체 명단을 통보, 각 정책 추진시 불이익 또는 인센티브를 받도록 하고 있다.

1) 대기업의 지원 약정

표2-5. 대기업의 지원 약정

구분	내용
납품단가 조정	▶ 대기업이 협력사에 대해 단가변동 사유발생시 적극적으로 인상조정
매출확대	▶ 납품물량 · 판로 개척 등을 통해 협력사에 대한 매출확대 지원
금융(자금) 지원	▶ 대기업이 협력사에 대해 원자재구입비 등의 자금을 직접 또는 금융기관을 통해 지원(무상 또는 대여)
	ㅇ 직접지원 : 대기업이 직접 자금을 제공하거나 대여
	ㅇ 간접지원 : 대기업이 금융기관과의 약정을 통해 중소 협력사에 대해 대출을 알선 · 중재(패밀리론 등)
	ㅇ 혼합지원 : 대기업이 금융기관에 예금 또는 펀드를 조성하고, 금융기관을 통해 협력사에게 저리의 대출을 지원
	ㅇ 특별지원 : 대기업이 신용보증기금법 등에 의거 신용보증기관에 보증기금을 출연하여 대출을 지원
결제조건 개선	▶ 대기업이 협력사에 대한 하도급대금 지급수단(현금 등) 및 지급기일 단축 등의 개선목표를 설정 ㅇ 결제수단 : (예) 현금(성) 결제비율을 35% → 70%로 확대 ㅇ 지급기일 : (예) 마감일로부터 60일째 지급 → 30일째 지급

기술지원 및 보호	▶ 대기업이 협력사에 대해 기술이전, 연구개발 등의 지원과 협력사의 기술보호를 위한 장치를 마련 ㅇ 기술지원 : 기술이전, 연구개발지원, 특허권 제공 등 ㅇ 기술보호 : 기술임치제, 공동특허출원 등
교육훈련 및 인력지원	▶ 교육훈련 : 협력사 임직원에 대한 경영, 원가절감, 기술혁신, 노무교육 등을 지원 ▶ 인력지원 : 대기업의 중견(기술)인력을 무상파견 지원 등
기타 지원사항	▶ 임원평가시 동반성장실적 반영, 위탁관련 정보 통보시스템 운용, 협력사 지원부서 설치 · 운용, 투명한 거래를 위한 사항, 협력사 경영과 관련된 직 · 간접적 지원 등
2차 협력사 지원	▶ 대기업이 1차 협력사에게 지원하는 자금, 기술, 결제조건 개선 등의 내용이 2차 협력사에게도 제공될 수 있는 방안 시행 ㅇ 대기업이 1차 협력사의 2차 협력사 지원내용을 협력사 평가 항목으로 반영하여 우수 협력사에 대해 인센티브 제공

2) 중소 협력사의 상생협력을 위한 약속

협력사는 생산성 향상, 2차 협력사 지원 등 상생협력 노력을 약속한다.

- 신의성실의 원칙에 입각한 계약내용의 이행
- 생산성 향상을 위한 원가절감, 기술개발, 공정 · 품질 · 물류개선 등
- 대기업의 윤리규정 준수 등 부정행위 금지 노력
- 2차 협력사 지원방안 시행
- 기타 협력사의 상생협력 사항으로 협약 당사자가 정한 내용

3) 2010년 개정 사항

① 납품단가 조정정보 공유 시스템 구축

- 대기업이 1차 협력사에게 조정해 준 원재료의 기준단가를 내부 협력채널을 통해 공개함으로서 2차이하 협력사도 그와

동일한 조건으로 납품단가 조정을 받을 수 있도록 유도

② 구매담당 임원평가시 동반성장 추진실적 반영

- 구매담당 임원 평가시 동반성장 추진실적을 반영한다는 내용을 협약서에 명시하여 동반성장을 실천할 수 있도록 유도

③ 위탁 관련 정보 통보시스템 도입

- 대기업이 충분한 기간 전에 협력사에 위탁 예정사실 및 물량 등 위탁 관련 정보를 통보하여 생산 및 납품이 예측 가능하도록 함

④ 원자재 직접공급 확대

- 대기업이 원자재를 저가에 일괄구매하여 협력사에 공급함으로써 협상력이 약한 협력사의 개별 구입부담을 덜어 원자재 수급 안정화 유도

⑤ 1차 협력사와 2차 협력사간 협약체결을 확산

- 대기업을 매개로 하여 1차와 2 · 3차 협력사와의 '동반성장 및 공정거래 협약' 체결을 유도하여 협약의 효과가 2차 이하 협력사들에게도 확산될 수 있도록 함

⑥ 그 밖에 기술자료 임치제 이용을 유도하여 중소기업 기술보호를 강화하고, 서면 계약문화 정착을 위해 업종별 표준하도급 계약서 사용을 권장

4) 2012년 협약 개정

상생협력을 위한 지원도 필요하나 대 · 중소기업간 거래관행의 공정성을 제고하는 것이 건강하고 지속가능한 산업생태계를 위해 중요하므로, 중소기업에게 실질적인 도움이 되도록 자금 · 교육 ·

기술지원 등의 상생협력 지원에 대한 배점을 대폭 낮추는 대신, 납품단가 조정이나 판매수수료 개선의 배점을 높이는 내용으로 평가기준을 내실화하였다. 2011.3.29 하도급법 개정에 따라 공정위는 협약체결 권장 및 이행독려를 할 수 있으므로, 협약 체결 확산을 위해 기업의 신청제에서 협약체결 권고제로 변경하였다[14].

나. 협약의 절차

표2-6. 동반성장 협약 절차

단계	내용
협약준비	▶ 대기업의 공정거래 4대 가이드라인 도입여건 분석 및 결제조건개선, 자금지원 여력 등 분석
협약체결	▶ 대기업과 중소협력사가 개별협약을 체결 ㅇ 대상 : 협약당시 거래 중에 있는 모든 중소협력사 ㅇ 기간 : 원칙적으로 1년(기간연장 또는 재협약 가능) ▶ 협약 선포식을 통해 대외 공표(이행담보 효과)
협약이행	▶ 협약서에 제시된 지원 및 개선목표 달성 노력 ▶ 공정위의 협약내용 이행 독려(중간점검, 회의 등)
기간만료	▶ 협약체결후 1년 경과시 협약기간 만료
이행평가	▶ 대기업 : 협약기간 만료후 1개월내 이행평가 자료 제출 ▶ 공정위(평가위원회)
인센티브 제공	▶ 평가결과 "양호(85점)" 이상 대기업에 대해 인센티브 제공 ▶ 인센티브 : 하도급직권 및 서면조사 면제(1~2년), 표창
재협약	▶ 평가이후 미흡한 점 등을 보완하여 재협약 체결 [기간연장 및 1개월 이내 재협약시 가점(2점) 부여] ▶ 재협약에 대해서도 신규 협약과 동일한 절차 적용

다. 4대 가이드라인 및 표준 하도급계약서 사용

1) 자율적 공정거래 준수 시스템 구축

4대 가이드라인을 도입·운용하며 표준하도급계약서를 사용한다.

14) 공정거래위원회, 「공정거래 및 동반성장 협약절차기준」 대폭 개정, 2012.1.5. 보도자료

표2-7. 4대 가이드라인

구분	내용
A. 바람직한 계약체결 가이드라인	▶ 계약 이전단계 : 대기업의 계약체결 인프라 구축 ㅇ 계약체결방식 마련(수의, 일반경쟁, 제한경쟁 계약 등) ㅇ 거래희망 중소기업 제안제도 구비 등 ▶ 계약 단계 : 중소 협력사의 자기결정권이 보장되는 계약체결 ㅇ 서면계약서 교부 및 합리적인 산정방식에 의한 단가 결정 ㅇ 납품단가 조정협의 기준 및 절차 마련 ㅇ 법령의 범위내에서 최적의 결제조건 결정 ㅇ 기타 관련 법령위반 조항 설정 금지 ▶ 계약이행 단계 : 계약서 및 관련 법령에 충실한 계약이행 ㅇ 원자재가격 · 환율변동 등에 따른 납품단가 조정 실행 ㅇ 단가인하시 충분한 사전협의를 통한 합의 및 서면교부 ㅇ 기타 관련 법령의 성실한 준수 등
B. 협력업체 선정 · 운용 가이드라인	▶ 건실하고 유망한 중소기업의 진입장벽 해소를 위해 대기업의 협력사 선정 기준과 절차를 투명하고 공정하게 운용 ㅇ 협력사 선정 · 운용기준 및 절차의 객관화 및 투명화(공개) ㅇ 협력업체 선정 · 등록결과의 통지 ㅇ 등록된 협력사에 공평한 거래개시 기회 부여 등
C. 내부심의회 설치운용 가이드라인	▶ 대기업이 자체적으로 불공정거래 감시기구를 설치 · 운용함으로써 법위반행위의 사전예방 ㅇ 하도급(구매담당) 관련 임원을 포함한 3인이상으로 구성 ㅇ 일정규모 이상의 계약내용, 단가조정 등에 대해 심의(월1회 이상)
D. 서면발급 및 보존 가이드라인	▶ 하도급법상 발급대상 서면 및 보존대상 서면을 명시함으로써 구두발주 관행 근절 ㅇ 발급대상 서면 7개(하도급계약서, 하도급계약 확인서면, 목적물 등 수령증명서, 검사결과 통지서, 감액서면, 기술자료 제공요구서, 계약변경 내역 통지서) ㅇ 보존대상 서면 14(위 7개 서면외에 납품단가 조정서류, 설계변경에 다른 조정서류 등 7개)

5. 대 · 중소기업협력재단

대 · 중소기업간 기술, 인력, 판로 등 협력사업을 추진하고 우수 협력모델의 발굴을 통해 동반성장 문화를 확산하여 공정거래관계 조성을 지원하기 위하여 **대 · 중소기업협력재단**이 설치되었으며, 원가절감형 공동사업, 성과공유제 등의 사업을 주관하고 있다.

가. 원가절감형 공동사업

사업목적은 대기업의 협력사에 대한 납품단가 인하 요구 등 불공정한 거래관행을 지양하고, 지속적인 혁신활동을 통해 글로벌 가격경쟁력을 확보하는 것이다.

- **지원규모**
  과제당 최대 5천만원(자부담금은 대 · 중소기업 분담)
- **지원대상**
  대기업과 협력사가 공동으로 컨소시엄을 구성하여 단기간내에 완료 가능한 원가절감 과제
- **지원내용**
  설계 · 디자인 개선, 부품구조변경, 재료변경, 시작품 제작 등 원가절감형 과제

나. 성과공유제

성과공유제란 대 · 중소기업 상생협력 촉진에 관한 법 제8조에 따른 수탁기업이 원가절감 등 수탁 · 위탁 기업 간에 합의한 공동목표를 달성할 수 있도록 위탁기업이 지원하고 그 성과를 수탁 · 위탁 기업이 공유하는 계약 모델이다.

사업목적은 대기업과 중소기업이 동반성장하는 시장질서 확립과 성과공유제 확산을 통한 중 · 장기적파트너십 구축에 있다. 대 · 중소기업간 공정한 협력관계를 구축하여 전략적 파트너십 형성 및 기업네트워크를 강화한다(대기업의 일방적 납품단가 인하요구 완화). Supply Chain(대기업+중소협력업체)의 경쟁력 향상으로 글로벌 경쟁력 확

보 및 양극화를 해소한다.

- 대기업과 중소기업 및 1차(중견기업 포함)와 2 · 3차 협력기업 간 공정한 성과배분 문화 정착을 통한 동반성장 문화 조성
- 수 · 위탁기업간 사전 약속된 공동혁신활동을 통해 성과를 도출하고, 이를 사전에 합의한 방법으로 공유하는 제도
- 협력활동의 목표합의, 사전 계약체결, 성과공유 등 세가지 요건을 충족 시 모두 성과공유제에 포함

성과공유제의 유형 예시

(협력활동의 형태) 품질개선, 생산성향상, 경영혁신, 원가 절감, 인력양성, 부품국산화, 신기술 · 공정 · 제품 개발, 공동마케팅, 해외사업 공동수주 등
(성과공유의 방법) 현금보상, 단가보상, 장기계약, 물량확대, 공동특허, 판매수입공유, 공동마케팅 · 판로지원 등

• 성과공유제 시행효과

기업 간 공동노력과 사전계약을 통해 성과를 공정하게 배분하여 공정거래문화 정착에 기여

- 시장친화적으로 부당단가 근절을 위한 사전 수단으로 유용

표2-8. 성과공유제 시행계획서

구분	세부내용	예산	예상과제건수	수탁기관
원가절감 과제	ㅇ(과제목표) … ㅇ(과제수행방법) 대기업, 중소기업 역할 등 ㅇ(성과공유방식) 현금보상, 공동특허, 판매수입 공유 등등			
국산화 개발 과제				
신기술 개발 과제				
정부 R&D 과제				
기술이전 과제				
판로공동개척 과제				
기타 과제				
…				
합계				

(자료 : 대 · 중소기업 협력재단)

다. 대 · 중소기업 동반성장 투자재원

동반성장 투자재원 관리 · 운영을 통해 협력중소기업의 연구, 인력개발, 생산성향상, 해외시장 진출 등 경쟁력 제고방안에 출연하는 경우 「조세특례제한법」 제8조의3에 따른 세액 공제 및 「법인세법」 제24조에 따른 지정기부금으로 인정된다.

대 · 중소기업협력재단은 「법인세법 시행령」 제36조에 따른 지정기부금 단체로서, 해당 출연금은 지정기부금으로 손금 인정된다. 동반성장위원회에서 공표하는 「동반성장지수」 산정 시 가점이 부여된다.

운영사례

신기술 개발 공모제(삼성전자)
성과 공유제(포스코그룹사, 두산 건설 등 17개 기업)
산업 혁신 운동 3.0(현대모비스, 두산 중공업 등 53개 기업)
민 · 관공동 투자 기술 개발 사업(한국전력공사, 삼성전기 등 38개 기업)
생산성 혁신 파트너십(LG전자, 한국 동서발전 등 12개 기업)
협력 중소기업 채용박람회(현대 · 기아차)
시카고 공작기계 박람회 참관(현대위아)
해외 모바일 박람회(KT)
협력 중소기업, 직무 교육(롯데건설, 현대로템 등 4개 기업)
기술자료 임치제도 활용(삼성 엔지니어링)

라. 상생대출, 상생보증

정책금융기관은 대기업이 예치(또는출연, 출자)한 재원으로 상생협력 대출, **상생보증** 등 동반 성장 프로그램을 운영한다[15].

대기업이 정책금융기관과 동반성장 프로그램 협약서를 체결한 후 자금을 예치(출연, 출자)한다. 금융기관은 대기업이 추천하는 협력 중소기업에 자금을 지원하며 대기업 별로 자금지원 실적이 평가된다(공정거래위원회, 동반성장위원회).

표2-9. 상생대출과 상생보증 프로그램

지원 프로그램	관련기관	지원방식 및 실적
상생협력대출	산은기은	• (지원방식)대기업이 은행에 저리 또는 무이자로 예금 → 동 예치금으로 협력 중소기업에 저리 대출 • (실적)대기업(48개)으로부터 1.0조원을 예치하여 3,301개 중소기업에 2.4조원 대출 * 금리감면율: 0.6~2.25%p
상생보증지원	신보기보	• (지원방식)대기업 및 은행의 신기보 출연 → 협력 중소기업에 보증 지원 • (실적)대기업 및 은행이 967억원을 출연하여 850개 중소기업에 5,144억 원 대출
동반성장투자	정책 금융공사	• (지원방식) 정책금융공사, 대기업이 출자하여 펀드 조성 → 출자 대기업의 협력업체에 투자 • (실적)2개펀드(3천억원) 조성하여 53억원 집행

(자료 : 금융위원회(2012))

금융위원회는 2012년 대기업만이 지원대상 중소기업을 추천할 수 있어 정책금융기관 차원에서 중소기업 발굴 노력이 부족하며, 이로 인해 동반성장 자금의 집행률, 대기업과 직접 거래하지 않는 2차 이

15) 금융위원회, 창업 · 중소기업 금융 환경 혁신을 위한「정책금융지원의 다양화 방안」. 2012.4.19

하 협력업체 지원 실적이 미흡하다고 평가하였다. 상생협력 대출의 경우, 대다수 대기업이 1년 만기 자금을 예치함에 따라 단기 운영자금 위주로 지원되어 중소기업의 다양한 자금 수요를 충족시키지 못하는 상황이었다. 이에 대기업뿐만 아니라 정책금융기관도 중소기업을 발굴 · 추천할 수 있도록 동반성장 프로그램 협약서 개정을 추진한다.

※ 추천경로 : (현행) 대기업 추천 → (개선) 대기업 및 정책금융기관 추천정책금융기관을 통해 2차 이하 협력중소기업 발굴 및 추천을 활성화한다.
- 중소기업의대출(보증)신청 → 정책금융기관의 대출(보증)심사 → 동반성장자금을 예치(출연)한 대기업의 2차 이하 협력업체인 경우 동반성장 프로그램 지원 대상으로 추천한다.
- 2차 이하 협력업체 지원이 가능하도록 펀드규약을 개정하며, 대기업의 자금 예치 기간 연장을 유도하여 단기 운영자금 외에 장기운영 자금, 시설자금, R&D 자금 등도 지원한다.

마. 창조경제혁신센터에 대기업 참여

2014년 10월 30일 정부는 제1차 '**창조경제혁신센터** 운영위원회'를 개최하여 '창조경제혁신센터 운영방안', '대구 창조경제혁신센터 운영방안(대구시, 대구창조경제혁신센터, 삼성전자)'을 논의하였다.

'창조경제혁신센터 운영위원회'는 민간 · 정부 · 지자체의 역량 결집을 위해 정부관계자, 창조경제혁신센터 연계기업 임원과 필요 시 지자체장, 창조경제혁신센터장 등이 참여하여, 지역 · 현장 밀착형 과제 해결에 중점을 두고 운영된다.

정부는 '창조경제혁신센터 운영방안'을 통해 지역의 창조경제 생태계 구축을 위해 전국 17개 시 · 도에 설립을 추진하고 있는 창조경제혁신센터의 비전과 운영 모델을 제시하였다.

창조경제혁신센터는 지역의 산업, 인적자원, 지리적 특성 등에 따라 최대한 자율적으로 운영되며, 정부는 지역과 기업의 역량을 최대한 끌어내기 위한 정책적 · 재정적 지원과 제도 마련 등에 집중하게 된다. 지역의 혁신적인 아이디어를 빠른 시간에 사업화하고, 중소 · 중견기업을 효율적으로 지원하기 위해 창조경제혁신센터를 중심으로 지역 지원기관들의 기능과 사업이 연계되어 지원된다.

창조경제혁신센터의 심사를 거쳐 선정된 예비창업자 기업에게는 가장 적합한 지역지원기관을 멘토로 지정하고, 지원기관들의 지원사업을 패키지화하여 패스트 트랙(Fast Track)으로 지원한다. 창조경제혁신센터는 대기업의 강점을 적극 활용하고, 창조경제 생태계 조성에 참여하는 대기업에게는 대 · 중 · 소기업 동반성장 노력에 준하는 수준의 인센티브가 제공된다.

창조경제혁신센터는 전담 대기업의 역량을 활용하여 지역의 창업지원, 중소 · 중견기업 육성을 지원하고, 대기업은 혁신센터에서 발굴한 사업모델에 대해 상품개발, 판로확보, 해외시장 진출까지 지원하여 지역의 벤처 · 중소기업이 글로벌 전문기업으로 성장할 수 있도록 지원한다.

2014년 9월 확대 출범한 대구창조경제혁신센터는 창조경제 혁신센터와 대기업 간 연계의 첫 사례이다.

정부는 대기업의 참여 활성화를 위해 '대 · 중 · 소기업협력재단' 출연금 세액공제제도를 활용하여 대기업의 창조경제혁신센터를 통한 창업 · 벤처 인력양성 지원에 대해 세액공제 등의 혜택을 제공하고, 창조경제혁신센터를 통한 벤처 · 중소기업 지원을 동반성장 노력으로 간주하여 동반성장지수 평가에 반영하는 등의 구체적인 인센티브 제공 방안을 검토 · 추진하기로 하였다.

바. 대 · 중소기업 동반성장형 FTA 활용

2013년 6월 27 제133차 대외경제장관회의「중소기업의 FTA 활용촉진을 위한 종합대책」에서는 FTA활용 동반성장을 위하여 대기업에게 1차 협력사에 대한 원산지 관리 지원을 권장하고 2 · 3차 협력사도 지원토록 유도한다[16).]

업종별 협 · 단체 등을 중심으로 원산지확인 우수협력기업을 지정하여 민간자율의 원산지관리 협력체계 구축 유도하며, 수출기업의 과도한 정보제공요구에 대응할 수 있도록 제3자 확인제도*를 시범 도입하였다.

* 원산지확인서 제3자 확인제도 : 확인기관에서 원산지확인서의 세부자료를 검토해 사실여부를 확인해 줌으로써 원청기업의 과도한 정보요구 방지

○ 향후 FTA 제3자 확인제도 시범사업 추진성과를 평가하고 실효성 제고방안(시범사업 대상 업종 · 지역 확대방안, 법제도화 방안 등) 검토

그림2-10. 제3자 확인제도 개념도

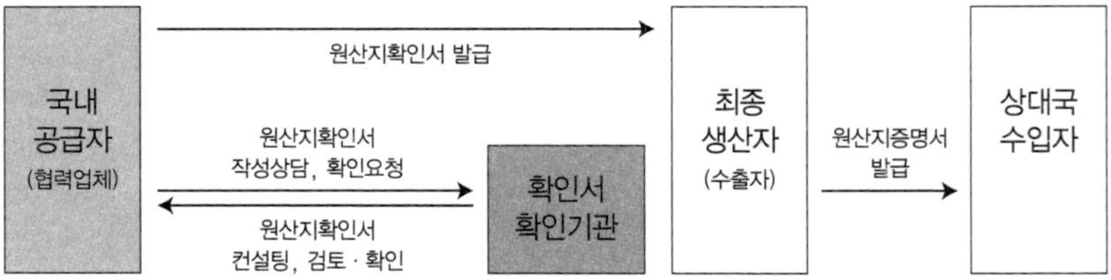

16) 산업통상자원부「중소기업의 FTA 활용촉진을 위한 종합대책」2013년 6월 27 보도자료.

제3절 한국형 히든챔피언 육성

정부는 경제혁신 3개년 계획의 핵심과제 중 하나로서 한국형 히든챔피언 육성대책을 2014년 경제관계장관회의를 통해 확정하였다.

1. 독일의 히든챔피언

독일은 '09년 글로벌 위기 이후 수출 호조 등에 힘입어 고성장 · 저실업 상태를 구가하여, 세계경제의 '우등생'으로 부상하였다.

글로벌 금융위기 직후 독일의 경제성장률은 4.0%로 미국(2.5%), 영국(1.7%), 프랑스(1.7%) 등의 선진국을 압도('10년 기준)하였다. 독일 경제 회복을 주도한 주체는 히든챔피언[17] 중심의 중소 · 중견기업이다.

※ H. Simon의 히든챔피언 선정기준 :

- 세계시장 점유율 1~3위 또는 소속대륙 시장점유율 1위
- 매출액은 50억유로 이하
- 대중인지도가 낮아야 함

17) 독일의 중소기업, 즉 미텔슈탄트(mittelstand)는 독일경제에 미치는 영향이 구조적으로 한국과 같이 "구구팔팔(9988)"이지만, 한국이 R&D재원의 상당부분을 대기업에 지원하는 반면 독일은 거의 중소기업에만 지원한다. 2012년 기준 글로벌 히든챔피언 2,734개 기업 중 1,307개 기업이 독일 중소기업이지만, 미국, 일본은 각각 336개, 220개이고 한국은 23개에 불과하다. 이러한 독일 중소기업의 강점의 원천에 대하여 독일 만하임대학교 경영대학 빈프리트 베버(Winfried Weber)교수는 ①**인간중심 경영**, ②**틈새시장 장악**, ③**앞선 기술력**, ④**가족기업** 등 네 가지로 요약한다.

독일 히든챔피언의 경쟁력 요인은 전문화된 틈새시장(Niche Market)을 개척하여 세계적 기술력을 축적하고, 사업 초기부터 해외시장에 적극 진출하는데 있다. 히든챔피언의 74% 이상이 창업단계부터 글로벌화 전략을 추진하였다.

독일은 '이원적 직업훈련(Dual system)' 및 '마이스터 제도' 등을 통해, 숙련된 전문인력을 꾸준히 공급하는 구조를 확립하였다. 고등학생의 60%가 일 · 학습 병행훈련을 받고, 졸업후 58%가 바로 취업한다.

히든챔피언은 대부분 가족기업*이 대부분으로서, 장기적 관점의 내실 경영을 지향하고, 지역은행과 신뢰에 기반한 관계형 기술금융 체계를 구축하였다. 가족기업은 독일 기업의 95%를 차지하고, 기업수명은 평균 85년 내외이다.

독일 중소 · 중견기업들은 지역별로 산학연 클러스터를 형성하여, 기업 상호간 협력 및 기술표준화 등 공통적 문제를 해결한다. 2013년 현재 독일 전역에 327개의 산업클러스터가 왕성하게 활동 중이다.

2. 한 · 대만 중소기업 비교

전통적으로 대만은 중소기업 중심 경제이고 한국은 대기업 중심이며, 대만은 기업 간의 관계가 수평적이고 협력적(open system)인 반면 한국은 수직적이며 폐쇄적(closed system)이라고 알려졌다. 대만의 분산적 공업화(decentralized industrialization)는 생산과정 한 단계마다 전문성을 지닌 수많은 중소기업들이 협업하는 구조이다. 따라서 대만 중소기업은 다품종 소량생산체제를 가진 반면 한국 중소기업은 소품종 대량생산체제를 가지고 있어 경쟁도가 높다[18].

대만에서는 대기업이 생필품과 원부자재 산업을 담당하고 중소기업은 해외시장을 겨냥하여 발전한 특징이 있다. 따라서 중소기업이 대기업과 수직적으로 연결된 생산시스템을 구축한 것이 아니고, 주문자생산 방식으로 해외시장과 연계하여 발전하였다. 그러나 기업의 중국본토 이전에 따라 산업공동화, 임금 상승률 정체에 따른 빈부격차 확대, 창업 부진 등의 문제가 제기되고 있다.

2000년 중국의 WTO가입 이후 중국이 세계의 공장으로 부상하면서, 한국, 일본, 대만으로부터 부품과 소재를 수입하는 3각 무역이 자리잡았다. 대만의 고속성장을 견인했던 중소기업들은 국제 하청업자로서 직접 수출하여 해외 생산 네트워크에 참여할 능력을 가졌다. 그러나, 이들은 독일과 이탈리아의 강소기업 모델과 달리, 중국에 유사한 기업생태계가 조성될 경우 쉽게 이동해 갈 수 있었다.

대만의 대륙 투자는 2010년 대만 - 중국 경제협력협정(ECFA) 체결 이후 크게 증가하였다. 중국이 대만기업을 내국인과 동일하게 대우하였고, 일정 규모 이상의 대만 기업이 모두 중국에 진출함에 따라 대만의 기업생태계가 중국에 통합되었다. 대만의 Lin Thung Hong박사는 대만 기업의 중국 이전에 따라 대만 국내는 임금 상승이 억제되고 대만 기업의 규모와 수익성은 커졌지만, 대신 재정적자와 정부의 경제 주도력은 약해졌다고 보고하였다. 한국과 대만의 GDP가 유사하지만, 대만의 임금근로자 급여 수준은 한국의 절반 이하로 알려진다.

반면에 한국은 소수 글로벌 대기업이 경제를 주도하면서 다수의 중소기업의 생태 기반을 만들어 주는 역할이 기업생태계의 핵심 현안이 되었다.

18) 이수행 한국과 대만의 기업생태계 비교연구 경기연구원 정책연구 2013-55

2010년 중국과 대만이 ECFA경제협력 기본협정을 체결할 때 **차이완**(Chiwan)에 대한 우려가 대두하였다. 세계적인 컨설턴트 오마에 겐이치는 2015년 1월 한국 언론과 인터뷰에서 중국의 IT기업이 강한 것은 대만 덕분이라고 말했다. 그는 "중국의 경쟁력이 높아지면서 한국의 스마트폰 등 IT 산업이 어려움을 겪고 있는 것처럼 보이지만 실제로는 중국이 아니라 대만의 영향력을 무시했기 때문"이라고 지적했다. 그는 "한국에 위협이 되는 것은 중국이 아니라 중국과 대만이 결합한 차이완"이라고 말했다. 2015년 한국은행의 연구에 의하면 한중일 삼국의 상호관계에서 한국이 중/일에 비해서 불리한 상호의존성을 가지고 있음이 드러났다. 결국 중국과 일본의 수출 증가로 인한 한국의 부가가치 증가보다는, 한국의 수출 증가에 따른 중국과 일본의 부가가치 증가가 상대적으로 크다는 의미이며, 한국 측이 부가가치가 높은 상품에 대한 수출을 늘려야 할 필요성이 확인되었다[19).

대만이 더 이상 중소기업 중심의 경제는 아니지만, 한국의 창조경제가 중소기업 육성 정책에 연결된다는 점에서 중소기업 위주의 고속성장을 경험한 대만 식의 '수평적이고 협력적인 생산분업'체제는 한국의 기업생태계에 시사하는 바가 크다.

3. 한국형 **히든챔피언** 목표

대기업 주도의 '산업경제'로부터 중소 · 중견기업 중심의 '창조경제'로의 혁신은 한국경제의 百年大計를 위한 시대적 사명이다.

19) 한국은행, 한 · 중 · 일 교역에 함유된 부가가치 사슬과 상호의존성에 관한 연구, 국민계정리뷰 2015. 3. 5

우리 중소 · 중견기업들이 "글로벌 히든챔피언"으로 거듭날 수 있도록, 균형적 · 누적적 혁신을 뒷받침하는 정책 처방이 시급하므로, 정부는 2014년 10월 30일 개최된 제35차 경제관계장관회의에서 '한국형 히든챔피언 육성 대책'을 발표하고, 히든챔피언 육성을 위한 정책 · 제도의 '선택과 집중'을 통한, 유망 중소 · 중견기업의 글로벌 핵심역량 제고방안을 마련하였다[20].

이번 대책은 히든챔피언으로 불리는 글로벌 경쟁력을 갖춘 중소 · 중견기업이 경제성장과 일자리 창출의 중추역할을 담당할 수 있도록 다양한 지원 기반을 마련하는 것으로, 기업 규모에 기초한 "중소 → 중견 → 대기업"이라는 기업성장 패러다임에서 벗어나 "글로벌 경쟁력"이라는 질적 지표를 통해 히든챔피언을 중소 · 중견기업의 바람직한 성장 롤 모델로 제시하고, 제조업 혁신 3.0 전략의 일환으로 정부 및 정책금융기관들이 개별적으로 시행하고 있는 히든챔피언 지원시책들을 통합적으로 연계 · 조정하여 지원의 효율성을 제고하는데 중점을 두고 있다.

가. 국내 히든챔피언의 취약 원인

우리나라는 상대적으로 짧은 산업화 과정에서, 기업 핵심역량의 체계적 축적이 부족하고 정부의 정책적 뒷받침도 미흡하다.

1) 뒤늦은 산업화로 인한 짧은 근대기업 역사

약 200년에 걸친 산업화 역사를 가진 독일과 달리, 국내 중소 · 중견기업은 불과 반세기 만에 압축적 성장을 경험하였다.

20) 관계부처 합동, '한국형 히든챔피언 육성 대책' 2014. 10. 30. 제35차 경제관계장관회의

2) 중소 · 중견기업 내부에 축적된 핵심역량 일천

중소 · 중견기업은 직업교육과 기술인 경시 풍조, 대기업과의 근무 여건 격차 등으로 인해, 우수 인재 유치가 어렵다. 선진국 대비 75% 수준에서 정체되어 있는 중소기업 기술 수준 등 자체적인 글로벌화 역량도 부족한 실정이다.

3) 정책 목표 혼선 및 육성 · 지원 체계의 비효율

정부 · 정책금융기관 등이 유사한 시책을 앞다퉈 도입했지만, 통합적 컨트롤타워가 부재하여 시책 간 연계 · 조정이 부족하다. 2014년 현재 정부, 공공기관 등 10개 기관에서 12개 지원사업을 시행 중이다.

4) 기업생태계 전반에 걸쳐 구조적 문제점 상존

기업생태계란 생산자, 경쟁자, 소비자 등 이해관계자가 상호 작용하는 조직과 개인에 기반을 둔 경제공동체를 의미한다. 국가혁신체계를 구성하는 산학연 간의 유기적 협력이 미흡하고, 소수대기업 의존적 구조로 인해 외부 충격에 취약하다. 예컨대 2013년에 국내 매출액 상위 10대 기업 중 삼성전자가 매출액 35%, 영업이익63%를 차지하였다.

나. 한국형의 히든챔피언 기준

◎ **세계시장지배력** : "세계시장점유율1위~3위"(HSK 10단위)

HS Code는 세계관세기구(WCO)에서 제정한 HS 협약에 따른 6단위의 국제공통품목분류체계로서, 우리나라는 이를 세분화한 10단위 HSK 를 사용한다.

◎ **중간규모 기업군** : 일정 규모 이상의 "중소 · 중견기업"

Hidden(독일의 경우, 잘 알려지지 않은, 매출50억 유로 이하)이라는 개념을 고려하여, 중소기업기본법 및 중견기업법에 따른 중소 · 중견기업에 한정한다.

다만, 지나친 시장 세분화에 의한 영세기업의 히든챔피언 편입 방지를 위해, 최저 매출(1백억원 이상) 요건을 추가 설정하였다.

◎ **집중적 연구개발** : 매출액 대비 R&D 비중 "2% 이상" (3년 평균)

◎ **글로벌화 지향성** : 매출액 대비 수출 비중 "20% 이상"(3년 평균)

히든챔피언의 핵심 역량을 '연구개발' 과 '글로벌화'로 판단하고, 그 하한선을 독일 히든챔피언 평균의1/3 수준으로 설정하였다.

* 獨히든챔피언(평균) : 매출액대비 R&D 투자 비중 6.0%, 수출 비중 62%

◎ **인재육성 친화도** : 매출액 대비 인건비 비중 "업종 평균 이상"

기술 · 수출 등 히든챔피언 핵심역량의 공통 분모인 우수한 인재에게 양질의 일자리를 제공하는 척도로서 임금수준과 기업 인적 자원개발 체계, 근로복지 수준 등의 정성적 측면도 종합적으로 고려한다.

◎ **독자적 성장기반** : 국내 특정 대기업 납품 비중 "50% 미만"

주력제품(또는 서비스)의 납품 구조가 특정한 대기업에 종속되어 있는 경우에는, 한국형 히든챔피언에서 제외한다.

다. 「히든챔피언 육성 · 지원 협의체」 가동

한국형 히든챔피언 육성 · 지원과 관련되는 정부부처(6)와 유관기관(7), 업계 대표 단체(4)등이 참여한다

그림2-11. 히든챔피언 육성 · 지원협의체 구성

정부(6)	중기청, 산업부, 미래부, 고용부, 교육부, 금융위
유관기관(7)	수출입은행, 무역보험공사, 대한무역투자진흥공사, 중소기업진흥공단, 산업은행, 한국거래소, 산업기술진흥원
업계(4)	무역협회, 대한상의, 중소기업중앙회, 중견기업연합회

제4절 기술 지원정책

1. 정부연구개발 투자

가. 중소 · 중견기업 기술역량강화

급속한 산업화 과정에서 일부 대기업은 글로벌 기업으로 성장하였으나 대 · 중소기업간 교량역할을 하는 중견기업은 성장한계에 봉착해 있다. 또한, 중소벤처기업은 우수 인재의 확보, 자금조달의 어려움 등으로 사업화에 많은 애로를 겪고 있다.따라서 이러한 문제를 해결하기 위해서는 기업의 혁신역량 강화를 위한 제반의 조치들이 강구되어야 할 것으로 보인다.

우선, 일부 대기업에 집중되어 있는 연구개발 구조를 모든 기업군으로 확산할 필요가 있다.

특히, 중견기업군의 기술집약도를 획기적으로 높일 수 있는 대책이 시급히 필요하다.과거 중견기업은 2004년 이후 성장률이 급속히 하락하는 등 한계에 직면해 있다. 따라서 문제의 해결을 위해서는 핵심원천기술의 확보 등 신성장동력 창출노력이 강화되어야 하며, 연구개발투자를 크게 확대할 필요가 있다. 그래서 대기업 전속구조와 내수시장을 탈피하여 글로벌 기업으로 성장할 수 있도록 해야 한다.

그림2-12. 지식경제부 산업기술개발 프로그램 현황

<table>
<tr><td rowspan="2">신시장 창출</td><td>미래산업
선도기술개발</td><td>글로벌
전문기술개발</td><td>공공기술개발</td><td rowspan="4">특수
목적
(부품
소재)</td></tr>
<tr><td colspan="3">사업화 연계 기술계발</td></tr>
<tr><td>산업융합원천
기술확보</td><td colspan="3">산업 융합원천기술개발</td></tr>
<tr><td>R&D 혁신
역량 확충</td><td>출연연 등 기관지원</td><td>인프라 조정</td><td>지역발전</td></tr>
</table>

(자료 : 박진국, 여인국 산업기술정책 현황과 전망, 한국행정학회 2011. No.6)

미래창조과학부의 「2015년도 정부연구개발 투자방향 및 기준」에서는 **벤처 · 창업 촉진 및 중소 · 중견기업 기술역량강화 대책**을 마련하였다.

일자리 창출 효과가 큰 벤처 · 창업 촉진 및 R&D 성과에 기반한 공공기술의 신기술 창업 활성화를 지원하고, 중소 · 중견기업이 글로벌 기술혁신형 전문기업으로 도약하기 위한 기술혁신역량 향상을 지원하여 히든챔피언으로 육성하기 위함이다.

- 정부R&D 중 중소 · 중견기업 지원 비중 목표 조기달성 ('16년까지 18%)
- 출연(연)의 출연금 중 일정비율(5~15%)을 중소기업 기술개발 · 사업화에 지원
- 대기업의 자기부담률 확대를 통해 대기업 지원비중 축소

미래창조과학부는 기업에서 필요로 하는 정부 R&D 지원제도에 대한 정보를 종합적으로 제공하는 「**한눈에 찾아보는 R&D 지원제도 핸드북**」을 2015년 초 발간하였다.

핸드북에는 기업 규모(중소, 중견, 대기업)에 관계없이 손쉽게 활용할 수 있도록 미래부, 산업부, 중기청 등 19개 관계부처의 122개 R&D 지원제도가 수록되어 있다.

핸드북은 기업 연구개발 활동에 큰 도움이 되는 조세, 금융, 출연, 인력, 기술, 인증, 구매지원 총 7개 분야의 핵심 정책정보에 대해 '관련부처, 지원대상, 신청시기' 등을 한눈에 활용할 수 있도록 제작되었다.

표2-10. 한눈에 찾아보는 R&D 지원제도 핸드북 개요

구분		내용
1. 조세지원		• 연구 · 인력개발 세액공제 등 9개 제도
2. 금융지원	투 · 융자	• 창업기업지원자금 등 10개 사업
	보증	• 기술보증기금/신용보증기금
	기타	• 혁신형 중소기업 기술금융 등 3개 사업
	미래부	• 바이오 · 의료기술개발사업 등 11개 사업
	산업부	• 우수기술연구센터사업 등 19개 사업
3. 출연지원	중기청	• World Class 300프로젝트 등 14개 사업
	기타	• 국토교통부 등 기타부처 8개 사업
4. 인력지원		• 전문연구요원제도 등 14개 사업
5. 기술지원		• 산학연협력 클러스터 지원사업 등 15개 사업
6. 인증지원	기업인증	• 기업연구소 설립 신고 · 인정제도 등 3개 제도
	기술제품인증	• 신기술(NET)인증 등 4개 제도
	시상	• IR52장영실상 등 5개 시상사업
7. 구매지원		• 중소기업 기술개발제품 우선구매제도 등 5개 제도
TIP Info 기술혁신지원시스템		• 도움되는 사이트(기술정보, 각 사업별 정보제공 등)

특히, 글로벌 시장 진출을 위한 인증, 구매 지원제도는 사업 측면에서도 활용도가 높을 것으로 기대된다.

2015년 발간된 핸드북을 좀 더 손쉽게 사용할 수 있도록 스마트폰

을 이용하여 모바일앱(R&D 지원제도 핸드북)과 연동되도록 하였다.

아울러 온라인 상에서도 안내책자를 활용할 수 있도록 한국산업기술진흥협회 홈페이지(www.koita.or.kr)등을 통해 PDF파일 형태 및 이북(E-BOOK)으로도 이용할 수 있다.

나. 히든챔피언 육성 전용 R&D 프로그램

월드클래스 300, 강소기업, 이노비즈, 혁신형 중소기업 등의 프로그램은 모두 기술혁신 역량을 최우선적으로 고려해 왔으며, 히든챔피언 육성에서도 전용 R&D프로그램이 마련된다.

◎ 글로벌성장단계별 '전용R&D 프로그램' 매칭('15. 2. 중기청)
글로벌 도약단계 → 글로벌 강소기업R&D
글로벌 성장단계 → 월드클래스 300 R&D

특히, '글로벌 강소기업 R&D'를 히든챔피언 후보기업 육성형으로 전환하여, 맞춤형 기술개발 서비스를 제공한다. 각 단계별 지원 내용(R&D기간 · 한도 등)을 차별화한다('15. 2. 중기청)

글로벌 도약 R&D는 개발기간 2년 이내의 단기상용화에 집중하고, 총 개발비의 60% 이내에서 최대 10억원까지 지원한다.

글로벌 성장 R&D는 중장기 핵심기술 개발을 통하여, 압도적 경쟁력 확보를 위한 마중물을 제공한다(총 개발비의 50% 이내, 최대 75억원)

표2-11. 히든챔피언 육성 전용 R&D 지원체계

구분		글로벌도약단계 (글로벌강소기업R&D)	글로벌성장단계 (월드클래스300 R&D)
지원체계	R&D성격	• 단기상용화및제품혁신	• 중장기핵심기술확보
	개발기간	• 2년이내(0.5년+ 1~1.5년)	• 5년이내(1년+ 3~4년)
	지원조건	• 총개발비의 60% 이내에서, 최대 10억원까지 지원	• 총개발비의 50% 이내에서, 최대 75억원까지 지원

(자료 : 정부관계부처 행동 보도자료)

2. 기술은행 및 기술사업화 협의체

산업통상자원부는 『**기술의 이전 및 사업화 촉진에 관한 법률** §5』에 따라 관계중앙행정기관으로부터 통보 받은 계획을 종합하여 3년마다 기술이전 및 사업화 계획을 수립한다. 이 법은 공공연구기관에서 개발된 기술이 민간부문으로 이전되어 사업화되는 것을 촉진하고, 민간부문에서 개발된 기술이 원활히 거래되고 사업화될 수 있도록 관련 시책을 수립 · 추진함으로써 산업 전반의 기술경쟁력을 강화하여 국가경제의 발전에 이바지함을 목적으로 한다(제1조).

가. 기술은행

2014년 4월 제5차 기술이전 및 사업화 촉진계획에서 **기술은행**을 도입하여 2014년 12월 운영이 개시되었다. (www.ntb.or.kr)

기술은행은 국가기술사업화정보망(NTB)의 한 섹터로 잠재력이 있는 기술을 풀로 구축하고, 테크노파크(TP)등의 지원조직을 활용하여 창업 · 벤처기업 등에 기술이전 · 사업화를 지원하는 종합시스템이다. 대기업 · 공공硏 등의 잠재력 있는 기술을 Pool로 구축하고, 수요자(창업 · 벤처 · 중소기업)에게 이전하여, 기술개발 및 상용화를 지원한다.

산업부, 중기청, 미래부 등 관계부처의 기존 창업 · 사업화 지원사업과 연계된다.

그림2-13. 기술은행 운영 구조도

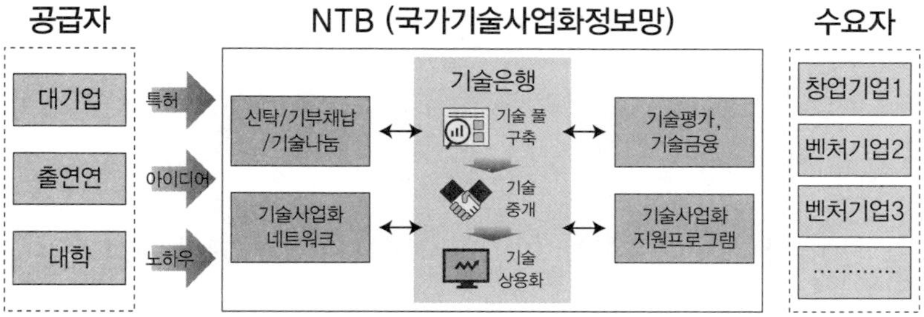

- 기술이전사업화정보망 (NTB)을 기업 중심으로 개편 ('14. 下)
- 新성장동력 펀드 회수금 등을 활용해 1.5조원 규모의 산업기술금융 펀드 로드맵 ('14~'21) 마련
- 年 1,000~1,500억원 규모의 사업화 기금신설 추진 ('14) 및 기술중개수수료 가이드라인 제정 ('14. 上) 등 기술중개기관의 수익을 보장하고 기술거래 확산 도모

나. 기술사업화 협의체

각 부처별 사업화지원기관 간 네트워크를 구축하여 국내 기업에 대한 기술이전 · 사업화 통합 지원서비스 제공을 위하여, 기술이전촉진법에 따른 '관계중앙행정기관'(미래부, 농림부, 해수부, 국토부, 환경

부, 보건부, 방사청 등)의 사업화 전담기관 및 유관기관으로 기술사업화 협의체를 구성하였다.

협의체는 사업화 애로 발굴, 및 NTB, 기술은행, 기술설명회, 투자상담회, 사업화전담은행 등 기타 사업화 지원책을 수행하며, KIAT를 사무국으로, 에너지, 농림식품, 국토교통, 해양, 환경, 국방, 보건의 개 산업분야별 간사기관을 지정하여 연중 상시 운영한다.

3. 산학협력

가. **산학협력단**

산학협력은 당사자인 중소기업에 대학이 보유한 최신 지식과 우수한 연구인력, 첨단 실험장비를 활용하게 함으로써 연구개발의 위험과 비용을 축소시키는 한편, 개발기간을 단축하고 개발가능성을 제고시켜 준다.

반면, 대학은 연구재원의 확보, 교육 · 연구의 질적 수준향상, 취업기회의 확대, 지역발전의 기여 등과 같은 긍정적 효과를 얻는다.

또한, 지역 및 국민경제 차원에서도 산학협력의 활성화는 해당 지역과 국가의 자생적 발전역량을 제고시켜 지속 가능한 안정적 성장의 초석이 된다.

세계적인 국가경쟁력 분석기관인 IMD에 따르면, 우리나라의 R&D 투자 규모는 2006년 61개국 가운데 6위로 상위에 랭크 되어 있으나 산학협력의 순위는 40위에 그쳤다.

◎ 산학협력단 관련 정책 연혁

- 「산업교육진흥 및 산학협력촉진에 관한 법률」 제정('03. 5. 27)
  - 산학협력단 설치근거 마련으로 '03년 경북대 등 18개의 산학협력단 설립
- 산학협력단 회계처리규칙 제정('03. 11. 19)
- '산학협력단 혁신방안' 발표('05. 12. 28)
  - 산학협력단 중심의 연구비 중앙 관리제 실시
- 기술이전전담조직(TLO)육성 지원 사업 실시('06. 5 ~)
- 산학협력 기술지주회사 설립 근거 마련('07. 7. 8)
- 산학협력단 업무에 '산학연 협력의 총괄 기획 · 조정', '교내 창업지원' 등이 포함('12. 1. 26)

「산업교육진흥 및 산학협력촉진에 관한 법률」 제정('03년) 이후 432개 대학 중에서 369개 대학(85.2%)이 산학협력단을 설치 · 운영하고 있다. 전국 대학의 산학협력 연구 규모는 6,254억원이고, 과제당 평균 17.7백만원이다[21].

설립초기('04년)보다 기술이전 수입은 7.8배, 기술이전 협약 체결 건수는 8.8배 증가하였다. 제1호 기술지주회사가 2008년 9월에 설립된 이래, 2013년말 기준 총 26개사가 설립되었다.

그림2-14. 산학협력단 기술이전 실적

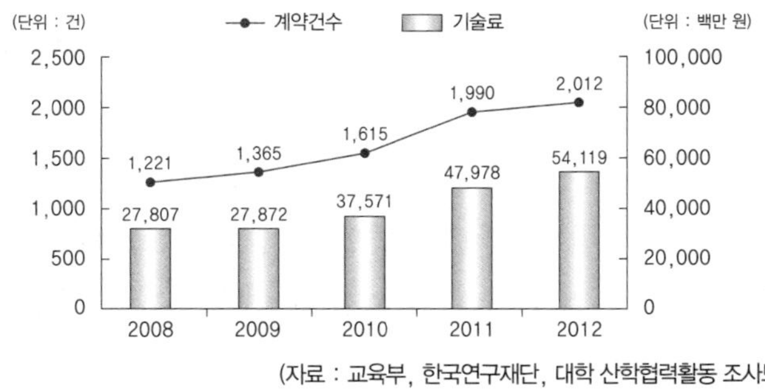

(자료 : 교육부, 한국연구재단, 대학 산학협력활동 조사보고, 2012)

21) 산학협력종합지원센터, 2012 대학 산학협력활동 조사보고서, 2014.7.7.

2012년에 대학이 일반 및 벤처 중소기업과 체결한 기술이전 계약은 전체 기술이전 계약의 약 84.0%인 것으로 조사되었다.

그러나 2012년도 산학협력단 전체 운영수익에서 정부지원금이 차지하는 비중이 80%로 높아 기업관련 산학협력이 저조하다.

교육부는 2013년 10월 대학 산학협력단 기능 강화방안에 의해서 대학의 교육역량 등을 산업체가 활용할 수 있도록 '산학협력 중개센터' 를 구축운영한다.

대학과 기업이 온라인을 통해 산학협력관련정보(교육수요 등)를 공유할 수 있는 산학협력 유통망으로서, 산학연협력종합지원센터' 홈페이지(www.UICC.re.kr, 한국연구재단 운영)내에 마련되었다.

나. 히든챔피언 육성을 위한 산학연 클러스터

독일의 히든챔피언들은 지역거점별로 조성된 산학연 클러스터에서 대학 · 연구기관 등과 신뢰에 기반한 협력 · 발전관계를 형성하였다.

정부의 히든챔피언 육성 프로그램에서도 정책 지역기반 유망 중소 · 중견기업을 발굴하여 집중 육성한다[22]. 2014년에 4개 지자체에서 시범 운영하였고, 2015년 비수도권 14개 지자체에 운영한다.

지자체 등 지역혁신협의체가 중심이 되어, 유망기업 선정을 비롯하여 글로벌 기업 성장에 필요한 연구개발(R&D), 수출마케팅, 자금, 인력 유치, 경영컨설팅 등 지역특화 맞춤형 지원을 제공한다.

산업단지 내 업종별 · 기술별 산학연 미니 클러스터(Mini Cluster)를 결성하여 중소 · 중견기업, 연구소, 대학 등의 기술 전문가 7,200여명이 활동 중에 있다.

---

22) 21중소기업청, 정부, 「한국형 히든챔피언 육성 대책」 발표, 2014.10.30 보도자료

중기청은 미니클러스터 결성을 지속 확대하고, 클러스터 활동실적을 히든챔피언 전용 R&D 선정평가 지표에 반영한다;

* 결성 목표 : ('14)71개 → ('15)80개 → ('17)100개 이상

산업통상자원부와 교육부는 산업단지에 '산학융합지구' 및 '산업단지캠퍼스' 조성을 단계적으로 확대한다. 산학융합지구는 대학 · 기업부설연구소 · 출연硏 등 혁신지원 기관을 산학융합지구에 체계적으로 집적화한다.

* 산학융합지구 지정계획 : ('14)8개→ ('15)10개→ ('17)17개

산업단지캠퍼스는 산업단지 내부에 캠퍼스 일부를 이전하여, 대학과 기업간 교육-R&D-고용이 연계된 산학융합 모델을 구축한다.

* 산업단지캠퍼스 조성계획 : ('14)9개교→ ('15)11개교→ ('17)15개교

4. 중소기업 인력 정책

독일의 히든챔피언의 경우 재직자 평균 근속기간 37년, 취업자 이직률 2.7%로서, 현장 맞춤형 직업교육, 대기업에 버금가는 근무 여건 등을 바탕으로, 우수 인재 유치 및 장기 재직이 달성된다.

반면 국내에서는 대기업과의 근무 여건 격차 등으로 인해, 우수 인재가 중소 · 중견기업을 기피하고 있다. 직업교육과 기술인을 경시하고, 대기업과 큰 임금 격차, 다산다사(多産多死)의 기업 생태계 등이 중소 · 중견기업 인력수급을 저해한다.

* 중소기업 평균업력 10.8년 (중견기업 22년), 중소기업 취업자 이직률 15.1%

정부는 2003년 **중소기업 인력지원 특별법** 입법에 의해 중소기업의 인력수급 원활화와 인력구조 고도화 및 인식개선사업을 지원하여 중

소기업의 경쟁력을 높이고 고용을 촉진하고 있다.

정부의 한국형 히든챔피언 육성 대책에서는 독일 히든챔피언의 인재 양성 비결을 벤치마킹 하여 핵심 전문인력(R&D · 무역)을 양성하고 공급한다.

가. 고급 기술개발 활동이 가능한 연구인력

중기청은 '기업맞춤형 계약학과'를 통해 석박사급 연구인력을 양성한다. 중소 · 중견기업 취업을 조건으로 석사 학위 취득(등록금 전액)과 전문연구요원 복무를 동시에 지원한다. 미래부와 중기청은 출연硏 기술 이전시 기술의 조기 안착을 위해 스톡옵션 등을 통해 파견인력과 출연(연)에 일정 수익을 분배하는 '성과 공유형 기술이전제도' 도입을 추진한다. UST(과학기술연합대학원대학교)를 통한 '중소 · 중견기업 채용 조건부 계약학과 사업'에 참여하는 출연연구소 확대(2014년 5개 → 2017년 10개)를 위하여 2014년 UST-월드클래스300 기업 협의회 간 업무협약을 체결하였다.

나. 해외 마케팅에 정통한 글로벌 전문가

산업통상자원부는 차세대 무역전문가 공급 확대 및 히든챔피언 채용을 연계한다.

"청년무역전문가 양성 프로그램" 지원규모를 확대(2014년 24개 대학 760명)하고, 수료생과 히든챔피언 · 후보기업간 매칭을 강화한다.

GTEP(Glocal Trade Experts incubating Program) 무역실무 심화교육, 중소 · 중견기업 무역현장 실습 등을 집중 훈련한다(15

개월간 600시간 교육).

또한 글로벌 주재원 사관학교를 통해, 해외개척 첨병을 육성한다. 중소 · 중견기업 재직자를 대상으로, 기업의 해외 주재원으로서 꼭 필요한 현지 비즈니스 전략 및 정보 교육과정을 코트라 · 무역협회 · 중진공 등에 개설 · 운영한다.

다. 우수 인재와 히든챔피언 기업간 매칭 강화

중기청은 「한국 히든챔피언 채용박람회」를 개최하고, 히든챔피언 및 후보기업등과 지역대학 · 마이스터고간 "1社-1校" 업무협약 체결을 확대한다.

민간 취업포탈 서비스와 연계하여, 히든챔피언 및 후보기업의 경쟁력 및 재직조건 등 채용정보를 연중 상시 제공한다.

잡코리아(www.jobkorea.co.kr) 등에 히든챔피언 전용관을 마련한다.

라. 재직자 보상체계 확충을 통한 장기근속 유도

중소기업의 34.5%가 최근 3년간 핵심인력의 이직으로 인해 경영상의 피해를 입은 것으로 나타났다고 밝혔다. 중소기업연구원 조사결과[23], 경쟁업체 등으로 핵심인력 이직을 경험한 중소기업은 1개사당 평균 5.2억원의 매출액이 감소한 것으로 나타났다. 이는 조사대상 기업 평균 매출액(110.4억원)의 4.7% 수준이다.

---

23) 노민선,"중소기업 핵심인력 이직 현황 및 장기재직 활성화 방안" 중소기업연구원 2014.10.7

피해 중소기업은 최근 3년간 평균 1.9건의 핵심인력 이직이 발생했으며, 핵심인력 이직 1건당 평균 2.7억원의 매출액 감소 피해를 경험하였다. 또한 핵심인력 퇴사로 인해 피해 중소기업은 대체인력 1인당 평균 4,607만원의 양성비용을 지불하는 것으로 조사되었다.

중기청은 2014년 8월부터 '핵심인력 성과보상기금'(내일채움공제)을 운영하고 있다. 핵심인력과 중소기업이 공동으로 적립 (인력:기업 = 1:2이상)하고, 5년간 재직시 성과 보상금*을 지급한다. ('14. 8~)

* 핵심인력 납입금 + 기업 납입금 + 만기이자

※ 가입 현황('14. 9) : 547개사 1,386명

중소기업청은 또한 중소 · 중견기업 핵심 기술인력의 장기재직 인센티브 제공을 위한 희망 엔지니어 적금을 운영한다. '13. 1월 제1기를 첫 출시하여 '14. 6월 제2기까지 모집을 마쳤으며, 1,024기업의 2,402명이 가입하였다. 2014년 12월의 제3기부터는 가입대상을 기술인력 외에도 생산 · 마케팅 등 기업이 추천하는 전 분야의 핵심 인력으로 확대하되, 대상기업은 중견기업 중심으로 바뀌게 된다.

가입금액도 종전에는 10만원부터 50만원까지였으나, 제3기부터는 최대 100만원까지 확대되며, 기업과 근로자의 매칭비율도 자율화 되었다.

'15. 2월, 중기청은 히든챔피언 후보기업의 장기고용 인센티브를 강화하여, 히든챔피언 후보기업 선정시, 근로자의 근무여건 및 임금 · 복지 수준 등을 평가항목에 반영하여 우선 지원한다. 핵심인력 성과보상기금(내일채움공제) 또는 희망엔지니어 적금에 가입한 중소 · 중견기업에게 우대가점을 부여한다.

마. 한국형 일학습 병행제도 확대 및 내실화

고용노동부는고용창출 및 인재육성 성과가 우수한 히든챔피언 및 후보기업 등을 발굴, 일학습 병행 참여기업*을 '17년까지 1만개로 확대한다.

* 일학습 병행제 참여기업(개) : ('14)1,300 → ('15)3,000 → ('17)10,000

국정과제인 「능력중심 사회를 위한 여건 조성」을 위해 스위스 · 독일의 직업교육훈련제도인 듀얼시스템을 한국현실에 맞게 적용한 한국형 **일학습 병행제**를 도입 하기 위한 근거 법률로서 산업현장 일학습지원에 관한 법률안이 2014.12 국회에 제출되었다.

중기청은 히든챔피언 육성 프로그램 참여기업 선정시, 체계적 현장실습이 가능한 기업에 가점 등 인센티브를 부여한다. 일학습 병행제의 기본 플랫폼에 기업의 현장수요를 반영하여, 중견기업연합회 내에 '일학습 지원센터'를 설치하고, 기업 주관의 '공동훈련센터'를 운영한다.

바. 수요자 맞춤형 직업교육 시스템 지속 확충

중기청은 2015년에 히든챔피언 및 후보기업의 인재양성 수요를 반영한 '전용 교육훈련 프로그램'을 개발한다. 예로서, CEO 인재경영 아카데미, 인재육성 로드맵 수립, 연합채용 · 훈련 등이다.

교육부 · 고용노동부는 스위스 직업교육을 벤치마킹하여 2015년에 도제식 수업이 가능한 특성화고 등에 시범도입하고, 2016년 이후 국가산업단지를 중심으로 확대한다.

교육부는 국가 · 지역 전략산업 등 다양한 분야로 마이스터고 지정을 확대한다. 2014년 기준 마이스터고는 42교가 지정되었다.

제5절 중소기업 마케팅 지원

1. 중소기업 해외진출 지원

가. 중소기업의 수출 지원정책

2014년 8월 6차 무역투자진흥회의에서 산업통상자원부는 「**수출저변 확충을 위한 내수기업의 수출 기업화 촉진대책**」을 보고했다[24].

국내 중소기업은 선진국에 비해서 수출기업 비중이 낮아 수출 증가의 온기가 경제 곳곳으로 스며드는 낙수 효과(Trickle-down effect)가 미흡한 상황이다. 그 동안 수출기업이 내수기업보다 더 많은 일자리를 창출하고 더 빠르게 성장했다는 조사 결과('14. 7월 무역협회)를 감안하면, 내수기업을 수출기업으로 전환하게 되면 수출과 일자리가 늘어날 뿐만 아니라 해당 중소기업의 발전도 가능하다.

그러나 수출 중소기업 수는 2012년 사업자번호 기준으로 85,866사에 달하지만 10만 달러 이하의 실적업체가 52.1%를 점유하는 영세성을 보였다. 연간 5백만 달러를 수출하는 강소 수출기업은 3,992개 사로 전체의 4.7%에 불과하였다.

중소기업 수출 지원 정책은 1998년 중소기업특별위원회의 설립을 계기로 중기청과 11개 중소기업 수출지원 센터로 조직화되었다. 무역투자진흥회의를 정점으로 수출투자지원협의회가 있으며, 구체적인 사업은 산업통상자원부와 중소기업청이 주축이 되어 수행한다.

24) 산업통상자원부, 2017년까지 1만개 이상 내수기업을 수출기업화 하기로, 2014.8.12 보도자료

표2-12. 중소기업청의 해외진출지원 주요사업

<table>
<tr><th colspan="2">지원사업</th><th rowspan="2">시행주체</th><th rowspan="2">중점지원
내용구분</th><th rowspan="2">중소기업
특정여부</th></tr>
<tr><th>사업명</th><th>세부사업</th></tr>
<tr><td rowspan="5">중소기업
수출역량
강화사업</td><td>수출초보기업</td><td>중기청수출지원센터</td><td>역량강화 /
마케팅지원</td><td></td></tr>
<tr><td>수출유망기업</td><td>중기청수출지원센터</td><td>역량강화 /
마케팅지원</td><td></td></tr>
<tr><td>글로벌강소기업</td><td>중소기업진흥공단</td><td>역량강화 /
마케팅지원</td><td></td></tr>
<tr><td>외국어통번역</td><td>무역협회</td><td>역량강화</td><td></td></tr>
<tr><td>FTA · 수출컨설팅</td><td>중기청수출지원센터 /
중소기업진흥공단</td><td>역량강화</td><td></td></tr>
<tr><td rowspan="3">무역촉진단
파견사업</td><td>단체전시회파견</td><td>중소기업중앙회 /
조합협회, 유관기관</td><td>마케팅지원</td><td></td></tr>
<tr><td>시장개척단파견</td><td>중소기업중앙회 /
조합협회, 유관기관</td><td>마케팅지원</td><td></td></tr>
<tr><td>수출컨소시엄</td><td>중소기업중앙회 /
조합협회, 유관기관</td><td>마케팅지원 /
역량강화</td><td></td></tr>
<tr><td colspan="2">해외규격인증획득지원사업</td><td>중기청수출지원센터 /
산업기술시험원</td><td>기반조성 /
역량강화</td><td></td></tr>
<tr><td colspan="2">해외민간 네트워크활용사업</td><td>중소기업진흥공단</td><td>역량강화 /
마케팅지원</td><td></td></tr>
<tr><td colspan="2">수출인큐베이터사업</td><td>중소기업진흥공단 /
코트라</td><td>마케팅지원 /
기반조성</td><td></td></tr>
<tr><td colspan="2">국내수출지원사업</td><td>중소기업진흥공단 /
지자체 / 코트라</td><td>마케팅지원</td><td></td></tr>
<tr><td colspan="2">온라인수출지원사업</td><td>중소기업진흥공단</td><td>기반조성 /
마케팅지원</td><td></td></tr>
<tr><td colspan="2">글로벌 바이어국내소싱사업</td><td>중소기업진흥공단</td><td>역량강화 /
마케팅지원</td><td></td></tr>
</table>

(자료 : 국회입법조사처)

그러나 대기업이 2009년부터 2013년까지 매년 13%의 증가를 보인 반면 중견중소기업의 수출액은 연평균 7.5% 증가하여 대기업과의 격차가 컸다.

국회입법조사처는 중기 수출지원정책에 있어서 산업부 관할 아래 중진공과 코트라의 업무 협조구조를 개선할 것을 제안했다. 특히 코트라가 해외 현지 무역관 네트워크 등 해외 수출업무에, 중진공이 자금지원 및 기술컨설팅 등 국내 업무에 강점이 있는 만큼 특화된 전문성을 바탕으로 경쟁할 것이 더 효과적임을 강조했다.

또한 코트라에 대해 대기업이 자사 고유 인력 및 사업을 바탕으로 수출하는 만큼 대기업보다 중소기업 수출지원에 더 적극적일 필요가 있다고 덧붙였다.

나. 히든챔피언 육성을 위한 수출 프로그램

국제 무역환경이 WTO체제에서 FTA 중심으로 이행함에 따라, 기회(경제영토 확대)와 위기(경쟁 및 비관세장벽 심화)가 상존하고 있다. 이에 따라 중소기업청은 세계적 기술력과 품질을 겸비한 중소·중견기업들이 두려움 없이 글로벌 시장을 개척·공략할 수 있는 여건 조성에 나섰다[25].

해외마케팅 지원은 글로벌화 역량단계별로 차등화한다.

도약단계는 해외 개척 및 현지 정착, 성장단계에서는 세계시장 인지도·지배력 강화를 추진한다.

그림2-15. 히든챔피언 육성 전용 수출 지원체계

구분		글로벌 도약단계	글로벌 성장단계
지원체계	지원목표	• 해외시장 개척 및 다변화	• 세계시장 점유율 제고
	지원조건	• 최대 3년, 1억원 이내	• 최대 5년, 3.5억원 이내
	지원내용	• 글로벌 경영전략 수립 • 해외브랜드 개발 및 홍보 등	• 글로벌기업과 전략적 제휴 • 해외 M&A 및 현지 투자 등

(자료 : 중기청)

25) 중소기업청, 정부, 「한국형 히든챔피언 육성 대책」 발표, 2014.10.30 보도자료

중기청은 기업역량 및 수요에 기반한 맞춤형 수출지원을 강화한다. 히든챔피언 육성 후보기업에 대해 '글로벌 역량진단 프로그램*' 참여를 의무화한다(100% 역량진단)

* 글로벌 역량 진단+해외진출 로드맵 수립→맞춤형 지원시책 추천

또한 기업 주도의 창의적 마케팅 과제를 선정 · 지원하는 '新마케팅 프로모션 제도'를 본격 추진한다('15. 100개사)

그림2-16. 新마케팅 프로모션 제도

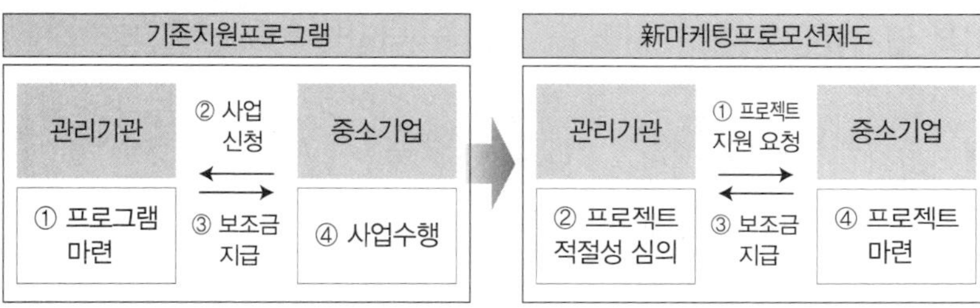

중기청은 "해외 규격인증 획득 지원사업"의 규모를 확대*하고, 획득비용 이외에 갱신 비용(1회)까지 포함시키도록 추진한다.

* 지원계획(개사/억원) : ('14)1,700/133 → ('15)2,000/165
  수출 국가별 인증정보를 집대성하여, 수요자 맞춤형 검색이 가능하도록 - 품목별 HS코드를 **중소기업 수출지원센터**(www.exportcenter.go.kr) 을 통해 제공한다.

해외 수출인큐베이터를 글로벌비즈니스인큐베이터(BI)형태로 확장하여 글로벌 창업, 현지 유통망 진출, 해외 건설 · 플랜트 참여 등을 종합 지원한다. 특히 독일, 일본 등 기술력이 뛰어난 지역의 경우, 수출인큐베이터에 R&D협력 센터 기능을 추가해 기술정보 측면을 지원한다. 2015년에 독일 현지 연구소와 협력하여 시범서비스를 제공하고

2017년 3개소를 설립 · 운영한다.

다. 중소기업 동남아시아 진출 확대 방안

2014.3.13 제147차 대외경제장관회의에서는 중소기업의 접근 용이성 및 진출 수요가 많은 '동남아시아 시장 진출 방안'을 마련하였다.

기업은 정상외교를 활용한 사업기회를 발굴하고, 정부는 '중소기업 수출지원센터(12개)'를 통해 1:1 맞춤형 지원사업에 연계한다. **'정상외교 경제활용포털(president.globalwindow.org)'**를 통해 후속 조치를 공유하며, '중소기업 정책 전수 센터'를 중소기업진흥공단에 설치하여, 정책전수 기반을 마련하였다.

중소기업 해외진출협의회를 통해 중소기업 해외진출전략 수립, 제도개선 협의 등을 추진한다.

유상원조에서는 중소 · 중견기업 우선지원 대상사업 발굴, 대 · 중소기업 동반진출 유도 등 중소기업 참여 확대를 위한 제도적 기반을 구축한다. 무상원조에서는 베트남, 인도네시아, 캄보디아 등에 보급할 맞춤형 적정기술을 개발하여 중소기업의 현지진출을 도모한다. 중소기업에 비교우위가 있는 적정기술에 관한 지원 및 우수 사례를 정리하고, 관련 중소기업의 맞춤형 보급을 추진한다(KOICA 협업).

- 동남아시아 시장 주요 교역거점에 수출인큐베이터 확대
- 수출입은행 현지법인 활용, 맞춤형 현지금융을 제공 확대
- 중진공 : 신한베트남은행간 펀드(아오자이 펀드) 조성을 추진하여 베트남 진출 중소기업의 금융애로 해소 ('15년)
- 대 · 중소기업 상생보증 신설, 해외건설 공동수주 활성화 ('14.

상. 수은)

- 기업은행의 무보 특별출연금(1천억원)을 적극 활용, 동남아 등 해외진출 중소기업에게 우대지원 ('14. 상, 중기청 · 기은 · 무보 협업)
- 동남아 국가 수출에 필수적인 해외규격인증 획득지원 확대
- 동남아 진출이 확대되고 있는 의료기기 등 고부가가치 제품 및 이슬람(HALAL)등의 인증에 대해 지원한도 확대('14. 3)
- 동남아 기 진출 유통대기업의 네트워크 및 인프라를「중소기업 판매전문기업」로 활용, 중소기업의 초기 판로 확보 지원(동반위 협업)
- 이노비즈협회, 중기융합중앙회 등 중소기업 단체와 현지기업 단체간 민간차원의 교류를 지원하여 협력기반 마련
- 현지기업과 기술협력에 의한 공동 기술개발과제를 '해외수요처 연계 R&D'에 포함하여 원활한 합작기술 개발 지원 ('14. 하)
- 베트남 등 주요 산업화 국가의 적정기술 연구를 통해, 기술 · 유휴설비 수출 및 동남아 타깃형 기술창업 촉진
- IT, 기계, 전기전자 등 기술우위에 있는 유망품목 위주로 수출컨소시엄 구성 등을 통한 현지 마케팅 지원

라. 중소기업의 FTA활용촉진 종합대책

2000년대 초반까지 FTA 후발주자였던 우리나라가 '13.6월 현재 46개국과의 9개 FTA를 발효한 'FTA 허브(Hub)국가'로 도약함에 따라, 2013년 6월 27일 제133차 대외경제장관 회의에서는 **「중소기업의 FTA 활용촉진을 위한 종합대책」**을 마련하였다[26].

---

26) 산업통상자원부「중소기업의 FTA 활용촉진을 위한 종합대책」2013년 6월 27 보도자료

표2-13. 우리나라의 FTA 추진현황

발효(9건, 46개국)	타결(1건)	협상중(11건)	협상재개 여건조성(3건)	협상준비 및 공동연구(5건)
칠레('04), 싱가포르('06), EFTA('06), ASEAN('07), 인도('10), EU('11), 페루('11), 미국('12), 터키('13)	콜롬비아	캐나다, 인도네시아, 중국, 베트남, 한·중·일, RCEP, 호주, 뉴질랜드	멕시코, GCC, 일본	MERCOSUR, 이스라엘, 중미, 말레이시아, 몽골

FTA를 활용한 교역의 중요성이 점차 증대되는 가운데, 소위 '**스파게티 볼 효과**(Spagetti bowl effect)'가 발생하였다. 스파게티 볼 효과는 각 협정마다 상이하고, 까다로운 원산지 규정 등이 스파게티 가닥처럼 복잡하게 얽혀 FTA 활용을 저해하는 효과이며, 특히 중소기업들은 FTA 마다 다른 복잡한 원산지 관리, 이를 담당할 전문인력 부족, 해외시장 진출의 어려움 등을 지속 호소하였다.

정부는 한 · 미 FTA 발효를 계기로 「FTA 효과 극대화방안('12. 3월)」을 마련하여, 기업활용지원을 통한 수출 확대, 외국인 투자유치 활성화, 국내산업의 경쟁력 강화, 소비자 후생증대 등 4대 중점과제를 마련하였다.

정부는 한중FTA협정문에서 중소기업협력에 관한 17.9조[27]를 합의하였다

1. 양국은 중소기업발전을 위해 우호적인 환경을 증진하는데 노력한다.
2. 양국은 관련 당국간 운영중인 정책교류회를 포함하여 관련 있는 민간 및 정부측의 중소기업의 경쟁력 향상을 위해 노력함으로써

27) Economic Cooperation, Section C: Industrial Cooperation Article 17.9: Small and Medium-Sized Enterprises Cooperation

중소기업분야에 협력한다.

3. 중소기업 협력분야는 다음과 같다

ⓐ 양국 중소기업간 투자 촉진

ⓑ 중소 무역업자를 위한 무역관련 네트워크, 공동 비즈니스포럼, 기업협력 지원 및 통계에 대한 정보의 교환 증진

ⓒ 중소 무역업자을 위한 교육, 지원제도 교환 촉진 및 중소기업에 대한 양국정부간 협력을 위한 유망한 분야 발굴

ⓓ 공공기관간 중소기업의 발전을 위한 기획, 정책 경험 교류 강화

ⓔ 민관 협력 및 소기업과 관련된 정보의 교환을 통한 소상공인의 경쟁력강화

☞ 중소기업의 FTA 활용촉진을 위한 종합대책 주요내용

- 수요자 맞춤형 원스탑 현장 지원체계를 강화.
- FTA 활용단계별 및 업종별로 맞춤형 지원을 확대.
- 수출기업 뿐만 아니라 협력기업의 FTA활용을 지원.
- 기존 원산지 관리 지원 이외에 해외시장 개척 및 수출금융지원 프로그램 연계도 강화.
- 본격화되는 사후검증에 대해 철저히 준비 · 대응.

마. 해외진출 성과 공유

무역협회 등 경제 5단체는 2014.12.18『경제 5단체 초청 해외 진출 성과 확산 대토론회』시 경제외교를 통해 창출한 해외진출 성과를 경제계와 공유하고 확산하며 후속 성과를 지속해서 창출하기 위한 '경제외교 성과확산 협의회'를 발표하였다. 산업통상자원부와 무역협회,

대한상의, 전경련, 중견기업연합회, 중소기업중앙회 등 경제 5단체와 공동으로 협의회를 구성했다.

'15. 3. 2.산업통상자원부는 정부 각 부처와 해외진출 유관기관이 시행하고 있는 해외진출 지원사업 정보를 종합 · 정리하여 **'한손에 쏙! 한눈에 쏙! 해외진출 종합핸드북'**을 발간하였다.

그간 중소기업은 자유무역협정(이하 FTA)에 따른 시장 확대, 신시장 개척 필요 등 해외진출 수요가 많았음에도 지원제도에 관한 정보를 몰라 어려움을 겪어 왔으며, 관련정보를 체계적으로 제공해 줄 것을 지속적으로 요청했다. '경제5단체 초청 해외진출 성과확산 토론회('14. 12. 18)'시 중소기업 대표가 해외진출 관련 정보를 종합적으로 제공할 것을 정부에 건의했다.

또한 2015년 1월 대한상의가 실시한 기업 설문에서도 기업이 해외진출 지원사업을 이용하지 않는 가장 큰 이유가 정보부족으로 조사됐다.

54.3%의 기업만 해외진출 지원사업을 이용하고 있으며, 지원사업을 이용하지 않는 가장 큰 이유는 관련 정보부족(39.4%)이다. 정보 부족 보완방안으로는 포켓북 제작 및 배포(59.0%), 설명회 개최(42.9%), 포털 정보확충(41.0%) 등의 건의가 제시되었다.

이에 2015년 1월 '해외진출 성과확산 협의회'를 발족(1.21)시 해외진출 종합핸드북의 발간을 역점사업으로 수행하였다. 산업통상자원부, 중소기업청, 무역보험공사 등 총 17개 부처, 23개 기관이 운영중인 지원사업 109개를 종합함으로써 '해외진출 르네상스 실현'을 위한 지원책을 한 데 모았다는 점에서 의의가 있다.

지원사업을 총 10개 분야로 분류하여 지원사업의 대상 및 내용, 문의처 등 관련 정보를 수록했다. **'정상외교 경제활용포털(president.globalwindow.org)'**에서 파일로도 다운로드가 가능하도록 하여

정보 접근성을 높였다

중소기업청, 코트라, 중소기업진흥공단은 2015년1월 31일 **중소기업 중국 내수시장 진출 종합안내서**(KOCHI자료 15-001)를 발간하였다(www.globalwindow.org 연구보고서)

2. 중소기업의 전자상거래 지원

소매 제품을 생산하는 중소기업은 도매상을 거래하거나, 직접 유통을 수행한다 하더라도 소매영업소가 영세하고 인력이 부족하므로, 통신판매나 방문판매와 제휴할 것이다. 이에 따라서, 중소기업의 B2C 마케팅은 영업소의 증설, 판매사원의 충원 정도로 인식된다.

상품시장 통로를 대기업이 장악하고 있어 중소기업이 시장에 직접 접속할 수 있는 통로가 부족하다[28]. 따라서 마케팅, 시장조사 등 기업지원 전문 서비스업의 육성이 필요하고 미디어 광고의 문턱을 낮출 수 있는 방안이 강구되어야 한다. 정부의 품질검사 신뢰도를 높여 중소기업 제품의 브랜드가 시장에 진출할 수 있는 길을 터주어야 한다.

이러한 상황에서 전자상거래가 출현하였다. 전자상거래는 통합적인 자동화된 정보체계의 환경 하에서 기업과 기업 간, 기업과 개인 간 거래관계의 모든 측면에 걸쳐서 생산, 구매, 재무, 수송, 행정, 서비스 등 제반 비즈니스를 전략적으로 행하는 활동으로 정의된다. 전자상거래는 구매 탐색 비용의 하락을 통해 가격경쟁을 촉진시키며, 비효율적인 공급망(supply chain) 개선, 구매가격감소, 효율적 재고관리 등을 통한 비용 감소가 달성된다.

28) 김주훈, 대기업과 중소기업 간 양극화에 관한 해석, KDI FOCUS, 2012.4.30.

OECD보고서에 의하면, 전자상거래는 중소기업에게 불가능 하던 새로운 시장에의 접근, 국제적인 스케일의 정보 수집, 홍보 효과 등이 전통적 영역 한계를 파괴함으로써 보다 많은 기회를 제공한다. 인터넷의 확산 이전에도 전자 자료교환(EDI)을 통한 거래가 존재했으나 이러한 시스템을 갖추기 위한 비용이 높아 중소기업들이 적극적으로 활용하지 못했다.

전 세계적으로 전자상거래 교역이 급증하고 있는 가운데, 우리의 전자상거래수출(逆직구)는 수입(해외직구)에 비해 초보 단계에 있었다. 이에 따라 정부는 수출의 저변을 확충하고 내수와 수출의 선순환 고리를 회복하기 위해 내수에 머물러 있는 중소 중견기업을 수출기업으로 집중 육성하고, 전자상거래 수출을 활성화 한다.

그림2-17. 전자상거래 수출 활성화 방안

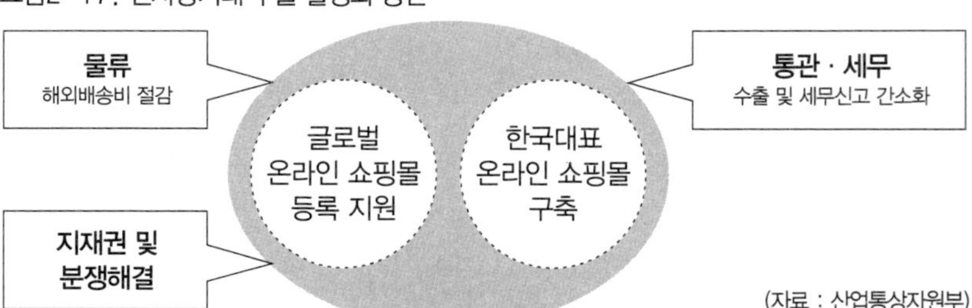

(자료 : 산업통상자원부)

산업통상자원부는 2014년 9월 민관합동 **'전자상거래 수출협의회'**를 구성하였다.

2015년 무역협회에 의하면 해외소비자가 해외직구로 가장 많이 찾는 한국상품은 화장품과 의류로 나타났으며, 이외에도 가전 · 통신, 가방 · 신발 · 액세서리, 음식료품이 인기품이다.

한국정품보증, 현지어 설명, 결제안전성과 같은 온라인서비스 제고와 품질, 디자인, 브랜드 등 제품의 차별적 우위가 수출에 기여하고 있다. 그러나 스포츠레저, 가정용품, 컴퓨터 등은 해외소비자의 한국 상품 구매가 많지 않아 판매품목을 다양화할 필요가 있다.

제6절 구조개선 정부지원 컨설팅 제도

1. 중소기업 건강관리시스템

가. 중소기업 건강관리시스템과 구조개선

금융감독원과 중소기업청은 구조조정 대상 중소기업이 체질 개선을 통해 자생력을 확보할 수 있도록 2013년 3월 11일부터 중소기업청의 **'중소기업 건강관리시스템'**(2012년 2월 실시)과 은행권 중소기업 구조조정을 연계하는 방안을 시행하였다. 이와 같은 제도의 시행은 일시적 경영애로 기업을 중심으로 운영하던 '중소기업 건강관리시스템'을 은행권의 구조조정 중소기업으로 확대하여 조기 경영 정상화를 지원할 목적으로 취해진 조치이다. 이전에는 구조조정 중소기업의 정상화는 채권금융기관 차원에서 지원하여 왔으나 구조조정 중소기업의 강도 높은 구조 개선노력을 전제로 기술보증기금, 신용보증기금, 중소기업진흥공단 등의 지원기관과 채권금융기관이 공동으로 정상화를 지원하고자 중소기업 건강관리시스템을 확대 개편한 것이다. 중소기업청이 실시하고 있는 중소기업 건강진단시스템은 경영컨설팅 전문가가 중소기업의 경영실태를 점검하여 문제점을 도출하고 개선방안을 제시하는 단기 경영컨설팅 프로그램으로서 추진 방식은 그림2-18와 같다.

그림2-18. 중소기업 건강관리시스템

기업건강 진단		진단보고서		맞춤형 정보제공
• 위기관리역량진단 • 기업경영전반 분석 (기술 · 경영전문가)	➡	• 종합진단표 작성 • 성장로드맵 · 처방전 작성(진단기관)	➡	• 자금, 보증, R&D, 마케팅, • 공정혁신, 정보화, 사업전환 등 (지원기관)

중소기업청은 '2015년도 중소기업 건강관리시스템 운영계획(중소기업청 공고 제2015-71호)'을 통하여 기업이 성장하는 과정에서 발생하는 경영위기를 예방하고 기업경영 전반에 관한 애로사항 해결을 통하여 중소기업의 기초 체질을 강화하고, 위기관리 역량을 높여 생존율을 제고하고자 2013년도에 금융감독원과 공동으로 시행하기로 한 중소기업의 구조개선 사업을 지속적으로 추진하는 한편 구조개선 컨설팅의 내용을 보다 구체적으로 제시하고 있다. 2015년도에 시행될 중소기업 건강관리시스템의 체계도는 그림 2-19와 같다.

그림2-19. 중소기업 건강관리시스템 체계도

구분	수행방법	비고
사업공고	• 언론, 온라인 매체를 활용하여 공고	공동운영기관
⬇		
신청 · 접수	• 진단기관 상담 · 신청 * 진단기관 : 지방청, 중진공 지역본부, 신보 영업점 등, 기보 지점	기업 → 진단기관
⬇		
진단 실시	• 전문가 배정 및 진단 실시	진단기관(전문가)
⬇		
진단완료	• 진단완료 및 진단보고서 작성	전문가
	• 진단보고서 검토 · 보완	진단기관
⬇		
맞춤형 안내	• 진단결과 프리젠테이션(PT) 및 진단보고서를 기업에 송부	진단기관 → 기업

나. 컨설팅 신청

신청 대상 기업은 기업건강 진단신청 대상 업종을 영위하는 중소기업으로서, 은행권의 정기 또는 수시 기업신용위험 평가결과, B등급(Fast-Track 프로그램 적용), C등급(공동 또는 단독 Work-out 선정), D등급(기업회생절차 등)으로 분류된 구조적 경영애로 중소기업이다.

☞ 신청대상 : 은행권의 기업신용위험 평가 결과에 따라 다음과 같이 분류된 기업
① B등급중 '중소기업 Fast Track 프로그램 공동운영 지침'에 따라 Fast-Track 자율협의회의 의결을 거쳐 공동지원 대상으로 선정된 기업
② C등급중 '채권은행협의회 운영협약'에 따라 채권은행자율협의회 의결을 거쳐 공동워크아웃기업으로 선정된 기업
③ C등급 중 은행권에서 단독워크아웃기업으로 선정된 기업
④ 자체 정상화 또는 기업회생절차 신청 권고 기업

☞ 신청제외
① 정상영업 중인 기업(A등급)
② C등급 중 공동워크아웃기업 또는 단독워크아웃기업으로 선정되지 않은 기업
③ B등급 중 Fast-Track 프로그램 공동지원대상으로 선정되지 않은 기업
④ D등급 중 기업회생 절차 개시 신청 또는 파산신청이 있는 기업

한편, 뿌리산업(주조, 금형 등) 영위 소기업(상시근로자수 50인 이하) 및 전략산업 창업기업(업력 7년 미만), 적합업종(제조업에 한함)을 우선 지원한다.

1. 뿌리산업 : 금형, 주조, 소성가공, 용접, 열처리, 표면처리
2. 전략산업 : ① 녹색 · 신성장동력, ② 부품 · 소재, ③지역전략 · 연고산업,
④ 지식서비스, ⑤문화콘텐츠, ⑥바이오, ⑦융복합 및 프랜차이즈산업

* 뿌리산업, 전략산업, 적합업종 해당여부는 별표3 참조

다. 신청 · 접수

구조개선진단분야에서는 '채권금융기관 자율협의회의' 또는 'Fast-Track프로그램 자율협의회'에서 '중소기업 건강진단 신청 의결'을 거쳐 주채권은행의 추천을 받은 중소기업이, '중소기업 건강진단 신청서'를 작성하여 관할 소재지의 진단기관에 상담 · 신청을 한다.

경영개선진단 분야에서는 진단기관(중소기업진흥공단, 신보, 기보)의 관리 업체 중 성장정체, 위기관리역량 저하 등으로 일시적 경영애로를 겪고 있는 중소기업이 대상이 된다.

라. 진단 실시

1) 진단착수

- ㅁ 진단기관은 일시적 경영애로기업의 진단신청서를 접수한 날로부터 10일 이내(공휴일 포함)에 내부인력, 외부 전문가 1인 또는 2인이 진단을 착수할 수 있도록 조치한다.

2) 진단 실시 일수

- ㅁ 진단 실시 일수는 하루 8Man-Hour 기준으로, 최대 4Man-Day 원칙(일반건강진단)이며, 진단보고서 작성일은 1MD에 포함한다.

3) 진단비용 및 부담

- ㅁ 진단비용은 30만원/1MD 원칙
- ㅁ 진단비용 부담

○ 일반 건강진단 컨설팅 수행 일수

- 종업원 수를 반영한 진단의 난이도를 고려하여 표2-13과 같다.

표2-14. 일반 건강진단 대상업종별 종업원 규모별 컨설팅 수행일수

진단신청 대상 업종(표준산업분류번호)	2MD	3MD	4MD
• 제조업(C) · 광업(B) · 운수업(H) • 출판, 영상, 방송통신 및 정보서비스(J) • 사업시설관리 및 사업지원 서비스업(N) • 전문, 과학 및 기술서비스업(M) • 하수처리, 폐기물 처리 및 환경복원업(E) • 건설업(F) 中 산업플랜트 건설업(41225) · 조경건설업(41226) · 폐기물처리 및 오염방지시설 건설업(41224) · 배관 및 냉난방공사업(42201) · 건물용 기계장비 설치 공사업(42202) · 방음 및 내화 공사업(42203) · 소방시설 공사업(42204)	5인 미만	5인 이상 ~ 50인 미만	50인 이상

○ 구조적 경영애로기업(구조개선진단)

- 진단예산의 범위 내에서 최대 13MD까지 진단기관이 부담한다.

○ 경영개선진단 기업

- 진단예산의 범위 내에서 최대 10MD까지 진단기관이 부담한다.

4) 진단방법 및 내용

전문가가 진단신청 기업의 현장을 방문하여 진단을 실시하고, 기업경영 전반에 관한 현재 상황 · 위치, 경쟁력, 위기관리 역량을 중진공 진단시스템에 입력하여 종합적으로 분석 · 진단한다.

– 기술 · 산업 분석, 핵심역량분석, 경영성과분석 등
– 기업 성장통 원인, 위기관리역량 저해 요인 및 개선 포인트 도출
– 기업성장로드맵 및 개선방향 제시

마. 진단보고서 제출

전문가는 '진단시스템'을 활용하여 '진단보고서' 작성을 완료(진단시스템에 완료 체크)하고, 진단을 접수한 날로부터 30일(공휴일 포함) 이내에 진단보고서를 진단기관에 제출한다.

전문가는 진단보고서 작성을 완료하기 전에 진단기업 및 진단기관에 진단보고서 PT를 의무적으로 실시한다.

〈진단보고서 주요 내용〉

1. 기업현황 : 기업개요, 연혁 및 조직, 주주현황, 공정 및 설비현황
2. 기업환경 : ①기술및산업분석(제품공급체계, 시장규모 및 기술동향, 산업동향등), ②핵심역량분석(기능별 역량분석, 기업경쟁력분석, 기업성과분석등), ③경영성과분석(원가경쟁력, 투하자산효율성, 매출원가등)
3. 개선전략 : 기업성장로드맵 및 개선방향, 세부실천과제
4. 심층분석(옵션) :재무회계, 영업마케팅, 인사조직, 생산관리, 기업특화분야 등

바. 사후관리 및 코칭 실시

1) 사후관리 및 기업현장 애로사항 해결

진단기업에 대한 성과점검을 3년간 실시하고, 매년 성과점검 결과를 중소기업 건강관리 위원회에 보고한다.

기업건강관리팀은 성과점검을 직접 실시하거나, 한국기업데이터에 의뢰할 수 있다.

한국기업데이터는 재무 · 고용관련 자료를 기업건강관리팀으로부터 송부받거나, 직접 수집한 경우에는 성과점검 DB에 입력해야 한다.

공장설립, 노무, 보건 · 위생, 세무, 소방, 환경, 법무 등 기업현장 애로사항을 동행해결 지원한다.

2) 전문가 건강관리 코칭 실시

기업건강관리팀은 전문가가 진단을 실시한 진단기업의 진단보고서 송부 및 PT실시 여부를 확인하고, 필요시 맞춤형 안내 정보를 제공한다.

전문가는 진단보고서의 개선방안 및 세부실천과제에 대한 조언, 기업 자체 개선권고과제에 대한 조언 및 추가 애로과제를 발굴하는 등 진단기업에 대한 건강관리 코칭을 실시할 수 있다.

전문가는 진단완료일로부터 1년 이내에 「건강관리 코칭 보고서」를 건강관리 홈페이지에 온라인 제출한다.

3) 사후관리를 위한 진단기업의 협조

진단기업은 지방청 사후관리, 전문가 건강관리 코칭 및 한국기업데이터 성과점검을 실시하는 경우에는 고용 및 재무관련 자료(원천징수이행상황신고서, 재무제표)를 제출하여야 한다.

2. 중소기업 재기컨설팅 사업

중소기업청과 중소기업진흥공단은 경영위기 중소기업에 대해 전문가그룹의 심층진단을 통해 경영정상화를 지원하는 "중소기업 재기컨설팅사업"을 시행한다[29].

동 사업은 최근 국내외 경기침체가 장기화되면서, 기업이 경영상의 위기에 노출되는 등 부실위험이 증가하고 있어, 이에 대응하여 중소기업의 경영을 정상화하고, 재도약을 지원하기 위한 목적으로 추진하는 것이다.

동 사업은 진로제시컨설팅과 회생컨설팅 사업으로 구성되어 있으며, **"진로제시 컨설팅사업"**은 경영위기 기업을 전문가가 직접 방문하여 기업에 대한 심층진단을 통해, 기업회생(회생컨설팅), 사업정리, 구조개선 등 해당 기업의 향후 진로에 대한 맞춤형 처방을 제시하는 사업으로 2013년 4월 도입되었다. 중소기업 건강관리사업을 통해 '진로제시 컨설팅 처방'을 받은 중소기업이나 이자보상배율 1이하 등의 경영위기 기업이 신청할수 있으며, 업체당 최대 240만 원(컨설팅 지원일수 5일)까지 지원한다.

"회생컨설팅사업"은 진로제시컨설팅을 통해 결정된 회생 대상 기업과 법원의 회생컨설팅 사전평가를 받은 기업에 대해 회생절차 신청부터 회생계획 인가까지 전문가의 상담 및 절차 대행 등을 지원하는 사업으로 2013년 4월 도입되었다. 진로제시컨설팅의 결과 '회생컨설팅 지원가능 기업'으로 판단된 기업은 업체당 최대 3천만 원을 지원받을 수 있어, 경제적 어려움을 겪고 있는 회생기업들에게 도움이 되는 지원사업이다.

아울러, 2015년부터는 진로제시컨설팅 후 구조개선 처방기업 중 선제적 자금지원이 필요한 기업에 대해 구조개선 전용자금(300억원)을 지원하여, 중소기업 건강관리시스템을 통한 구조개선 기업, 경영

---

29) 중소기업청, 중소기업진흥공단. 경영위기 중소기업의 경영 정상화 지원 - 중소기업 진로제시 및 회생컨설팅 사업 시행 - , 2015.3.20. 보도자료

개선 진단기업, 워크아웃을 통한 구조개선 추진기업, 회생계획 인가기업 등에 연계지원한다.

중소기업 재기컨설팅지원사업은 **중소기업 재기지원시스템**(www.rechallenge.or.kr)에서 온라인으로 신청이 가능하다.

가. 중소기업 진로제시컨설팅 사업

1) 사업 목적

○ 경영위기 기업에 대해 전문가가 기업을 방문 · 진단하여 해당 기업의 향후 진로에 대한 맞춤형 처방 제시

* 구조개선(사업전환, 워크아웃 등), 기업회생(회생컨설팅), 사업정리 등

2) 지원대상 및 내용

표2-15. 중소기업기본법상의 중소기업 중 지원 대상 기업

지원 대상	컨설팅 내용
• 중소기업 건강관리사업을 통해 '진로제시 컨설팅 처방'을 받은 중소기업 • 이자보상배율 1이하(영업이익〈이자비용) • 신청대상 및 신청제외업종 참조 (공고문 참고)	**[기술사업성 분석]** • 기업 기술경쟁력 분석 • 사업계획 실현가능성 평가 **[재무분석]** • 재무제표 실사 및 추정 • 차입금 상환능력 분석 (청산 및 회생 등 기업의 진로를 제시) • 심층분석 (회생인가가능성 분석)

3) 2015년의 지원조건

○ 총 컨설팅 지원일수 5일이내, 최대 240만원 지원

표2-16. 진로제시컨설팅 비용 산출방법

분야	기술사업성 분석 수행		기술사업성 분석 미수행	
	일수	보수액	일수	보수액
재무분석	3일	180만원	3일	180만원
사업성 분석	2일	60만원	-	-

* 기술성 사업성분석은 기업에서 선택수행 가능하나, 회생컨설팅연계 및 구조개선자금 신청을 희망하는 경우 사업성분석 수행 필요
* 컨설팅 제세공과금(부가세 등 10% 내외)는 기업이 부담

4) 진행절차

그림2-20. 진로제시 컨설팅 진행 절차

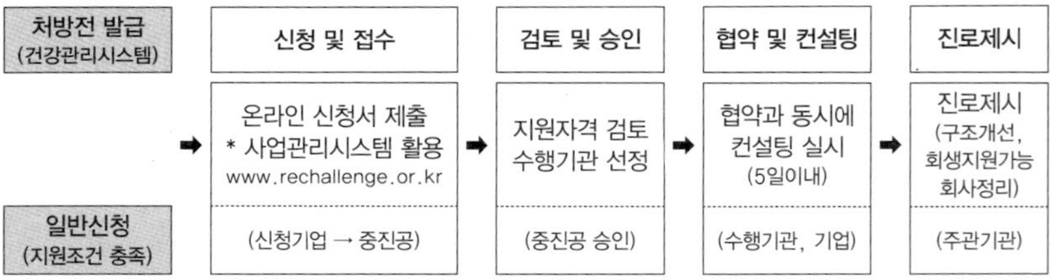

* 지원 대상(조건)에 포함될 경우 처방전 없이도 신청가능

〈 구조개선 필요기업 〉

▶ 자금지원을 통해 경영정상화 가능성이 높은 기업 : 구조개선전용자금 안내

▶ 기타 사업전환, 긴급경안자금, M&A, 유휴자산매각 등 지원정책 세부 상담

〈 사업정리 필요기업 〉

▶ 폐업, 파산, 재기교육(힐링캠프), 신용회복 등 재도전에 필요한 사항 안내

〈 회생계획인가 가능성이 높은 기업 〉

▶ 조기에 법원 '회생절차'에 진입하도록 유도하고, 회생계획인가 시까지 회생컨설팅 지원 (예산소진시 지원불가)

그림2-21. 진로제시 컨설팅 결과 처리

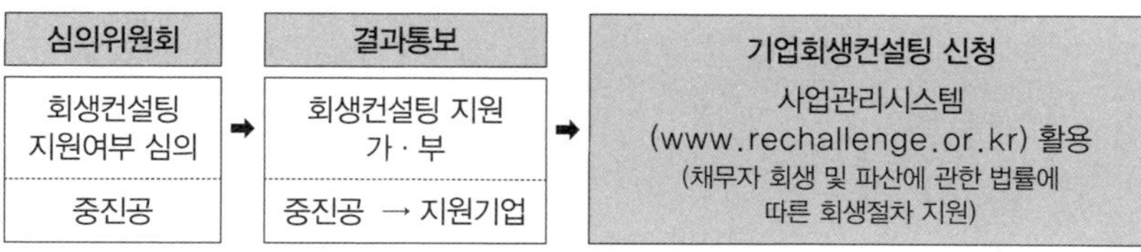

나. 중소기업 회생컨설팅 사업

1) 사업 목적

경영위기에 직면한 중소기업의 법적 회생을 지원하여 신속한 경영 정상화 및 효율적 회생을 지원하는데 있다.

2) 도입 경과

중소기업청은 2008년부터 회생절차가 진행 중인 중소기업에 대해 연 2억 원의 예산 내에서 업체 당 1,800만원을 한도로 컨설팅 비용을 지원하였는데, 이는 변호사나 회계법인의 자문료 지원에 투입되는 상황에 있었다. 법원은 회생 절차에서 조사위원을 선임하여 활용하는데, 회생기업이 절차 초기에 예납하는 절차 비용의 대부분은 조사위원(회계법인)의 보수로 지출되는 상황에 있었다.

그런데 , 6년 간의 회생절차 개시결정 업체를 기준으로 한 졸업율은 10.4%로서 상당히 낮은 반면, 중도폐지율이 89.6%에 달하는 것으로 집계되었다. 특히 2011년에는 1,390개 기업에 대한 회생절차 신청이 법원에 접수되었지만 1,089개 기업에 대해서만 회생절차가 개시되었고, 이 중 552개 기업이 중도폐지되었다.

이에 따라 서울중앙지방법원은 2012년 3월 2개의 회사를 대상으로 회생컨설팅을 시범실시하였다[30). 대상회사의 경영환경 및 내부 역량을 분석 · 평가한 후 경영전략 수립한 회생 컨설팅은 긍정적인 기능을 수행하였다는 평가를 받았다. 이후 2012.12.11. 서울중앙지방법원 파산부는 유관기관 초청 하에 '중소기업 회생절차 개선을 위한 간담회'를 개최했다.

간담회에서는 중소기업들이 경영실패 원인의 진단과 경영 정상화 계획 수립에 어려움이 있고 금융기관을 통한 자금조달이 어려워 관리인의 개인적인 인맥을 통한 자금 조달에 의존하는 상황이 문제점으로 꼽혔다. 또 채권 금융기관의 채권액이 크지 않고 회생 여부 불투명 등의 사정으로 회생절차 과정에서 채권자협의회를 통한 관리인 견제 기능과 채무자 지원 역할이 원활하지 못한 점도 지적됐다.

중소기업청에서는 "회생신청 중소기업에 대한 회생 인가율은 30%로 낮은 편이고 인가 후 회생에 성공하는 회사도 미미하며 중소기업 경영진들이 회생절차에 대한 이해도가 낮아 전문 회생컨설팅을 거친 후 회생과 파산 중 선택할 수 있도록 지원하는 것도 하나의 방안"이라고 제시하였다.

간담회에 참석한 회생회사인 뉴영엠테크(주) 측은 "변호사 혼자 회생계획을 설립하는 등 업무를 진행할 경우 자칫 부실한 업무가 우려되는데 CRO의 적절한 개입으로 고비마다 좋은 결과를 가져올 수 있었다"며 "회생계획안 작성 단계에서부터 CRO와 회사가 변호사와 공동으로 협력할 수 있다면 좋을 것 같다"는 의견을 냈다.

30) 인가 전 회사로서 뉴영엠테크(주) 및 인가 후 회사로서 ㈜바팩스

그간의 사업의 성과를 분석해본 결과, 회생컨설팅을 지원받은 기업의 경우, 평균 회생인가율(57.6%)이 '09~'13년 간 법원 평균 회생인가율(34%)보다 높은 것으로 나타나고 있어, 동 지원사업이 한계기업의 사회적 비용 최소화 및 성공적인 기업회생 유도에 기여하고 있는 것으로 파악된다. 이에 따라 중소기업청은 종래 실시해 오던 중기 회생 관련 컨설팅 사업의 확대 개편과 법원의 회생 컨설팅과 적극 연계하고, 법원은 간이회생제도에 의한 간이조사위원제 도입을 추진하였다(제8장 제1절 회생 절차 참조). 특히 회생컨설팅을 지원받는 기업은 엄선된 전문가 풀(중소기업 구조개선전문가, 회계사 또는 변호사)의 도움으로 회생절차가 원할히 진행되어, 자금 경색기업의 재기가 빨라질 것으로 보인다.

3) 지원 대상

중소기업청에서 시행하는 진로제시컨설팅사업*에 참여한 기업으로 컨설팅 결과 '회생컨설팅 지원가능'으로 판정된 기업이 대상이다.

* 진로제시컨설팅 : 전문가가 기업을 방문 · 진단하여 사업정리 또는 회생 등 향후 진로를 제시해 주는 사업

○ 진로제시컨설팅을 받지 않고 업무제휴 법원*에 회생절차를 신청한 경우, 회생컨설팅 사전평가*를 통해 '회생컨설팅 지원가능'으로 판정된 기업

* 업무제휴 지방법원 : 제휴법원은 재기지원시스템(www.rechallenge.or.kr) 공지
* 회생컨설팅 사전평가 : 위의 진로제시컨설팅을 받지 않고 기업회생컨설팅을 희망하는 경우 전문가와 중소기업진흥공단 직원이 기업현장을 방문하여 회생컨설팅 지원의 적절성 여부를 평가

4) 2015년의 지원 내용

○ 범위 : 회생신청부터 회생인가까지 전 과정에 대한 상담 · 자문 등

○ 비용 : 최대 3천만원 이내 차등지원[31)]

* 컨설팅 범위 등에 따라 한도액 및 지원 비율 차등적용

○ 기간 : 협약일로부터 9개월 (1회에 한해 3개월 연장 가능)

5) 기업회생컨설팅 진행절차

그림2-22. 기업회생 컨설팅 진행 절차

신청 · 접수 (회생컨설팅 사전평가)		컨설팅 승인		수행기관선정 및 협약서류 제출		협약체결		기업부담금 납부		컨설팅 실시
온라인 신청서 제출 *사업관리시스템 활용 www.rechallenge.or.kr	➡	컨설팅 승인	➡	수행기관선정 및 협약서류 제출	➡	지원기업/수행기관/주관기관	➡	부담금 납입 및 증빙서류 제출	➡	중간점검, 완료점검
신청기업 → 중소기업진흥공단		중진공		신청기업/중진공 수행기관 → 중진공		중진공		신청기업 → 수행기관, 중진공		중소기업 진흥공단

* 수행기관(회계법인+법무법인) 선정 : 세부내용은 참고2 참조

* 협약체결 : 컨설팅 승인 이후 다자(기업, 수행기관, 중진공)간 협약체결

31) 시장 조사 결과 회생컨설팅 비용이 법원 절차에서의 조사위원 기준 보수(변호사 보수 포함)의 2배 수준으로 파악되었음에 따라서 회생컨설팅 비용을 조사위원 기준 보수의 1.5배 수준으로 산정하였다(정부지원금과 회생기업이 분담). 이 기준금액은 진로제시컨설팅의 결과로서 회생컨설팅이 착수된 경우를 전제로 한 것이다. 진로제시 컨설팅을 거치지 않고 회생절차 개시신청을 하는 경우 및 회생 절차 개시 전에 신청 대리인으로서 변호사를 선임한 경우가 있을 수 있으므로 유형을 세분하여 지원기준과 금액을 규정하였다. 어느 경우에도 회생기업이 기존 법원 절차의 조사위원 보수로 지급하던 부담액보다 증가하는 상황은 발생하지 않는다. 구회근, 양인호, 중소기업 회생절차 개선방안, 법원도서관 도산법 실무연구 127집, 2013.

3. 수출컨설팅과 FTA컨설팅의 통합

2013년 6월 27 제133차 대외경제장관회의에서의 「**중소기업의 FTA 활용촉진을 위한 종합대책**」에서 중기청은 FTA컨설팅을 무역단계별 프로세스 전체에 대한 컨설팅으로 확대하였다.

수출컨설팅과 FTA컨설팅을 통합하여 시장조사, 바이어발굴, 세일즈, 계약, 생산, 통관(FTA원산지), 물류, 결제, 사후관리 등 무역전반에 대한 Total 컨설팅을 제공한다.

○ 컨설팅 프로세스 개선을 통한 효율성 제고) 통합 가이드라인을 마련하여 컨설팅 운영체계 전반을 개선

○ (기업 수용성 및 선택권 제고) 업종별 우수 사례, 컨설팅 진행 방식을 기업에 사전에 제공하고 기업현황도 사전 진단

- 기관간 컨설턴트 풀을 공유하고, 컨선턴트 풀을 기업에게 사전 제공, 컨설턴트를 선택할 수 있도록 함으로서 컨설팅 효과를 제고

○ (컨설턴트 전문성 강화) 수행기관 합동으로 컨설턴트 전문화 교육실시

- 전담기관을 지정하고 다양한 분야의 전문강사를 활용하여 교육 단계에서부터 원산지, 업종별, 품목별 등 컨설턴트 전문성 강화

  * (관세청)정보원 주관 "FTA컨설팅 양성과정", (중기청 · 종합센터)자체교육

○ (성과중심 평가체계 개편) 컨설턴트 평가시 만족도 조사 등 질적지표를 반영하고, 컨설팅 수혜 기업의 FTA 수출 성장실적을 평가

- 평가결과 우수기업은 해외수출 및 수출금융 프로그램 등에 추천하고, 우수 컨설턴트는 인센티브(가산금 등)를 부여

○ (기업의 참여의식 제고)기업의 참여의식과 컨설팅 품질제고를 위해 비용 일부를 기업이 자부담하도록 하되, 영세 중소기업에 대해서는 현재와 같이 무료 컨설팅 서비스 계속 제공

* (현행) 관세청(0~30%, 매출액 기준), 중진공(30%), FTA 종합센터(무료)

표2-17. 컨설팅 수행단계별 개선방안

사전준비	• FTA 활용정보 · 컨설팅 모범사례 제공 • 컨설턴트 정보 제공 및 기업현황 사전진단
컨설팅 수행	• 수행기관간 협의체 구성/기관별 · 컨설턴트별 특화 • 현장맞춤형 컨설팅/대상기업에 컨설턴트 선택권 부여
평가	• 컨설팅 성과 중심으로 평가 • 우수 수진기업 · 컨설턴트 인센티브 부여
사후관리	• 수진기업별 전담 컨설턴트 지정 · 관리 • 사후 컨설팅 서비스 제공

4. 중소기업 지원사업 통합관리시스템

기획재정부와 중소기업청은 2015년 △맞춤형 지원방식 도입 △중소기업 지원 통합관리시스템 구축 △분야별 지원 한도제 운영 등을 주요 내용으로 하는 '중소기업 재정지출 효율화 방안'을 마련한다.

정부는 우선 중소기업에 대한 과다한 지원을 막고 기업성과 중심의 사업관리를 위해 이력과 성과를 관리할 수 있는 '**중소기업 지원 통합관리시스템**'을 구축하기로 했다.

그동안은 지원 기관별로 지원 업체를 개별 관리하고 있어 한 기업이

여러 기관의 사업을 지원 받아도 파악하기 어렵다는 지적이 있었다.

현행 기업이 정부지원을 받기 위해서는 각각의 지원기관에 따로 신청해야 했지만 앞으로는 건강진단만 신청하면 필요한 지원을 받을 수 있게 된다.

특정기업에 대한 과다한 지원을 막기 위해 중소기업 지원 사업별 특성을 고려한 한도를 설정해 운영하는 '중소기업 지원 한도제도'도 도입한다. 가령, 중앙부처와 각 지자체의 정책융자금 지원 한도는 기업당 총 50억원까지, 중소기업청이 소관하는 R&D는 기업당 연 2회 내에서 총 7회까지만 지원하는 식이다.

한편 대기업 전문가들도 중소기업에 컨설팅 봉사를 제공한다. 전경련과 중소기업협동조합의 중소기업 경영 자문 봉사단은 주요 대기업 CEO와 임원 출신의 지문위원 150여 명이 '동반성장'을 통하여 경제 발전에 기여한다(http://www.fkilsc.or.kr).

한국CEO협회의 중소기업 재무경영 자문 봉사단은 자원봉사를 희망하는 전 현직 CEO회원들이 CEO로서 쌓아온 재무경영 경험과 노하우를 봉사정신을 토대로 무료로 전수하여 중소 중견 기업의 재무경영 애로사항을 지원한다(http://cfokorea.org).

제2장 참고문헌

관계부처 합동, 제3차 대 · 중소기업 동반성장 기본계획, 2014.11.17.

관계부처 합동, 선순환 기업생태계 조성을 위한 중소기업 재도전 종합대책, 2013.10.30. 경제장관회의

관계부처 합동, '한국형 히든챔피언 육성 대책' 2014. 10. 30. 제35차 경제관계장관회의

교육부, 한국연구재단, 대학 산학협력활동 조사보고, 2012

구정한, 중소기업 자금지원 및 구조조정 체계 현황과 과제 캠코리뷰 2014.3.

구회근, 양인호, 중소기업 회생절차 개선방안, 법원도서관 도산법 실무연구 127집, 2013

국회입법조사처, 중소기업 수출 지원 체계의 문제점과 개선 방안, 2014.12.26.

금융위원회, 창업 · 중소기업 금융 환경 혁신을 위한「정책금융지원의 다양화 방안 2012.4.19

㈜기술과 가치, 「대 · 중소기업 상생협력 사례 분석 정책연구」과제에 대한 최종보고서, 2006.9.10

김주훈, 대기업과 중소기업 간 양극화에 관한 해석, KDI FOCUS, 2012.4.30.

김주훈, 중소기업의 구조조정과 지식집약화, 1996.8. kdi

김준기, 이석원, 이영범, 장경호, 신기철, 중소기업 정책자금 지원 사업의 효과성 분석: 중소기업진흥공단 지원 사업을 중심으로, 한국행정학보 2008.6.

노민선,"중소기업 핵심인력 이직 현황 및 장기재직 활성화 방안" 중소기업연구원 2014.10.7.

대한상공회의소 기업정책팀, 중소기업의 해외시장 진출실태와 정책과제 보고서, 2014.7. 1

IBK경제연구소, 위기 이후 대 · 중소기업 양극화 실태와 정책과제, 2010.5.10.

박우종, 중소기업의 혁신역량이 대 · 중소기업 협력성과에 미치는 영향에 관한 실증연구, 2014. 한양대 박사논문

박충렬, 대 · 중소기업 양극화 현황과 대책, 국회입법조사처 이슈와 논점 2010.8.4.

산업통상자원부「중소기업의 FTA 활용촉진을 위한 종합대책」2013년 6월 27 보도자료

산업통상자원부, 2017년까지 1만개 이상 내수기업을 수출기업화 하기로, 2014.8.12. 보도자료

산업통상자원부「중소기업의 FTA 활용촉진을 위한 종합대책」2013년 6월 27 보도자료

이수행 한국과 대만의 기업생태계 비교연구 경기연구원 정책연구 2013-55

이종영, 중견기업 특별법 제정의 의미와 시사점, 중견기업연합회 자료실, 2014.7.20.

산업통상자원부「중소기업의 FTA 활용촉진을 위한 종합대책」2013년 6월 27 보도자료

재정경제부, 중소기업금융지원체계 개편 방안 2005.6.23.

정구현, 한 대만 성장 동력 수명 다해 새로운 모드 필요, Chindia plus, 2014.5

정운찬, 2014.11.10 한겨레 시론. 중소기업 적합업종 법제화해야
중소기업청, 중소기업진흥공단. 경영위기 중소기업의 경영 정상화 지원 - 중소기업 진로제시 및 회생컨설팅 사업 시행 - , 2015.3.20. 보도자료
한국법제연구원, 중소기업 재기지원 활성화를 위한 사업전환촉진법 개정 방안 연구, 2014.
한국은행, 한 · 중 · 일 교역에 함유된 부가가치 사슬과 상호의존성에 관한 연구, 국민계정리뷰 2015.3.5.
한국법제연구원, 중소기업 재기지원 활성화를 위한 사업전환촉진법 개정 방안 연구 용역보고서, 2014
한국인적자원관리학회, 최고경영자, 전략, 구조 및 관리시스템 특성이 중소기업의 성과에 미치는 영향에 관한 한 대만 비교 연구, 인적자원관리연구 13권 3호 .2006. 9.
http://www.smba.go.kr/board/boardView.do?board_id=SMBA_PUBLIC_15&seq=45964&mc=usr0001058

제3장

중소기업 사업구조조정

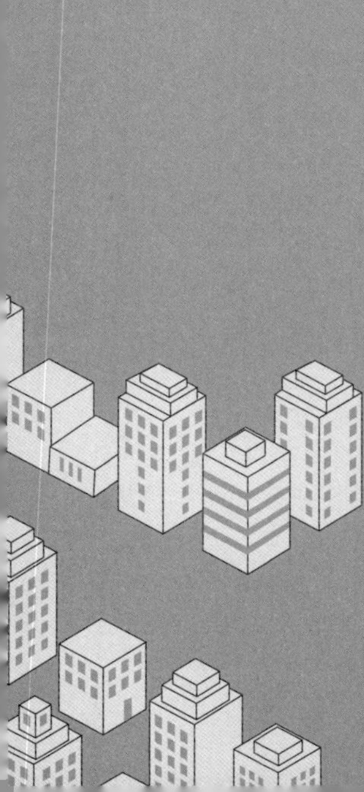

제3장 중소기업 사업구조조정

제1절 중소기업 사업구조조정의 의의

'10.5월, 대한상공회의소의 300개 중견중소기업체 조사[1] 결과에 의하면 미래에 회사가 먹고 살 수익원을 얼마나 확보하고 있느냐는 설문에 대해 '확보하지 못했다'는 응답이 27.8%, '향후 3년까지 확보했다'는 응답이 23.3%로 절반 (51.1%)이상의 기업들이 3년 이후의 미래 수익원을 확보하지 못하고 있음을 드러냈다(5년까지 확보 34.7%. 10년까지 확보 14.2%). 중소기업 사업전환 촉진에 관한 특별법이 2005년 입법되었고, 2015년의 기업 활력 제고를 위한 특별법안에서도 중소 · 중견기업의 사업혁신 지원을 도입하고 있다[2].

1. 중소기업의 사업전환 요인

가. 제품 계획

대다수의 중소기업들은 직간접적으로 대기업의 협력업체로서 부품공급 및 외주 임가공 등을 담당하고 있으므로 최종 매출액 및 부가가치는 대기업 쪽에 집중될 수밖에 없다. 주문자 측에서 납품업체의 선

1) 대한상공회의소, 중견 · 중소기업의 성장잠재력 확충노력과 정책과제, 2010.5.13.

2) 기업 활력 제고를 위한 특별법안 제32조(중소 · 중견기업의 사업혁신 지원) 국가 및 지방자치단체는 승인기업이 중소 · 중견기업인 경우 사업재편에 필요한 국내외 판로 개척, 정보제공, 전문인력 양성 및 경영 · 기술 · 회계 자문 등을 지원할 수 있다.

정기준은 가격, 품질, 납기, 기술, 거래실적, 인적자원 관계, 자금사정 등을 감안한다. 대기업 측에서는 규모의 경제가 작용하지 않아 자체 생산할 경제성이 없는 품목을 중소기업에 발주하며, 하도급 중소기업은 소비재 완성품이 아닌 생산재 부품을 주문방식에 의해 생산한다. 이러한 품목은 원재료의 형태나 품질이 다양하여 규격화되기 어렵거나 계절성을 갖는 경우가 해당될 것이다. 또한 공정이 여러 단계로 분산되고, 부품의 수가 많은 경우, 정밀한 숙련노동을 필요로 하는 업종이 해당된다. 중소기업에 유리한 업종은 다음과 같다.

- 서비스의 비중이 높은 제품
- 독특한 서비스
- 개발 기간이 짧은 신제품
- 좁은 범위의 특수한 제품 라인
- 썩기 쉬운 제품

중소기업 측에서의 제품계획은 신제품의 개발 외에, 기존 제품의 개선과 새로운 용도를 개척하여 수명주기를 늘리고자 한다. 신제품을 출시한 후에도 추가를 하거나 축소해야 하는 경우가 발생하는데, 이를 제품 다양화 및 제품 단순화라 한다.

그러나 하도급 중소기업의 경우 특정 발주기업에만 의존해서는 성장에 구조적으로 한계가 있으므로, 발주 고객 수를 늘려 가야하고, 이를 위해서 다품종 소량생산에 적응해야 한다.

근래의 시장은 수요자 측의 변화를 민감히 파악하여 끊임없이 제품을 발전시키는 '고객지향형' 다품종 소량생산이다. 이를 위해서는 전문기술과 시스템을 갖추고서, 비정형적인 요구에 대응할 수 있어야 한다. 지금까지는 물건을 만들 때 틀을 제작해 물건을 찍어내야 해 비용이 많이 들고 시간도 오래 걸렸지만 3D프린터를 이용하면 기존의 금형제작방식과 비교해 더욱 복잡한 모양의 물건도 적은 비용으로 빠른 시간 안에 만들 수 있다[3].

나. 사업전환의 요인

사업전환의 외부요인은 산업환경의 변화, 경쟁구조의 변화, 요소시장의 변화들로서 다시 구조적 요인과 경기순환적 요인으로 구분된다. 구조적 요인은 경쟁사의 진출, 생산조건의 변화, 수요구조의 변화, 유통구조의 변화, 과당경쟁, 시장개방 등이다[4].

사업전환의 내부요인은 능동적 요인과 수동적 요인으로 구분된다. 능동적 요인은 마케팅, 품질관리, 기술에 우위인 역량을 확대 이용하기 위한 경우이다. 수동적 요인은 채산성의 악화 등 외부요인과 무관한 내부사정을 의미한다.

1) 대기업의 글로벌 소싱

대기업이 다양한 반제품 부분품 부품을 해외로부터 소싱할 경우, 공급자를 선정하기 위한 정보비용, 공급자와 가격이나 품질 수준을 협상하는 데 소요되는 협상비용. 계약한 제품의 품질 납기 등을 지키도록 하는데 비용이 발생한다. 이를 감수하면서 대기업의 해외 소싱을 결정한다면, 국내의 기존 중소협력업체에게 불확실성이 증가된다

---

3) 최진성 한국3D프린팅 협회장, "3D프린팅이 산업구조 바꿔 다품종 소량생산 시대 올 것", 동아일보 2015.2.4.

4) 지용희, 이윤보, 한정화, 중소기업론, 경문사, 2005

[5]. 이때 국내 중소협력업체는 글로벌 기업의 단순한 하청업체로 그 역할을 낮추거나, 유통망이나 부품망 그리고 서비스망을 상호간에 공유하는 역할을 수행하거나, 또는 전략적 파트너로서의 역할 중에서 선택을 강요당할 것이다.

2) 부품의 모듈화

부품산업의 경우 **모듈화**에 의해서 부품업체의 축소와 대형화가 수반된다[6]. 모듈이란 여러 개의 부품을 부위별로 정리해 조립한 부품들의 집합체를 의미하며, 임금수준이 높은 독일에서 발전하여 원가절감에 기여하였다. 예컨대 운전석 모듈의 경우 과거에는 부품들이 따로 완성차 업체에 납품됐으나, 모듈화 이후에는 한 업체에서 운전석 모듈을 세트로 제작해서 납품한다. 기존의 JIT(Just In Time) 조달방식이 부품을 필요한 만큼 필요한 시간에 완성차 공장에 조달하는 것을 목표로 했던 반면, 모듈조달방식의 JIS(Just In Sequence)는 필요한 부품을 필요한 형태 및 순서로 필요한 시간에 완성차 공장에 공급을 추진한다[7].

다. 중소기업의 혁신역량

혁신은 새로운 아이디어와 신기술을 도입하고 이를 성공적으로 응용함으로써 새로운 가치를 제공하는 제품 및 서비스를 창출하는 과정으로 이해할 수 있으며, 연구개발부터 시장출시에 이르는 전 과정이

---

5) 김수욱, 글로벌 기업경영과 상생협력 전략, 대 중소기업 상생협력의 전략과 과제, 전경련 중소기업협력센터, 2007.12.

6) 서석훈, 독일, 자동차 부품 모듈화 동향, KOTRA 글로벌윈도우 2013.10.6.

7) 노재성, 韓國 自動車 部品産業의 모듈화 戰略에 關한 硏究, 울산대 2005

포함되어 있다.

급진적 혁신은 기존 기술과 다른 근본적 기술상의 변화가 나타나는 신제품과 공정의 출시를 의미하고, 점진적 혁신은 현재의 기술에서 간단한 응용 또는 약간의 개선을 나타내는 혁신이다.

관리혁신은 조직구조와 관리프로세스를 포함하는 반면, 기술혁신은 제품, 서비스 및 공정기술을 포함하고 제품이나 공정과 직접 관련성을 가진다. 공격적 혁신은 경쟁우위를 확보하기 위해서 경쟁자들이 사용하지 않는 방식을 구사한다. 중소기업의 **혁신역량**은 다음의 유형으로 정의된다[8].

- 신제품 개발을 통해 시장의 니즈를 충족시킬 수 있는 역량
- 적합한 프로세스 기술을 사용하여 신제품을 생산할 수 있는 역량
- 신제품을 개발, 채택하며 장래의 수요에 대응할 기술을 취급할 역량
- 예측 불가능한 상황과 경쟁사에 의해 발생하는 예상 외의 기술 활동에 대한 대응역량

중국기업의 경우 혁신역량에 대한 연구에 의하면 연구개발, 자원배분, 생산, 마케팅, 조직의 5개 부문이 제시된다[9]. 이중 자원배분 역량이 가장 중요하고, 다음으로 연구개발이 유의한 영향을 미친다고 보고되었다.

8) 박우종. 중소기업의 혁신역량이 대·중소기업 성과에 미치는 영향에 관한 실증연구, 한양대 2014 박사학위 논문

9) Richard C.M. Yam, Jian Cheng Guanb, Kit Fai Pun, Esther P.Y. Tang, An audit of technological innovation capabilities in chinese firms: some empirical findings in Beijing, China, Research Policy Volume 33, Issue 8, pages 1123-1140, 2004.10.

라. 기업경영의 글로벌화

1) 생산과 시장의 글로벌화

기업경영의 글로벌화는 생산의 글로벌화와 시장의 글로벌화로 크게 나눌 수 있다. 생산의 글로벌화는 각 국가들에게 존재하는 토지, 노동력, 자본 등의 생산요소의 가격 및 품질에 대한 차이를 활용하기 위해 전 세계 여러 국가에서 제품과 서비스를 조달하는 추세를 말한다. 이와 같은 생산의 글로벌화를 통하여 기업은 전반적인 원가구조를 개선할 수 있으며 제품의 품질과 기능을 향상시킬 수가 있다.

그림3-1. 생산의 글로벌화

발전단계	내용
국내지향 아웃소싱 정책	국내 중소협력업체를 대상으로 기업의 다양한 소싱정책의 수행 및 범위 확대단계
⇩	
글로벌지향 아웃소싱 정책	글로벌 협력업체를 대상으로 기업의 다양한 소싱정책의 수행
⇩	
글로벌 판매법인 구축	글로벌 시장에 대한 공동대응을 위한 현지 판매법인 설립 및 해외시장 공동 개척단계
⇩	
글로벌 생산라인 구축	생산시설의 국제적 이전 및 글로벌 생산 시스템 구축

(자료 : 글로벌 기업경영과 상생협력 전략, 대 · 중소기업 상생협력의 전략과 과제, 전경련중소기업센터 2007.12.)

한편 시장의 글로벌화는 전통적으로 구분되어 독자적으로 존재하던 국가 시장들이 하나의 글로벌 시장으로 통합되는 추세를 나타내며 많은 산업에서 각국의 독자적인 시장을 분리하여 생각하는 것은 의미가 약해지고 있다. 이와 같은 시장의 글로벌화는 무역장벽의 철폐로 인해 국제적 판매가 용이해지고 있고, 소비자의 기호와 선호가 글로벌 수준으로 수렴되고 있으며, 기업은 동일한 제품을 범세계적으로 판매하는 추세에 기인하고 있다.

기업이 특정국가에 제조설비를 가지고 있다면, 생산된 제품을 소비자, 소매상, 도매상에게 직접 판매할 수 있으나 제조설비 없이 해외시장에 진출하는 경우에는 소비자 · 소매상, 도매상 외에 수입대행업체를 활용할 수도 있다. 기업의 해외진출에 따른 유통전략의 선택과 관련하여 가격이 중요한 경우에는 유통경로별로 유통마진이 추가되므로 짧은 유통경로가 바람직하며, 소매분야가 매우 다양하게 분산된 경우에는 판매비용의 절감 및 배타적 유통채널의 이용 등을 목적으로 유통경로가 길어진다.

2) 해외진출 형태

이와 같은 글로벌화에 따른 기업의 해외시장 진출 형태로서는 수출, 라이센싱, 해외직접투자로 크게 나눌 수 있다. 해외시장 진입에는 다음의 방식들이 가용하다.

- 수출은 가장 일반적인 해외시장 진입방법으로, 본국에서 생산하여 해외시장에 판매하는 방법이다. 해외에 많은 수익 기회가 존재하고 규모의 경제의 이점을 살릴 수 있으나, 해외시장에 대한 체계적 지식과 노하우가 필요하고 많은 서류가 요구된다.
- 단독투자는 현지에 직접 100% 또는 다수 지분으로 투자하여 경영권을 장악하는 방식으로서, 가장 위험이 큰 대안이고 자원 투입도 많아 성공 시 보상도 크다. 저임금 활용, 관세 회피, 원자재 구입, 시장 개발의 목적으로서 시장 환경 변화에 유연한 대응

이 가능하며, 기존의 현지 기업을 인수하거나 신규법인의 설립 중 선택할 수 있다.

- 라이선싱은 특허, 상표, 기술, 공정의 사용 권리를 해외에 판매하는 방식으로서, 해외 진출의 위험은 최소화되지만, 수익성은 낮다.
- 프랜차이징은 제품의 기술, 시스템 및 경영관리 서비스를 해외 제휴권자에게 패키지로 판매하는 방식이다. 수직적 시장통합의 형태로서, 적은 자본으로 신속히 해외시장에 확장하는 장점이 있으며, 현지국 정부의 우호적 태도를 끌어낼 수 있다.
- 합작투자는 현지에 법적 조직체를 결성하여 합작 파트너와 지분을 공유하며 공동 경영하는 방식이다. 현지 파트너의 자산과 기술을 활용할 수 있으므로, 법적·문화적으로 익숙하지 않은 지역에 진출에 활용한다.
- 컨소시엄은 해외의 대규모 프로젝트에 참여할 때 많은 기업이 참여하여 역할을 배정하고, 경영관리 자원과 자금을 공동으로 이용하여 진출한다.

그러나 중소기업의 경우 해외시장의 구매자 물색, 환리스크 대응, 수출입 관련 복잡한 절차와 자금조달 등으로 수출의 어려움을 겪고 있다. 중소기업의 해외진출과 관련한 일반적인 애로로서는 불충분한 해외시장분석, 해외시장의 경쟁상황분석 미흡, 현지화 제품개발 실패, 효율적 유통채널의 미확보, 판촉활동의 실패, 자금부족, 현지국의 문화에 대한 이해부족, 수출에 따른 각종 규정 미숙 등을 들 수 있다.

이와 같은 어려움을 해소하여 중소기업의 수출을 촉진하고자 중소기업청은 다양한 중소기업 지원정책을 펼치고 있다. 중소기업 수출

지원제도 외에 자체적으로 해외수출의 위험을 감소하는 방법으로서는 수출을 대행하는 수출관리회사의 활용, 수출 유 경험 컨설턴트 활용, 소규모의 해외시장 진입, 소수의 해외시장 집중, 현지인 채용, 현지생산의 옵션 고려 등의 방법이 있다. 한편 중소기업의 해외 수출대금의 안전한 회수를 위한 자금결제제도로서는 수입거래선의 수입대금 지급을 보증하는 은행 간의 신용장(L/C) 거래를 활용할 수 있고 수출 신용장 및 수출계약서 등에 의하여 물품을 수출하거나 국내 공급하고자 하는 경우 수출용 원자재 확보를 위한 무역금융을 지원 받을 수 있다. 해외 수출금액의 회수를 보증하는 제도로서는 한국무역보험공사의 수출보험제도와 일부 금융기관이 제공하는 국제팩토링 서비스가 있으며 이들 기관은 해외 수입선에 대한 신용조사 업무를 대행하기도 한다.

3) 해외직접투자의 내용

수출과 해외투자는 일단 내수시장에서 경쟁력을 확보한 기업이 해외 매출을 늘리는 과정에서 순차적으로 시도하는 시장개척활동이다. 수출에서는 운송비용과 무역장벽이라는 장애가 있어 이를 회피하는 수단으로 해외직접투자를 선택한다. 한편 라이센싱과의 비교에 있어서는 라이센싱 특유의 한계점 즉 기업의 주요한 기술적 노하우를 잠재적 경쟁자에게 넘겨줄 위험, 해외에서의 주요 경영활동의 통제 애로, 기업의 경쟁력이 제품 자체보다는 경영관리능력에 기초하는 경우 등의 요인으로 해외직접투자를 선호하게 된다(제1장 제2절-3 제조업 공동화 참조).

지난 30년간 해외직접투자는 국제무역이나 세계총생산보다 빠르게 증가하고 있다. 해외직접투자의 형태로서는 외국에 새로운 기업을 설립하는 신설투자(greenfield investments)가 주류이고, 중소기업이 외국에 있는 기존 기업을 인수하거나 합병하는 방식은 드물다.

기업이 해외진출을 검토하는 경우 다음의 사항을 고려할 필요가 있다.

- 이익의 극대화를 위해 생산활동을 최적의 지역에 배치
- 선도기업의 우위를 구축한 제품이 국제무역을 지배
- 해외진출 대상국가의 정부정책이 기업경영에 미치는 영향
- 국제시장에서의 기업들 간의 전략적 경쟁관계의 변화
- 해외진출 자사 제품의 수명주기상의 단계
- 해외진출 대상국의 자원 활용에 따른 시너지 효과
- 동종 산업의 동일지역 배치에 따른 지식의 습득

그러나 해외투자는 대기업에 편중되어 있다. 대기업은 투자액 대비 2.6배의 수출유발효과를 누리면서 대부분 국내 관계기업과 거래하고 있는 반면, 중소기업은 투자액 대비 0.5배의 수출유발에 그치고 있다[10].

마. 대 · 중소기업 동반 해외진출

대기업이 해외시장진출을 시도할 때, 기존의 내수시장에서 갖추고 있던 경쟁력 있는 공급사슬을 해외시장에서도 재구축하는데 드는 비용을 여러 각도에서 검토하게 된다. 당연히 현지에서 협력업체를 발

10) Kotra 동반진출지원센터, 대 · 중소기업 해외동반진출 확대방안 연구 2011.12 지식경제부 용역보고서

굴해 새롭게 거래하는 방안을 고려해 볼 수 있다. 하지만, 현지 사정에 밝지 못하면 역량을 갖춘 협력업체 발굴과 식별이 쉽지 않다. 그러므로 자국에서 오랫동안 거래해 오면서 신뢰가 두텁고 의사소통도 원활해 협력이 용이한 기존 협력업체들과 계속 거래하는 것을 선호하게 된다. 그런데, 자국으로부터 여러 유형의 부품이나 소재를 수입해 완성품을 현지에서 만들면, 부품이나 소재에 대한 수입관세나 물류비 등에 따른 부담으로 가격 경쟁력을 가지기 힘들 때가 많다. 이럴 때 대기업은 협력업체와의 동반진출을 적극적으로 고려하게 된다.

자동차 업계의 경우, 중국에 진출하면서 협력업체와의 동반 투자진출을 통해 큰 성과를 얻었으며, 자동차 업계의 중국 공장이 부품, 중간재 등을 한국으로부터 수입해 간 실적이 현저히 감소한 바 있다(제1장 제2절-3 제조업 공동화 참조), 휴대전화 생산의 경우 2009년부터 해외생산 비중이 국내를 추월하였다.

그러나, 부품업체의 해외진출은 자체의 판단이 아니라 고객업체의 요구에 의해 급박하게 결정될 때가 많다. 그러므로, 사전 준비가 부족한 상태에서 동반진출이 이루어 진 비율이 높다는 연구결과[11)]가 나와 있다. 대 · 중소기업 해외 동반진출에 대한 설문조사 결과, 대기업의 일부 해외동반진출 사례에도 불구하고 업계 전반의 관심과 협력모델이 부족하다고 평가되었다.

먼저, 협력 대기업의 필요에 따른 일부 업종에 국한되어 있다. 유통업체들은 해외지사의 판매제품 조달을 위해 국내업체 발굴에 집중하고 있고, 건설, 플랜트, IT 산업은 프로젝트 수행을 위해서는 기업간 컨소시엄 구성이 절실함에도 적절한 우수 사례가 공유되지 않고 있다. 또한, 대기업과 중소기업간 네트워크 협력에 대한 인식이 부족한

11) 오중산, “자동차 분야의 해외동반진출 방안”, 동아비즈니스리뷰, 2011. 5월호

상황이다. 대기업들은 네트워크 협력보다는 수직계열화를 선호하고, 중소기업들도 기술교류 외에는 기업 간 협력에 대한 인식이 부족하다는 연구결과[12]에 따라 코트라에서는 대 · 중소기업 해외동반진출의 3가지 모델로서, 해외 공동마케팅, 해외 프로젝트 공동수주, 해외 동반 투자진출을 제시하였다[13].

2. 사업전환 지원 입법

중소기업에게 사업전환의 필요성이 있지만 그의 실현 가능성은 낮다. 중소기업의 사업구조조정은 실질적으로 시장기능이 정상적으로 작동하지 않는 영역으로서, 정부의 적극적 개입이 불가피하다. 중소기업에 대한 사업전환 지원은 1988년 이후 「중소기업경영안정지원법」 등 특별법 제정을 통해 중소기업진흥공단에서 1994년까지 지원사업을 실시하여 왔으며, 그 후 관련 법률이 개정되면서 사업전환시책 등이 지방자치단체로 이관되어 있었다. 중소기업의 구조조정 촉진에 대한 규정이 여러 개의 법률에 산재하여 체계화되어 있지 않았다.

- **중소기업기본법 제9조(기업 구조의 전환)** : 정부는 중소기업의 구조를 고도화하기 위하여 중소기업의 법인전환, 사업전환이나 중소기업 사이의 합병 등을 원활히 할 수 있도록 필요한 시책을 실시하여야 한다.

---

12) 삼성경제연구소, "중소기업의 새로운 활로, 네트워크형 협력", 2011. 2. 23

13) Kotra 동반진출지원센터, 대 · 중소기업 해외동반진출 확대방안 연구 2011.12 지식경제부 용역보고서,

- **중소기업진흥 및 제품구매촉진에 관한 법률**(구 중소기업경영안정지원법) : 1995년 입법되어 사업전환의 개념정의, 사업전환대상 사업의 소개 · 보급, 유휴설비거래알선 등의 시책을 규정하였다(제2조, 제7조). 중소기업 구조개선방식을 합병, 공동사업, 사업전환, 이전, 경영합리화 방식으로 정하고, 정부와 지방자체단체가 지원하였다.
- **산업발전법** : 사업전환의 개념 정의, 유휴설비 정보제공 · 거래중개, 기업 간 협력의 촉진 등의 사업전환 지원에 대해 간략하게 규정하였다(제11, 13조).

이에 정부는 현재 영위하고 있는 업종의 사업에서 새로운 업종의 사업으로 전환을 하고자 하는 중소기업에 대해서 전환절차를 간소화하고 자금지원, 컨설팅지원 등 정책수단을 체계적으로 지원할 수 있는 구조조정 지원 체제를 구축하여 중소기업의 경쟁력 강화, 고부가가치화를 통한 국민경제의 균형 있는 발전을 도모하고자 2005년 **중소기업 사업전환 촉진에 관한 특별법**을 입법하였다[14].

당초 2015년까지 한시법으로 출발했지만 중소기업의 경제환경과 기술 트렌드의 급변이 일상화되고 있는 현실을 고려하여 2013년 개정에서 일몰기한을 삭제하여 일반법화 하였다(부칙 제2조 및 제3조 삭제).

특히, 한 · EU 및 한 · 미 FTA 등에 따른 중소기업의 구조조정 심화압력에 대응하여 중소기업 사업전환 지원사업을 지속적 · 체계적으로 수행할 수 있는 제도적 기반을 마련할 필요성이 있기 때문이었다.

---

14) 산업자원위원회, 중소기업 사업전환 촉진에 관한 특별법안 심사보고서 2005. 12.

가. 사업전환의 정의

제정법 제2조제2호에서는 **"사업전환"**을 중소기업자가 기존의 사업을 폐지하고 새로운 업종의 사업을 하거나 기존의 사업을 축소하고 새로운 업종의 사업을 추가하는 것으로 규정하고, 새로운 업종의 사업은 시행령 제2조에서 정하는 비중 이상(30%)으로 추가하는 경우로 한정하였다.

표3-1. 중소기업 사업전환 촉진에 관한 특별법상 사업전환의 정의

구분	사업전환내용	사업전환비중 (새 사업비중)
업종전환	영위업종 사업용 자산 양도 · 폐기 → 새로운 업종으로 전환	3년 내 완전전환
업종추가	현재 영위업종에 새로운 업종 추가	매출액 또는 인원수의 30%

한편, 현재는 경쟁력을 갖추고 있으나 미래를 대비하여 유망업종이나 국가경쟁력을 강화시킬 수 있는 전략업종을 가진 중소기업도 사업전환 대상사업에 포함시켜 경쟁력 있는 중소기업을 육성할 필요성이 있는 것으로 나타났다. 따라서 2013년의 개정법에서는 경쟁력을 갖추고 있으나 미래의 유망업종이나 국가경쟁력을 강화시킬 수 있는 전략업종을 영위하고 있는 중소기업자[15)]도 지원하도록 하였다(제3조).

15) 시행령 제3조(적용 범위) 법 제3조에서 "대통령령으로 정하는 기준"이란 상시 근로자 수가 5명 이상인 중소기업자로서 중소기업청장이 정하여 고시하는 바에 따라 업종 간 이동이 이루어지는 것을 말한다.

나. 사업전환촉진체계의 구축

법 제4조 내지 제7조에서는 사업전환촉진계획의 수립 · 시행, 중소기업 사업전환시책의 심의 · 조정, 중소기업 사업전환지원센터의 설치, 사업전환 실태조사 등을 규정하였다. 사업전환촉진계획에는 중소기업 사업전환정책의 추진방향, 사업전환지원체계의 구축 및 운영, 사업전환을 지원하기 위한 정책수단, 사업전환촉진을 위한 제도개선, 사업전환 중소기업자의 업종 · 규모 등에 관한 구체적인 사항과 그 밖에 중소기업청장이 필요하다고 인정하는 사항이 포함된다.

정부에서는 사업전환에 경험과 전문인력을 확보하고 있는 **중소기업진흥공단**을 지원센터로 지정하였다. 사업전환지원센터는 2007년 사업전환 및 무역조정지원센터로 개소하였고, 재도약성장처로 확대되었다.

- '중소기업진흥공단 사업전환지원센터'를 시범운영기관으로 지정('06.8)
- '중소기업사업전환지원센터'를 중소기업진흥공단에 설치('08.4) · 운영

* (설치근거)「중소기업 사업전환 촉진에 관한 특별법」 제6조, 동법 시행령 제6조 및 중소기업청 고시 제2007-32호(2007.12.21.)

다. 사업전환계획의 승인 및 관리

1) 승인신청

법 제8조에서는 사업전환을 하고자 하는 중소기업자는 사업전환에

관한 계획을 작성하고 중소기업청장에게 제출하여 승인을 얻도록 되어 있으며, 그 승인기준 및 승인절차 등에 관한 사항은 대통령령으로 정하도록 하였다.

- 사업전환의 필요성
- 새로 운영하거나 추가하려는 업종
- 사업전환의 내용과 실시기간
- 사업전환에 따른 근로자의 고용조정과 능력개발
- 사업전환에 필요한 재원과 그 조달계획
- 사업전환으로 달성하려는 매출액 등 목표수준
- 그 밖에 중소기업청장이 필요하다고 인정하는 사항

2) 승인기준

시행령 제8조에 의한 승인기준은 다음과 같다.

- 승인신청일 현재 3년 이상 계속하여 사업을 운영하고 있는 중소기업으로서, 사업전환계획이 사업전환의 범위에 해당할 것
- 사업전환계획의 승인을 받으려는 중소기업자가 법 제3조의 적용범위에 해당할 것
- 새로 운영하거나 추가하려는 업종이 제조업 및 서비스업 (한국표준산업분류상 농업, 임업, 어업, 광업, 제조업, 전기 · 가스 · 증기 및 수도사업과 건설업을 제외한 업종을 말한다)에 포함되고, 「중소기업창업 지원법 시행령」 제4조에 따른 업종에 해당하지 아니할 것
- 사업전환계획의 이행방법이 구체적이고 실현 가능할 것

중소기업청장은 해당 사업장에 대한 현장실사(現場實査)를 한 후 승인 여부를 결정한다.

라. 사업전환 지원 실적

중소기업 사업전환 지원사업은 2006년 9월부터 2012년 7월까지 총 1,199개 기업의 사업전환계획을 승인하였고, 1,442개 기업에 8,016억 원의 정책자금을 융자하였으며, 신사업모델 기획 등 사업전환 컨설팅으로 412개 기업에 56.7억 원을 지원하였다[16]. 중소기업의 사업전환계획 승인실적을 보면 현재의 업종을 영위하면서 새로운 업종을 추가하는 형태의 사업전환이 주류를 차지하고 있다.

표3-2. 사업전환계획 승인현황 (단위 : 개, %)

연도	업종전환	업종추가	합계
'06년(비율,%)	5(4.8)	5(4.8)	104(100.0)
'07년(비율,%)	10(5.8)	163(94.2)	173(100.0)
'08년(비율,%)	11(4.6)	226(95.4)	237(100.0)
'09년(비율,%)	8(3.8)	203(96.2)	211(100.0)
'10년(비율,%)	13(7.1)	171(92.9)	184(100.0)
'11년(비율,%)	6(3.4)	173(96.6)	179(100.0)
'12. 7년(비율,%)	7(6.3)	104(93.7)	111(100.0)

* 자료 : 중소기업청

16) 김병선, 2013.3.22. 공포 중소기업 사업전환 촉진에 관한 특별법 일부개정법 국회 지식경제위원회 심사보고서 2013.2.

표3-3. 중소기업 사업전환 지원내용

구분	지원내용
융자자금	- 업체당 30억 원 (운전자금 5억 원) * 기준금리 : 3.11% ('12. 3분기) * 대출기간 : 시설자금 8년 (거치 3년), 운전자금 5년 (거치 2년) (단, 20억 원 시설투자기업은 운전자금 7억 원, 업종전환의 경우 40억 원 한도)
컨설팅	- 컨설팅비용의 50%이내 (정부지원 10백만 원 한도)
조세지원	- 수도권 외의 지역에서 제조업 등으로 완전전환하거나 70% 이상의 신규 업종을 추가한 경우 법인세 · 소득세를 4년간 50% 감면

지원절차는 업체신청 및 접수 → 진단 및 타당성평가(현장실사) → 사업전환계획 승인 → 연계지원(융자, 컨설팅 등) → 사후관리(이행실적조사, 변경 · 중단 등)이다.

표3-4. 사업전환 지원사업 현황('12.7월말 기준)

(단위: 개, 억원)

구분	계획 승인	자금융자		컨설팅		R&D	
		기업 수	지원액	기업 수	지원액	기업 수	지원액
'06년	104	62	300	39	3.8	-	-
'07년	173	177	1,090	88	11.5	41	30
'08년	237	230	1,148	152	23.1	31	28
'09년	211	280	1,470	60	7.1	30	25
'10년	184	265	1,467	27	4.7	-	-
'11년	179	249	1,473	46	6.5	-	-
'12. 7년	111	179	1,068	-	-		
합계	1,199	1,442	8,016	412	56.7	102	83

3. 미래산업 선도기술 개발사업 신규지원

가. 미래산업 선도기술 컨소시엄

2008년 개정 산업기술혁신촉진법에 의해, 종전의 과학기술부가 수행하던 신기술인증 업무가 산업통상자원부로 이관되었고, 한국산업기술진흥원과 한국산업기술평가관리원이 각각 설립되었다. 이 법에 의한 산업기술혁신사업을 효율적으로 시행하기 위하여, 2008년「산업기술 혁신사업 공통 운영요령」이 제정되었다.

미래산업 선도기술이란 불연속적이고, 급진적인 기술혁신을 통해 산업 · 기술융합을 촉진시키며 신시장을 형성하여 기업의 대규모 투자를 유발할 수 있고, 글로벌 특허 · 표준을 주도할 수 있는 새로운 기능을 지닌 기술을 의미한다.

한국산업기술평가관리원에서 주관하는 **미래산업 선도기술 개발사업**의 목적은 미래 우리나라의 먹거리로 자리매김 할 수 있는 새로운 산업을 창출하고 산업생태계 조성을 위한 산업적 파급효과가 큰 핵심 미래 선도기술을 개발하는 것이다.

「산업기술 혁신사업 공통 운영요령」 제3조(적용 범위) 이 요령을 적용하는 사업은 다음 각 호에 해당하는 사업을 말한다.

1. 「산업기술혁신촉진법」에 따른 산업기술개발사업, 산업기술기반조성사업, 국제산업기술협력사업, 산업기술인력의 활용 및 공급을 위한 사업 등
2. 「민 · 군겸용기술사업촉진법」, 「법」에 따른 민 · 군겸용기술사업
3. 「국가균형발전특별법」, 「법」에 따른 광역경제권선도산업육성, 광역경제권거점기관지원사업 등

4. 「국가균형발전특별법」, 「산업발전법」, 「산업집적활성화 및 공장설립에 관한 법률」, 「법」에 따른 지역특화산업육성사업 등
5. 「산업집적활성화 및 공장설립에 관한 법률」, 「법」에 따른 산업집적경쟁력강화사업
6. 「산업기술단지 지원에 관한 특례법」, 「법」에 따른 산업기술단지 조성사업(테크노파크사업)
7. 「전자거래기본법」, 「법」에 따른 전자상거래지원센터사업
8. 「국가정보화기본법」, 「정보통신산업진흥법」, 「법」에 따른 정보통신연구개발사업
9. 「부품 · 소재전문기업 등의 육성에 관한 특별조치법」, 「법」에 따른 부품 · 소재기술개발사업 등
10. 「산업교육진흥 및 산학연협력 촉진에 관한 법률」, 「근로자직업능력개발법」, 「국가정보화기본법」, 「법」에 따른 산학협력확산사업
11. 「환경친화적 산업구조로의 전환 촉진에 관한 법률」 및 「에너지법」, 「법」에 따른 자원순환 및 산업에너지기술개발보급사업
12. 「기술의 이전 및 사업화 촉진에 관한 법률」, 「법」에 따른 기술이전 · 사업화촉진사업 등
13. 「항공우주산업개발촉진법」, 「법」에 따른 항공우주부품기술개발사업
14. 「산업디자인진흥법」, 「법」에 따른 산업디자인기술개발사업
15. 「엔지니어링기술진흥법」, 「법」에 따른 엔지니어링기술진흥사업
16. 「전기사업법」, 「법」에 따른 전력산업 관련 기술개발사업
17. 「에너지법」, 「법」에 따른 에너지기술개발사업

18. 「방사성폐기물 관리법」, 「법」에 따른 방사성폐기물 관련 연구개발사업
19. 「신에너지 및 재생에너지 개발 · 이용 · 보급촉진법」, 「법」에 따른 신 · 재생에너지기술개발사업
20. 그 밖에 장관이 산업, 에너지 · 자원, 정보통신 분야의 기술혁신을 촉진하기 위하여 필요하다고 인정하는 사업

산업기술 혁신사업에서 정부출연금 지원기준은 중소기업과 중견기업을 우대한다.

「산업기술 혁신사업 공통 운영요령」제24조(출연금의 지원기준) ① 장관은 해당연도 협약 시 사업비의 전부 또는 일부를 출연금으로 지원할 수 있다. ②장관은 사업비의 일부를 출연금으로 지원할 경우 다음 각 호의 기준에 따라 출연금을 차등 지원할 수 있다. 다만, 제4조에 의한 전략기획단 소관 사업 또는 그 밖에 사업이라도 제5조에 의한 사업별 심의위원회 심의를 거쳐 지원비율을 달리 정할 수 있다.

1. 주관기관 형태가 중소 · 중견기업 단독인 경우 : 연도별 사업비의 75.0% 이하
2. 중소 · 중견기업이 주관기관이 아닌 경우 또는 주관기관 형태가 복수일 때 그 중 일부만 중소 · 중견기업인 경우는 아래 표에 따른다.

표3-5. 정부출연금 기준

참여기업 수	참여기업 유형 및 구성	정부출연금 지원 비율
1개	중소기업 또는 중견기업	연도별 사업비의 75.0% 이하
	대기업	연도별 사업비의 50.0% 이하
2개 이상	중소기업 또는 중견기업 2/3 이상	연도별 사업비의 75.0% 이하
	그 밖의 경우	연도별 사업비의 50.0% 이하

나. 2011년 5개 과제 선정[17)]

14개 컨소시엄간 기획경쟁('10.12월~'11.4월)을 거쳐 5개 컨소시엄이 선정되었다('11.7월)

2011년 사업에서는 "동반성장 R&D 생태계"가 구축 될 수 있도록 선정단계에서 중소 · 중견기업의 R&D사업 참여확대를 요구하였다.

표3-6. 2011년 사업의 동반성장 요소

구분		기존	개선
선정 단계	중소중견기업 참여비율 및 정부출연금 활용비율 의무화	의무화 없음	중소 · 중견기업 참여비율 25%, 정부출연금 활용비율 30% 의무화
개발 단계	대기업 연구인력의 중소 · 중견기업 파견제도 도입	없음 * 출연연에서 시행中	시범도입
	중소기업 신규 채용 인건비 현금지원 확대	최대 50%	최대 100%
완료 단계	지식재산권 소유	주관기관	개발기관

17) 지식경제부, 동반성장 R&D 생태계 구축, 미래 먹거리 창출 시동 - 미래산업 선도기술 개발 5개 사업단 본격 출범 -2011.7.13. 보도자료

5개 사업단에는 중소 · 중견기업(86개), 대기업(37개), 연구소(19개), 대학(15개) 등 총 160개 기관의 참여가 확정되었다.

- 정부출연금 활용비중은 중소 · 중견기업 51.4%, 대기업 34.9%, 연구소 9.8%, 대학 3.6%, 기타 0.3%이다.

개발단계에서 동반성장 R&D 생태계 조성 및 고급인력의 중소기업 유입을 위해 대기업 연구인력의 중소 · 중견기업 파견제도를 시범 도입하였다.

- 대기업 연구원을 중소 · 중견기업에 파견하여 중소기업의 연구인력 부족문제를 해결하고 대 · 중소기업 공동연구를 강화
- 아울러, 인적자본 확충형 R&D를 추진하며 연구인력 신규채용에 적극적인 중소기업의 경우 인건비의 100%까지 현금계상 가능

기술개발 결과로 발생된 지식재산권은 종전에는 주관기관의 소유에 귀속되던 것을 해당기술을 개발한 기업이 직접 소유할 수 있도록 제도를 개선하여 중소 · 중견기업이 지식재산권을 소유할 기회가 확대되었다.

한편, 2015년 7월 산업통상자원부는 산업부 R&D사업 비 참여기업에도 대학 · 공공연 등 비영리기관이 개발한 성과물에 대해, 참여기업과 동등한 수준으로 실시계약을 체결할 수 있도록 2016년부터 허용키로 한다고 발표하였다[18].

기존에는 정부 R&D 성과물을 보유한 비영리기관은 해당 사업에 공

18) 산업통상자원부, 연구개발(R&D) 성과활용 촉진 나선다, 2015.7.2. 보도자료

동으로 참여한 참여기업과 실시계약을 우선 체결해야 했으며, 참여기업이 참여기업과 실시계약 체결을 동의하는 등 일부 예외적인 경우이거나, 참여기업과 실시계약을 체결한 이후 18개월이 경과돼야만 비참여기업과 실시계약을 체결할 수 있었다.

하지만 앞으로는 비참여기업도 참여기업과 동등하게 비영리기관 성과물에 대해 실시계약을 체결할 수 있게 될 예정이며, 이를 위해 '산업기술혁신사업 공통운영요령'을 개정하기로 했다.

다. 2015년 4개 과제 선정

2015년도의 미래산업 선도기술 개발사업 신규지원 신청 대상자는 기업, 대학, 연구기관, 연구조합, 사업자단체, 협회, 병원 및 기타 산업기술혁신촉진법에 의한 산업기술개발사업의 실시기관이다.

1) 2015년의 평가항목은 다음 표와 같다.

표3-7. 2015년 평가항목

과제유형	평가항목	세부 항목
원천기술형	기술성(60)	□ 목표의 도전성 및 창의성 □ 연구방법 및 추진전략의 창의성 및 적합성
	연구역량(20)	□ 총괄책임자 등 연구조직 역량
	사업화 및 경제성(20)	□ 사업화 의지 □ 사업화 계획 적합성 □ 경제성
혁신제품형	기술성(50)	□ 목표의 도전성 및 창의성 □ 연구방법 및 추진전략의 창의성 및 적합성
	연구역량(20)	□ 총괄책임자 등 연구조직 역량
	사업화 및 경제성(30)	□ 사업화 의지 □ 사업화 계획 적합성 □ 경제성

2) 가산점

- 최근 3년 이내(접수 마감일 기준)에 산업통상자원부로부터 신청 과제의 기술분야에서 세계일류상품 생산업체로 선정 또는 세계 일류상품 관련 기술 인증 받은 기업이 주관기관으로 과제에 신청한 경우(3점)
- 최근 3년 이내(접수 마감일 기준)에 우수한 연구성과로 산업통상자원부장관으로부터 "이달의 산업기술상(舊 으뜸기술상)" 포상을 받은 자가 신청과제의 총괄책임자인 경우(2점)
- 최근 3년 이내(접수 마감일 기준)에 산업통상자원부 소관 기술개발사업 과제를 수행한 결과 "혁신성과" 판정을 받은 총괄책임자가 신청과제의 총괄책임자인 경우(2점)
- 과제에 참여하는 여성연구원이 다음의 요건을 충족하는 경우
  ① 총괄책임자가 여성인 경우(5점)
  ② 참여연구원 중 여성연구원이 20% 이상인 경우(5점)
  ③ 주관기관의 참여연구원 중 여성참여연구원이 20% 이상인 경우(3점)
    ※ 여성연구원이 참여하는 경우 가점기준을 모두 충족할 경우에도 5점을 초과할 수 없음
- 최근 3년 이내(접수 마감일 기준)에 산업통상자원부로부터 받은 신기술(NET), 신제품(NEP), 신뢰성(R)인증, 우수디자인상품(GD)을 보유한 기업이 당해 기술과 관련하여 주관기관으로 신청한 경우(2점)
- 주관기관이 최근 3년 이내(접수 마감일 기준) 다음의 요건 중 하나 이상을 충족하는 경우(3점)
  ①「대·중소기업 상생협력 촉진에 관한 법률」에 의거 산업통상

자원부장관으로부터 **상생협력우수기업**으로 선정된 경우(임직원이 선정 된 경우 혹은 선정 당시 소속된 기업 포함)

② 동반성장위원회가 발표하는 동반성장지수 우수기업으로 선정된 경우

③ 대 · 중소기업협력재단으로부터 '성과공유제 도입기업 확인'을 받은 경우

④ 해당 과제에 대해 성과공유 사전계약을 체결하여 대 · 중소기업협력재단에 등록한 경우

- 성과활용평가를 통해 우수기업으로 선정된 기업이 주관기관으로 신청한 경우(2점)
- 「저탄소 녹색성장 기본법」에 따라 녹색인증을 받은 기업이 해당 기술 관련하여 주관 기관으로 신청한 경우(접수 마감일 기준 인증서가 유효한 경우에 한함)(2점)
- 수행기관으로 과제를 신청한 대학에서 산학협력중점교수*를 신규채용(사업공고일 기준 6개월 이전(2014년 8월 16일 이후) 채용부터 인정)하여 과제에 참여시킬 경우(3점)

  * 산학협력중점교수는 산업체 경력자로서 산학협력을 통한 교육, 연구, 취업 · 창업지원활동을 중점적으로 추진하고, 산학협력실적 중심으로 평가받는 교원을 말함

- 수행기관으로 과제를 신청한 대학에서 전담연구인력 신규채용(사업공고일 기준 6개월 이전(2014년 8월 16일 이후) 채용부터 인정)하여 과제에 참여시킬 경우(3점)

3) 정부출연금 지원비율 및 민간 부담금

정부와 민간의 분담금 비율은 다음 표와 같다.

표3-8. 정부와 민간의 분담금 비율

수행기관 유형	과제 유형 별 정부출연금	
	원천기술형	혁신제품형
대기업	해당 수행기관 사업비의 50% 이하	해당 수행기관 사업비의 33% 이하
대기업	해당 수행기관 사업비의 75% 이하	해당 수행기관 사업비의 60% 이하
중소기업	해당 수행기관 사업비의 75% 이하	해당 수행기관 사업비의 67% 이하
그 외	해당 수행기관 사업비의 100% 이하	해당 수행기관 사업비의 100% 이하

수행기관 유형	과제 유형 별 민간부담금 중 현금 부담비율	
	원천기술형	혁신제품형
대기업	해당 수행기관 민간부담금의 20.0% 이상	
대기업	해당 수행기관 민간부담금의 10.0% 이상	
중소기업	해당 수행기관 민간부담금의 10.0% 이상	
그 외	필요시 부담	

과제 종료 후 평가결과 "혁신성과", "보통", "성실수행"인 과제의 영리 주관기관 또는 영리 참여기관은 성과물에 대한 실시권을 획득하는 대가로 정부에 기술료를 납부한다. 실시기업이 중소기업 또는 중견기업이고 "혁신성과"로 평가된 과제에 대해서는 해당 실시기업이 납부할 기술료의 30%를 감경 가능하고, 실시기업은 감경 받은 기술료를 참여연구원에 대한 전시회 견학, 연수, 교육 등 인센티브 재원으로 사용하여야 한다.

제2절 중소기업의 M&A

1. 중소기업의 인수자 층

국내 대기업들이 중소기업을 인수할 경우 공정거래법상 계열사로 편입해야 하는 부담이 있고, M&A보다는 자체 연구개발을 하는 경우가 개발비의 25%를 세금공제 받으므로 더 유리하여 중소기업을 인수할 인센티브가 적다. 또한 대기업들은 제 값을 주고 기업을 인수하기보다는 기술과 핵심인력을 유치할 수 있다. 최근 5년 간 대기업에 인력을 유출당할 위협을 느낀 중소기업 비중이 46.5%에 달하였다[19].

2015년 7월 투자활성화 대책에서는 대기업이 중소기업을 인수할 경우 상호출자제한 기업집단 계열편입 유예기간을 3년에서 7년으로 늘리는 공정거래법 시행령 개정을 발표하였다.

중소 중견기업이 타 기업을 인수하는 경우는 '자사의 성장과 발전'이 목적이지만, 그 구체적인 내용은 상당히 다양하다. 중소기업은 성장에 있어서 정보, 자금, 조직과 인력의 모든 경영자원을 대기업처럼 자체 해결할 수 없으므로 , 일정 부분은 외부의 자원에 의존해야 한다. 단일 기업이 여러 분야의 기술을 겸비하기 어려우므로 M&A를 통해서 성장과 경쟁력 강화를 추구하는 것이 합리적이다. 그러나 중소기업 경우는 자금 부담으로 인해 M&A에 나서기 어렵다.

벤처기업의 경우, "벤처기업이 보육단계를 지나 도약 · 성장 단계를

---

19) 제35회 희망중기포럼, 2012.9.24. 이에 따라 2014년 7월, 중소기업청 · 동반성장위원회 · 대기업 5개사는 이날 '중소기업 기술 보호 가이드라인 준수' 협약을 체결했다. 가이드라인은 △중소기업 담당 직원에게 기술보호 교육 실시 △납품 계약 시 기술자료 임치제도 활용 △기술 분쟁 발생시 중소기업 기술분쟁 조정 · 중재제도 적용 등을 골자로 하고 있다. 대기업은 가이드라인을 내부 규정이나 지침에 반영해 시행할 계획이다.

극복하지 못하고, 타 지역으로 이전하거나 도태하는 사례가 많아지고 있는 실정임에 따라 우수한 기술을 보유하고 있으나, 자금, 경영, 마케팅, 판로개척 등의 기업경영능력이 약한 벤처기업에 유력한 방안으로서 수직적 또는 수평적 기업간 M&A 활성화를 통해 지역의 중견기업으로 육성할 필요가 있다" 고 보고된다[20]. M&A는 기업활동의 종결이 아니라, 다른 기업 안에서 거듭나는 것이다.

가. 수평적 통합

수평적 통합은 동일한 또는 경쟁관계에 있는 회사 간의 결합으로서, 규모의 경제를 확보하여 생산설비를 효율적 활용하고 판매처의 중복 회피, 연구개발비 절감 등을 목표로 한다. 특히 온라인 게임이나 경매 등 여러 정보통신 분야에서와 같이 특정 재화로부터 소비자들이 얻는 효용이 그 재화 사용자로 구성된 네트워크의 크기에 비례하는 네트워크 외부성이 존재하는 경우 다른 기업들보다 먼저 큰 네트워크를 형성함으로써 시장에서 경쟁을 제한하거나 다른 기업의 진입을 막을 수 있기 때문에, 벤처기업들은 선점자의 이익을 위하여 수평적 M&A를 추구하게 된다.

나. 정보 비대칭 문제를 보정하기 위한 수직적 통합

벤처기업들이 생산하는 제품 및 서비스들은 그 특성상 하나의 서비스를 구성하기 위하여 결합되어야 하는 경우가 많다. 동일한 가치사

20) 김기회, 벤처기업 M&A 활성화를 통한 중견기업 육성방안, 대전발전연구원 정책연구보고서 2011-33, 2011. 03. 22

슬 상의 제품이나 용역의 실질적 혹은 잠재적 공급 관계에 있는 기업 간에서 수직통합이 이루어지면 서로의 기술에 대한 정보의 비대칭성 문제가 해소되고, 이들 기업 간의 상호기술에 대한 효과적인 투자계획을 수립할 수 있다.

2. 피인수자 측의 목적

국내 중소기업인들은 기업을 자식처럼 생각하고 경영권 매각에 소극적이다.

중소기업의 M&A 매도자 측의 동기에 대한 국내의 연구는 발견되지 않으나, 일본의 경우 경영부진이 39%, 사업승계문제가 36%로서, 자발적이지 않은 경우가 많다[21].

대기업의 경우에는 M&A가 주주가치 중심의 성장전략인 반면, 피인수 당하는 중소기업의 입장에서는 '거래 상대방이 우월적 지위에 의해서 경영권을 빼앗아 가는 행위' 로 이해하는 측면이 남아 있는 것이 사실이다. 이는 매출이 안정적이지 못한 중소기업에 대해서 인수자 측이 실사를 통해 보수적으로 재작성한 재무제표에 근거해 인수가격을 매도 측에게 불리하게 책정하기 때문일 것이기도 하다.

하지만 피 인수된다고 해서 반드시 피 합병되지는 않고 존속하는 경우가 많으며, M&A의 피인수 측이라고 해서 반드시 경영진이 퇴임하는 것은 아니다. 자산 매각의 경우도 동일하다. 근래의 M&A는 인수와 합병만이 아니라 주식교환을 통한 전략적 제휴, 마케팅 제휴, 프랜차이즈, 라이센싱 등으로 다양화 되었다.

21) 갈정웅 옮김, 중소기업 M&A전략, 창해, 1997

그리고 M&A시장에서 재무적 투자자인 사모투자펀드(PEF)들의 영향력이 높아짐에 따라서, 경영자는 사모펀드의 출자를 받으면 소유하지 않으면서 지배하는 전문경영자로서 역할을 수립할 수 있다. 재무적 인수자는 기업의 소유에는 관심이 없고 자본이득만을 추구하므로, 인수한 기업을 가급적 조기에 매각하여 수익을 실현하고자 한다. 이때 전문경영자가 시가에 매입할 우선매입권을 확보할 수도 있다.

다만 사모펀드의 출자를 받으려면 회계투명성과 원가관리 체계가 확보되고, 기업의 지배구조가 개선되어야 한다. 본서의 제2장 이하에서 제시할 각 부문별 구조개선대책이 그 사전 점검표가 될 수 있을 것이다.

3. 중소기업 간 제휴

가. 제휴의 목적

당초에 중소기업은 자사가 경쟁력을 가지고 블루오션을 창출할 수 있는 사업에 핵심역량에 집중하여 확고한 성장을 추구하여 왔을 것이다. 그러나 핵심역량에 의한 경쟁력과 성장에 한계가 도래하는 시점이 다가온다. 본업 분야의 시장이 성숙해서 성장이 정체하는 상황에서 새로운 분야로 진입하기 위해서 신기술의 획득과 신상품의 개발을 추진하는 경우, 대기업들은 사전적으로 기업 내부에 새로운 사업부문을 배치하여 사업의 다각화를 추진한다. 그러나 중소기업의 경우는 다각화를 추진할 자본이 부족하다. 따라서, 자사에 필요한 기술이나 새로운 아이디어에 대해 기업 내부에서 창출해 낼 자원이 충분하지 않다고 판단되는 중소기업은 타사와 제휴할 것이다.

기업 간 제휴는 기업경영 전반에 걸쳐 나타나는 중요한 경영활동이다. 그 유형으로는 크게 기술제휴, 조달제휴, 생산제휴, 판매제휴, 자본제휴 등이 있다.

기술제휴는 각자가 보유하고 있는 기술을 상호교환하거나 인력 · 자본 등 연구개발자원을 분담해 새로운 기술을 공동으로 개발하기도 한다. 기업 간에 진행되고 있는 기술도입 및 교환, 특허공유, 연구참여 등도 기술제휴의 형태에 포함된다. 업계 내의 공동개발은 신기술의 개발보다는 기존 기술의 개량에 치중하기 쉬우므로, 개별 기업의 독창성을 저해하지 않는 범위 내에서 추진될 필요가 있다.

조달제휴에는 부품조달, 생산위탁, 외부조달(아웃소싱), 단순외주가공 등이 있다. 생산제휴는 생산비용 절감 및 시장지위 확보를 위해 생산기술 등 경영자원을 상호 공급해 공동생산하는 제휴를 말한다. 조달제휴가 상대기업으로부터 부품이나 제품을 일방적으로 제공받는 형태인 반면, 생산제휴는 비교우위의 경영자원을 상호 공급해 제품을 공동생산하는 방식이며, 공동판매 단계로의 이전이 용이한 특성을 가진다. 생산제휴에는 공동생산, OEM(주문자상표 부착방식), 세컨드 소싱(second sourcing) 등이 있다. 세컨드 소싱은 기술력이 뛰어나 특정 제품의 세계시장을 장악하고 있는 기업이 늘어나는 수요를 독자적으로 감당하기 어려울 경우, 타사에게 기술을 제공해 위탁생산함으로써 부족한 공급분을 충당하려 할 때 즐겨 사용되는 방식이다. 판매제휴에는 공동 브랜드 이용 · 위탁판매 · 공동규격 설정 등이 있다.

자본제휴는 특정회사의 지분을 일정 부분 매수하거나 두 회사가 일정 부분의 지분을 출자해 새로운 회사를 설립하는 것과 같이 자본의 이동이 이뤄지는 전략적 제휴이다. 제휴선과 프로젝트 회사를 신규 설립할 수 있으며, 현물출자를 하는 경우 과세이연 혜택이 마련되었다 (후술 M&A절차 지원, 제9장 제2절-3 적격 물적분할 및 적격 현물출자에 대한 과세특례 참조).

근래에는 다품종 소량생산의 시대를 맞이하여 이업종 교류가 증가하였다(제2장 제1절-4 '이업종 교류 활성화' 참조). 과거에는 중소기업 기술이 대기업을 매개로 하여 결합하였는데, 앞으로는 중소기업이 전략적으로 제휴하여 전문기술을 결합해야 한다. 이업종 간의 기술이전은 경쟁의 우려가 없으므로 비교적 용이하고, 기술개발력 강화에 유익할 것이다.

이를 위해서는 전문기술을 가진 중소기업이 연합을 모체로 프로젝트별로 협업할 수 있겠으나, 이는 경영자 간의 인간적 신뢰와 정보 공유를 전제로 한다. 인간적 신뢰와 정보공유가 확보되지 않은 상황에서 자본이나 기술제휴의 협업이 이루어 지려면 중소기업 컨설턴트의 중개 하에서 사모투자전문회사(PEF)로부터 신규 자본유치라는 '당근'이 필요할 것이다.

나. 제휴 지원 입법

1986년 정부는 공업기반의 수준이 향상되어 정부의 공업발전정책이 시장경제의 자율 · 경쟁원리에 맡기는 방향으로 전환됨에 따라, 종전의 「기계공업진흥법」, 「조선공업진흥법」, 「전자공업진흥법」, 「철강공업육성법」, 「비철금속제련사업법」, 「석유화학공업육성법」, 「섬유공업근대화촉진법」을 폐지하고 공업발전법을 입법하였다. 새로운 법에서 업종별 합리화계획에 의하여 실시하는 공동행위, 사업제휴, 합병 등에 대하여는 「독점규제 및 공정거래에 관한 법률」을 적용하지 아니하도록 하였다.

1999년에는 공업발전법을 산업발전법으로 대체하여 산업의 경쟁력강화를 위하여 부품 등의 표준화 · 공용화사업 기술 또는 상표의 공동개발사업 등에 대한 지원근거를 마련함으로써 기업간 협력을 촉진할 수 있도록 하였다(법 제11조).

산업발전법 제11조(기업 간 협력의 촉진) ① 산업통상자원부장관은 기업 간 협력에 의한 산업의 경쟁력 강화를 위하여 기업이 다음 각 호의 어느 하나에 해당하는 사업을 하는 경우에는 이에 필요한 지원을 할 수 있다. 〈개정 2013.3.23.〉 1. 부품 등의 표준화 또는 공용화를 위한 사업 2. 공동으로 기술 또는 상표를 개발하는 사업 3. 기업 간 협력을 통하여 기술 · 인력 등을 제휴하는 사업 4. 기업 간 협력을 통하여 자원생산성을 향상시키거나 온실가스 배출을 줄이는 사업

2011년에는 세계경제가 융합(convergence)의 시대로 급속히 전환하고, 산업융합이 신성장 동력과 일자리 창출의 핵심적인 보고(寶庫)로 인식되고 있으며, 기존의 법령이나 규정으로 인하여 융합 신제품의 창출에 장애가 되는 사례도 출현함에 따라, **산업융합촉진법**이 입법 시행되었다. 동 법에는 융합 신산업 육성을 위해 필요한 인력양성 및 교류, 표준화, 사업모델 개발, 보급지원, 국제협력, 정부출연 · 융자 등에 대한 포괄적 지원이 포함되어 있다.

또한, 기존 법령상에 기준 · 규격 · 요건 등이 없어 제품출시가 지연되던 융합 신제품에 대한 적합성 인증제도를 도입하여 임시로(Fast-Track) 인증을 허용하여 신속한 시장출시 지원이 가능하도록 하였다[22].

22) 임채욱, 산업융합촉진법 국회통과의 의미 및 주요 내용 Machinery Industry, 2011.4.

표3-9. 산업융합 시대로의 진전

〈산업화 시대〉 개별산업육성법 체제 - 섬유, 철강, 기계, 조선, 석유화학, 전자 등 7개 업종별 개별법 체제 ('67~'85)	〈정보화 시대〉 산업발전법 체제 - 7개 개별법을 공업발전법으로 통합('86) - 산업발전법체제로 발전('99)하여 본격적인 기능별 육성전략 추진	〈융합시대〉 산업융합촉진법 체제 - 기존 산업발전법 체제를 유지하되, - 융합트렌드를 반영하기 위해 융합법으로 보완(2011)

다. 사모펀드의 역할

대기업의 경우이지만, 2009년 6월 아이엠엠로즈골드와 미래에셋 5호 **사모펀드**는 (주)두산이 4개 회사의 지분을 묶어 설립하는 특수목적회사 지분의 49%에 대한 투자계획을 발표하였다. 매각대상은 두산인프라코어가 보유한 두산DST, 한국항공우주산업(KAI)지분, 삼화왕관 사업부문과 SRS코리아(버거킹,KFC)이다. 매각금액이 7,800억원에 달하는, 독특하고 창의적인 구조조정모델로 평가받았다.

그림3-2. 오딘 홀딩스 구조도

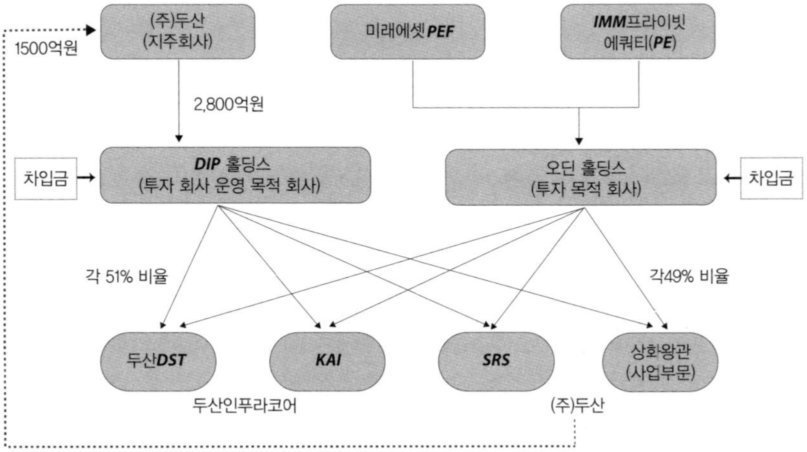

매각절차는 (주)두산이 2,800억원을 출자한 DIP홀딩스와 미래에셋PEF(미래에셋 5호 사모펀드)와 IMM프라이빗 에쿼티(IMM 로즈골드 사모펀드)가 2,700억 원을 끌어들여 설립한 오딘 홀딩스 등 두 군데의 SPC가 매각대상 기업 4곳의 지분을 각각 51%, 49% 비율로 나누어서 인수한다. 일종의 조인트 벤처로서 경영권은 두산그룹이 보유하였다. 사모펀드에 출자한 재무적 투자자(FI)들은 이사회에 참여해 회사경영 전반에 대한 정보나 방향 등을 공유할 수 있도록 했다. 향후 여건이 개선될 경우 두산이 재무적 투자자로부터 지분을 되사오는 우선매수권이 부여되었으며, 3년 뒤부터는 두산그룹과 재무적 투자자 양쪽 가운데 한쪽이 매각을 원할 경우 다른 쪽도 매각에 동참해야 한다는 드래그 어롱(drag along) 조건이 설정되어 있다.

오딘홀딩스에 편입된 그룹 계열사 간에 업종의 상관성은 크지 않았으므로, 이러한 패키지 투자는 대기업에 납품하는 제품별 수직, 수평 납품 중소기업에 응용될 수 있다고 기대된다.

사모펀드와 대기업이 합작하여 중소기업에 소수지분을 출자하는 사례로서, 정책금융공사는 현대중공업, 케이티씨-오릭스 한일부품소재, 포스코-한화 1호와 2호, 에스케이와 **동반성장 사모펀드**를 설립한 바 있다(제10장 후술 참조).

후성-메디치동반성장 제1호 사모투자전문회사(PEF)의 경우는 200억 원 규모의 프로젝트펀드로 전량 한텍이 발행한 전환우선주(28.6%)에 투자하였다. 한텍의 모회사인 후성그룹도 4개 계열사를 통해 100억 원을 추가로 투자하여 기업공개(IPO)를 목표한다. 한텍은 1973년 한국비료 내 사업부로 설립된 국내 최초 플랜트 기자재 업체로 지난 2011년 후성그룹이 인수했다.

비상장기업에 투자하는 사모펀드의 위상 강화에 따라서 향후의

M&A 방향은 다음과 같이 전망된다.

- 소액지분을 매매하는 스몰 딜(small deal) 확대 전망
- 경영권을 매매하는 바이아웃(buyout) 보다는 비핵심 사업을 매매하는 소수지분(minority deal)이 증가 전망
- 정부 주도의 M&A보다는 사모투자펀드에 의한 M&A증가
- 중소기업의 사업승계 과정에서 대주주가 현금을 회수하는 Cash out형태의 M&A증가 전망

제3절 중소기업 M&A의 절차 지원

중소기업의 사업전환을 지원하기 위하여 정부는 2008년 개정 **중소기업 사업전환 촉진에 관한 특별법** 제4장 사업전환절차의 원활화(제12조 내지 제20조)에서 중소기업의 업종 폐지 · 축소 및 추가 등 사업전환절차를 원활히 할 수 있도록 승인기업의 주식교환, 분할 · 합병, 영업양수절차 등 상법상의 절차에 특례를 마련하였다. 상장기업이나 대기업의 경우에도 2015년 7월 '**기업활력 제고를 위한 특별법**(원샷법)' 이 발의되어(의원 입법) 이러한 특례의 도입이 추진되고 있다.

또한 중소기업과 중소벤처기업의 인수 · 합병 등을 활성화하기 위하여 2012년 상법 개정 · 시행에 이어 추가 개정(2015년11월12일 국

회 본회의 통과)을 하였으며[23], 동 개정안에는 삼각분할합병, 삼각주식교환, 간이영업양수도제도 등 다양하고 간이한 기업 인수 · 합병 수단을 마련하였다.

1. 합병과 인수

'인수(Acquisitions)'란 인수자가 피인수회사의 주식과 경영권을 매입하여 보유하는 경우이다. '합병(Mergers)'이란 두 회사가 하나로 합쳐지는 경우이다. 두 회사가 하나로 합병되려면 양사 모두의 주주총회에서 승인을 획득해야 한다. 그런데 양사 간에 지분관계가 전혀 없다면 합병이 승인될 가능성이 희박할 것이다. 따라서 합병은 A법인이 B법인의 지분을 인수한 이후에, A법인이 B법인을 흡수하는 형태가 가장 일반적이다.

A법인이 B법인의 지분을 100% 인수하였다면 B법인에 다른 주주가 존재하지 않으므로 A법인이 합병의 대가를 지급할 필요가 없다. 합병회사가 과거 인수하여 보유하는 피합병회사 주식을 포합주식이라고 칭한다. 합병법인이 피합병 대상법인의 주식을 취득한지 2년 이내에 합병하는 경우에는 포합주식의 취득가액을 합병교부금으로 보아 피합병법인의 청산소득 및 의제배당과세를 하도록 하고 있다.

반면, A법인이 B법인 지분의 예컨대 50%만 인수한 상태라면, B

23) 중소기업과 중소벤처기업의 경우 기업 인수 · 합병을 통한 투자금 회수가 우리나라는 매년 전체의 1% 수준인데 반해 미국의 경우 60%를 차지하고 있고, 기업공개 등 상장을 통해 투자금을 회수하기까지 미국, 유럽연합, 중국 등 주요 외국은 평균 3 ~ 6년이 걸리는 반면, 우리나라는 평균 12년이 소요(매경 2015.5.28, 2015.10.29. 기사 참조)되어 이를 활성화할 필요가 있음.

법인의 나머지 주주들에게 소멸할 B법인의 주식 50% 대신에 A법인의 주식을 발행하여 지급한다.

그림3-3. 합병에서 주식의 흐름

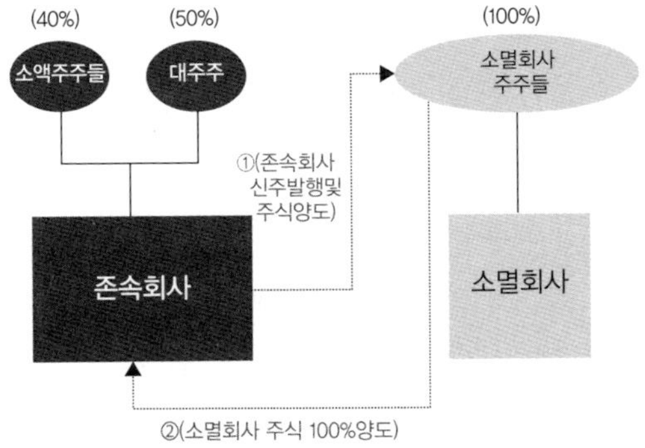

중소기업 사업전환 촉진에 관한 특별법에서는 상법상의 규정에 대한 특례를 두어 승인기업의 인수 · **합병절차**를 간소화하였다.

제18조 제1항에서는 주식회사인 승인기업이 합병을 통하여 사업전환을 하는 경우에는 그 합병결의일부터 1주 내 이의가 있을 때에는 10일 이상의 기간 내에 이의를 제출하도록 하였다. 이는 채권자보호절차를 유지하되 관련 기간을 단축하려는 것이며, 동조 제3항에서는 합병계약서 등의 공시기간을 합병승인을 위한 주주총회 회일 7일전부터 합병을 한 날 이후 1월이 경과하는 날까지로 함으로써 합병계약서 등의 공시기간을 단축하고 있다. 동조 제5항에서는 반대주주의 주식매수청구 절차를 주주총회 결의일부터 2월 이내에 이행하도록 단일화하였다.

한편 2012년에 개정 · 시행된 상법에서는 자회사를 활용한 다양한 기업 인수 · 합병 구조를 마련하였다. 삼각합병이란 A 회사의 자회사인 S 회사가 T 회사를 합병하면서 소멸하는 T 회사의 주주에게 모회사인 A 회사의 주식을 교부하는 경우이며, 역삼각합병이란 A 회사의 자회사인 S 회사가 T 회사와 주식의 포괄적 교환을 하는 경우 T 회사의 주주에게 모회사인 A 회사의 주식을 교부하면서 T 회사를 존속회사로 하는 합병이다. 또한 2015년 11월 개정된 상법에서는 삼각합병뿐만 아니라 삼각분할합병도 허용하였다. 삼각분할합병이란 인수하는 회사(인수회사)가 인수대상회사의 전체 사업이 아니라 특정 사업부문만을 떼어내 분할합병할 경우, 그 대가로 인수회사의 주식이 아니라 모회사의 주식을 인수대상회사의 주주에게 교부하는 것으로서, 모회사는 자회사를 활용하여 인수대상회사의 사업부문 중 원하는 사업부분만을 인수 가능하도록 한 구조이다.

2. 주식교환과 이전

가. 주식교환

상법상 **주식교환**(주식의 포괄적 교환)이라 함은, X회사(완전모회사가 되는 회사, 이하 '취득회사'라 한다)가 Y회사(완전자회사가 되는 회사, 이하 '대상회사'라 한다)의 발행주식 총수를 보유하기 위하여 대상회사의 주식에 대하여 취득회사의 주식을 포괄 교환함으로써, 대상회사의 주식은 취득회사에 이전되고 대상회사의 β주주는 X회사가 발행한 신주의 배정을 받아 X회사의 주주가 되는 조직법상의 행위를 의미하는 것으로 정의될 수 있다(제360조의 2).

그림3-4. 주식교환

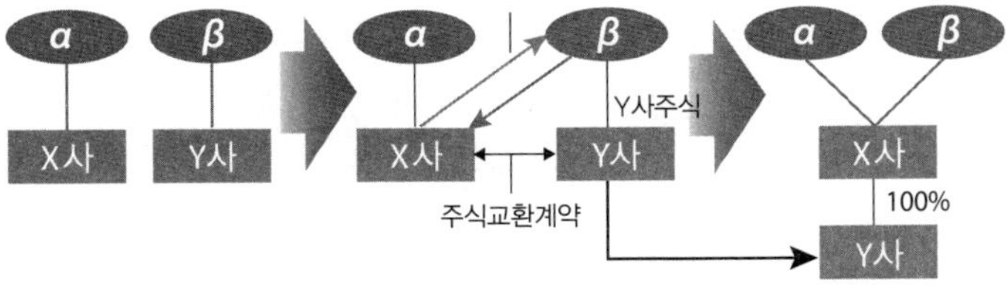

중소기업 사업전환 촉진에 관한 특별법 제12조에 근거하여 사업전환계획 승인기업은 사업전환을 위한 주식교환 시 상법 규정에 불구하고 자기주식을 취득하여 주식교환을 할 수 있다. 단, 무분별한 자기주식 취득을 막기 위해 일정한 제한을 두고 있다. 주주총회의 승인 결의일부터 6월 이내에 취득하도록 하고 자본충실을 위해 이익배당이 가능한 한도 이내에서 취득하도록 하고 있으며, 주식교환 대상을 다른 주식회사와 다른 주식회사의 주요주주(의결권 있는 주식총수의 10% 이상 보유자)로 하고 있다. 다만, 자본시장법과의 충돌을 막기 위해 승인기업과 교환대상기업의 범위에서 주권상장법인과 코스닥상장법인을 제외하였다.

또한, 제12조 제5항에서는 주식교환에 따른 부작용을 방지하기 위해 취득한 교환주식의 1년 이상의 의무보유기간을 설정하였다.

제13조에서는 주주권 보호차원에서 주식교환에 반대하는 주주에 대하여는 주식매수청구권을 규정하고 있는바, 주주총회 결의일부터 10일 이내에 주식의 매수를 서면으로 청구할 수 있도록 하여 상법[24]에 대한 특례를 인정하였다.

제14조제3항에서는 공인평가기관이 현물출자 가격을 평가한 경우에 상법상의 검사인의 조사 또는 공인된 감정인의 감정으로 인정하는

24) 상법상 주식교환에 대한 주식매수청구기간 : 주총결의일로부터 20일 이내

특례를 도입하였다. 이는 주식교환이 현물출자로 이루어질 경우, 법원의 검사인 선임 청구 및 공인 감정인의 감정 등의 부담으로 인해 주식교환을 기피하는 요소가 되지 않도록 하기 위한 장치이다.

제16조에서는 신속한 사업전환을 위하여 교환주식의 총수가 총발행주식의 100분의 50을 초과하지 않을 경우 주주총회의 승인을 이사회 결의로 갈음할 수 있도록 하였다.

또한, 이사회 결의 후 2주 이내에 주식교환계약서의 주요내용 및 주주총회 없이 하는 주식교환을 공고하거나 주주에게 통지하여야 하고, 발행주식 총수의 100분의 20 이상을 소유한 주주가 통지 후 2주 이내에 주식교환을 반대하는 때에는 주식교환을 할 수 없다.

제30조에서는 이 법에 따른 승인기업은 당해 기업이 승인기업에 해당되지 아니하게 되더라도 제12조의 규정에 의한 주식(구주)교환 및 제14조의 규정에 의한 신주발행에 따른 주식교환을 한 경우에는 이를 승인기업으로 보아 주식교환에 관한 관련규정(안 제12조 · 14조)을 적용하도록 하였다.

이는 승인기업이 받은 승인계획이 계획서상에 정해진 기간이 지나거나 취소되어 더 이상 승인기업이 되지 않을 경우, 사업전환계획 이행중 주식교환으로 이러한 주식보유기간 및 자기주식 취득기간이 걸쳐 있으면, 승인기업일 때 주식교환을 행한 후 기간규정을 준수하지 않거나 기간규정을 준수하지 않기 위해 고의로 승인계획의 취소를 유도할 수도 있는바, 이를 방지하기 위한 것이다.

또한 2015년 11월 개정 상법에서는 회사가 인수대상인 중소기업과 중소벤처기업을 완전자회사로 삼는 포괄적 주식교환을 하는 경우, 그 대가로 인수회사의 주식이 아닌 인수회사의 모회사 주식을 인수대상회사의 주주에게 교부할 수 있도록 삼각주식교환 제도를 도입하였다.

나. 주식이전

상법상 회사는 주식의 포괄적 이전(주식이전)에 의하여 완전모회사를 설립하고 완전자회사가 될 수 있다. **주식이전**에 의하여 완전자회사가 될 X회사의 α주주가 소유하는 그 회사의 주식은 주식이전에 의하여 설립하는 완전모회사에 이전하고, 그 완전자회사가 되는 X회사의 α주주는 그 완전모회사가 주식이전을 위하여 발행하는 주식의 배정을 받음으로써 그 완전모회사의 주주가 된다"(제360조의 15).

그림3-5. 주식이전

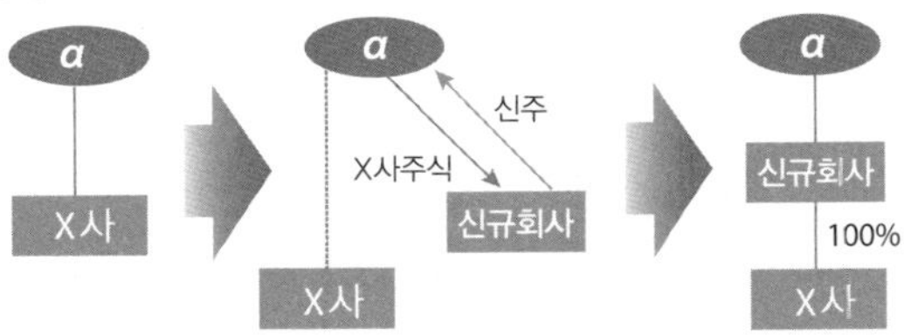

다. 인적분할과 물적분할

분할로 설립되는 회사의 주식을 분할되는 회사의 주주가 취득하는 경우를 "**인적분할**", 신설회사의 주식을 분할하는 회사가 취득하는 경우를 "**물적분할**"이라 한다.

그림3-6. 인적분할과 물적분할

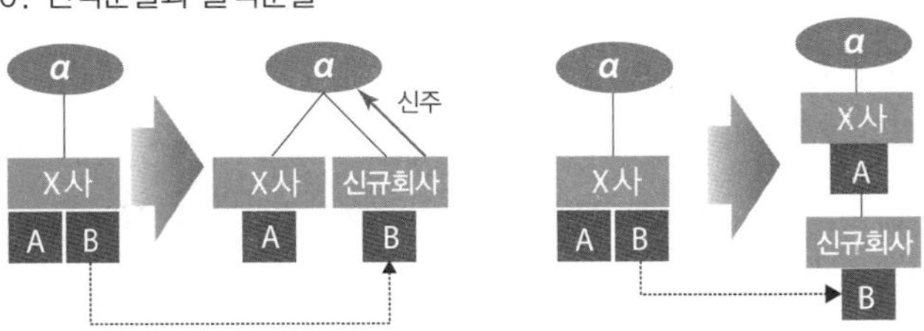

물적분할은 분할법인이 어느 사업부문에 속하는 자산 · 부채를 분할 신설법인에 포괄적으로 양도하고 그 대가로 주식총수를 취득한다. 이것은 법인이 개별자산을 다른 법인에게 **현물출자**하고 주식을 취득하는 것과 비슷하다.

중소기업 사업전환 촉진에 관한 특별법에서는 업종의 축소 · 폐지 등 승인기업의 신속한 사업전환 지원을 위해 분할 및 **영업양도 · 양수**에 관한 절차를 간소화하였다.

제20조 제6항에서는 승인기업의 영업양도 · 양수의 경우에는 합병절차의 간소화 등에 관한 제18조의 해당규정을 준용하도록 규정하면서, 동조 제1항에서는 양도하는 영업이 양수하는 다른 주식회사 순자산액의 100분의 10을 초과하지 않을 경우 주주총회 결의를 이사회 결의로 갈음할 수 있도록 하여 승인기업의 소규모 영업양수관련 절차를 간소화하였다.

라. 분할 후 기존회사에 피 합병

X회사의 B사업부를 분할시킨 후 Y회사에 합병시키는 구조이다. X사의 α주주가 X주식 감소분을 Y주식으로 교부 받게 된다.

그림3-7. 단순 분할합병

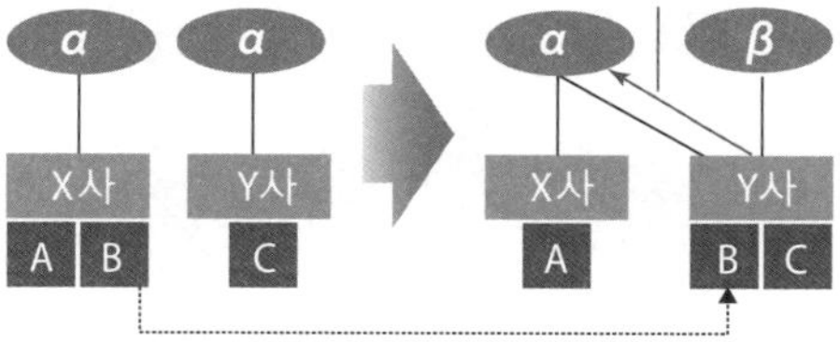

한편 다음은 X회사의 B1사업부 및 Y회사의 B2사업부가 각각 분할된 후 신회사로 합병되는 구조이다. 신회사의 주식은 α와 β주주가 나누어 보유한다.

그림3-8. 양방 분할합병

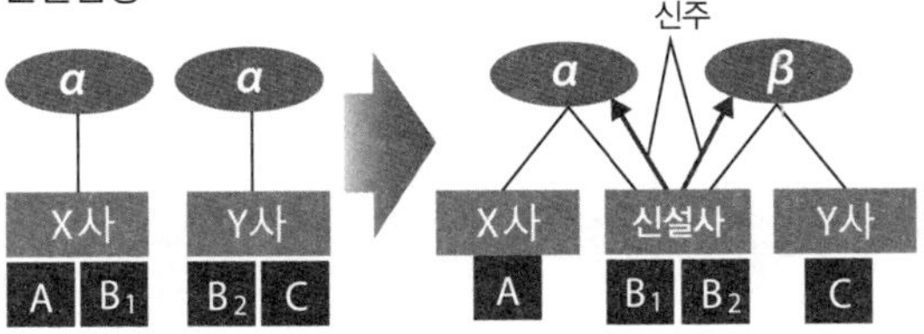

3. 간이한 기업 인수 · 합병 절차 확대 도입

2015년 개정 상법 제374조의3에서는 영업양수도 등의 행위를 하려는 회사의 총주주의 동의가 있거나, 주식지분 90퍼센트 이상을 그 거래의 상대방 회사가 소유하고 있는 경우에는 그 행위를 하려는 회사의 주주총회 승인을 이사회의 승인으로 갈음할 수 있도록 간이영업양수도 제도를 도입하였다.

또한 소규모합병 요건과 동일하게, 이사회 결의만으로 승인 가능한 소규모주식교환의 범위를 주식교환의 대가로 신주를 발행하는 때에는 종전 발행주식 총수의 5%이하에서 10% 이하인 경우로 확대하고, 주식 이외에의 재산을 교부하는 때에는 종전 순자산액의 2%에서 5%이하인 경우로 확대하였다.

제3장 참고문헌

갈정웅 역, 중소기업 M&A전략, 창해, 1997

김기회, 벤처기업 M&A 활성화를 통한 중견기업 육성방안, 대전발전연구원 정책연구보고서 2011-33, 2011. 03. 22

김수욱, 글로벌 기업경영과 상생협력 전략, 대 중소기업 상생협력의 전략과 과제, 전경련 중소기업협력센터, 2007.12.

김종태, M&A에센스, 중소기업청, 2012

노재성, 韓國 自動車 部品産業의 모듈화 戰略에 關한 硏究, 울산대 2005

대한상공회의소, 중견 · 중소기업의 성장잠재력 확충노력과 정책과제, 2010.5.13.

박우종, 중소기업의 혁신역량이 대 · 중소기업 성과에 미치는 영향에 관한 실증연구, 한양대 2014 박사학위 논문

산업자원위원회, 중소기업 사업전환 촉진에 관한 특별법안 심사보고서 2005. 12.

삼성경제연구소, "중소기업의 새로운 활로, 네트워크형 협력", 2011. 2. 23

서석훈, 독일, 자동차 부품 모듈화 동향, KOTRA 글로벌윈도우 2013.10.6

오중산, "자동차 분야의 해외동반진출 방안", 동아비즈니스리뷰, 2011. 5월호

지식경제부, 동반성장 R&D 생태계 구축, 미래 먹거리 창출 시동 - 미래산업선도기술개발 5개 사업단 본격 출범 -2011.7.13. 보도자료

윤상직, 2조 달러 경제시대의 산업정책 방향 : 상생경영 · 미래먹거리 창출 등 숙제, (月刊)뉴미디어. 제26권 제6호 통권306호 (2012년 6월)

지용희, 이윤보, 한정화, 중소기업론, 경문사, 2005

최순규 신형덕 공역, 국제경영 - 글로벌 시장에서의 경쟁전략 8판, Charles W. L. Hill 지음, HS MEDIA/Mc Graw Hill

Kotra 동반진출지원센터, 대 · 중소기업 해외동반진출 확대방안 연구 2011.12 지식경제부 용역보고서

Richard C.M. Yam, Jian Cheng Guanb, Kit Fai Pun, Esther P.Y. Tang, An audit of technological innovation capabilities in chinese firms: some empirical findings in Beijing, China, Research Policy Volume 33, Issue 8, pages 1123-1140, 2004.10.

제4장

중소기업 재무구조조정

제4장 중소기업 재무구조조정

본 장에서는 먼저 중소기업 금융시장과 그 핵심 요소인 정책금융 및 보증제도를 소개한다. 제3절에서는 자구계획과 자본확충 방안을 소개하고, 제4절에서는 채무조정과 재기지원 제도에 의한 본격적인 재무구조조정 방식을 다룬다.

제1절 중소기업 금융

중소기업 금융은 조달주체인 중소기업의 경영자원이 미흡하기 때문에 대기업 금융과는 특성이 다르다. 자금공여 측의 입장에서 신용리스크가 높으며, 정보의 비대칭성 및 소규모 취급으로 인해 취급비용이 과다한 반면, 금리의 엄격한 적용이 어려워서 수익성도 낮다.

그림4-1. 중소기업 금융의 특성

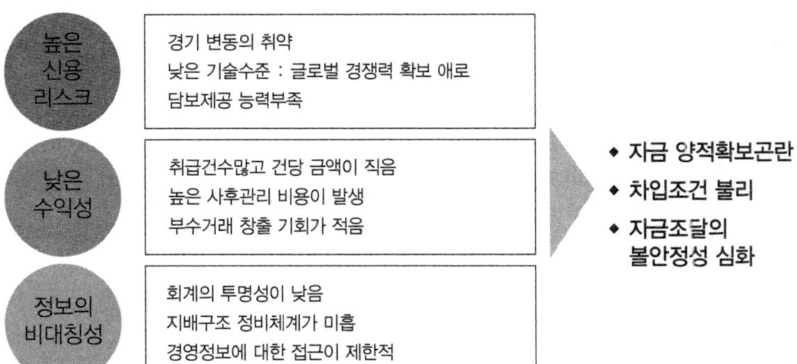

(자료 : 중소기업은행)

현행 중소기업 금융의 과제는 글로벌 금융위기 이후 저금리 정책과 정부의 경기부양책 등의 영향으로 중소기업 대출이 지속적으로 증가하였으나 성장잠재력은 약화되었고, 반면에 중소기업 정책금융의 양적 확대를 지속하기 어려운 상황이므로 정책금융 지원의 효율성을 높이는 것이다.

1. 은행의 중소기업 대출

1960년대와 70년대에 대기업 및 중화학 공업 위주의 성장과 수출 드라이브 정책 하에서, 정부는 중소기업을 보호하기 위하여 특수은행과 신용보증기금을 설립하고, 일반은행에 중소기업 의무대출비율 제도를 도입하였다. 그러나 은행들이 **중소기업 대출**의 대부분을 1년 이하('14.6말 현재 69.0%)의 단기로 운용함에 따라 기업들의 안정적인 경영활동에 애로가 있다.

가. 관계형 금융과 지역금융

1) 관계형 금융

중소기업금융이 시장기능에 의해 제대로 공급되기 위해서는 외형적인 담보 또는 보증보다는 장기적 신뢰관계를 바탕으로 기존의 계량정보만이 아니라 대표자의 도덕성, 경영의지, 업계평판, 거래신뢰도, 사업전망, 채무상환능력, 노사관계의 안정성 등 기업현황을 정량적 · 정성(情性)적으로 평가하는 **관계형금융**(relationship banking)과 컨설팅 기능이 활성화되어 기업정보의 수집부터 원활해야 한다[1]. '관계형금융'은 은행이 기업과의 장기신뢰 관계를 통해 장기대출, 지분투자 외에 경영컨설팅서비스를 제공함으로써 기업의 성장과 함께 사업성과를 공유하는 제도이다. 은행들은 내규 개정, 전산시스템 구축, 전담조직 설치 등을 통해 관계형금융 시행준비를 완료하였다[2].

표4-1. 기존금융과 관계형금융 비교

구분	기존금융	관계형금융
대상기업	■ 신용이 우수하거나 담보가 충분한 기업	■ 신용도 · 담보가 부족하지만 대표자의 도덕성, 사업전망 등이 양호한 기업
지원내용	■ 1년이내 단기대출 위주	■ 3년이상 장기대출(지분투자 가능)
대출심사방법	■ 재무제표 및 신용평가결과만 활용	■ 은행 자체 대출심사결과(재무, 비재무 경영정보) 활용
기업과 관계	■ 은행은 기업의 채권자가 됨	■ 은행은 채권자 또는 주주로서 경영에 참여
사업성과	■ 은행은 기업의 사업성과를 미공유	■ 은행은 기업의 사업성과를 공유 (배당, 자본이득)

(자료 : 금융감독원, 은행연합회)

은행의 RM (Relationship Manager)은 금융기관의 기업금융 전문 관리자로서 기업고객에 대한 폭넓은 이해와 전문성을 기반으로 고객 특성에 맞는 상품 · 서비스 및 금융자문을 제공하는 대 고객 전담 창구이다. RM은 고객과의 상호 이해와 신뢰에 기반을 둔 일관된 관계를 형성함으로써 담보 위주의 대출관행을 탈피하고 기업의 성장성을 감안한 신용도 위주의 여신 지원으로 자산건전성을 확보한다.

1) 중소기업금융시스템 재구축을 위한 과제, 손상호 주간금융브리프, 22 권 21 호
2) 금융감독원, 은행연합회, 관계형 금융 도입을 통한 새로운 중소기업 대출관행 유도, 2014.11.14. 보도자료

- 기업들을 신규로 접촉하면서 거래처를 창출하는 업무
- 해당 기업의 재무상태를 파악하여 은행과의 거래성사 여부를 판단
- 거래기한이 도래 시에 기간을 연장, 확대나 축소 또는 종료 여부에 대한 판단
- 거래 기업과의 상호 사업상의 기여도 측정
- 경제지표를 주시하면서 수시로 거래기업과의 관계 재정립

1999년 경 은행권에 여신심사역(credit officer)이 여신 심사와 승인을 맡고 RM이 고객관리를 맡는 CO/RM제도가 정착하고, 기업금융 영업점이 강화되었다[3].

K은행의 경우 1999년에 RM을 도입하여 개인영업점의 SOHO고객과 중소기업 고객을 매출과 여신액 기준으로 RM고객을 분류하였다. 그런데, 2004년 신규 유치 고객 중 음숙/부동산 업종이 높아 체계적인 마케팅보다는 PF성 단발성 여신취급이 많았다. 이에 여신 정책은 중기고객의 수요에 부응할 수 있도록 사전 신용등급과 한도 설정을 하여 관할 기업금융지점에 잠재 고객을 배분하고 결산기 도래 전 신용등급 사전 부여를 통해 마케팅 지원을 활성화하였다[4]. 금융기법 다양화를 통하여 포트폴리오 편중 해소를 추진하며, 대기업 여신 확대를 억제한다. 일시적 유동성 부족기업은 엄격한 기준 하에서 프리워크아웃을 활성화하고 모럴해저드를 방지한다.

---

3) 황길석(2002), 「금융기관의 기업고객 관리실태와 관계강화방안」, 산은조사보고, pp.2~14요약

4) 박현만, 중소기업대출의 문제점과 활성화 방안, 동국대학교 2005 석사학위 보고서

2) **지역금융**

전국 단위 은행은 정보획득 비용이 많이 드는 지방기업에 대해서 금리조절 대신에 금액한도를 설정하여 가용자금을 제약할 가능성이 있으며, 이는 경기침체 시 지역경제에 신용 경색을 초래할 수 있다. 반면, 지역금융기관은 역내 기업에 대출을 특화할 수 있다. 지역금융기관은 역내의 저축과 투자를 연결하는 중개기능을 수행하고, 전국 규모의 은행이 기피하는 중소기업이나 영세사업자에게 금융서비스를 제공하고 정보를 생산함으로써 역내 고용과 소득에 기여한다[5].

이러한 속성에 따라 지방은행은 중소기업대출 의무비율을 60%로 높이 유지하고 있다.

2005년 재정경제부는 중소기업금융지원체계 개편 방안(2005.6.23)에서 지방 기업에 대한 자금공급을 확대하기 위해 지원한도 확대와 가점 부여를 통해 우대하고, 상호저축은행을 정책자금 취급기관으로 활용하는 방안을 추진하였다. 지역혁신 클러스터 소재 기업의 네트워킹 자금을 지원하고, 지역혁신 특화산업, 성장동력 중심 산업과 연계한 투융자 상품을 개발하는 방안을 추진하였다.

나. 은행의 **중소기업 대출**실적

2008년 현재 시중은행은 원화 금융자금대출 증가액의 45% 이상, 지방은행은 60% 이상, 외국은행 국내지점은 35%를 각각 중소기업에 지원하도록 의무화하고 있다[6]. 중소기업에 대출실적이 의무비율에 미달한 경우, 한국은행은 한달 간 미달 대출금의 50%에 해당하는

5) 김석진, 김지영, 중소기업을 위한 지역금융의 역할, 경영교육논총 2005. 38권

6) 김동환 중소기업금융의 이해, 2008.11.23

금액을 총액대출한도 지원으로 제공된 금액에서 회수하였다. 외환위기 이후 중소기업의 자금사정이 호전되었으나, 은행들은 대형화로 자산규모가 커지면서 중소기업 대출비중은 낮아졌다. 국내 은행의 중소기업 대출에서 은행 특성 변수보다는 거시경제 및 금융시장 변수인 GDP 성장률, 주택가격 상승률, 대출금리 등이 중소기업 대출 비중에 주요한 영향을 미치는 것으로 나타났다.

그러나 2008년 리먼브러더스 파산 이후의 신용경색 하에서 중소기업 대출 기피현상이 발생하였다. 2009년 우리은행을 제외한 대형 시중은행들은 의무비율 45%를 준수하지 못하였으나, 기업은행은 지속적으로 의무비율 70%를 초과 달성하였다[7].

기업은행은 일반 시중은행들과는 달리 금융위기 등 경기 하락기에는 중기대출을 확대하여 SME의 자금난 완화에 기여하고, 경기가 상승국면에 진입하여 시중은행들이 중기대출을 확대하는 등 중소기업금융시장에서의 신용경색이 완화되는 시기에는 중기대출을 보수적으로 운용함으로써 경기 조절적 기능을 수행하였다.

그림4-2. 주요은행의 중소기업대출 증가율

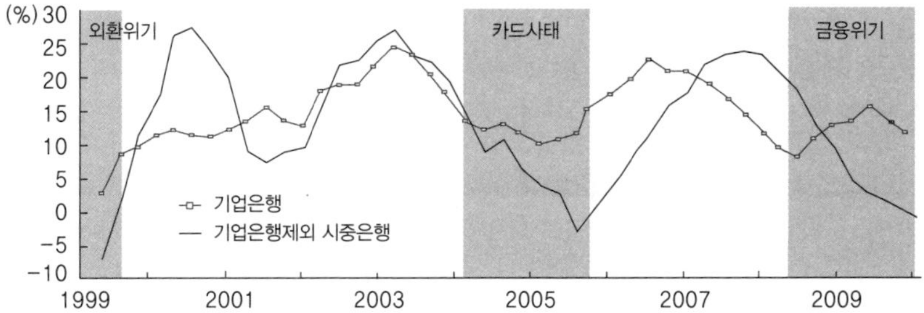

(자료 : 중소기업중앙회, 금융위기 하에서 은행의 중소기업대출과 경영성과와의 상관관계, 2010.5.)

---

7) 최호상, 은행 대형화가 중소기업 대출에 미치는 영향, 한국경제연구학회 2008년 제7차 정책세미나 및 정기학술대회

기업은행은 2015년 자산규모는 물론이고 수익성 면에서도 '빅4' 반열에 올랐다[8]. 대기업 대출 중심의 다른 은행들에 비해 리스크가 높지만 대출의 질을 높여 안정적으로 부실을 관리했다는 평가이다.

다. 중소기업 신용도별 대출 분포

2013년 5월 금융감독원이 18개 국내은행을 대상으로 중소기업 대출 양극화 실태조사를 실시한 결과[9] 중소기업대출이 우량기업 중심으로 편중되어 있는 점을 발견하였다. 특히 신용등급과 매출규모 등에 따라 대출 양극화현상이 발생하고 있는 점이 발견되었다. 2009년 말부터 2013년 3월까지 신용등급 1~3등급기업에 대해서는 대출이 15.6조원 증가하였고 4~5등급 기업에 대해서도 34.1조원 증가한 반면, 6등급 이하 중소기업에 대한 대출은 20.3조원 감소하였다.

표4-2. 신용등급별 중소기업 대출 잔액 (단위 : 조원)

신용등급	'09말	'10말	'11말	'12말	'13.3말
1~3	49.5	51.5	60.5	63.2	65.1
4~5	188.8	190.7	209.7	216.1	222.9
6	88.1	80.7	72.5	70.4	70.4
7~10	21.9	25.5	20.8	19.3	19.3
기타	95.4	93.0	91.7	92.5	92.2
합계	443.7	441.5	455.2	461.5	469.8

(자료 : 금융위원회 보도자료, 2013.6.7)

8) 더벨, 기업은행 빅4 반열에. 2015.3.4.
9) 금융위원회, 「중소기업자금사정점검회의」 결과, 2013.6.7 보도자료

2009년부터 2013년 3월간 매출액 60~300억원에 해당하는 기업에 대한 대출비중은 3.7%p 상승한 반면, 10억원 미만 영세기업에 대한 대출비중은 1.2%p 하락한 것으로 나타났다. 이러한 현상은 경기가 둔화됨에 따라 영세기업의 신용위험이 우선적으로 상승하여 은행이 이들 기업에 대한 대출을 기피하기 때문인 것으로 판단된다.

한편 글로벌 금융위기 이후 나타난 두드러진 현상은 대기업대출이 중소기업대출보다 증가세가 더 빠르게 진행되고 있고, 중소기업대출에서 **담보대출의 비중**이 크게 확대되었다는 점이다. 2009년부터 2013년 3월까지 중소기업대출 중 담보대출의 비중이 5.6%p 확대되어 신용대출과 담보대출의 비중이 거의 같은 수준이 되었다. 2009년에는 중소기업대출 중 신용대출과 담보대출의 비중차이가 11.5%p에 달했으나 2013년 현재 양자간의 차이는 0.6%p에 불과하였다.

또한 보증서 담보대출의 비중도 상승하였다. 신보와 기보가 은행의 대출을 유도한 후 성실상환기업의 경우 민간 대출로 연계되어야 하나, 신기보가 심사 및 사후관리의 상당부분을 감당함에 따라 민간금융회사로 정보나 심사 기능이 연결되지 못하는 한계성이 존재한다.

표4-3. 은행의 중소기업 보증서 담보 대출 비중 (단위 : %)

	'08	'19	'10	'11	'12	'13
국민	9.9	13.1	13.0	13.0	13.5	14.7
신한	7.5	10.2	10.0	10.6	11.2	11.4
우리	8.0	10.6	10.6	10.6	10.9	12.1
하나	8.7	11.2	11.2	11.3	11.6	11.5
외환	7.4	8.7	8.7	9.1	9.3	12.6
기업	19.4	23.8	23.8	20.8	20.7	20.2

(자료 : 한국은행)

라. 워크아웃과 패스트 트랙

은행은 중소기업 신용위험 평가결과 B등급(일시적인 유동성 부족기업)에 대해서는 **중소기업 Fast-Track 프로그램**으로, C등급(지원 시 회생가능성이 높은 기업)에 대해서는 **워크아웃**을 통해 경영정상화를 지원하고 있다. '08~'13년 기간 중 은행은 Fast-Track 또는 워크아웃 대상 중소기업으로 총 9,085개사를 선정하여, 기업의 자구노력을 전제로 상환유예, 금리인하 및 신규자금 등의 금융지원을 통해 선정기업의 67%인 6,126개 기업을 정상화시켰다. 2013.3월부터 구조조정 중소기업도 채권은행의 지원 이외에 정부의 정책자금을 이용할 수 있도록 중소기업청의 **'중소기업 건강관리시스템'**과 연계하여 운영 중이다.

금융감독원은 중소기업의 금융애로를 청취 · 해소하기 위해 중소기업 간담회*를 개최하고「중소기업 금융애로 상담센터」를 운영한다.

* 구조조정 추진기업 대표자 간담회(2014.4.8) 건의 사항
- 구조조정 추진기업에 대한 신규자금 지원 확대
- 신용보증기금이 신용보강한 P-CBO를 워크아웃 협약채권에 포함
- 워크아웃 추진 시 자구계획 이행기간 장기화
- 구조조정기업의 정책자금 활용 확대
- 은행의 PM(Project Management)사에 대한 관리 강화
- 워크아웃제도에 대한 홍보 강화 등

2. 정책금융

가. 정책금융 지원 체계

현행 정책금융은 기업은행 · 산업은행 · 수출입은행이 주로 대출방식으로 기업에 자금을 지원 중이나 일부 투자방식도 병행하고 있다. 신용보증기금, 기술보증기금, 무역보험공사 등은 일반은행에 신용보증을 통해 정책금융 역할을 수행한다. 또한 산업은행의 온렌딩과 한국은행의 금융중개지원대출은 중개금융기관을 통해 간접적으로 지원된다.

투자 등 직접금융방식은 정부 부처별 모태펀드와 기업은행 · 산업은행 · 은행권 공동출자로 설립된 성장사다리펀드가 유망 벤처 · 중소기업에 대해 지분투자방식으로 자금을 지원한다. 투자방식은 벤처캐피탈 등 모험자본과 협업을 통해 민간의 기업투자 활성화를 지원한다.

그림 4-3. 정책금융 지원 체계

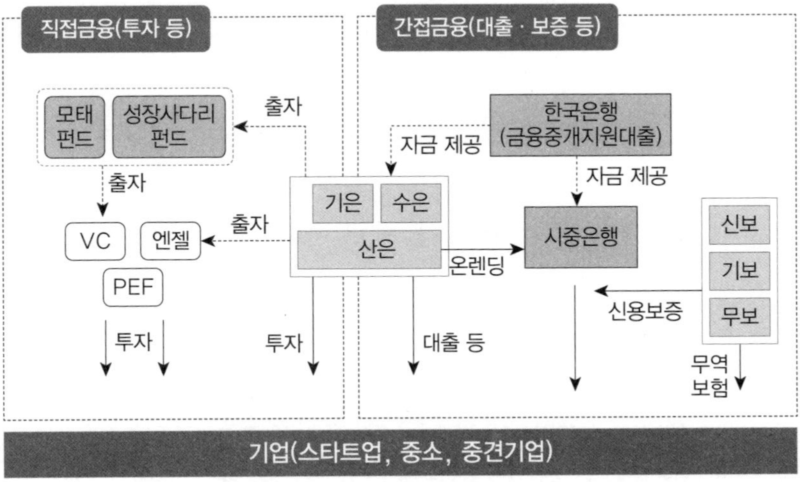

(자료: 금융위원회)

2014년말 현재 정책금융 잔액은 265.2조원으로서, 대출 234.6조원, 투자 30.6조원으로 구성된다. 정책금융 대출은 기업은행 123.1조원, 산업은행 111.5조원(직접대출 97.0조원, 온렌딩 14.5조원)으로서, 은행권 전체 대출(736.7조원)의 31.8%를 점유한다. 투자잔액은 30.6조원으로서, 전체 지원 규모의 11.5%를 점유한다. 주로 산업은행(29.9조원)이 투자하고 있으며, 기업은행은 0.7조원 수준이다.

정책금융 수혜대상은 중소기업이 135.0조원(56.1%), 중견 · 대기업 58.2조원(30.1%)으로 구성된다. 기업은행은 중소기업(94%), 산업은행은 중견 · 대기업(52%)을 주로 지원하였다. 수혜기업 업력별로는 업력 7년 미만 27%, 7~15년 28.6%, 15년 이상 44.5%으로 구성된다.

나. 정책금융 역할 강화 방안

이러한 정책금융의 적극적 역할에도 불구하고 금융감독원과 감사원은 은행과 보증기관이 우량 중소기업에 편중 지원하고 있다고 지적하였다[10]. 2015년 정부는 정책금융기관이 정체성을 재확립하여 창의 · 혁신 · 기술기업이 자금애로를 완화하고 지속 성장할 수 있는 지원체계를 마련한다[11]. 기업은행은 보다 창업 · 성장기업에 역할을 강화하며, 산업은행은 성장형 중소기업의 중견기업으로의 육성기능을 확대한다. 산업은행의 단순 자금지원은 민간 금융기관과 협업을 통한

10) 금융위원회, 중소기업 자금사정 점검회의 결과, 2013.6.7. 보도자료
감사원, 중소기업 금융지원 실태 감사결과 보고서, 2012.11.

11) 금융위원회, 창의 · 혁신 · 기술기업의 창업과 성장 촉진을 위한 기업은행 · 산업은행 역할 강화, 2015. 10. 29. 보도자료

온렌딩 제도를 활용하도록 온렌딩의 지원범위와 중개 금융기관을 확대 · 개선한다. 아울러, 직 · 간접 금융시장의 불균형 완화를 위해 투자기능을 보완하고, 엔젤 · 벤처캐피탈과 협업을 강화한다.

다. 중소기업진흥공단의 정책자금 융자

중소기업진흥공단을 통한 자금지원도 글로벌 금융위기 이후 크게 증가하였다. 공단은 중소기업청의 정책자금을 직접대출 또는 은행을 통한 간접대출로 중소기업에 공급하는 역할을 하고 있다. 공단의 중소기업 자금지원 규모는 2008년 2.6조원에서 2009년 4.8조원으로 82.6%가 증가하여 글로벌 금융위기 이후 정책금융 지원을 급격히 확대한 것을 볼 수 있다.

1) 융자대상

- 『중소기업기본법』상의 중소기업으로서, 다음의 전략산업(녹색 · 신성장 동력 산업, 뿌리산업, 부품 · 소재산업, 지역전략 · 연고산업, 지식서비스산업, 문화 콘텐츠 산업, 바이오산업, 융복합 및 프랜차이즈산업, 물류산업)을 영위하는 기업은 우선 지원한다.
- 『중소기업기본법』상의 중소기업으로서, 전략산업 이외의 산업을 영위하는 기업

융자 제한대상은 세금을 체납 하였거나 휴 · 폐업중인 기업(다만, 재해를 직접 원인으로 휴업중인 기업은 가동 중인 기업으로 간주하여 융자대상에 포함)이되 다음에 해당하는 우량기업은 배제한다.

- 중진공 신용위험등급 최상위인 CR1등급(단, 업력 3년 미만 기업 및 최근 결산연도 자산총계 10억원 미만의 소자산 기업은 예외), 신용평가회사의 BB 이상 등급인 기업
- 유가증권시장, 코스닥시장 상장기업 또는 최근 2년이내 자체 신용으로 공모 회사채를 발행한 기업
- 최근 3년간 평균 매출액이 500억원 이상인 기업(단, 신성장기반자금은 최근 3년간 평균 매출액 1,000억원 이상인 기업)
- 최근 재무제표 기준 자산총액 1,000억원 초과 기업
- 신성장기반자금 중 고성장(가젤형: 3년 평균 20% 대의 Gazellese)기업전용자금은 신용평가회사 BBB까지, 매출액 1,000억원 이상 또는 자산총액 1,000억원 초과기업 지원 가능
- 업종별 융자제한 부채비율을 초과하는 기업(협동화 및 협업사업은 승인 신청 시 기준). 단, 다음의 경우에는 부채비율 기준 적용을 배제
- 업력 5년 미만 기업, 사업전환자금 신청기업 중 무역조정지원기업
- 『소득세법』 및 동법시행령에 의한 일정규모 미만의 간편장부 대상사업자
- 『중소기업 협동조합법』상의 협동조합
- 긴급경영안정자금 신청기업 중 일시적 경영애로기업, 재해 중소기업
- 재도약자금 중 구조개선전용자금 지원기업
- 기초제조기업성장자금, 소상공인시장 진흥공단에 소공인 특화자금을 신청한 기업

* 최근 결산연도 유형자산 증가율이 동업종 평균의 2배를 초과하는 중소기업의 시설투자금액, 매출액대비 R&D투자비율이 1.5%이상인 기업의 R&D금액 등은 융자제한 부채비율 산정 시 제외

융자 신청일 현재, 업력 5년 초과 기업 중 다음에 해당하는 한계기업 및 **중진공 지정 부실징후기업**도 배제된다.

- 2년 연속 매출액이 50%이상 감소한 기업
- 2년 연속 적자기업 중 자기자본 전액 잠식 기업
- 3년 연속 이자보상배율 1.0 미만이고, 3년 연속 '영업활동 현금흐름이 (-)'인 기업
- 최근 3개월 내 연체일수 45일 이상 또는 10일 이상이 4회 이상인 기업

융자심사에서 탈락한 기업으로 6개월이 경과되지 아니한 기업(신청연도가 다르거나 자금종류가 다를 경우에는 제외) 및 융자 신청일 현재, 업력 5년 이상 법인기업 중 정부 및 광역 지방자치단체 등을 통한 정책자금(소상공인지원자금 제외) 지원실적이 다음에 해당하는 기업(중소기업지원사업 통합관리시스템(http://sims.go.kr)을 통해 지원실적 확인)도 배제된다.

- 시설자금 : 시설자금 대출잔액 45억원(비수도권은 50억원) 이상(단, 협동화 및 협업사업은 실천계획 승인 시에 해당여부를 판단)
- 운전자금 : 최근 1년 이내 2회 이상 지원기업 단, 재해중소기업, 일시적 경영애로 기업, 수출금융지원자금,사업전환자금, 투융자복합금융자금(성장공유형 대출)은 지원실적 대상에서 제외

2) 융자 절차

개별기업당 융자한도는 중소기업청 소관 정책자금의 융자잔액 기준으로 45억원(수도권을 제외한 지방소재기업은 50억원)까지이며, 매출액의 150%이내에서 지원한다.

대출금리는 중소기업진흥채권 조달금리에 따른 정책자금 기준금리에 분기별로 연동되는 변동금리 적용을 원칙으로 하되, 시설자금의 경우 각 사업별로 고정금리를 적용할 수 있다.

사업계획 승인 등 별도의 절차가 요구되는 청년전용창업자금, 투융자복합금융자금 (성장공유형 대출, 프로젝트 금융형 대출), 개발기술사업화자금 중 특허담보대출자금, 신성장기반자금(협동화 및 협업사업지원자금, 고성장(가젤형)기업전용, 기초제조기업성장), 재도약지원자금, 긴급경영안정자금을 신청하고자 하는 기업, 창업을 준비 중인 자는 사전 상담을 해야 한다.

- 건강진단신청서 및 자금활용계획서 제출 : 창업기업지원자금(재창업 포함), 개발기술사업화자금, 신성장기반자금, 긴급경영안정자금, 투융자복합금융자금
- 해당사업 융자신청서 제출 : 청년전용창업, 협동화 및 협업사업, 사업전환자금, 소공인특화자금

시설자금(사업장 건축 및 중고설비 포함) 5억원 이상 신청기업은 의무적으로 시설자금 전자거래사이트를 통해 공개견적 후 자금 신청 · 접수 시 공개견적 확인서를 제출한다.

기업평가에서는 사업타당성평가와 진단평가 및 신청기업의 현장방문을 통한 실태조사를 실시한다. 건강진단을 신청한 경우 추천서 발

급 후에 융자절차를 진행한다(건강진단은 제2장 전술 참조).

중소기업진흥공단은 2010년 2월 홈페이지(http://www.sbc.or.kr)상에서 중소기업 스스로가 중진공 정책자금 신청 가능 여부를 확인하고, 신청 가능업체로 판단된 경우 가장 적합한 자금을 추천받을 수 있는 '사이버 정책자금 융자도우미'를 운영한다.

'정책자금 사이버 융자도우미'는 웹페이지 회원가입 없이 업체명과 사업자등록번호 입력만으로 이용이 가능하며, 특히 중진공에서 자금융자 경험이 있는 업체는 주소 등 업체 기본정보가 연동되어 한층 편리하게 서비스를 이용할 수 있다.

표4-4. 「정책자금 융자도우미」 단계별 확인 사항

1단계	시작하기
	• **업체명 및 사업자 등록번호 입력**
▼	
2단계	기본정보 입력
	• **주소, 설립일자, 근로자수, 매출액, 자본금, 업종 입력** ① '중소기업' 해당여부 판단 ② '융자제외 대상업종' 해당여부 판단 ※ 중진공 자금융자 경험이 있는 업체는 주소 등 기본정보 연동
▼	
3단계	융자제한기업 확인
	• 세금체납, 제한 부채비율 등 11개 항목 해당여부 확인
▼	
4단계	자금 용도 선택
	• 세부 용도 중 선택(**적합자금을 추천**하기 위함)
▼	
5단계	결과
	• **추천사업,** 관할 지역본(지)부 등 표기 • **사업소개, 융자상담신청 등 홈페이지 서비스 연결** ※ 다시하기 및 결과인쇄 가능

3. 한국은행의 금융중개지원대출(구 총액한도대출)

한국은행은 1994.3월 정책금융을 축소 · 정비하고 유동성 조절기능을 강화하는 방향으로 대출제도를 개편하여 총액한도대출제도를 도입하였다. 이후 동 제도는 특정부문에 대한 지원 필요성 지속, 금리중심의 통화정책운영체계 도입 등으로 유동성 조절을 위한 통화정책수단보다는 저리의 신용정책수단으로 주로 활용되어 왔다.

국회는 2013년 한국은행 국정감사에서 총액한도대출이 중앙은행 본연의 기능과 괴리가 있는 측면이 존재한다면서, 다음과 같이 지적하였다.

- 시중은행에서 자금을 구할 여건이 되지 못한 기업이 대출받을 수 있는 길을 열어줄 필요가 있음
- 신용등급이 낮은 기업에 전략적으로 대출해주는 은행에 대출한도를 추가로 증액하는 등의 방안을 검토할 필요가 있음
- 중소기업 실태를 정확히 파악하고 중소기업에 실제로 도움이 되는 금융지원제도를 마련할 필요가 있음
- 사전준비 부족 등으로 총액한도대출 실적이 미미한 측면이 있음
- 총액한도대출이 은행 배불리기에 악용되고 있다는 지적이 있음
- 대기업 편법지원 등 부당대출이 증가하고 있는 이유를 분석하고 대책을 마련할 필요가 있음
- 총액한도대출의 금리를 더 내리는 것을 검토할 필요가 있음
- 총액한도대출의 사후관리도 중요함

한편 글로벌 금융위기 이후에는 주요국 중앙은행들도 금융중개기

능 저하와 경기부진 심화에 직면하여 이례적으로 완화적인 통화정책을 실행함과 동시에 신용정책을 유용하게 활용하고 있다. 한국은행도 2013년 4월 기술형 창업지원 한도를 도입하는 등 총액한도대출제도를 대폭 개편하면서 앞으로 동 제도를 신용정책의 주된 수단으로 활용해 나갈 것이라는 방침을 표명하였다.

신용정책은 일반적으로 '중앙은행 대차대조표의 자산구성 변화를 통해 민간부문의 자금흐름이나 신용배분에 영향을 미치는 정책'으로 정의할 수 있으며, 통화정책 및 거시건전성정책과 함께 중앙은행이 최종목표를 달성하기 위해 수행된다. 이론적으로 중앙은행은 금융시장에서 시장실패 등으로 자금배분이 왜곡되는 경우 이를 시정하기 위해 신용정책을 활용한다.

한국은행도 최근 정책여건 변화 등을 감안하여 특정 산업부문에 대한 정책금융 성격보다는 시장실패 등에 기인한 신용경색 완화를 주 목적으로 활용하되, 이를 통해 성장잠재력 확충과 금융의 경기순응성 완화에도 기여하며, 거시경제정책의 일환으로 수행하는 통화정책을 보완하여 미시적인 신용공급 원활화를 도모한다.

이에 한국은행은 총액한도대출의 명칭을 '금융중개지원대출'로 변경하고 동 제도의 기본 운영방향을 설정하였다[12]. '총액한도대출'이라는 명칭은 과거 통화량 목표제 하에서 통화량 관리에 부담을 주지 않도록 한국은행이 주도적으로 은행의 차입한도를 미리 정하겠다는 성격이 강조되었으나, 금리중심의 통화정책 운용체계 이행 등으로 이러한 취지는 크게 약화되었다. 따라서, 금융중개지원대출은 신용정책의 주된 수단으로 활용하되 지원대상은 기존의 총액한도대출과 같이 중소기업으로 한다. 중소기업의 경우 정보의 비대칭성 문제 등으로 자금조달

12) 한국은행, 총액한도대출 제도 개선, 2013.12.26. 공보 2013-12호

에 어려움이 상대적으로 크고 경기둔화나 금융위기시에는 그 어려움이 가중되므로 중앙은행의 역할 수행 필요성이 인정된다.

금융중개지원대출의 총 한도는 기존 프로그램이 당초 지원목표를 효과적으로 달성하도록 하는데 주력하면서 금융 · 경제상황 변화 등에 따라 필요한 경우 탄력적으로 조정한다. 금융기관별 한도와 지역 본부별 한도의 구분을 폐지하고 대상 부문별로 5개의 프로그램(기술형창업지원 · 무역금융지원 · 신용대출지원 · 영세자영업자지원 · 지방중소기업지원 프로그램)으로 구분하였다. 금융중개지원대출의 한도는 분기별 조정방식에서 필요 시 수시 조정하는 방식으로 변경하였다.

대출금리 감면보다는 신용공급 제약으로 어려움을 겪는 중소기업의 자금가용성 확대에 중점을 두고 운영하며, 중앙은행의 저리자금 지원을 바탕으로 은행들이 신용리스크를 부담하면서 자체 조달자금을 추가하여 신용공급이 부족한 부문에 자금공급을 확대하도록 금융기관에 대한 인센티브 제공을 통해 간접적인 방식으로 수행한다.

금융중개지원대출의 개별 프로그램은 성격에 따라 크게 2개 그룹으로 구분하여 운영한다.

- 지원대상이 일반 중소기업인 프로그램은 금융 · 경제상황 변화에 따라 한도를 신축적으로 조정함으로써 통화정책을 보완하면서 금융의 경기순응성을 완화하는데도 기여하도록 운영한다. 신용대출지원 프로그램, 무역금융지원 프로그램, 지방중소기업지원 프로그램 중 일반지원부문이 여기에 해당한다.
- 기술형창업지원 프로그램, 영세자영업자지원 프로그램, 지방중소기업지원 프로그램 중 전략지원부문 등 우리경제의 성장에 크게 기여할 수 있으나 신용리스크가 높아 신용공급이 제약되고 있

는 중소기업을 지원대상으로 하는 프로그램은 새로운 대출시장 형성에 중점을 두고 운영한다.

표4-5. 총액한도대출 명칭 등 변경

	변경 전	변경 후
명칭	총액한도대출	금융중개지원대출
구성 체계	• 2개 한도로 구분 – 금융기관별한도 (기술형창업지원한도, 무역금융지원한도, 신용대출지원한도, 영세자영업자대출지원한도) 및 지역본부별한도	• 5개 프로그램으로 구분 – 기술형창업지원 프로그램, 무역금융지원 프로그램, 신용대출지원 프로그램, 영세자영업자지원 프로그램, 지방중소기업지원 프로그램
한도결정 방식	분기별로 조정	필요시 수시로 조정

4. 신용보증

신용보증기금과 기술신용보증기금은 정부 출연금과 금융기관 출연금을 재원으로 하여 **신용보증** 업무를 수행하며, 16개 지역신용보증재단은 정부와 지방자치단체 출연금, 금융기관과 지역 대기업의 출연금 등을 보증재원으로 지역 소재 중소기업에 대한 신용보증지원기능을 수행하고 있다.

정부는 2005년의 신용보증제도 개편방안[13]에서 신용보증기금은 일반혁신형 기업 및 영세 소기업 지원에, 기술신용보증기금은 기술혁신형 기업에 집중하였다. 중복보증, 장기 거액보증의 경우 신용보증의 수혜자 폭이 제한되어 혁신기업에게 기회가 주어지지 않을 수 있으

13) 재정경제부, 중소기업 금융 지원 체계 개편 방안 2005.6.23.

므로, 거액 · 우량 · 장기 이용기업의 보증이용 축소를 유도하고 기술평가 금융을 활성화하였다.

'05년 약 41조원 수준이었던 신 · 기보 신용보증 규모는 글로벌 금융위기 이후에 중소기업 자금위축을 해소하기 위한 적극적 정책금융 확대정책에 따라 '13년말 기준 약 59.6조원(일반보증 기준)으로 크게 증가하였다. 정부는 2009년 만기 도래하는 보증에 대해 원칙적으로 전액 만기연장하였고 신규 보증지원에 대해서도 기준등급 및 보증한도를 완화하며, 신속 지원이 필요한 경우 신보와 기보의 복수 보증을 허용하였다.

한국금융연구원에 의하면 글로벌 금융위기를 지나면서 신기보의 보증잔액 증가 시 시차를 두고 예금은행 산업대출을 대체하는 경향이 있었다고 평가된다[14).

2014년의 중소기업 신용보증제도 개선방안에서는 중소기업 자금공급은 비교적 충분한 수준이나, 全주기에 걸쳐 대출 · 보증 등 간접금융시장 의존이 과도하며, 보증공급기능은 성숙단계에 이르렀으나, 융자 의존형 성장, 담보 · 보증 위주의 여신 관행이라는 부작용이 있다고 평가하고, 기업 생애주기별 맞춤형 금융지원을 마련하였다[15).

가. 신용보증기금

신용보증기금의 보증규모는 1976년 설립 이후 37년 간 1,579억원으로부터 41조 1,574억원(2014년)으로 증가하였다.

동일 기업에 대한 일반 보증한도는 신보와 기술보증기금의 일반보

14) 구정한, 기업 성장단계별 맞춤형 지원을 위한 정책금융 역할 강화 방안, 2015.10.8.

15) 금융위원회, 창조경제를 견인하는 중소기업 신용보증제도 개선방안, 2014.1.8.

증을 합하여 30억원이며, 신용이 취약하거나 규정에서 따로 정하는 기업은 15억원 이내로 제한될 수 있다. 보증심사는 같은 기업에 대한 심사기준 보증금액에 따라 다음과 같이 구분된다.

표4-6. 신용보증기금의 보증심사기준 보증금액

심사구분	간이심사	일반심사	표준심사	심층심사
심사기준보증금액	5천만원 이하	3억원 이하	3억원 초과 ~ 10억원 이하	10억원 초과

나. 기술신용보증기금

1989년 설립된 기술보증기금은 기술력 · 사업성에 기반한 자금지원 활성화를 위해 다각적인 노력을 경주하였고, 1999년 기술력에 기반한 보증심사모형을 개발하고, 기술평가 보증제도를 도입하였다. 2005년에는 민간 금융회사의 우수기술기업에 대한 신용대출 활성화를 위해 기술평가인증서 제도를 시행하였다.

2012.2월 말 현재 기술신용보증 규모는 17.2조원 수준을 달성하였다.

- 기술신용보증(잔액, 조원) : (05)11.5 (08)12.6 (09)17.1 (11)17.3 (12.2월)17.2

기술평가인증서에 기반한 민간금융회사의 신용대출 규모도 꾸준히 확대되었다.

– 기술평가인증서부 대출 (억원) : (07)253 (08)613 (09)1,126 (10)1,402 (11)2,153

그러나, 기술기업에 대해서는 신용도뿐 아니라 기술 · 사업성 등에 대한 정보격차도 있어 금융 공급이 어려웠다. 기술평가 결과가 좋다고 해서 이를 근거로 금융기관이 곧바로 투 · 융자를 확대하는 것은 아니며, 기보는 기업의 기술평가등급을 심사하고 미래 예상매출액 추정 등을 기준으로 보증지원 규모를 결정하였으나, 매출액 추정대상 기간이 1년에 불과하여 창업기업이나 매출액이 정체기에 있는 신기술 개발기업 등의 경우 자금조달이 어려웠다.

이에 기업이 보유한 특허기술 등의 예상 수명기간 중 미래수익 가치를 기준으로 보증지원 규모를 결정하는 "기술가치 연계보증 제도"를 2012.7월 도입하여 기술을 통해 미래예상되는 기업수익 등을 현재가치화 하여 산정하였다 [16]. 매출액이 없는 기술기반 창업기업, 매출이 정체상태이나 신기술 개발 등을 통해 향후 성장잠재력이 큰 기업의 경우 충분한 자금조달이 가능할 것으로 기대된다.

2012년 6월에는 융 · 복합 기술평가모형을 개발하였다. 기존 모형의 경우 단일 기술 · 산업을 중심으로 평가하였으나, 2개 이상 기술이 융 · 복합된 경우 기술 간 융 · 복합, 사업 주체 간 협력 체계 등에 따른 시너지 효과 등에 관한 평가지표 및 배점을 중점 반영하게 되었다.

R&D 사업의 경우 "기술개발–사업화 준비–제품 양산" 등 단계마다 개별적으로 소요자금 등을 심사 · 보증 지원하던 것을, R&D 全단계의 소요자금을 일괄심사 후 단계별로 보증지원하는 "R&D 프로젝

16) 금융위원회, 창업 · 중소기업 금융환경 혁신을 위한「정책금융 지원의 다양화 방안」 2012.4.19

트 보증"을 도입하였다(2012.4월).

다. 대 · 중소기업 동반성장 협약보증

2011년 신용보증기금은 호남석유화학, 두산인프라코어, 한화건설, 두산건설과 대 · 중소기업 동반성장 협약을 체결하고 경기침체로 어려움을 겪고 있는 중소기업에 대해 **'대 · 중소기업 동반성장 협약보증'**을 시행하였다[17].

본 협약보증은 대 · 중소기업간 상생협력 네트워크 구축과 정부의 동반성장 정책에 부응하기 위해 협약보증을 중점사업으로 추진해 온 신보와, 대기업과 중소기업이 동반 성장하는 공정사회의 패러다임에 뜻을 같이한 특별출연 대기업이 있었기에 성사될 수 있었다.

당해 협약보증의 특징은 기존의 Capital Call 방식 대신 대기업 일시출연 방식을 도입하고, 대출보증 등 '금융성 보증'에 한정되었던 지원대상을 상거래담보보증 등 '비금융성 보증'에까지 확대한 'Two-Track' 방식으로 운용함으로써 기존 상생보증과 차별화를 시도했다(Capital Call은 목표 출연금 전체 중 일부를 먼저 출연하고, 나머지는 이후 보증실적에 따라 출연하는 방식이다).

이를 통해 신보는 대기업으로부터 추천받은 협력업체들에게 금융성 보증일 경우 출연금의 12배, 비금융성 보증은 15배 범위 내에서 신용보증을 지원할 수 있게 됐다.

또한 1차 협력업체는 물론 직접거래가 없는 2차 협력업체까지 보다 많은 중소기업에게 혜택이 돌아간다는 점에서 새로운 상생협력 모델을 제시했다.

---

17) 신보, '대 · 중소기업 동반성장 협약보증' 시행, 신용보증기금 2011.9.27 보도자료

라. 보증체계 개편 방향

정책보증이 상대적으로 많이 공급되고 있으나, 창의 · 기술형 기업 등 창조경제를 견인할 혁신형 기업 지원이 미흡하다.

* 정책보증/중기대출(%): 한국 14.6%, 일본 13.2%, 프랑스 3.4%, 미국 2.1%

2015년 11월 금융위원회는 "창의 · 혁신 · 기술기업의 창업과 성장 촉진을 위한 「新 보증체계 마련」 방안"을 발표하였다[18]. 금번 방안은 우리나라에 보증체계가 도입된지 약 40년 만에 수요자인 중소기업의 눈높이에서 보증체계를 전면 개편하였다는 데에 의의가 있다.

- 보증기관의 심사 인력과 조직을 '성숙기업 관리'에서 '창업 · 성장 기업 지원'에 활용될 수 있도록 재편
- 1년 단위로 보증기관이 보증연장 여부를 심사하던 방식을 5년이상(5~8년)의 장기보증으로 전환
- 창업 5년이내 기업에 대해서는 연대보증을 전면 면제
- '보증연계투자'를 보증기관 단독투자에서 민간자본과 공동투자로 확대하고, 투자한도도 보증기관 재산의 10% → 20%로 완화
- 성숙기 이후 기업의 보증은 은행이 심사해서 제공하는 '新 위탁보증' 도입으로 보증이용을 효율화한다. 즉, 은행은 위탁보증 총량(보증기관 → 은행 설정) 내에서 기업을 심사 후 보증을 제공할 기업과 보증비율(85~50%)을 선택하므로, 한계기업에 대한 과잉 보증공급 문제가 민간의 전문성을 통해 시정 가능
- 신보는 기업 성장성 등 미래가치를, 기보는 기술평가를 바탕으로 하는 창의 · 혁신 기술기업 지원으로 영역을 특화

18) 금융위원회, 중소기업 新 보증체계3축. 2015.11.4 보도자료

5. 지식재산 금융

지식재산금융이란 지식재산의 창출, 사업화, 활용과정에서 지식재산을 기반으로 투자, 융자, 보증 등의 자금을 공급하는 금융활동을 의미한다.

IP(Intellectual Property) 자산금융은 지식재산권 자체를 자산으로 취급하는 금융기법으로, Sales & License Back, IP 담보대출, IP 자산유동화 등이 있다.

- Sales & License Back 방식은 IP를 보유한 기업이 IP를 펀드에 매각하여 자금을 조달하고, 펀드는 이들 기업에 사용료를 받고 다시 빌려주는 방식이다.
- IP 담보대출은 기업이 보유한 지식재산권에 대해 IP 담보가치평가를 수행하고, 평가된 가치금액 내에서 IP를 담보로 설정하여 대출을 시행한다.
- IP 유동화는 IP를 보유한 기업 또는 연구소가 IP에서 발생하는 현금흐름을 기초자산으로 증권을 발행하여 자본을 조달하는 금융기법이다.

그러나 은행이 외부 신용등급에 의존하기 어려우며, 기술기업 평가의 비용이 높아서 초기 기술기업대출에 본질적인 한계가 있다. 산업과 재무를 모두 이해하는 인력을 중소기업에 일주일 이상 실사와 면담에 투입하기도 어렵다.

벤처캐피탈도 exit가 어렵고, 기술개발이 성공하더라도 국내 내수시장이 작아서 투자위험 대비 기대수익률이 미흡하므로 초기 기업투자에 소극적이다.

2013년 7월에는 「창조경제 실현을 위한 지식재산금융 활성화 방안」이 발표되었다. 정부는 2014년 1월에는 **「기술금융 활성화를 위한 기술평가시스템 구축방안」**을 발표하여 지식재산 관련 금융에 국내 은행권의 참여와 노력을 촉구하였다.

2015년 6월 8일 금융위원회와 산업통상자원부는 '기술금융 체계화 및 제도개선' 방안에서 은행의 기술신용대출을 양적 확대에서 기술력 반영으로 파라다임을 전환한다. 기술신용보증기금, 한국기업데이터, 나이스평가정보 등에 발주하는 기술신용평가에서 기업이 제출할 기술자료와 은행이 제출할 기업자료를 명확히 구분함으로써 평가를 신속화 하며, 은행권이 자체 평가를 할 수 있도록 기술신용평가 자격증을 신설하고, 기술신용대출 정착 로드맵을 수립한다.

또한 모험자본 활성화를 위해서는 엔젤과 VC의 투자형 TCB(기술금융신용평가사)평가 모형을 개발하고, 기술가치평가 투자펀드와 기업부실 발생 시 IP를 매입해 주는 NPE(Non-practicing entity)형 IP투자펀드를 조성한다(제10장 후술 참조). NPE는 IP의 매매, 라이선싱, 사업화 등을 통해 수익을 창출하는 기업으로, 국내에는 **인텔렉추얼 디스커버리 그룹**이 있다.

2012년 산업은행과 아이디어브릿지 자산운용(인텔렉추얼 디스커버리 그룹)이 결성한 지식재산권 1호 펀드는 팬택이 보유한 통신표준특허를 세일앤리스백 하였다. 2013년 결성 KDB파이오니어 지식재산권 2호 펀드는 1000억원 규모이다. KDB파이오니어 2호펀드는 코데스컴바인사에 2013년 4월 회사의 상표권에 대해 Sale & License back 형태의 IP펀드계약을 통해 100억원을 지원하였으며, 2014년 8월 상환 받았다. 이 회사는 2014년 8월에는 코튼클럽과 상표권 담보부 대출을 통해 50억원을 차입하였으나, 2015년 회생절차를 신청하였다.

2호 펀드는 또한 한국전자통신연구원에 향후 발생할 특허기술료를 기초로 100억원을 투자한 성과를 냈다.

기업은행은 2013년 2월 총 1천억 원 규모의 'IBK 금융그룹 IP투자펀드'를 조성하였다. 2014년 기업은행은 인텔렉추얼 디스커버리 그룹과 IP금융 활성화와 우수 IP기업 지원을 위한 업무협약을 체결하였다.

제2절 기업 간 신용

1. 기업 간 신용

가. 매출채권

매출채권은 거래의 주체가 기업인 외상거래이다. 기업간 신용을 제공하는 공급자는 일반적으로 무담보채권자이므로, 고객기업의 신용정보를 획득할 강력할 동기를 가진다. 또한 납품업자는 폭넓은 업계 네트워크를 확보하고 있어서 금융기관 보다 낮은 비용으로 정보를 확보할 수 있다. 때문에 일본에서는 고객기업이 경영위기에 봉착한 경우, 납품업자는 신용제공을 바로 축소시킨다[19].

국내에서도 기업 간 신용의 주요수단으로서 어음이 광범위하게 통용되었다. 중간재를 조립하여 최종재를 생산하는 대기업은 중소기업의 저임금을 활용하여 원가를 절감 또는 생산 가동률 위험을 최소화하

19) 鶴田大輔, 일본 중소기업에 있어서 기업 간 신용의 기능, 2007.7.

기 위한 완충장치로서 하도급거래 전략을 취한다. 중소기업은 이러한 위험을 분담하는 기능에 의해서 대기업과 장기 전속적 관계를 형성한다. 대기업과 중소기업 간 수직 분업적 관계가 금융을 통해서 더욱 공고해지고, 대기업이 거래 중소기업을 속속들이 파악하게 되었다[20].

2000년 이후 중소기업의 매출채권회전률이 대기업의 매출채권회전률을 지속적으로 하회하고 있어, 중소기업의 매출채권 회수기간이 상대적으로 긴 것을 알 수 있다[21].

그림4-4. 매출채권 회전율 추이

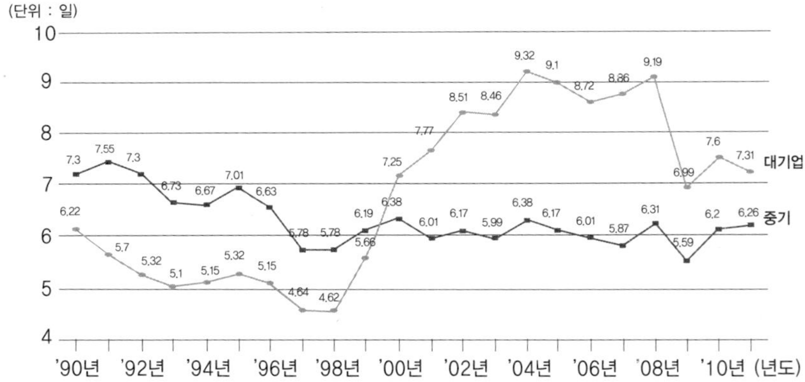

나. 어음의 폐해

1990년대 말 외환위기 당시 국내 어음 위주 결제관행 속에서 연쇄어음부도로 인한 관련 기업들의 파산사례로 중소기업의 연쇄도산의 문제가 심각하게 대두되었다.

20) 강경훈, 대 · 중소기업 간 하도급관계와 금융의 역할, 중소기업 금융연구, 2014.6.

21) 홍재근, 중소기업 내국거래 신용보험 발전 방안 연구, 중소기업연구원 2013.12

1997년 9월 상업어음의 연쇄도산 방지를 위해 **어음보험**제도가 시행되었고 중소기업들이 IMF 외환위기를 극복하는 과정에서 2001~2003년까지는 매년 7천 7억원 대의 꾸준한 인수실적을 시현하였다. 그러나 2004년도 이후 어음보험 인수요건 강화 및 매출채권보험의 시행을 계기로 어음보험 취급실적은 지속적으로 감소하고 있다. 어음보험 인수실적이 감소한 이유는 상거래 약속어음의 사용 빈도가 점차 줄어 들었고, 가입자들이 매출발생 이후에 받는 약속어음 중 잠재부도어음을 선별하여 보험가입을 하는 역선택을 할 수 있기 때문이다.

2. 어음을 대체하는 매출채권 금융

전자채권과 전자방식 외상매출채권은 어음발행 대신에 매출채권을 지명채권으로 양도하는 유동화방식으로서, 신용보증이 없는 상태에서 원활히 운영되어 기업 간에 널리 통용되는 금융결제수단으로 정착되었다.

가. 기업구매자금대출제도

2000년 8월 어음의 대체수단으로 도입된 은행대출기반의 지급결제서비스인 기업구매자금대출제도에서는 판매기업이 상품이나 서비스를 납품한 이후 구매기업을 지급인으로 하고 납품금액을 지급금액으로 하는 환어음을 발행하여 거래은행에 추심의뢰를 하면, 구매기업은 거래은행과 사전에 약정한 대출한도 범위 내에서 기업구매자금을 융자받아 대금을 지급하는 흐름으로 운영된다. 기업구매자금대출제도는 어음 대체수단으로서 이용기업에 세제혜택이 주어지는 한편 취급은행은 한국은행 총액한도대출제도의 지원을 받았다.

나. 전자채권

전자채권제도는 2002년 3월 도입된 어음대체지급결제수단으로서, 전자증서 기반의 채권(債券)을 발행해 상거래대금을 결제하며 거래은행 구분 없이 거의 모든 은행에서 취급할 수 있다는 점에서 장점이 있다.

⊙ 금융결제원 'B2B 업무규약 제2조' 용어정의

"전자채권"이라 함은 구매기업이 판매기업을 채권자로 지정하여 일정금액을 일정시기에 지급하겠다고 발행하는 전자적 지급수단으로서 전자금융거래법에서 정하는 전자채권관리기관에 등록된 채권을 말한다.

'전자채권'은 반드시 발행인의 공인인증서를 통한 전자서명이 있어야 유효하다. 채권양도는 판매기업의 담보대출 목적으로 금융기관을 상대로 양도하는 경우로서 단1회에 한해서 가능하다.

금융결제원 B2B업무규약 시행세칙 제8조【공인인증서의 사용】
구매기업이 전자채권을 발행하거나 판매기업이 전자채권을 양도통지할 경우 거래의 안전성 및 신뢰성 확보를 위하여 공인인증기관에서 발행하는 공인인증서를 사용하여야 한다.

다. 전자방식 외상매출채권담보대출제도

한국은행은 2001.2월 **'전자방식 외상매출채권 담보대출'**(B2B대출) 제도를 도입하였다. 구매기업이 물품 구매대금을 판매기업에 어음으로 결제하는 대신에, 판매기업이 거래은행으로부터 외상매출채권을 담보로 대출을 받아 납품대금을 조기에 현금으로 회수할 수 있게 하는 지급결제서비스이다.

기업구매자금대출제도가 환어음이라는 실물 매체를 이용하는데 반해 전자방식 외상매출채권담보대출제도는 모든 절차가 온라인방식으로 이루어진다. 담보가 되는 외상매출채권은 증권이 아닌 무형의 채권(債權)으로서, 납품영수증, 세금계산서, 구매기업이 거래은행에 전송한 납품내역 데이터 등의 비정형화된 자료가 매출채권 확인의 근거가 된다.

금융결제원 'B2B업무규약 시행세칙' 제3편에서 정하고 있는 '전자방식 외상매출채권'은 '전자채권'과 취급절차가 유사하나 전자서명법에 의한 공인인증서 서명 절차가 없고 '전자채권'의 경우와 달리 판매자와 구매자가 모두 같은 은행을 거래해야 한다. 주로 신용상태가 우량한 대기업 및 중견기업을 대상으로 한 경우가 많으며, 거래건수가 매우 많기 때문에 VPN 등 전용선에 의해 대기업의 ERP시스템과 은행전산시스템이 연동되어서 거래가 이루어지는 경향이 있다.

전자채권과 큰 차이점은 담보대출이 수반될 경우에 전자적 방식에 의한 채권양도절차 대신에, 민법 제350조의3에 의하여 채권양도내용이 내용증명부 배달증명 우편에 의한 채권양도통지를 통해 채무자인 구매기업에게 송달한다는 점이다. 이러한 우편 통지방식의 채권양도 절차는 채권은행이 판매기업으로부터 통지위임을 받아 수행한다.

표4-7. 지명채권의 형태별 특성

구분	약속어음	전자어음	전자채권	전자방식 외상매출채권
관련법	어음법	전자어음법	전자금융거래법	관련법 없음(B2B업무규약)
채권양도 방법	수기 배서	공인인증서 서명에 의한 전자배서	금융기관에 한하여 공인인증서 서명에 의한 채권양도	금융기관에 한하여 우편 송달방식 등의 지명채권양도
미결제시 규제방법	신용관리 정보 등록	신용관리정보 등록	전자채권 거래정지	(전자) 외상매출채권 거래정지
발행기업 특성	일반 당좌 거래 기업	주로 외감법인 (전자어음 의무사용)	신용상태 양호 (공인인증서로 발행)	신용상태가 우량한 대기업 위주로 발행(기업ERP 시스템과 연동)
형식적인 강제력	원인채무 실존유무에 불구하고 형식적인 지급의무가 부여됨		채무불이행시의 법적 제제가 어음에 비해 약함	
정보집중기관	금융결제원(단, 약속어음의 경우 10백만원 이상으로 발행되는 금액만 등록되어 전산조회 가능)			

2001년 개정 조세특례제한법에서는 제7조의2【기업의 어음제도개선을 위한 세액공제】를 도입하였다. 세액공제의 요건은 금융기관이 판매기업에 대하여 상환청구권을 행사할 수 없는 것으로 약정되어야 한다.

① 중소기업을 경영하는 내국인이 2013년 12월 31일까지 중소기업에 지급한 구매대금[중소기업이 아닌 기업을 경영하는 내국인이 네트워크 론(network loan) 제도를 이용하여 중소기업에 지급하는 구매대금을 포함한다. 이하 이 조에서 같다] 중 다음 각 호의 어느 하나에 해당하는 금액(이하 이 조에서 "환어음등 지급금액"이라 한다)이 있는 경우에는 제2항에 따라 계산한 금액을 소득세(사업소득에 대한 소득세만 해당한다) 또는 법인세에서 공제한다. 다만, 공제받는 금액이 해당 과세연도의 소득세 또는 법인세의 100분의 10을 초과하는 경우에는 100분의 10을 한도로 한다. 〈개정 2010.12.27〉

1. 환어음 및 판매대금 추심의뢰서(판매대금 추심 의뢰서)로 결제한 금액
2. 판매기업에 대한 구매대금의 지급기한이 해당 거래에 대한 「부가가치세법」, 「소득세법」 및 「법인세법」에 따른 세금계산서 · 계산서 및 영수증(이하 이 항에서 "세금계산서등"이라 한다)의 작성일부터 60일 이내이고 신용카드업자가 판매기업에 대하여 상환청구권을 행사할 수 없는 것으로 약정된 기업구매전용카드의 사용금액
3. 구매기업의 대출금 상환기한이 세금계산서 등의 작성일부터 60일 이내이고 금융기관이 판매기업에 대하여 **상환청구권**을 행사할 수 없는 것으로 약정된 외상매출채권 담보대출 제도를 이용하여 지급한 금액
4. 구매기업의 대금결제 기한이 세금계산서 등의 작성일부터 60일 이내이고 금융기관이 판매기업에 대하여 상환청구권을 행사할 수 없는 것으로 약정된 구매 론(loan) 제도를 이용하여 지급한 금액
5. 구매기업의 대금결제 기한이 세금계산서 등의 작성일부터 60일 이내이고, 세금계산서 등의 작성일 이전에는 금융기관이 판매기업에 대하여 상환청구권을 행사하고 세금계산서 등의 작성일 후에는 금융기관이 구매기업에 대하여 상환청구권을 행사하는 것으로 약정된 네트워크 론 제도를 이용하여 지급한 금액(판매기업이 대출받은 금액을 한도로 한다)

라. 대기업 부실화로 인한 중소기업 피해

대기업의 신용으로 급성장하던 전자방식 외상매출채권담보대출(외담대)은 일부 대기업의 부실화 및 결제 불이행으로 인한 거래 기업의 피해 사례가 발생하였다[22].

1) 2009년「전자방식 외상매출채권 결제제도 기본약관」시행

글로벌 금융위기 이후에 **전자방식 외상매출채권 담보대출** 거래와 관련하여 일부 구매기업이 금융위기 이후 외담대를 만기에 결제하지 못함으로써 판매기업이 피해를 입는 사례가 발생함에 따라, 전국은행연합회는「전자방식 외상매출채권 결제제도 기본약관」을 제정하여 '09. 12. 22일부터 은행권 공동으로 시행하였다[23].

외상매출채권의 발행 · 변경 · 취소 · 미결제 정보 등을 금융결제원에 집중하여 이를 은행간 공유 및 관리하며, 미결제 구매기업에 대한 은행의 제재를 도입하였다.

- 미결제 구매기업에 대한 추가 전자방식 외상매출채권 발행 금지
- 구매기업의 신용등급 재산정
- 구매기업이 미결제에 따른 은행의 결제제도 이용제한을 회피할 목적으로 전자방식 외상매출채권을 취소 · 변경하는 경우 본 결제제도 이용을 제한

22) 황선철, 기업 간 지급결제 서비스 현황 및 이슈, 지급결제와 정보 기술 2009.7
23) 전국은행연합회,「전자방식 외상매출채권 결제제도 기본약관」시행, 2009.12.22. 보도자료

또한, 구매기업의 일방적인 외상매출채권의 취소·변경에 따른 분쟁 예방을 위해 판매기업의 동의 과정을 추가하였다.

본 기본약관의 시행으로 구매기업이 전자방식 외상매출채권을 결제하지 않는 경우 은행이 신용등급 재산정 등 제재를 할 수 있게 되었으며, 또한 구매기업의 외상매출채권 취소·정정시에는 판매기업의 동의를 거치도록 함으로써 외담대의 신뢰성 제고를 추진하였다.

2) 외상매출채권 담보대출(B2B대출) 상환유예

2013년 쌍용건설 등 구매기업(대기업) 워크아웃 추진에 따른 외상매출채권 미결제로 협력업체(판매기업)들의 외상매출채권 담보대출(B2B 대출)이 연체되는 사태가 발생하였다. 외상매출채권 미결제는 어음 미결제와 달리 부도 사유에 해당되지 않기 때문이다.

워크아웃 대기업의 원활한 경영정상화를 위해서는 협력업체와의 공생관계가 유지되어야 하는 만큼 금융감독원, 은행연합회 및 8개은행은 공동으로 TF를 운영하여 협력업체 외상매출채권 담보대출(B2B대출) 상환유예 가이드라인'을 마련하였다[24]. 채권은행들은 구매기업 워크아웃 추진과 관련하여, 구매기업의 채무상환유예 기간중 협력업체 만기 도래 외상매출채권 담보대출 및 기 연체 외상매출채권 담보대출(연체이자 정산 조건)에 대해 상환유예 조치하였다. 본건 연장사유 외에 외상매출채권 담보대출 원약정 및 여신거래기본약관에서 정한 여신제한 사유(해당기업의 부도, 여타 여신 연체 등)에 해당하는 경우에는 상환유예가 적용되지 않는다.

24) 금융감독원 구조조정 추진기업 협력업체에 대한 외상매출채권 담보대출(B2B대출) 상환유예 방안 마련·시행 2013.5.2. 보도자료

대출 상환은 구매기업이 경영정상화계획에 따라 채권금융기관의 자금지원 등을 받아 협력업체에게 발행한 외상매출채권을 결제하거나, 구매기업의 경영정상화계획 부결 또는 구조조정 추진이 중단되는 경우 협력업체가 외상매출채권 담보대출을 상환해야 한다.

3) 2015년 제도개선

외상매출채권담보대출 취급에 있어서 구매기업의 납품대금 미납으로 대출회수가 어려운 경우, 은행은 일반적으로 실제 대출을 받은 납품기업에 대한 **상환청구권**을 확보하였다.

그림4-5. 은행의 상환청구권

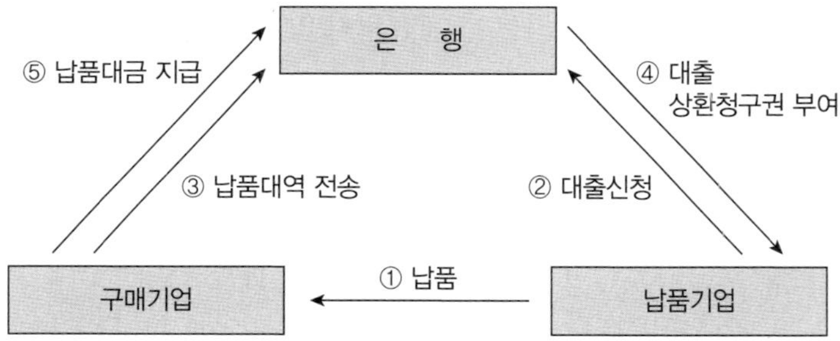

그런데 일부 대기업이 부실화되어 납품대금을 미결제하자 은행이 납품기업에 상환청구권을 행사하여 중소 납품기업들이 외담대를 상환하는 피해가 발생하였다. 이에 따라 피해납품기업들은 은행의 상환청구권 폐지 등 제도보완 필요성을 주장하였다. 다만, 상환청구권을 폐지할 경우 은행은 신용도가 극히 양호한 대기업과 거래하는 납품기업만을 대상으로 외담대를 취급하게 되어 지금까지 외담대를 이용하던 대다수 중소기업은 납품대금을 조기 회수하는데 어려움이 커질 것으로 예상되므로, 금융감독원은 상환청구권 폐지보다는 부작용을 최소화하는 방향으로 외담대 개선방안을 마련하였다[25].

그동안 중소 납품기업들은 은행으로부터 제대로 설명을 듣지 못해 상환청구권을 인지하지 못한 채 대출약정을 체결하였다는 민원이 다수 발생하였으므로, 은행과 납품기업 간 분쟁소지를 제거하기 위해 외담대가 납품기업에 대한 대출임을 명확히 인지할 수 있도록 은행과 납품기업간 체결하는 '외담대 약정서'를 변경 시행한다[26].

【전자방식 외담대 약정서 신설내용】

- ▶ 은행은 구매기업의 매출채권 미결제시 <u>납품기업이 외담대 상환의무를 부담한다는 사실</u>과 이에 대비하기 위해 <u>납품기업이 매출채권보험에 가입할 수 있음</u>을 알리는 문구를 약정서상 신설하고,
- ▶ 상기내용을 <u>납품기업이 충분히 이해하였음을 확인</u>하는 절차 신설

구매기업이 만기일에 외상매출채권을 1년간 만기일에 6회 미결제, 만기일 익영업일까지 미결제하는 경우 은행권 공동으로 외상매출채권 거래를 2년간 금지한다.

25) 금융감독원, 전국은행연합회, 납품기업 보호를 위한 외상매출채권 담보대출제도 개선 시행. 2015.6.24. 보도자료

26) 금융감독원, 중소 납품기업 보호를 위해 외상매출채권 담보대출제도 개선 2015.2.6. 보도자료

4) 전자어음 만기 축소 법안

법무부는 2015년 1월 입법예고를 거쳐서 5월에는 전자어음의 발행 및 유통에 관한 법률 일부개정법률안을 제출하였다. 전자어음의 만기가 장기화됨에 따라 수취인의 자금경색, 연쇄부도 위험 등 기업 활동에 어려움이 가중되는 점을 개선하고 자금순환을 빠르게 함으로써 경제 활성화에 기여하기 위하여, 발행일부터 1년을 초과할 수 없도록 하던 전자어음의 만기를 발행일부터 3개월을 초과할 수 없도록 단축하되, 이 법 공포 후 2년부터 3년까지는 6개월로, 이 법 공포 후 3년부터 4년까지는 5개월로, 이 법 공포 후 4년부터 5년까지는 4개월로 단계적으로 적용하려는 목적이다.

3. 매출채권 보험

가. 신용보증기금의 신용보험

신용보증기금의 **신용보험** 제도는 1997년 어음보험 제도로 최초 출범한 이래 2004년 매출채권보험, 2011년 일석e조보험 등으로 발전하였다. 신용보험 제도는 형태상으로는 손해보험으로 분류되나, 이윤을 추구하는 상업적 목적의 보험이기보다는 시장 실패를 보완하고 공공의 이익을 추구하기 위해 도입된 공보험에 가깝다[27].

27) 김은표, 중소기업 지원을 위한 신용보험상품 개발 방안 - 동반성장 보험을 중심으로 - 중소기업금융연구 2013. 가을

표4-8. 신용보증기금 매출채권보험 제도의 발전 과정

연도	보험인수규정의 주요한 개정내용	계약자별 인수 한도	계약자 매출액
2004년 3월	매출채권보험제도 시행 (「소기업 및 소상공인 지원을 위한 특례조치법」 개정)	10	150억원 이하
2007년 12월	「중소기업진흥 및 제품구매촉진에 관한 법률」로 근거법 변경	10	150억원 이하
2008년 4월	계약자 매출액 제한조건 1차 완화	20	300억원 이하
2011년 1월	일석e조보험의 출시	20	300억원 이하
2011년 7월	계약자 매출액 제한조건 2차 완화	20	제한없음
2012년 7월	창업성장보험의 출시 (개업후 2년 미만 기업 대상)	1	제한없음
2013년 7월	계약자별 보험가입한도 확대	30	제한없음
20131년 8월	창업성장보험의 입력제한 완화 (개업후 3년 미만 기업)	1	제한없음

어음보험 제도의 단점을 극복하고 신용보험 시장을 확대한다는 취지에서 개발된 매출채권보험제도는 2003년 하반기에 국회에서 「소기업 및 소상공인 지원을 위한 특례조치법」개정안이 통과되면서 2004년 3월에 시행되었다. 2007년 12월에는 매출채권보험 관련 근거법이 「소기업 및 소상공인 지원을 위한 특례조치법」에서 **「중소기업 진흥 및 제품구매촉진에 관한 법률」**로 바뀌면서 2008년도부터 보험 취급과 관련된 기존의 제약조건이 크게 완화되고 인수실적이 전반적으로 크게 증가하였다.

신용보증기금의 중소기업 매출채권 보험은 표에서 보듯이, '04년 도입 이후 '12년까지, 인수총액 기준 총 35.6조원, 인수잔액 기준 총 7.4조원을 인수하였으며, 1,592억원의 보험금을 지급하였다.

표4-9. 중소기업 신용보험 관련 주요 지표 (단위:억원, 건)

구분		'04년	'05년	'06년	'07년	'08년	'09년	'10년	'11년	'12년
인수총액		13,318	17,586	23,588	29,686	39,417	53,663	59,663	65,544	69,320
	어음보험	5,447	3,170	1,488	983	1,522	1,421	810	538	442
	매출채권보험	7,871	14,416	22,100	28,753	37,895	51,821	58,853	65,006	68,878
업체 수		7,130	5,547	7,037	7,308	10,632	12,626	14,342	15,911	15,575
	어음보험	18,854 (6,316)	11,749 (4,629)	5,573	4,186	7,227	8,526	5,905	3,934	2,992
	매출채권보험	951 (814)	1,005 (992)	1,464	3,122	3,405	4,100	88,437	11,977	12,583
인수잔액		2,660	3,035	4,268	5,676	8,424	11,336	11,932	13,012	14,058
	어음보험	1,442	731	386	305	666	377	181	164	136
	매출채권보험	1,218	2,304	3,882	5,371	7,758	10,959	11,751	12,848	13,922
보험금지급액		76	60	50	53	109	256	254	364	747
	어음보험	74	58	45	31	32	67	38	17	15
	매출채권보험	2	2	5	22	77	189	216	347	732
보험금지급건수		320	279	183	128	277	548	437	511	626

주: '04, '05년도 업체수 중, 괄호 안은 계약자 중복 불인정한 순수 업체수. '06년부터 계약자별 총 인수 건수 반영.

(자료 : 신용보증기금 내부자료)

대출 기능이 없는 매출채권 보험의 업무 흐름은 다음의 〈그림〉과 같다.

그림4-6. 매출채권보험 근보험의 전체 업무 흐름

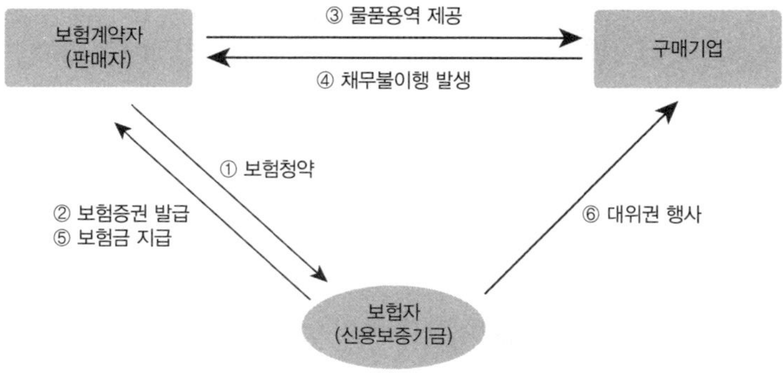

2011년 1월부터 〈그림〉과 같이 대출 기능이 수반된 '일석e조 보험'이 출시되면서 금융기관을 통해 매출채권 보험상품에 대한 홍보효과가 높아지고 보험시장의 저변이 확대되는데 일조하였다.

그림4-7. 일석e조보험의 업무흐름

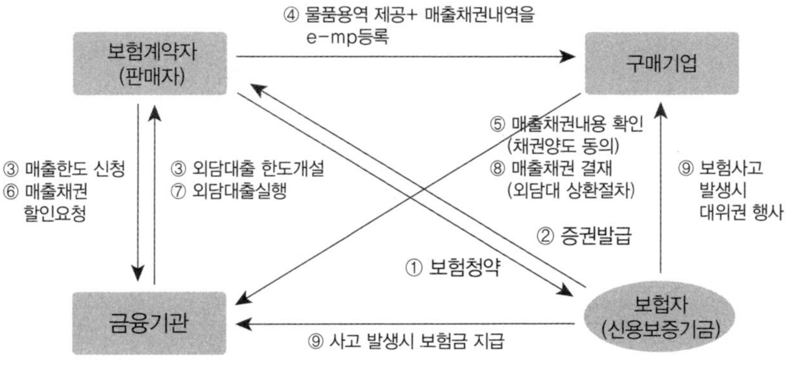

2013년에 정부가 신용보험에 관련하여 2,200억원을 신용보증기금에 출연하여, 신용보험 계정의 기본재산이 2013년 8월 기준 3,000억원에 근접하게 증가하였다.

나. 대 · 중소기업 동반성장 보험의 운영 실적

2012년 현대차와 하이닉스반도체의 협약으로 개시되었으며, 보험 인수대상 기업은 신용보증기금의 일석e조보험에 가입하여 은행에서 보험금청구권 담보대출을 받고자하는 기업으로서, 협약대기업의 통보명단에서 지정한 2차 협력기업이거나, 보험가입대상 구매자로 지정된 1차 협력기업에게 납품하는 2차 협력기업이다. 보험료를 할인하되, **동반성장보험**은 대외적으로 협약대기업의 2차 협력기업에 대한 유동성 지원규모에 초점이 맞춰져 있는 것을 고려하여, 계약자의 실질 대출수요가 있는 경우에만 인수하도록 유의한다.

동반성장보험은 2014년 1월 공정거래위원회에서 개정한 '대 · 중소기업간 공정거래 및 동반성장 협약절차 지원 등에 관한 기준'에서 2차 협력사 지원방안으로 채택되었다.

신용보증기금은 2014년 6월 현재, 현대자동차, SK하이닉스, 현대모비스, 현대위아의 4개 협약대기업과 함께 연간 813억원 규모로 운영 중이다.

그러나 우량 대기업의 1차 2차 협력회사들은 이미 자체적으로 주거래금융기관을 통해서 외상매출채권을 현금화시킬 수 있는 능력을 보유하고 있는 경우가 대부분이기 때문에 대출상품으로는 '일석e조보험' 자체의 필요성을 크게 인식하지 못하는 경우가 많다.

4. 상생결제시스템

2015년 4월 정부는 경제혁신 3개년 계획의 '불공정거래 관행 개선' 및 국정과제 '경제적 약자의 권익보호와 동반성장 촉진' 이행을 위해, 2~3차 이하 협력업체의 자금부담을 크게 개선할 수 있도록 **"상생결제시스템"**을 민간업계와 함께 착수하였다[28].

대 · 중소기업협력재단은 6개은행(외환은행 피합병 후)의 상생결제 시스템으로 링크를 제공하고 있다.

민간업체가 제공하는 서비스는 대기업 전자매출채권의 신용이 2~3차 및 하위 협력기업들에게 전달되어 하위의 모든 협력기업들도 저금리 조건으로 할인하거나, 잔액을 결제할 때 활용토록 하여 안전하게 판매대금을 회수하도록 지원하는 시스템으로써, 대기업의 전자매출채권을 받은 1차 협력기업이 이를 담보로 은행으로부터 새로운 신용을 부여받아 2차 협력기업에게 대기업과 동일한 신용도의 상생매출채권을 발행할 수 있고, 2차 협력기업도 동일한 방법으로 3차 협력기업에게 상생매출채권을 발행할 수 있을 뿐 아니라 1~3차 협력기업이 필요할 때 언제든지 은행에서 대기업 기준의 금리조건으로 할인하여 현금화 가능한 결제상품이다.

현재 은행 통계상 대기업에서 발행된 전자매출채권의 70% 이상이 할인되지 않고 만기보유되고 있는 바, 이 보유 잔액으로 다른 협력기업에게 결제하도록 지원해 줌으로써 대기업의 신용 활용을 극대화한다. 전자매출채권 보유잔액 한도 내에서 자유롭게 금액을 분할하고, 만기일을 새롭게 지정하여 새로운 전자매출채권(상생매출채권)을 발행함으로써 기업간의 현실적인 결제 스케줄을 변경하지 않고도 활용

28) 산업통상자원부, 중소기업도 대기업 신용으로 결제한다! 2015.3.27. 보도자료

이 가능 하다.

그림4-8. 특허청의 '상생결제시스템'의 기술공지

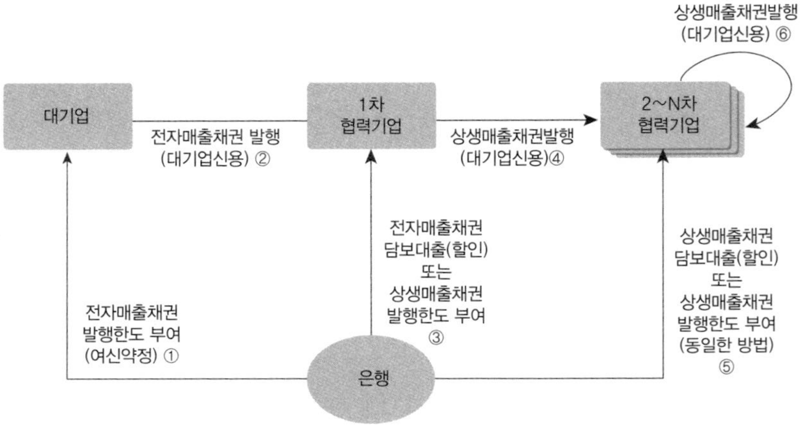

(자료 : 특허청 인터넷 기술공지자료실. ㈜결제전산원 상생결제시스템 2013.5.20.)

하위 협력기업들도 대기업 신용에 따른 저금리 조건으로 할인(대출실행) 가능케 하고, 중간 협력기업도 지금까지는 만기까지 보유했던 잔액을 하위기업에게 전달(결제)함으로써 단기자산효과(이자소득)를 얻는 실질적인 상생구조이다. 연쇄부도가 발생하는 전자어음 등과 달리 최상위의 대기업(모기업)이 미결제하는 경우를 제외하고는 부도의 위험이 거의 없다(중소기업의 판매대금 회수를 원활하게 하여 재무건전성을 강화하고 기업부도율 감소로 인한 국가경쟁력 강화와 함께 장기적으로 국가신용등급 향상에 기여).

표4-10. 기업은행의 상생결제론 인터넷뱅킹

<table>
<tr><td>

○ **상생매출채권 수취방법**

▶ 이용약정 : 기업인터넷뱅킹 → B2B전자결제 → IBK상생결제론 → 판매기업 → 전자결제약정

1. 결제 받을 계좌번호를 선택 후, IBK상생결제론 이용 약정서 및 이용약관의 내용을 확인합니다. ('동의함' 클릭)
2. 이용자 비밀번호와 OTP발생번호를 넣고 약관에 대한 전자적 동의를 실행합니다.
3. 등록절차 완료 화면을 확인합니다.

▶ 수취채권 조회 : 기업인터넷뱅킹 → B2B전자결제 → IBK상생결제론 → 판매기업 → 채권조회

</td></tr>
<tr><td>

○ **상생매출채권 발행방법**

▶ 채권양도계약 : 아래 서류 지참하여 가까운 IBK기업은행 영업점 방문 → 채권양도계약서 및 채권양도 통지서 작성

• 법인등기부등본, 사업자등록증, 대표자 신분증, 인감도장, 인감증명서

▶ 채권발행 : ㈜결제전산원 사이트 (http://ibk.kefci.com) 에서 발행 가능

</td></tr>
<tr><td>

○ **상생매출채권 할인방법**

▶한도약정 : 아래 서류 지참하여 가까운 IBK기업은행 영업점 방문

• 법인등기부등본, 사업자등록증, 대표자 신분증, 인감도장, 인감증명서

• 최근 3개년 재무제표, 국세 · 지방세 납세증명서, 부가세과세표준증명서

※ 경우에 따라 영업점에서 추가 서류 요구 가능

▶ 할인실행 : 기업인터넷뱅킹 → B2B전자결제 → IBK상생결제론 → 판매기업 → 대출신청

1. '어음종류 : IBK상생결제론' 선택 후, 대출가능채권을 조회합니다.
2. 할인 할 매출채권을 선택하여 '다음'을 클릭합니다.
3. 신청금액, 계산서 발행일 등을 입력 후 '대출신청으로 가기'를 클릭합니다.
4. 이용자 비밀번호와 OTP발생번호를 넣고 할인을 실행합니다.
5. 정상적으로 할인이 되었는지 처리결과를 확인합니다.

※ 할인 전 영업점을 내점하여 별도 약정 거래를 하셔야 합니다.

※ 수취한 채권종류와 대출약정 채권군이 서로 다른 경우 대출이 불가할 수 있습니다.

</td></tr>
<tr><td>

○ **약정현황 조회방법**

▶기업인터넷뱅킹 → B2B전자결제 → 약정현황 조회

: 보유채권 및 전자결제 약정 등록현황 조회 및 확인서 출력을 할 수 있습니다

</td></tr>
</table>

(자료: IBK기업은행)

현금도 결제할 수 있도록 하기 위해, 현금의 단계별 결제 현황을 모니터링 기능으로 증빙한 경우에는 상생결제시스템으로 인정한다.

정부는 참여기업 확대를 위해 상생결제 실적에 대한 세액공제 지원 방안을 추진하며, 0.1~0.2% 수준의 세액공제 지원방안이 검토 대상이다. (조특법 제7조의2 개정)

대기업의 상생결제시스템 참여 실적은 동반성장위 · 공정거래위위의 동반성장지수평가에 가점으로 반영된다. 출범 당시에는 10개 대기업이 참여했지만 100일 만에 120개로 늘었고 이 시스템을 이용하기 위해 등록한 협력 중소기업 숫자도 6월 말 기준 3만6,000개 수준으로 급증했다. 상생결제시스템이 정착되기 위해서는 1차 협력기업이 2차 협력기업에 늑장 결제하는 관행의 개선이 시급하다.

제3절 자구계획 및 증자

1. 자구계획

가. 주거래은행의 자구계획 요구

"자구계획"(自救計劃)이란 부실징후기업이 채권금융회사등과 협의하여 경영정상화를 위하여 수립한 부동산, 유가증권 등 보유자산 또는 계열기업(이하 "자구계획대상자산"이라 한다)의 정리계획을 말한다(금융기관부실자산 등의 효율적 처리 및 한국자산관리공사의 설립에 관한 법률(캠코법) 제 2조(정의) 6항).

채권은행은 「은행업감독업무시행세칙」 제48조 제2항 4호에 근거하여 자율적으로 구축한 상시평가시스템에 따라 부실징후기업 판정기준인 '**기업신용위험 상시평가제도**'를 자체 운용하고 있다. 채권은행은 기촉법 적용 대상인 신용공여 총합계액 500억원 이상 기업을 대상으로는 "채권은행의 기업신용위험 상시평가 운영협약"에 따라 신용위험 상시평가를 실시하며, 그 이하 규모 기업에 대한 "채권은행협약"상의 신용위험평가는 각 채권은행 내규 등에 의해 자체적으로 실시하는 평가이다(제1절-1 기업신용위험 상시평가).

채권은행은 기본평가 종료 후 2개월 이내에 세부평가를 완료하여야 하며, 세부평가 과정에서 평가대상기업으로부터 소명, 자구계획 등의 의견을 제출받아 세부평가에 반영하여야 한다(채권은행협의회 운영협약 제10조 3항).

채권은행 자율협의회가 당해 기업의 경영을 정상화하기 위한 "경영정상화계획"을 확정하면, 당해 기업은 경영정상화계획 이행을 위한 특별약정을 체결하여야 한다. 특별약정에는 자구이행, 제3자 매각 등을 포함한 사업구조조정계획 및 기업지배구조조정계획이 포함된다(제24조 2항 3호).

나. 자산매각 시장

1) 중소기업 자산거래 중개장터

2013년 4월 중소기업진흥공단은 중소기업의 유휴자산의 신속한 처분이 가능하도록 기계설비, 공장, 원자재, 무형자산의 중개장터를 개설하였다. 지원 내용은 매매물건의 정보제공, 입찰정보 제공 및 매매에 필요한 감정전문가 정보 등이다.

중소기업 자산거래 중개장터 사이트 www.joonggomall.or.kr에 회원가입하고 직거래, 입찰, 경매, 역경매에 의하여 거래한다. 자산의 등록비는 발생하지 않는다.

그림4-9. 중소기업 자산거래 중개장터

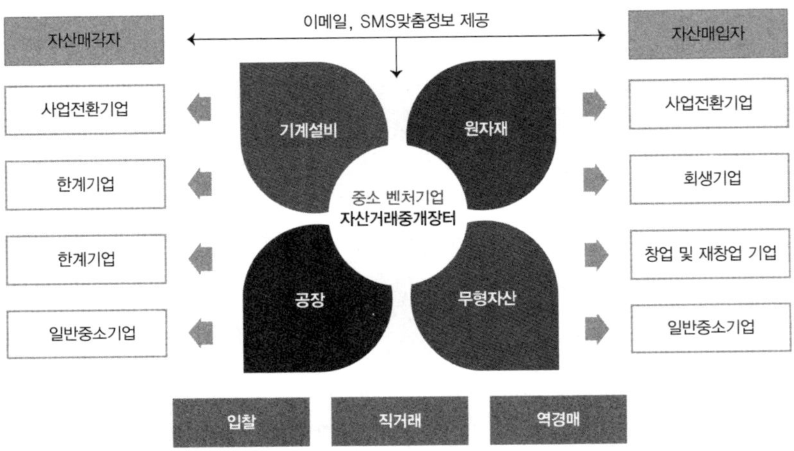

2) M&A 시장

중소기업청은 2009년 **중소기업 M&A 지원센터**(www.mna.go.kr) 를 설립하여 기업진단, 설명회, 실무교육, 가이드북 제작과 함께 웹사이트에서 매물정보, 전문가와 일대일 상담 등을 운영하고 있다. 기업정보 공개는 회원가입 수준에 따라 조절되며, 기업간 매칭과 접촉은 M&A지원센터를 통해야 한다.

M&A 거래정보망에 매수 · 매도기업으로 등록한 이후, 전문 중개기관을 통하여 M&A를 성사시킨 중소 · 벤처기업에게는 기업실사(가치평가) 및 분석, 계약서 작성 및 검증 등에 소요된 수수료의 일부를 지원한다. M&A중개기관은 M&A와 관련한 상담, 중개 등 업무를 수행하는 법무법인, 회계법인, 증권회사, 부띠크 등으로서, 중소기업 M&A 지원센터(중소기업진흥공단, 기술보증기금, (사)벤처기업협

회, 삼일회계법인)의 추천을 받은 곳이어야 하며, M&A를 성사시킨 중소 · 벤처기업이 중진공에 M&A계약서 사본을 제출하면, 선정위원회를 통해 지원 대상으로 선정 여부가 결정된다.

한국중견기업연합회 M&A지원센터는 2015년 3월 중견기업 M&A 정보제공을 위한 대표 홈페이지(http://www.ahpekmna.or.kr)를 오픈했다. 홈페이지는 제조 · 비제조 · 해외 M&A에 대한 거래정보를 비롯해 M&A에 대한 전반적인 정보를 한눈에 볼 수 있도록 구성돼 있다.

민간에서도 한국M&A투자협회가 2014년 민간 주도의 한국M&A 거래소(KMX)를 설립했다고 밝혔다.

다. 세일앤리스백 거래

1) 여신전문업의 부동산 세일앤리스백 거래

국내에서는 부동산이 투기목적 자산으로 인식되어 리스거래는 제약이 많았으나, 2009년 여신전문금융업법 시행령 개정에서 중소제조업체의 업무용 보유 부동산에 한하여 **세일앤리스백** 거래가 허용되었다. 그러나 중소제조업체 보유부동산의 대부분이 담보로 잡혀 있고, 양도세 등 중복과세 문제 등으로 인해 실적이 전무한 상황이었다.

2015년 개정 여신전문금융업 감독규정에서는 과거 중소제조업체에 한정한 것을 중소기업 전체로 대상적격을 확대하고, 리스대상도 미보유부동산도 포함시키며, 나아가 리스기간도 8년에서 3년으로 줄였다. 경기전반의 침체로 자금난을 겪는 중소기업의 입장에서는 부동산을 매각하여 매각대금 상당의 금융을 일으키고, 해당부동산을 사용할 수 있는 부동산리스는 상당히 매력적인 금융상품이다.

따라서 중소기업들은 보유한 부동산을 새로운 제도에 활용할 수 있는지 검토가 필요하다.

2) 캠코의 세일앤리스백

캠코(한국자산관리공사)는 부실징후기업의 자구계획대상자산과 구조개선기업의 자산의 관리 · 매각의 수임 및 인수정리업무를 수행한다(캠코법 제5조)[29].

캠코는 일시적 위기를 맞은 중소기업의 정상화를 위해 자산매입 후 이를 임대해 주는 '세일 앤 리스백(Sale & lease back)'제도를 시행하였다. 이 제도는 일시적 경영애로를 겪고 있는 중소기업(워크아웃, 회생기업 포함)의 자산을 매입하여 재무구조를 개선하고, 매각자산이 영업용 자산(본사 사옥, 공장 등)인 경우 재임대하여 계속 영업할 수 있도록 지원하는 프로그램으로서, 금융위원회가 2015년부터 추진 중인 시장 친화적 재무구조개선 정책의 일환이다.

대상기업은 금융기관이 기업의 경영정상화 가능성이 높다고 판단하여 추천하는 중소기업(금융기관의 금융지원 가능기업) 또는 자체적으로 구조개선을 추진하는 중소기업으로서, 캠코법상 구조개선기업(부채규모 감축 등 재무구조 개선을 도모하는 법인) 또는 부실징후기업(금융기관 분류에 따름)에 해당해야 한다.

2014년 캠코는 IBK기업은행, 중소기업진흥공단과 업무협약을 맺었고, 부산 · 경남은행 등 시중은행과도 협약을 체결해 지원대상을 확

29) 제5조(부실징후기업의 정상화 지원) ① 채권금융회사등은 부실징후기업의 자구계획에 대한 지원을 한국자산관리공사에 요청할 수 있다.
② 한국자산관리공사는 제1항에 따라 채권금융회사등으로부터 부실징후기업의 자구계획에 대한 지원을 요청받은 경우에 부실징후기업이 자구계획대상자산의 매각을 위탁하거나 그 인수를 요청하면 자구계획대상자산의 매각을 수임하거나 인수하여 정리할 수 있다.

대해 나가고 있다. 협약은행은 대상기업에 금융지원을, 중소기업진흥공단은 신규 운영자금을 제공해 기업의 회생절차 조기 졸업의 토대를 마련한다.

대상자산은 부동산(본사 사옥 등 상업용 건물, 공장 등 제조시설)으로 유가증권도 포함된다. 다만, 산업단지 내 공장은 관련법령 개정 후 인수 예정이다.

사옥이나 공장 등 부동산은 기업의 영업용 자산이기 때문에 캠코는 이를 매입한 뒤 해당 기업에 재임대한다. 매각대상 기업은 5년간 임대계약을 맺게 되며 계약종료 3개월 전까지 우선매수권을 갖게 된다.

이 제도로 채권단은 대여금을 조기에 회수할 수 있는 것은 물론 기업 신용도 회복에 다른 잔여 여신 건전성도 확보할 수 있게 된다. 기업 입장에서는 영업용 자산을 매각하더라도 다시 임대해 사용할 수 있고, 경영정상화가 됐을 때 재매입할 수 있어 유동성 위기를 극복할 수 있다.

그림4-10. 캠코 세일앤리스백 자산매입 기본 구조도

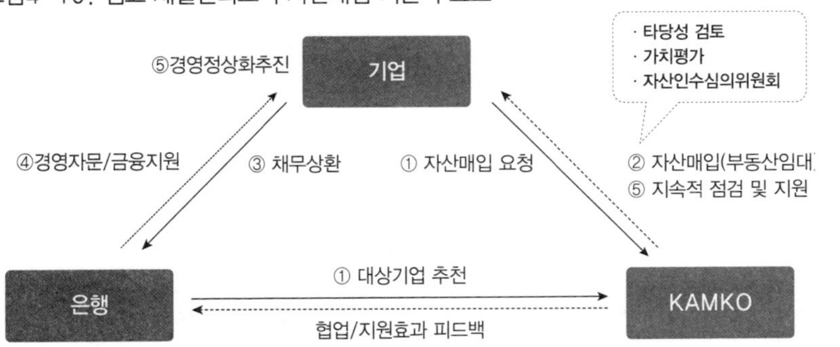

(자료 : 캠코)

그림4-11. 캠코 세일앤리스백 절차

1단계 : 자산매입 신청	2단계 : 매입대상 선정	3단계 : 가격 결정	4단계 : 계약 체결
• 금융기관 추천 • 자산인수신청서접수	• 금융기관 - 금융지원계획수립 • 캠코 - 매입타당성 검토	• 외부평가 - 감정평가 - 회계법인 평가 • 자산인수심의위원회 - 매입가격결정	• 매입 결정 • 계약체결 및 매입

○ (1단계) 금융기관 추천하는 중소기업 또는 구조개선을 추진하는 중소기업이 자산인수 신청

○ (2단계) 금융기관과 금융지원계획 수립 / 캠코는 기업방문 및 대상자산 조사하여 매입타당성 여부 결정

- 인수타당성이 있을 경우 외부평가절차를 진행하며, 인수 타당성이 없다고 판단되는 경우에는 은행 또는 기업에 인수 불가 통보

○ (3단계) 감정평가법인(비용은 기업 부담)과 회계법인(비용은 캠코 부담)의 평가 결과를 토대로 자산인수심의위원회(외부전문가)가 매입가격 결정

> 심의위원회는 **기준가격** [(감정평가금액+회계법인평가금액) / 2] ± **5% 범위 내**에서 조정하여 결정

○ (4단계) 기업이 매입가격 및 임대조건에 대하여 최종 동의하면, 매매계약 체결

- 임대료 : 공사 조달금리와 주변 임대료 시세를 반영하여 협의 결정
- 임대기간 : 임대기간 3년 + 1년 단위로 2년간 연장 (5년 이

후는 캠코의 내부 규정에 따라 추가 임대 가능)

- 우선매수권 : 기업은 임대기간(5년) 종료 3개월 전까지 우선매수권 행사

* 우선매수권 행사가격 = (감정평가금액 + 회계법인 평가금액) / 2
다만 공사의 최초 인수가격을 최저가격으로 함

2015년 5월 서울중앙지방법원 파산25부는 회생회사 T기업의 관리인이 신청한 본사 사옥에 관한 한국자산관리공사와의 '자산매각 후 재임대' 방식의 매매계약 체결을 처음으로 허가했다. T기업이 한국자산관리공사에 본사 사옥을 약 40억원에 매도한 후 이를 다시 임차해 사용하는 것이 매매계약의 주된 내용이다.

T기업은 회생계획 인가결정 이후 본사 사옥 매각 지연으로 회생계획 수행에 어려움을 겪고 있었으나 금번 매각에 따른 매매대금으로 회생담보권 등을 변제할 수 있게 됐다. 이로 인해 회생계획 수행과 경영정상화 토대 마련도 수월해졌다.

법원 관계자는 "자산매각 후 재임대 방식은 회사회생에 크게 기여할 것"이라며 "한국자산관리공사와 협력해 적극적으로 이 사업을 추진할 것"이라고 밝혔다.

2. 리스 거래

가. 중소기업을 위한 미보유 부동산 리스 도입

2015년 도입된 **부동산 리스**는 이용자인 중소기업 입장에서 만기시 재리스, 반환, 구매의 선택권을 부여 받는 점에서 일반 임대차에서보다 유리하다. 다시 말하면 부동산리스이용자는 과도한 부동산구입비

를 절감하면서, 부동산을 안정적으로 사용하고 나아가 만기 시에 부동산에 대한 소유권 확보가 용이하므로, 오피스텔이나 상가, 아파트형 공장 등에 수요가 있을 것으로 예상된다. 캐피탈사 입장에서는 부동산 리스 만료 시 다른 중소기업에도 재리스하는 방안도 허용되었다[30].

그러나 부동산 리스가 활성화되기가 어려운 이유는 부동산리스의 경우에 최초에 캐피탈사로 소유권이 이전되고, 다시 리스이용자에게로 반환과정에서 발생되는 4%의 취득세 부담 등이다. 조세특례제한법에 의해서 창업중소기업 등이 창업일로부터 4년이내에 취득하는 사업용 재산에 취득세를 면제되나, 창업기업이 그러한 기간 내에 사옥이나 공장을 마련하기에는 시기 상조일 것이다. 리스 만료 시 캐피탈사와 중소기업이 소유권을 재이전해야 한다는 점에서 취득세는 부담이 될 수밖에 없다. 여신금융협회는 법무법인에 용역을 의뢰해 취득세 면제 등의 세제혜택 부여 방안을 강구하고 있다.

---

30) 여전업 감독규정 제2조의2 (중소기업의 업무용 부동산 시설대여기준)

① 시행령 제2조제1항제4호에서 "금융위원회가 정하여 고시하는 기준을 충족하는 부동산"이란 시설대여업자가 다음 각 호의 기준을 충족하여 중소기업(시설대여업자의 대주주 및 특수관계인은 제외한다. 이하 이 항에서 "중소기업"이라 한다)에 업무용부동산으로 시설대여한 부동산을 말한다. 〈개정 2015.5.1〉

1. 중소기업은 업무용부동산 시설대여기간 중 업무용부동산 면적 전체를 사용해야 한다. 다만, 경영합리화 등 불가피한 사유에 따라 해당 업무용부동산 면적 전체를 사용하지 못하게 되는 경우에는 해당 업무용부동산 면적 전체의 50% 이상을 사용하여야 한다. 〈개정 2015.5.1〉
2. 중소기업이 토지를 사용함에 있어서 그 지상의 건축물과 함께 사용하여야 한다. 이 경우 토지의 내용연수는 토지상의 건축물의 내용연수를 준용한다. 〈개정 2015.5.1〉
3. 시설대여업자가 중소기업에 대한 시설대여 목적으로 취득한 부동산은 그 시설대여업자의 대주주 및 특수관계인으로부터 취득한 것이 아니어야 한다. 〈신설 2015.5.1〉
4. 시설대여업자가 시설대여 목적으로 부동산을 취득하는 시점의 직전 회계연도말 기준으로 시행령 제2조제1항제1호 내지 제3호 기재 물건(다만, 차량은 제외한다)에 대한 시설대여 잔액은 총 자산의 100분의 30 이상이어야 한다. 〈신설 2015.5.1〉

또한 이를 취급할 수 있는 여신전문금융기관의 범위를 일정수준의 리스실적(자동차리스제외)이 있는 회사로 한정하였다. 부동산 리스를 취급하기 위해서는 지난해 말 기준 자동차를 제외한 기계 · 설비 등의 리스 잔액이 총자산의 30% 이상이여야 한다. 제도 도입시점에서 효성캐피탈, 한국캐피탈, 씨티그룹캐피탈, 두산캐피탈, DGB캐피탈, 데라게란덴 등 6개사가 그 기준을 충족하여서, 전체 여전사의 10%에 불과하다.

나. 기계설비 리스

기계설비 리스는 물건의 담보 역할로 인해 중소기업인 이용자에게 비교적 높은 여신한도 적용이 가능하고 초기 자금부담이 작아서 중소기업의 설비투자에 효과적인 방식이다. 1980년대에는 종금사들이 참여하면서 국내 기계설비 투자 중 리스의 점유율이 10%를 넘어서고 세계 5위의 리스시장으로 성장하기도 하였다.

그러나 외환위기 이후 기업의 설비투자가 급감하면서 캐피탈사들도 구조조정을 겪었고, 은행권의 시설자금대출 등 유사상품과의 경쟁이 심화되었다.

또한 캐피탈사는 신용도가 낮은 중소기업에는 리스취급 시 보증금을 징구하므로 중소기업에게 리스이용 유인을 감소시키고 있다. 리스회계기준에서는 리스거래를 금융리스와 운용리스로 분류하는데, 중소기업의 입장에서 운용리스는 리스료만 단순 비용으로 처리하므로 간편하다. 금융리스로 분류되는 경우에는 자산과 부채를 별도로 인식하여, 자산에 대한 감가상각과 부채를 유효이자율법에 따라 상각하는 등 회계처리가 복잡해진다. 중소기업회계기준에서는 외부감사 대상 이외의 회사에게 회계처리 방식을 단순화하고 있으나 금융리스 분류

기준의 추가 완화가 필요하다[31].

한편 리스거래에서 최초 취득 시 발생하는 취득세를 리스료에 포함하여 리스이용자가 납부하고, 만기에 소유권을 이전할 때 또다시 취득세를 납부하는 이중과세 부담이 상존한다.

리스는 여신전문업법에 의한 캐피탈사와 거래를 하게 되면 법상 혜택을 받지만, 여신전문업법에 근거하지 않고 일반 회사로부터 리스를 제공받는 거래도 가능하다. 이 경우 중고장비 리스 및 기존 보유 장비의 세일앤리스백이 가용하며, 보증금을 납부함에 따른 상대방 측의 신용도 문제가 수반된다.

3. 유상증자

유상증자의 방식으로는 기존주주 배정(상법 제418조 제1항), 제3자 배정 및 일반 공모(상법 제418조 제2항) 등 세 가지가 있다. 그러나 구조조정 국면에 처한 비상장 중소기업에 대한 자본 증자의 경우에는 기존주주에게 배정하더라도 증자 납입여력이 부족할 것이다. 이에 따라 기존 주주가 아닌 특정 3자를 신주의 인수자로 물색해 놓고 **제3자 배정 유상증자**를 추진하게 된다.

이러한 우호주주는 업종상 수평, 수직적 통합이 가능한 관계가 있는 다른 기업들이 가장 인센티브를 가지며, 이들을 '전략적인 지분인수자' 라고 칭한다. 한편 성장사다리펀드나 사모펀드가 우호주주로서 소수지분에 참여하는 경우를 '재무적인 지분인수자'라고 칭한다(재무적인 지분 인수자에 대해서는 제10장 '구조조정 투자자본' 참조). 본

31) 정지헌, 중소기업 금융서비스 제고를 위한 기계설비리스 활성화 방안, 여신금융 2014. 봄.

절에서는 전략적 지분인수자의 경우만을 설명한다.

가. 3자 배정 현금 증자

2005년 전경련의 66개 회원사에 대한 설문조사 결과에 의하면 제조대기업 및 서비스대기업이 협력업체와 거래협력 및 자본협력 비중이 61%로 높이 나타났다.

표4-11. 전경련 회원사의 거래 · 자본협력 유형(%)

	현금 결제	외상매출채권[31] 및 네트워크론	납품단가 국제시세연동	연구개발 · 시설 · 운영자금 지원	금융기관연계 금융지원	투자 펀드	공동 출자
업체수	15	12	1	6	3	3	1
구성비(%)[32]	71.4	57.1	4.8	28.6	14.3	14.3	4.8

(자료: 전경련, 기업의 대 · 중소기업 협력 실태와 시사점, 이슈페이퍼 2005.12.)

금융기관 연계 금융지원, 투자펀드 등으로 전경련 회원사의 대 · 중소기업협력 유형이 다양화한 추세를 보인 반면, 공동출자에 의한 자본협력은 매우 저조하였다(응답비율 : 4.8%).

협력업체가 대기업으로부터 직접 투자를 받으면 협력사의 실적이 대기업의 경영성과와 연동하기 때문에 양측을 묶는 강력한 계기가 된다. 반면, 협력업체의 경쟁력을 위해서는 거래처 다변화가 필요한데 특정 대기업한테 투자를 받는 경우 다른 거래처 확보가 어려워지고 경영 간섭도 있을 수 있어 "양날의 칼" 이 되었다.

한편 2007년부터 2009년 사이 상장법인이 취득하였던 타법인 주식 317건 4조 5천억원의 87%가 코스닥법인이 취득자였다. 취득 건당 평

32) 상환청구권없는 외상매출채권으로 현금성 결제.

33) 거래 및 자본협력 전체 응답업체수(21개) 대비 협력부문별 업체수 비중임.

균 금액이 142억원이지만 대다수(88%)가 비상장 주식이었고 적자법인이었다.

금융감독원은 상장법인이 타법인 주식을 비싸게 취득한 후, 고평가로 인한 대규모 감액 손실 등으로 인해 상장 폐지될 가능성이 있으므로, 평가업무의 공정성 제고를 위해 외부평가에 대한 심사를 강화하였다. 2009.2.5. 개정 "비상장주식 외부평가 관련 기재요령"에서는 합병, 주식교환, 분할합병, 자산양수도 등의 사유로 비상장주식에 대해서 외부평가를 받는 경우 발행인과 외부평가기관은 외부평가 의견서에 "가치평가 서비스 수행기준 이행 점검표"를 포함시키도록 규정하였다. 발행인이 자발적으로 비상장주식에 대한 외부평가를 받고 이를 증권신고서 등에 기재하고자 하는 경우에도 동 지침에 준하여 평가를 진행한다.

이후, 사업보고서(증권신고서 포함) 제출 시 최근 3사업연도 중 외부평가를 받고서 취득한 비상장주식이 있는 경우, 그 주식을 발행한 회사의 사업연도 말 재무현황을 취득 시 평가한 추정자료와 비교하여 기재한다. 취득한 비상장주식의 감액처리 경우 감액 사유를 계열회사에 관한 사항 또는 타법인 출자 현황에 구체적으로 기재한다.

상생대기업이 협력사에 우선주로 출자 시에 세제 혜택이 2010년에 도입되었다. 다만, 대기업이 협력 중소기업의 의결권 주식을 살 경우 중소기업들이 경영권 위협을 받을 것을 우려해 세액공제 대상을 무의결권에 대한 출자로 한정하였다(조세특례제한법 §8의2[34]).

34) 조세특례제한법 제8조의2【상생협력 중소기업으로부터 받은 수입배당금의 익금불산입】 내국법인이 2013년 12월 31일까지 「대 · 중소기업 상생협력 촉진에 관한 법률」 제2조에 따른 상생협력 중소기업에 출자하여 받은 수입배당금액(의결권 없는 주식으로 받은 것만 해당한다)은 각 사업연도의 소득금액을 계산할 때 익금에 산입하지 아니한다. 〈개정 2010.12.27〉

나. 보증연계투자

신용보증기금은 가치창출능력과 미래성장 가능성이 높은 중소기업에 신용보증과 투자를 연계한 복합금융상품 지원을 제공한다. 대상기업은 기술력 및 경영진의 경영능력이 우수하고 사업전망이 양호한 비상장 중소기업으로서, 신용보증을 이용 중이거나 투자와 보증을 동시에 신청한 기업이다. 투자한도는 개별기업당 최대 30억원으로 신보의 보증금액 이내로 운용하되, 신용등급별로 차등 적용한다. 투자방법은 주식(보통주, 우선주) 또는 사채(전환사채, 신주인수권부사채) 인수이다.

현행 보증연계투자는 보증기관 단독투자 이후 민간투자를 유도하고 있으며, 향후 보증기관과 벤처캐피탈, 엔젤 등 민간과의 공동투자 체계를 구축할 필요가 있다.

표4-12. 보증연계 투자실적(신기보) (단위 : 개, 억원)

구분	'05	'06	'07	'08	'09	'10	'11	'12	'13	'14	'15.7	합계
업체	10	19	17	17	20	16	4	2	30	62	34	**231**
금액	70	185	181	190	190	162	55	35	432	607	349	**2456**

(자료 : 한국금융연구원)

다. 신주를 인수하는 제3자의 주식교환 현물출자 방식

현물출자는 상법 상 출자대상 자산의 가치평가 적정성에 대한 검증절차로 법원의 인가를 받아야 한다. 단, 중소기업 사업전환 촉진에 관한 특별법에 근거하여 사업전환계획을 승인 받은 기업은 사업전환을 위하여 신주(新株)를 발행하여 다른 주식회사 또는 다른 주식회사의 주요주주의 주식과 교환할 수 있다[35]. 이 경우 다른 주식회사 또는 다른 주식회사의 주요주주는 승인기업이 주식교환을 위하여 발행하는 신주의 배정을 받으면 해당 승인기업의 주주가 된다(제14조). 주식교환을 통하여 다른 주식회사 또는 다른 주식회사의 주요주주가 보유한 주식을 승인기업에 현물출자(現物出資)함에 있어서 공인평가기관이 현물출자 가격을 평가한 경우, 상법상의 검사인의 조사 또는 공인된 감정인의 감정으로 인정하는 특례를 도입하였다(제3항). 이는 주식교환이 현물출자로 이루어질 경우, 법원의 검사인 선임 청구 및 공인 감정인의 감정 등의 부담으로 인해 주식교환을 기피하는 요소가 되지 않도록 하기 위한 장치이다(제3장 3절-2-다 인적분할과 불적분할 전술 참조).

4. M&A를 통한 자본확충

2016년에 **중소기업 특화 증권사** 지정제도가 도입되고, IBK투자증권이 '중기특화 증권사'로 육성된다. 중소기업은 자금조달 규모나 M&A규모가 작아서 중개기관 입장에서 기업금융 서비스의 경제성이

35) 중소기업 사업전환 촉진에 관한 특별법 제14조(신주발행에 따른 주식교환 등) ① 주식회사인 승인기업은 사업전환을 위하여 신주(新株)를 발행하여 다른 주식회사 또는 다른 주식회사의 주요주주의 주식과 교환할 수 있다. 이 경우 다른 주식회사 또는 다른 주식회사의 주요주주는 승인기업이 주식교환을 위하여 발행하는 신주의 배정을 받으면 해당 승인기업의 주주가 된다.
③ 제1항에 따른 주식교환을 통하여 다른 주식회사 또는 다른 주식회사의 주요주주가 보유한 주식을 승인기업에 현물출자(現物出資)하는 경우 대통령령으로 정하는 공인평가기관이 그 주식의 가격을 평가한 경우에는 「상법」 제422조제1항에 따라 검사인이 조사한 것으로 보거나 공인된 감정인이 감정한 것으로 본다. 이 경우 같은 법 제422조제2항 및 제3항을 적용하지 아니한다.

부족하여 적극적인 참여가 저조하였으나, 중기 특화 증권사는 정책금융기관과의 연계 영업 및 신기술사업금융사 경영시 상장사다리펀드의 자금지원 등으로 중소기업 금융에 기여할 것으로 기대된다.

가. 상장기업과의 기업결합

영업전망이 좋은 중소기업은 수익모델이 없는 상장기업과 결합하여 자본을 확충할 수 있으며, SPAC도 그의 일종인 것이다. **'펄pearl'**은 사업모델이 좋고 매출과 영업이익이 발생하는 비상장사를 뜻한다. **'셸shell'**은 수익모델이 없는 상장회사이다. 코스닥 시장에서 흔히 보이는 인수 · 합병(M&A) 중 상당수가 이러한 펄과 셸의 결합으로 우회상장이 달성된다.

보통 펄과 셸의 결합이 완료되면 셸 회사는 재무구조개선을 위해 다양한 수단을 취한다. 결합 이후 재무구조를 뜯어고치는 작업이 마무리될 것이란 확신이 있어야만 펄을 유혹해 M&A를 성사시킬 수 있기 때문이다.

그러나 펄을 내세운 상장 셸회사 인수과정에서 무자본으로 불공정거래를 하는 사례도 나타났다. 금융감독원에 의하면 무자본 M&A 주동세력이 개인에서 법인, SPC 및 증권방송전문가 등으로 확장되고 있으며, M&A과정에서 시세조종, 미공개정보 이용 및 부정거래 병행 등 다양한 위법사항이 동시에 발생한다[36]. 대부분 사주가 주식 실물을 인출하여 인수인에게 제공하면, 인수인은 동 주식을 담보로 자금을 조달하여 사주에게 인수대금을 전달한다.「실물 인출 → 주식양

36) 금융감독원, 무자본 M&A 과정에서 발생한 불공정거래 조사 결과 분석 및 투자자 유의사항 2014.9.24. 보도자료

수도 → 담보 제공 → 자금차입 및 대금 지급」 등 절차가 주식양도인, 양수인 및 전주(錢主)가 모두 모인 장소에서 동시에 이루어진다. 증권사, 저축은행, 캐피탈, 대부업체, 사채업자 등이 주식담보대출을 운용하고 있으나, 금융기관은 개인 고객에 대한 대출한도가 자체적으로 정해져 있어 무자본 M&A 대부분의 경우 사채업자의 자금이 동원된다. 통상 이자율 20% 내외, 대출기간 약 1개월(연장 가능), 담보유지 비율 150% 이상, 수수료 2~3%의 조건으로 알려졌다.

이러한 부정거래는 펄과 셸에 모두 피해를 끼칠 수 있다.

나. 특별 목적의 우회상장제도 "SPAC"

우회상장 방식에는 네 가지 유형이 있다.

첫 번째 유형은 합병을 통한 우회상장이다. 상장기업이 비상장기업을 흡수합병하면서 합병대가로 비상장기업 주식을 상장기업의 신주로 바꿔주고, 비상장기업은 소멸하는 방식이다. 이 경우 상장기업과 비상장기업의 주식의 가치를 계산하여, 합병비율을 설정한다.

두 번째 유형은 주식교환에 의한 우회상장이다. 교환방식에는 모회사가 자회사의 주식을 100% 소유하는 주식의 포괄적 교환제도(이하 '포괄적 주식교환')와 모회사가 자회사 주식의 일부를 소유하는 주식의 부분적 교환제도(이하 '부분적 주식교환')이 있다. 포괄적 주식교환은 상장기업이 신주를 발행해 비상장기업 주식 전부와 일정 비율로 교환, 비상장기업을 완전 자회사로 편입시키는 방법이다. 합병에 의한 우회상장과 비슷하지만, 그 절차가 간단하고 자회사가 소멸하지 않는다는 차이가 있다(제2장 3절-2 주식교환과 이전 참조).

세 번째 경우는 현물출자에 의한 우회상장이다. 비상장 기업의 영업자산을 상장기업에 현물출자(양도)하고 상장기업이 발행한 신주를 인수, 경영권을 획득하는 방법이다. 비상장기업은 현물출자의 대가로 받은 상장기업의 주식을 증권시장에서 매각해 주주들에게 현금으로 배당하는 등의 방식으로 청산절차를 밟는다. 이 방법은 영업양수도에 비해 현금의 유출이 필요없고 시간도 절약할 수 있지만 출자한 현물에 대한 가치평가 등을 법원으로부터 승인 받아야 한다.

넷째, 영업양수도를 통한 방식이 있다. 상장기업이 비상장기업의 주요 사업부문을 현금으로 영업양수하고, 비상장기업의 주주들은 그 돈으로 상장법인의 제3자 배정 유상증자에 참여하는 구조다. 즉 비상장기업의 사업 일부를 상장기업에 매각하고 그 대가로 상장기업의 주식을 받는 형태이다.

2014년부터 인기를 끌고 있는 **기업인수목적회사**(Special Purpose Acquisition Company, SPAC)는 비상장기업 인수합병을 목적으로 설립된 서류상 회사(Paper Company)다. 증권사가 설립한 뒤 일반투자자로부터 자금을 공모한다. 투자금을 모으면 스팩 이름으로 증시에 먼저 상장되고 이후 기업을 인수하면 합병기업 이름으로 재상장하게 된다. 비상장 중소기업이 스팩과 합병하면 즉시 상장회사가 되므로, 기업공개의 대체 수단이 된다.

2010년 처음 소개될 때만 해도 기업이나 투자자나 스팩에 대한 이해도가 낮았으나 2013년 모바일 게임업체 선데이토즈가 스팩과의 합병으로 우회상장 후 높은 수익률을 기록하자 스팩에 대한 인식이 달라졌다.

표4-13. 2015년 스팩 합병 결의 현황

스펙명	합병기업	결의일
케이비제3호스팩	프로스테믹스	3월 2일
하나머스트3호스팩	판도라티비	3월 2일
엘아이지스팩2호	엔지스테크널러지	3월 10일
케이비제4호스팩	액션스퀘어	3월 17일
NH스팩3호(우리스팩3호)	클로벌텍스프리	3월 25일
현대드림스팩2호	심엔터테인먼트	3월 27일
대우스팩2호	선바이오	3월 30일
NH스팩2호	바디텍메드	3월 31일

(주: 3월 말 기준), (자료 : 금융감독원)

기관 투자자 측에서 비상장기업에 투자하는 기존 경로로는 사모펀드가 있으나, 이 경우 투자대상 기업 물색에 시간이 걸릴 뿐만 아니라, 투자 회수를 위한 기업공개 시점까지 5년 이상의 장기간 소요된다. 이러한 이유로 사모펀드는 펀드 조성 시에 투자자들로부터 7년 이상의 장기자본으로 조성하고 있다. 이에 따라서, 미국의 투자은행 업계에서 사모펀드에 대한 경쟁 투자상품으로서 SPAC을 고안해 낸 것이다. SPAC이 조기에 합병 대상 비상장기업을 물색해 낼 경우 사모펀드보다 신속하게 투자자들에게 수익을 실현해 줄 수 있다. 비상장기업 입장에서도 우회상장에 의해서 조기에 기업성장을 달성할 수 있다.

제4절 채무조정

워크아웃이나 회생 단계에 들어가서 채권자가 채권을 조정해 주면 채무자는 **채무조정**을 받게 된다.

1. 채무조정의 조건

채무조정은 채무자의 재무적 어려움으로 인하여 채권자가 다른 상황에서는 고려하지 않았을 혜택을 채무자에게 부여하는 것이며, 그 혜택의 조건과 내용은 채권자와 채무자간의 합의 또는 법원에 의해서 결정된다.

채권은행협의회 운영협약 제21조(채권재조정 등)

① 채권은행은 당해 기업의 경영정상화를 위하여 필요하다고 판단되는 경우 자율협의회의 의결로써 당해 기업에 대하여 채권재조정, 신규자금지원 또는 자산인수를 추진할 수 있다. 이 경우 채권재조정은 권리의 순위를 고려하여 공정하고 형평에 맞게 이루어져야 한다.

② 채권은행은 당해 기업의 조기 경영 정상화를 위하여 외부전문기관의 평가를 토대로 채권회수가치를 초과하는 대출에 대해서는 출자전환을 적극 고려한다.

③ 채권은행이 당해 기업의 상거래채권자와 팩토링계약 또는 외상매출채권전자대출 약정 등을 통하여 당해 기업에 대한 상거래채권을 인수하는 한도거래 계약을 체결하고 있는 경우 자율협의회는 의결로써 당해 채권은행의 채권재조정 일환으로 당해 기업에 대한 상거래채권을 일정한 한도 내에서 인수하도록 요구할 수 있다.

④ 제1항의 규정에 의하여 채권은행이 행한 신규지원자금은 법정담보권 다음으로 다른 채권은행의 채권에 우선하여 변제 받기로 한다.

⑤ 자율협의회는 한국자산관리공사에 신규자금 지원을 요청하거나

중소기업진흥공단에 구조조정자금 지원을 협의할 수 있다.

⑥ 한국자산관리공사는 제5항에 의한 신규자금지원 요청을 받는 경우 주채권은행과 협의하여 직접 또는 특별목적기구 등을 통해 신규자금을 지원한다. 다만, 주채권은행이 신규자금을 지원하지 않는 경우에는 그러하지 아니하다.

채무자는 조정 받은 채무를 회계기준위원회에서 2003년 제정한 기업회계기준서 제13호 채권 · 채무조정에 의하여 회계 처리한다.

채무자가 정상적인 채무의 시장이자율과 같은 시장이자율로 기존의 채권자가 아닌 다른 자금원으로부터 자금을 차입할 수 있는 상황에서 이루어진 채무의 변제나 조건변경은 채무조정에 해당하지 않는다. 그러나 채무자가 다른 자금원으로부터 차입을 할 수 있다 하더라도 현재 상태에서는 부담할 능력이 없는 높은 이자율로만 자금을 차입할 수 있는 경우에 이루어진 채무의 변제나 조건변경은 채무조정에 해당한다.

채무조정의 시점은 채무조정이 실질적으로 완성되는 시점이다. 채무조정은 채무의 만기일 이전 또는 이후에 이루어질 수 있으며, 자산 또는 지분증권을 이전하거나 새로운 계약조건이 확정되는 시점에서 완성된다. 일반적으로 합의에 의한 채무조정의 경우에는 합의일, 법원의 인가에 의한 채무조정의 경우에는 법원의 인가일이 채무조정시점이 된다.

그러나 채권자와 채무자간에 약정한 조건이 충족되지 않아서 합의일 또는 법원의 인가일에 자산 또는 지분증권의 이전, 새로운 계약조건의 시행 등의 사건이 이루어지지 않는 경우에는 그 조건이 충족되어 실질적으로 채무조정이 완성되는 시점이 채무조정시점이다. 예를 들어, 조건부 채무조정인 경우에는 그 조건이 충족되는 시점 전까지는 채무조정이 완성된 것으로 보지 아니한다.

채무기업 측의 채무면제익은 채권자가 채무를 면제하는 의사를 표시하거나 소멸시효의 완성으로 채무자의 부담 없이 채무가 소멸한 경우에 발생할 것이지만, 기업회계기준에 의한 채무의 조정에 의하여 채무의 장부가액과 현재가치의 차액이 발생한 경우 또는 채무의 출자전환으로 시가를 초과하여 주식을 발행하는 경우도 채무면제익으로 취급된다(제9장 제4절-10 채무면제익 후술 참조).

2. 자산이전에 의한 채무변제

채무자는 채무를 변제하기 위하여 제3자에 대한 채권, 부동산 또는 기타의 자산을 채권자에게 이전하는 경우 변제되는 채무의 장부가액과 이전되는 자산의 공정가액과의 차이를 채무조정이익으로 인식한다. 이전되는 자산의 공정가액과 장부가액과의 차이는 자산처분손익으로 인식한다.

3. 채무조건의 변경

「이자율을 변경」하는 경우 조정 약정상 정해진 미래 현금흐름을 채무 발생시점의 유효이자율[37)]로 할인하여 계산된 현재가치와 장부가액

37) 기본적으로 조건변경으로 인한 채권 · 채무조정은 기존 채무의 연속(continuation)이지 새로운 채무가 발생하는 것은 아니기 때문이다. 따라서 시장이자율의 변동으로 인한 공정가액의 변동분은 손익에 반영되지 않는 것이 적절하다. 만약 채권 · 채무조정 시점의 현행이자율로 현재가치를 측정하게 된다면 공정가액 평가가 되고, 조정되지 않는 타 채무와 일관성을 유지할 수 없게 된다.

과의 차이를 채무에 대한 현재가치할인차금과 채무조정이익으로 인식한다. 단, 경제환경의 변동으로 동일한 신용도에 대한 채무 발생시점의 시장이자율과 채권 · 채무조정시점의 시장이자율에 현저한 차이가 있는 경우에는 채무조정시점의 기초이자율에 당해 채무 발생시점과 동일한 신용상태에 대한 채무조정시점의 신용가산이자율을 합산하여 산정된 이자율로 할인하여 채무조정이익을 인식하도록 하였다.

예를 들어, 20×1년 1월 1일 22%(우대금리 20%)의 이자를 부담하는 채무에 대하여 20×3년 7월 1일 채무조정이 이루어지고, 20×3년 7월 1일 현재의 시장이자율 10%(우대금리)와 채무 발생시점의 시장이자율 20%(우대금리)와의 사이에 현저한 차이가 있으며 동종 또는 유사한 채무에 적용할 이자율보다 낮은 이자율로 원래의 만기를 연장하는 경우를 가정할 수 있다. 이러한 경우에는 실제 채무 발생시점의 이자율을 적용하여 계산한 현재가치와 채무의 장부가액과의 차이가 크게 발생하여 채무조정이익을 과다하게 인식하게 되므로 예외적으로 채권 · 채무조정시점의 기초이자율(예: 10%)에 당해 채무 발생시점과 동일한 신용상태에 대한 채권 · 채무조정시점의 신용가산이자율(예: 1%)을 합산하여 산정된 이자율(예: 11%)로 현재가치를 계산하도록 하였다.

채권 · 채무조정으로 인하여 「만기가 연장되는 경우」에 당초 만기와 연장된 기간을 구분하지 않고 조정된 만기까지 최초 거래발생시점의 이자율을 적용하여 현재가치를 측정한다[38].

38) 역사적 원가주의에 의한 것임

기업회생절차에서는 채무변제기간은 회사채 발행 경우를 제외하고는 10년 이내여야 한다[39]. 1999년 8월 26일에 워크아웃이 개시된 주요 대우계열사들의 경우 2003년~2010년 기간에 원금을 분할상환하도록 조치하였다. 과거 워크아웃 대상 기업의 차입금 만기구조를 살펴보면 1년 이내에 만기가 도래하는 단기차입금 및 유동성 장기부채의 비중이 50%를 넘는 것이 보통이었다. 따라서 이러한 단기 대출금을 중, 장기 대출금으로 전환하는 조치가 필요하며 이에 따라 상환계획을 다시 짜야 했다. 향후 1년간 상환이 부담스럽다면 추정 재무제표상 상환이 가능할 것으로 예상되는 년도까지 원금상환을 유예할 수도 있다.

단기적인 영업환경의 악화로 원금뿐만 아니라 이자 상환능력까지 부족한 경우에는 이자까지 원금에 산입하여(이자대출) 이자납입 자체를 필요한 기간 동안 유예할 수도 있는 것이다. 이러한 조치들은 향후 영업현금흐름에 대한 전망에 근거하여 판단될 사항이며 채권금융기관협의회의 의결을 거쳐야 한다.

2009년 건설업 워크아웃의 경우 기존 채무의 만기가 2010년에서 2013년까지 연장되고 이자율도 5~7%로 감면되었다. 또한 자산매각, 임금삭감 등 자구계획이 포함되었으며, 대부분 신규자금지원이 이루어졌다. 출자전환이 이루어진 경우는 없어 경영권이 보장되었다[40].

---

39) 채무자 회생 및 파산에 관한 법률 제195조(채무의 기한) 회생계획에 의하여 채무를 부담하거나 채무의 기한을 유예하는 경우 그 채무의 기한은 담보가 있는 때에는 그 담보물의 존속기간을 넘지 못하며, 담보가 없거나 담보물의 존속기간을 판정할 수 없는 때에는 10년을 넘지 못한다. 다만, 회생계획의 정함에 의하여 사채를 발행하는 경우에는 그러하지 아니하다.

40) 노익호, 정승재, 워크아웃 건설사 신용등급 조정과 기업구조조정촉진법에 대한 이해, 한국신용평가, 2009.5.13

조정대상 채무에 대하여 전환사채나 채무증권을 발행하는 형식으로 채권 · 채무조정이 이루어지는 경우에는 이를 채무의 변제로 보지 않고 채무의 조건변경으로 회계처리한다. 따라서 채권 · 채무조정으로 인하여 발행되는 전환사채에 대해 기업회계기준서 제9호 '전환증권'의 규정에 불구하고 전환권을 인식하지 않고 전환사채의 만기까지 발생할 미래 현금흐름을 채무 발생시점의 유효이자율로 할인하여 계산된 현재가치와 조정대상 채무의 장부가액과의 차이를 채무조정이익으로 인식한다.

4. 대환

「**대환**」은 기존채무를 신규채무로 전환해 주는 것을 말한다. 기존대출의 변제기가 도래할 무렵 채권기관들이 변제기를 연장하는 대신 기존대출은 변제되고 신규대출이 일어나는 것으로 처리하는 경우를 종종 볼 수 있다. 대지급금이나 당좌대출의 일반자금대출 전환, 수입 USANCE 등의 중장기대출 전환 들이 필요하다. 담보채권의 경우에는 대환처리보다는 연장처리하는 것이 효과적이다.

P-CBO는 직접대환은 아니지만 회사채 만기도래의 차환대책으로서 제3의 채권자가 채권유동화를 전제로 대환해 주는 효과를 발생시킨다. 2001년의 '회사채신속인수제도'는 유동성 위기에 빠진 하이닉스 등을 위해 1년간 한시적으로 도입되었고 기업이 만기가 돌아온 회사채를 상환하기 위해 기업이 사모사채를 발행하면 산업은행이 유동화를 전제로 이를 신속히 사들여 채무상환에 어려움이 없도록 지원했다.

표4-14. 1기 P-CBO 반기별 발행 추이 (단위: 억원)

구분	'00년 하반기	'01년 상반기	'01년 하반기	'02년~'04년	'05~'08년 상반기	'08년 하반기	'09년 상반기	계
발행금액	73,073	45,950	29,455	40,336	17,220	17,540	41,338	264,912

* P-CBO는 2000년 8월 최초 발행

한편, 2010년 8월의 '실수요 주택거래 정상화와 서민 · 중산층 주거안정 지원방안(8.29.)'에서는 건설사 P-CBO를 도입하였다. 2012.8월 '건설업 금융지원 강화방안(8.13.)'에서는 건설사 P-CBO 지원규모를 3조원에서 4.3조원으로 확대하였다.

- 발행대상 건설사 : 중소 · 중견 건설사(대기업 제외)
- 발행한도(신용등급별 상이) : 중소 최대 500억원, 중견 최대 1,000억원

2013년 1월까지 중견건설사 23개사(업체당 평균 262억원), 중소건설사 101개사에 지원이 이루어졌다(업체당 평균 22억원). 2010년 8월 건설사 P-CBO 도입 당시 대기업도 지원대상에 포함하여 운영하다가, 2012년 8월 건설업 금융지원 강화방안에서 대기업은 지원대상에서 제외하였다.

그러나 P-CBO 지원대상에서 제외되는 대기업 계열 건설사 중 회사채 A등급 이하 건설사의 경우 회사채 시장발행이 매우 어려운 상황이 도래하였다. 이에 2013년 2월 6일, 건설사 P-CBO 지원대상을 재계순위(공정거래법상 상호출자제한 기업 집단 순위) 1~10위를 제외한 대기업까지 확대 조치하였다.

위와 같은 시장안정 CBO와 별도로 신용보증기금은 중견중소기업

의 CBO유동화회사 보증 프로그램을 운영하고 있다. 편입 대상은 외감 중소기업의 경우 신보의 보증심사등급 K10, 비 외감의 경우 K9 등급이며, 중견기업의 경우 회사채 등급 BB-이상이다. 단 보증제한, 금지 기업 및 유동화회사 보증 차환에 기초자산 편입 잔액이 있는 기업은 제외된다.

제5절 재기지원

2012년 금융위원회의 '창업 중소기업 금융환경 혁신대책'에서는 연대보증제도를 개선하여 실패 중소기업 CEO에 대한 재기지원 강화 방안을 마련하였다.

1. 연대보증 개선

정부는 2012.5월「**금융권 및 보증기관의 연대보증 폐지방안**」발표 이후, 2차례 추가 개선 · 보완방안을 마련하여 실시하였다.

가계대출에 대한 연대보증은 '08.7월 기 폐지하였고, '12.5월에 제1금융권 및 신 · 기보 연대보증을 원칙적 폐지하였다. 개인사업자에 대해 원칙적으로 연대보증을 폐지하고, 법인사업자의 경우 실질 책임자 1인 이외 연대보증을 제한하는 조치를 신규대출부터 적용하고 기존대출의 연대보증은 5년간 단계적으로 해소하였다.

'13.4월에는 제2금융권 연대보증을 원칙적 폐지하였다. '13.7월에는 '사실상 경영자'에 대한 연대보증을 폐지하였다.

표4-15. 법인사업자 연대보증 범위 변경 (자료 : 금융위원회)

법인사업자 연대보증 대상	'12.5월 이전	'12.5~13.6	'13.7월 이후
① 대표이사, 무한책임사원 ② 최대주주 ③ 지분 30% 이상 보유자 ④ 합계지분 30%이상 보유자 ⑤ 비공식적 지위의 사실상 경영자	①~⑤ 모두 연대보증	①~⑤ 중 1인만 입보	①~④ 중 1인만 입보

2012년 말부터 채권자가 중소기업진흥공단, 신용보증기금, 기술신용보증기금인 경우에는 회생계획인가결정을 받는 시점에 주채무가 감경 또는 면제될 경우 연대보증채무도 동일한 비율로 감경 또는 면제 조치하였다(중소기업진흥에 관한 법률 제74조의2, 신용보증기금법 제30조의3, 기술신용보증기금법 제37조의3).

'13.5월에는 국민행복기금을 통해 연대보증인의 보증채무 조정기회를 부여하고 조정이행시 연대보증 책임을 면제하였다. 총 채무액을 채무관계인(주채무자+보증인) 수로 나누어, 해당금액에 대해 상환능력에 따라 30~50%의 감면율을 적용하였다. '13.7월에는 외환위기 당시 도산한 중소기업의 연대보증 채무를 감면하고 불이익 연체정보를 삭제하였다. 연대보증인 수로 안분한 후 안분한 원금의 40~70%를 감면하며, 법원의 결정에 따라 채무정보가 등재되었거나 기업의 어음부도시 관련인 정보로 등재된 1,013명에 대한 불이익정보도 일괄 삭제하였다. ('13.6.28)

2. 재기지원 프로그램

재기지원 사업을 보증기관(10.11), 신용회복위원회(12.4), 중소기업진흥공단(10.3) 등에서 시행하였으나 사업이 여러 기관으로 산재되어 있고 신 · 기보 재기지원 사업의 경우 채무조정 기능이 없는 한계가 있었다. 채무조정 기능이 신복위의 '재창업지원' 사업의 경우에도 참여(채권)기관의 소극적 태도로 인해 활성화되지 못하였다(3년간 36개사 지원).

표4-16. 재기지원 실적

구분	신 · 기보 "재기지원"	신복위 "재창업지원" (신 · 기보, 중진공 참여)	중진공 "재창업자금"
대상	신 · 기보 단독채무자	다중채무자	다중채무자
지원	연체 정상대출 전환, 신규자금 대출	채무조정(50%), 신규자금	신규자금 대출
실적(업체 수)	570	36	1,098
금액	694	33	1,579

(자료 : 2015.10.14 관계부처 합동 보도자료)

금융위원회와 중소기업청은 2015.10.14일 경제관계장관회의에서 "창의 · 혁신 · 기술형 기업의 재기를 지원하기 위한 「재기지원 활성화 방안」" 추진계획을 발표하였다. 채무조정이 필요한 재기지원자에 대해서는 신복위의 「재창업지원」 사업으로 간소화하여 채무조정과 재기지원이 one-stop으로 제공된다. 재창업자의 채무는 최대 50% 감면하던 것을 정책금융기관 채무는 75%까지 확대함으로써 기존 연대채무로 인한 부담을 경감한다. 중진공이 신규자금을 대출(융자)하고 보증기관(신 · 기보)이 대출액의 50%를 보증하는 정책금융 협력모델을 도입한다.

신 · 기보 법상 원칙적으로 대위변제 후 3년 이내에는 신규 보증이 금지되어 보증기관은 경직적으로 신규자금을 지원하지 않았으나, 지금까지 적극 활용되지 않던 현행법상 예외규정을 적극 활용하여 3년 이내라도 이사회의 구상권 행사유예 의결을 통해 지원하도록 개선한다.

또한 재창업신청자에 대한 기술성평가를 주채권기관이 수행함에 따라 지원이 보수화 및 엄격화되는 경향이 있어 재창업신청자가 직접 기술성평가기관(기술신용평가사, TCB)을 지정토록 선택권을 부여한다.

3. 신 · 기보 상각채권 매입을 통한 신용회복지원 강화

2012년 신 · 기보의 부실기업 대위변제에 따른 구상채권은 28.2조원 (상각전 4.8조원, 상각후 23.4조원)으로, 관련 채무자는 총 50만명(법인 포함)에 달하는 상황이었다. 신 · 기보의 경우 신 · 기보의 경우 사망 등 특이사유가 없는 한 지속 추심(일반은행은 채권매각, 채무조정 등을 통해 조기에 정리)하고 있으나, 회수율은 약 4.5%에 불과한 반면, 기업인의 재기에 상당한 장애요인으로 작용하였다.

이에 금융위원회는 신 · 기보가 일정기간이 경과한 상각채권을 적극 매각토록 하여[41] 중소기업인들의 원활한 채무조정 및 조기 신용회복 지원에 나서도록 하였다. 매각대상은 대위변제후 5년 경과 특수채권(약 18.4조원, 관련 채무자 32만명)으로 평균 상각년수는 신보 3.2년, 기보 3.5년이었다.

41) 금융위원회, 창업 · 중소기업 금융환경 혁신을 위한「정책금융 지원의 다양화 방안」 2012.4.19

1차 시효완성 시점(대위변제후 5년)에서 구상 실익을 판단한다.

(ⅰ) 고령자 등 채권행사의 실익이 없는 경우 소송 등 시효연장 조치를 중단하여 시효완성(채무면제)

(ⅱ) 추가적인 실익이 있는 경우 매각을 통해 채권 회수

인수자는 자산관리공사 등으로서, 자산관리공사는 상각채권을 매입하여 채무 재조정, 생활자금대출 등을 통해 채무 기업인의 신용회복을 적극 지원하여 다중채무에 대한 채무 재조정이 원활해 질 수 있을 것으로 기대되었다. 매각조건은 회수율을 감안하여 매각가격을 결정하고 초과 회수분에 대해서는 신 · 기보와 자산관리공사간 사후 정산하는 방식이다.

따라서, 한국자산관리공사는 신용회복위원회, 기술보증기금, 신용보증기금, 중소기업진흥공단 등으로부터 대위변제 후 5년이 경과한 채권을 매입하고 있는데, 이 경우 부실채무자는 시간이 너무 지체되어 보유한 기술력이 낙후되었을 가능성이 높아 재기지원이 곤란하다.

기술력을 보유한 부실중소기업의 재기지원을 위해서는 공공 부실채권 상각 직후 한국자산관리공사가 매입하여 재기지원 프로그램 및 채무 재조정 등을 진행시킬 수 있는 방안을 검토할 필요가 있다[42]. 예를 들면 기술보증기금이나 신용보증기금, 중소기업진흥공단 등에서 부실채권을 상각하는 시점에 채무자가 한국자산관리공사를 접촉할 수 있도록 안내하여 주고 한국자산관리공사와의 상담을 통해 향후 재기가능성이 높다고 인정되면 한국자산관리공사로 하여금 채권매입을 신청, 적정한 가격에 매입한 후 재기지원 프로그램을 진행하도록 하는 것이다.

---

42) 이재연, 부실채권시장의 현황과 공적 기관의 역할, 캠코리뷰 제1권 제4호 (2014.12)

제4장 참고문헌

관계부처 합동, 창의 · 혁신 · 기술형 기업의 재기를 지원하기 위한 「재기지원 활성화 방안」, 2015.10.14. 보도자료
구정한, 기업 성장단계별 맞춤형 지원을 위한 정책금융 역할 강화 방안, 2015.10.8.
김성룡, 「금융기관 RM의 역할과 과제」, 전국은행연합회 금융, 2005.4.
금융감독원, 무자본 M&A 과정에서 발생한 불공정거래 조사 결과 분석 및 투자자 유의사항 2014.9.24. 보도자료
금융감독원, 은행연합회, 관계형 금융 도입을 통한 새로운 중소기업 대출관행 유도, 2014.11.14. 보도자료
금융위원회,「중소기업자금사정점검회의」결과, 2013.6.7. 보도자료
금융위원회, 창조경제를 견인하는 중소기업 신용보증제도 개선방안, 2014.1.8.
금융위원회, 산업통상지원부, 기술금융 체계화 및 재도개선, 2015.6.8. 보도자료
노익호, 정승재, 워크아웃 건설사 신용등급 조정과 기업구조조정촉진법에 대한 이해, 한국신용평가, 2009.5.13
배연수 은행 RM의 서비스품질이 고객만족과 고객충성도에 미치는 영향 중앙대학교 석사논문 2015
백강, 대,중소기업 상생 결제시스템 도입의 경제적 효과에 관한 연구, 재무연구 Vol 26, no 2. 2013.
범지인, 국내IP 금융 현황과 시사점, 농협경제연구소 2014.5.30. 제333호
신용보증기금, 국내외 재기 지원제도의 현황 및 시사점, 중소기업금융연구 2013.12.
이건희, 정상진, 중소기업 대출에 대한 은행 형태별 비교 연구, 중소기업연구 제36권 제2호, 2014.6.
이기영, 조영삼, 중소기업 정책금융 지원체계의 평가 및 개선 방안, 한국금융연구원 2011.5.
재정경제부, 중소기업금융지원체계 개편 방안 2005.6.23.
임형준, 기술금융의 현황과 활성화 방안, 2013.11.12. 기술평가 기술금융 세미나
전경련, 기업의 대 · 중소기업 협력 실태와 시사점, 이슈페이퍼 2005.12.
정지헌, 중소기업 금융서비스 제고를 위한 기계설비리스 활성화 방안, 여신금융 2014. 봄
금융위원회, 창업 · 중소기업금융 환경 혁신을 위한 「정책금융 지원의 다양화 방안」 2012.4.19
감사원, 중소기업 금융지원 실태 감사결과 보고서, 2012. 11
손상호, 중소기업금융시스템 재구축을 위한 과제, 주간금융브리프, 22권 21호
김석진, 김지영, 중소기업을위한지역금융의역할, 경영교육논총 2005. 38권
캠코, 위기의 중소기업 세일 앤 리스백으로 지원 나선다. 2015.5.18. 보도자료

제5장

조직 재설계와 인적자원 관리

제5장 조직 재설계와 인적자원 관리

조직구조조정은 과거에 기업의 인력감축 수단으로 이해되었지만, 원래 개념은 기존 조직을 재설계하고 개선하여 기업가치를 극대화하는 활동으로 정의된다. 하지만, 국내 중소기업의 상황에서는 인력 불균형 해소와 핵심인력 확보가 현안이다. 국내의 높은 실업률에 불구하고 중소기업에는 인력부족 현상이 발생하고 있다. 2015년 교육부에 따르면 전국 산업단지 고용인원은 208만명으로 전체 제조업 종사자의 49%가 산업단지에 근무하고 있다. 그러나 20~30대 청년인력은 36만명이 부족한 상황으로 중소기업들이 인력채용에 어려움을 겪고 있다.

조직구조조정을 하기 위해서는 계획과 절차에 따라 조직을 재설계해야 한다. 중소기업에서 대기업의 방식을 적용하기는 무리라는 시각이 있지만, 본 장에서는 조직 재설계이론을 먼저 소개한 후에 인적자원관리 방식의 소개로 논의를 진행한다.

제1절 조직 재설계의 의의

조직 재설계가 성공하기 위해서는 우선 조직구조 설계 방향성과 실행방법이 적절하여야 한다

중소기업의 조직에 대한 이론은 별무하므로, 본 절에서는 중소기업의 구조설계 방향성과 실행방법을 설계하는 데 응용할 수 있도록 대기

업을 포함한 일반기업의 조직 재설계의 개념, 조직의 형태 및 의사결정 시스템에 관하여 설명하겠다.

1. 조직유형과 경쟁우위 확보

현대의 기업조직은 전략적 인적자원관리의 측면에서 창의적 인적자원관리로 발전하고 있다. 이는 조직의 경쟁우위 확보와 유지에 적극적이고 주도적인 역할을 하도록 관리하는 것을 강조하며, 사람과 인적자원을 경쟁력의 원천으로 파악하여 비중을 설정하고 관리하는 것을 의미 한다. 즉 조직의 내부자원인 사람을 출발점으로 삼아 조직의 전략적 비전구축과 실행에 모두가 동참하도록 하는 것인데, "인사가 만사"라는 말이 있듯이 "조직은 사람이다." 관리구조의 개선 측면에서 조직의 구조, 특히 경쟁우위의 확보 차원에서 조직의 유형과 경쟁력에 대하여 살펴보도록 한다.

가. 조직유형의 분류

조직의 유형은 다양한 기준에 의하여 여러 형태로 구분되고 있다. 예를 들어 권력의 형태에 따라서 강제적 조직과 공리적 조직, 규범적 조직으로 나누기도 하고, 수혜자인 고객에 따라 상 수혜조직, 사업조직, 서비스조직, 공공조직으로 구분하기도 하며, 업무의 통제성에 따라 관료조직과 일선조직, 전면통제조직, 투과성조직으로 구분하기도 한다. 대기업의 경우는 라인-스탭 조직, 사업부제 조직, 전략적 사업단위 조직, 매트리스 조직, 프로젝트 조직으로 구분한다.

반면에 히든챔피언과 같이 글로벌기업을 지향하는 중소기업의 조직 형태는 해외시장의 다변화 정도와 취급제품의 다양성에 의해 변화하는 과정을 보여준다. 소수의 제품계열에 특화하고 글로벌경영의 비중이 낮은 중소기업은 국제사업부제 조직을 채택하는 경향이 있고, 글로벌경영활동의 비중은 낮지만 다양한 제품계열을 취급하는 중소기업은 일반적으로 제품별 조직을 선호한다. 반대로 글로벌경영활동의 비중이 높지만 소수의 제품계열에만 특화하는 중소기업은 해외시장의 중요성 때문에 지역별 조직을 선호한다. 이에 비해 글로벌경영활동의 비중도 높고 즉, 해외시장 진출의 다변화정도도 높고 취급제품계열도 다양한 중소기업은 효율적인 글로벌경영활동을 위해 대트릭스조직을 선택하는 것이 바람직하다[1].

그림5-1. 글로벌기업의 조직형태의 변화

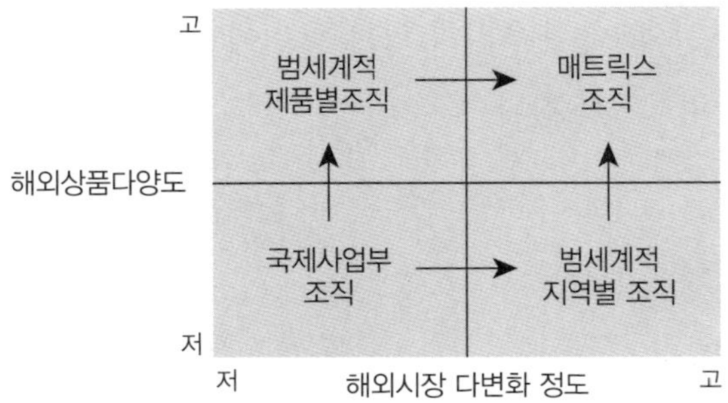

특히, 민츠버그(Minzberg)는 ①조직구성을 조직의 전략을 형성하는 전략부문과 ②조직 내 산출과정과 산출물을 검사하고 업무를 표준화 하는 기술구조부문, ③제품이나 서비스를 생산하는 기본적인 일을 하는 핵심운영부문인 작업계층부문과 ④전략부문과 핵심운영부문을

1) 이철, 글로벌경영(2012) 참조

연결하는 중간관리자, ⑤기본적인 과업외의 문제에 대하여 핵심운영부문을 간접적으로 지원하는 지원참모부문으로 구분하여 조직을 다섯 가지 유형으로 정리하였다. 즉, 전략부문의 힘이 가장 강한 유형의 유기적 구조인 단순구조, 기술구조부문이 가장 강한 유형의 작업과정의 표준화를 중요시 하는 기계적 관료제구조, 전문가들로 구성된 핵심운영 계층이 중요시 되는 전문적 관료제구조, 산출물의 표준화를 중요시 하는 사업부제구조, 표준화를 거부하며 분권화된 유기적 구조인 임시특별 조직인 에드호크러시(Ad-hocracy) 조직으로 조직의 유형을 정리 한 바 있다.

그런데 기존 조직을 개선하는 것은 조직을 분열시키고 응집력을 약화시키는 압력으로 작용 할 수 있어서, 조직통합을 위한 기존의 통제나 위계질서의 변경이 비효율을 초래 할 수 있다. 따라서 경쟁에 이기기 위해서는 경쟁환경에 적합한 조직통합방식에 의하여 직무와 인력을 서로 연결시키고 그 기반 위에서 기업의 정체성을 강화하여야 할 필요가 있는 것이다.

나. 조직유형별 경쟁우위 확보

조직의 유형은 관점에 따라 여러 가지 형태로 구분 할 수 있다. 그런데 기업의 관리구조 개선을 위한 경쟁우위를 확보하기 위한 조직 유형으로 여기서는 경영의 기능이나 권력의 집중화 등에 의한 조직 유형 구분 보다는 기업 내 조직의 인간관계와 과업달성이라는 두 가지 측면을 중심으로 네 가지의 조직 유형을 구분한다. 즉, **과업달성 중심 조직**은 목표 달성에 초점을 둔 구성원들의 단결을 의미하고, **인간관계 중심 조직**은 친밀감에 기반을 둔 구성원들 사이의 빈번한 심적 교류를 의미한다. 이러한 두 가지 기준으로 조직의 유형을 네 가지로 나누어 보고 이에 따른 경쟁우위의 확보에 대하여 살펴보고자 한다.

따라서 과업달성중심과 인간관계중심의 기준에 따라 조직의 유형을 인맥형과 외인부대유형, 파편유형, 커뮤니티유형으로 나누도록 한다. 이러한 네 가지 유형은 서로 다른 경영환경에서 최적의 효율성을 발휘하게 되는 데, 조직유형은 경쟁이나 산업의 구조, 기술변화의 속도 등 기업 외부환경 요인에 의해 결정되기 때문에 환경 선택 여부에 따라 다른 모습을 나타내는 것이다. 인맥유형은 과업달성 보다는 인간관계가 강조되는 유형인데 조직의 구성원들은 때로 한 가족처럼 행동하며 직무로 인한 인간관계가 직장 외에까지 영향을 미쳐 생일 파티나 가족의 행사 참여가 일상화 되는 조직을 일컫는다. 이러한 조직은 비공식적인 직무 수행 및 조직 방식으로 인해 위계질서가 무너지는 것이 아니라 관료주의를 방지하는 형태로 조직에 유연성을 부여 하게 된다. 인맥유형의 조직은 성과달성에 장기간이 요구되는 기업 전략이 있는 경우에 좀 더 적합하며, 단기적인 이해타산으로는 불가능한 헌신을 조직에 유도해 낼 수 있다.

반면에 인간관계 보다는 과업달성중심의 외인부대유형은 사적관계 보다 조직사명이 우선시되어 구성원간 속마음을 드러내기가 힘들지만 과업에 관련된 정보의 교환이나 의사소통은 매우 빈번하게 이루어지는 조직의 유형이다. 시장에서의 위협이나 기회를 파악하고 신속하게 결집하여 대응하는 능력이 외인부대유형의 대표적인 강점이라 할 수 있다. 집중된 활동으로 인하여 생산성은 높으나 창의적 아이디어 교환이나 조직에 대한 충성심은 기대하기 어렵기 때문에 익시적으로 운영하는 것이 바람직하다.

특히 이러한 조직유형은 급속한 환경변화가 일어나는 경우 신속하고 집중된 반응으로 환경변화에 대응할 수 있으므로 효과적이다. 조직의 목적이 분명하고 그 성과가 측정 가능하며 구성원간 서열체계나 합의가 요구되지 않는 경우에 적합하다.

파편유형은 과업 및 인간관계로 인한 사회적 상호관계가 극도로 배제된 조직의 유형인데, 구성원으로서의 의식이 낮고 종사하는 직업에 몰입하는 경향이 있으며, 관례나 관습적 모임에는 거의 참여하지 않는 전문가 집단과 같은 조직의 유형이다. 구성원들은 개인적 동기와 욕구에 의하여 직무에 몰입하고 일과 개인생활을 완전히 분리하므로 자발적인 사회적 행동은 거의 일어나지 않게 된다. 독특한 직무 프로세스나 업무 스타일을 가진 기업이나 고급인력으로 구성된 조직 또는 원격 근무를 하는 기업에서 성공적으로 운영 될 수 있는 조직의 유형이다. 이러한 파편조직 유형은 기업 내 개별 작업들이 수행 후에 취합되거나 구성원들이 각각 다른 고객과 시장을 상대로 하는 등 과업의 상호의존성이 작은 경우에 형성될 수 있으며, 직무가 프로세스보다는 투입자원에 의해 통제되고 과업을 수행하는 인력 스스로가 작업의 감독, 판정 기능을 하게 되는 조직이다.

과업달성과 인간관계 양면이 모두 중요시 되는 조직의 유형은 커뮤니티유형인데, 이는 일반적으로 소규모 조직이나 규모의 급성장, 창업 초기 기업의 조직 유형이다.

조직 구성원들은 기업의 정체성과 소속감을 강하게 인식하며, 기업 내의 조직생활에서 의례적 의미를 갖는 행사가 정기적으로 개최되고, 직무 리스크와 보상에서 공평성과 공정성이 매우 중요시 되는 조직이다. 특히 조직의 상황이 어려울 때 이러한 경향이 두드러지게 나타난다. 이러한 커뮤니티 조직유형은 팀워크가 강조되는 상황에서 조성될 수 있다.

여기서 조직의 네 가지 유형에 대한 단순한 우열 비교는 무의미하며 각기 상이한 경영환경에 적합한 것이므로 최선의 가치를 지닌 특정한 조직유형을 찾는다는 것은 의미가 없을 수 있다. 즉, 고정된 특정의 조직구조 보다는 구성원들의 개별역량이 결합되는 방식에 대한 충분한 이해 위에서 현재의 조직유형과 향후 나아가야 할 방향에 대해 인식하는 것이 더 중요 할 수 있다.

조직의 유형은 경쟁환경에 따라 달라지며 기업의 경쟁환경은 매우 다양하며 급변하기에 과업달성 혹은 인간관계의 두 가지 기준의 강약을 조절하여 환경에 적합한 조직유형을 만들어 가는 방향에서 기존의 관리구조 하에 조직유형의 변화를 갖도록 하는 것이 필요하다.

2. 조직 재설계의 개념

조직 재설계란 기존 조직의 형태나 의사결정 시스템의 개선을 통하여 기업의 가치를 극대화하는 일련의 활동이라고 정의할 수 있다. 조직형태의 개선은 기존의 조직형태를 성과를 극대화 할 수 있는 조직으로의 변경이며, 의사결정 시스템 개선활동으로는 분권화 정도, 지휘범위, 분과, 작업 전문화 정도, 명령체계 등 조직의 작동시스템을 변경하는 것이다.

조직 재설계는 다양한 형태로 나타난다. 사업구조조정이나 재무구조조정에 수반하기도 하고 다양한 기업환경에 적응하기 위한 조직 재설계과정에서 인력구조조정이 자연적으로 수반되는 경우도 많다. 구조조정의 대표적인 예로 리엔지니어링과 다운사이징을 들 수 있으며 둘 다 조직구조조정을 통하여 목적을 달성할 수 있으므로 본절에서 설명하겠다.

가. 리엔지니어링

리엔지니어링은 '급격한 성과향상을 달성하기 위하여 경영프로세스를 근본적으로 재 사고하고 조직구조를 급진적으로 재설계하는 것'이라고 정의할 수 있다. 리엔지니어링은 산업혁명 이후 기업경영에서 진리로 받아들여져 온 분업의 이익, 규모의 경제, 위계질서 등에 의한 통제 등 전통적인 패러다임을 거부하고 유기적이고 신속하며 효율성 있는 업무의 조직화로 급변하고 있는 경영환경에 능동적으로 대처하는 새로운 모델을 추구한다.

1990년 마이클 해머가 기업체질 및 구조의 근본적인 변혁을 제창한 후 급속히 확산하여 미국의 IBM 클라이슬러 포드 제록스 등이 이 개념을 도입, 적극적으로 경영에 활용하여 성공을 거두었다. 마이클 해머에 의하면 리엔지니어링의 요체는 인력구조조정이 아니라 작업과정을 보다 고객이나 상품위주로 재편하고 각각의 행위나 기능이 기업경쟁력 창출에 직접적인 효과를 미치지 않는 경우에는 그 기능을 축소해야 한다는 것으로서 조직구조를 급진적으로 재설계하는 것이다.

나. 다운사이징

다운사이징이란 일반적으로 사물의 소형화나 기업의 감량경영을 의미한다. 비즈니스 다운사이징(감량경영)은 인력감축이나 조직통폐합을 통하여 조직가치 향상에 기여하지 못하는 불필요한 부분을 아웃소싱하거나 줄이고 핵심 분야들에 대해 전략적으로 집중하는 것이라 할 수 있다.

기업은 내·외부 환경이 급속도로 변화하는 가운데 과거에는 기업에 필수적이었던 부분이 불필요해질 수 있고 인력활용 측면에서도 마찬가지로 비효율성이 생기게 된다. 더 높은 경쟁력을 갖추고자 기업은 때때로 가치사슬 상에서 기업의 가치를 높이는데 기여하지 못하는 과정을 아웃소싱하거나 줄이고 혹은 효율적인 규모로 변화하고자 인력감축을 한다.

그러나 과도한 다운사이징은 조직가치 향상에 기여하지 못하고 기업성장에 방해가 되므로, 다운사이징은 효율적으로 이루어져야 한다. 이러한 의미에서 최근 다운사이징(Down-sizing)을 라이트사이징(Right Sizing)이란 용어로도 사용한다.

3. 조직의 의사결정 시스템

조직을 재설계하기 위해서는 앞에서 설명한 조직의 형태와 여기서 설명하는 **의사결정 시스템**을 개선하여 기업의 대내외 환경에 적합한 조직으로 조정하여야 한다. 의사결정 시스템은 분권화의 정도, 지휘범위, 작업 전문화/표준화 정도, 분과, 명령체계 등의 구조로 구성된다.

- 분권화(Decentralization)의 정도 : 의사결정이 최고 경영층에 의해서 이루어지느냐? 아니면 하급자에게 위임되느냐? 하는 권한의 위임 정도를 말하는 것이며 급변하는 기업환경과 고객요구에 대응하기 위하여 추세는 분권화이다.
- 지휘범위(Span of control) : 한 사람의 관리자가 몇 명까지

관리할 것인가의 문제이다. 즉 같은 상급자에게 직접 보고하는 하급자의 수라 할 수 있다. 지휘범위가 중요한 이유는 관리자를 몇 명을 둘 지, 지휘범위에 따라 달라지기 때문이다. 지휘범위는 업무의 단순화, 작업의 전문화 정도에 따라 달라질 수 밖에 없다. 군대조직처럼 업무가 단순화되고 표준화된 경우에는 지휘범위가 넓어질 수 있다.

- 작업 표준화/전문화(Standardization/Spcialization)정도 : 조직 내 업무처리를 표준화 할수록 사고 위험성은 줄고 능률은 향상될 수 있지만 창조성이 발휘될 소지도 없어진다. 또한 작업 전문화와 관련해서는 포드에 의해 개척된 분업에 의한 능률향상을 목적으로 만들어 졌지만 사업환경이 복잡화한 현대의 기업환경도 고려하여야 한다.
- 분과(Departmentalization) : 작업을 어떻게 그룹화할 것이냐의 문제이다. 분과는 크게 여섯 가지로 나눌 수 있다. 기능별 분과 (인사과, 자재과, 홍보과, 경리과 등), 제품별 분과 (식품사업부, 의류사업부, 금융사업부 등), 지역별 분과 (강남지부, 강북지부 등), 프로세스별 분과 (생산, 판매 등), 고객 유형별 분과 (소매 담당 부서, 도매 담당 부서 등), 복합적 분과 (위의 5가지 분과를 복합적으로 도입) 등이다. 분과와 관련해서 최근에 강조되는 분과는 두 가지 분과가 있다. 첫째, 고객의 욕구를 보다 더 세밀하게 파악해서 대응을 효과적으로 하기 위한 고객중심의 분과와 둘째, 업무가 복잡화 됨에 따라 여러 가지 분과가 종합적으로 개입해서 해결해야 할 복합적 분과이다.
- 명령체계(Chains of Command) : 명령체계는 문제가 발생하면 누구에게 보고하여야 하는가 또는 내가 책임질 사람은 누구

인가를 규정한 것이다. 명령할 수 있는 권한에는 반드시 책임이 따라야 한다.

제2절 조직 재설계의 방향성 및 실행 방법

조직 재설계는 개별기업의 문화, 개별기업이 속해있는 산업의 특성, 기업외부의 환경 등을 전반적으로 고려하여 방향을 결정하여야 한다. 본절에서는 우선 우수한 조직문화의 특징을 살펴보고 조직 재설계의 주요 목표 및 조직 재설계의 방향성 및 실행방법에 대하여 설명하겠다.

1. 우수한 조직문화의 특징

조직문화란 한 조직의 구성원들이 모두 공유하고 있는 가치관과 신념, 이념과 관습, 지식과 기술 등을 모두 포함한 종합적인 개념으로서 조직구성원과 조직 전체의 행동에 영향을 주는 기본요소라 할 수 있다. 기업이 우수한 조직문화를 갖추고 있다는 것은 기업이 어려움을 극복하고 성장하기 위해 필수적인 사항이다. 턴어라운드 시 우수한 조직문화는 개별기업의 산업의 특성, 내외부 환경에 따라 정도의 차이는 있지만 일반적으로는 다음과 같은 조직문화라 할 수 있다.

- 고객 중심/지향적 성격이 강한 조직문화
- 경영진과 종업원 간에 깊은 신뢰가 바탕이 되는 조직문화
- 효과적인 Top down, Bottom up 커뮤니케이션이 이루어지

는 조직문화
- 종업원의 참여도가 높고 많은 권한이 부여된 조직문화
- 개선을 위해 솔선수범하며 협조적인 조직문화

2. 조직 설계의 주요목표

기업이 급격하게 성장하는 초기에는 조직의 효율성 보다는 외부의 시장 기회를 인식하고 올바른 방향을 설정하는 전략적 판단과 추진력이 중요하다. 그러나 조직의 규모가 커지고 복잡해질수록 조직간의 갈등은 증가하고 업무능률은 떨어지는 등 여러 가지 문제점이 발생한다. 따라서 조직설계는 부서간의 내부 효율성을 재고하고 기업의 핵심역량을 강화하고 책임과 권한을 명확히 하는 목표로 재설계해야 한다.

가. 운영 효율성(Operational Efficiency) 제고

기업의 운영 효율성을 제고하기 위해서는
- 가능한 간소한 조직구조로 조직을 설계하여야 하며
- 유연하고 신속한 의사결정이 가능한 조직으로 설계해야 하며
- 조직기능이 다중화(Cross function)되도록 해야 하며
- 불필요한 조직이 생기지 않도록 하여야 한다.

나. 핵심역량(Core Competence) 강화

현재와 같이 기업환경이 급변하고 고객의 요구가 다양한 시장환경에서 기업이 살아남고 계속 성장하기 위해서는 기업의 **핵심역량**을 강화해야 한다. 특히 마케팅/영업 역량, R&D 역량 및 유통채널 역량을 강화해야 한다.

다. 조직간 역할 및 책임(Role & Responsibility) 재정립

조직규모가 커지고 업무가 복잡해지면 조직의 책임과 권한을 명확히 하고, 실행기능과 관리기능을 분리하며, 조직 기능간의 견제와 균형을 달성하여 조직간의 갈등으로 인한 비효율을 방지하며 업무성과를 향상시키기 위하여 역할과 책임을 명확히 재정립하여야 한다.

3. 조직 재설계 방향성

조직 재설계가 성공적으로 이루어지기 위해서는 경영전략, 조직문화의 특성, 개별기업이 속해 있는 산업의 특성 등 다양한 요소를 종합적으로 고려하여 방향을 결정하여야 한다. 또한 조직 재설계는 현재의 조직상황도 고려하여야 하지만 장기적으로 조직의 이익을 위해 계획적이고 전략적으로 추진되어야 한다.

시장이 급격하게 성장하는 기업의 초기단계에는 조직의 효율성 보다는 기업 내·외부상황을 정확하게 인식하고 올바른 방향을 설정하는 전략적 판단과 추진력이 필요하지만, 급변하는 경영환경에 신속하고 효율적으로 대응하기 위해서는 조직 운영 및 지원체계가 유연하여야한다. 또한 의사결정 단계가 단순한 수평적 조직구조가 바람직하다고 할 수 있다.

4. 조직 재설계 실행방법

가. 조직 재설계의 절차

조직이 변화를 추진하는 과정에서 조직구성원들의 불안과 혼란을 야기시킬 수 있기 때문에 조직변화의 배경과 목적이 명확히 설명되고 전달되어야 하며 조직구성원들의 동의를 확보하는 것이 성공의 지름길이다. **조직 재설계의 절차**는 다음의 5단계로 설명할 수 있다.

1) 1단계 경영환경분석 : 경영환경분석은 조직 재설계의 방향설정에 중요한 요소이며 조직의 문제점을 파악하기 전에 그 기업을 둘러싸고 있는 산업의 특성, 경쟁사 등 경영환경을 SWOT 분석 등을 통하여 분석한다.

2) 2단계 직무현황분석 : 직무현황 조사를 통하여 조직의 문제점과 개선방안을 조직의 구성원 들에게서 의견을 도출하여 충분히 검토하고 조직 재설계 단계에서 반영한다.

3) 3단계 직무분석 : 조직 및 업무 프로세스에 대한 문제점을 도출하고 분석하며 산업전체의 가장 우수한 사례를 벤치마킹한다. 조직구

성원들이 기술한 직무기술서를 바탕으로 현재의 직무가 기술한 대로 이루어지고 있는지를 확인하고 중복되는 업무와 불합리한 문제점을 파악한다. 이때 업무의 문제점을 파악하기 위한 인터뷰는 최고경영층, 임원, 대표직무로 선정된 조직구성원 등 Focused Group 별로 이루어져야 하며 면담이 완료되면 문제점과 개선대책을 정리한다.

4) 4단계 조직 재설계 : 조직 문제점 및 분석을 통하여 추출된 조직 기능의 중복되거나 불필요한 요소를 제거하기 위한 방안을 모색하고 이에 따른 팀별 업무를 재 분장하며 업무 프로세스 개선도 동시에 이루어져야 한다. 업무프로세스 개선은 먼저 현행 프로세스를 파악하고 이의 문제점을 발견하여 개선 프로세스를 설정한다. 이 단계에서 조직도를 완성하고 업무를 재 분장한다.

5) 5단계 적정인원 산정 : 조직 재설계에 따른 적정인원을 산정하고 업무 프로세스 개선과 업무분담 조정에 따라서 팀별 적정인원을 산정한다.

나. 조직 재설계 실행방법

1) 조직 재설계의 고려사항

조직설계의 방법론은 하향식(Top-Down Approach)과 상향식(Bottom-Up Approach)의 두가지 방법이 있다. 하향식은 기술, 사업규모, 경쟁상황 등 조직의 전략적인 측면에서 사업의 성공적인 수행을 위해 요구되는 조직단위 및 세부 직무단위를 설계하는 방법이며 상향식은 업무분석을 기본으로 업무간 연관성 및 중복여부를 확인한 후 이들 업무를 기초로 상위 조직단위를 결정해 가는 방법이다. 이 두 가지 접근방식 중 어느 한 가지만으로는 충분하지 않기 때문에 이 두 가지 방법을 병행하여 데이터를 수집하고 분석하는 것이 바람직하다. 또한 조직 재설계는 현재상황을 충분히 고려하여야 하지만 단기적인 목표에만 치중하지 말고 장기적인 관점에서 조직구성원의 역량배양을 통한 성과를 극대화 할 수 있는 전략적 관점에 초점을 맞추어 설계가 이루어져야 한다.

2) 조직 재설계의 기준

첫째 모든 조직구성원들이 주인의식을 가지고 변화하는 환경에 빠르게 적응하고 필요한 역량을 갖춤으로써 대외경쟁력을 확보하고 고객의 요구사항에 신속하게 대응하는 효율적 업무수행조직으로 설계되어야 한다. 둘째 책임과 권한이 주어지고 전문역량을 가진 조직구성원들이 업무에 책임을 지는 성과중심의 조직으로 설계되어야 한다.

3) 조직 재설계의 성공요소

일반적으로 조직 재설계가 성공하기 위해서는 내부구성원의 참여가 필수적이다. 일상적인 업무활동에 대한 전문적인 지식, 조직문화, 조직의 역사적 변천과정 등에 대한 경험 등 기업 현장을 잘 알고 있는 중간관리자급 구성원의 참여가 필요하며, 만약 외부 컨설턴트나 임원만으로 이루어진 팀에 의해서만 조직설계 과정이 이루어진다면, 애써 설계한 조직구조가 작동하지 않고 실패할 위험이 높다. 내부구성원의 참여가 필수적이며 이외에 조직 재설계가 성공하기 위한 요소는 다음과 같이 요약할 수 있다.

- 조직 재설계의 명확한 원칙설정

– 경영전략과 연계된 조직 재설계
– 자기조직의 문화적 특성을 고려한 조직 재설계
– 조직 재설계의 적정한 시점 결정
– 인사조직 전문가의 자문

4) 조직 재설계 후 사후관리

글로벌 컨설팅기업 중 하나인 Delta Consulting Group에 따르면, 조직 재설계가 실패하는 이유는 크게 두 가지라고 한다. 하나는 조직구조를 잘못 설계하는 경우이고 다른 하나는 잘 설계된 구조라고 해도 제대로 실행되지 못하는 경우이다. 아무리 잘 설계된 조직구조라고 해도 제대로 실행되지 않는다면 오히려 경쟁사에게 구조변화의 혼란기를 틈타 고객이나 시장을 빼앗아 갈 수 있다.

조직 재설계의 궁극적인 목적은 새로운 조직도를 그리는 것이 아니라, 기업 내 조직구조 변화를 통하여 전략적 목표를 달성하는 것이다. 따라서 새로운 조직구조 개편을 발표하는 것으로 조직 재설계가 끝나는 것이 아니라, 그때부터 조직을 정착하기 위해 집중적인 관리와 노력이 필요하다.

제3절 기업의 인적자원 관리

국내 기업은 IMF 외환위기 때 대량해고를 겪었고 그 이후 은행이나 대기업에서 계속해서 해고나 명예퇴직 등 인력구조조정을 실시하여 왔다. 이는 기업의 입장에서는 급변하는 기업 내 · 외부환경에 적응하고 생존하기 위한 불가피한 선택이지만 노동시장이 경직되어 있는 우리나라에서 종업원은 재취업이 어려워 생존권이 위협받고 국가적으로도 숙련된 노동력 상실이라는 비효율이 발생하며 실업으로 인한 사회문제가 발생한다. 따라서 이러한 부작용을 최소화하기 위해서는 급격한 인력구조조정을 하기보다 평소에 기업이 적정인력을 유지하고 저성과자를 관리하며 핵심인력을 양성 및 유지하여야 한다.

1. 인적자원의 효율성(HR Effectiveness) 진단

적정인력을 유지하기 위해서는 인적자원 생산성 진단지표를 이용하여 인적자원의 효율성을 진단하여야 하며 가장 많이 사용되는 생산성 진단지표는 다음과 같다.

가. 인적자원의 생산성 진단지표

1) 일인당 매출액(HCRF)

일인당 매출액 계산은 총매출액을 인원수로 나누어 계산하며 일인당 평균적으로 얼마만큼 매출을 달성하는지를 나타낸다.

일인당 매출액 = 총매출액 / 인원수

2) 일인당 부가가치(HCVA)

일인당 부가가치는 영업이익에 인건비를 더한 후 인원수를 나누어 계산하며 인적자원이 부가가치를 창출하는 정도를 나타낸다.

일인당 부가가치 = (영업이익 + 인건비) / 인원수 = 부가가치 / 인원수

3) 매출액 대비 부가가치율(HCVAR)

매출액 대비 부가가치율은 매출액 중 인적자원 부가가치가 차지하는 비중을 나타낸다.

부가가치율 = (영업이익 + 인건비) / 매출액 × 100 = 부가가치 / 매출액 × 100

4) 일인당 인건비(HCCF)

일인당 인건비는 총인건비를 인원수로 나누어 계산하며 인적자원에 대하여 투자되는 인건비 수준을 나타낸다.

일인당 인건비 = 총 인건비 / 인원수

5) 인건비 투자수익률(HCROI)

인건비 투자수익률은 영업이익에 인건비를 더한 후 인건비를 나누어 계산하며 직원의 급여 및 복리후생 등을 통하여 벌어들이는 수익률을 의미한다.

인건비 투자수익률 = (영업이익 + 인건비) / 인건비 = 부가가치 / 인건비

6) 노동분배율(HCCR)

노동분배율은 생산성 대비 적절한 인건비 수준을 나타낸다. 투자수익률이 인건비 대비 수익률을 나타내는 반면 노동분배율은 역으로 수

익 대비 인건비 수준을 나타낸다.

노동분배율 = 인건비 / (영업이익 + 인건비)

나. 인적자원 생산성 개선

기업 전체나 각 사업부의 과거실적이나 실적추세를 산업 내 선두기업 및 경쟁기업과의 인적자원 생산성 진단지표를 비교분석 함으로서 생산성의 개선가능영역을 도출하여 생산성을 개선한다.

지속적인 성장과 성과의 창출은 조직구조의 합리화, 한계인력관리 등 구조적 관점에서의 효율화와 동시에 인사제도의 체계적인 수립 및 운영을 통한 (운영적 관점) 조직 및 구성원의 역량강화를 통해 가능하다.

2. 적정인력 산정

인적자원의 생산성진단지표로 생산성이 진단되면 **적정인력**을 산출하여야 한다. 적정인력을 산출하기 위해서는 먼저 인력산정 방향성 점검을 위한 주요 이슈를 도출한다

가. 적정인력 산정 방향성

인력산정 방향성 정립을 위해서는 첫째 기업의 내 · 외부환경분석, 인사현황분석, 직무분석 결과를 포함한 조직의 환경 및 현황분석 결과, 둘째 직급별 인력현황, 업무별 인력현황, 과거 인력변동 추이 등

내부 인력구조현황, 셋째 경쟁사의 인력현황 비교 등을 통하여 기업의 기존 인력구조 및 운영상의 이슈를 도출하여 조직 전략 및 인사 전략을 감안한 인력 산정 방향성을 정립한 후 적정인력을 산정한다.

나. 적정인력 산정 방법론

적정인력을 산정하는 방법으로는 거시적 접근법, 미시적 접근법, 내/외부 접근법 등 크게 3가지로 나눌 수 있다. 과거의 통계를 근거로 미래 필요인력을 산정하는 통계적 기법과 향후 지불능력을 근거로 하는 화폐적 기법은 거시적 접근법이며, 업무량 및 표준근무시간에 근거한 인력산정방법은 미시적 접근법이다. 또한 델파이 기법, 벤치마킹 기법 등이 있다. 통계적 기법은 다시 생산성 비율분석, 추세분석, 회귀분석으로 나눌 수 있다.

1) 통계적 기법 : 과거의 통계를 근거로 향후 적정인력 예측 시 활용하며 미래환경의 변화를 감안하지 못하는 한계가 있다.

- 생산성 비율분석 : 과거의 통계인 생산성 변화에 대한 정보를 통해 미래에 필요한 적정인력을 산정하는 방식
- 추세분석 : 과거 인력변화에 영향을 주었던 제반 요인을 고려하여 시간에 따른 추세를 반영하여 적정인력을 산출하는 방식
- 회귀분석 : 인력수요결정에 영향을 미치는 변수들의 영향력을 계산하여 미래 인력수요를 예측하는 방식

2) 화폐적 접근기법 : 미래의 어느 시점에서 기업의 재정적 지불능력을 바탕으로 매출액, 부가가치율 등을 고려하여 인력수요를 예측하는 기법이다.

$$\text{보유가능 인력} = \frac{\text{매출액} \times \text{부가가치율} \times \text{노동분배율}}{\text{1인당 평균 인건비}}$$

3) 노동과학적 기법 : 작업시간 연구를 기초로 하여 조직의 하위 개별작업장별 필요한 인력을 산출하는 방식으로 주로 생산직종의 인력을 예측하는데 활용한다. 노동과학적 기법의 핵심은 생산단위당 표준작업시간을 계산하는데 있으며 표준작업시간을 산정하는 과정에서 기업과 작업자간의 갈등이 야기될 수 있다.

4) 델파이 기법 : 전문가의 경험적 지식을 통한 문제해결 및 미래예측을 하는 기법이다. 기존의 참고할만한 자료가 없거나 미래의 불확실한 상황을 예측하고자 할 때 전문가 집단의 의견수립, 중재, 타협의 방식으로 반복적 피드백을 통한 하향식 의견도출방법으로 적정인력을 산출한다.

5) 벤치마킹 기법 : 비교대상이 되는 다른 조직의 인력구조를 바탕으로 내부의 효율화를 감안하여 인력수요를 예측한다. 선정된 인력이 적정한지를 검토할 때 많이 활용한다.

3. 저성과자 관리

과거 온정주의 문화와 노동자 중심의 강한 노사관계 하에서는 구성원을 퇴출시키는 것이 쉽지 않아서 저성과자 관리가 어려웠다. 하지만 지금처럼 우리나라와 같은 저성장시대에는 성과 없이 보상수준만 높은 저성과자는 조직과 구성원들에게 심각한 폐해를 주게 된다. 따라서 저성과자가 조직 및 구성원에게 미치는 부정적 영향을 최소화하고 중장기적으로 인적 경쟁력을 강화해 나가기 위해서는 저성과자에 대한 체계적이고 지속적인 관리가 필요하다.

가. 저성과자 분류

저성과자는 개인의 성과와 역량을 기준으로 분류하되 성과와 역량이 모두 낮은 사람이 대상자가 되며 일반적인 경우 전체 인력의 5~10% 정도를 저성과자로 분류한다. 저성과자로 분류할 때는 명확한 기준에 따라 엄격하고 공정하게 대상자를 선정하여야 하며 예외적으로 인력충원이 필요한 부서의 대상자와 직급 내 근속년수 하위 그룹의 대상자는 제외한다.

나. 저성과자 관리의 문제점

- 법률적 문제 가능성 : 근로기준법 제23조 1항은 사용자는 근로자에 대하여 정당한 이유 없이 해고, 휴직, 정직, 감봉, 기타 징벌을 하지 못한다고 명시하고 있다. 따라서 해고를 하기 위해서는 형식적이고 실질적인 정당성을 확보하여야 한다.

- 재정적 부담 : 비자발적인 퇴사시 별도의 위로금 재원마련이 필요하며 체계적인 퇴출기준을 설정할 때 전직지원프로그램 운영 등의 재정부담이 발생한다.
- 조직의 동요 : 퇴출로 인한 고용 불안감이 발생할 우려가 있으며 조직에 대한 충성도가 약화될 수 있으며 성과에 대한 압박증가로 인하여 창의적이고 도전적인 업무에 장애요인으로 작용할 수 있다.
- 대상자 선정의 어려움 : 객관적이고 모든 사람이 수긍할 수 있는 완전한 평가제도가 존재하지 않으며 기준이 불명확할 경우 결과에 수긍하지 않으므로 평가의 공정성 확보가 필수적이다.

다. 저성과자 관리

앞에서 설명한 바와 같이 저성과자의 퇴출을 위해서는 여러 가지 문제점이 발생할 우려가 있으므로 **저성과자 관리**의 최종목적은 퇴출보다는 육성에 있다 하겠다. 저성과자에게는 먼저 개인역량을 개발할 기회를 제공하고, 개선의 여지가 없을 경우 퇴직조치를 한다. 먼저 저성과자로 분류된 개인에게는 직속 상사의 지속적인 상담과 관리를 통하여 개인의 성과와 역량이 향상되도록 기회를 준다. 저성과의 원인이 개인에게 적합하지 않는 직무수행인 경우 다른 직무로 전환배치하여 직무교육을 실시한다.

마지막으로 저성과자가 개선의 여지가 없으면 조직구성원에게 미치는 부정적 요인을 최소화하고 인력경쟁력을 향상시키기 위하여 퇴출한다. 다만 법적 리스크를 피하기 위하여 회사의 해고회피노력과 평가, 면담 및 코칭을 통해 개인기록관리를 철저히 하여야 한다.

4. 핵심인재 관리

가. 핵심인재의 정의

기업의 사업특성이나 회사의 경영철학에 따라 **핵심인재**의 정의는 달라질 수 있지만 일반적으로 기업의 생존과 지속적인 성장을 위하여 반드시 필요한 인재로서 구체적으로는 기업의 핵심역량을 형성, 유지, 발전하는데 관여하는 주요 인적자원이라고 정의할 수 있다. 중소기업에서 핵심인력 상실은 기업경쟁력 약화는 물론 성장동력의 상실로 이어질 수 있다.

핵심인력은 전문적 과업능력과 열정을 겸비하고 조직의 혁신을 주도할 수 있어야 한다. 글로벌 선진기업들의 최근 추세는 핵심인재를 전문성, 지적역량과 함께 도덕성 및 인간적 매력 등을 중시하고 전략적 통찰력과 추진력을 강조함으로서 미래 수익원천을 개척할 수 있는 인성을 갖춘 인재로 설명하고 있다.

나. 핵심인재의 유형

핵심인재란 이미 설명한 바와 같이 미래사업의 성공에 있어서 핵심적인 역할을 수행할 수 있는 잠재력을 보유한 인재를 말하며 핵심인재의 유형은 다음 3가지로 나누어 관리할 수 있다.

- 경쟁자 후보그룹 : 각 기능 분야별 최고의 리더 후보자로 폭넓은 전문성과 리더십을 보유하며 즉시 또는 가까운 시간 이내 최고의 리더직을 수행할 수 있는 준비된 인재
- 차세대 리더그룹 : 리더로서 높은 잠재력을 지니고 있어 장기적

으로 경영자 후보로 선발될 수 있는 인재
- R&D 핵심기술 인재그룹 : 미래사업 성장에 있어서 가장 핵심적인 영역에서 필요로 하는 기술을 보유한 핵심인재그룹

다. 핵심인재 관리

소수의 핵심인재에 대한 차별적 관리는 전체 구성원의 사기저하 및 소외감을 유발하여 조직건강을 해칠 우려가 있으므로 조직 구성원들이 뛰어난 인재를 인정하고 서로 키워주는 조직문화가 필요하며 핵심인재 관리의 필요성에 대한 공감대 형성이 필요하다. 또한 핵심인재에 대한 명확한 요건을 정립하여야 하며 엄정한 평가와 적합한 보상이 필요하다. 핵심인재가 회사를 떠나는 근본적인 이유는 낮은 보상수준보다 자신의 능력을 충분히 발휘할 수 없고 공정하게 평가받지 못한다고 느끼는 경우가 더욱 많기 때문이다.

오늘의 핵심인재가 5~10년 후에도 동일한 성과와 열정을 보여 줄지도 미지수이며 전체 구성원의 능력개발을 위한 동기부여 목적으로 지금 보통인재로 구분된 사람도 핵심인재가 될 수 있는 기회를 부여하는 시스템을 만드는 것도 고려하여야 한다.

마지막으로 핵심인재 육성관리를 위한 리더 특히 대표이사의 솔선수범과 지속적인 관심이 무엇보다 중요하다. GE의 잭 웰치는 인재관리에 업무시간의 70%를 투입한다고 한다.

라. 승계계획(Succession Plan)

승계계획이란 기업의 핵심적인 직책을 정하고 그 중요한 직책에 리

더십 연속성을 유지하기 위해 요건에 맞는 후임자를 사전에 선정하고 필요한 역량을 갖추도록 체계적이고 의도적으로 육성하는 활동을 의미한다. 따라서 승계계획은 단순히 직원이 퇴직한 경우를 대비하여 가능한 후임자를 정하는 전직계획과는 다르며, 기업의 미래사업의 성공을 위하여 핵심적인 업무를 수행할 수 있는 잠재력을 보유한 인재를 선발하여 체계적으로 교육하고 업무경험을 갖게 하여야 한다.

최근에는 젊은 세대의 가치관 변화와 더불어 평생직장이라는 개념이 사라지고 있다. 따라서 대표이사를 포함한 주요한 직위를 위하여 장기적인 관점에서 승계계획을 수립하여 필요한 역량을 갖추기 위한 전문교육뿐만 아니라 실무교육 등을 실시하여 변화하는 기업환경에 적극 대응할 필요가 있다.

5. 기업의 임금체계 개선 방향성

우리나라는 과거 온정주의에 입각하여 **임금체계**가 주로 연공급(호봉제) 방식으로 이루어져 왔으나 저성장 및 고령화 사회를 맞이하자 계속적인 인건비 상승 등 많은 문제점이 발생한다. 따라서 기업은 경영전략, 기업문화를 고려할 때 바람직한 보상구조(Pay Structure)는 무엇인지 경쟁사 대비 보상수준(Pay Level)을 어떻게 유지할 것인지, 그리고 보상항목(Pay Mix)을 설정할 때 기본급과 성과급의 비중을 어떻게 결정할 것인지를 면밀히 검토하여야 한다. 직원들에게 사명감만을 강요하는 것이 아니라 공정한 평가를 통해 스스로 주인 의식을 정착시켜야 한다.

가. 임금체계 설계의 기본요소

1) 보상구조(Pay Structure)

총 보상액을 구성하는 기본급, 상여금, 수당 등 각 보상요소들의 Portfolio를 말한다. 보상의 가시성을 확보하고 관리효율성을 증대시키기 위하여 수당의 성격을 고려하여 기본급화하거나 통폐합 혹은 폐지시켜서 기본급이나 성과급의 비중을 높인다. 이때 노조와의 협의를 통한 점진적인 제도개선 추진이 바람직하다.

2) 보상수준(Pay Level)

총 보상 및 보상요소별 보상기회의 수준으로 정의할 수 있으며 해당 노동시장에서 급여수준의 상대적 위치로서 급여의 외부 경쟁력을 의미한다. 따라서 경쟁력 있는 보상수준의 유지는 직원들의 동기부여 및 인적자원 유지에 중요한 요인으로 작용한다. 기본연봉 중심의 보상수준 유지정책에서 벗어나 기본연봉은 보수적으로 운영하고 변동급의 확대를 통한 총 보상수준을 유지하는 전략을 통해 성과주의를 강화시킬 수 있다.

3) 보상비중(Pay Mix)

보상비중이라 함은 직무별 고정급과 변동급의 비중을 말한다. 변동급 예산은 기업의 성과결과에 따라서 유동적으로 변화하며 개인의 성과에 따른 보상원칙을 실현하기 위해 적정 수준의 인센티브 비중(Pay Mix) 설정이 필요하다.

$$\text{보상비중(Pay Mix)} = \frac{\text{변동급}}{\text{총급여(고정급 + 변동급)}} \times 100(\%)$$

나. 기업 임금체계의 문제점

기업의 연공급 중심의 임금체계는 저임금 고성장시대에는 적합하였으나 저성장 고임금, 고령화 사회에서는 인건비 부담이 가중되고 있다. 국내기업의 보상구조는 1998년 IMF 외환위기를 겪으면서 연공급(호봉제)에서 연봉제로 많이 전환이 되었지만 여전히 호봉제가 기업내의 보상구조의 한 형태로 남아있는 경우가 많고 여러 가지 수당이 존재한다.

과도한 연공급제 및 복잡한 임금구성으로 일의 가치 및 생산성이 임금에 제대로 반영하지 못하고, 이에 따라 공정하고 과학적인 임금체계가 구축되지 못하고 있다. 생산성과 괴리된 연공체계는 근속년수에 따라 인건비를 상승시켜 고령자 조기퇴직, 신규채용 감소와 사내하도급 증가, 비정규직 증가 등 일자리에 부정적인 영향을 미친다.

연공급제인 경우 연령이 상승함에 따라 생산성이 계속해서 증가하기 어려우므로 연공급을 유지하면서 정년만 연장하는 경우 기업부담만 가중시킨다. 연령에 따라 급여가 인상되므로 성과와 상관없이 임금격차가 확대된다.

기본급 비중이 낮고 상여금 및 지나치게 많은 종류의 수당 등 복잡한 임금체계로 인하여 임금협상 시 혼선을 초래하고 임금관리를 위한 많은 비용이 소요된다. 최근의 현대자동차의 통상임금에 관한 대법원 전원합의체 판결 이후 기업과 노동계에서 문제가 되고 있는 통상임금 계산기준의 다툼이 하나의 좋은 예가 된다.

연공급제의 폐쇄적인 인사관리시스템으로 인하여 경력단절 여성근로자, 중간퇴직자의 재취업이 구조적으로 어려워 직장이동의 경직성을 증가시킨다.

연공급제는 개인성과에 대한 차등보상이 부재하여 개인에게 성과향상을 위한 동기부여가 부족하며 경기변동에 따른 기업의 대응력이 떨어진다.

다. 임금체계의 개선방향

우리나라 **임금체계**는 기본급이 법정수당, 상여금 등 다른 항목의 산정기준이 되므로 임금협상 시 사용자 측에서는 최대한 기본급의 비율을 낮추거나 수당의 신설 및 확대로 대처하였고 노동조합 역시 새로운 수당을 신설하는 것이 자신들의 업적을 나타내는 효과가 높기 때문에 수당 신설을 선호하여 수당의 종류가 많아졌다. 그러나 앞에서 설명하였듯이 기본급 비율이 낮고 상여금, 수당 등의 비율이 높으면 많은 문제가 발생된다. 따라서 2016년부터 시행되는 정년 60세 시대를 대비하고, 장시간 근로 개선과 일자리 창출 등 노동시장에 긍정적 영향을 미치기 위하여 복잡한 임금항목을 단순화하고, 근속연수 중심에서 일의 가치, 능력과 성과가 반영되는 공정하고 합리적인 임금체계로 개선해 나아가야 한다.

1) 기본급 중심으로 임금구성항목을 단순화 해야 한다. 고정급으로 지급되는 수당 및 상여금은 기본급으로 통합하고 기타수당은 직무가치, 직무수행능력, 성과 등을 반영하는 방향으로 통폐합하여 임금구성을 단순화하여야 한다.

2) 우리나라 상당수 기업들이 운영하는 연공급은 기본급과 제수당, 고정상여금으로 구성되어 있다. 이와 같은 연공급은 기본급이 기업성

과나 근로자의 능력과 무관하게 지속적으로 상승하는 특징이 있으므로 임금체계를 직무와 성과중심으로 설계하여야 한다.

3) 상여금은 성과와 연동되어야 한다. 경영성과가 좋을수록 근로자들이 지급받는 임금이 많아지도록 하여 종업원의 동기부여를 통한 생산성 향상에 기여할 수 있으며 경기가 불황일 때 대응력을 높일 수 있다. 최근에 종업원의 동기부여를 통한 생산성을 높이기 위하여 인센티브(Incentive)제도를 도입하거나 이익공유(Profit Sharing)제도를 채택하는 기업이 늘어나고 있는 것은 바람직한 현상이다.

제4절 인력구조조정

세계적인 저성장 기조와 2007년 미국의 서브 프라임 파동으로 시작된 세계적인 금융위기 이후 기업의 보수적인 경영추세가 이어지며 많은 기업에서 인력구조조정이 계속되어 왔다. 최근 기업의 인력구조조정의 특성은 노사이슈가 우려되는 정리해고보다는 관리사무직 위주로 상시적인 프로그램을 활용하는 추세이며 특히 명예퇴직제도를 많이 이용하고 있다. 은행, 보험회사, 증권업계는 물론 재벌그룹 계열사 등 우리나라 산업계 전반에 걸쳐서 명예퇴직제도가 시행되고 있다.

인력구조조정은 기업의 수익성 개선효과 등 긍정적인 면도 있지만 조직이 불안정해 지고 핵심인재가 유출되는 등 부작용도 발생한다.

여기서는 인력구조조정의 의의, 제방법, 장애요소, 인력구조조정 시 유의할 점 등에 관해서 설명하겠다.

1. 인력구조조정의 의의

가. 인력구조조정의 의의

인력구조조정은 불필요한 인력구조를 개선해 의사결정의 효율성을 증대시키고 인건비의 절감효과를 통한 수익성 개선효과를 가져오고 조직의 원활한 신진대사를 유도하는 등 기업경영성과에 긍정적으로 작용한다. 그러나 장기적으로는 근로자의 충성심과 직무만족도를 감소시킬 수 있으며 살아남은 근로자는 업무과중으로 인한 스트레스 증가와 생산성 감소를 가져올 수 있는 단점이 있다. 따라서 인력구조조정을 효과적으로 수행하기 위해서는 먼저 회사의 전략목표, 사업전망과 사업계획, 핵심역량을 체계적으로 평가하고, 다음으로 직무분석을 통하여 인력의 낭비적인 요소를 제거하고 잉여인력은 업무 재배치를 통하여 새로운 사업부문에 투입하거나 근로시간조정, 명예퇴직, 정리해고 등을 계획적으로 시행하여야 한다.

위기에 대한 임시 미봉책으로 인력구조조정을 하는 경우 기업은 사기저하로 인한 저생산, 재조정이란 악순환에 빠져들 수 있다. 특히 우리나라처럼 고용시장이 경직화된 상황에서 정리해고는 해고자 입장에서 직장을 잃고 생존권을 위협 받을 수 있으며, 노동조합과 갈등의 원인이 되기도 하며, 국가적으로도 실업문제 등 사회적 문제화 될 수 있으므로 신중하게 결정하여야 한다.

나. 인력구조조정의 필요성

인력구조조정은 첫째, 가장 일반적으로는 전체 인건비를 줄임으로써 단기 및 장기적 수익성 개선효과를 얻고자 하는데 있다. IMF 금융위기 직후에는 단기적인 측면에서 수익성을 개선하고 기업의 유동성을 확보하여 기업이 생존하기 위하여 시행하였으나 현재는 은행, 삼성 등 재벌그룹, 관공서 등 사회전반에 걸쳐 상시적으로 시행하고 있다.

둘째, 글로벌시장에서 중국의 추격 그리고 일본의 엔저 위협으로 우리나라 기업의 경영실적이 양호하지 못하며, 이러한 경영위기 상황을 극복하기 위하여 앞으로도 지속적인 사업개편을 통한 인력구조조정이 시행되리라 예측된다.

셋째, 제품이나 서비스의 수요가 큰 폭으로 감소하여 인력이 과다한 경우, 기술발전이나 신사업 추진에 따른 기존인력의 숙련이나 전문성이 문제가 있어 새로운 인력의 교체가 필요한 경우, 의사결정 단계가 축소되고 효율적인 작업조직으로 생산되면서 불필요한 인력을 줄여야 할 경우 등 조직의 원활한 신진대사를 유도하기 위해 필요하다.

마지막으로, 글로벌기업들은 효율적인 글로벌 비즈니스 체계를 구축하기 위한 글로벌화 전략에 따라 생산 및 물류, 판매거점 등의 위치 변화가 있으면 지역적인 인력구조조정이 불가피하다. 핵심사업에 대해서는 글로벌 경쟁력을 높이기 위해 상대적으로 생산비용이 저렴한 중국, 인도 등으로 생산거점을 옮겨왔으며 다시 베트남, 미얀마 등 아시아 국가로 이동하는 현상이 두드러지고 있다.

2. 인력구조조정의 제방법

가. 종업원을 퇴직시키는 인력구조조정

1) 정리해고제

정리해고는 기업의 심각한 경영난을 타개하기 위한 마지막 보루이다. 기업의 입장에서는 기업이 다시 시장에서 경쟁력을 갖출 수 있게 하는 측면이 있지만 해고자의 입장에서는 개인의 귀책사유 없이 직장을 잃고 생존권을 위협받게 되는 측면이 있다. 따라서 현행 법률에서는 사용자가 정리해고를 함부로 할 수 없도록 정리해고의 요건을 명문화하고 있다.

근로기준법 제24조에 규정된 근로자를 정리해고하기 위한 요건은 다음과 같다.

▶ 긴박한 경영상의 필요가 있어야 한다 : 긴박한 경영상의 필요는 일반적으로 계속되는 경영악화로 경영위기에 직면하거나 경영상의 악화방지를 위한 양도, 인수합병, 일부 사업의 폐지 혹은 축소 등의 경우를 포함한다. 그러나 최근의 법원판례는 경영악화라는 경제적 이유뿐만 아니라 생산성 향상, 경쟁력 증강에 대처하기 위한 작업형태의 변경, 기술혁신에 따라 생기는 구조조정을 이유로 한 해고 등도 객관적으로 보아 합리성이 있는 경우 긴박한 경영상의 필요로 인정하고 있다.

▶ 사용자는 해고를 피하기 위한 노력을 다 하여야 한다 : 긴박한 경영상의 필요가 인정된다고 하더라도 상당한 기간의 해고회피 노력을 하지 않으면 해고의 정당성을 인정받지 못한다. 일반적으로 신규채용 중지, 근로시간 단축, 일시적 휴업, 휴직, 임시직의 재계약 정지, 배치전환,

연장근로의 제한, 임금감축, 희망퇴직 시행 등이 해고회피노력의 일부로 인정될 수 있지만 기업이 회고회피노력을 다 하였는지는 회사사정을 고려하여 종합적으로 판단하여야 하며 근로자를 해고하지 않기 위한 회고회피노력의 일환인 경우라도 기존 근로조건을 저하시킬 때는 단체협약 및 취업규칙 등 관련규정을 반드시 정비하여야 한다.

▶ 합리적이고 공정한 해고의 기준을 정하고 이에 따라 그 대상자를 선정하여야 한다 : 선정기준은 기업상황에 따라 달라질 수 있으나 명확하고 객관적이어야 하며 성별로 차별해서는 안된다. 근로자의 근무성적, 능력 등 사용자의 입장과 근속기간, 피부양자 수 등 근로자 입장을 동시에 충분히 고려하여 결정하여야 한다. 근로자 대표와 합의하는 것도 공정한 해고의 기준이 문제가 되었을 때 객관성을 확보하는 좋은 방법 중 하나이다.

▶ 해고를 피하기 위한 방법과 해고의 기준 등에 관해 근로자 대표/과반수 이상의 노동조합과 성실하게 협의 하여야 한다 : 이 경우 근로자 대표/과반수 이상의 노동조합과 반드시 합의할 필요는 없지만 나중에 법률적 문제 발생시 기업을 보호하기 위해서는 성실하게 협의한 근거는 갖추고 있어야 한다.

일정 규모 이상의 정리해고 시 고용노동부 장관에게 해고사유, 해고 예정인원, 근로자 대표/과반수 이상의 노동조합과 협의한 내용, 해고일정 등을 신고하여야 한다.

또한 정리해고 이후 3년 이내에 채용할 경우 해고된 근로자가 원하면 우선 고용해야 한다. 근로기준법 제25조는 우선고용제도가 있으며 이는 의무사항이지만 처벌규정은 없으며 근로자가 취업청구권을 근거로 손해배상을 제기할 수 는 있다.

2) 명예퇴직

명예퇴직제란 기업이 인건비를 절감하고 효율적인 인사관리를 통한 조직의 활성화를 위하여 법적 정년보장에도 불구하고 연령, 근속연수 등 일정한 기준을 충족한 종업원과 퇴직을 합의하고 그 대가로 퇴직금 외에 추가로 경제적 혜택을 지급하여 퇴직시키는 제도를 의미한다.

IMF 외환위기 이후 우리나라에서는 인력구조조정이 상시화되어 많은 대기업과 은행들이 수시로 정리해고 및 명예퇴직을 실시하여 왔다. 최근의 추세는 기업이 법적인 정리해고 요건이 모호하고 노조와의 이슈를 피하기 위하여 정리해고 보다는 명예퇴직을 선호하며 은행, 증권, 보험 등 금융회사뿐 아니라 재벌 계열사 등 산업 전분야에 걸쳐서 명예퇴직을 시행하고 있다.

회사는 인건비를 절감하고 조직을 활성화시켜 경영합리화를 기할 수 있고 명예퇴직자는 여유를 가지고 정년 이후를 준비할 수 있다는 장점이 있으나 유능한 종업원이 먼저 명예퇴직을 함으로서 기업의 미래성장에 장애요인이 되기도 한다. 또한 집단문화가 뿌리내리고 있는 우리사회에서는 퇴직한 고급인력을 다른 회사에서 잘 채용하지 않으므로 40~50대 미취업 고급인력으로 인해 국가 전체적으로 볼 때 엄청난 인적자원이 낭비되고 있다.

나. 퇴직을 수반하지 않는 인력구조조정

1) 아웃소싱

아웃소싱이란 기업내부의 프로젝트나 활동을 기업외부의 제3자에게 위탁해서 처리하는 것이라 할 수 있다. 아웃소싱은 미국 기업이 제조업 분야에서 활용하기 시작해 이제는 제품의 포장, 유통 서비스부터 신제품 개발, 영업, 경리, 인사 등 모든 분야로 확대되고 있다. 급속한 시장환경 변화와 치열한 경쟁에 살아남기 위해 기업의 핵심역량에 집중하고 나머지 부수적인 업무는 외주에 의존하는 것이다.

아웃소싱을 하는 이유는 다음 세가지로 구분할 수 있다.

• **경쟁력 확보** : 기업은 내부에서 생산하는 비용보다 아웃소싱하는 비용이 적게 든다면 외부시장을 활용하는 외주화를 선택한다. 세계적인 시멘트회사인 시멕스(Cemex)는 2012년 인프라 운용의 외주화를 통해 비용의 40% 를 절감한 후 재무, 회계 등의 외주화로 1조원의 직간접적인 비용절감을 예상하고 있다. 비핵심사업의 외주화를 통한 비용절감전략이 일반적이나 점차 핵심사업의 외주화를 통해서도 수익성 개선과 매출액 증대를 확보하는 추세이다. 우리나라에서도 미샤(missha)등 화장품 회사들은 외부 화장품 전문 제조업체들에게 생산을 위탁해 매출과 수익성을 향상시키고 있다.

• **유연성 확보** : 경기가 불확실한 상황에 기업의 대규모 투자는 수요변화에 능동적으로 대처하기 어려우며 기술진보에 따라 투자설비가 유휴화 될 위험에 노출되며 기업의 인력을 활용하는데 소요되는 비용은 고정비 성격이 강해 경기변동 및 매출액에 따라 변화되기 어렵다.

따라서 대규모 설비, 인력 등을 직접 소유하지 않아도 외부자원을 활용해 경기변동, 기술진보, 소비자 요구 등 경영환경 변화에 탄력적으로 대응이 가능하다.

• **전문성 확보** : 기업은 단순하고 일반적인 업무는 외주화하고 전문성이 요구되는 분야에 자원과 핵심역량을 집중함으로써 경쟁력을 확보할 수 있으며 아웃소싱한 업무는 전문기업에 운영하게 함으로써 내부사업 및 외주업무 모두 전문화 효과를 발생할 수 있다.

우리나라는 주 5일 근무제가 시작된 이후로 아웃소싱이 급속히 늘어나고 있으며 아웃소싱은 경비절감과 조직의 유연성과 민첩성을 높이는데 효과적이기 때문에 앞으로도 계속 확대될 것으로 예상된다.

2) 파견인력

근로자 파견제도란 파견업체가 고용계약을 체결하여 고용하고 있는 근로자를 인력이 필요한 사용업체에 일정기간 동안 파견하여 사용업체의 지휘를 받아 업무를 수행하는 제도로서 기업이 필요한 인력을 외부에서 조달할 수 있는 인력활용제도이다.

근로자파견제도는 비용을 절감할 수 있고, 인력관리가 용이하며, 노사문제를 덜어준다는 측면에서 매우 유익한 제도이다. 미국, 독일, 일본 등에서는 널리 시행되고 있으나 우리나라에서는 법률에 의해서 전문가, 번역, 통역, 급식지원, 시설관리 등 32개 업종으로 제한되어 있고 파견기간도 2년으로 한정되어 있어 활성화되어 있지는 못하다.

도급(아웃소싱)과 인력파견은 외부 노동력을 활용한다는 점에서 외형상으로는 유사해 보이나 업무의 지휘-명령권 유무를 기준으로 법적으로는 엄격히 구별된다. 도급은 하청업체의 직원에 대하여 직접적인 지휘-명령권이 없으나 근로자파견제도에 의해 파견된 직원은 직접 지휘명령을 할 수 있다.

3) 기간제 및 단시간 근로자

기간제 근로자라 함은 기간의 정함이 있는 근로계약을 체결한 근로자를 말하며 기간을 정한 사유, 기간의 장단, 계약의 명칭(계약직, 촉탁직, 아르바이트 등)에 관계없이 근로계약에 기간을 정하여 고용된 근로자(기간제 및 단시간 근로자 보호 등에 관한 법률 제2조)를 말하며, 전문적인 업무지식이 요구되지 않거나 특정한 기간 동안만 필요한 업무를 수행하기 위하여 고용한다. 사용자는 2년을 초과하지 않는 범위에서 기간제 근로자로 사용할 수 있으며, 2년이상 근로계약 시 법에 정한 예외규정을 제외하고는 정규직으로 전환된다.

시간제 근로자는 업무의 특성, 수요의 불규칙 변화, 고객들의 기호와 욕구 등에 맞추기 위하여 시간제로 근무하는 근로자를 말하며, 여성인력의 적극적인 활용이라는 측면에서 중요한 고용수단이지만 우리나라의 시간제 고용의 비중은 선진국에 비해 훨씬 낮은 편이다. 따라서 고용률 특히 여성 고용률을 제고하려면 생산직뿐만 아니라 사무직에서도 더 많은 시간제 근무자를 고용할 필요가 있다. 근로기준법 제2조 제1항 제8호에서는 시간제 근로자를 단시간 근로자로 규정하고 있으며 1주 동안의 소정 근로시간이 그 사업장에서 같은 종류의 업무에 종사하는 통상근로자의 1주 동안의 소정 근로시간에 비해 짧은 근로자를 말한다.

기간제 및 단시간 근로자 보호 등에 관한 법률에서는 기간제 근로자 증가를 억제하고, 고용불안을 완화하려는 목적으로 기간제 근로자의 사용기간을 2년으로 제한하였으며, 또한 사용자는 기간제 근로자 또는 단시간 근로자라는 이유로 당해 사업 또는 사업장에서 동종 또는 유사한 업무에 종사하는 정규직(기간의 정함이 없는 근로계약을 체결한 근로자)과의 차별적 처우를 하지 못하게 규정하고 있다. 하지만 이 법안은 도입 이전부터 인건비 상승과 노무관리부담으로 이어질 것이라는 재계의 반발과 오히려 비정규직을 확대해 고착화시킬 것이라는 노동계의 반대가 있었으며 현재에도 사용기간을 4년으로 연장하는 문제로 의견이 대립되어 있다.

〈 비정규직 근로자 〉

비정규직 근로자의 정의는 각국마다 다르며 우리나라에서도 여러 가지를 혼용해서 쓰고 있으나 일반적으로는 다음과 같이 정의할 수 있겠다. 비정규직 근로자는 임금, 근로계약기간, 근로시간 등 전형적인 형태의 근로조건에서 벗어나는 근로자(정규직을 제외한 모든 근로자)로서 일반적으로 파견근로, 단시간근로, 계약직, 도급, 위탁, 특수고용 계약직에 종사하는 근로자를 의미한다.

비정규직 개념에 대하여 국제적으로 통일된 규정은 없으나 OECD는 임시근로자(Temporary Worker)를 비정규직으로 파악하고 있으며 임시근로자는 유기계약근로자(Worked with Term Contract), 파견근로자(Temporary Agency Work), 계절근로자 (Seasonal Worker), 호출근로자(On-Call Worker) 등을 포함하고 있다.

우리나라 비정규직 유형은 고용의 지속성, 근로시간, 근로의 제공방식에 따라 한시적 근로자, 시간제 근로자, 비전형 근로자로 분류한다.

첫째, 고용의 지속성 여부에 따라 비정규직으로 분류되는 한시적 근로자는 근로계약기간을 정하였거나 또는 정하지는 않았음에도 비자발적 사유로 계속 근무를 기대할 수 없는 근로자이다. 둘째, 근로시간에 따라 비정규직으로 분류되는 시간제 근로자는 근로시간이 통상의 근로자에 비해 짧은 파트타임 근로자이다. 셋째, 근로제공 방식에 따라 비정규직으로 분류되는 비전형근로자는 파견근로자, 용역근로자, 특수형태근로자, 재택근무근로자, 일일(호출)근로자 등이 포함된다.

우리나라에서 비정규직 근로자는 외환위기 이후 노동시장의 유연화 정책으로 인하여 고용보장이 되는 노동시장의 경직성을 극복하고 노동시장의 탄력성을 확보하기 위하여 지속적으로 증가하는 추세이다. 기업은 고용형태의 유연화를 통하여 이익을 창출하고 생산력 증대를 가져온 것은 사실이나 비정규직 근로자들은 고용불안과 상대적으로 열악한 근무환경과 임금 등을 차별받고 있는 실정이다.

4) 유연한 근로시간제

유연 근로시간제란 근로시간의 결정 및 배치 등에 있어서 탄력적으로 운영할 수 있도록 하는 제도를 말한다. 구체적으로는 일정기간 근로시간을 평균하여 법정근로시간을 초과하지 않는다면 기존에 있는 근로기준법상 1일 8시간, 1주 40시간이라는 기준 근로시간을 완화하여 적용하는 제도를 말한다. 생산물량의 변동에 따라 사업주는 근로시간을 조정하여 탄력적으로 대응할 수 있어 경영이 활성화되고, 근로자 입장에서는 실제 근로시간을 단축하거나 휴일을 증가시키는 등 일과 생활의 조화를 얻을 수 있는 장점이 있다.

최근 기업에서는 경제 및 노동 환경변화에 적응하기 위하여 근로시간 관리에 많은 관심을 기울이고 있으며 유연한 근로시간제도에 대한 관심이 높아지고 있으나 아직 산업현장에서는 유연근로시간제도에 대한 이해 및 운영방법 등에 대한 정보가 부족하여 활용도가 낮다.

- 탄력적 근로시간제(Averaging work system) : 일정 단위기간 내에 소정 근로시간을 평균하여 주간 법정근로시간을 초과하

지 아니하는 범위 내에서 단위기간 내의 특정일 또는 특정주의 소정근로시간이 1일 또는 1주의 법정근로시간을 초과하더라도 그 초과부분을 연장근로로 취급하지 않고 그에 대한 가산수당을 지급하지 않는 제도를 말한다.

- 2주이내 단위 탄력근로제도(근로기준법 제51조1항) : 2주간 이내의 일정한 단위시간을 평균하여 1주간의 근로시간이 40시간을 초과하지 아니하는 범위 안에서 특정주에 40시간을 특정일에 8시간을 초과하여 근로하게 할 수 있다. 다만 특정주에 근로시간을 48시간을 초과 할 수 없다. 2주이내 단위 탄력근로제도는 취업규칙이나 이에 준하는 것에 규정 함으로서 적용할 수 있다.
- 3월 단위 탄력근로시간제(근로기준법 제51조2항) : 사용자는 근로자 대표와의 서면합의에 의하여 3월이내의 단위시간을 평균하여 1주간의 근로시간이 40시간을 초과하지 아니하는 범위 안에서 특정주에 40시간을 특정일에 8시간을 초과하여 근무하게 할 수 있다. 다만 특정주의 근로시간은 52시간을 특정일의 근로시간은 12시간을 초과할 수 없다. 이를 위해서는 사용자와 근로자 대표가 필요한 사항에 대해 서면합의를 하여야 하며 대상근로자의 범위, 단위시간(3월 이내의 일정기간), 단위기간에 있어서의 근로일 및 당해 근로일별 근로시간, 서면합의의 유효기간 등을 정하여야 한다.
- 선택적 근로시간제(근로기준법 제52조) ; 1월 이내의 정산기간의 총 근로시간만 정하고 각일, 각주의 근로시간과 각일의 시작 및 종료시간은 근로자의 자율에 맡기는 제도이다. 따라서 근로자는 1주 40시간, 1일 8시간의 근로시간 제한 없이 자신의 선택에 따라 자유롭게 근로할 수 있다. 다만 의무적 시간대나 선

택적 시간대를 정한 경우에는 이에 따라야 한다. 선택적 근로시간제는 근로자가 가장 효율적으로 업무를 수행하고 성과를 높일 수 있는 업무시간을 선택하여 생산성을 높임으로써 노사 모두에게 유익한 제도이다.

- 사업장 밖 근로시간제(근로기준법 제 5조 제항, 근로시간 계산의 특례) : 근로자가 출장 그 밖의 사유로 근로시간의 전부 또는 일부를 사업장 밖에서 근로하여 근로시간을 실제적으로 산정하기 어려운 경우에 있어서 근로시간을 인정하는 제도이다, 따라서 사업장 밖에서 근로하더라도 근로시간의 산정이 가능하면 제외된다.
- 재량근로시간제(근로기준법 제58조 제항, 근로시간 계산의 특례) : 업무의 성질에 비추어 업무수행방법을 근로자의 재량에 위임할 필요가 있는 업무로서 사용자가 근로자 대표와 서면합의로 정한 근로시간을 소정근로시간으로 인정하는 제도이다. 즉 근로시간 배분뿐만 아니라 업무수행방법까지 근로자의 재량에 맡기고 실제 근로한 시간과 관계없이 노사가 서면 합의한 시간을 근로시간으로 인정하는 제도이다. 근로자의 재량에 위임할 필요가 있는 업무로서는 연구개발업무, 설계업무, 정보처리시스템 분석업무, 기사의 취재, 편집업무 등 창의성 발휘가 필요한 전문직 업무로서 근로기준법 시행령 제31조에 규정된 업무이다.
- 보상휴가제 : 보상휴가제란 연장근로, 야간근로 및 휴일근로를 함으로써 발생한 임금을 지급하는 대신 유급으로 휴가를 부여하는 제도이며 이때 유급 처리해야 할 부분은 50%를 가산한다. 즉 연장근무를 2시간 한 경우 가산수당 50%를 포함하면 총 3시간 분 임금을 지급해야 함으로 총 3시간의 휴가가 발생한다. 보

상휴가제는 임금과 휴가에 대한 선택의 폭을 넓혀 근로시간 운영의 탄력성을 높일 수 있다.

다. 기타 인력구조조정

기타 인력구조조정에는 신규채용 중지, 근로시간 단축, 임시적 휴업, 무급휴가, 임시직의 재계약 정지, 연장근로의 제한, 급여인상 동결, 임금감축 등 여러 가지 방법이 있으며 최근에는 상시적으로 필요에 따라 실시하는 기업이 늘고 있다.

IMF 외환위기 이후 많은 기업들이 인력규모 감축 등 양적 측면의 구조조정에 치중해 왔지만 많은 경우 기업의 실질적 경쟁력 강화로 이어지지 못하는 경우가 많았다. 기업의 경쟁력과 경영체질을 강화하기 위해서는 인적자원의 경쟁력을 높여야 한다. 따라서 조직구성원들의 역량을 높이기 위하여 근무여건을 개선하고 교육을 강화하는 것도 필요하며 내부인력에 대한 철저한 역량분석을 통한 저성과자 퇴출, 신규채용 억제 및 인력의 재배치 등 인력구조조정을 상시화 할 필요가 있다.

3. 인력구조조정의 장애요소

가. 노동시장의 유연성 부족

노동시장의 유연성이란 외부환경 변화에 대응하여 인적자원이 얼마나 신속하고 효율적으로 재분배 될 수 있는가를 나타내는 것으로 노동시장이 유연하다는 뜻은 기업의 대내외의 환경 및 기술의 변화에 따라 신속하고 효율적으로 해고 등 인력구조조정을 할 수 있으며 기업이 필요할 때 직무능력이 있는 인적자원을 신속하게 고용할 수 있다는 뜻이다.

우리나라 기업은 과거 저임금과 고성장 시대에 온정주의와 연공서열적인 임금인상, 승진 등의 고용시스템으로 근로자들이 일단 자기가 다니던 회사에서 명예퇴직이든 정리해고든 떠나는 경우 그 동안 기업에서 향유하던 모든 혜택을 상실하게 된다. 우리나라의 근로자들에게 기업은 단순한 일터가 아니라 삶의 중심이자 하나의 공동체로서 직원들, 고객들과의 다양한 사회적 관계의 네트워크를 이루는 중심에 위치해 있다. 서구의 다른 여러 나라에서는 외부 노동시장이 직업별, 업종별, 전문분야별로 발달하여 노동이동이 비교적 자유롭게 이루어져 왔고 근속년수에 관계없이 숙련의 정도나 전문성 정도에 따라 지위를 부여받고 임금을 지급받는다. 따라서 회사를 옮겨도 잃을 지위가 없기 때문에 인력조정의 충격이 상대적으로 적은데 비해, 우리나라에서의 퇴직이나 정리해고는 이제까지 쌓아온 모든 지위와 혜택뿐만 아니라 회사를 중심으로 맺어진 직원과 고객간에 다양한 사회적 관계의 공동체로부터의 떠남을 의미하기 때문에 그 충격이 클 수 밖에 없다. 특히 영국과 미국에서는 고용과 해고가 법적으로 자유롭고 노동시장이 발달하여 노동이동이 비교적 자유롭다.

또한 우리나라는 1987년 민주화 이후 강성노조가 대세를 이루어 왔고 강성노조의 과도한 요구로 인력구조조정이 신속하게 실시되지 못하는 경우가 많았으며 1997년 정리해고의 법제화 및 근로기간제 도입 등을 명문화함으로써 노동기본권을 강화하는 방향으로 노동관계법을 개정하여 법적으로도 인력구조조정이 장애요인으로 발생하는 등 노동시장이 유연하지 못하다.

나. 경영자의 인식부족과 노사간의 불신

외환위기 시 인력구조조정이 경영위기를 극복하고 조직효율화를 달성하는 유익한 수단중의 하나로 간주하여 수많은 기업 등이 인력을 명예퇴직이나 권고사직 형태로 내보냈으며 이러한 인력구조조정이 원인이 되어 노사관계가 악화되고 노사갈등을 경험하였다. 기업들이 평소에 회사의 경영성과나 회사상황에 대하여 근로자나 혹은 노동조합에 충분히 알려주지 않고, 인사 및 노사문제 등 근로자나 노동조합에 민감한 사항을 충분히 설명하거나 협의를 하지않아 노사간의 신뢰가 형성되지 않았다. 노사간에 신뢰가 쌓이지 않은 상태에서 명예퇴직이나 정리해고를 시행하면 명예퇴직이나 정리해고는 기업의 경영실패를 근로자에게 전가하는 것으로 근로자들에게는 받아들여진다. 또한 일부 사용자들이 구조조정을 하면서 평소 밉게 보았던 노동조합 간부나 활동가를 포함시킴으로써 불신의 정도가 증폭되었다.

따라서 성공적인 인력구조조정을 위해서 평소에 근로자나 노동조합에게 회사경영성과, 인사노무문제 등에 관하여 충분한 정보제공 및 협의를 통하여 신뢰관계를 형성하고 구조조정을 시행할 때에는 필요성과 시행과정의 공정성을 조직구성원이 공감할 수 있는 여건을 마련한 후 시행하여야 한다.

다. 퇴직자, 정리해고자에 대한 사후지원 부재

퇴직자나 정리해고자들에게는 퇴직이나 정리해고가 다양한 사회적 공동체로부터 단절을 의미하며, 특히 정리해고자는 명예퇴직금도 거의 없고 취업도 쉽지 않는 상태에서 생존의 위협을 받게 되므로 실업에 대한 공포와 인력조정에 대하여 강력하게 반발하게 된다. 현재 기업이나 정부에서 퇴직자나 정리해고자에 대한 지원은 고용보험에서 지급하는 실업급여 및 소극적인 직업알선이나 직업훈련기회제공 등으로 체계적인 지원대책이 부족한 실정이다. 기업이 급격한 시장환경 변화와 치열한 경쟁에 살아남기 위하여 인력구조조정이 불가피한 경우를 대비하여 전직지원(Out Placement)서비스나 교육훈련을 위한 기금을 마련하거나, 기술이나 지식 및 자격증 취득을 지원하는 등 체계적으로 지원할 필요가 있다.

4. 인력구조조정시 유의할 점

앞에서 설명한 바와 같이 인력구조조정은 비용절감에 따른 수익성 개선, 조직의 원활한 신진대사 유도, 사업구조재편에 따른 역량집중, 지역 포토폴리오 변화에 대한 지원 등 여러 가지로 긍정적인 효과를 거둘 수 있다. 그러나 성공적으로 인력구조조정 절차를 완료하였다고 하더라도 그에 따른 부작용이 많이 발생할 수 있다. 이러한 부작용을 최소화하지 않으면 인력구조조정의 충분한 효과를 발휘할 수 없다. 따라서 인력구조조정의 부작용과 유의할 점에 대하여 살펴본다.

가. 창의성 상실

인력절감에만 초점을 맞추어 인력운영의 여유를 불필요한 비용으로만 간주하여 타이트한 조직운영을 하는 경우 구성원들은 주어진 업무에만 충실 하고 다른 업무를 생각하지 못한다. 따라서 조직은 정체되거나 변화에 둔감해 질 수 있으며 구성원들의 창의적인 사고와 혁신적인 활동을 어렵게 만든다.

기업은 생산설비나 보유재고를 100% 활용할 수는 없고 만일의 사태에 대비하여 여유 설비나 재고를 보유하듯이 가능하다면 최소한의 여유인력을 두어 구성원의 창의적인 사고와 활동을 지원하여야 한다.

3M이 종업원의 창의적인 사고와 활동을 지원하기 위해, 업무시간의 15%를 현업이 아닌 다른 일에 사용할 수 있도록 해준 것도 이러한 문제를 극복하기 위한 것이다. 만일 3M이 타이트한 조직운영을 했다면 그들의 창의적인 제품개발이 가능했을까 하는 점은 다시 한번 되돌아 볼 필요가 있다.

나. 조직의 불안정화

사람들은 일반적으로 변화를 싫어하고 현실에 안주하는 속성이 있다. 따라서 인력구조조정은 수익성의 개선을 위해서든 조직의 원활한 신진대사를 위해서든 내부 구성원들의 불안감을 키운다. 구성원들이 느끼는 불안감은 결국 구성원들의 조직에 대한 충성심을 낮추게 되고 이로 인해 업무의 성과는 물론 직무 만족도도 현저하게 떨어지게 된다.

조직의 불안정한 상태가 계속되면 구성원들이 이직을 선택할 가능성이 높아지며 유능한 인재일수록 먼저 이직하기가 쉬운 것이다. 높은 이직률은 결국 생산성 저하요인으로 작용하게 되고, 업무공백에 따른 손실, 신규채용을 위한 비용 및 교육훈련비 지출을 가져오며, 무엇보다 핵심인재 유출이라는 커다란 손실을 부담하게 된다.

따라서 인력구조조정은 조직의 불안정이 최소화하는 방향으로 진행되어야 하며 기업이 급변하는 내 · 외부환경에 적응하고 생존하기 위해 불가피하게 명예퇴직, 정리해고를 실시하는 경우에도 조직문화를 재정비하고 핵심인재를 유지하는 프로그램을 시행하는 등 조직의 안정성을 높이기 위한 사후관리를 하여야 한다.

다. 조직문화의 보수화

인력구조조정은 구성원들의 불안감을 키우고 조직의 안정성을 해치면서 주어진 업무만 수행하고 수동적으로 일하는 보수적이고 정체된 조직문화를 낳는다. 더구나 조직에 필요한 핵심인재가 나가고 능력과 성과가 떨어지는 구성원들이 남게 되면 조직의 활력은 더욱 떨어지게 마련이다. 구성원들은 단기성과에만 집착하는 근시안적인 성향을 띠게 될 것이고, 구성원간의 협조는 더욱 어려운 일이 될 것이다.

라. 미래성장 장애요인

사람을 단순히 인건비 절감 차원에서 인력구조조정을 시행하면 필요한 사람을 언제든지 확보가 가능한 것도 아니고 새로운 사람이 바로 성과를 내는 것도 아니기 때문에 미래성장의 장애요인이 된다.

또한 앞에서 살펴 본 바와 같이 인력구조조정이 빈번하게 일어나는 경우, 조직구성원들의 창의적인 사고와 혁신적인 활동을 저해하면서, 보수적인 자세와 단기적인 성과에만 집착하게 되면 기업의 미래성장에 장애가 될 수 있다.

인력구조조정은 기업의 수익성을 개선하고 사업구조를 재편하는 등 급변하는 대내외 경제환경에서 살아남기 위한 수단임에 틀림없다. 그러나, 이러한 본질적인 목적과 효과에도 불구하고, 인력구조조정이 구성원들에게 미치는 부정적인 영향은 매우 크다. 따라서 이러한 부정적인 영향을 최소화하고 성공적인 구조조정을 위해서는 구성원들의 체계적인 교육훈련과 경력개발을 도모하여야 한다.

체계적인 교육훈련과 경력개발은 직접적으로 기업성과를 향상시킬 뿐만 아니라 교육 훈련과 경력개발에 대한 회사의 적극적 지원은 구성원에게 심리적인 안정감을 주고 조직에 대한 소속감을 높일 수 있게 해주어 조직의 결속력을 강화해 준다. 결과적으로 직무만족도 증가와 경쟁력 향상을 통해 기업의 성과를 향상시킬 수 있다.

마. 법적인 정당성 확보

인력구조조정은 기업의 경영악화 방지 및 이윤창출 목적으로 이루어지며 경제위기 극복 및 급변하는 경제상황에 대처하는 기업의 생존을 위한 불가피한 선택이 될 수 있지만, 근로자 입장에서는 사회 안전망이 확고하지 못한 상태에서 근로자의 귀책사유가 아닌 경영상의 사유로 인하여 실직하여 생계의 위협이 되므로 결과나 절차에 반발하게 된다. 2009년 시행된 쌍용자동차 정리해고에 관해서는 최근의 대법원 판례(2014년 11월 13일)에서 긴박한 경영상 필요에 따른 것으로 유효하다는 취지의 판결이 있었으나 대법원 판결까지 5년여가 걸렸으며 그 기간 동안 노사갈등, 자살 등 눈에 보이지 않는 막대한 피해를 감수하여야 했다.

첫째, 세계적인 흐름 속에서 진행되는 시장개방, 무역장벽의 축소 및 철폐, 국가간의 경쟁의 격화 둘째, 산업구조가 2차산업 중심에서 IT 등 첨단 고부가가치산업 중심으로 변화되고 기술혁신의 속도도 가속화되면서 기업의 생산방식, 인적자원관리방식 등 경영 패러다임의 변화 셋째, 소비자의 기호와 욕구가 다양화되고 시장의 수요가 다변화되면서 다품종 소량생산의 고품질의 제품 및 서비스가 요구되는 등 급변하는 대내외 환경에 대응하기 위해서 앞으로도 인력구조조정은 상시적으로 이루어질 전망이다.

정리해고를 하는 경우 정리해고자들이 노동위원회에 구제신청을 하거나 법원소송을 통하여 부당해고로 인정받아 업무에 복귀하는 경우에는 임금지급 등 금전적 지출뿐 아니라 인사관리의 정당성이 망가지면서 인사질서는 심각하게 훼손된다. 따라서 인력구조조정을 할 경우에는 체계적으로 준비하여 법적인 정당성을 반드시 확보하여야 한다.

5. 중소기업 인력지원 정책

사회적으로 취업난이 심각한 가운데, 중소기업은 여전히 인력확보의 어려움을 호소하고 있다.

2014년 상반기 기준 중소기업 인력부족률은 2.7%, 미충원률은 13.0%였으며 부족인원은 238천명, 미충원인원 83천명으로 대기업을 크게 상회하였다[2]. 같은 기간 300인 이상의 대기업 인력부족률은 1.0%, 부족인원은 21천 명으로 미충원률은 4.7%, 미충원인원은 6천4백 명에 불과했다.특히 기술직의 부족률이 높은데, 그 이유는 오랜 경력이 축적되도록 인력을 양성하는 체계가 중소기업 내외부에 미비하기 때문이다.

2) 이은미, [TF-66호] 중소기업 인력난 해소를 위한 2015년 정부지원정책 개선과제, 국제무역연구원

중소기업의 인력확보의 어려움과 높은 이직률로 인해 기업은 우수 인력 양성을 위한 투자는 꺼리고, 낮은 인건비의 단기고용을 선호하여 기업내 숙련인력의 확보가 어렵고, 이는 곧 생산성 악화로 이어진다.

정부의 중소기업 인력지원 정책은 이러한 악순환을 단절시켜야 한다. 정부는 중소기업 인력난 해소를 위한 종합적이고 체계적인 지원 정책을 마련함으로써 중소기업의 인력난 해결과 실업사태 해결을 위한 전기를 마련하고자 2003년 **중소기업인력지원특별법**을 제정하였고, 5년 단위로 기본계획을 수립하며 매년 시행계획을 발표한다.

제2차 기본계획 확정 후 2010년 인력공급 · 양성(38개 과제), 인식개선 · 정보제공(13개 과제), 근로환경 · 복지개선(22개 과제), 인프라 구축 · 제도정비(33개 과제) 등 106개 과제가 관계 부처에 통보되었다.

2014년 중소기업 인력지원 시행계획에서는 100개 사업을 추진한다.

인력공급지원 사업 27개는 전문인력 공급지원 10개 및 일반인력 공급지원 17개 사업으로 구성된다.

그림5-2. 인력공급지원 27개 사업

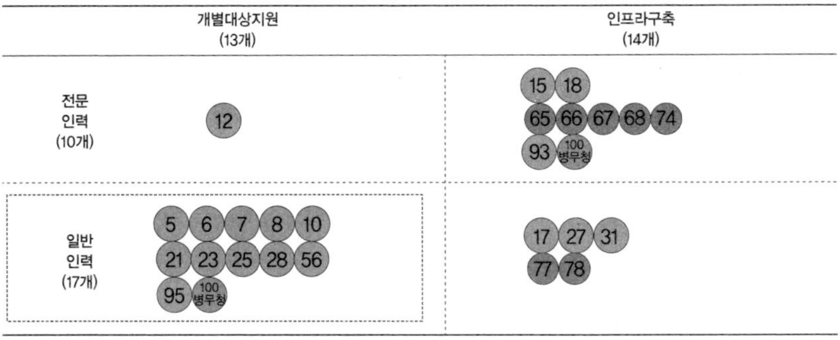

5. 자영업자전직지원	21. 취업성공패키지지원	67. 산학 맞춤 기술인력 양성
6. 중장년취업아카데미	23. 취약계층취업지원	68. 국립 마이스터고 육성
7. 실업자능력개발지원	25. 조기재취업수당	74. 취업연계교육센터 운영
8. 취업사관학교운영지원	27. 스펙초월채용시스템 구축	77. 중소기업 인식개선
10. 전직실업자능력개발지원	28. 청년강소기업체험프로그램	78. 우수중소기업 정보제공
12. 국가기간 전략산업직종훈련	31. 청년취업아카데미운영	93. 산업준문인력역량강화
15. 일 · 현장 · 자격 연계형 고졸인력 양성	56. 산재근로자 직업훈련	95. 희망사다리장학금
17. 외국인력고용지원	65. 중소기업특성화고	99. 여성새로일하기센터
18. 기술기능인력양성	66. 기술사관	100. 병역대체복무 · 산업기능요원, 전문연구요원

인력확보지원사업 19개는 전문인력지원 8개 및 일반인력지원 11개로 구성된다.

그림5-3. 인력확보 지원사업 27개

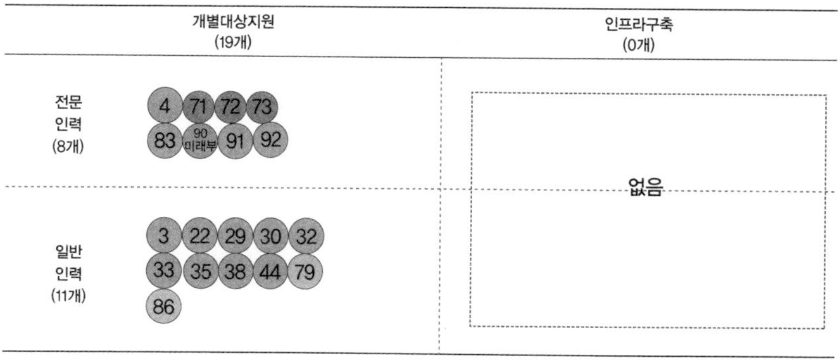

3. 고용촉진지원금	35. 장년 취업인턴제	83. 마이스터고 등 재학생 현장실습비용 세액공재
4. 고용창출지원	38. 반듯한 시간선택제 일자리 창출 지원	86. 중소기업 고용증가 인원 시 사회보험료 세액공제
22. 사회보험사각지대 해소	44. 장애인고용장려금	90. 퇴직과학기술자 활용 중소기업 기술혁신역량 확충
29. 중소기업청년인턴제	71. 외국전문인력도입지원	91. 기술혁신형 중소/중견기업 인력지원
30. 청년창작인턴제	72. 초중급기술개발인력 지원사업	92. 골드카드제
32. 지역고용촉직지원금	73. 장인기술 산업현장 활용사업	
33. 상용형 시간선택제 일자리 사회보험료 지원	79. 고용창출투자세액공제	

근속유지지원사업 44개는 전문인력지원 2개 및 일반인력지원이 42개로 구성되었다. 전문인력지원사업은 중소기업 핵심인력 성과보상기금(중기청) 및 중소기업 핵심인력 성과보상기금 납입금 손비인정(기획재정부)이다. 정부는 2015년 '청년 고용절벽 해소 종합대책'에서는 청년 정규직 근로자 수가 증가한 기업에 감세하는 청년고용증대세제, 중소 · 중견기업의 청년인턴제를 추진한다.

제5장 참고문헌

김규진 외, 기업구조조정 총설, 첨단금융출판사, 2007.8.4
기획재정부, 청년 고용절벽 해소 종합대책, 2015.7.27.
FKI Issue Paper, 서비스업의 외부인력 활용 쟁점과 시사점 ㈜ FKI 미디어, 2013,11,05
장신철, OECD국가의 노동시장 정책, 한국 고용 정보원, 2011,7
반가운, 상장기업의 부가가치 분석, 한국생산성 본부 2009
HRD 용어사전, (사) 한국기업교육학회, 2010,9,6
이희성, 개별근로관계법, 도서출판 어화 2011
배성오, 기업생존의 필수조건, 글로벌 핵심인재확보 및 육성, 경총 경영계2012. 2월호
인력구조조정 사례와 실행 Key-poin,t 원플러스 경영개발원, 2014.7.11
중소기업 조직 재설계, SERI.ORG, 2009.12.21
동아 비즈니스 리뷰, 동아일보 미래전략연구소, 2012.2.1.
Powerfull 조직으로 재탄생, 이노베이션 월드, 한국능률협회 미디어 129호 ,2009.6
윤정열, 임금체계 혁신을 위한 정책과제연구, 노동경제학회, 2012.10
월간 노동리뷰, 한국노동연구원, 2010.11월호
유연한 근로시간제 도입 매뉴얼, 고용노동부 정책홈페이지, 2010.12
임종률, 노동법, 박영사, 2011
조규식, 경영해고제도의 단계별 운용방안, 서강법률논총 제3권 제2호
조규식, 인적구조조정 제도의 단계별 운용방안 모색, 경제사회발전 노사정위원회, 2011.12
이은미, IIT Trade Focus, 중소기업 인력난 해소를 위한 2015년 정부지원정책 개선과제, 한국무역협회 국제무역연구원
2014년도 중소기업 인력지원 시행계획, 중소기업청, 2014.7
한국형 히든챔피언 육성대책, 관계부처 합동, 2014.10.30
중소기업 인력지원 기본계획(제2차. 2011년 ~2015년), 중소기업청
2014년 상반기 직종별 사업체 노동력 조사 보고서, 고용노동부
2013년 중소기업 실태조사보고서, 중소기업청
2014년 6월, 중소기업 관련통계, 중소기업청

제6장

이익구조조정 및 관리구조조정

제6장 이익구조조정 및 관리구조조정

사업전환이나 미래먹거리 창출이 중요하지만, 중소기업이 당장 직면한 현안은 기존 사업에서 매출증대와 비용절감을 위한 이익 · 관리구조조정이다. 이미 부실화된 기업은 생존을 위해서 자구노력 등 극한적인 비용절감을 수행해야 하는 반면, 정상 기업은 상시적 관리구조조정으로 부실을 예방하고 새로운 성장을 모색한다.

따라서 본 장에서는 경영실적을 분석하고 기업가치에 영향을 주는 요인을 파악하는 이익구조조정과 경영관리방식의 개선을 소개한다. 제6절에서는 이미 한계상황에 도달한 중소기업 개선의 실전 프로그램을 소개한다.

제1절 이익구조조정의 의의

1. 이익의 개념

이익은 기업의 경영성과를 파악하는 가장 기본적인 정보로서 손익계산서에서 기업회계기준에 따라 작성된 회계 상의 이익금 규모를 파악하는 것이 일반적인 분석방법이다. 손익계산서의 회계이익 외에도 투자의사결정을 위한 현금흐름, 손익계산서에 계상하지 않는 주주 출자금에 대한 기회비용으로서의 자기자본비용을 반영한 경제적 부가가치, 기업의 미래 성장가치가 반영된 주식가치를 기초로 하는 시장부가가치 등 다양한 유형의 이익이 기업의 필요에 따라 활용되고 있다.

가. 손익계산서 회계이익

결산재무제표인 손익계산서에 나타나는 이익은 일정한 기준에 따라 산정한 수익 즉 매출액에서 이에 대응하는 각종 비용을 차감하여 산출한 결과이다. 본 절에서는 손익계산서 이익 산출의 기초가 되는 수익과 비용의 인식기준과 이익의 유형을 제시한다.

1) 수익과 비용의 인식기준

손익계산서는 일정기간 동안의 기업 경영성과의 결과를 수익과 비용으로 측정하고 이들 수익과 비용의 차이로 여러 유형의 이익을 산출하여 정보이용자의 의사결정을 돕는 재무제표이다. 이러한 수익과 비용을 측정하는 방법으로서 현금의 수입과 지출을 기준으로 기록하는 현금기준(cash basis)과 현금의 수입 지출과 관계없이 수익이 실질적으로 발생한 기간에 수익을 인식하고 이에 대응시켜 비용을 인식하여 한 회계기간 동안의 업적평가가 적절히 이루어지도록 하는 발생기준(accrual basis)이 있다.

2) 손익계산서 이익의 유형

손익계산서에서는 기업회계기준에 따라 발생주의에 입각하여 측정한 수익과 비용을 반영하고 이들의 차이로 이익을 산출하고 이러한 이익은 수익에서 차감하는 비용의 유형에 따라 여러 가지 유형으로 나타난다. 즉 매출액에서 제조원가를 중심으로 하는 매출원가를 차감한 매출총이익, 매출총이익에서 판매비, 일반관리비와 같은 영업활동과 관리활동의 비용을 차감한 후의 영업이익, 영업이익에서 기업의 주된 영업활동이 아닌 활동으로부터 발생한 수익 즉 영업외수익과 차입금이자와 같은 영업외비용을 차감한 이익인 법인세비용차감전이익, 법인세비용차감전이익에서 법인세를 차감한 당기순이익이 차례로 산출된다.

매출총이익 = 매출 - 매출원가

영업이익 = 매출총이익 - 판매비와관리비

법인세차감전이익 = 영업이익 + 영업외수익 - 영업외비용

세후당기순이익 = 법인세차감전이익 - 법인세

손익계산서에서 산출되는 이익은 결산시정 이전의 실적자료로 작성된 과거 지향적 이익으로서 객관적이고 입증 가능한 역사원가를 중요시하고 있어 미래 기업의 경영성과로 나타날 추정가치를 무시하는 특징이 있다.

나. 현금흐름

손익계산서에 나타나는 회계이익은 영업이익에서 타인으로부터 조달한 차입자금에 대한 이자비용을 차감한 이익으로서 장부상 주주의 이익을 나타낸다. 그러므로 회계이익은 주주가 출자한 자본에 대한 조달비용을 반영하지 않고 있어 기업이 창출한 진정한 가치를 보여주기에는 미흡하다. 회계이익의 이러한 한계점을 보완하여 기업의 경영성과를 반영하는 가치의 크기를 회계이익이 아닌 기업이 창출해낸 현금흐름으로 측정할 수 있다. 이와 같은 현금흐름은 타인자본비용인 이자를 공제하기 전 단계의 이익인 영업이익을 기초로 산출할 수 있다.

1) 영업이익 및 EBITDA

손익계산서에 이자와 세금을 공제하기 전에 나타나는 이익을 영업이익(EBIT, earnings before interest and taxes)이라고 한다. 이와 같은 영업이익은 현금지출이 수반되지 않는 비현금성비용으로서 제조원가와 판매관리비에 반영되는 유형자산감가상각비(depreciation)와 무형자산상각비(amortization)가 차감되어 산출된 이익이다. 기업의 현금흐름을 반영한 차입금 상환능력의 경영분석을 위해서는 현금흐름에 기초한 영업이익의 개념으로 **EBITDA**를 산출하여 활용한다. EBITDA는 손익계산서의 영업이익에 유형자산감가상각비 및 무형자산상각비를 합산하여 산출하며 차입금이자 규모와 비교하여 차입금의 상환능력을 분석하는 이자보상배수(interest coverage)의 산출에 활용된다.

EBITDA = 영업이익(EBIT) + 감가상각비(Depreciation & Amortization)

2) 세후순영업이익

손익계산서의 당기순이익은 이자비용 차감과 같이 기업이 자금조달을 어떻게 했느냐에 영향을 받게 되나 영업이익(operating profit)은 기업의 정상적인 영업활동에서 실현되는 회계이익으로서 이자비용을 차감하기 전의 이익이므로 기업이 자금조달을 어떻게 했느냐에 영향을 받지 않는 이익이다.

영업이익에서 법인세를 차감하여 세후순영업이익(NOPLAT, net operating profit less adjusted taxes)을 산출하는데 이 경우의 법인세는 손익계산서상의 법인세비용이 아니고 영업이익에 해당 법인세율을 적용하여 산출한 세금을 말한다. 즉 기업이 타인자본 사용에 따른 이자비용 지급이 이익 규모에 미치는 영향을 배제하기 위하여 이자비용 공제전 영업이익을 과세소득으로 하여 산출되는 법인세비용이다.

세후영업이익 = 영업이익 − 법인세

세후영업이익은 투하자본 조달비용과 대비하여 경제적 부가가치(EVA, economic value added)를 산출하는 기초가 되고, 거액의 투자를 요하는 자본적 지출(capital expenditure)에 대한 경제적 타당성분석을 위한 순현재가치(NPV, net present value)의 산출 및 기업가치(corporate value)의 산정 등의 기초자료로서 재무적 의사결정을 위한 매우 중요한 이익이다.

3) 영업현금흐름과 잉여현금흐름

재무적 의사결정을 위하여 산출하는 현금흐름으로서 세후영업이익을 활용하여 **영업현금흐름**(OCF, operating cash flow)과 **잉여현금흐름**(FCF, free cash flow)을 산출할 수 있다. 영업현금흐름은 세후영업이익에 현금지출이 없는 비용 즉 유형자산감가상각비 및 무형자산감가비를 가산하여 산출한다.

영업현금흐름 = 영업이익 − 법인세 + 비현금성비용

이와 같은 영업현금흐름은 현금흐름표상의 영업활동현금흐름과는 다소 차이가 있는 데 이는 현금흐름표의 영영활동현금흐름은 이자비용을 차감한 당기순이익을 기초로 산출하기 때문이다.

영업현금흐름에 투자계획에 따른 거액의 비유동자산 취득을 위한 투자현금흐름(CAPEX, capital expenditure)을 차감하고, 향후 매출 증가에 따른 운전자본 추가 소요액인 순운전자본증가분(change in net working capital)을 차감하여 잉여현금흐름을 산출한다. 이 경우 순운전자본증가분은 재고자산 및 매출채권 등 유동자산의 증가분에서 매입채무 등 유동부채의 증가분을 차감하여 산출한다.

잉여현금흐름=영업현금흐름-(투자활동현금흐름+순운전자본증가분)

순운전자본증가=(금년유동자산-전년유동자산)-(금년유동부채-전년유동부채)

잉여현금흐름은 영업활동을 통하여 창출된 현금흐름을 반영한 이익에서 기업의 지속적 성장을 뒷받침하기 위하여 필수적으로 투입되어야 하는 비유동자산의 취득과 순운전자본의 추가 투입분을 차감한 이익이다. 따라서 이러한 현금흐름 이익은 채권자에 대한 이자지급, 주주에 대한 배당 등 사외에 유출되어도 기업의 성장에 지장이 없으므로 이를 잉여현금흐름 또는 자유현금흐름이라고 부른다. 기업경영에 대한 경제적 부가가치의 산출, 자본예산에 대한 타당성 분석, 기업가치 산출에 이와 같은 잉여현금흐름을 활용한다.

다. 경제적 부가가치

기업의 경영활동에 대한 경영자의 성과를 평가하는 기준으로 그동안 주로 이용되어온 지표는 손익계산서의 순이익이었으나 이들 지표가 경영자의 성과를 평가하는 기준으로서 한계가 있다는 주장이 제기되면서 새로운 평가기준으로 **경제적 부가가치** 개념이 제시되고 있다(제1장 제7절 참조).

2. 이익구조조정

가. 이익구조조정의 내용

기업의 미래 경영성과 추정은 과거 실적과 현재의 경영상황에 대한 분석을 바탕으로 향후 사업추정기간 동안의 투하자본 수익성과 투하자본 조달비용의 산출을 통한 기업가치 산출과정으로 이루어진다. 따라서 이들 항목에 대한 구성요소를 이해함으로써 향후 구조개선기업의 이익구조조정을 위한 기본방향을 파악할 수 있다.

1) 경영성과 분석

기업 경영자가 투자결정과 자본조달결정을 내릴 때 의사결정의 기준으로서 여러 가지가 있을 수 있으나 가장 보편적인 기준은 기업가치의 극대화라 할 수 있다. 따라서 경영자의 기업경영에 대한 성과평가도 기업가치를 얼마나 증대시켰는가에 초점을 맞출 수 있다.

기업경영의 성과를 평가하고 기업의 가치를 결정하기 위한 과정은 기업경영과 관련한 기초자료 분석, 종합 재무제표 작성, 재무비율 분석, 자본시장자료의 획득, 자본비용의 산출, 추정재무제표 작성, 투자수익성 및 현금흐름 파악, 기업가치 산출과 같은 순으로 진행될 수 있다.

경영실적 평가과정에서 나타나는 재무비율 분석은 대상 기업에 대한 단기지불능력, 장기재무안정성, 투하자본 내지는 매출액에 대한 수익성, 투하자본의 활용을 통한 매출의 실현 정도, 이익금 등 부가가치 창출 역량 등의 관점에서 손익계산서와 대차대조표(재무상태표)등 실적 재무제표를 활용하여 다양한 분석이 이루어진다.

2) 투하자본 수익성

투하자본에 대한 수익성지표는 투하자본영업이익률로서 기업의 경영성과 평가는 영업이익을 중심으로 이루어지고 있다. 이는 영업이익이 자본조달의 유형 즉 차입금 조달 비중과 관계없이 순수하게 경영자의 경영실적을 나타내는 이익을 나타내고 있기 때문이다. 투하자본영업이익률을 제고하기 위해서는 영업이익을 증대하는 한편 투하자본의 규모를 상대적으로 작게 유지할 필요가 있다. 구체적으로 영업이익을 증대하기 위해서는 기업의 핵심적인 수익원천인 매출을 증대하는 한편 제조원가와 판매관리 비용을 감축하여야 하고, 투하자본의 투자효율성을 제고하기 위해서는 비수익성 자산의 증가를 억제하여야 한다.

3) 투하자본 조달비용

기업가치는 매년도의 잉여현금흐름을 자본비용으로 할인한 현재가치를 합산하여 산출한다. 따라서 할인율에 해당하는 가중평균자본비용(WACC)이 작아질수록 기업가치는 커지므로 가중평균자본비용의 감축이 이익구조조정의 주요 과제라고 할 수 있다. 가중평균자본비용은 자기자본비용과 타인자본비용으로 구성되어 있고 이들 각 자본비용은 기업의 통제가능성 측면에서 상당한 차이가 있다.

자기자본비용은 주주 출자에 대한 기대수익률을 반영하는 것으로서 이의 산출 구성요소로서 무위험이자율, 시장포트폴리오수익률, 개별주식의 체계적 위험인 베타(β)가 있다. 이들 요소는 자본시장 여건과 기업이 속한 산업의 특성에 크게 영향을 받으므로 자기자본비용 구성요소에 대한 기업의 통제는 현실적으로 매우 어렵다고 할 수 있다.

한편 타인자본비용에 해당하는 차입금 조달금리의 경우 현재의 경영여건 및 기업이 속한 산업의 특성 등 기업이 통제하기 어려운 요인이 반영되고는 있으나 중소기업의 경우 자금을 제공하는 은행으로부터 부여받는 신용평점(Credit rating)에 근거하여 조달금리가 결정되고 있다. 따라서 중소기업의 경우 신용평점관리를 통한 타인자본조달비용의 감축이 이익구조조정의 주요 내용이라 할 수 있다.

나. 이익구조조정 실행

이익구조조정을 추진하기 위해서는 영업이익의 증대를 위한 매출수익 증대, 제조 · 판매관리비 및 차입자금 조달비용의 감축이 필요하다. 이와 같은 과제를 구체적으로 실행하기 위한 방안은 다음과 같다.

1) 매출 수익증대

기업 경영자는 여러 가지 유형의 경영전략을 활용하여 매출수익 증대를 도모할 수 있다. 이들 전략으로서는 성장전략, 해외시장진출전략, 경쟁전략 외에 신제품출시를 위한 시장진입전략인 STP전략 및 마케팅활동의 효과적 추진을 위한 4P전략이 있다. 이와 같은 다양한 전략의 수립 및 추진을 위해서는 거시환경 및 산업구조 등 외부환경을 분석하는 한편 자사 보유 경영자원 및 핵심역량을 파악하고 경쟁기업 대비 가치사슬 분석을 통한 역량 갭의 파악 등을 추진할 수 있다.

2) 제조 · 판매관리 비용절감

비용절감을 위한 방안으로서는 제조원가 및 판매관리비의 감축을 위한 전통적인 방법이 활용될 수 있다. 그리고 구매원가, 생산기획 및 공정관리의 효율성 확보, 목표원가 관리 등 기업프로세스 개선을 추진할 수 있으며 원가구조 분석을 통한 원가우위 기반 구조개선전략을 수행할 수 있다.

3) 자본조달비용 감축

자금조달비용을 감축하는 방안으로서는 신용평점관리를 통한 신용평가 상위등급을 획득함으로써 차입금 조달비용을 감축할 수 있다. 한편 불필요한 자금수요를 억제하여 과다한 차입금을 감축함으로써 조달비용을 감축할 수도 있다. 즉 거액의 불용자산의 매각, 과다한 재고자산의 감축, 매출채권의 조기회수를 통한 현금흐름의 개선으로 차입자금 수요 감축을 통한 금융비용을 절감할 수 있다.

4) 수익비용 통합관리

수익비용 통합관리를 위한 방법으로서 재무비율분석, 레버리지분석, 손익분기점분석 등의 기법과 한계사업에 대한 대안을 모색하는 방법이 있다. 재무비율분석은 과거 실적을 활용하여 수익성, 활동성, 투하자본이익률 등을 산출하여 개선점을 파악한다. 레버리지분석은 감가상각비 및 차입금이자 등 고정비 부담이 영업이익과 당기순이익에 미치는 영향을 파악하여 시설투자 확대 또는 차입금의 조달규모 증가 등과 관련한 경영전략 의사결정 기법이다. 그리고 손익분기점분석은 손익분기 매출액, 매출액별 손실예방 안전율, 목표이익 달성 추정 매출액 등의 산정을 위하여 활용할 수 있다. 그리고 구조개선을 요하는 사업부문에 대하여 한계사업 평가, 미래성장 가능성 추정, 한계사업 대안모색 등을 위한 한계사업 관리 기법을 활용할 수 있다.

5) 관리구조조정

관리구조조정 방안으로서는 체계적 성과관리를 위한 **균형성과표**

(BSC)의 활용, 기업체의 조직유형에 따른 경쟁우위 확보방안, 구조조정기업에 대한 프로세스 개선 외에 성과평가체계의 설계, 핵심성과지표 개발, 성과평가체계의 운용 등 구조조정기업의 성과평가관리제도의 도입을 활용할 수 있다.

제2절 수익증대

1. 수익증대의 의의

수익이란 기업에 유입되는 가치로서 기업의 주요 영업활동으로 인한 자본(순자산)의 증가액을 말한다. 이는 기업이 고객에게 제공하는 재화 및 서비스의 대가로 기업에 유입되며 그 크기는 고객으로부터 받은 현금, 매출채권, 기타 화폐적 재산에 의해 측정된다. 수익은 매출액과 같은 뜻으로 쓰이기도 하지만, 업종이나 기업에 따라서 영업외수익(수입이자, 유가증권처분이익 등)이 상당히 있으므로 양자가 반드시 일치하는 것은 아니다. 또, 수익을 이익과 같은 뜻으로 쓰는 경우도 있으나, 이익은 수익에서 비용을 공제한 잔액을 의미하는 것으로 구별할 수 있다.

수익증대는 문자 그대로 기업의 수익을 증가시키는 것으로서 기업경영개선의 주요 방안이라 할 수 있는데, 그 핵심은 어떻게 기업의 수익원을 지속적으로 개발하고 극대화하는가에 있다. 특히 경영이 어려운 상황에 처한 중소기업이 경영개선을 이루고 다시 재도약하기 위해서는 수익증대를 이루기 위한 전략이 필수적이라 할 수 있다.

따라서, 이번 절에서는 기업이 자사의 사업이 속한 외부환경을 분석하고, 자사의 내부역량 진단을 거쳐서 (제1장 제1절-1 경영전략 참조), 궁극적으로 수익을 증대시키기 위한 전략을 수립하는 방안을 살펴보기로 한다.

2. 수익증대를 위한 전략수립

이번 절에서는 기업이 외부환경을 분석하고, 기업 자신의 내부역량을 진단하고 나서 수익을 증대시키기 위한 전략을 수립하는 방안을 살펴보기로 한다(제1장 1절 1 라 사업부 차원의 전략 참조).

가. 성장전략

기업이 성장하기 위하여 사업을 확장하는 방법으로 신제품을 개발하거나 기존 제품으로 신규 시장을 개척하는 것을 고려해 볼 수 있다. 이러한 관점에서 이고르 앤소프(Igor Ansoff)가 1957년 하버드 비즈니스리뷰에 기업성장에 대한 전략을 발표했는데, 주요 내용은 시장과 제품을 중심으로 하여 각각 기존과 신규로 구분하여 매트릭스로 표현하는 네가지 성장전략을 설명하고 있다. 이 매트릭스는 기업에게 시장과 제품에 따라 어떤 성장 기회가 있는지를 잘 보여주고 있다.

그림6-1. 앤소프의 성장 매트릭스

	기존 제품	신제품
신시장 / 고객	**시장개발 전략**	**다각화 전략**
기존시장 / 고객	**시장침투 전략**	**제품개발 전략**

1) 시장침투 전략(Market Penetration)

현재의 시장에서 기존 제품이나 서비스를 더 많이 제공하는 것으로 현재의 점유율을 높이는 전략이다. 이 전략은 일반적으로 일회성 고객을 정기적인 고객으로, 정기적인 고객을 충성도 높은 고객으로 전환시키는 전략이다. (예 : 수량할인, 보너스카드, 고객관계관리 등)

2) 신제품개발 전략(Product Development)

기존 시장에서 신제품을 투입해 성장을 도모하는 전략이다. 기존제품의 보완재나 추가 기능 탑재, 저가 제품 등 다양한 제품을 개발하는 전략으로 시도하게 된다.

3) 신규시장개척 전략(Market Development)

기존 제품을 새로운 시장, 새로운 고객층에게 판매하는 전략이다. 경쟁사의 고객을 유인하거나 동일 제품을 다른 용도로 활용할 수 있음을 호소하여 판매하는 방식도 포함한다.

4) 다각화 전략(Diversification)

다각화는 수평적 다각화, 수직적 다각화, 집중적 다각화, 복합적 다각화의 네 가지 방법으로 구성되어 있으며, 앤소프의 제품/시장 그리드 전략 중 가장 리스크가 큰 전략이다. 예를 들어 맥주업체가 청량음료를 판매하는 방식의 수평적 다각화는 기존 맥주 브랜드 이미지에도 영향을 미칠 수 있기 때문이다. 하지만 반대로 제대로 계획된 다각화는 기업 성장에 큰 도움이 될 수가 있다.

나. 경쟁전략

마이클 포터는 경쟁이 없다면 전략도 필요없을 것이라고 하였다. 만약 경쟁이 없다면 기업은 물건을 얼마든지 원하는 금액으로 팔 수 있을 것이나, 그런 일은 과거에도 없었고 앞으로도 없을 것이다. 그러므로 기업은 시장의 경쟁에서 경쟁자보다 우위에 설 수 있는 전략을 수립하고 수행해야 하며, 그 전략은 산업환경과 경쟁상황 등에 따라 여러 가지가 있다. (제1장 제1절-1-라 사업부 차원의 전략 참조).

다. 시장진입을 위한 STP전략

STP전략이란 시장세분화(Segmentation), 타겟팅(Targeting), 포지셔닝(Positining)의 머리 글자를 따서 만든 것으로 기업의 시장진입을 위한 마케팅 전략이다. 즉, 기업이 진입하려고 하는 시장을 그 특성에 맞추어 세분화하고, 그 중에서 초점을 맞출 잠재고객을 선정한 후, 그 잠재 고객의 마음속에 자신을 어떻게 위치시키는가 하는 일련의 마케팅 방법을 STP전략이라 한다.

1) 시장세분화(Segmentation)

시장세분화란 대상 시장(고객)을 기준을 잡아 서로 다른 욕구를 갖는 구별된 집단, 즉 세분시장으로 나누는 것을 말한다. 세분화의 기준은 크게는 인구통계학적 기준, 지리적 기준, 심리적 기준. 행동적 기준으로 구분할 수 있다. 나이, 성별 , 직업, 교육 등으로 나누는 것을 인구통계학적 기준이라 하고, 지역, 기후 등으로 나눈다면 지리적 기준이 된다. 심리적 기준은 개성, 가치관, 취향 등으로 구분을 하는 것이고 행동적 기준은 언어, 소비패턴, 라이프스타일로 구분을 하는 것이다.

이렇게 세분화 된 각 집단은 선호제품이나 구매패턴, 소비성향, 태도 등에서 다른 모습을 보여 준다. 즉, 같은 집단 내에서는 동질성을 갖지만 다른 집단 간에는 이질성을 나타낸다.

2) 타겟팅(Targeting)

타겟팅이란 구분된 각 세분시장(Segment)을 평가하여 하나 또는 두 개 이상의 표적(Target) 시장을 선정하는 것을 말한다. 위에서 세분화하여 나누어진 각 세분시장 중에서 어느 시장은 경쟁자가 많아 위험이 크고, 또 어떤 세분시장은 경쟁자가 없지만 너무 작아 고려대상에서 제외되기도 한다. 이때 이 세분시장들을 여러 가지 기준으로 평가하고 기업의 보유 자원을 고려하여 가장 바람직한 하나 또는 그 이상의 세분시장을 선정하는 과정을 타겟팅이라 하고 이때 선정 된 시장을 타겟시장이라 한다.

타겟시장은 일반적으로 높은 매력도를 보이고, 기업이 경쟁사들 보다 경쟁우위를 확보할 수 있으며, 또 기업의 문화 및 기존 시장 믹스와 조화를 이룰 수 있어야 한다.

3) 포지셔닝(Positioning)

포지셔닝이란 타겟시장의 고객들 마음속에 기업의 제품이 경쟁제품 대비하여 구별되고 유리한 위치를 차지하도록 하는 것을 말한다. 포지셔닝 전략에는 여러 가지가 있으나, 일반적으로 다음의 4가지로 분류한다.

① 제품속성에 의한 포지셔닝 : 가장 많이 사용되는 전략으로 기업의 제품이 경쟁제품과 다르고 우월한 속성을 지녔다고 고객에게 인식시키는 것이다. 즉, 경쟁제품이 가지지 않은 특징이나 경쟁제품이 어필하지 않는 속성, 또는 종전 자사제품이 부족했던 점을 부각시켜 포지셔닝하는 방법이다.

② 사용상황에 의한 포지셔닝 : 제품의 적절한 사용상황을 제시함으로써 포지셔닝하는 방법이다. 예를들면, 리복이 만든 구두 '락포트'는 마라톤을 완주하는 모습을 묘사함으로써 마라톤을 완주할 만큼 편안한 구두임을 내세웠고, 게토레이는 목이 마를 때 마시는 갈증해소음료라는 개념을 도입하여 자사제품을 포지셔닝 했다.

③ 제품 사용자에 의한 포지셔닝 : 제품이 특정 사용자 계층에 적합하다고 강조함으로써 포지셔닝하는 방법이다. 제일제당은 숙취해소 음료 컨디션을 출시하면서 술을 많이 마시면서도 긍정적인 이미지를 주는 계층을 모색한 후 접대가 많은 비즈니스맨을 제품 사용자로 삼아 포지셔닝 하였다. 그 이후에 많은 me-too제품이 쏟아져 나와 숙취해소 드링크 시장이 새로 형성되었다.

④ 경쟁제품에 의한 포지셔닝 : 경쟁제품과 비교하여 자사 제품만이 줄 수 있는 혜택이나 편익을 강조함으로써 포지셔닝하는 방법으로서 비교광고등이 여기에 속한다. 우리나라에서는 법으로

비교광고가 금지되어 있어 직접적으로 표현할 수 없는 한계를 가지고 있다. 직접적인 비교가 아니더라도 기존 제품으로 충족되지 않은 소비자들의 욕구를 공략하는 것도 이 유형의 포지셔닝에 속한다.

포지셔닝맵이란 고객이 지각하는 기업과 경쟁자의 위치를 2차원 혹은 3차원의 그래프로 나타낸 것으로, 현재 기업과 경쟁제품의 위치를 파악하여 비교분석 및 전략방향 설정에 활용한다.

라. 마케팅 수행을 위한 4P전략

마케팅 4P전략이란 위에서 기업이 STP전략을 수립한 후 실질적인 Action을 수행하기 위해 수립하는 실행계획을 말하며 마케팅 믹스라고 한다.

기업은 마케팅전략에 기반하여 통합적 마케팅 믹스 전략을 설계해야 하는데, 이때 구성되는 마케팅 믹스는 기업이 통제할 수 있는 4가지 수단으로 이루어진다. 이 4가지는 각각 제품(Product), 유통(Place), 촉진(Promotion), 가격(price)을 말하며 각각의 머리글자를 따서 4P믹스/4P전략이라고 부른다.

1) 제품(Product)

제품이란 기업이 고객에게 제공하는 유형적 및 무형적 속성들로 구성된 재화이다. 기업은 소비자가 제품구매를 통해 충족시키고자 하는 욕구를 고려할 필요가 있는데, 소비자의 구매 욕구는 크게 기능적 욕구, 감각적 욕구, 상징적 욕구로 구분 할 수 있다.

이에 따라, 기업은 다양한 소비자의 구매 욕구를 충족시키기 위해 다각적 시각으로 제품을 이해하고 구분할 필요가 있는데, 일반적으로 제품은 핵심제품, 유형제품, 확장제품으로 구분한다.

① 핵심제품 : 핵심제품이란 고객의 기능적 욕구를 충족시키는 속성으로 가장 기초적인 차원의 제품을 말한다. 즉 핵심제품의 관점에서 소비자는 그 제품이 주는 혜택을 구매하고 있는 것이다.

② 유형제품 : 유형제품이란 소비자들이 제품으로부터 추구하고자 하는 혜택을 실현하기 위한 물리적 속성들의 집합체로서 품질수준, 특성, 스타일, 상표명, 포장, 디자인 등을 말한다. 기업은 유형적 특성을 경쟁사와 다르게 조합하여 소비자의 감각적, 상징적 욕구를 충족시키는 차별화된 제품을 제공할 수 있다.

③ 확장제품 : 확장제품이란 유형제품에 다양한 차원의 편익이 부가된 제품을 말한다. 확장제품의 주요 구성요소는 보장과 보증, 대금결제방식, 배달, A/S, 설치 등이 있는데 소비자의 구매결정에 결정적 영향을 미치기도 한다.

2) 유통(Place)

유통은 채널이라고도 하는데 기업으로부터 최종 소비자(혹은 기업고객)에게로 제품 및 서비스를 이동시키는 과정을 모두 포함한다. 이러한 유통은 여러 가지 기능을 제공하는데, 첫째 교환과정을 촉진하며, 둘째 제품구색의 불일치를 완화시켜주기도 하고, 셋째로 가격 구입단위 지불조건 등의 표준화를 이루기도 한다. 넷째로 기업과 최종소비자까지 연결해주는 중간상의 역할을 하며, 다섯째로 기업을 대신하여 A/S, 제품의 배달, 설치, 사용 교육 등 다양한 서비스를 제공하는 역할을 한다.

유통의 커버리지 전략으로는 다음의 세가지가 있다.

① 집약적 유통 : 가능한 많은 소매상들이 자사의 제품을 취급하도록 하는 전략으로 일반적으로 편의품인 경우에 선택한다.

② 전속적 유통 : 각 판매 지역별로 하나 또는 극소수의 중간상에게 자사제품의 유통에 대한 독점권을 주는 전략으로, 보통 전문품과 선매품의 경우에 해당한다.

③ 선택적 유통 : 집약적 유통과 전속적 유통의 중간에 해당하는 전략으로, 판매지역별로 자격을 갖춘 소수의 중간상에게 판매를 허용하는 전략이다. 선매품의 경우에 선택한다.

유통채널은 그 대부분이 외부자원이라는 점에서 다른 마케팅 믹스와는 본질적으로 다른 점이 있다. 그 때문에 유통채널을 구축하는 데는 일반적으로 오랜 시간과 많은 비용이 들며, 일단 구축해놓으면 좀처럼 변경하지 못한다. 따라서 장기적인 관점에서 구축여부를 결정해야한다. 일단 뛰어난 유통채널을 구축해 놓으면 이는 기업에 큰 자산이 되며, 그것을 통해 장기적인 경쟁우위를 구축할 수도 있다.

3) 촉진(Promotion)

촉진이란 기업이 제품을 현재 또는 미래의 고객들에게 알리고 구매하도록 설득하며, 또 구매를 유도할 수 있는 여러 가지 수단의 총합을 말한다. 이러한 촉진믹스의 수단으로는 일반적으로 다음의 4가지를 활용한다.

① 광고(Advertising) : 광고란 광고주(비용지불 주체)가 대가를

지불하고, 판매하고자 하는 상품 또는 서비스에 대한 정보를 표적고객에게 비 인적(非 人的) 매체를 이용하여 전달하는 방법을 말한다. 광고의 수단으로는 TV나 라디오 등 전파매체, 신문, 잡지 등 인쇄매체와 인터넷, 옥외간판, 우편광고 등 다양한 매체를 활용한다.

② 홍보(Publicity)/PR(Public Relations) : 홍보는 비용을 들이지 않고 기업이나 제품을 매체의 기사나 뉴스로 소비자에게 알리는 것을 말하며, PR은 홍보활동 이외에도 기업의 대언론 관계 활동, 기업에 대한 이해를 돕기 위한 사내외적 커뮤니케이션, 국회의 입법 또는 정부의 규제에 직 · 간접으로 영향을 미치려는 합법적 설득활동 등을 포함하는 보다 넓은 개념이다.

PR은 일반적으로 광고보다 저렴하면서도 높은 신뢰성을 확보할 수 있는 촉진방법이며 보다 적은 비용으로 높은 커뮤니케이션 효과를 얻는 경우가 많다.

PR에 사용하는 수단으로는 간행물, 세미나, 전시회, 운동경기, 공공서비스, 특별행사 등이 있다.

③ 인적 판매(Personal Selling) : 인적판매는 판매원이 잠재고객을 직접 대면하고 의사소통을 통하여 필요한 제품의 정보를 전달하고 직접적으로 고객을 설득하는 방법이다. 따라서 잠재고객의 구매를 실현하는데 매우 효과적인 방법이다.

인적판매의 판매과정은 크게 준비단계, 설득단계, 고객관리단계의 3단계로 구성되는데, 첫째 준비단계는 관련자료의 분석으로 가능고객을 탐색하고 이들에 대한 접근방법을 찾아내는 것이다. 두 번째 설득단계는 표적잠재고객에게 접근하여 제품을 소개하고 고객의 반응으로부터 고객의 저항 및 불만사항을 파악하고 이를 조정하여 구매계약을 달성하는 과정이다. 마지막 고객 관리단계는 고객의 반복구매가 이루어지도록 고객을 지속 관리하는 과정을 말한다.

④ 판매촉진(Sales promotion) : 판매촉진이란 기업이 제품이나 서비스의 판매를 촉진하기 위해서 단기적으로 수행하는 모든 고객의 구매 동기부여 수단을 말한다. 일반적으로 광고는 제품정보의 제공 및 차별적 브랜드 이미지 구축에 목적을 두고 하는 반면, 판매촉진은 바로 지금 시점에 고객이 구매하도록 유도하여 단기적 매출을 증대시키는 데 목적을 두고 추진한다.
판매촉진은 그 대상을 기준으로 다음과 같이 세 가지로 분류할 수 있는데, 첫째는 소비자를 대상으로 하는 소비자 판촉으로, 가격할인, 무료샘플, 쿠폰제공, 경품행사, 리베이트 등이 있다. 둘째는 중간상을 대상으로 하는 중간상 판촉으로, 구매수당, 제품수당, 무료제품 제공, 협동광고, 판촉비 제공 등이 있다. 셋째는 판매원을 대상으로 하는 판매원 판촉으로, 보너스, 콘테스트, 판매경품 등이 있다.

4) 가격(Price)

가격이란 시장에서 기업의 제품이나 서비스의 가치를 나타내는 기준으로 소비자들이 자신이 원하는 제품이나 서비스를 사용하기 위하여 지불하는 금전적 대가를 말한다.

마케팅 믹스 중 제품, 광고 등 다른 요소들은 환경변화에 대처하는데 많은 시간과 노력을 필요로 하는데 비하여 가격은 즉각적인 대응이 가능한 마케팅 믹스 요소이다. 또 광고, 유통 등 다른 요소들은 비용을 발생시키는 요소인데 반하여 가격은 매출을 창출하여 기업의 수익과 이익에 직결되는 유일한 마케팅 요소이므로 최적 가격의 결정전략은 기업의 성과에 매우 중요하다고 할 수 있다.

이러한 가격전략은 시장의 환경에 맞게 자사의 마케팅 목표에 따라 종합적으로 판단해서 수립해야 할 것인데 일반적으로 다음의 세 가지 경우를 고려하여 추진한다.

① 매출 증대를 목표로 한 가격전략 : 이 가격전략은 단기적인 이익을 포기하더라도 매출을 높이고 시장점유율을 확대하여 장기적인 이익을 목표로 하는 가격전략이다. 매출 지향적 목표를 설정하게 되면 적정한 마진을 설정하고, 대량생산을 통해 가격을 낮추면서 대량판매를 유도하여 시장점유율을 높일 수 있는 마케팅 믹스를 설계하여 추진한다.

② 현상유지를 목표로 한 가격전략 : 이 가격전략은 자사제품이 시장에서의 지위를 어느 정도 확보하고 있을 때 적용하는 차별화 전략으로 경쟁에 적절히 대응하며 가격을 안정시키는 가격전략이다. 마케팅 믹스에 의한 차별화전략으로 시장점유율을 유지하고 소비자의 우호적 태도를 이끌어내며 경쟁제품과는 가격경쟁을 피하는 전략이다.

③ 이익극대화를 목표로 한 가격전략 : 이 가격전략은 마케팅전략의 목표가 이익극대화일 때 사용하는 가격전략인데, 한계수익과 한계비용이 같아지는 점에서 이익극대화가 이루어진다고 본다. 그러나 기업이 단기적 이익에만 급급하다보면 고가격 및 독점이윤만을 추구하게 되어 장기적으로는 기업성장에 장애가 될 수도 있다. 그래서 기업은 가격결정의 목표로 이익극대화보다는 목표이익이나 시장점유율을 설정하고 이 가격전략을 선택하는 것이 바람직하다고 할 수 있다.

마. 해외 마케팅전략

1) 제품의 속성

해외진출 대상국가는 문화, 경제발전의 정도, 제품 및 기술표준에서 서로 다른 특성을 보이고 있으므로 이와 같은 특성을 고려하여 제품별 마케팅전략을 수립할 필요가 있다. 각 국가들은 전통, 사회구조, 언어, 종교, 교육 등 문화적 측면에서 서로 다른 특성을 나타내고 있으며 경제발전의 정도에 따라 선호하는 제품의 속성이 달라질 수 있다. 선진국의 소비자는 부가적인 속성이 포함된 제품을 선호하며 개발도상국 소비자는 기본적 속성의 제품을 선호하는 경향이 있다. 각 국가 간의 제품과 기술표준의 차이는 기업의 마케팅 믹스 즉 품질, 가격, 유통경로, 촉진활동을 현지 실정에 맞출 필요가 있다.

2) 유통전략

기업이 특정국가에 제조설비를 가지고 있다면, 생산된 제품을 소비자, 소매상, 도매상에게 직접 판매할 수 있으나 제조설비 없이 해외시장에 진출하는 경우에는 소비자. 소매상, 도매상 외에 수입대행업체를 활용할 수도 있다. 기업의 해외진출에 따른 유통전략의 선택과 관련하여 가격이 중요한 경우에는 유통경로별로 유통마진이 추가되므로 짧은 유통경로가 바람직하며, 소매분야가 매우 다양하게 분산된 경우에는 판매비용의 절감 및 배타적 유통채널의 이용 등을 목적으로 긴 채널의 활용이 유용할 수 있다.

3) 국제적 촉진활동

국내 마케팅활동과 달리 국제적 촉진활동에는 문화적 장벽, 원천효과 및 원산지효과와 같은 커뮤니케이션에 대한 특성이 나타날 수 있다. 문화적 장벽이 메시지 전달을 어렵게 할 수 있고 동일한 메시지가 전혀 다르게 해석될 수 있으므로 마케팅 메시지를 개발할 때에는 현지 자원을 활용할 필요가 있다. 원천효과와 원산지효과는 제품공급업체의 소속국가, 이미지, 제품의 생산지역 등이 제품평가에 영향을 미치는 것으로서 한류에 의한 한국 소비제품의 해외 수요증가가 좋은 예이다. 촉진전략은 개인적 판매를 강조하는 푸시전략과 대중매체를 활용하는 풀전략의 두 가지 유형으로 나눌 수 있다. 일반적으로 산업재로서 유통경로가 짧은 경우에는 푸시전략이 더 좋으며, 소비재로서 유통경로가 긴 경우에는 풀전략의 선택이 바람직하다.

4) 가격전략

기업이 가격전략를 수립하는 경우에 고려해야 할 요소로서는 가격차별화, 전략적 가격정책, 가격결정에 영향을 미치는 규제 등이 있다. 가격차별화는 동일 제품에 대하여 국가 간에 상이한 가격을 책정하는 것으로 각 국가 간의 시장이 분리될 수 있고 각 국가별로 제품의 가격변동이 수요증감에 미치는 영향이 다른 경우 이를 추진할 수 있다. 전략적 가격정책은 자사제품의 가격결정에 경쟁자의 가격을 중요한 변수로 고려하는 것으로 시장점유율의 대폭적 확대를 도모하기 위한 전략으로 활용된다. 또한 원가보다 낮은 가격으로 제품을 판매하는 것을 규제하는 반덤핑규제가 있는 국가에서는 수출제품의 최저가 설정이 필요하며 선진국의 경우 독점제한과 경쟁을 촉진시키는 정책의 시행은 자사의 가격결정에 제약요인이 될 수 있다.

제3절 비용절감

1. 전통적 비용절감

전통적 비용절감은 업무수행과정에서 발생하는 낭비요인을 발견하여 이를 제거함으로써 비용을 절감하는 방법으로서 업무형태에 따른 비용요소인 매출원가, 제조원가, 판매관리비 및 자금조달 비용으로 구분하여 살펴본다.

가. 매출원가 · 제조원가

제조원가에 영향을 미치는 요인으로서는 원재료, 생산인력, 설비, 공정, 환경 및 제도로 구분할 수 있으므로 이들 요인에 대한 관리개선을 통한 구체적인 비용절감 방법을 살펴볼 수 있다.

1) 원재료

- 자재조달
  - 가격 : 주기적 시장조사를 통한 원재료의 가격비교, 구입처 다변화, 대체 원자재 모색 : 대금결제 방법 변경, 일괄 발주 등 주문방법 변경
  - 품질 : 자재의 표준화, 조달원재료 품질검사, 제품기능 조화를 이루는 원재료 재설계, 신소재 발굴, 원재료별 수율관리를 통한 조달품질 향상, 창고정리를 통한 선입선출 입고출고 관리
  - 납기 : 생산 소요량 반영 자재계획 수립, 결품 현황관리, 전표

와 현물 불일치 해소를 위한 수불관리, 재고조사 체계확립

- 체계 : 발주시점, 대금결제 등 조달 기본방침 수립, 조달 거래업체 관리, 반제품 외주 효과분석, 동종업종 기업체 대량 공동구매, 협동조합 활용

• 입고관리
  - 검수 간소화 : 검수방법 표준화, 입고 포장단위 관리
  - 재료 보관 · 이동 : 발주 · 불출 절차 간소화, 보관대 레이아웃, 창고 자동화

• 재료 사용량 관리
  - 원자재 활용도 제고 : 스크랩 재사용, 사용기준 설정, 로스율 정기적 검토
  - 재료절감 기술개발 : 로스 원인분석, 대체 원자재 개발

• 재고관리
  - 적정재고 유지 : 최적 발주재고량, 회전율 제고

2) 생산인력

• 직무조사 및 인력운용
  - 직무조사 : 직무분석 및 직무평가, 직무조사 결과 활용, 직무체계 조정
  - 인력 운용 : 인력채용 합리성, 부서별 인력 불균형, 역량 부족 인력 영향, 기능 적합 경력자, 수행업무 주기적 분석, 정형업무와 비정형업무의 조화

• 작업능률
  - 작업계획 : 정확한 일정계획 및 작업계획, 작업지시 정확성을 통한 업무 소요시간 단축

– 업무량 할당 : 생산능력과 부하량 비교분석, 능력 대비 부하의 과부족 조정
– 능률향상 : 대기시간 최소화, 비부가가치 작업 제거, 작업자 다기능화, 동작로스 최소화
– 업무수행 표준화 : 표준시간 설정, 비생산적 업무공수 최소화, 생산 적정인력 설계

• 임금
– 임금체계 : 직원의 수용성, 동기부여 성과급 운용, 임금체계 의견조사, 여성인력 비중, 소사장제 외주, 간접인원 적정화 및 전문화
– 임금수준 : 임금수준 조사, 동일 직무 직급에서의 임금격차 필요성 검토
– 인건비 분석 : 노동분배율, 인건비의 매출 · 이익 등의 비교, 중장기 인력운용계획 수립

• 교육훈련 · 복리후생
– 교육훈련 : 작급 · 직무별 훈련계획 수립, 훈련 실시, 효과분석 및 피드백, 경력개발
– 복리후생 : 복리후생 유형, 운영형태, 복리후생 수준

• 인사고과
– 평가지표 등 인사고과 체계, 합리적 운용, 인사고과 결과의 급여, 승진, 포상 반영

3) 설비

• 설비투자
– 투자계획 : 장기매출계획, 가동률, 수익성 반영 투자결정, 리스 활용 검토, 유휴설비, 불필요 설비 매각

- 관리체계
  - 담당지정 : 설비보전부서와 담당자 지정
  - 이력관리 : 설비대장, 고장통보, 고장조치 기록
- 설비보전
  - 보전계획 수립 : 자주보전, 예방보전, 개량보전 실행
  - 설비청소 : 청소기준 및 일상점검기준 문서화, 작업자 숙지 및 실행
- 설비효율성
  - 제도정비 : 평가지표 운용, 설비종합효율 측정, 설비종합효율 향상활동 전개
  - 개선안 실행 : 작업기종 변경시간 감축, 설비능력 가동률 제고, 설비공간 활용
  - 시설 개체 및 협업 : 자동화, 동업종 공동협업
- 에너지절감
  - 유틸리티 원단위 관리 : 전력효율, 용수 회수사용률 제고, 연료비, 전문가 진단
  - 절감운동 : 에너지 절감운동 문서화 및 실천
- 소모성 공구 및 간접재료
  - 구매단가 재검토, 내구성 연장, 공동구매 추진

4) 공정

- 공정설계
  - 공정계획 : 생산기술축적, 재공품 재고 감축, 공정 매뉴얼화
  - 공정분석 및 레이아웃 : 생산방식, 공간활용, 작업관리 안전성, 컴퓨터 공정관리

- 라인균형
  - 공정별 효율성 제고 : 공정별 효율성 분석, 낭비제거활동, 생산성 향상 목표 수립
  - 공정라인 개선 : 공정 수 감축, 병목현상 개선, 타 공정과의 균형, 롯드 크기 평준화
- 작업시간
  - 작업시간 최소화 : 대기시간 단축, 작업편성 표준화, 작업 여유율 축소
  - 다수대 작업* : 준비교체시간 감축, 연합작업 분석, 치공구 개발, 간이자동화 추진
  - 다공정 담당 : 다기능 훈련계획, 기능양성, 소인화 라인 편성
  - 시간관리 : 가공공정 표준시간 설정, 시간당 생산량 관리, 표준시간 주기적 개정
  - 작업일보 : 충실한 작업일보 작성, 종합효율관리 적용

  * 1인이 다수의 기계를 동시에 관리하는 방식
- 운반
  - 운반도구 : 운반용기, 운반수단 개선
- 외주
  - 일부 · 전체 공정 외주 경제성 분석, 외주품 관리, 외주거래선 관리

5) 환경 · 안전

- 작업환경 개선
  - 작업장 환경 : 소음, 조명, 진동, 유해가스, 분진
- 5S 활동

– 활동체계 : 환경개선활동 방침, 추진조직, 실행, 평가, 피드백
– 활동내용 : 설비, 치공구, 물품장소, 불필요한 물건 등의 정리, 통로 · 작업장 구분, 물품수납 · 보관장소 지정, 눈에 보이는 관리 등 정돈, 설비주변, 청소구역 지정, 습관화, 설비점검 청소, 근무자의 복장, 안전구 착용, 근무자세 등 청결, 반복 실행을 통한 습관화

• 사고예방
– 안전교육 : 작업장 안전수칙 부착, 안전교육, 작업규칙 교육
– 안전설비 : 소화기 관리, 공해방지시설 가동, 안전설비 활용법 숙지, 안전점검
– 재해방지 : 재해발생률 분석, 재해방지 안전대책 수립

6) 생산관리시스템

• 납기준수
– 수주연계 생산 착수 : 수주와 생산 연계 관리, 생산계획 기초자료 완비 작업할당
– 부하관리 : 생산부하량과 생산능력 분석
– 진도관리 : 생산소요기간 반영 생산계획 수립, 납품계획 수립
– 자연대책 : 생산 우선순위, 납기지연율 관리, 적정 제품재고 관리

• 원가관리체계
– 현장원가관리 : 원가인식 강화, 낭비제거활동
– 원가관리제도 운용 : 예산통제와의 연계성, 간접비 배부기준, 목표원가 · 표준원가 산정
– 목표원가 : 개발단계 제품별 원가특성 및 기능편차 분석, 비용

절감 목표설정
- 표준원가 : 제조단계 원가요소 · 부문별 표준원가와 실제원가 차이분석, 개선안 모색
- 원가차이분석 : 가격차이 · 능률차이, 배합차이 · 수율차이, 조업도차이 분석 수행
- 원가혁신 활동 : 전사적 · 체계적 원가혁신 활동 전개

• 전사적 효율관리
  - 생산목표 : 전사 생산목표 달성 지표 설정, 생산목표 달성도 관리
  - 종합효율 : 전사 종합효율 관리, 종합효율 향상활동 전개
  - 가시관리 : 달성도, 종합효율 현황 눈에 보이는 관리
  - 적정재고 : 원재료, 재공품, 제품의 최적수준 재고 유지
  - 전산화 : 원재료 조달, 생산현장 가공, 입고, 출하 전 과정에 대한 업무 전산화
  - 품질관리 : 원재료 품질 확보, 재공품 · 제품 불량 예방, 전사적 품질관리기법 활용

나. 판매관리비

판매관리비의 절감을 위한 방안으로서 비용항목 실적분석, 직무분석, 임금체계 검토, 집행예산 실적평가, 공동구매, 전문가 진단, 비핵심업무의 외주전환 등이 있다.

1) 단위업무 레스 엔지니어링

단위업무를 중심으로 과다하거나 불필요한 업무의 수행이 없는지

관찰하여 낭비요인을 제거함으로써 비용을 감축하는 레스 엔지니어링(less engineering)을 활용할 수 있다.

▶ 과다한 업무 유형 예시

- 서류작성 : 과다 서류 작성 및 보관 지양으로 사무공간 확보
- 우편발송 : 속달, 택배, 과다발송 등 관리로 통신비 절감
- 공간이동 : 불필요한 사무실 내 이동 개선으로 사무합리화 추진
- 전화통화 : 사적통화, 불필요한 장시간 통화 지양으로 통신비 절감
- 회의참석 : 회의 주제, 목적, 필요성 검토로 불필요한 회의 억제
- 과잉서비스 : 필요 이상의 투자, 고객서비스 지양으로 접대비 절감
- 서류복사 : 과다 복사 지양, 이면지 활용 등 통신비 절감

2) 전사적 비용감축

비용절감을 단위 업무 중심으로 수행할 수도 있으나 기업의 전 직원이 비용절감 의식을 갖고 전사적인 제도 개선을 통하여 수행하는 경우보다 장기적이고 지속적인 비용절감 효과를 도모할 수 있다.

비용항목별 실적분석

- 추세 분석 : 동일 비용에 대한 과거 수년간의 추이 분석
  - 구성비 분석 : 매출액 대비 비용항목의 구성비 분석
  - 동종 타사 비교 : 경쟁사 대비 추세 및 구성비 분석
- 직무분석
  - 인력절감 노력 지속화 : 구조조정, 계약직 전환
  - 불필요 절차 개선 : 지속적 정기적 점검을 통한 감축

- 임금체계
  - 성과급 : 급여 · 임금의 성과 연동
  - 소사장제 : 업무량 연계
- 집행예산 실적평가
  - 운송업무 : 업무량 대비 운송비 분석
  - 판매촉진활동 : 집행실적 대비 효과분석
- 공동구매
  - 소모품 구매 : 동종업종 기업체 대량 구매, MRO(유지, 보수, 운용)제품 전자상거래
- 제안제도 · 포상제도
  - 제안제도 : 비용절감을 위한 제안제도 활성화
  - 포상제도 : 비용절감의 규모를 반영한 포상 실시
- 전문가 진단
  - 비용 낭비요소 파악 : 통신비, 전기료, 소모품비
- 외주 전환
  - 가치사슬 분석 : 가치사슬(value chain)활동에 대하여 핵심 · 비핵심 업무 구분
  - 비핵심업무 외주 : 생산, 운송, 포장, 비용지급, 콜센터, A/S 등의 업무

다. 자금조달비용

중소기업의 자금조달비용의 감축은 실질적으로 차입자금의 조달비용을 감축함으로써 이루어진다. 따라서 중소기업은 자금차입과 관련하여 금융기관이 운용하는 신용평점제도 및 금융제도를 활용하여 신

용등급을 개선하고 거래은행과의 관계를 강화하고, 자체적으로는 투자자산의 효율적 운용을 위한 노력이 필요하다.

1) 신용등급 개선노력

- 신용평가제도 이해
  - 평가등급 : AAA, AA, A, BBB, BB, B, CCC, CC, C, D 등급으로 구분, 기업체의 신용평가등급이 B등급 이상인 경우 융자 가능
  - 신용평가표 구성 : 재무비율 등 계량지표와 경영자능력 등 비계량으로 구성, 기업규모가 클수록 계량지표의 비중 증가
  - 평가등급 영향 : 평가등급이 양호할수록 차입조건(기간, 금리) 우대
- 신용평가항목 파악
  - 계량지표 : 유동성, 안정성, 수익성, 활동성 등의 재무지표로 구성
  - 비계량지표 : 사업성, 경쟁력, 경영능력, 신뢰성 등으로 구성
- 관리가능 항목 개선
  - 결산재무제표 : 가지급금 · 가수금 계정 정리, 단기차입금의 장기차입금 전환 등
  - 비계량지표 : 특허 출원, 품질경영인증(ISO9000) 취득 등으로 평점 증대 가능

2) 거래은행 관계 강화

- 주기적 정보제공
  - 결산실적 : 연간 · 분기별 결산실적 제공

- 경영실태 : 비계량적 경영실태정보 제공, 금융자문 활용

• 상호협조 유지
  - 전속거래 : 적정 예금수준 유지, 은행의 실적 제고에 기여
  - 금융상품 구매 : 방카슈랑스, 연금보험 등

3) 금융제도 활용

• 정책자금
  - 기술개발자금 : 기술개발 소요자금 정부자금 출연, 성실 과제 수행 시 상환부담 없음
  - 신성장기반자금 : 시설자금 등 장기저리의 자금 지원
  - 재도약지원자금 : 중견 부실징후기업에 대하여 장기저리의 자금 선제적 지원

• 고금리대출 대환
  - 경영실적 반영 : 신용평점 개선에 따라 기존 고금리대출을 저금리대출로 대환

라. 효율적 자산운용

• 비업무용 부동산 · 투자자산 매각
  - 매각자금 부채상환 : 차입금이자 고정비 부담 경감

• 운전자본 활용도 제고
  - 매출채권 : 장기미수채권 감축, 채권회수기간 단축, 외상거래선 신용조사 강화
  - 재고자산 : 원재료, 재공품, 제품 재고자산 보유 최소화, 적정 재고 유지

- 매입채무 : 거래선 결제조건 점검, 결제기일 장기화로 자금활용도 제고

• 리스 · 외주 활용
  - 리스 : 시설도입에 필요한 거액의 투자자금 조달 대신 임차료 지불로 대체
  - 외주 : 비핵심업무활동의 자체수행 대신 외부전문기업 활용, 핵심업무 역량 집중

2. 전략적 원가절감

일반 중소기업의 경우 전통적인 원가절감방법으로 비용을 절감할 수 있으나 이러한 방법은 단기적인 비용절감이 강조되는 측면이 있다. 관리대상 영역을 확대하여 보다 장기적인 관점에서 비용을 절감하는 방안으로서 구매원가절감의 인식전환, 전략적 원가관리. 생산기획 및 공정관리 효율성 확보, 목표원가관리 등을 활용한 기업프로세스 개선을 추진할 수 있다[1].

가. 구매원가절감

1) 구매원가절감에 대한 인식전환

구매 원자재의 저가조달에서 협력사 포함 원가구조 전반에 대한 낭비제거

1) 대한상공회의소, 중소기업 구조개선 전문가 과정 교안 ModuleⅢ pp. 68-109

- 원자재 저가조달 방법 : 싼 것 구매, 구매가격 할인, 싼 곳에서 구매
- 구매프로세스 개선 : 물류 · 공급망 관리 · 사용량 최적화로 확대

• 싼 것 구매
  - 동시공학개발 : 제품설계 단계에서 원가절감 추구
  - 가치분석(VE) : 제품 기능 · 품질 감안 비용의 비율 최적화
  - Tear Down : 경쟁사 제품 입수, 세부부품 분해, 기술력과 원가분석, 제품의 품질 Positioning에 따라 원가절감 계획 수립

• 값을 깎는 구매
  - 구매협상 : 견적비교, 원가추계 활용, 원가구성비가 큰 품목 공급업체와 협상

• 싼 곳에서 구매
  - 공정경쟁 : 구매담당자 역량 의존도 축소, 공급기업간 경쟁, 공정성 · 투명성 확보, 중소기업의 경우 협상력 열위로 타 기업과의 제휴 활용

2) 구매조달 위험관리

• 공급 리스크 : 협력사 도산, 생산거점 자연재해 발생 등으로 공급 차질 발생
• 품질 리스크 : 협력사의 재료, 부품 불량
• 법적 리스크 : 원자재 불량으로 자사 제품의 고객에게 피해가 발생한 경우
• 정보누설 리스크 : 협력사의 정보 누설로 영업에 악영향 발생
• 소문 리스크 : 협력사의 반윤리적 행위로 인하여 자사 제품 이미지 손상

나. 전략적 원가관리

- 전략적 원가관리 특징
  - 제조, 판매, 물류 등 경영기능 전반에 걸친 유기적 관계에 입각한 원가절감
  - 지속적 경쟁우위 확보 전략 달성에 원가정보 활용
  - 일차 품질관리 외에 설계품질도 관리의 대상에 포함
- 경쟁전략과 원가관리
  - 원가우위 · 제품차별화 · 집중화 등 경쟁전략 포지셔닝별 원가관리 관점 상이
- 가치사슬분석
  - 가치사슬(value chain) : 생산 · 판매 · 구매 · 지원 등 기업내부 가치창출 프로세스
  - 공급사슬(supply chain) : 공급 · 제조 · 유통 등 기업(산업)간 가치창출 프로세스
  - 각 활동의 독립적 분석 보다는 각 활동의 상호 연계 시너지효과 분석을 요함
- 원가동인 분석
  - 기업의 원가를 결정하는 근원적인 요인을 원가동인이라고 함
  - 원가동인의 유형으로서 구조적 · 실행적 · 운영활동 원가동인이 있음
  - 기업특성을 반영한 원가동인에 근거한 비용분석 및 원가절감으로 지속성장 도모
  - 구조적 원가동인 : 기업의 규모, 수직적 통합수준 범위, 경험, 기술, 복잡성

- 실행적 원가동인 : 종업원 참여, 품질 관점, 공정배치 효율성, 제품 사양, 설비활용
- 운영활동 원가동인 : 매일 수행하는 활동의 원가동인

다. 생산기획 및 공정관리 효율성 확보

- 생산기획 단계 원가관리
  - 동시공학 설계를 통한 생산기획 단계에서부터 원가관리 수행
  - 시장수요, 경쟁사 전략, 산업내 설비가동율 등의 분석으로 재고증가, 과잉설비 예방
- 생산공정 관리
  - 생산공정의 도식화, 능력비교, 연관관계 분석으로 과다 안전재고 사전 예방

라. 목표원가 관리

- 동시공학개발
  - 제품개발이 분야별 단계로 이루어지지 않고 관련분야 전문가의 동시 참여로 수행
  - 최대 절감 가능한 목표원가 설정 및 제품개발 소요시간 절감
  - 제품이 수명주기 단축화에 대응한 제품개발주기 단축화 가능
  - 구조조정기업의 경우 원가 및 재고 경감을 위하여 제품설계 단계에서 적용 필요
- 목표원가의 정의
  - [시장수용 목표판매가격] - [목표이익] = [목표원가]

- 목표원가 설정원칙
  - 구조조정을 위한 목표원가 설정 SMART 5원칙
    · Specific : 개발제품에 대한 정확한 내용
    · Measurable : 목표달성을 측정하는 방법
    · Achievable : 업무의 내용이 수행가능한 것인지 여부
    · Realistic : 현재의 상황에서 실현가능한 일인지 여부
    · Time-Bounded : 업무수행 가능 소요시간
- 구조조정기업의 목표원가관리의 중요성
  - 목표원가의 설정 및 목표의 달성과정에서 비효율성의 제거 및 운용최적화 달성 가능
  - 성공적인 성과지표 제시를 통한 자금상환 및 배당 압력 부담 경감 가능

3. 원가우위 기반 구조개선 전략

장단기 비용절감을 위한 다양한 방안의 활용으로 기업의 수익성을 개선할 수 있다. 본 절에서는 특히 경쟁기업 대비 경쟁우위를 확보하고자 저원가전략을 추진하는 기업의 경우 이를 효과적으로 수행할 수 있는 방안으로서 경쟁사 대비 자사의 원가구조분석, 상품 다양성에 따른 원가상승의 억제방안을 살펴본다[2].

2) 대한상공회의소, 중소기업 구조개선 전문가 과정 교안 ModuleⅢ pp. 189-203

가. 원가구조 분석

1) 경쟁사 원가구조 분석

- 경쟁사 대비 내부 원가구조 분석
  - 매출량 연관 · 비연관 구분 분석, 동업종 최우량 기업 벤치마킹
- 소비자 유통가격 원가구조 분석
  - 매출량 연관 · 비연관 구분 분석, 유통업체 마진 포함, 최우량 기업 벤체마킹, 규모의 경제가 더 이상 효과가 없는 매출량(critical mass) 파악
  - 추가적인 비용절감 대안 모색
- 생산량 증가에 따른 단위비용 절감 추이 분석
  - 경쟁기업 상호간 비교를 통한 경험곡선(학습효과) 도출, 개선방향 파악
- 비용 유형별 원가절감 우수기업(best practice) 선정
  - 매출원가, 재고수준 등 각 유형별 우수기업 원가구조 파악하여 벤치마킹

2) 자사 원가구조 분석

- 규모의 경제가 원가구조에 미치는 영향분석
  - 규모의 경제가 영향을 미치는지 여부에 따른 원가요소 구분 분석
  - 영업비, 홍보 · 마케팅비 그룹과 직접노무비, 운송비, 에너지 비용 그룹 구분
- 조달규모와 국내 · 글로벌 조달의 원가구조
  - 조달수량의 조달원가 영향분석, 국내조달과 글로벌조달의 원가구조 비교분석

- 가동률 제고로 인한 제품 단위당 고정비 감소의 영향분석
  - 품목별 고정비 비중이 클수록 가동률 제고로 인한 원가절감 효과가 큼
- 지역별 요소별 비용 차이 분석
  - 국내도시와 해외지역 간 비교, 사업장 이전 가능
- 공유 가능 자원 파악 원가절감
  - 상품 라인별 기업 보유 자원의 공동 활용 가능성 분석
- 우리사주조합원에 대한 과세특례 활용
  - 급여의 일부를 우리사주조합에 출자하는 경우 직원 혜택
  - 연말세금정산 시 해당연도 출자금과 400만원 중 적은금액을 소득액에서 공제
  - 우리사주 발생 소득에 대하여 소득세 비부과

나. 복잡성 대응 원가절감 방안

- 고객의 요구로 상품 다양성이 있는 경우 복잡성(complexity)에 대응한 원가절감 방안
  - 탄력적(flexible) 생산구조 : 생산시간, 생산라인, 아웃소싱, 작업자 등
  - 시간(time-based)관리 : 개발시간, 무재고(just-in-time)관리
  - 간결 경영(lean-management) : 가벼운 조직, 권한위양, 의사결정과정 정비

제4절 수익비용 통합관리

1. 수익비용 통합관리의 의의

기업 경영활동의 결과물은 이익으로 나타나게 되며, 경영자는 기업 경영을 하기 위해서 최소 필수이익에 상응하는 이익목표를 설정해야 함과 동시에 그 필수이익과 비교해 실제로 달성한 이익을 측정하기 위한 기준을 설정해야 한다. 그런데 이러한 이익은 수익과 비용의 상충관계에 의하여 나타나게 된다. 즉 수익의 창출을 위해서는 이에 상응하는 비용이 발생하게 되는데, 수익의 증가와 비용의 감소 관계에서 이익이 증가하게 되는 것이다. 따라서 기업의 경영활동으로 수익과 비용을 개별적으로 관리 하여야 할 것이 아니라 수익에 대응하는 비용의 항목에 따라 통합하여 관리하며, 이에 대한 개선방안을 찾는 것이 중요하다.

과거 많은 기업들이 구조개선의 차원에서 원가와 비용절감의 측면에 집중하다보니 수익의 약화로 인하여 경영성과가 오히려 감소하는 결과를 보인 바 있다. 이러한 결과는 비용의 구조조정을 통하여 비용절감 효과를 거두는 것이 이익제고를 위해 필요한 사항이겠지만 지나치게 비용절감에만 몰두하게 되면 신규 수익원을 발굴하지 못하는 등 역효과가 발생할 수 있다는 사실을 보여주는 것이다.

수익과 비용을 통합하여 관리하는 것은 수익과 비용을 달성된 경영성과와 그것을 달성하기 위한 노력의 인과관계로 파악하여 일정기준에 의한 기간 수익을 파악하고 그와 대응관계에 있는 기간비용을 관리하려는 노력과 같은 것으로 수익의 확장에 따라 발생하는 비용을 함께 고려하여 기업의 경영구조를 조정하고자 하는 것이다.

여기서 **수익비용 대응**이란 기간손익을 계산할 때 1회계기간에 발생한 수익과 이에 대응하는 비용을 비교형량(比較衡量)하여 손익을 계산하는 것이다. 비용수익의 대응방식은 실현수익에 대해 발생비용을 관련시키는 것이 일반적인데 그 대응의 형태로 직접적인 대응과 기간적인 대응이 있다. 직접적 대응이란 것은 매출액과 매출원가의 대응이고 기간적 대응은 매출액과 판매비 및 일반관리비의 대응이다.

이러한 비용수익의 대응 관점에서 손익을 관리하는 차원으로 수익비용 통합관리를 위한 접근은 고수익 저비용의 실현을 통한 기업이익의 확대로 기업구조의 개선을 이루려는 것이다. 이에 본 장에서는 손익의 확대효과분석 개념의 레버리지 분석과 투입된 비용의 회수 가능한 수익관리와 민감도분석을 위한 손익분기점 분석, 그리고 수익성, 활동성, 투하자본에 대한 이익률 등을 분석하는 재무비율 분석, 수익비용의 통합적 관리 접근에 의한 사업의 포트폴리오 재구성을 통한 한계사업의 평가관리에 대한 내용을 살펴보도록 한다.

2. 레버리지 분석

레버리지 분석은 기업의 총비용 중 고정비가 매출액의 변동에 따라 순이익에 미치는 영향을 분석하는 것인데, 고정비가 기업 경영에서 지렛대와 같은 중심적 작용을 하는 것으로, 고정비용 중에서 고정자산의 사용으로 인한 고정영업비용이나 타인자본의 사용으로 인한 고정금융비용이 기업의 이익에 미치는 영향을 분석하는 것이다.

이러한 분석으로 기업에서는 고정비용과 이익 및 매출액의 관계를 파악하며, 기업의 주요 수익원인 매출과 고정비용 및 이익의 관리와 개선방안을 마련하는 데 도움이 될 수 있을 것이다.

가. 영업 레버리지(operating leverage)

운용 레버리지 또는 **영업 레버리지**는 총비용 중에서 고정영업비가 차지하는 비중으로 나타내며, 영업 레버리지 비중이 높은 기업일수록 매출액 증가에 따라 영업이익이 큰 폭으로 상승하고 반대로 매출액이 감소하면 영업이익의 폭이 큰 폭으로 감소하게 되는 것이다. 이러한 영업 레버지지는 영업비 중에서 고정영업비의 비중이 높을수록 기업의 매출로 인한 손익개선효과가 크게 나타날 수 있지만, 영업위험이 증가하기에 적정한 위험 수준에서의 비용구조를 결정하는 것이 필요함을 보여준다. 일반적으로는 고정영업비가 클수록, 매출액이 작을수록, 판매단가가 낮을수록, 단위당 변동비가 클수록 영업 레버리지는 크게 나타나는데, 무조건 비용관리를 통해 고정영업비용을 줄이게 되면 매출에 따른 영업이익의 레버리지 효과가 감소하게 되어 손익개선효과가 감소할 수 있기에 기업이 감당 할 수 있는 범위의 적정 수준 비용구조와 매출액 증가로 인한 이익개선 효과 등을 고려하여 구조개선의 방안을 마련하여야 할 것이다.

영업 레버리지는 영업이익 변화율을 매출액 변화율로 나누어 산출할 수 있는데, 매출액이 1퍼센트 변화할 때 상대적으로 영업이익은 몇 퍼센트 변화하는지를 나타내는 것이다.

영업 레버리지도(DOL: Degree of Operating Leverage)

$$= \frac{\text{영업이익변화율}}{\text{매출액변화율}} = \frac{\triangle EBIT/EBIT}{\triangle Q/Q} = \frac{\text{매출액}-\text{변동비용}}{\text{매출액}-\text{변동영업비용}-\text{고정영업비용}} = \frac{\text{공헌이익}}{\text{영업이익}}$$

나. 재무 레버리지(financial leverage)

재무 레버리지는 총비용 중에서 고정재무비용이 차지하는 비중을 의미 한다. 여기서 고정재무비용은 타인자본의 조달을 통한 이자를 의미하며, 재무 레버리지 비중이 높은 기업일수록, 영업이익 증가에 따라 순이익이 큰 폭으로 상승하고, 반대로 영업이익이 감소하면 순이익은 큰 폭으로 감소하게 되는 것이다. 즉, 재무레버리지는 영업이익이 클수록, 고정재무비용이 작을수록 그 크기가 작게 나타난다. 주주들의 입장에서는 재무 레버리지도가 높은 기업에 대하여 위험을 크게 느끼고 높은 기대수익률을 요구하게 된다.

재무레버리지도(DFL : Degree of Financial Leverage)

$$= \frac{\text{주당순이익 변화율}}{\text{영업이익 변화율}} = \frac{\triangle EPS/EPS}{\triangle EBIT/EBIT} = \frac{\text{영업이익(EBIT)}}{\text{영업이익(EBIT)}-\text{이자(I)}}$$

다. 결합 레버리지(DCL : Degree of Combined Leverage)

결합 레버리지는 매출액 변동에 따른 주당순이익의 변동 정도를 의미한다. 즉, 영업 레버리지와 재무 레버리지를 결합한 것으로 총비용 중에서 고정비와 고정재무비용이 차지하는 비중으로 측정이 가능하다.

결합 레버리지도(DCL) = DOL × DFL

$$= \frac{\text{주당순이익 변화율}}{\text{매출액 변화율}} = \frac{\triangle EPS/EPS}{\triangle Q/Q} = \frac{\text{매출액}-\text{변동비}}{\text{매출액}-\text{변동영업비용}-\text{고정영업비용}-\text{이자비용}}$$

3. 손익분기점 분석(break even point analysis)

가. 손익분기점 분석의 내용

손익분기점은 비용과 수익이 같아지는 매출액을 의미하는 것으로 매출액과 그 매출을 위해 소요된 모든 비용이 일치되는 점이다. 즉, 손익분기점 이상의 매출을 올리면 총수입의 증가분으로 인해 비로소 이익이 발생하게 되며, 판매량이 그 이하이면 총비용의 증가분으로 인해 손실이 발생하게 되는 것이다.

이처럼 손익분기점은 초과이윤과 손실의 기준이 되기 때문에, 이익계획이나 경영분석에서 많이 이용되고 있으며, 비용지출 규모에 따른 손익분기점 매출액에 대한 민감도 분석 등을 통하여 기업의 수익과 비용의 통합관리를 위한 구조개선 방안 등을 마련하는데 기본적으로 사용될 수 있는 분석기법이다. 손익분기점 분석을 위해서는 비용을 변동비용과 고정비용으로 구분하여야 하며, 총수익에서 변동비용을 차감하면 공헌이익을 산출 할 수 있는데, 공헌이익과 고정비용이 같아지는 판매량을 손익분기점이라고 한다.

그림6-2. 손익분기점

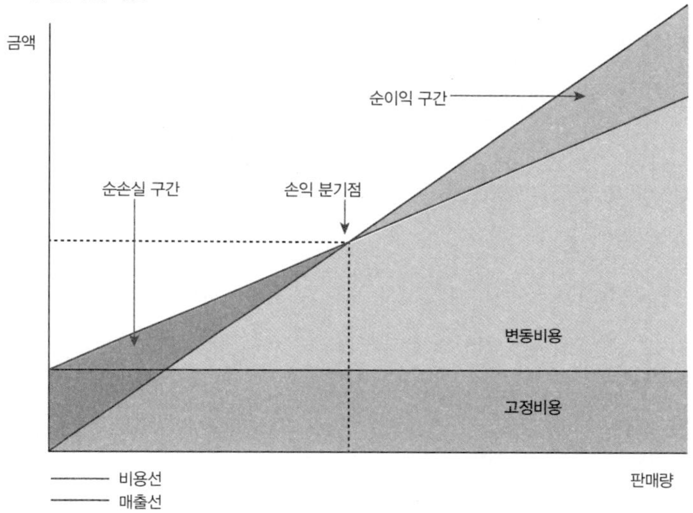

손익분기점(BEP) ; 공헌이익 = 고정비용

고정비용 = 단위당 공헌이익 x 손익분기점에서의 판매량(BEP)

손익분기점에서의 판매량(BEP) = 고정비용 ÷ 단위당 공헌이익

손익분기점의 매출액은 손익분기점에서의 판매량에 제품의 판매단가를 곱하여 계산한다. 기업이 일정의 이윤을 남기고 싶은 판매량을 구하고자 한다면 손익분기점에서의 판매량을 구하는 식에서 고정비용에 일정이윤을 더하여 단위당 공헌이익으로 나누어주면 기업이 추구하는 일정이윤을 갖게 되는 판매량을 산출할 수 있다. 그런데 손익분기점을 구할 때는 판매제품이 한 가지 종류라는 가정을 하게 되는데, 여러 가지 제품을 생산하여 판매하는 기업이라면 가중평균공헌이익에 의하여 손익분기점을 구할 수 있다.

즉, 전 제품의 총 판매량에서 각 제품의 판매량이 차지하는 매출배합의 비율을 해당 제품의 단위당 공헌이익에 곱한 후에 각 제품에 대하여 이와 같이 곱한 수치들을 모두 합산한 가중평균 공헌이익을 이용하여 다품종 생산기업의 손익분기점을 계산 할 수 있다.

이에 대한 구체적인 절차는 다음과 같다.

첫째, 가중평균 공헌이익을 구한다.

가중평균공헌이익 = P1 + P2C2 + … + PCn + … + PnCn

고정비용 = 단위당 공헌이익 x 손익분기점에서의 판매량(BEP)

손익분기점에서의 판매량(BEP) = 고정비용 ÷ 단위당 공헌이익

둘째, 총 고정비용을 가중평균공헌이익으로 나누어 손익분기점의 총판매량을 구한다.

손익분기점의 총판매량 = 총고정비용 ÷ 단위당 공헌이익

셋째, 위에서 구한 손익분기점의 총판매량에 각 제품의 판매량 비율(Pi)을 곱하여 각 제품별 손익분기점의 판매량을 구한다.

나. 손익분기점 분석의 활용

손익분기점의 산출은 기업의 투자규모에 따른 목표 영업이익을 확보하기 위한 판매량을 추정하는 등 여러 측면에서 활용이 가능하다.

즉, 목표이익을 실현하기 위한 고정영업비용과 변동영업비용의 영업비용 구조를 결정 하는데 필요한 분석 도구이기도 하고, 영업이익이 실현되는 확실성의 정도 파악이 가능하도록 하며, 목표영업이익을

실현하기 위한 판매량의 추정과 이에 대한 생산량 추정 및 생산규모와 보유 재고량 등을 계획하는데 활용되기도 한다.

또한 고정영업비용을 조정하는 경우와 단위당 변동영업비용을 조정하는 경우 및 판매가격을 조정하는 경우와 고정영업비용과 단위당 변동 영업비용을 함께 조정 하는 경우, 목표이익을 조정하는 등 수익과 비용에 대한 통합적 조정 및 분석이 가능하다.

4. 재무비율분석

재무비율분석은 재무제표상의 각 항목 간에 관계를 일정한 비율로 나타내어 기업의 전반적인 경영성과를 분석하는 것이다. 재무비율은 여러 가지 측면에서 다양하게 분석할 수 있다. 기업은 재무비율분석으로 기업구조개선을 위하여 과거 경영활동에 대한 전반적인 분석으로 미래의 나아갈 방향을 설정하고, 현재 기업이 속한 산업 내에서의 위치를 파악하며, 경쟁력의 지표를 파악 할 수 있는 것이다.

재무비율은 분석에 이용되는 자료에 따라 대차대조표 비율분석, 손익계산서 비율분석, 대차대조표와 손익계산서를 혼합한 비율분석, 시장가치 비율분석 등으로 나누어질 수 있으며, 대차대조표 비율분석에서는 주로 유동성, 레버리지, 안정성 등을 분석하고 손익계산서 비율분석에서는 기업의 수익성, 활동성, 생산성 및 성장성 등을 분석한다. 그리고 시장가치 비율분석으로 주가수익률, 주가 대 장부가치 등 주가의 적정성을 통하여 기업 가치를 분석하는 방법이 있는데, 본 절에서 수익비용 통합관리를 통한 기업의 구조조정 측면에서 활용 될 수 있는 손익계산서 비율분석과 투하자본에 대한 이익률을 살펴보도록 한다.

가. 표준비율의 선정

재무비율분석을 위해서는 비율 그 자체로는 의미를 가질 수 없으며 기업에서의 과거 재무비율이나 동일산업 내의 경쟁기업 또는 산업평균 비율 등 사전에 설정한 목표비율과 비교하여 분석 할 때 의미를 지닌다. 이렇게 재무비율을 분석할 때에 비교기준이 되는 재무비율을 표준비율이라 하며, 재무비율 분석을 위해서 비교 가능한 표준비율로는 기업이 속해 있는 산업의 평균비율을 표준비율로 이용하여 재무비율을 평가하는 산업평균비율, 산업의 평균비율을 표준비율로 이용하는데 한계가 있는 경우 경쟁관계에 있는 기업의 재무비율을 표준으로 하는 경쟁기업비율, 유동비율의 200%이상 시 유동비율이 양호하다는 등의 경험적비율, 기업 내 과거 평균비율 등을 활용 할 수 있다. 산업평균비율의 자료는 한국은행에서 공개되는 '기업경영분석'과 한국산업은행의 '재무분석' 자료 등을 활용 할 수 있다.

나. 수익성비율

수익성비율은 기업의 이익창출 능력을 나타내는 지표로서 기업활동의 결과를 집약한 경영성과를 측정하며, 기업의 이해관계자들에게는 가장 많은 관심을 받는 부분이기도 하다. 기업에서는 사업에 대한 구조개선과 더불어 사업의 전환, 확장, 신규투자 등에 대한 의사결정을 위한 정보로 활용될 수 있다.

그러나 수익성이 높더라도 흑자도산의 가능성이 있기 때문에 유동성과 현금흐름에 대한 분석이 병행되어야 한다. 이러한 수익성비율에는 매출 및 이익과 관련된 비율은 손익계산서에 의하여 산출하지만,

투자한 자본의 성과를 측정하는 경우 대차대조표와 손익계산서 모두의 자료가 필요하다.

① 매출액총이익률

매출액총이익률은 매출총이익을 매출액으로 나눈 비율로 기업의 생산효율성을 측정하는 지표이다. 매출총이익은 판매비와 일반관리비를 차감하기 전의 매출이익을 의미한다.

$$\text{매출총이익률} = \frac{\text{매출총이익}}{\text{매출액}} \times 100$$

② 매출액순이익률

매출액순이익률은 순이익을 매출액으로 나눈 값을 말하며 마진율이라고도 한다.

$$\text{매출액순이익률} = \frac{\text{순이익}}{\text{매출액}} \times 100$$

이 비율은 전체적인 경영활동의 성과를 나타내는 것인데 영업활동 및 재무활동의 결과가 모두 포함된다. 만약 이 비율이 해당 산업의 평균치보다 높다는 것은 다른 기업들보다 더 높은 순이익을 얻고 있음을 뜻한다. 그러나 매출순이익률이 높다고 이 기업의 영업활동이 잘 되었다고 판단할 수 만은 없다. 영업활동이 부진하여도 영업외이익이 많이 발생하면 매출순이익률은 높을 수 있기 때문이다. 따라서 매출순이익률만을 바탕으로 기업의 수익성을 파악하지 말고 매출영업이익률 및 다른 수익성지표들과 연관지어 분석할 필요가 있다.

③ 매출액영업이익률

매출액영업이익률은 영업이익을 매출액으로 나눈 값이다. 이는 기업의 정상적인 영업활동의 효율성을 측정하며 매출액에서 매출원가 및 판매비와 일반관리비의 지출 정도를 동시에 분석할 수 있는 것이다.

$$매출액영업이익률 = \frac{영업이익}{매출액} \times 100$$

이러한 매출액영업이익률은 시기에 따라 변화하는데 이는 매출액의 변화와 매출원가 및 판매비와 일반관리비의 변화가 포괄적으로 작용하여 변화하는 것이다. 전년 대비 매출액의 변화율과 전년대비 비용 변화율을 비교하면 매출원가와 판매비 및 일반관리비의 집행 효율성을 파악 할 수 있는데, 특히 매출원가 부분에서 재료원가나 노무원가 등 세부 항목별로 증감률을 파악함으로써 비용절감효과가 매출액 영업이익률에 얼마나 작용하는지를 알 수 있게 된다. 이러한 분석은 수익비용 통합관리의 수단으로 활용될 수 있을 것이다.

④ 총자산순이익률

총자산순이익률(Return on Assets : ROA)은 투하된 자본에 대한 순이익의 정도를 측정하는 자본수익성비율의 지표로 순이익을 총자산으로 나누어 계산한다.

$$총자산순이익률 = \frac{순이익}{총자산} \times 100$$

총자산순이익률이 높으면 투하된 자본에 대하여 기업의 이익창출능력이 높다는 것을 의미하며, 이러한 총자산순이익률은 매출액순이익률($\frac{\text{순이익}}{\text{매출액}}$)과 총자본회전율($\frac{\text{매출액}}{\text{총자산}}$)의 곱으로도 계산이 가능하다.

즉, 총자산순이익률은 매출수익성과 총자산회전율이 결합된 비율이므로 총자산순이익률을 높이기 위해서는 총자산회전율을 증가시키거나 매출수익성을 높여야하며, 두 부분 중에서 어느 부분이 총자산순이익률에 기여도가 높은지를 파악하여 구조개선전략 또는 영업의 전략을 수립할 수 있다.

다. 활동성비율

활동성비율은 기업의 경영활동을 위하여 취득한 특정자산이 어느 정도 효율적으로 이용되었는가를 나타내는 비율이다. 일반적으로 매출액을 특정자산으로 나눈 회전율로 측정되는데, 매출과 특정자산과의 관계를 나타냄으로 매출에 대한 자산보유의 효율성을 파악하여 수익의 관리계획에 참고가 될 수 있다.

① 총자산회전율

총자산회전율은 기업이 투자한 총자산 이용의 능률을 총괄적으로 나타내는 표로서, 이 비율이 높을수록 유동자산, 고정자산 등을 효율적으로 이용하고 있다는 것을 의미하며, 낮을수록 전체자산에 대한 과대투자나 비효율적 투자를 의미하는 것이다.

$$\text{총자산회전률} = \frac{\text{매출액}}{\text{총자산}}$$

$$\text{총자산회전기간(일)} = \frac{365}{\text{총자산회전률}}$$

② 매출채권회전율

매출채권회전율은 매출채권의 현금화 속도를 의미한다. 즉, 매출채권회전율이 높을수록 기업의 유동성이 양호하게 되며, 매출채권회전율과 관련하여 기업의 판매정책 중 신용정책에 대한 계획을 할 수 있게 된다. 신용기간 연장 시 매출액이 증대되어 기대되는 추가수익과 매출채권회수기간이 길어지게 되는데, 이때 기대되는 추가비용을 비교하고 분석하여 신용기간의 연장과 수익비용의 통합적 관리 및 기업의 개선방안을 마련 할 수 있다.

$$매출채권회전률 = \frac{매출액}{매출채권잔액}$$

$$매출채권\ 평균회수기간(일) = \frac{365}{매출채권회전율}$$

③ 재고자산회전율

재고자산회전율은 매출액을 재고자산으로 나눈 것으로 재고자산의 회전속도를 의미한다. 즉, 재고자산이 당좌자산으로 변화하는 속도를 나타낸다. 재고자산회전율이 높다는 것은 재고가 창고에 쌓이기 무섭게 판매된다는 것을 의미하고 재고자산회전율이 낮다는 것은 매출이 부진하여 창고에 오랫동안 재고자산이 쌓여 있다는 것을 의미한다.

$$재고자산회전율 = \frac{매출액}{재고자산}$$

$$재고자산\ 평균회전기간(일) = \frac{365}{재고자산회전율}$$

④ 영업활동을 통한 현금전환주기(현금의 1회전 운전주기)

영업활동을 통한 현금전환주기는 현금이 투하되어 원재료 등 생산요소가 구입되고, 생산과정을 통해 제품이 생산되어, 판매과정을 거쳐 현금이 재창출될 때까지의 기간을 의미한다.

현금회전기간(일) = 재고자산회전기간 + 매출채권회전기간 − 매입채무회전기간

⑤ 1회전 운전자본

1회전 운전자본은 1회전 운전기간 동안에 기업이 필요로 하는 운영자금의 규모를 의미한다. 따라서 1회전 운전자본은 기업의 연간 매출액과 현금의 1회전 운전기간을 감안하여 측정하는 것이다.

1회전 운전자본 = (매출액−영업이익−감가상각비) x 1회전운전기간(년)

라. 투하자본이익률

투하자본이익률은 기업의 수익성을 나타내는 지표 가운데 하나로 투하자본으로 얼마의 세후영업이익을 올렸는가를 나타내는 것인데, 투하자본이란 기업이 운용하는 자산 중에서 영업을 위하여 운용하고 있는 자산만을 의미하는 것으로 간주한다. 실무적으로는 재무상태표상의 총자산에서 비영업용 자산인 건설 중인 자산 또는 금융관련 투자목적의 자산 등을 차감한 후 부채 중에서 비 이자지급부채를 추가적으로 차감하여 계산 한다. 이러한 투하자본에 대한 이익률을 산출하는 것은 수익과 투하자본과의 관계를 분석하여 미래의 경영목표와 전략을 수립하고 구조개선의 방향을 설정하는데 도움이 될 수 있기에 주주나 채권자의 관점에서가 아니라 기업의 관점에서 필요한 사항이기도 하다.

$$\text{투하자본이익률(ROLC)} = \frac{\text{새후영업이익}}{\text{투하자본}} = \frac{\text{매출액}}{\text{투하자본}} \times \frac{\text{세후영업이익}}{\text{매출액}}$$

$$= \text{투하자본회전율} \times \text{매출액세후영업이익률}$$

투하자본이익률을 높이기 위해서는 투하자본회전율과 매출액에 대한 마진을 높이는 등의 방법이 있는데, 기업의 측면에서 적정한 활동성 및 마진에 대한 개선방안을 수립하는 것이 중요하다.

5. 한계사업 평가 및 관리

기업의 구조개선 측면에서 수익비용의 통합관리를 위한 레버리지 및 손익분기점 분석, 재무비율 분석 등의 방법을 보았는데, 이는 결국 기업의 미래 사업의 방향 설정을 위한 분석의 도구이며, 분석을 바탕으로 경영목표와 전략을 수립하기 위한 것이다.

특히, 기업의 구조개선 상황에서 그러한 분석과 경영목표 설정 및 전략수립은 기업의 운명을 좌우하는 매우 중요한 의사결정이기에 수익비용의 통합적 관리에 더하여 기업에서 사업의 평가를 통한 한계사업을 평가하고, 사업의 미래성장 가능성을 추정하며, 한계사업에 대한 대안을 분석하는 것에 대하여 추가로 살펴본다.

가. 한계사업의 평가

사업에 대한 한계성을 평가할 때 몇 가지 프로세스가 있는데, 우선 평가지표를 정의하고, 목표 기준치를 설정하며, 과거의 성과에 대한 분석과 한계사업의 대안을 분석하여 최적의 방안을 선정하여야 한다. 그리고 내부 개선으로 인한 여러 가지 가능성과 미래에 대한 성장가능성을 추정하는 부분이 필요하다.

여기서 한계사업에 대한 평가지표로는 투자수익률(ROI)관점과 순현재가치(NPV)의 관점 등에서 지표에 대한 정의를 가질 수 있는데, 투자수익률 관점에서 투하자본이익률 등을 지표로 설정 할 수 있다. 평가지표를 선정하는 데는 다양한 관점에 입각한 평가기준이 고려되어야 하며, 투자수익률 관점 또는 순현재가치의 관점과 기타 수익성 등의 사업가치 지표들 중에서 한 개의 지표가 기준점으로 선정되어야 한다.

이러한 평가지표는 한계사업의 현 상황에서의 사업추진 타당성 또는 내부 개선의 가능성 등을 감안하여 사업유지에 대한 타당성을 분석할 수 있어야 하며, 산업 및 고유 사업 특성을 고려하여야 한다.

평가지표의 예로써 앞에서 살펴 본 투하자본이익률 외에 총자산순이익률, 순현재가치 법에 의한 사업성 평가, 순현금흐름에 의한 평가 등이 있다.

나. 미래성장가능성 추정

기업의 미래 성장가능성을 분석하기 위해서는 몇 가지 핵심적인 질문에 대한 분석이 필요하다. 첫째로, 어떠한 사업에서 성장을 이어갈 것인가에 대한 부분으로 시장과 시장 세그먼트별로 성장률을 예상하여야 하며, 상품 믹스(Mix)에 따른 분석이 필요하다. 둘째로 현 가격 수준에서 어느 정도의 성장률이 가능한가에 대한 분석이 필요한데 이는 각종 애널리스트의 보고서와 외부기관의 동종사업 영위 기업의 주당순이익(EPS)에 대한 분석 자료 등을 참고 하여 가능 할 것이다. 그리고 셋째로 예상되는 성장률은 어떻게 달성이 가능한가에 대한 분석이 필요한데, 이는 외부 및 내부 환경의 성장에 대한 가정을 검토하고 내부 활용 가능자원의 수준을 검토하여 분석할 수 있다. 넷째로는 기업이 해당 시장에서 성공하기 위해 어떻게 포지셔닝되어 있는가에 대한 분석을 해야 하며, 이는 산업 내 핵심 성공요인의 파악과 핵심 성공요소별 회사의 보유역량을 파악하여 분석할 수 있다. 다섯째로 내부적인 성장의 계획이 타당한지에 대하여 살펴보아야 한다. 이는 내부목표 달성에 요구되는 가정을 파악하고 시장, 생산능력, 유통채널별 판매량을 추정하며, 성장과 자원투자와의 현실성을 검토하여 분석할 수 있을 것이다. 끝으로 현 사업이 성장하는 것에 대한 위협요인은 무엇인지를 파악하여 미래의 성장가능성에 대한 추정을 해 볼 수 있는데, 이에 대해 고객 니즈의 변화와 경쟁사의 대응방안 파악 및 새로운 경쟁자 분석과 새로운 비즈니스 모델 및 경제의 위기 상황 등에 대한 분석이 필요하다.

여기서 미래의 성장가능성을 추정하는데 주의하여야 할 부분으로 먼저 내부환경과 외부환경의 가정 및 예상치에 대한 면밀한 검토가 필요한데, 내부성장계획 및 가정에 대한 명확한 도출과 철저한 검토를 위해 미래에 대한 계획과 내부적 강점 및 약점의 분석, 내부프로세스와 인적자원의 수준 및 투자가능 자원의 보유수준, 운영역량 등에 대한 분석이 필요하다,

또 한편으로는 시장과 경쟁구도에 대한 가정에 대하여 면밀한 검토가 필요한데, 이는 시장구조 및 트랜드와 시장 사이클 현황 및 회사의 기존 전략에 대한 포지셔닝과 고객 니즈의 변화상황, 신규 시장진입자 및 퇴출기업에 대한 분석 및 경쟁사의 예상 대응전략 등에 대한 분

석을 통해 가능하다. 이러한 가정 및 분석으로 사업에 대한 계획과 결과물을 갖고 예상 수익을 도출하고 이를 재무계획에 반영하여 미래에 대한 성장가능성을 추정하도록 한다.

다. 한계사업 대안 분석

사업에 대한 미래 성장가능성의 분석 및 추정을 통해 한계사업의 대안을 갖게 되는데, 기존 사업에 대하여 내부 개선을 통해서 사업을 유지 할 것인가 또는 사업부를 분할하여 매각(Spin-off)할 것인가 아니면 사업을 철회하고 청산할 것인가에 대한 의사결정이 가능할 것이다.

기업의 사업은 여러 가지 측면에서 분석되고 검토되어 미래에 대한 추정이 가능할 것이며, 결국 기업의 구조는 수익과 비용의 통합적 관점에서 접근하여 실현이익에 대한 가능성과 기업의 궁극적 가치창출에 대한 기대치를 반영하여 유지, 개선, 확대, 축소, 철수 등 기업구조에 대한 의사결정을 하여야 할 것이다.

제5절 관리 구조조정

경영관리는 기업이 경영활동을 능률적으로 수행하도록 하기 위하여 경영목적과 정책을 설정하고, 이를 달성하기 위해 인적 · 물적 · 재무적 · 기술적 요소를 계획하고 조직하며, 지휘,조정, 통제하는 모든 활동을 의미한다. 즉 경영의 목표 달성을 위하여 기업의 경영계획과 계획의 실행 · 실행 후 피드백의 경영활동 과정을 경영관리라고 할 수 있다.

이러한 경영관리의 구조는 기업경영의 기본적인 활동과정이며, 기업의 구조개선과 관련하여 반드시 살펴보아야만 하는 대상이다. 관리구조조정이란 경영관리 구조조정의 축약된 표현이며 경영활동을 더욱 합리적으로 수행하기 위한 경영관리 방법의 개선을 의미하는 것이다.

따라서 본 절에서는 경영활동의 합리적 수행을 위한 기업의 관리구조와 이익의 관계 및 조직유형과 경쟁우위의 확보, 구조조정기업의 프로세스 개선 및 구조조정기업의 성과평가 관리에 대하여 살펴보도록 한다.

1. 관리구조와 이익

경영관리 방법의 개선에 대하여는 일반적으로 구조조정의 대상이 되는 부실기업보다는 정상 경영활동을 하고 있는 기업에 더 큰 논점의 대상이 되고 있는데, 이는 부실화된 기업의 경우 생존여부가 불투명한 상황이므로 상시적 구조조정으로 간주되는 관리 구조조정은 기업의 정상화 이후에나 검토될 수 있는 것으로 간주되기 때문이다.

그러나 기업에서 관리구조에 대한 개선은 상시적인 구조조정의 문제일 뿐만 아니라 기업의 생존과 직결되는 비상시에도 근본적인 구조개선방안으로도 검토되어야 할 대상이다.

관리는 측정이라는 말이 있듯이 기업의 경영목표 설정과 목표달성을 위한 경영계획 및 실행, 실행 후 성과에 대한 피드백으로 경영계획을 수정 보완해 가는 과정에서 경영목표 달성의 정도를 측정할 수 있는 지표가 설정되어야 하며, 그러한 지표를 바탕으로 기업의 생존과 직결되는 기업이익의 창출이 가능하도록 기업이 갖고 있는 자원이 최적으로 활용되도록 하고, 효과적인 수익의 창출과 효율적인 비용의 관리가 될 수 있도록 하여야 할 것이다.

그러한 차원에서 기업의 성과관리 뿐만 아니라 조직의 유형과 프로세스의 관리 등으로 기업의 구조개선과 개선에 따른 목표성과 및 성과에 대한 결과물로써 기업의 이익에 대하여 전반적인 검토와 개선방안을 모색하는 것이 기업구조개선활동에서 간과할 수 없는 사항인 것이다. 일반적으로 관리 구조조정의 방법으로 경영혁신의 방법론인 6시그마 활동 등 여러 가지가 있으나 본 절에서는 중소기업에서의 적용가능성을 고려한 성과관리제도로서 BSC에 대하여 살펴본다.

2. BSC(Balanced Score Card)

가. BSC의 개념

균형잡힌 성과지표로서 **균형성과표**(BSC)는 조직의 사명과 전략들을 측정하고 관리하기 위한 시스템의 틀을 제공하는 포괄적인 측정지표들의 집합으로써 기업의 성과관리 제도의 도입을 위한 방법 중 하나이다. BSC는 과거의 재무적인 측정지표들을 포함하고, 또한 미래 성과를 창출하는 성과 동인들에 대한 측정지표를 보완하고 있는데, 재무적 관점, 고객관점, 비즈니스 프로세스 관점, 학습과 성장의 관점이라는 네 가지 관점에 의하여 조직의 전략과 비전을 가시화하고, 목표달성을 할 수 있도록 하는 것이다.

이러한 BSC는 기업의 구성원들로 하여금 그들의 사업단위들이 어떻게 현재와 미래 고객들을 위하여 가치를 창조할 것인지, 그리고 미래 성과를 향상시키는데 필요한 인력과 시스템, 절차에 대한 투자와 내부역량들을 어떠한 방법으로 조합해야 하는지를 측정할 수 있도록 한다. 또한 재무적인 관점에서 단기적인 성과에 관심을 기울이는 한편, 장기적으로 경쟁적 성과를 이루는데 필요한 가치 동인을 규명하도록 되어 있는데, BSC 방법론은 성과평가시스템으로, Renaissance Solutions 사의 David. P Norton 박사와 Havard 경영대학의 Robert S. Kaplan 교수가 공동으로 개발한 균형성과 측정 기록표를 의미하는 것이다.

나. BSC의 특징

BSC는 재무평가지표와 비재무평가지표를 조합하는 단순한 차원을 넘어 몇 가지 특징을 갖고 있는데, 첫째로 BSC에는 네 가지 관점 내에 포함되어 있는 지표들 간의 인과관계가 설정되어 있다는 것이다. 조직의 전략은 원인과 결과에 대한 일련의 가설이기 때문에 성과평가시스템은 적절하게 전략을 관리할 수 있도록 목표와 목표, 목표와 전략 그리고 전략과 평가지표 간에 인과관계가 있어야 하는 것이다. 둘째로 BSC는 내부 비즈니스 프로세스와 고객 서비스 및 제품의 개선이 어떻게 재무적 성과로 나타나는지를 보여 준다는 것이다. 즉, 평가지표 간의 인과관계는 재무적 성과지표로 나타날 수 있어야 하는 것이다. 셋째로 BSC는 결과 평가지표와 동인 평가지표가 균형을 이루고 있다는 것이다. 즉, 동인 평가지표가 없는 결과 평가지표는 어떻게 결과가 달성되는지를 설명할 수 없고, 성공적으로 전략이 조직 내부에 이해되는지를 사전에 제시하지 못하게 된다. 반대로 결과 평가지표가 없는 동인 평가지표는 단기적인 프로세스의 개선을 가져올 수는 있지만 그것으로 인하여 고객이 얼마나 증대하는지, 궁극적으로 재무적 성과가 얼마나 개선되는지를 알 수가 없는 것이다. 넷째로 BSC 평가지표는 조직의 행동과 프로세스를 변화시킬 수 있다는 것이다. 따라서 BSC 평가지표는 바람직한 성과를 창출할 수 있도록 변화관리 프로그램과 함께 연결되어야 한다는 것이다. 그래서 기업의 구성원들이 BSC 성과지표 적용을 통해 어떻게 성과목표가 달성되는지를 이해할 수 있어야 한다.

다. BSC 구축을 위한 7가지 원칙

BSC가 캐플란과 노턴에 의해 재무적 지표와 비재무적 지표간의 균형잡힌 평가시스템으로 제시된 후, 이를 평가시스템으로 도입하여 전략적 목표를 실제 성과로 연계하고 있는 성공적인 기업이 있는 반면에 도입에 실패한 기업도 있다.

성공적인 BSC의 도입 및 구축을 위한 원칙을 정리해 보면, 첫째 BSC 평가지표는 기업의 비전과 전략적 목표를 연계하여야 한다는 것이다. 또한 평가 항목과 지표 간에 기업의 성과달성을 위한 상호 인과관계를 분석할 수 있어야 한다. 이 원칙은 BSC의 가장 기본적인 내용이다. 그러나 현실에서는 단순히 평가지표의 나열에 불과한 성과지표 리스트 형식의 BSC 도입으로 인하여 실패하는 경우가 있다. 둘째로 전사 차원의 BSC는 하부조직 단위 및 개인 단위의 스코어카드와 연계하여 통일성을 가져야 한다는 것이다. 즉, 전사 차원의 BSC가 하부조직 단위의 BSC와 동질성을 유지하면서 기업 구성원의 모든 직급에 적용 될 수 있어야 하는 것이다. 따라서 전사 차원의 BSC와 사업부문 단위의 BSC, 부서장의 BSC, 팀장 및 팀원의 BSC 등 개인 단위의 BSC가 서로 동질성 및 일체감이 있어야 한다. 이러할 때에 전사

차원의 전략적 목표와 하부조직 단위의 전략적 목표 및 개인 단위의 전략적 목표 달성을 위한 활동 간의 연계성을 제고 할 수 있으며, 기업의 전략적 목표가 실제 성과로 연계되어 나타날 수 있는 것이다. 셋째로 정량적인 정보뿐만 아니라 정성적인 정보도 도출될 수 있어야 한다. 이러한 원칙이 일반적인 성과지표 시스템과 차별화 된 BSC의 특징이라 하겠는데 단순히 수치로 분석이 가능한 핵심성과지표(KPI)만을 도출해 낸 시스템을 BSC라 할 수 없는 것이다. 넷째로 BSC는 동적인 커뮤니케이션 및 피드백을 갖출 수 있다. 이는 정성적인 평가가 가능하기 위해서 기업의 전략에 대한 상호 커뮤니케이션 및 선순환적인 피드백 루프가 형성될 수 있다는 것이고, 동적인 커뮤니케이션과 피드백 루프는 각 구성원들에게 전략적 목표에 대한 동기부여가 되어 목표달성을 위한 자발적인 참여가 가능하도록 한다는 것이다. 다섯째 원칙은 시스템의 사용방법이 쉬워야만 BSC의 성공적인 정착을 가져올 수 있다는 것이다. BSC의 평가지표를 적절하게 적시성을 확보하면서 관리하기 위해서는 무엇보다도 정보시스템과의 통합이 필요하다. 정보의 사용자인 경영자, 관리자 및 기업 내부 구성원에게 친숙하고 용이하지 못하다면 시스템 자체가 무용지물이 될 수 있기에 BSC 적용 시스템은 사용자 편이를 고려하여 쉽게 만들어져야 한다. 여섯째 원칙은 BSC는 전사적인 차원에서 실행되어야 한다는 것이다. 로버트 캐플란 교수는 "만일 BSC가 상위조직 단위의 관리자 계층에만 국한되고 하부조직단위의 구성원에게 전파되지 못한다면, 가치창출 도구로서의 잠재력을 100% 발휘 할 수 없다." 고 하였다. BSC 구축을 통해 기업의 전략목표를 성과로 연계하기 위해서는 기업의 모든 구성원이 BSC라는 경영도구를 활용 할 수 있어야 할 것이다. 일곱째 원칙으로 BSC가 다른 시스템과 일체감 있게 구축되고 통합되어야 한다다는 것이다. BSC 시스템이 기존의 기업 내 다른 시스템과 별개로 존재할 수 없다. 최소한 하나 이상의 정보시스템과 연계되어 데이터를 획득해야 하는 것이다.

이러한 BSC의 도입 및 구축은 기업의 구조를 혁신하는 개선의 도구가 될 수 있으며 유용한 정보시스템이 가능할 것이다.

3. 구조조정기업의 프로세스 개선

성장이 정체된 기업의 대부분은 피 합병되거나 폐업된다는 통계적 자료가 있다. 특히 급성장을 보인 기업의 경우 업무 프로세스가 원활하지 못하고 일정기간 정체가 지속되면서 사업의 지속성이 급격히 감소하는 모습을 보이는 경우가 있는데, 기업의 환경은 끊임없이 변화하여 현재 기업의 환경에 적합한 프로세스를 갖추는 것은 기업의 지속성장을 위한 중요한 사항이다.

기업의 관리구조 측면에서 프로세스의 관리는 기업이 추구하는 사업목표에 적합한 효과적이며 효율적인 비즈니스 프로세스를 갖추는 것이기에 기업의 전사적인 구조개선에 따른 프로세스의 개선은 반드시 이루어져야 하는 것이다.

가. 프로세스 개선방법

프로세스는 업무의 흐름을 의미하는데 비즈니스 프로세스는 고객이나 사업의 요구조건을 충족시켜 주는 일련의 기능연동이며, 프로세스는 최종적으로는 고객만족으로 이어지는 고객에 대한 제공가치를 낳게 하는 활동을 일컫는다. 따라서 프로세스의 개선은 고객만족으로 이어지는 고객가치 창출과 관련되어야 하며, 업무의 흐름을 기존의 조직을 떠나 의사결정을 신속하고도 정확하며 효율적으로 할 수 있는 체계로 변화할 수 있도록 해야 한다.

이러한 업무 프로세스의 개선은 기존의 업무흐름(As-Is)을 관찰 등의 방법에 의해 분석하고 각 업무단위의 처리시간 및 업무량, 업무 결과를 파악한 후 바람직한 미래의 업무흐름(To-Be) 모델을 만드는 것이 중요하다.

여기서 프로세스 개선의 대상은 크게 네 가지 부분으로 나누어 생각하는 것이 현실적이다. 즉, 첫째 각 사업의 비전 및 전략 개발 프로세스와 사업계획 프로세스에 대하여 개선사항을 착안하며, 둘째는 상품이나 서비스의 기획과 개발 등 연구개발 관련 프로세스, 셋째로 구매로부터 생산 및 영업, 판매, 사후관리에 대한 프로세스, 넷째로는 관리 및 지원 업무에 대한 프로세스이다. 이러한 네 가지 부분을 기본 프로세스로 기업의 상황에 맞게 분류하고, 기본 프로세스를 이루는 하부 프로세스를 정리하며, 각 하부 프로세스에 속한 업무단위별 프로세스를 구분 정리한 후, 업무의 흐름을 좀 더 신속하고 정확하며 효율적으로 할 수 있는 개선방안을 모색하도록 해야 한다. 이 때 개선의 목적이 고객가치 창출이라는 것을 간과해서는 안될 것이다.

이러한 프로세스 개선은 기업의 경쟁우위를 확보하고, 핵심부문에서 비용이나 품질, 서비스, 스피드와 같은 요인의 획기적인 향상을 이룰 수 있기 위하여 일반적으로 8단계의 업무 프로세스 개선 추진과정을 갖게 된다.

표6-1. 8단계의 업무 프로세스 개선 추진과정

Step	작업과정	세부추진내용
1	프로세스 개선 준비	- 프로세스 개선의 기본원리 교육 - 프로세스 개선을 통한 환경변화 예측 및 교육
2	프로세스 추진 조직구성	- TFT 구성 (다양한 기능부서에서 선발, 변화관리 담당 포함)
3	핵심 프로세스 열거	- 프로세스 현황 열거 - 개선이 필요한 프로세스 열거 - 실행 시나리오에 의한 프로세스 열거
4	프로세스 선정 및 실행 우선순위 결정	- 프로세스 개선의 기준 (장애요인, 중요도, 가능성)에 준하는 평가 - 우선순위의 결정
5	비전 및 목표 설정	- 개선의 목적과 변화의 범위 전달 (운영관리 및 측정가능한 목표 포함)
6	프로세스 분석 및 이해	- 고객의 관점에서 프로세스 이해 - 직접 현업 수행방법을 통한 기존 프로세스 이해
7	프로세스의 재설계	- 창의적이고 혁신적인 아이디어 창출 - 정보기술을 활용한 프로세스 재설계
8	프로세스 운영과 변화관리	- 변화에 대한 저항 및 문제점 관찰 - 문제에 대한 해결방안 즉각 실행 - 지속적인 프로세스 개선

나. 프로세스 개선 기대효과

프로세스의 개선은 기존의 업무흐름에 대한 개선으로 궁극적인 목표는 고객가치 창출에 초점을 두어야 한다. 특히 구조개선기업의 경우는 사업구조, 재무구조, 조직구조 등의 개선에 따라 관리구조 개선과 더불어 프로세스의 개선이 반드시 검토되고 실행되어야 할 것이다. 이러한 프로세스 개선은 기존 경영의 기능적 관점으로부터 프로세스 팀으로 작업단위가 변화하게 하며, 단순한 과업단위에서 다차원적 작업으로의 업무 변화를 꾀하게 될 것이다. 또한 통제된 상황에서 권한이 위임된 상황으로 기업 구성원의 역할이 변화하게 될 것이다. 이러한 측면에서 프로세스의 개선에 따라 아래의 표와 같은 효과를 기대해 볼 수 있다.

표6-2. 프로세스 개선의 효과

개요	추진내용	도입효과
고객서비스 및 업무생산성 향상	- 처리절차의 간소화 - 투입요소의 감축 - 관련제도의 개선 - 정보기술의 활용	- 고객에 대한 대응시간 단축 - 고객의 기회확대 - 업무 생산성 향상, 업무 처리의 신속화
계량적 상계 인력의 제시	- 중복, 낭비 요소 제거 - 저 가치요소 간소화 - 강화요소 발굴	- 전체 감축업무량의 계량적 제시 - 부서별, 업무별 상계 가능 인력 제시 - 조직의 목적달성을 위하여 전략적인 강화부문에 여력 배치
경쟁우위 확보	- 고품질, 저비용, 고효율의 프로세스 구축	- 경쟁력 향상
고객만족 극대화	- 고객지향 프로세스 변혁	- 서비스 향상

4. 구조조정기업의 성과평가 관리

"꿩 잡는 것이 매"라는 말이 있듯이 아무리 계획이 좋고, 계획실행의 노력이 중요하다고 하더라도 결국 성과가 있어야 그러한 노력이 헛수고가 되지 않는다. 특히 구조개선기업의 성과는 기업의 존립과 직접적으로 관련을 갖고 있기에 성과의 범위와 측정시기, 평가방법 등 성과관리가 중요하며, 성과관리에 있어서 가장 핵심은 무엇보다 성과에 대한 평가라고 할 수 있다.

가. 성과평가 관리의 중요성

조직의 성과에 대한 합리적인 측정 및 평가의 중요성은 아무리 강조해도 지나치지 않다. 특히 기업환경의 변화에 대응하기 위해서는 한정된 기업의 자원을 가장 효율적으로 활용하여야 하며, 이는 올바른 성과의 측정과 평가에 의하여 뒷받침되어야만 가능할 것이기 때문이다. 성과평가 관리를 위해서는 성과에 대한 측정이 가능하여야 하며, 성과평가는 기업의 전략에 피드백되어 업무수행과정에 반영될 수 있도록 하여야 한다. 아무리 성과지표를 세심히 계획하더라도 그에 대한 평가와 관리가 뒷받침되지 못하면 무용지물이 될 것이다.

나. 성과평가체계의 설계

성과평가에 대한 체계를 이해하기 위해 먼저 성과에 대한 개념을 살펴보면 아래 그림과 같다.

그림6-3. 성과의 개념

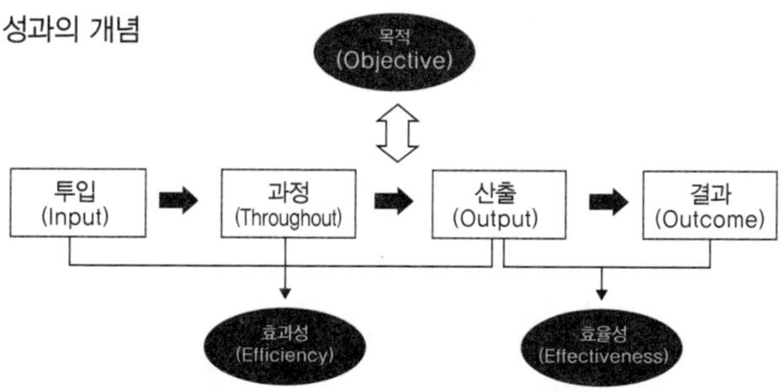

위의 그림과 같이 업무수행과정을 구성하는 주요 요소에는 투입물, 과정, 산출물, 결과 등이 있다는 것을 알 수 있다. 투입물은 인력이나

자금, 설비 중 기업이 보유하고 있는 요소로 업무수행을 위해 직접 투입된 것을 의미하며 과정은 생산요소의 투입을 통해 업무 내지는 생산 활동이 직접 이루어지는 과정을 의미하고, 산출물은 생산단계의 결과로 투입물을 통한 생산활동을 통해 완성되어 제공된 서비스나 제품 등 활동의 직접적인 결과물을 의미한다. 여기서 산출물에 대비한 투입물을 효율성이라 하며 이는 투입(Input)과 생산과정을 거쳐 산출(Output)에 대한 성과를 나타낸다. 한편, 산출물이 실제로 외부에 대해 영향을 초래하여 의도된 목적을 실현하는 정도, 즉 고객의 가치창출 등을 효과성이라고 한다. 이러하듯 성과의 개념은 효율성과 효과성을 포괄하는 것이다. 성과에 대한 개념 이해를 바탕으로 성과평가에 대하여 살펴보면, 먼저 투입과 과정, 산출, 결과에 대한 성과의 지표를 설정하고, 각 지표에 대한 평가계획을 수립하도록 한다. 평가계획은 평가의 목적과 범위를 설정하고, 비교기준 및 분석 방안을 설정하며, 정보의 수집방법과 평가담당자의 지정 등이 따라야 하며, 평가계획에 의하여 평가 후 평가결과는 기업의 성과평가 목적에 적합하게 활용될 수 있도록 해야 한다. 즉, 구조개선의 전략수정, 사업구조개편, 성과에 따른 보상, 책임과 권한의 조정 및 개인의 직무평가에 반영 등 다양하게 활용될 수 있을 것이다.

다. 핵심성과지표 개발

성과지표는 기업의 전략목표 및 성과목표 달성여부를 측정하는 척도로서 성과를 측정할 수 있도록 계량적 또는 질적으로 나타낸 것을 의미한다. 성과지표에 의해 객관적이고 정확하게 성과의 달성수준을 측정할 수 없는 경우에는 성과관리의 목적을 달성할 수 없기 때문에 성과지표는 성과관리의 가장 중요한 요소이다.

성과지표의 유형은 성과개념에 따라 투입지표, 과정지표, 산출지표, 결과지표로 나누어 볼 수 있는데, 투입지표는 인력 및 자금, 원재료 등의 사업계획에 따른 경영활동과정 상 문제점을 발견하려는 목적이 있다. 과정지표는 경영활동의 중간점검을 주요 목적으로 한다. 즉 사업계획의 각 단계별 목표달성 여부를 평가하려는 것이다. 산출지표는 자금 및 인력 등의 투입에 비례하여 목표한 최종 산출이 이루어졌는지를 평가하려는 목적이 있다. 이는 결과에 대한 궁극적 전략목표 달성을 하기 위한 수단이 된다. 결과지표는 경영활동을 통해 나타나는 효과를 측정하기 위한 지표로 궁극적 성과의 달성여부에 대하여 평가하게 되는 것이다.

표6-3. 중소기업 핵심성과 지표 예시(재무부문)

업종	제조업종		제조서비스업종		지식서비스업종		도소매업종		종합건설업종	
테마	소기업	중기업	소기업	중기업	소기업	중기업	소기업	중기업	소기업	중기업
재무	부채비율 결산주기 결산준수율 시장점유율 금융비용비율 판매관리비율 영업수지율 영업이익율 ROI 부실채권비율 외환손실율 자본비용 유동부채비율 총자산회전율	부채비율 결산주기 결산준수율 시장점유율 금융비용비율 판매관리비율 영업수지율 영업이익율 ROI 매입채무회전기간 부실채권비율 외환손실율 자본비용 유동부채비율 총자산회전율	부채비율 결산주기 결산준수율 시장점유율 금융비용비율 판매관리비율 영업수지율 영업이익율 ROI 부실채권비율 외환손실율 자본비용 유동부채비율 총자산회전율	부채비율 결산주기 결산준수율 시장점유율 금융비용비율 판매관리비율 영업수지율 영업이익율 ROI 매입채무회전기간 부실채권비율 외환손실율 자본비용 유동부채비율 총자산회전율	부채비율 결산주기 결산준수율 시장점유율 금융비용비율 판매관리비율 영업수지율 영업이익율 ROI 부실채권비율 외환손실율 자본비용 유동부채비율 총자산회전율	부채비율 결산주기 결산준수율 시장점유율 금융비용비율 판매관리비율 영업수지율 영업이익율 ROI 매입채무회전기간 부실채권비율 외환손실율 자본비용 유동부채비율 총자산회전율	부채비율 결산주기 결산준수율 시장점유율 금융비용비율 판매관리비율 영업수지율 영업이익율 ROI 부실채권비율 외환손실율 자본비용 유동부채비율 총자산회전율	부채비율 결산주기 결산준수율 시장점유율 금융비용비율 판매관리비율 영업수지율 영업이익율 ROI 매입채무회전기간 부실채권비율 외환손실율 자본비용 유동부채비율 총자산회전율	부채비율 결산주기 결산준수율 시장점유율 금융비용비율 판매관리비율 영업수지율 영업이익율 ROI 부실채권비율 외환손실율 자본비용 유동부채비율 총자산회전율	부채비율 결산주기 결산준수율 시장점유율 금융비용비율 판매관리비율 영업수지율 영업이익율 ROI 매입채무회전기간 부실채권비율 외환손실율 자본비용 유동부채비율 총자산회전율

표6-4. 중소기업 핵심성과지표 정의서 예시

KPI 명	규모		테마별								업종별					BSC 관점
	소기업	중기업	재무	마케팅	인사	전략	조직	운영	생산	정보기술	제도	제조서비스	지식서비스	도소매업	종합건설	
부채비율	○		○								○	○	○	○	○	

구분	내용	구분	내용
활용계층	 최고경영자 임원이상 □ / 부장급이하 ■ / 과장(팀장)급 이하 □	KPI 정의	경영합리화를 위한 안정적 성장으로 부채총액을 자기자본으로 나눈 비율
		산출식 (측정방법)	부채총액/자기자본
주관부서	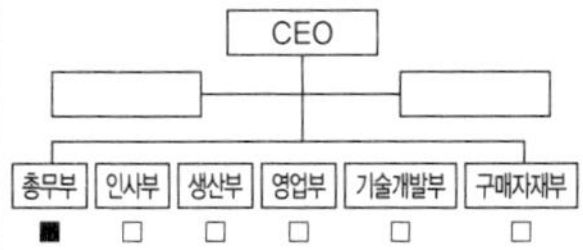 총무부 ■ 인사부 □ 생산부 □ 영업부 □ 기술개발부 □ 구매자재부 □	측정시 유의사항	기업의 평균 부채비율은 업종마다 다를 수 있으며 보통 제조업의 경우 100%를 기준으로 생각하시면 됩니다. 이 100%라는 것 또한 경우에 따라서는 초과한다 하더라도 상당히 우량한 기업이라고 할 수 있습니다. 즉 부채비율은 일률적으로 적용할 수는 없습니다.
발행주기	수시 □ - 매월 □ - 분기 ■ - 반기 □ - 연간 □		

제6절 한계 중소기업 구조개선의 실전 프로그램 사례

1. 프로그램의 목표

실전 프로그램의 목표는 실수요에 맞추기 위하여 공급능력을 감축하는 동시에 사업추진방법을 변경하여 비용을 절감시키는 것이다. 재무적으로는 대차대조표(재무상태표), 손익계산서, 현금흐름표, 모든 부분에 개선효과가 나타나게 하는 것이 최대의 목표이다. 어떠한 방법을 선택하더라도 사업에 투입되는 경영자원은 감소된다.

공급능력을 감축시키는 방법으로는 특정 사업영역으로부터의 철수, 특정 제품라인과 품목으로부터의 철수, 공장 폐쇄 등이 있다. 공급능력의 감축, 사업방법의 변경 중 어느 것을 실행하더라도 사용되는 자원을 축소시켜 비용의 감축을 목표로 한다.

가. 재무적 측면

기업의 재무내용을 보고 기업규모에 맞는 감량경영을 실현시키는 것이다. 기업의 과잉부채를 감축함으로서 비가동, 비효율적 자산을 도출하며, 만성적 경상수지 적자의 원인이 되는 채권채무의 부적정한 결제조건을 시정하는 것이다. 궁극적인 목표는 기업의 자산규모에 맞게 수익성 확보를 위한 재무상태 개선을 통하여 수익성을 높이고 자기자본을 증대하거나, 자산매각 등을 통하여 차입금을 감소시키는 것이다.

나. 사업적 측면

기업이 복수의 사업부문을 보유한다면 사업재편을 통하여 사업재생을 추구한다. 사업재편은 각 부문 사업의 채산성을 평가하며, 부적합한 사업은 폐쇄나 매각을 추진하여, 향후 수익성이 기대되는 사업만을 남기는 것이다.

사업 구조조정의 목적은 선택과 집중에 기초하여 자사가 주력하는 분야에 경영자원을 집중하여 향후 안정적인 수익을 확보할 수 있는 체제를 구축하는 것이다. 즉 기업이 보유한 공장, 영업소, 판매망, 기술, 인력 등의 경영자원을 분리 혹은 결합하여 사업재기를 도모하는 것이다.

사업재편의 분석도구로서 **사업포트폴리오 관리**(PPM : Product Portfolio Manegement)가 있다. 사업 구조조정과 PPM분석은 퇴출사업 판단에 있어서 외견 상 유사하나, 그 판단기준은 다르다. 즉

PPM분석은 사업의 수익성과 성장성이 판단의 기준이 되는 반면, 사업 구조조정은 퇴출결정에 따른 퇴출비용보다는 현금흐름 유출의 절감정도와 사업의 매각으로부터의 현금유입의 창출정도를 우선시한다. 그러므로 PPM분석은 현재와 미래 사업으로 스타사업과 신규 사업의 존재를 중요시하는 반면, 사업 구조조정에서는 현금흐름의 개선을 우선하기 때문에 많은 현금흐름 투입이 예상되는 사업을 최우선 매각 대상으로 선정된다.

그림6-4. 구조개선 프로그램의 목적

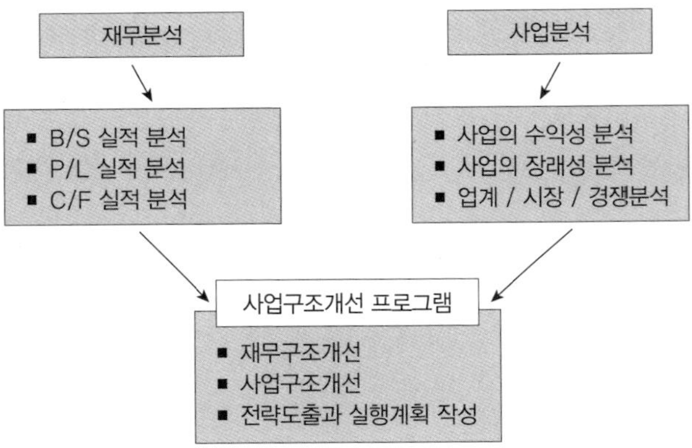

표6-5. 구조개선 프로그램의 과제

관점	과업	도입효과
재무	재무지표개선 구조 구축	• 매출을 늘린다 • 이익을 창출한다 • 투자효율을 높인다 • 비용절감 • 현금흐름 개선
고객	고객대상 구축	• 영업활동 • 고객만족도를 높인다 • 고객에게 정보를 제공한다 • 고객 불만을 없앤다

업무 프로세스	프로세스 구축	• 조직을 만든다 • 체제를 만든다 • 회의체를 가진다 • 제도를 만든다 • 기준 및 표준을 만든다 • 시스템을 구축한다
학습과 성장	능력 양성	• 교육을 통해 능력과 기술을 향상 시킨다 • 동기부여로 욕구를 높인다 • 능력과 자질이 있는지 평가한다 • 능력부족 보완을 위한 외부자원 활용한다.

2. 매출액 개선

매출 효율성의 개선을 위해서는 매출액 확대가 필요하다. 기본적으로 취급제품, 판매시장의 재구축과 마케팅전략인 4P전략(상품, 가격, 판매경로, 판매촉진)에 대한 대응전략이 필수적이다.

표6-6. 매출 개선 전략

항목	대응 전략
영업활동의 실태 파악	영업담당자의 일상적인 영업활동 실태를 파악하는 것이 중요하다. 거래처 방문 빈도수, 접근 방법 등의 명확한 전략과 목표를 가지고 접근하고 있는지 여부 등 활동상황을 질적, 양적 관점에서 조사 할 필요가 있다. 그 다음으로는 조직관점에서 영업활동 현황을 파악한다. 영업방침이 전사적 조직에 명확히 전달되어 있는지 여부, 영업담당자의 정보공유가 적절한지 여부, 영업실적에 대한 정기적 점검이 실시되고 있는지 여부 등의 체크가 필요하다. 영업전략을 실행하기 위해서는 영업부문과 역할과 기능이 충분히 목표달성을 할 수 있는 체제로 지원되고 있는지 평가, 판단하여야 한다.
영업사원 배치	수익성과 성장성이 높은 분야에 영업사원을 집중 배치하여, 그 분야에 대한 영업기반 강화를 도모한다. 사전 배치 전에 영업사원의 자질, 특성을 충분히 고려하여야 하며, 특히 신규고객에 대한 영업과 기존고객에 대한 영업을 구분하여 영업사원을 배치하는 것이 중요하다.

판매관리 태세의 제고	① 판매계획의 작성, 역할 담당, 평가, 통제, 검토 등의 적절한 실행 여부 ② 명령계통의 혼란이나 책임소재의 불명확성 여부 ③ 영업사원의 평가 : 평가요소를 공개함으로서 판매활동을 정확히 평가한다. 결과에 대한 피드백과 공평한 성과보수를 지급한다. ④ 판매원의 윤리성 증대 : 구조조정 진행 중에 내부 임직원 만족(ES)에 대한 배려가 간과되지 않도록 임원진이 주의한다.
① 영업사원의 교육과 훈련	교육과 훈련 부족으로 거래처와 문제발생 여부, 미회수채권, 불량재고 등의 증가 여부를 점검한다. 부족하다고 생각될 경우에 교육과 훈련의 강화조치가 필수적이다.
② 영업활동의 정보화 및 조사 분석능력의 강화	IT는 신속, 정확한 사내 업무처리, 고객 영업용 전산시스템의 개발 등은 영업사원의 사기를 높이기 위해서는 필요한 사항이다. 조사, 분석능력이 강화된다면 고객정보의 정리, 분류, 자사제품 구입에 필요한 요인분석, 잠재고객 발굴 등에 대한 분석 등은 고객에 대한 효과적이고 효율적인 접근방법 창출이 가능하게 한다.

3. 매출원가 개선

매출의 증대는 대외적 영업활동과 매우 밀접한 관계에 있으며, 우선적으로 매출 효율성의 개선 측면에서 시작한다. 그러나 현실적으로 이를 실현하기는 매우 어려울 것이다. 그러므로 우선적으로 매출원가의 개선과 판매관리비의 삭감으로부터 시작하는 것이 일반적이다. 소매업에서는 제품원가가 매출원가와 거의 동일하지만 제조업에서는 구매 원재료를 가공하는데 소요되는 비용이 발생되며, 제조원가 명세서에 표시된다. 제조 총비용은 비용배분 관점에서 직접제조비와 간접제조비로 구분된다. 직접제조비는 생산현장에서 발생하는 비용이며, 제조간접비는 복수의 제품을 제조하는 경우에 제품별로 구분 적용하기 어려우므로 일정한 기준을 만들어 배분을 한다.

가. 비용 분류

손익분기점 분석에서는 매출원가를 고정비와 변동비로 구분하는 작업이 필요하다. 직접 제조비는 변동비인 반면, 제조간접비는 생산과 가동에 영향을 받는 비용과 아닌 비용으로 혼재되어 있다. 변동비, 고정비의 구분이 아닌 비용으로 구분한다면 재료비, 부품비, 외주비, 노무비 및 제경비로 분류한다. 직접재료비와 부품비는 기초, 기말재고와 기중의 매입금액으로 결정된다. 그러므로 제조원가 중 직접재료비와 부품비 인하를 위해서는 기중 발주량 관리뿐 아니라 원재료, 부품의 재고량 관리(재고관리)가 필요하다.

나. 원자재 구매관리

구매관리의 목적은 생산에 필요한 원자재, 부품을 구매처로 부터 적절한 품질과 가격 및 적절한 시기에 필요한 양 만큼만 조달하는 것이다.

1) 적절한 구매처의 선정

장기적 관점에서 안정적인 생산을 원한다면 장기공급계약을 기본으로 하는 신뢰성이 높은 구매처를 선택하여야 한다. 또한 납품업체의 정기적인 평가(타업체 벤치마킹 포함)가 중요한 사항이다. 발주계약 전에 복수 후보기업의 품질, 가격, 납기준수에 대한 평가를 반드시 하여야 한다.

2) 품질 보증력의 검증

가격과 납기는 계약서로 확인될 수 있으나, 품질보증의 수준은 직접 현장에서 확인해 보는 방법이 가장 확실하다. 그러므로 현장 확인으로 품질보증력이 있는 우수한 납품업체를 선정할 수 있도록 노력하여야 한다.

3) 수량과 납기관리

최근에는 가능한 한 재고를 보유하지 않는 추세에 있으며, 이를 JIT(Just In Time)라는 표현으로 일컫는다. 품질상의 문제가 없는 자재를 정해진 시간에 정해진 양만큼 납품받기 위해서는 정확한 재고량을 파악하여 발주시기와 발주량을 확정해야 된다. 그러므로 발주는 재고관리와 밀접한 상관관계가 있으며, 발주방식에는 정기발주방식과 장량발주방식이 있다

- 정기발주방식 : 발주주기가 정해져 있는 발주방식
- 정량발주방식 : 재고량이 일정량 이하로 감소한 시점에서 발주비용과 재고보관비의 합계가 최소가 되는 경제적 발주량을 정하여 발주하는 방식이다.

다. 재고관리

재고는 제품뿐만 아니라 재공품, 원자재, 부품도 포함된다. 자본이 투입되어 회사 내에 머물고 있는 상황을 낭비라 인식하여, 재고비용을 최소한으로 줄이고자 하여 만든 방법론이 JIT(Just In Time)관리이다. 그러나 지나친 재고감축으로 생산에 지장을 초래하게 된다면 또 다른 문제점과 비용을 발생시킨다. 원자재 재고는 생산계획이 정

해지면 재고의 소비량과 입고량의 차이로 결정되며, 최종 완재품 재고는 고객 납품량과 공장 생산량의 차이로 정하여 진다.

1) 재고조사

재고량을 확정하기 위해서는 재고조사를 실시해야 한다.

- 현물재고조사 – 창고에 있는 현물 재고의 수량을 조사한다
- 장부재고조사(전산시스템) – 정확한 생산량과 발주량의 관리로 재고관리 시스탬의 정확도가 높다면, 전산시스템으로 재고관리가 가능해진다

2) 현물관리

재고관리의 기본적인 사항은 사용량〈=〉출고량과 발주량 〈=〉 입고량의 정확도를 높이는 일이다. 현물이 이동되면 위치, 수량을 파악이 중요하다. 그러므로 재고가 항상 정리, 정돈되어 있어 재고현황이 즉시 파악될 수 있도록 하는 것이 필요하다.

- One Writing System의 활용 : 검사, 입고, 보관, 출고 각 공정이 현물의 이동과 연동되어 DATA처리가 발생되는 것으로서 관리 효율성을 높인다.
- 입출고 규정의 준수 : 제조원가 산정 시 제조공정에서 사용된 원재료의 구매원가를 파악할 수 있어야 한다. 선입선출법은 이전에 구매한 가격이 원가에 반영되는 것에 반하여, 후입선출법은 최근에 구매한 가격이 원가에 반영된다. 구매원가를 이동평균법으로 결정하는 방법도 있으나 산출과 적용방법이 복잡하다.

원재료나 부속품 중에 속성변형과 변질기간이 짧은 경우에는 재료,

재공품, 제품의 입출고관리 규칙을 재무적 관점에서만 정할 수는 없다. 일단 규칙이 정해지면 현장에서 철저히 준수하여야 한다. 만일 준수하지 못한다면 부정확한 원가계산이 되거나 진부화 재고발생의 원인이 된다.

라. 생산관리

제조원가 중에 재료비와 부품비는 기중 구매금액과 기초, 기말 재고금액에 의해 결정되며, 구매관리와 재고관리 정확도에 따라 영향을 받는다. 구매관리와 재고관리는 생산관리와도 매우 밀접한 관계를 형성하고 있다.

생산관리는 생산활동을 위하여 투입되는 3M(Man, Mashine, Material)을 효율적으로 활용하여 재품의 QCD(품질, 비용, 납기)를 더욱 향상시키는 관리행위를 말한다. P.D.S(Plan, Do, See)관리 Cycle과 그 대상이 되는 3M을 정리하면 생산관리는 다음 표와 같이 다양한 관리방법이 포함되어 있다.

표6-7. 생산관리 대상 3M과 관리 Cycle

	Man	Mashine	Material	생산관리
Plan	인력계획 공정계획	공장계획 설비계획	구매관리	생산계획
Do	작업관리	공장건설 설비투입	자재관리	생산수배 생산
See	공정관리 외주관리	시설관리 설비관리	재고관리	생산통제

이러한 다양한 관리방법에 대한 효율성 향상은 구조개선이 진행 중인 기업에게 있어 매우 중요한 사항이다. 중소 제조업체가 이러한 관리방법을 정교하고 치밀하게 도입하여 수행한다는 것은 매우 어려운 것이 현실이다. 그러나 제조업은 이러한 관리방법을 통하여 관리수준을 높힘으로서 생산성을 향상시킬 수 있고, 제조원가를 낮출 수 있는 기회를 만들 수 있다. 중소기업이라 해서 이러한 활동을 안해도 된다는 핑계는 성립되지 않는다. 구조개선이 진행 중인 중소기업은 더욱 그러하다.

마. 인력관리

인원계획의 목적은 계획된 생산부하를 견딜 수 있는 인원을 확보하는 것이다. 그러므로 인건비 억제와 같은 단기적인 관점과 인재육성, 기능후계자 양성과 같은 중장기적인 관점에서 동시에 인재를 확보하는 것이 중요하다. 현재 중소기업 현장은 숙련공의 고령화가 진행되고 있으며, 기술전수를 받으려는 지원자가 없는 곳이 일반적이므로 더욱 그러하다.

바. 공정관리

공정계획은 공장이라는 울타리 안에서 사람의 동작과 현물의 흐름을 결정하여 공정 간의 낭비요소를 해소시키는 것이다. 우선적으로 수주형태와 수주제품의 종류, 수량을 감안하여 생산방식을 정하고, 효율적인 생산을 위해 지속적으로 개선하는 것이다.

표6-8. 생산방식을 결정하는 방법

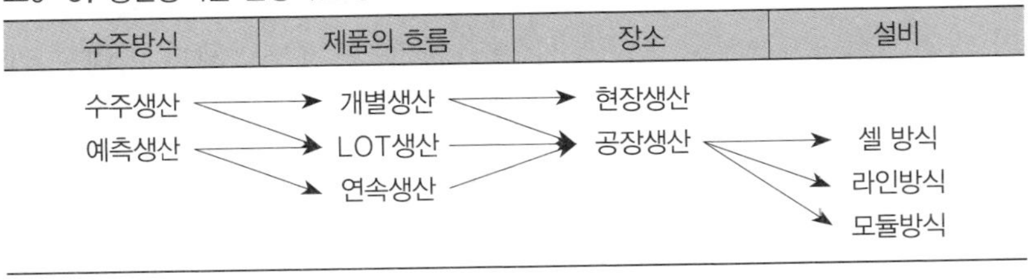

• IE방법의 체계

생산을 위해서는 공정분석과 작업분석을 통하며 효율적으로 인력과 현물의 흐름을 실현한다.

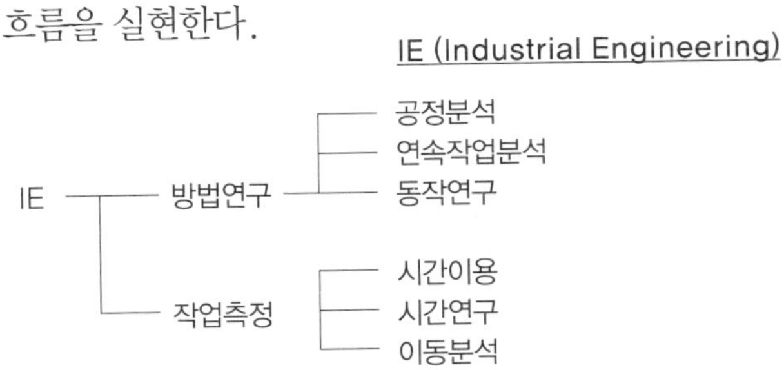

사. 원가관리

원가관리 활동은 P.D.S 관리Cycle 관점에서 원가계획과 원가통제의 2가지 측면이 있으며 원가관리 프로세스는 다음과 같다.

1) 목표원가 설정

- 판단시점의 변화

  원가 + 이익 = 판가 → 판가 - 이익 = 원가 = 목표원가 = 허용원가로 변화

- 표준원가의 계산 : 표준재료사용량, 표준재료가격, 표준작업시

간, 표준임률, 표준간접비로부터 표준원가를 구한다.

- 표준원가계산에 의한 목표원가의 설정

2) 목표원가와 실제원가의 비교

사용량, 가격, 소요시간, 임률, 간접비, 예산, 수률, 조업도 치이 등을 비교분석한다.

3) 원가절감 방법의 도출

비용 비목별, 관리부문별, 제품별로 원가절감의 요소를 도출한다.

원가절감 도출 방법 (ECRS의 원칙)

- 제거(Eliminate) : 부품, 작업을 제거할 수 없는가?
- 결합(Combine) : 다른 부품과 합칠 수 없는가?
- 교체(Rearrange) : 순서를 바꾸면 어떻게 되는가?
- 단순화(Simplify) : 더욱 단순화 될 수는 없는가?

원가절감은 PDCA 관리Cycle을 지속적으로 추진하는 것이 성공의 관건이다. 원가절감요인을 도출하였어도 PDCA 관리Cycle을 돌리지 않는다면 성공을 기대할 수 없다.

4) 원가요소별 원가관리

① 노무비

- 생산계획과 연동 : 생산계획과 연동하여 불필요한 잔업, 야근, 휴일근무를 줄인다.
- 정부지원제도의 활용 : 정부보조금의 활용

- 월급여의 감축 : 중소기업은 임금수준이 낮기 때문에 큰 폭의 임금삭감은 어려우며, 5% 정도의 축소가 보편적이다.
- 고정비의 변동비화 : 손익분기점을 낮춘다
- 종업원의 신분변경 : 정규직원을 계약직 전환, 복리후생비 감축이 가능하며, 노동조합이 있을 경우 사전에 협의를 한다.
- 외주작업의 내주화 : 신규투자 없이 가능하다면 인적 조정 전에 먼저 고려하여 본다.
- 인원조정 및 감축 : 최후의 수단으로 명예퇴직, 정리해고 수순으로 진행하며 명예퇴직의 경우 퇴직금 확보가 필요하므로 기업이 비용을 감당할 수 있는 경우에 가능하다. 파산 직전까지 가서 인원 정리를 실시하는 경영자는 자격이 없는 것이다.

② 외주가공비 : 사내부가가치로 전환

③ 원재료비

- 원청회사 지급으로 전환 : 가격 교섭력이 있는 원청회사 사급으로 전환한다.
- 구매처에 대한 평가 : 복수 구매처를 비교 검토와 상호 평가하여 저렴한 곳을 선택한다.
- 수율의 향상 : 폐자재의 활용
- 부자재 구입비용의 감축 : 사내 가공여부를 검토한다.

④ 감가상각비

- 투자원칙의 준수 : 불필요한 설비투자는 금지하며, 설비투자액은 감가상각액 범위 내에서 투자한다.
- 금형, 설비의 조달과 상각 : 금형설비는 기업 경영상황이 좋은 시절에는 자사조달을 하여도 가격 경쟁력이 있어 무관하였으나, 구조개선 진행 중에는 특정고객 전용 금형과 설비는 무

상상각할 수 있도록 고객부담을 추진하여야 한다.

⑤ 설비의 매각(폐기) : 미사용 설비는 기업 활동이 정상적일 때에 매각, 폐기처분해야한다.

⑥ 기타 경비의 절감

⑦ 종업원의 위기의식 고취 : 회사의 경영 상태를 공개하여 종업원의 위기의식을 고취시킨다. 위기감이 결여된 조직의 구조개선은 추진에 많은 장애요소가 발생된다.

⑧ 재고감축 : 재고감축과 불량재고의 상각은 기업이 재무적 여유가 있으며, 경영상태가 정상적일 경우 가능하다.

아. 판매관리비의 개선

1) 3대 경비의 감축

- 교통비 : 출장의 최소화 추진(빈도 수), 좌석 등급 하향
- 광고비 : 비용 대비 효과를 검토하여 제고한다
- 영업비 : 실비로 전환한다

2) 임원급여 : 중소기업의 경우 수익계상의 완충지대로 사용되는 경우도 있으나 어려운 환경 속에서 생존을 위해서는 향후 회복될 수 있다는 전제로 일시적인 임원삭감을 하여야 한다.

3) 복리후생비 : 회원권 등을 처분

4) 감가상각비 : 자사 소유빌딩의 매각을 검토한다.

감가상각비가 큰 회사는 회계기준의 변경함으로서 정률상각에

서 정액상각으로 전환하는 것도 일시적인 도움은 된다. 그러나 재무전략에 맞추어 실시하는 것이 전제조건이다.

5) 기타 경비의 감축

- 전사적인 절략, 절감운동을 실시하며, 임원차량 반납, 대표이사 차량 등급하향 등을 실천하여 종업원이 보기에 사업주의 회생에 대한 의지가 있어 보이도록 한다.
- 세무사, 회계사 등의 자문료를 재 검토한다.

6) 판매관리비와 일반관리비의 예산편성

① 예산 편성시 유의사항 : 판매관리비는 목표매출액을 달성하기 위하여 반드시 필요한 영업활동 비용이다. 관리 총책임자가 예산 편성 시 매출액과 연관하여 타당성을 검토하여 타당하면 예산으로 인정한다. 구조개선 진행 중인 회사의 일반관리비는 혹독한 긴축 예산편성을 하여야 한다.

② 예산 통제 시 유의사항 : 예산에 대한 관리는 경리부서의 일이라고 생각하는 것이 일반적이다. 그러므로 지출부서로부터 경리부서로 지출전표가 전달되면 이미 지출은 확정되어져 있는 것이 일반적이다. 예산에 대한 의식고취를 위해서는 예산에 대한 자율관리를 위해 부서별 한도관리(자율관리)를 하도록 한다. 예산의 자율관리를 성공하기 위해서는 예산 책정 시 부서간 상호 협의를 도출하여 사전에 자율적으로 합의하여야 한다.

일방적으로 예산을 편성 시 예산초과가 발생하면 생산 및 영업현장에서는 현장상황을 모르고 편성하여 초과된 것이라고 책임소재에 대한 불만과 불신이 지속적으로 발생하게 된다.

7) 인건비 개선 : 비용, 경비의 삭감을 실행하기 위해서는 인건비 감축은 매우 중요한 검토과제가 된다. 일반적으로 총경비액 중 인건비의 점유비중은 매우 높으며, 인건비는 기본적으로 고정비이다. 인건비 감축은 고정비 절감효과로 인하여 손익분기점에 큰 영향을 미치게 된다.

① 적정 인건비의 파악 : 인건비의 적정여부에 대한 명확한 기준은 없다. 또한 사측에 있어서는 인건비는 적으면 적을수록 좋다고 단순하게 말할 수 있는 것은 아니다. 경영상 필요한 인재는 적정한 임금수준이 있으며, 임금이 적정수준 이하로 감축되면, 필요한 인재의 확보가 어려운 경우가 발생될 수 있다. 그러므로 사업의 종류, 규모, 현재의 경영상황 등에 맞게 적정한 임직원 수가 어느 정도인지 검토하여야 한다.

- 평균임금의 수준

  현재의 평균임금을 동업계 타회사와 비교하여 만일 타사보다 하향세에 있다면 핵심 인재의 유출 리스크가 있다.

- 노동배분율

  노동배분율은 기업이 창출하는 부가가치중 인건비의 점유비를 나타낸다. 노동배분비율이 낮을수록 기업에게 있어서는 유리하다고 하지만 부가가치와의 비율로 판단될 경우 단순히 낮다고 해서 유리하다고는 볼 수 없다. 즉 업계 평균임금과의 상대적인 비교를 검토하여야 한다.

② 핵심인력의 재검토 : 핵심인재 규모는 업종, 규모, 업무내용, 조직의 상황, 장래성 등에 의해여 달라지므로 사전에 기업의 장래성 등을 SWOT분석에 근거하여 분석하여 핵심인력에 대한 검

토사항이 필요하며, 또한 공정한 인사평가제도는 필수적이다.

그림6-5. 인적 구조조정의 주요 STEP

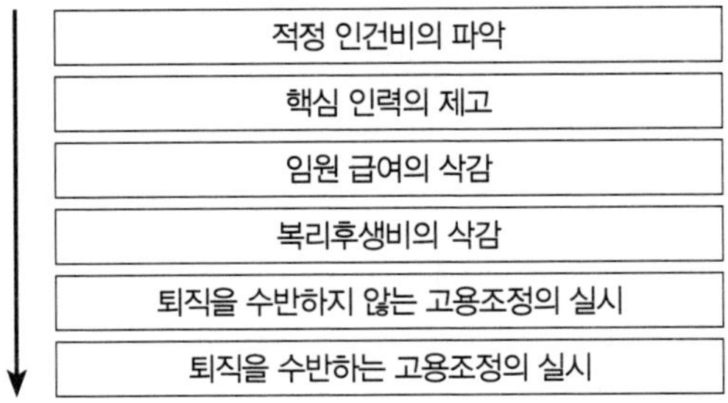

8) 고용조정 : 임원급여와 복리후생비 삭감에도 불구하고 목표 필요 금액을 충당하지 못하는 경우에 고용조정을 고려한다. 고용조정은 인적구조조정으로 경비감축효과의 혜택 못지않게 법률적 규제와 임직원에게 주는 영향도 매우 크므로 신중한 대응이 필요하다.

고용조정의 프로세스는 회사의 업종, 규모 등에 따라 달라 질 수 있다. 다음은 일반적인 프로세스를 기술한다.

그림6-6. 퇴직을 수반하지 않는 고용조정

4. 실행계획

구조개선전략이 결정되면 실행계획을 작성하며, BSC(Balaced Score Card)를 이용하면 쉽게 접근할 수 있다. 재무적 관점, 고객관점, 내부 프로세스 관점, 학습과 성장 관점의 4가지 중점 관점으로 사업을 분해하며, 각각의 관점에서 주요 성공요인, 전략, 목표, 진도율표, 평가지표(KPI), 액션 플랜 등을 작성한다. 계획실행으로부터 6개월이 승부를 결정한다.

가. 실행 프로세스

표6-9. 의사결정 프로세스

순서	단계	중요 Point	내용 설명
1	경영 비젼	경영 비젼, 미션, 목표를 명확히 하여 "투명한 경영"을 추구한다	
2	경영 미션		
3	경영 목표		
4	도메인의 확인	흔들림 없는 경영을 위한 지지대를 구축 한다	[도메인 선정] • 하고 싶은 것 • 해야만 되는 것 • 할 수 있는 것중 중요한 부문 [도메인의 정의] • 고객 NEEDS • 핵심역량
5	SWOT분석	경영환경 변화에 대한 대응방법을 분석	SWOT분석을 이용한 핵심 경영과제의 발견
6	CSF 도출		SWOT분석을 통해 CSF (주요성공요인)를 도출
7	경영전략수립	CSF부터 경영전략을 끌어냄	고객, 고객Needs, 핵심역량
8	전략의 압축	민감도 분석을 통한 주요 전략의 선택	[기준설정] 실현성,장래성,수익성
9	실행계획의 작성	• 회사전체 → 부서 → 개인 실행 시 항목은 최저 단계인 개인단계까지 가시화 해야 된다 • 개별 목표설정과 실행계획을 작성	• 재무전략 – 재무적 수익성 개선전략(재무중심) • 고객전략 – 영업전략 등 (고객중심) • 업무전략 – 신제품개발전략 등 (업무 프로세스 중심) • 인재전략(학습과 성장 중심)
10	실행	• 월별 PDCA 사이클중 C,A를 확실히 수행 • 행동과 관리 중점 • 분기별 성장을 확인 • 명령,지시계통의 명확화 • 보고체계를 철저히 한다	• 회사전체의 PDCA 사이클을 구성원 개인까지 목표관리를 실행 • ABC평가(고객, 제품,재고, 업무,행동)을 중점관리 • 20대 80 법칙을 활용

1) 경영시스템의 정비

- 조기 결산체계 구축(월말 결산을 다음달 초에 완료)
- 관리회계용 지표를 조기에 구축한다.
  (상품별/지역별 매출, 이익, 이익률, 성장율, 기타 경영지표 등)
- Communication의 확립(정례회의, 제안제도 등)

2) 수익성 개선

- 비용의 감축(적정화)(구매비용, 인건비, 기타 제경비)와 매출 증대

3) 전략의 실행

- 실행계획의 작성(담당자 지정, 우선순위, 진도표 작성)
- 과제해결을 위한 팀 구성과 운영규칙 제정
  (부서 간, 사업부 간, 프로젝트팀 간)

4) 조직의 재편성

- 조직구조 변경(전략에 기초한 조직편성)
- 전사적 시너지 효과를 낼 수 있는 구조(사내 장벽 제거)
- 인사제도의 재평가(교육, 평가, 보수)

5) 월별 PDCA Cycle의 실행

- PDCA Cycle을 월별로 실시하여 C(Check), A(Action)을 확실히 실천한다.

6) 실행과 관리를 중점적으로 실천

- 고객, 제품, 재고, 업무, 실행에 있어서 ABC평가를 실시하여 중요한 사항에 우선순위를 두어 관리하고 실천한다.

7) 명확한 명령지시 체계의 구축

나. 계획 실행 시 중요 사항

1) 계획 실행 시작은 전속력으로 출발하라 : 혁신의 기회를 놓치지 않게 전속력으로 시작한다

2) 성역을 만들지 말고 병행하여 동시에 추진한다 : 실행에 열외하는 성역을 만들지 말고 전사적으로 병행으로 동시에 실시하며, 변명은 금물이다. 현장과 추진 리더가 협업하여 추진한다.

3) "당연한 것을 당연하게 하는 것"이 사업구조개선의 기본 : 돈벌이가 안 되는 것은 하지 않는다. 쓸데없이 비용은 지출하지 않는다. 고객의 입장에서 행동한다. 오늘보다 내일은 필히 무엇인가 잘될 것이라는 생각을 가지고 노력한다.

4) 사업구조개선 현장에 모든 것을 집중, 몰입하여 어려움과 위험을 극복한다 : 주주, 채권자, 경영자 모두가 사업경영에 모든 것을 집중하여 위험을 제거한다.

다. 실행 결과의 검토

1) 구조개선 계획과 실제 진도율과의 차이점 점검 : 큰 차이점을 보여주는 실행 항목은 그 사유를 정기적으로 조사한다.

2) 외부환경 변화와 실행전략의 부적합 파악 : 예상을 벗어난 시장 변화, 경쟁환경 변화의 잘못된 판단 등을 일으킨 예후적인 상황 변화는 없는지를 파악한다.

3) 전략 추진력의 결여 : 사전에 합의된 방침, 액션 플랜도 실행단계에서 타협과 의사결정 지연으로 전략 추진력이 결여된다.

4) 인력배치, 자원배분에 대한 예측 오류 : 신속한 수정 개선을 실행하며, 내부적 저항은 무시한다.

5) 시간경과와 더불어 나타나는 조직 운영상의 문제점 : 현재 상황에서 조직은 어떠한 형태가 적합한가를 재검토한다.

6) 계획 진척 단계의 재검토 : 사업구조조정 진행 중에 목표점을 향해 진행 진도율을 정밀히 판단하여 추진방향을 수정한다.

제6장 참고문헌

기은신용정보, 신용평점관리와 경영혁신, 세로운제안, 2007.
김종일 외 2인 공역, 기업가치평가 4판, 인피니티북스, 2009.
대한상공회의소, 중소기업 구조개선전문가과정 교안 Module Ⅲ. 2014.
대한상공회의소, 중소기업 구조개선전문가과정 교안 Module Ⅲ. 2014.
박정식 외 2인, 재무관리 3판, 박영사, 2011.
중소기업진흥공단 리팩토리 Ver. Ⅳ, 1999.
Charles Hill, International Business 8th Ed. McGraw Hill, 2011.

제7장
워크아웃

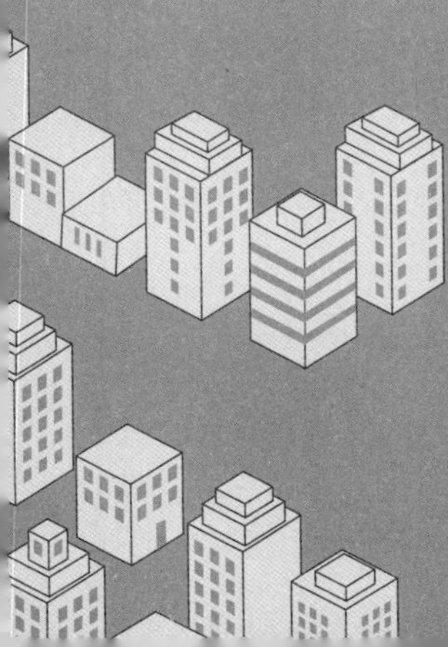

제7장 워크아웃

워크아웃이란 재무적 곤경에 처했으나 경제적 회생가능성이 있는 기업을 대상으로, 채권금융기관과 당해 기업이 협상 및 조정과정을 통하여 재무구조를 개선시키고 경쟁력을 향상시킴으로써, 궁극적으로 대상기업의 채무상환능력 및 금융기관의 여신건전성을 제고시키는 절차이다. 중소기업 워크아웃의 경우는 주거래 은행의 의지에 좌우되는 것이 현실이다.

제1절 부실징후기업의 선정

1. 기업신용위험 상시평가

가. 여신 사후관리 기준

은행업감독업무시행세칙 제48조에서는 채권은행의 여신심사 및 사후관리기준을 제시하고 있다.

> 은행업감독업무시행세칙 제48조(여신심사 및 사후관리기준)
>
> ① 은행은 여신 실행 이전 단계에서 신용리스크를 적절히 평가, 관리할 수 있도록 다음 각 호의 사항을 포함하는 건전한 여신심사 및 승인업무에 관한 내부시스템을 운영하여야 한다.
>
> 1. 여신심사조직과 영업조직간 역할 정립 및 상호 협조
> 2. 신용평가시스템 등에 의한 합리적이고 투명한 여신심사 및 승인

3. 적정한 규모의 여신이 취급될 수 있는 차주별 여신한도제도의 운영
4. 신용평가결과 우량등급기업에 대한 원칙적 신용여신의 운영

② 은행은 여신 실행 이후 신용리스크의 변동 상태를 적절히 평가, 관리할 수 있도록 다음 각 호의 사항을 포함하는 건전한 여신사후관리업무에 관한 내부 시스템을 운영하여야 한다.
1. 차입자의 신용상태 변화에 대한 상시 모니터링
2. 신용평가시스템에 의한 차입자의 신용등급의 정기적인 조정 및 조정된 등급에 따른 적절한 조치
3. 조기경보제도 운영을 통한 이상 징후 차입자에 대한 관리
4. 기업신용위험 상시평가를 통한 부실징후기업(외부로부터의 자금지원 또는 별도의 차입이 없이는 은행으로부터의 차입금의 상환이 어렵다고 인정한 기업) 해당 여부 판정 및 사후조치〈신설 2007.10.12., 개정 2010.11.17〉
5. 여신심사 및 사후관리업무 운영의 적정성을 점검하고 시정하는 여신감리제도 운영
6. <u>신용등급이 정상등급에서 벗어난 문제기업에 대한 경영개선(워크아웃)지도</u>
7. <u>회생불가능한 부실기업의 정리</u>

나. 기업신용위험 상시평가제도

채권은행은 「은행업감독업무시행세칙」 제48조 제2항 4호에 근거하여 자율적으로 구축한 상시평가시스템에 근거하여, 부실징후기업 판정기준인 '**기업신용위험 상시평가제도**'를 자체 운용하고 있다. 채권은행은 기촉법 적용 대상인 신용공여 총합계액 500억원 이상 기업을 대상으로는 "채권은행의 기업신용위험 상시평가 운영협약"에 따라 신용위험 상시평가를 실시한다(단, 전체 금융권 신용공여액의 0.075%(2014년 기준 1조 2,251억원)이상을 공여받고 있는 그룹의 계열사들은 매년 '주채무계열'로 선정하여 별도 관리한다).

한편 중소기업 및 신용공여 30억원 이상의 개인 사업자에 대해서는 은행연합회가 2010년 **은행 공동 중소기업 신용위험 상시평가 기준**을 마련하여 적용하고 있다.

1) 평가대상기업(채권은행의 기업신용위험 상시평가 운영협약 제8조)

① 기업구조조정촉진법 제2조 제4호의 기업을 이 협약에 따른 신용위험평가 대상기업(이하 "평가대상기업"이라 한다)으로 한다.

② 제1항의 규정에도 불구하고 다음 각 호의 어느 하나에 해당하는 기업은 평가 대상기업에서 제외할 수 있다. 다만, 주채권은행의 경우에는 제4호를 적용하지 아니한다.

1. 「법인세법시행령」 제61조 제2항 각 호의 금융기관 등
2. 「공공기관의 운영에 관한 법률」에 의한 공공기관
3. 외국법에 따라 설립된 법인
4. 당해 채권은행의 신용공여액이 50억원 미만인 기업

2) 기본평가(채권은행의 기업신용위험 상시평가 운영협약 제9조)

① 채권은행은 평가대상기업에 대하여 매년 4월말까지 부실징후기업에 해당될 가능성이 있는지 여부를 평가(이하 '기본평가'라 한다)하여야 한다. 이 경우 평가대상기업은 매년 2월말 신용공여액을 기준으로 정한다.

② 채권은행은 제1항의 정기적인 기본평가 외에 수시로 기본평가를 실시하여야 한다.

③ 채권은행은 제1항 또는 제2항의 기본평가 결과 평가대상기업이 다음 각 호의 어느 하나에 해당될 경우 당해 기업이 부실징후기업에 해당되는지 여부를 평가(이하 '세부평가'라 한다)하여야 한다. 다만, 채권은행이 자체 기준에 의하여 세부평가의 실익이 없다고 인정할 경우에는 그러하지 아니하다.

1. 회계연도를 기준으로 최근 3년간 연속하여 영업활동 현금흐름이 부(-)인 기업
2. 회계연도를 기준으로 최근 3년간 연속하여 이자보상배율(영업이익/금융비용)이 1.0미만 기업
3. 「은행업감독규정」 제27조의 자산건전성분류기준에 따른 신용위험평가모형의 평가결과 "요주의" 상당등급 이하 분류 기업
4. 급격한 신용도 악화 등으로 신속한 세부평가가 필요한 경우

5. 기타 채권은행 자체 기준에 의하여 세부평가가 필요하다고 인정한 기업

3) 세부평가(채권은행의 기업신용위험 상시평가 운영협약 제10조)

① 채권은행은 기본평가 종료 후 2개월 이내에 세부평가를 완료하여야 한다. 다만 급격한 신용도 악화 등으로 신속한 세부평가가 필요한 경우에는 지체 없이 세부평가를 완료하여야 한다.

② 채권은행은 제1항의 세부평가를 위하여 다음 각 호의 사항을 감안한 평가기준을 마련하여야 한다.

1. 산업위험 : 업종별 향후 3년간 경기변동 민감도, 성장전망 등
2. 영업위험 : 시장지위, 시장점유율, 업계순위 등
3. 경영위험 : 소유 · 지배구조, 경영진의 도덕적 해이(Moral Hazard) 여부 등
4. 재무위험 : 단기차입금 비중, 매출액 추세, 재무융통성 등
5. 현금흐름 : 이자보상계수(ICR), 부채상환계수(DSCR) 등

③ 채권은행은 제1항에 따른 세부평가 과정에서 평가대상기업으로부터 소명, 자구계획 등의 의견을 제출받아 세부평가에 반영하여야 한다.

다. 채권은행협의회 운영협약에 의한 신용위험평가

채권은행협의회 운영협약에서는 기업구조조정촉진법의 적용대상이 아닌 기업에 대한 신용위험평가를 규정하고 있다.

제8조 (평가대상기업) ① 제2조 제4호의 기업을 "기업신용위험 상시평가대상기업"(이하 "평가대상기업"이라 한다)으로 한다.

1. 정기평가 : 당해 채권은행의 채권액이 50억원 이상인 기업
2 수시평가 : 당해 채권은행의 채권액이 30억원 이상인 기업

② 제1항의 규정에도 불구하고 다음 각 호의 어느 하나에 해당하는 기업은 평가대상기업에서 제외할 수 있다.

1. 「법인세법시행령」제61조 제2항 각 호의 금융기관 등
2. 「공공기관의 운영에 관한 법률」에 의한 공공기관

3. 외국법에 따라 설립된 법인
4. 「채무자 회생 및 파산에 관한 법률」에서 정한 회생절차 진행 및 폐지기업과 「채권은행협의회 운영협약」등에 의한 채권은행 공동관리 진행 및 중단 기업
5. 부실화 위험이 없는 여신을 제외하고 당해 채권은행의 채권액이 30억원 미만인 기업

제9조 (기본평가) ① 채권은행은 평가대상기업에 대하여 정기 및 수시평가를 실시한다.
1. 정기평가는 매년 5월말 채권액을 기준으로 평가대상기업을 선정하고 7월말까지 부실징후기업에 해당될 가능성이 있는지 여부를 평가한다.
2. 수시평가는 3, 6, 9, 12월말 채권액을 기준으로 평가대상기업을 선정하고 5, 8, 11, 2월말까지 부실징후기업에 해당될 가능성이 있는지 여부를 평가한다.
② 채권은행은 다음 각 호의 1에 해당될 경우 제1항 제1호에 따라 기본평가를 실시하고, 그 결과 평가대상기업이 부실징후기업에 해당되는지 여부를 평가(이하 "세부평가"라 한다)하여야 한다.
1. 회계연도를 기준으로 최근 3년간 연속하여 영업활동 현금흐름이 부(-)인 기업
2. 회계연도를 기준으로 최근 3년간 연속하여 이자보상배율(영업이익/금융비용)이 1.0미만 기업
3. 「은행업감독규정」 제27조의 자산건전성분류기준에 따른 신용위험평가 모형의 평가결과 "요주의" 상당등급 이하 분류기업
4. 기타 채권은행 자체기준에 의하여 세부평가가 필요하다고 인정한 기업
③ 채권은행은 다음 각 호를 반영한 조기경보기업에 해당될 경우 제1항 제2호에 따라 기본평가를 실시하고, 그 결과에 따라 세부평가를 실시하여야 한다.
1. 최근 3개월 이내 30일 이상 연체발생(연속) 기업
2. 최근 3개월 이내 당좌(가계당좌)거래 부도발생 기업
3. 최근 3개월 이내 신용등급이 3단계 이상 하락되어 요주의로 분류된 기업
4. 신용정보관리규약에 의한 신용관리대상으로 규제중인 기업
5. 2년 연속 매출액 20%이상 감소기업
6. 개인사업자의 경우 대표자 개인의 신용평가회사(CB) 신용등급이 8등급 이하로 하락한 기업
7. 기타 채권은행 자체기준에 의하여 세부평가가 필요하다고 인정한 기업
④ 제2항 및 제3항에도 불구하고 경영정상화 계획 마련이 어려운 개인사업자

중 비제조업 영위업체 등 채권은행이 자체기준에 의하여 세부평가의 실익이 없다고 인정하는 경우에는 세부평가를 실시하지 아니할 수 있다.

제10조 (세부평가) ① 채권은행은 평가대상기업에 대하여 기본평가 종료 후 3개월(수시평가는 2개월) 이내에 세부평가를 완료하여야 한다. 다만 급격한 신용도 악화 등으로 신속한 세부평가가 필요한 경우에는 지체없이 세부평가를 완료하여야 한다.

② 채권은행은 제1항의 세부평가를 위하여 외감기업, 비외감기업, 개인사업자로 구분하여 각 평가대상기업의 특성을 감안한 평가기준을 마련하여야 한다.

1. 외감기업
   가. 산업위험 : 업종별 향후 3년간 경기변동 민감도, 성장전망 등
   나. 영업위험 : 시장지위, 시장점유율, 업계순위 등
   다. 경영위험 : 소유지배구조, 경영진의 도덕적 해이(Moral Hazard) 여부 등
   라. 재무위험 : 단기차입금 비중, 매출액 추세, 재무융통성 등
   마. 현금흐름 : 이자보상계수(ICR), 부채상환계수(DSCR) 등
2. 비외감기업
   가. 산업위험 : 경기민감도, 경쟁강도 등
   나. 영업위험 : 거래처 위험, 제품의 경쟁력, 수주상황 등
   다. 경영위험 : 경영능력, 실질경영자와 대표이사 관계 등
   라. 재무위험 : 매출액 추세, 자금조달능력, EBITDA / 금융비용 등
3. 개인사업자
   가. 산업 및 영업위험 : 결제조건 악화여부, 판매안정성 등
   나. 경영위험 : 동업계 경력, 도덕적 해이, 신용도 등
   다. 재무위험 : 추가차입 여력, 원리금상환능력 등

③ 채권은행은 제1항에 따른 세부평가 과정에서 평가대상기업으로부터 소명서, 자구계획 등의 의견을 제출받아 세부평가에 반영하여야 한다.

2. 부실징후기업

"부실징후기업"의 정의는 기업규모에 따른 기업구조조정 근거협약에 따라서 이분화되어 있다.

채권액 500억원이 넘는 기업의 경우에는 주채권은행 또는 기업구조조정촉진법 제15조에 따른 채권금융기관협의회가 신용위험평가를 통하여 외부로부터의 자금지원 또는 별도의 차입(정상적인 금융거래에서 발생하는 차입을 제외한다)이 없이는 금융기관으로부터의 차입금의 상환이 어렵다고 인정한 기업을 말한다(기업구조조정촉진법 제2조 5호).

채권액이 500억원을 넘지 않는 기업의 경우에는 채권은행이 협약 제3장에 따른 기업신용위험 상시평가를 통하여 부실징후기업으로 분류한 기업 등을 말한다(채권은행협의회 운영협약 제2조 5항의 정의).

평가기업 분류 및 사후관리(기업신용위험 상시 평가 협약 제11조)

① 채권은행은 세부평가를 실시한 후 평가결과에 따라 기업을 다음 각호와 같이 분류하고 사후관리조치를 하여야 한다.

1. 정상적인 영업이 가능한 기업
2. 부실징후기업이 될 가능성이 큰 기업
3. 부실징후기업에 해당하며 경영정상화 가능성이 있는 기업
4. 부실징후기업에 해당하며 경영정상화 가능성이 없는 기업

그림7-1. 기업신용위험평가에 따른 워크아웃 대상 선정 절차

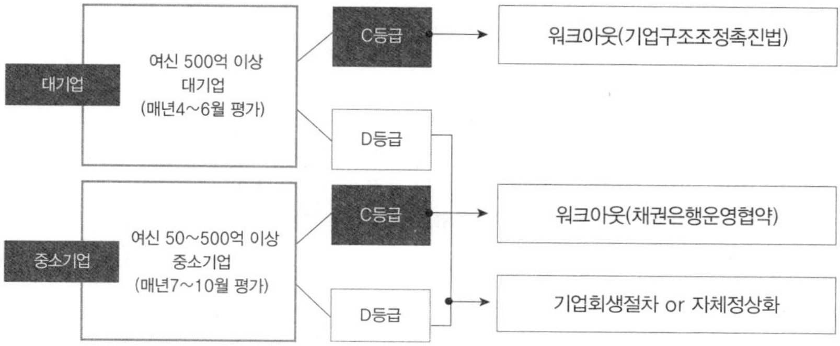

제2절 프리워크아웃

본 절에서는 대기업 계열사, 신용위험평가 등급 B이상, 회사채 등급 BBB0이상의 건설기업, 프로젝트 당사자가 법적절차에 들어가지 않은 프로젝트 등에 대하여 채권금융기관이 기업구조조정촉진법에 근거하지 않고서 사전적, 자발적으로 채무만기 연장과 신규대출을 공여하는 경우를 **'프리워크아웃'**으로 분류하고자 한다.

1. 재무구조 개선약정

금융감독원은 「은행업감독규정」 제79조에 따라 전체 금융권 신용공여액의 0.075% (2014년 기준 1조 2251억원) 이상을 공여받고 있는 그룹사들을 **'주채무계열'**로 매년 선정하여 관리한다. 사전적인 여신관리이므로, 이미 기업구조조정촉진법이 적용된 기업은 제외한다.

주채권은행은 금융기관의 기업정보의 중심 역할을 수행하며 **재무구조개선약정**[1)]을 주관한다.

> 은행업 감독규정 시행세칙 제52조(재무구조 개선지도 및 기업정보 관리) ① 주채권은행은 규정 및 이 세칙에서 정하는 바에 따라 담당 주채무계열 또는 대상기업체에 관한 여신관리업무를 통할하며 경영을 지도하고 자문에 응함으로써 건전경영과 재무구조 개선을 적극 유도하여야 한다.
>
> ② 주채권은행은 담당 주채무계열 또는 대상기업체별로 전담심사역을 두어 다음 각 호의 업무를 수행토록 한다.
>
> 1. 담당 대상기업체에 대한 여신심사
> 2. 담당 주채무계열 또는 대상기업체에 대한 여신상황을 포함한 기업정보의 수집 · 분석 · 관리와 이에 관한 정보화일의 비치 관리
> 3. 채권은행의 각종 협의사항에 대한 의견 제시
> 4. 기타 여신관리에 부대되는 업무
>
> ③ 주채권은행은 규정 제82조제2항에서 정한 사유가 발생된 경우에는 당해 계열기업군의 현황을 종합적으로 파악하고 필요한 경우 채권은행협의회의 간사은행으로서 동 협의회를 운영한다.
>
> ④ 주채권은행이 규정 제82조제3항에 따라 담당 주채무계열과 재무구조개선약정[2)]을 체결하는 경우, 동 약정은 다음 각호의 사항을 포함한다.〈개정 2002. 4. 2〉
>
> 1. 주채무계열 전체의 차입금 상환계획을 포함한 부채비율 감축계획에 관한 사항
> 2. 주채무계열 전체의 구조조정 계획에 관한 사항
> 3. 기업지배구조 개선에 관한 사항
> 4. 주채무계열과 채권은행간 사전협의가 필요한 사항
> 5. 여신거래와 관련한 주채무계열의 협조사항
> 6. 재무구조개선약정 불이행시 여신회수, 신규여신 취급중지 등 채권은행이 주채무계열에 대해 취할 수 있는 제재조치에 관한 사항

---

1) 경영정상화 약정은 기업구조조정촉진법에 근거하며 재무구조개선약정은 은행업감독규정에 근거한다. 또한, 체결주체 측면에서 경영정상화 약정은 대부분 다수의 채권자와 채무기업간에 체결되는 반면에, 재무개선약정은 주채권은행 단독으로 체결되는 측면에서 차이가 있다.

2. 중소기업 "Fast-Track 프로그램"

KIKO 등으로 흑자도산이 우려되는 중소기업 문제를 해결하기 위하여 2008년 10월 13일 **중소기업 "Fast-Track 프로그램(FTP)"**이 은행연합회 이사회 결의를 거쳐 제정되어 시행 중이다. 국내외 금융시장 불안 등으로 인해 일시적 유동성 부족에 직면해 경영상 어려움을 겪고 있는 정상 중소기업에 대해 유동성을 지원함으로써 거래기업의 경영정상화를 도모하고 채권은행의 자산건전성을 제고함을 주된 목적으로 한다.

특히, 글로벌 금융위기 당시 신용도 취약(Gray Zone) 중소기업에 대한 여신의 과도한 감축을 방지하기 위하여 신용도가 상대적 열위인 정상 중소기업(A · B등급)의 일시적 유동성 위기시 신속한 금융지원(FTP 신청시 10영업일 이내에 신용위험평가 완료 → 1개월 이내에 지원 완료)을 통해 조기정상화를 지원하고, 은행들의 적극적인 유동성 지원을 유도하기 위하여 채권은행단이 신규자금 지원시 신보 · 기보가 특별보증(보증한도 10억원, 보증비율 65~75%(2008~2010년) → 40%(2011년~))을 제공할 수 있도록 하였으며, KIKO 피해기업에 대해서는 동 보증지원 한도를 상향(일반 10억원, KIKO 20억원)하고, 신규여신에 대한 우선변제권 불인정 등의 특례규정을 두었다.

이후 은행연합회 이사회는 「중소기업 "Fast-Track 프로그램" 공동운영 지침」(2014.1.1일 시행) 개정을 통해, A등급 중소기업은 각 은행별로 단독 지원토록 규정되어 있어 FTP 공동지침에서 규정할 실익이 없고 개념상 정상영업이 가능하므로 FTP상 일시적 경영애로 기업으로 보기 어렵기 때문에, B등급 중소기업만 FTP 지원 대상으로

하여 정상기업에 대한 지원을 차단하였으며, 2011년 이후 각 연도별 KIKO 피해기업 지원 수요가 매우 미미하여 일반기업보다 정책상 우대 필요성이 약화되어 KIKO 피해기업에 대한 보증한도 우대를 단일 기준(10억원)으로 정비하는 등 보증특례를 폐지하였으며, 지원기업 부실화시 신보·기보가 기존채권분(기존채권비율 비례)과 신규지원분(신규보증금액)을 구분하여 손실분담하도록 명시하였다.

또한 FTP 지원의 고착화를 방지하기 위하여 FTP에 따른 유동성 지원시마다(통상 1년 단위) 신용위험평가 실시를 의무화하고, 평가등급 하락시 FTP 지원을 중단토록 하였으며, 기존 FTP 기업은 2014.1월부터 기산하도록 하되 FTP 지원기간(최초 지원일로부터 기산)을 3년으로 제한(워크아웃기업의 경우 경영정상화에 통상 3년에서 5년 소요)하였다. 이에 따라 일시적 경영애로를 겪고 있는 중소기업에 대한 지원이라는 도입취지와 달리, 제도 운영상 반영구적 자금지원으로 왜곡되는 현상을 방지하였다. 반면에 채권은행단이 FTP로 신규자금 지원시 우선변제권을 취득함에 따라, 기업이 일정수준 경영정상화로 FTP 졸업을 희망하나 신규자금을 상환할 수 없어 졸업을 하지 못하는 사례가 발생하므로 이들 기업에 대해 자율협의회 의결을 통해 신규자금의 우선변제권을 유지하되, 일정기간 상환을 유예하는 조건으로 FTP 졸업을 유도토록 하였다.

은행은 2008~2013년 기간 중 Fast-Track 또는 워크아웃 대상 중소기업으로 총 9,085개사를 선정하여 기업의 지구노력을 전제로 상환유예, 금리인하 및 신규자금 등의 금융지원을 통해 선정기업의 67%인 6,126개 기업을 정상화시켰다.

그림7-2. 중소기업 패스트 트랙 프로세스

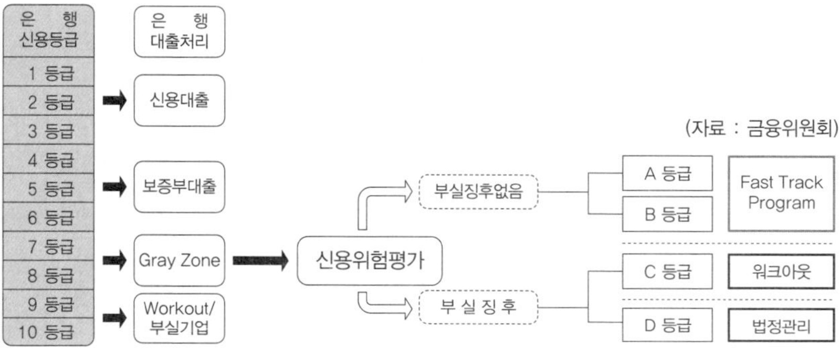

(자료 : 금융위원회)

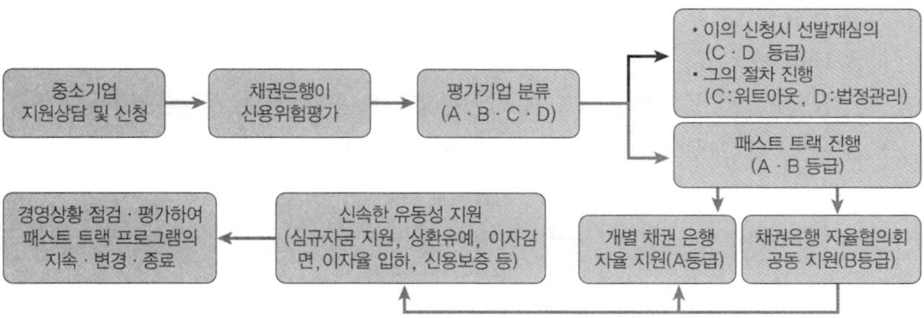

(자료 : KB금융연구소)

중소기업 "Fast-Track 프로그램" 공동운영 지침

제8조(지원대상기업 선정 및 지원방식) ① 기업신용위험평가 결과 B등급으로 분류된 기업에 대하여는 주채권은행이 신속하게 자율협의회를 소집하여 공동 Fast-Track 프로그램 적용여부를 결정한다. 이 경우 KIKO 등 통화옵션거래 손실발생액(손실예상액 포함)에 대하여는 계약은행 협의회를 별도로 구성하여 지원방안을 마련하고, 기타 여신을 보유한 채권은행은 채권행사를 유예하는 방안을 마련하여야 한다.

② 채권은행(보증기관 제외)은 Fast-Track 프로그램 대상기업에 다음 각 호의 방식으로 지원할 수 있다.

1. KIKO 등 통화옵션거래 손실 반영액 청산금의 대출전환
2. 보유채권(제1호에 따른 채권 포함)에 대한 만기 연장
3. 발생이자 감면

4. 이자율 인하
5. 신규자금 지원
6. 연체이자 감면 또는 유예
7. 그 밖에 이에 준하는 방법

⑥ Fast-Track 프로그램에 의해 지원방안이 확정된 경우 필요시 당해기업과 주채권은행간 경영정상화계획 이행을 위한 특별약정(이하 "특별약정"이라 한다)을 체결할 수 있다.

⑦ C등급으로 분류된 기업에 대해서는 채권은행 공동관리절차 등의 추진을 검토할 수 있다.

제19조(우선변제권) ① Fast-Track 프로그램에 의한 신규자금 지원은 법정담보권 다음으로 다른 채권은행의 채권에 우선하여 변제권을 부여하며, 지원기업이 「채권은행협의회 운영협약」에 의한 채권은행 공동관리기업으로 전환된 경우에도 Fast-Track 프로그램에 의한 자율협의회에서 결정된 내용은 계속 유지된다. 다만, KIKO 등 통화옵션거래에 대한 신규자금 지원은 제외한다.

3. 대주단협의회 운영협약

대주단협의회 운영협약은 일시적으로 유동성이 부족한 정상적인 건설기업에게 유동성을 지원함으로써 건설기업의 재무구조 및 경영환경을 개선하기 위한 채권금융기관 자율협약으로서, 2008년 4월 체결되었다.

대주단협의회 운영협약 제8조(구성 및 소집) ① 지원대상기업에 대한 유동성 지원 등을 원활히 추진하기 위하여 대주단자율협의회를 두며, 대주단자율협의회는 지원대상기업에 대하여 채권을 보유하고 있는 채권금융기관으로 구성한다.

② 제1항의 대주단자율협의회의 소집 및 운영은 주채권금융기관이 주관한다.

③ 주채권금융기관은 제9조 제1항 각 호의 사항을 심의 · 의결하기 위하여 대주단

자율협의회를 소집할 수 있다.

④ 주채권금융기관은 지원대상기업으로 하여금 채권금융기관 이외의 채권자로부터 이 협약을 따른다는 확약서를 받아 대주단자율협의회에 제출하도록 요청할 수 있으며, 확약서를 제출한 채권금융기관 이외의 채권자는 이 협약에 의한 채권금융기관으로 본다.

그림7-3. 대주단협약 프로세스

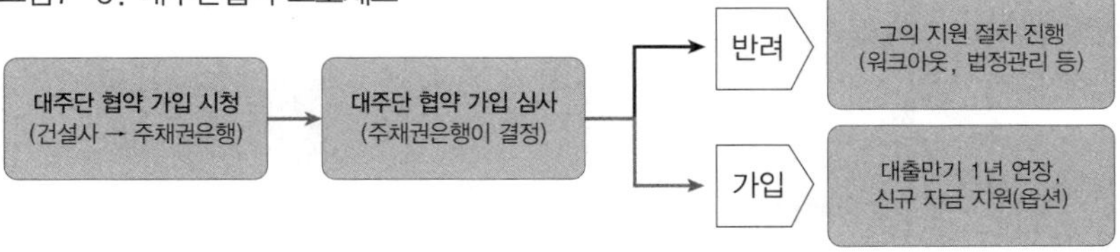

(자료 : KB금융연구소)

지원 대상은 일시적으로 유동성이 부족한 정상적인 건설기업(제11조 2항 2호 BBB0등급 요건) 이되, 지원 방식에 채권행사 유예가 포함되므로 실질적인 워크아웃이다.

대주단 협의회 운영 협약 제11조(지원대상기업 선정)

① 주채권금융기관은 건설기업이 다음 각 호의 1에 해당하는 경우에는 채권행사 유예 여부를 심사하여 지원대상기업으로 선정한다.

1. 건설기업이 일시적인 유동성 부족으로 주채권금융기관에 채권행사 유예를 요청한 경우
2. 각 채권금융기관이 건설기업에 대한 채권행사 유예가 필요하다고 판단하여 이를 주채권금융기관에 요청한 경우
3. 기타 주채권금융기관이 건설기업에 대한 유동성 부족의 해소를 위하여 필요하다고 판단하는 경우

② 제1항에도 불구하고 주채권금융기관은 건설기업이 다음 각 호의 1에 해당하는 경우에는 채권행사 유예 여부에 관한 심사를 개시하지 않을 수 있다.

1. 일시적인 채권행사 유예로 유동성 부족의 해소가 어렵다고 판단되는 경우
2. 외부신용평가기관의 회사채 등급이 BBB- 이하인 경우
3. 천재지변 이외의 사유로 건설공사가 중단되거나, 비협약채권자의 상환청구 등이 있어 채권금융기관에 의한 채권행사 유예로는 지원의 효율성이 없다고 판단하는 경우
4. 한국증권선물거래소법에 의한 유가증권시장 · 코스닥시장 상장법인으로 유동성 지원이 투자자에게 잘못된 정보를 제공하여 선의의 투자자 피해가 예상되는 경우

4. PF대주단 협의회 운영협약

이 협약은 부동산 개발 PF사업장별 채권금융기관간 당해 PF사업의 사업성 분석 및 사업구조 개선방안 등에 대한 협의를 위하여 PF대주단협의회를 설치 · 운영하고 당해 PF사업에 대한 채권금융기관간 공동관리절차를 규정함으로써 당해 PF사업의 신속하고 원활한 사업 정상화를 도모하기 위해서 2009년 8월 체결되었다.

지원 대상은 시행회사나 시공회사가 법적절차에 들어가지 않은 프로젝트를 대상으로 한다.

PF대주단 협의회 운영협약 제8조(구성및 소집) ① 자율협의회는 당해 사업장에 대하여 채권을 보유하거나, 신용공여를 실행한 채권금융기관으로 한다.
② 제1항의 자율협의회의 소집 및 운영은 PF주간사가 주관한다.
④ 자율협의회의 소집이 통보된 후 채권금융기관이 보유채권(사업정상화계획에 의하여 출자전환된 주식 중 매각제한 주식을 포함한다)을 채권금융기관 이외의 자에게 매각하거나 관리권을 위탁하고자 하는 경우에는 당해 채권금융기관은 그 채권금융기관 이외의 자로부터 이 협약을 따른다는 확약서를 받아서 자율협의

회에 제출하여야 한다. 이 경우 확약서를 제출한 자는 채권금융기관으로 본다.

⑤ PF주간사는 당해 사업장의 시행사로 하여금 채권금융기관 이외의 채권자로부터 이 협약을 따른다는 확약서를 받아서 자율협의회에 제출하도록 요청할 수 있으며, 확약서를 제출한 채권금융기관 이외의 채권자는 이 협약에 의한 채권금융기관으로 본다.

제3절 워크아웃

본 절에서는 주채무계열 그룹사를 제외한 대기업에 사후적으로 적용되는 **워크아웃**을 소개한다. 사후적이라는 의미는 워크아웃 신청이 있으면 금융채무의 동결이 거의 강제된다는 의미이다.

1. 워크아웃 기본원칙

– 손실최소화의 원칙

부실징후 초기단계에 있어 치유가 가능한 기업을 선정하여 채권금융기관의 손실을 최소화한다.

– 손실분담의 원칙

채권금융기관은 협의회 소집시에 채권행사를 유예(채권원리금 상환유예, 이자감면, 단기대출의 중장기 전환 등 만기연장, 대출금의 출자전환 등)하여야 하며, 채무재조정은 채권보유비율에 따라 안분 비례하여 지원한다. 채권금융기관의 손실부담으로 기업이 이익을 향유하므로, 주주들은 감자 및 유상증자, 대주주의 사재출연 등의 노력, 경영진 및 종업원과 노조도 비례하여 손실을 분담하여야 한다.

– 공평성의 원칙

채권금융기관은 보유 채권액을 기준으로 의결권 등에서 공평한 대우를 받아야 하며, 기업 부채구조 조정과 관련 손실부담시에도 동등하게 적용한다.

워크아웃과 관련된 모든 정보는 워크아웃 참여자에게 공유되어야 하며, 일부 채권금융기관의 정보 독점으로 인한 우월적 지위를 남용하여서는 안되며, 이로 인한 모든 책임은 주채권은행에 있다.

– 신속성의 원칙

워크아웃은 합의가 지연시 대상기업의 부실화 징후가 심화될 수 있고, 소요되는 비용이 증가하므로 최대한 신속히 추진한다. 이해당사자의 최대한 양보와 협조로 신속한 합의 도출이 중요하다.

2. 채권은행 협약 사무국

기업구조조정 촉진을 위한 채권은행 협약(약칭 기업구조조정촉진협약)은 「기업구조조정 촉진법」 제26조에 의한 채권금융기관 조정위원회 및 「채권은행협의회 운영협약」 제26조에 의한 채권은행 조정위원회의 활동 근거로서 2009년 2월 체결되었다. 협약 운영위원회는 전국은행연합회 회장 및 이 협약에 가입한 채권은행의 대표자로 구성되며, 사무지원을 위하여 사무국을 설치하였다(www.cracrv.com).

따라서 사무국은 기업 규모에 따른 두 가지 워크아웃 체계를 모두 관장하고 있다.

3. 기촉법상의 워크아웃 절차

가. 참여채권자

참여 대상 채권자는 금융업무를 영위하는 모든 기관을 망라하고 있으나(법 제2조1호), 상법상의 유동화회사(ABCP 발행자)는 포함되지 않는다.

대상기업의 효율적인 구조조정을 위하여 필요한 경우 소액채권금융기관(총 금융기관 채권액의 5/100범위 내)은 채권금융기관에서 제외할 수 있다(법 제16조)

의결방법(법 제18조)은 총 채권액(경영정상화계획에 따라 출자전환한 채권액 포함)의 3/4 이상 채권액을 보유한 채권금융기관의 찬성으로 의결하되, 협의회는 구체적인 사안에 대하여 그 범위를 다르게 할 수 있다. 협의회 의결에 따라 채권조정 또는 신규지원을 하는 경우에는 채권금융기관의 담보채권(청산가치범위 내 유효담보가)총액 3/4 이상의 담보채권을 보유한 채권금융기관의 찬성이 있어야 유효하다(제10조 2항).

나. 채권행사의 유예

기촉법 제15조에 의거 협의회를 소집하게 되면 동법 제6조에 의거 그 사실을 금융감독원 및 채권금융기관에 통보하게 된다. 이 때 금융감독원장은 채권금융기관에 협의회가 소집 통보된 날로부터 1차 협의회가 소집되는 날까지 해당기업에 대한 채권행사 유예를 요청할 수 있다. 이 때 주채권은행은 적법한 절차를 거쳐 금융감독원장이 채권행사 유예를 요청할 수 있도록 조치할 수 있다.

> 기촉법 제6조(채권행사의 유예)
>
> ① 주채권은행은 제5조에 따른 채권금융기관 공동관리절차를 개시하기 위한 협의회를 소집하는 경우에는 그 사실을「금융위원회의 설치에 관한 법률」에 따라 설립된 금융감독원의 원장에게 통보하여야 한다. 이 경우 금융감독원장은 채권금융기관에 협의회가 소집 통보된 날부터 1차 협의회가 소집되는 날까지 해당 기업에 대한 채권행사(담보권 행사를 포함하며, 시효중단을 위한 어음교환 회부는 제외한다)를 유예하도록 요청할 수 있다.
>
> ② 채권금융기관은 대상기업의 규모, 채권금융기관의 수 등을 감안하여 소집이 통보된 날부터 7일 이내에 소집되는 1차 협의회에서 채권행사의 유예기간을 유예개시일부터 1개월(자산부채의 실사가 필요한 경우에는 3개월)을 초과하지 아니하는 범위내에서 정하되 1회에 한정하여 1개월의 범위에서 연장할 수 있다.
>
> ③ 협의회가 제2항에 따라 채권행사의 유예기간을 정하지 못하거나 채권행사 유예기간의 종료일까지 대상기업의 제8조제1항에 따른 경영정상화계획을 확정하지 못한 경우에는 그 다음날부터 대상기업에 대한 채권금융기관 공동관리절차는 중단된 것으로 본다.

금융위원회는「기업구조조정 촉진법」에 따라 기업구조조정 촉진을 위한 금융기관 감독규정을 2007.10월 제정하였으며, 제6조에 채권행사 유예요청의 요건을 규정하였다.

> 기업구조조정 촉진을 위한 금융기관 감독규정 제6조(채권행사 유예요청의 요건)
>
> ① 주채권은행은 채권금융기관 공동관리절차를 개시하기 위한 채권금융기관협의회를 소집하거나 채권은행 공동관리절차를 개시하기 위한 채권은행협의회를 소집하는 경우에는 법 제9조제1항 전단 또는 법 제17조제3항에 따라 그 사실을

별지1의 서식에 의하여 감독원장에게 보고하여야 한다.
② 감독원장은 제1항에 따른 주채권은행의 보고시 주채권은행이 제3조제2항에 따른 신용공여액 기준으로 50% 이상에 해당하는 채권금융기관의 채권행사유예 동의서(이하 "채권행사유예 동의서"라 한다)를 첨부하고 채권행사유예가 필요한 적정한 사유를 서면 또는 전자문서로 제출하는 경우에는 채권금융기관에 대하여 법 제9조제1항 후단에 따른 채권행사의 유예를 요청할 수 있다.
③ 제2항에도 불구하고 감독원장은 시간적 여유가 없는 등 긴급한 사유가 있거나 지연시에는 채권자에 의한 채권회수 급증으로 당해기업의 효율적인 구조조정 추진이 곤란하여 채권행사 유예가 필요하다고 인정되는 경우에는 주채권은행이 제1항에 따른 보고시 채권행사유예 동의서를 제출하지 못하더라도 채권금융기관에 대하여 법 제9조제1항 후단에 따른 채권행사의 유예를 요청할 수 있다.

다. 경영정상화계획 이행 약정

부실징후기업에 채권금융기관 공동관리절차 등이 개시되는 경우 **경영정상화계획**의 이행을 위한 약정을 체결하게 된다.

기업구조조정촉진법 제8조(경영정상화계획의 이행을 위한 약정)
① 협의회는 제5조에 따른 공동관리절차가 개시된 부실징후기업과 제6조의 채권행사 유예기간 내에 의결을 거쳐 해당 기업의 경영을 정상화하기 위한 계획(이하 "경영정상화계획"이라 한다)의 이행을 위한 약정(이하 "약정"이라 한다)을 체결하여야 한다.
② 약정에는 해당 기업의 경영정상화를 위한 다음 각 호의 사항이 포함되어야 한다.
1. 매출액 · 영업이익 등 해당 기업의 경영 목표수준
2. 제1호에 따른 목표수준을 달성하기 위하여 필요한 해당 기업의 인원 · 조직 및 임금의 조정 등의 구조조정 계획과 신주의 발행, 자본의 감소 등의 재무구조 개선 계획 등을 포함한 구체적인 이행계획. 이 경우 그 이행기간은 1년 이내의 기간으로 하되 협의회의 의결에 의하여 연장할 수 있다.
3. 제1호에 따른 목표수준을 달성하지 못할 경우 총인건비의 조정 등 해당 기업이 추가적으로 추진할 이행계획

4. 제2호 및 제3호에 따른 사항과 관련하여 해당 기업의 노동조합 또는 주주 등 이해관계인의 동의가 필요한 사항에 대한 동의서
5. 해당 기업의 경영정상화에 필요한 유동성을 지원하기 위하여 수립되는 채권재조정 및 신용공여 계획
6. 제3자 매각, 경영위탁 등을 통하여 경영을 정상화할 경우 그 구체적인 계획
7. 그 밖에 기업의 경영정상화를 위하여 필요한 사항으로서 대통령령으로 정하는 사항*

* 시행령 제3조(약정) 법 제8조제2항제7호에서 "대통령령으로 정하는 사항"이란 다음 각 호의 사항을 말한다.

1. 기업의 현금 흐름에 중대한 영향을 미치는 투자 및 중요한 재산의 양수 · 양도 등에 관한 사항
2. 이사회의 구성 등 지배구조의 개선에 관한 사항
3. 기업이 법 제8조제1항에 따른 약정 내용을 이행하지 아니하거나 그 약정에 적혀 있는 계획대로 이행하지 아니하는 경우의 조치에 관한 사항
4. 그 밖에 기업의 경영정상화를 위하여 필요한 사항으로서 기업과 제4조제1항 본문에 따른 협의회가 합의하여 정한 사항

제4절 중소기업 워크아웃

중소기업 워크아웃은 근거법이 없이 은행간 협약으로 운영되고 있으나, 2015년 기업구조조정촉진법 개정안[2)]이 입법될 경우, 신용공여액 500억원의 기준이 삭제되므로 중소기업의 워크아웃도 법적 근거를 갖게 될 것으로 예상된다.

---

2) 기업구조조정 촉진법 일부개정법률안 의안번호 15100, 정우택의원 대표발의 2015.5.11
】채무자의 적용범위 확대 (안 제2조제6호 및 제4조제1항)
1) 신용공여액 규모와 무관하게 모든 기업이 적용대상이 될 수 있도록 현행 500억원 기준을 폐지하는 한편, 관리절차의 실익이 적은 경우에는 주채권은행의 재량으로 배제할 수 있도록 함.

1. 채권은행협의회 운영협약

"신용공여액 500억원 이상"의 기업에 대해서 2001년 6월 29일 도입된 채권은행협의회운영협약(채권은행협약)은 채권은행들이 기업신용위험을 상시적으로 평가하는 과정에서 부실징후기업이 발견되어 주채권은행이 그 후속조치를 취해야 할 때 채권은행 공동관리의 절차를 지원하게 되었다.

그림7-4. 채권은행협약에 근거한 워크아웃

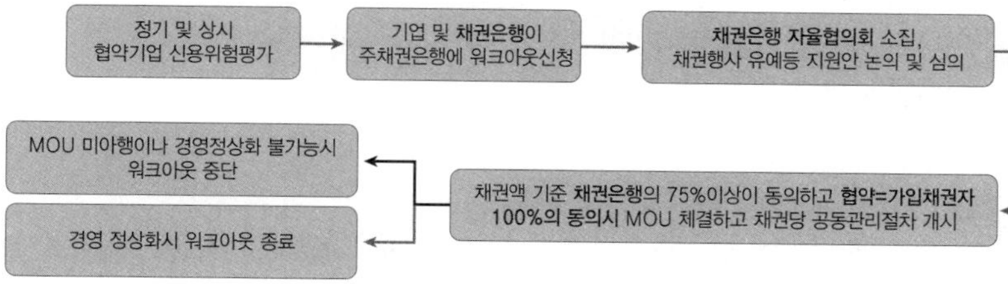

(자료 : KB금융연구소)

2005년 11월 25일의 5차 개정에서는 최저채권액 50억원을 폐지하였고, 2009년 7월 3일 9차 개정에 의해 현재까지 지속되면서 기업구조조정촉진법 적용대상이 아닌 채권액 500억원 미만의 기업 및 개인사업자에 대해 적용되고 있다(협약 제2조4호).

채권은행협약에 의한 경영정상화 작업은 대상 기업규모가 다르다는 점 외에는 기업구조조정촉진법에 근거한 경영정상화 작업과 공통적 성격을 지니고 있다.

출범 당시에는 은행들만 참여하였으나 2004년 6월 개정에서는 중소기업 공동워크아웃 추진 방향에 맞추어 보증기관 및 수출보험공사가 가입하였다. 2007년 11월 개정에서는 KAMCO가 가입하여 신규자금지원을 주채권은행과 협의하여 지원하고 반대채권자 보유채권을 협의하여 매입할 수 있게 되었고(협약 제2조 2. 채권은행의 정의) 구조조정방식에 자산인수방식[3]을 신설하였다(협약 제16조). 또한 채권조정에서 상거래 채권과 융통목적의 금융채권을 구분하였다.

2. 채권행사의 유예

채권행사 유예는 채권은행협약 제18조 제1항에 의거 주채권은행이 제1차 자율협의회를 소집하는 경우, 기 협약에 가입한 채권은행은 채권회수를 정지한다.

협약 제18조 채권행사의 유예

① 주채권은행이 제17조 제1항 및 제17조의2 제7항의 규정에 의하여 공동관리절차를 개시하기 위한 제1차 자율협의회를 소집하는 경우 협약에 기 가입한 채권은행은 소집통보가 발송된 때로부터 제1차 자율협의회 소집일(소집통보가 발송된 날로부터 7영업일 이내로 한다)까지 당해 기업에 대한 채권행사(상계, 담보권행사, 보증한 채권은행의 사전구상권 행사 및 보증한 채권은행에 대한 보증채무이행청구를 포함하며 시효중단을 위한 어음교환 회부는 제외한다)를 유예하도록 한다.

② 주채권은행은 제1항에 의하여 제1차 자율협의회를 소집하는 경우에는 그 사실을 서면에 의하여 상설협의회 사무국에 통보하여야 한다.

③ 자율협의회는 당해 기업의 규모, 채권금융기관의 수 등을 감안하여 1차 자율협의회에서 채권행사의 유예기간을 유예개시일로부터 1월(자산 · 부채의 실사가 필요한 경우에는 2월)을 초과하지 아니하는 범위 내에서 정하되 이 경우 유예대상 채권의 범위 및 조건을 별도로 정할 수 있다. 다만, 자율협의회는 1회에 한하여 위 유예기간을 1월의 범위 내에서 연장할 수 있다.

④ 자율협의회가 제3항의 규정에 의하여 채권행사의 유예기간을 정하지 못하거나

3) 제4장 제3절-다-2) 캠코의 세일앤리스백 참조.

제3항에 의한 채권행사 유예기간의 종료일까지 당해 기업에 대한 제24조 제1항에 의한 경영정상화계획을 확정하지 못한 경우에는 그 익일부터 당해 기업에 대한 공동관리절차는 중단된 것으로 본다.

⑤ 채권은행은 제1항 및 제3항의 채권행사 유예기간 중에는 당해 기업에 대하여 개별적으로 예금, 매출채권, 부동산 등 추가 담보취득과 채권보전조치를 하지 않는다. 다만, 채권은행이 보증인인 제3자에 대하여 당해 기업에 대한 피보증채무의 이행을 청구하고자 할 경우에는 그 내용을 지체 없이 주채권은행에 통보하고 자율협의회 결의로 채권보전조치를 할 수 있다.

⑥ 채권은행은 제1항 및 제3항의 채권행사 유예기간 중에는 당해 기업이 발행한 자금융통 목적의 어음 및 수표가 지급 청구되어 부도 처리된 경우 어음교환업무규약(거래정지처분)에 의한 거래정지처분을 하지 않는다.

⑦ 채권은행은 제1항 및 제3항의 채권행사 유예기간 중에는 당해 기업에 대하여 신용정보관리규약(신용불량정보 대상자)에 의한 등록을 유예한다.

⑧ 채권은행은 제1항의 채권행사 유예기간 중 또는 공동관리 기간 중(공동관리기간 중에는 자율협의회에서 다른 내용으로 의결하지 아니한 경우에 한한다)에는 원리금 연체 및 대지급금이 발생하더라도 이를 연체대출금으로 보지 아니하며 신용보증기금, 기술신용보증기금, 한국수출보험공사에 대한 사고통지사유로 보지 아니한다. 다만, 당해 기업이 공동관리절차 기간 중에 채권재조정된 내용에 따른 채무를 이행하지 않을 경우(원리금 연체 등)에는 보증약관에 의거 보증기관에 보증사고통지를 하여야 한다.

3. 경영정상화계획 특별약정 체결

채권행사가 유예되고 나면 실사작업과 채권재조정을 거쳐 경영 정상화 계획이행 특별약정이 체결된다.

제24조(특별약정 체결) ① 자율협의회는 당해 기업과 제18조 제3항에 의한 채권행사 유예기간 내에 의결을 거쳐 당해 기업의 경영을 정상화하기 위한 계획(이 협약 내에서 "경영정상화계획"이라 한다)을 확정하고 당해 기업과 경영정상화계획 이

행을 위한 특별약정을 체결하여야 한다. 다만, 자율협의회에서 특별약정 체결기간을 달리 정한 경우에는 그러하지 아니하다. 이 경우에도 특별약정 체결일은 경영정상화계획 확정일로부터 2개월을 초과할 수 없다.

② 제1항의 규정에 의한 특별약정에는 당해 기업의 경영정상화를 위한 다음 각 호의 사항을 포함시킬 수 있다.

1. 당해 기업의 경영정상화에 필요한 유동성을 지원하기 위하여 수립되는 채권재조정계획
2. 매출액, 영업이익 등 당해 기업의 경영 목표수준 등의 경영계획
3. 자구이행, 제3자 매각 등을 포함한 사업구조조정계획 및 기업지배구조조정계획
4. 제2호 및 제3호의 규정에 의한 사항과 관련하여 당해 기업의 노동조합 또는 주주 등 이해관계인의 동의가 필요한 사항에 대한 동의서
5. 기타 당해 기업의 경영정상화를 위하여 필요한 사항

③ 채권은행은 특별약정이 체결되기 전까지는 당해 기업에 대하여 추가로 신규자금을 지원할 수 없다. 다만, 약정이 체결되기 전까지 운영자금의 조달 등 긴급한 자금소요가 있는 경우로서 자율협의회의 의결이 있는 경우에는 그러하지 아니하다.

4. 채권은행의 사전공동관리 절차

2009년 7월 은행연합회는 채권은행이 개별적으로 부실징후기업에 대하여 채무 만기 도래 이전에 정상화를 추진할 수 있도록, 채권은행협의회 운영협약(채권액 500억원 미만 기업에 적용)의 9차 개정에서 '사전공동관리절차'를 도입하였다(협약 제12조의 2). 이는 "프리워크아웃"을 중소기업 협약 상에 명문화한 것으로 볼 수 있다.

채권은행의 사전공동관리절차란 개별 채권은행이 자체 신용위험평가 결과 부실징후기업으로 분류한 기업에 대하여 독자적으로 채권재조정을 실시하여 경영정상화를 추진하되, 여타 채권은행이 채권상환을 요구할 경우 공동관리로 전환이 가능한 채권은행의 개별관리 형태

를 말한다.

2008년 글로벌 금융위기를 맞이한 이후, 채권은행 간 워크아웃 협의과정이 2~3개월 소요되어 신속한 지원이 곤란하고, 그 과정에서 워크아웃 추진 사실이 노출되어 수주 중단 등 경영상 어려움이 초래되었으므로 개별은행이 여타 채권은행과 협의 없이 개별적으로 워크아웃을 추진하여 비밀보장 및 신속한 지원이 가능하도록 한 것이다.

개별 채권은행이 부실징후기업에 대하여 사전공동관리절차를 진행하다가 여타 채권은행이 채권상환을 요구할 경우 개별 채권은행은 해당 채권은행에게 사전공동관리절차가 진행중인 기업임을 서면 통보하여 만기연장을 요청할 수 있으며, 해당 채권은행이 만기연장에 응하지 않을 경우 주채권은행에 자율협의회의 소집을 요청하여 채권은행 공동관리절차를 추진할 수 있다. 이때 사전공동관리절차가 진행중인 기업임을 서면 통보하면 당해 기업에 대하여 서면통보 발송일로부터 제1차 자율협의회 소집일까지 채권행사가 유예되고 추가 담보취득과 채권보전조치가 제한된다.

변경 전 채권은행협약 하에서의 공동관리의 경우 워크아웃 해당 기업의 명단이 여러 금융기관에 누출되는 부작용이 생겼고 단독관리의 경우 일부 금융기관의 채권회수로 워크아웃의 갈등이 많았으나, 사전공동관리절차로 은행과 기업 간 1대 1로 비밀유지가 보장되자 워크아웃에 주저하던 기업들도 적극적으로 사전공동관리에 협조하게 되었다.

> 제12조의2 (사전공동관리절차)
> ① 개별 채권은행은 부실징후기업에 대하여 사전공동관리절차를 추진할 수 있다.
> ② 사전공동관리절차를 추진하는 채권은행은 당해 기업에 대한 채권재조정을 포함한 경영정상화계획을 확정하고 당해 기업 과 경영정상화계획 이행을 위한 특별약정을 체결하여야 한다.

③ 제2항의 경영정상화계획 수립을 위하여 당해 채권은행은 당해 기업에 대하여 채권은행별 채권현황을 포함한 필요 자료의 제출을 요구할 수 있다.

④ 제2항에 따른 특별약정에는 여타 채권은행이 채권상환을 요구할 경우 즉시 그 사실을 사전공동관리절차를 추진하는 채권은행에 통지하고 당해 채권은행의 동의 없이 채권을 상환할 수 없다는 내용을 포함하여야 한다.

⑤ 사전공동관리절차 진행 중인 기업에 대하여 여타 채권은행이 채권(정책자금대출 및 분할상환 조건부 시설자금대출의 분할상환금 제외)상환을 요구할 경우 사전공동관리절차를 진행중인 채권은행은 해당 채권은행에 그간의 채권재조정 내역을 포함하여 사전공동관리절차 진행중인 기업임을 서면으로 통보하고 채권의 만기연장 동의를 요청할 수 있다.

⑥ 제5항에 따른 서면통보를 받은 채권은행이 만기연장에 동의하지 않을 경우 사전공동관리절차를 진행중인 채권은행은 주채권은행에 자율협의회 소집을 요청할 수 있으며, 이 경우 제5항의 만기연장 서면통보 발송일로부터 제1차 자율협의회 소집 통보일까지 당해 기업에 대한 채권행사(상계, 담보권행사, 보증한 채권은행의 사전구상권 행사 및 보증한 채권은행에 대한 보증채무이행청구를 포함하며 시효중단을 위한 어음교환 회부는 제외한다)를 유예하고 추가 담보취득과 채권보전조치를 하지 않도록 한다.

⑦ 제6항에 따라 자율협의회 소집이 요청된 경우 주채권은행은 7영업일 이내에 자율협의회를 소집하여 제12조에 따른 공동관리절차를 진행하여야 한다.

⑧ 공동관리절차로 전환될 경우 사전공동관리절차 개시일 이후 개별 채권은행 및 여타 채권은행이 행한 신규지원자금은 법정 담보권 다음으로 다른 채권은행의 채권에 우선하여 변제받기로 하며, 제7항에 따라 공동관리절차로 전환한 이후 추가 신규자금 지원시에는 분담대상여신에서 제외하고 배분금액에서 차감하기로 한다. 이 때 사전공동관리절차 개시일은 제2항에 의한 특별약정 체결일로 본다.

표7-1. 우선변제권 예시) 공동관리절차 전환 이후 추가 신규 50억원 지원시

* 사전공동관리 신규지원액 20억원 + 공동관리 전환 이후 신규 50억원

채권은행	사전공동관리 진행시		공동관리 전환 이후		
	기존채권액 (①)	신규지원액 (②)	분담대상기준 (①)	총배분액* (③=70×①비율)	추가신규배분액 (③-②)
A	50	20	50	35	15
B	30		30	21	21
C	20		20	14	14
합계	100	20	100	70	50

표7-2. 채권은행 상설협의회 사무국의 사전공동관리절차 Q&A (2009. 7. 1.)

동일기업에 대하여 복수의 개별 채권은행이 사전공동관리절차를 추진할 수 있는지?	가능
사전공동관리절차 진행시에는 그 사실을 상설협의회 사무국에 통보해야 하는지?	채권은행이 개별적으로 진행하는 절차이므로 통보 의무 없음
30억원 미만의 소액 채권을 보유한 채권은행도 개별적으로 사전공동관리절차를 진행할 수 있는지?	단독관리 또는 사전공동관리절차를 선택적으로 추진할 수 있음
사전공동관리절차 진행 중인 기업에 대해 여타 채권은행에서 채권상환 요구시 공동관리절차로 전환될 수 있는데 이 경우 채권의 범위는?	정책자금대출 및 분할상환조건부 시설자금대출의 분할상환금을 제외한 모든 채권액이 포함되며 한도거래여신의 경우 한도약정금액 기준임
사전공동관리절차 진행 중인 기업에 대해 여타 채권은행에서 채권상환 요구시 사전공동관리절차를 진행 중인 당해 채권은행이 취할 수 있는 방법은?	개별 채권은행이 부실징후기업에 대하여 사전공동관리절차를 진행하다가 여타 채권은행이 채권상환을 요구할 경우 개별 채권은행은 해당 채권은행에게 사전공동관리절차가 진행중인 기업임을 서면 통보하여 만기연장을 요청할 수 있으며, 해당 채권은행이 만기연장에 응하지 않을 경우 주채권은행에 자율협의회의 소집을 요청하여 채권은행 공동관리절차를 추진할 수 있음. 이때 사전공동관리절차가 진행중인 기업임을 서면 통보하면 당해 기업에 대하여 서면통보 발송일로부터 제1차 자율협의회 소집일(제13조 제1항에 의한 유예기간 포함)까지 채권행사가 유예되고 추가 담보취득과 채권보전조치가 제한됨
단독이나 다른 채권은행과 합하여 채권액이 채권은행 총채권액의 1/4을 초과하는 경우 주채권은행에 채권은행 공동관리를 요청할 수 있게 되어 있는 바, 총채권액의 1/4 이하 채권은행이 사전공동관리절차 진행시 단독으로 채권은행 공동관리 진행을 주채권은행에 요청할 수 있는지?	총채권액의 1/4 이하 채권액을 보유하고 있는 채권은행이 사전공동관리절차 진행 중 여타 채권은행이 대출금 상환 요청시 주채권은행에 공동관리 추진을 위한 자율협의회 소집을 요청할 수 있음
우선변제권 인정 시점은?	특별약정 체결일 이후에 지원된 신규자금에 한하여 우선변제권이 인정됨

표7-3. 채권은행 공동관리와 사전공동관리, 단독관리의 차이점

구분	공동관리	사전공동관리	단독관리
A대상기업 (채권액기준)	- 500억원 미만 부실징후기업(기촉법 대상업체 제외)	- 좌동	- 30억원 미만 또는 주채권은행이 75%이상 보유한 단독관리 가능기업
관리주체	- 주채권은행 - 채권은행 자율협의회	- 채권은행 (주채권은행 포함)	- 채권은행 (주채권은행 포함)
신청기관 등	- 당해 기업 - 단독 또는 총채권액합계 1/4 초과 채권은행	- 당해 기업	- 당해 기업
채권행사 유예	- 소집통보일로부터 제1차 자율협의회 소집일까지 유예 - 자율협의회에서 최장 3개월 유예 가능	- 여타 채권은행의 채권 상환 요구시 서면 통보일부터 자율협의회 소집일까지 유예 - 공동관리 전환시 최장 3개월 유예 가능	- 해당 채권은행 결정
가결요건	- 총채권액의 3/4 이상 동의	- 해당 채권은행 결정	- 해당 채권은행 결정
신규자금 우선변제권	- 법정담보권 다음으로 우선변제권 부여	- 공동관리 전환시 우선변제권 부여	- 해당사항 없음
특별약정	- 자율협의회에서 확정한 기업경영정상화계획 이행을 위한 특별약정 체결	- 여타 채권은행의 채권상환 요구시 해당 채권은행에 통지 및 상환 불가 등의 내용이 포함된 특별약정 체결	- 해당 채권은행 결정

5. 중소기업 워크아웃과 건강관리 시스템 연계

금융감독원과 중소기업청은 구조조정 대상 중소기업이 체질 개선을 통해 자생력을 확보할 수 있도록 2013년 3월 11일부터 중소기업청의 '중소기업 건강관리시스템'(2012년 2월 실시)과 은행권 중소기업

구조조정을 연계하는 방안을 시행하였다[4].

종전 채권단 중심의 워크아웃은 단기 운영자금 위주로 지원되는 경향이 있어 조기 정상화에 한계가 있었으나, 중소기업청의 중소기업건강관리시스템과 연계함으로써 중장기 정책자금 지원이 가능하게 되었다.

기업건강 진단신청 대상은 은행권의 기업신용위험 평가결과, B등급(Fast Track 적용), C등급(Work-out 선정), D등급(기업회생 등) 중소기업이다.

* B등급 : 부실징후기업이 될 가능성이 큰 기업
C등급 : 부실징후기업에 해당하며 경영정상화 가능성이 있는 기업
D등급 : 부실징후기업에 해당하며 경영정상화 가능성이 없는 기업

채권금융기관 자율협의회의 '기업건강 진단신청 의결'을 거친 후 해당 중소기업이 매월 11~20일 경에 4개 진단기관에 신청하면, 진단기관은 진단전문가와 기업구조 분석진단과 건강진단을 실시하고, 주채권은행과 협의를 거쳐서, 품목 · 사업전환, 사업재구축, 자산매각, 사업장 통합, 자본증자, 판관비 절감 등 기업구조개선 처방전을 마련한다.

정상화 가능성이 높은 기업은 정책자금, 보증, R&D, 마케팅, 컨설팅 등을 맞춤형으로 지원하여 정상화를 추진한다.

4) 금융감독원, 중소기업청의 「중소기업 건강관리시스템」과 연계한 은행권의 구조조정 중소기업에 대한 정상화 지원 방안. 2013.3.6. 보도자료

제5절 워크아웃 성과

1. 기촉법 상의 워크아웃 성과 분석

기업구조조정 수요는 경제의 특성상 IMF 외환위기, 글로벌 금융위기 등 외부적 요인에 의한 불황기에 급속히 증가하는 것으로 나타났다.

표7-4. 연도별 C등급 기업 수 대비 워크아웃 신청기업 비율

구분	'98	'99	'00	'01	'02	'03	'04	'05	'06	'07	'08	'09	'10	'11	'12	'13	'14
C등급	77	29	2	13	5	3	–	4	6	–	4	70	42	15	22	30	15
개시	77	29	2	13	5	3	–	4	6	–	4	61	37	11	12	14	5
미개시	–	–	–	–	–	–	–	–	–	–	–	9	5	4	10	16	10
신청 비율	100 %	100 %	100 %	100 %	100 %	100 %	–	100 %	100 %	–	100 %	87.1 %	88.1 %	73.3 %	54.5 %	46.6 %	33.3 %
졸업 비율	75.3 %	72.4 %	100 %	92.3 %	80.0 %	66.7 %	–	75.0 %	33.3 %	–	–	29.5 %	24.5 %				

- 워크아웃기업의 정상화비율 : 64.9%(2010년말)
- 워크아웃 기업들의 졸업까지 정상화 소요시간(평균) : 약 2년 10개월

근래 워크아웃 신청비율이 줄어든 배경은 제3차 기촉법부터 평가결과 C등급을 받았어도 기업 측에서 워크아웃을 신청할 수 있도록한 법 개정의 영향이 큰 것으로 나타났다. 기업에게 워크아웃 신청권을 부여한 제도적 변화는 사적 자치에 기반을 둔 워크아웃의 이념을 강화시켰으나, 효율성은 오히려 저하되었다. C등급 기업 중 워크아웃 미개시 기업들로 하여금 워크아웃을 적시에 개시할 수 있도록 독려할 필요가 있다.

최근 2007년 이후 워크아웃을 가장 많이 수행한 2개 은행의 데이터를 기반으로 44개 기업을 대상으로 이해관계자를 중심으로 워크아

웃 기업들의 성과를 분석한 결과를 채권자와 채무자 측면에서 분석한 결과는 다음과 같다[5].

채권자 측의 무담보채권 회수율은, 워크아웃을 졸업한 기업의 경우 구조조정과정을 거치며 23.2%p 증가하였으나, 워크아웃을 중단한 기업들의 회수율은 10.7%로 크게 미흡하였다.

표7-5. 워크아웃기업의 무담보채권 회수율 변화

주: ( )은 기업 수

구분	졸업	중단	진행	합계
개수	9	9	26	44
체결시점	64%(7)	7%(6)	13.5%(22)	22.5%(35)
졸업 · 최근	87.2%(7)	17.7%(6)	42.3%(22)	47.1%(35)
증감	23.2%(7)	10.7%(6)	28.8%(22)	24.6%(35)

기업측면에의 성과분석은 매출액증가율, 영업이익률, 부채비율, 이자보상비율을 중심으로 워크아웃 전후의 변화를 같은 기간 정상기업과 비교하면 워크아웃을 성공적으로 졸업한 기업들의 재무제표상 성과는 정상기업과 비교하여 양호한 것으로 나타났다.

표7-6. 졸업한 워크아웃기업의 재무제표 지표 변화

구분	개시(A)	졸업(B)	증감(B-A)	정상기업의 증감
매출액증가율	2.5%	12.3%	9.8%p	4.9%p
영업이익률	-4.2%	8.2%	12.4%p	0.9%p
부채비율*	583.9%	229.0%	-354.9%p	-15%p
이자보상비율	-20.3%	319.3%	339.6%p	95.0%p
ROA	-28.4%	1.0%	29.4p	0.4%p

* 부채비율의 경우 자본잠식 기업을 제외하고 남은 기업 대상으로 계산

5) 한국금융연구원. "기업구조조정촉진법 상시화 방안 연구 세미나"-기촉법의 경제적 분석)

워크아웃 성공요인으로서, 기존거래처 및 하청 · 협력업체와의 거래 지속이 가능하여 생산 · 고용측면에서 충격 완화 및 구조조정에 따른 생산성 향상이 이루어졌다. 워크아웃을 통하여 회사분할, 채무재조정 등 구조조정 방식과 절차에 대한 기준을 확립하였고, 지배구조 개선을 위한 절차 등을 제도화하였다. 정상화 가능성이 있는 기업이 회생하고 경쟁력이 없는 기업은 퇴출되는 과정에서 산업구조 재편에도 기여하였다.

또한, 채무원금의 탕감 대신 출자전환을 통하여 특혜시비를 없앴고 나아가 장래 회사회생 시의 추가이익 향유가 가능하다. 채권단은 출자전환주식의 주가상승에 의한 수익효과를 실제로 실현하고 있다.

2. 중소기업 워크아웃 성과

2004년 7월 중소기업 워크아웃제도가 본격적으로 실시된 이래 글로벌 경제여건 악화 등으로 '08년 하반기 이후 신규 선정업체가 크게 증가하였다.

표7-7. 중소기업 워크아웃 추진현황 (단위 : 개사, %)

	2004.하	2005	2006	2007	2008	합계
신규	769	2,120	1,416	954	1,428	6,687(100.0)
졸업	144	322	1,161	1,010	771	3,408(51.0)
중단	216	259	330	343	448	1,596(23.8)
기말추진중	409	1,948	1,873	1,474	1,683	1,683(25.2)

(자료 : 금융감독원)

'04. 7월부터 '08.12월말까지 총 6,687개사가 워크아웃 대상기업으로 선정되어, 5,004개사는 워크아웃 종료되었으며, 추진중인 업체는 1,683개사였다. 워크아웃 종료업체중 경영정상화에 성공한 업체는 3,408개사이며, 부도발생 등으로 중단한 업체는 1,596개사였다.

'04.7.~'08.12. 기간중 워크아웃 대상 중소기업에 대한 국내은행의 총 지원규모는 15조 7,505억원, 만기연장이 13조 3,729억원으로 전체의 84.9%를 차지하였으며, 신규여신 2조 407억원(13.0%), 이자감면 649억원(0.4%)였다.

그러나 만기연장, 이자감면과 같이 소극적 채무재조정이 대부분(85.3%)이며, 신규여신,출자전환 등 사업구조조정이 전제된 지원은 비교적 미약한 수준이었다.

표7-8. 워크아웃 중소기업에 대한 금융지원 실적 (단위 : 억원, %)

	2004.하	2005	2006	2007	2008	합계
만기연장	10,926	32,858	36,433	25,542	27,970	133,729(84.9)
신규여신	600	2,278	6,173	6,628	4,727	20,407(13.0)
이자감면	18	137	168	103	223	649(0.4)
기타	680	417	676	188	759	2,720(1.7)
계	12,224	35,690	43,450	32,461	33,679	157,505(100)

(자료 : 금융감독원)

표7-9. FTP 지원 현황

(단위: 개, 조원)	'08.4분기 (10.13일~)	'09년	'10년	'11년	'12년	'13년 1~9월	합계
신규 지원업체	1,676	9,636	483	181	195	68	12,239
지원액(全업체)	2.7	21.4	5.3	1.3	1.1	0.5	32.3
신규자금	0.5	4.7	1.4	0.6	0.5	0.1	7.8
대출전환	0.7	1.1	0.2	-	-	-	2.0
만기연장 등	1.5	15.6	3.7	0.7	0.6	0.4	22.5

(자료 : 금융감독원)

3. 중소기업 워크아웃 사례[6)]

가. 성공사례

사례1.

(주)KHE는 기업구조조정 추진 원칙에 입각한 철저한 대응으로 Fast-Track과정에서 발생한 일반채권과 KIKO채권의 차별대우를 해소함으로써 형평성을 확보하고, 외부투자 유치(유상증자 500억원) 성공에 따라 최단기간(3개월) 워크아웃을 종결함.('09년10월)

- 추진배경

동사는 세계4위의 산업용 열교환기 제조회사로서 '07년까지 재무 및 손익 상황 양호하였으나, '08년이후 KIKO 관련 거액손실 758억원 발생과 영업수주 부진 등으로 유동성 위기에 직면함. '08년 11월 Fast-Track에서 신규보증지원 300억원 결의했음에도 실제 집행은 94억원에 불과하였으며, 일부 금융기관은 KIKO채권회수(150억원)에 주력하는 등 Fast-Track의 한계를 절감함.

- 주요 추진내용

일반채권과 KIKO 채권간 동등한 조건을 부여하며, KIKO채권 상환을 금지하고, 신규보증지원 300억원을 이행케 하는 등 채권금융기관 간 공평성을 마련하였으며, 외부투자 500억원을 유치하여 재무구조 개선 및 유동성 부족 해소함.

- 성과요약

Fast-Track 과정에서 발생한 일반채권과 KIKO채권 차별대우를 해소하는 등 기업구조조정원칙에 입각하여 워크아웃을 추진함. 외부

6) 금융감독원 기업재무개선단. 기업구조조정. 181면, 193면. 상시 기업구조조정 활성화를 위한 워크숍. 금융감독원. 전국은행연합회 2010.12. 8. S은행 중소기업 워크아웃 자료 (2014년)

투자 500억원 유치로 재무구조 개선과 유동성 부족을 해소하고, 워크아웃 졸업 후 동시 신용도 회복으로 '10년 흑자 시현함.

사례2.

서울특별시 소재 K기업은 주채권은행의 적극적 지원(신규자금, 채무상환유예, 금리인하 등) 및 동사의 철저한 기업구조조정으로 KIKO손실 및 영업부진에서 탈피하여 경영정상화를 도모함.

- 추진배경

동사는 KIKO(선물환 및 통화옵션)손실 및 관계사 대여금 손실 등으로 거액의 손실을 발생하였으며, 영업부진 및 낮은 수익성으로 경영위기에 직면함.

- 주요 추진내용

H은행은 경영정상화계획 MOU체결 이후 신규자금 및 채무상환유예 · 금리인하 등 적극적인 여신지원, 경영관리단 파견, 기업컨설팅 실시 및 당해 기업은 사옥매각, 적자 사업정리, 자회사 매각, 골프회원권매각, 인원구조조정, 경비절감 등의 자구노력을 이행함.

- 성과요약

동사는 영업정상화 및 회사가치를 제고하여 순손실에서 흑자로 전환하였으며, 주가를 4년전 대비 약 400% 신장함.

사례3.

서울특별시 소재 H기업은 주채권은행의 합리적인 구조조정 계획 제시 및 협의로 과감하고 신속한 신규자금 지원을 통하여 회사 및 타 채권자에 경영정상화에 대한 신뢰를 바탕으로 유연한 대응으로 반대 채권자 설득 및 채권금융기관 간의 협조로 조기 경영정상화 성공함.

- 추진배경

동사는 '08년 글로벌 금융위기 영향으로 캐피탈사 유동성 위기에 따른 대출영업중지로 할부금융 및 리스금융중단, 유동성 확보를 위한 보유 부동산 매각 추진 불구 부동산 침체로 인한 매각지연으로 워크아웃을 신청함.

- 주요 추진내용

이중담보제공에 의해 타채권단이 W/O에 반발했고 신축사옥 공사중 시공업체 기업회생신청으로 준공 리스크가 존재하였음. 주채권은행은 타채권자 와 회사에 합리적인 구조조정 방안 제시로 W/O추진을 설득하였으며, MOU체결 이후 준공을 위한 신규자금을 H은행 단독지원 및 채무상환유예 · 금리인하 등 적극적인 여신지원을 하였다. 회사는 은행 제시 구조조정방안 적극 수용 및 급여반납 · 삭감으로 경영정상화에 적극 동참하였음.

- 성과요약

동사는 영업 실적호조 및 재무구조 개선으로 경영정상화 시현하여 W/O졸업 예정.('09년 W/O개시 당시 000억원 당기순손실에서 '14년 00억원 흑자 시현함)

사례4.

경기도에 소재한 L사는 기업회생절차 신청하였으나, H은행의 회생담보권 상환유예 등 적극적인 지원으로 경영정상화 기반을 조성함.

- 추진배경

동사는 과도한 제품개발과 모방제품 난립 및 주요 매출처의 납품가격 인하요구에 의한 매출하락 및 적자발생으로 유동성 부족에 따른 기업회생절차를 신청함.

- 주요 추진내용

H은행은 공장매각을 통한 여신상환예정이었으나, 부동산경기침체로 매각 어려움에 따라 회사의 양호한 기술력을 인지하여 회생계획안 외의 매출부진 및 금융비용 부담에 따른 담보물 분할매각 및 양호한 기술력에 근거 외부투자 유치 등 경영정상화 방안 제시 등 지속적인 유대관계를 형성함. 한편, 동사는 담보물 일부 및 거주 부동산매각 등으로 회생채권 일부 조기변제 등 회생계획안을 성실히 이행하였음.

- 성과요약

기업회생 진행중인 회사에 대한 적극적인 관심과 경영정상화를 위해 회생담보권 상환유예 등 적극적인 여신지원과 회사가 함께 노력한 결과 회생담보권 상환유예 및 정상여신으로 전환함으로 회생계획안 조기종결 결정으로 경영정상화 기반을 조성함.

사례5.

경기도 소재 A기업은 2007년 주거래처의 최종부도에 따른 15억원의 부실채권 발생과 매출부진 등으로 자금난에 봉착하여 주채권은행에 워크아웃 신청

⇒ B은행은 신용위험평가(C등급)를 통해 워크아웃 대상으로 선정한 후 연체이자36개월 분할상환 및 금리감면(원화대출 연 4.5%, 외화대출 연 5.5%적용)등 채권재조정을 통해 경영정상화 지원

사례6.

경기도 소재 C기업은 기술력을 보유하고 있음에도 불구하고, 글로벌 금융위기 이후 주문량 급감으로 인한 영업손실 누적 및 운전자금 경색 등으로 부도위기를 겪게됨.

⇒ D은행의 평가결과 정상화가 불가능한 것으로 판단됨에 따라 M&A를 추진키로 결정하고, 채권은행, 기관투자자, 상거래채권자 등 관련자를 설득하여 M&A에 우호적인여건을 조성함과 아울러 인수의향자가 투자금을 조기 투입하도록 설득하는 등 조기정상화를 지원

나. 실패사례

사례1.

네오세미파크(주)는 대주주 및 경영진이 워크아웃을 신청했으나, 워크아웃 절차 진행에 비협조 및 회생절차를 신청함에 따라 워크아웃이 중단됨.

- 추진배경

회사의 신용도 하락에 따른 외부자금 조달 곤란 및 금융기관 상환압박 및 '09년 회계감사 결과 외부감사인의 의견거절 표명으로 상장폐지함.

('10.6.21 C등급분류, '10.7.20 워크아웃 개시, '10.8.23 상장폐지 결정, '10,8.26 회생절차 신청, '10.9.20 회생절차 개시)

- 주요 추진 내용

경영권 및 주식 포기각서, 주총의결권행사 위임장 등 제출거부, 회사 실사를 위한 용역계약에 비협조로 자산 · 부채 실사 미착수 등 대주주 및 경영진의 비협조로 정상적인 워크아웃 진행 곤란

- 실패요인

공동대표이사 3인으로 지배구조가 복잡하며, 대주주 및 경영진이 상장폐지를 면하기 위한 노력에 전념하는 등 워크아웃 추진에 비협조

적이며, 상장폐지가 최종 결정되자 회생절차를 신청함. 대주주 및 경영진의 경영정상화 노력이 미흡하였음.

사례2.

(주)톰보이는 주채권은행의 부실징후기업 판정에 대하여 재평가 요청 및 투자유치를 사유로 워크아웃을 거부하다가 자금회수 부진 및 투자유치 실패에 따른 부도발생으로 회생절차를 신청함.

- 추진배경

소비침체 및 적자브랜드 사업중단으로 인한 매출감소 및 대규모 적자로 재무구조 약화 및 차입금상환 압박에 따른 유동성 부족에 직면함.

('09년 재무현황: 총자산 1,245억원, 총부채 975억원, 자기자본 270억원, 매출액 1,643억원, 당기순이익 △290억원)

- 주요 추진 내용

투자유치 진행을 사유로 대주주 및 경영진의 워크아웃을 거부하였으며 투자유치 실패 및 자금회수 부진으로 부도발생 후 회생절차를 신청함

- 실패요인

단기투자수익을 추구하는 투기세력의 회사인수

('09년 12월 현 대주주가 투기적 목적으로 경영권 인수 후 동사가 워크아웃 대상기업으로 선정되어 경영권 유지 및 단기투자수익 획득이 어려워지자 경영정상화를 포기함.)

사례3.

현대LCD는 구, 기촉법이 실효된 상황에서 2006년 2월 채권은행

간 자율협약에 의하여 워크아웃추진(전체7개 채권금융기관중 2개 저축은행을 제외한 5개 은행이 워크아웃 추진을 위한 자율협약참여)

⇒ 채권은행은 워크아웃 개시이후 채권행사(총 455억원)유예하였음. 반면, 2개 저축은행이 주채권은행의 유예요청에도 불구하고 협약 미가입을 사유로 이에 반대하면서 채권(120억원)을 회수함에 따라 2006년 7월 부도가 발생하여 조기정상화에 실패함.

제7장 참고문헌

구정한, 기촉법의 경제적 분석: 한국금융연구원 기업구조조정촉진법 상시화 방안 연구 세미나. 한국금융연구원, 이화여대 주최 2014.11

국회정무위원회 진정구 수석전문위원, 기업구조조정 촉진법 일부개정법률안 검토보고서, 2015.6.

금융감독원 기업재무개선지원단기업구조조정, 2010년

금융감독원, 중소기업 패스트 트랙 프로그램 연장 및 제도 개선, 2013.12.24 보도자료

김규진, 박기진, 홍영만, 기업구조조정 개설. 첨단금융출판사 2010년

김덕, 기업구조조정, 한솜미디어 2005년

김규진 외, 기업구조조정총설. 첨단금융출판사 2007년

오수근, 기촉법의 법률적 분석; 이화여자대학교 도산법센터 기업구조조정촉진법 상시화 방안 연구 세미나. 한국금융연구원, 이화여대 주최 2014.11

이명훈 기업구조조정해설, 채권금융기관 조정위원회 도서출판 정법사 2008년

전국 은행 연합회, 은행 공동 중소기업 신용위험 상시평가 기준 마련, 2010.6.14 보도자료

조항래, 박상진. 기업구조조정제도 현황 및 개선방향. 우리금융연구소 2013. 9

한국금융학회 "기업구조조정 제도 개선방안" 2014년 . 춘계 공동정책심포지엄(2014. 4. 10)

KB연구소 . 부실기업 회생 및 정리 제도 현황 2011. 4 12

제8장

회생절차와 파산절차

제8장 회생절차와 파산절차

우리 나라는 과거 회사정리법, 화의법, 파산법이 각 개별법률로서 도산절차를 규율하였으나, 2006년 4월 1일부터 회사정리법과 파산법을 합친 **"채무자 회생 및 파산에 관한 법률"**(이하 '채무자회생법' 또는 '법'이라고 함)이 시행되어 도산절차를 통합적으로 규율하고 있다(화의법은 폐지).

도산절차는 법원의 주도 아래 개인이나 기업의 경제적 실패를 다루는 절차로서, 그 중에서 재건형 절차인 **'회생'**은 사업의 재건과 영업의 계속을 통한 채무변제가 주된 목적인 반면, 청산형 절차인 **'파산'**은 채무자의 재산의 처분, 환가와 채권자들에 대한 공평한 배당이 주된 목적이다.

회생이 가능한 채무자라면 굳이 청산하는 것보다 계속 존속하게 하면서 순차적으로 채무를 더 많이 변제하게 하는 것이 채권자 등 이해관계인에게 유리하고 사회경제적으로도 유익하다. 예컨대 대기업이 파산한다면 협력업체인 중소기업의 연쇄도산, 채권금융기관의 동반부실화, 대량 실업의 발생과 같은 사회적 부작용이 클 것이다. 따라서 채무자회생법은 파산절차보다 회생절차를 우선시하고 있다. 이하에서는 회생절차의 개요부터 살펴보고 그 다음 파산절차를 살펴보기로 한다.

제1절 회생절차

1. 의의

회생절차는 재정적인 어려움으로 파탄에 직면해 있는 채무자에 대하여 채권자, 주주 등 여러 이해관계인의 법률관계를 조정하여 채무자의 효율적인 회생을 도모하는 제도이다. 다른 법률에 보장된 채권자 등 이해관계인의 여러 권리를 제한하면서까지 채무자에게 재기의 기회를 주는 이념적 근거는 회생절차를 통한 채권채무관계의 집단적 해결과 채무자의 회생이 파산적 청산과 비교하여 채권자 일반에게 이익이 되고 사회경제적으로도 유리하다는데 있다. 즉, 채무자가 계속 존속하면서 사업을 할 때 얻는 이익(계속기업가치)이 채무자를 청산할 때의 이익(청산가치)보다 커야 한다. 따라서 법은 채무자의 계속기업가치가 청산가치를 상회하는지 여부를 따져 회생절차의 진행 여부를 판가름하는 '경제성 판단의 원칙'을 채택하고 있다. 경제성이 있는 채무자만 선별하여 회생시키는 것이 회생절차의 목적이기 때문에 회생절차 진행 도중이라도 청산가치가 계속기업가치보다 큰 것이 명백해지면 그 단계에서 더 이상의 진행을 멈추고 회생절차를 폐지하도록 되어 있다.

2. 회생절차의 흐름

채무자에게 회생절차가 개시되면 (1) 채권자의 개별적 채권회수 금지, (2) 관리인의 선임을 통한 재산처분권과 업무수행권의 이전, (3)

채무면제 또는 출자전환 등 채무재조정, (4) 인력감축과 적자사업 중단 등 사업구조의 재편, (5) 회생계획안의 작성과 이해관계인의 동의, (6) 법원의 회생계획인가와 관리인의 회생계획 수행 등의 과정을 거치게 된다. 이러한 회생절차의 흐름을 도표로 나타내면 아래와 같다.

그림8-1. 회생절차

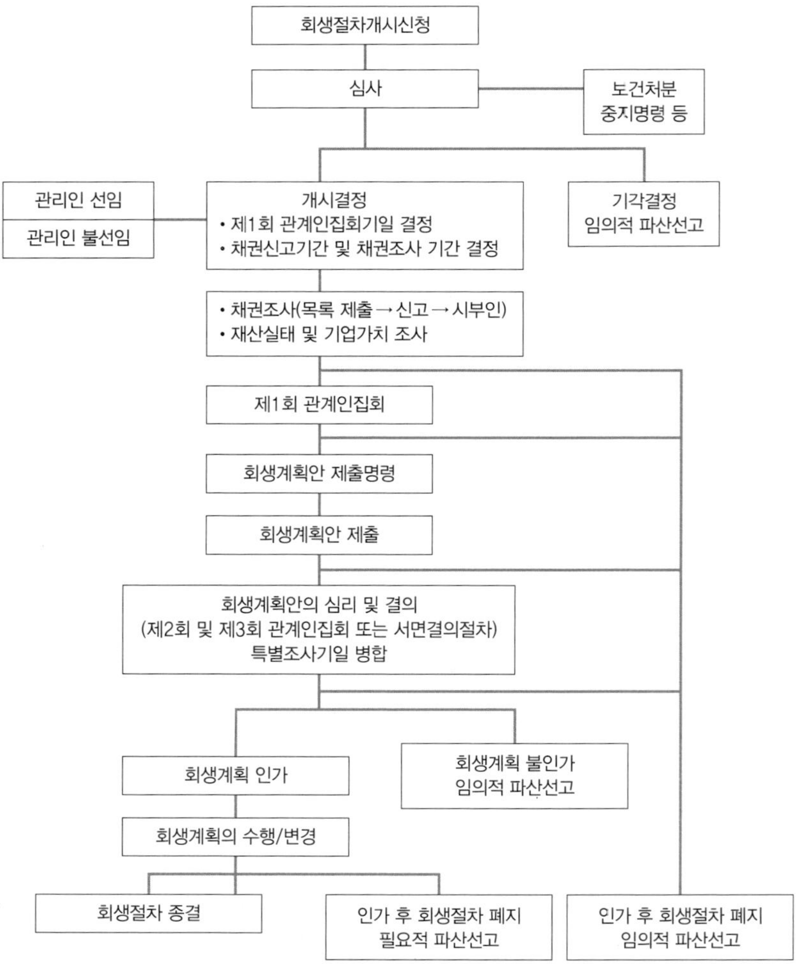

3. 회생절차 개시의 신청

가. 신청권자

해당 채무자가 신청권을 가진다. 또한 '채무자에게 파산의 원인인 사실이 생길 염려가 있는 경우'(법 제34조 제1항 제2호)를 사유로 신청하는 경우에는 채무자 이외에도 i) 채무자가 주식회사 또는 유한회사인 때에는 자본의 1/10 이상에 해당하는 채권(주식)을 가진 채권자(주주)나 ii) 채무자가 주식회사 또는 유한회사가 아닌 때에는 5천만 원 이상의 채권을 가진 채권자가, 합명회사, 합자회사 그 밖의 법인 또는 이에 준하는 자에 대하여는 출자총액의 1/10 이상의 지분을 가진 자도 신청할 수 있다.

나. 신청서

회생절차개시신청은 서면으로 해야 하고, 신청서에는 신청인과 채무자의 인적사항 이외에도 법 제36조가 규정한 각종 사항을 기재하며(회생절차 개시의 원인, 업무상황, 자산과 부채 등 재산상태, 자구계획 및 갱생방안 등), 이에 관한 증빙서류도 첨부한다. 신청을 급박하게 해야 할 때는 다소 자료가 부실하더라도 일단 신청서를 접수하고 추후 보정하는 방법도 가능하다.

다. 비용 예납

신청인은 회생절차의 비용을 미리 납부해야 한다(법 제39조 제1항). 통상 예납금이라 불리는 이 비용은 송달료, 공고비용 등을 포함하나 주로 조사위원 보수를 지급하는데 사용된다. 서울중앙지방법원의 조사위원 보수기준표는 아래와 같고, 통상 이 기준에 따른 조사위원 보수에 절차비용 약간을 더한 금액의 예납명령이 발령된다. 비용예납을 하지 않을 경우 회생절차개시신청 기각사유가 된다.

표8-1. 조사위원 보수 기준표

조사 당시의 자산 총액	기준 보수
50억 원 미만	1,500만 원
50억 원 이상 80 억 원 미만	1,800만 원
80억 원 이상 120 억 원 미만	2,700만 원
120억 원 이상 200 억 원 미만	3,200만 원
200억 원 이상 300 억 원 미만	3,900만 원
300억 원 이상 500 억 원 미만	4,500만 원
500억 원 이상 1,000 억 원 미만	5,000만 원
1,000억 원 이상 3,000 억 원 미만	5,700만 원
3,000억 원 이상 5,000 억 원 미만	7,700만 원
5,000억 원 이상 7,000 억 원 미만	9,200만 원
7,000억 원 이상 1조 원 미만	10,000만 원
1조 원 이상 2조 원 미만	11,000만 원
2조 원 이상	12,000만 원(1조 원당 1,200만 원씩 추가)

라. 보전 처분

회생절차개시의 신청만 있었을 뿐 개시결정이 나지 않은 상태에서는 이해관계인의 권리행사가 쇄도하거나 재산의 도피 우려가 있다. 따라서 법원은 회생절차 개시신청에 대한 결정이 있을 때까지 채무자의 업무 및 재산에 관하여 필요한 **보전처분**을 할 수 있다. 통상 채무자에게 변제금지, 처분금지, 차재(借財)금지, 임직원채용금지 등 4가지 보전

처분을 발령한다. 다만 이러한 보전처분은 채무자의 행위만을 제한할 뿐 채권자의 강제집행 등을 막을 수 없다. 따라서 이러한 경우를 대비하여 채무자는 개별적 강제집행 등의 중지, 취소명령(법 제44조) 또는 포괄적 금지명령(법 제45조)을 신청하여 강제집행을 저지할 수 있다.

4. 회생절차 개시 결정

가. 관리인 선임

회생절차 개시결정과 동시에 채무자의 재산처분권과 업무수행권은 **관리인**에게 이전된다. 채무자회생법은 원칙적으로 기존 경영자를 채무자의 관리인으로 선임하도록 하고 있고(법 제74조는 관리인을 선임함에 있어 예외적 사유가 없는 한 채무자의 대표자를 관리인으로 '선임하여야 한다'고 규정하였다), 실무상 제3자 관리인을 선임할 이유가 없는 대부분의 사건에서는 관리인 불선임 결정을 함으로써 채무자의 대표자를 관리인으로 간주하도록 하고 있다. 기존 경영자나 대표자가 관리인으로 선임되거나 간주되는 경우에도, 관리인은 채무자와는 별도로 회생절차 내의 채권자 및 주주로 구성되는 이해관계인들을 위하여 선량한 관리자로서의 주의의무를 부담하는 독립된 제3자의 지위를 갖는다.

나. 쌍방미이행 쌍무계약

회생절차 개시결정이 있더라도 채무자의 종래 법률관계는 단절되지 않고 동일성을 유지하는 것이 원칙이다. 다만, 회생절차 개시 당시에 채무자와 상대방 모두가 이행을 완료하지 않은 쌍무계약(예컨대 부동산매매계약을 체결하고 아직 중도금만 수수된 경우)이 있는 경우, 관리인에게 그 계약을 해제, 해지하거나 또는 이행을 선택할 수 있는 권한을 부여하였다(법 제119조). 따라서 상대방은 관리인이 계약의 이행 또는 해제를 선택하기 전까지는 임의로 계약의 이행을 하거나 관리인에게 계약의 이행을 청구할 수 없다. 물론 상대방은 관리인에게 계약의 해제나 해지 또는 이행 여부의 확답을 최고할 수 있는데, 관리인이 최고를 받은 후 30일 이내에 확답을 하지 아니하면 해제권 또는 해지권을 포기한 것으로 본다(이행을 선택한 것으로 간주). 관리인이 이행을 선택하는 경우 상대방이 채무자에 대해 가지는 채권은 공익채권이 되고, 관리인이 해제를 선택하는 경우 상대방이 갖는 원상회복청구권은 공익채권이 되며 손해배상청구권은 회생채권이 된다. 전기, 가스, 수도 등과 같은 계속적 공급계약의 경우, 상대방은 회생절차개시신청 전의 공급으로 발생한 회생채권을 변제하지 않는다는 이유로 회생절차개시신청 후 의무의 이행을 거부할 수 없다(법 제122조 제1항). 전력회사 등이 채무자의 요금체납을 이유로 회생절차에서 공급을 중단하여 채무자의 회생을 저해하는 것을 방지하기 위한 특별규정이다.

다. 강제집행 금지

회생절차개시결정이 있으면, 회생채권 또는 회생담보권에 기하여 채무자의 재산에 대한 강제집행을 할 수 없고, 이미 진행된 강제집행도 중지된다. 채무자에 대하여 채무를 부담하는 제3채무자에 대한 압류추심이나 전부명령 또한 채무자의 재산에 대한 강제집행이므로 역시 금지된다. 다만, 회생채권 또는 회생담보권에 기한 강제집행만 금지되므로, 공익채권이나 환취권에 기한 강제집행은 금지되지 않는다. 또한 채무자의 보증인이나 물상보증인에 대한 강제집행은 채무자의 재산에 대한 것이 아니므로 역시 금지되지 않는다.

5. 채무자 재산의 구성과 확보

가. 부인권

부인권이란 회생절차 개시 전에 있었던 사해행위의 효력을 부인하여 일탈한 재산의 회복 또는 채무부담을 경감하는 권리이다. 이는 기업의 수익력 회복을 가능하게 하여 채무자의 회생을 용이하게 하고, 나아가 채권자간에 공평을 기할 수 있도록 하는 제도이다. 실무상 부인권은 관리인이 전적으로 행사하며, 수익자 또는 전득자를 상대방으로 한다. 부인권의 행사로 인하여 당해 재산은 채무자의 소유로 원상회복되며(재산이 멸실되거나 제3자에게 처분된 경우에는 상대방은 가액배상을 해야 한다), 대신 상대방은 반대급부의 반환을 청구할 수 있다.

제100조(부인할 수 있는 행위) ① 관리인은 회생절차개시 이후 채무자의 재산을 위하여 다음 각호의 행위를 부인할 수 있다.

1. 채무자가 회생채권자 또는 회생담보권자를 해하는 것을 알고 한 행위. 다만, 이로 인하여 이익을 받은 자가 그 행위 당시 회생채권자 또는 회생담보권자를 해하는 사실을 알지 못한 경우에는 그러하지 아니하다.
2. 채무자가 지급의 정지, 회생절차개시의 신청 또는 파산의 신청(이하 이 조 내지 제103조에서 "지급의 정지등"이라 한다)이 있

은 후에 한 회생채권자 또는 회생담보권자를 해하는 행위와 담보의 제공 또는 채무의 소멸에 관한 행위. 다만, 이로 인하여 이익을 받은 자가 그 행위 당시 지급의 정지등이 있는 것 또는 회생채권자나 회생담보권자를 해하는 사실을 알고 있은 때에 한한다.

3. 채무자가 지급의 정지등이 있은 후 또는 그 전 60일 이내에 한 담보의 제공 또는 채무의 소멸에 관한 행위로서 채무자의 의무에 속하지 아니하거나 그 방법이나 시기가 채무자의 의무에 속하지 아니한 것. 다만, 채권자가 그 행위 당시 채무자가 다른 회생채권자 또는 회생담보권자와의 평등을 해하게 되는 것을 알지 못한 경우(그 행위가 지급의 정지등이 있은 후에 행한 것인 때에는 지급의 정지등이 있은 것도 알지 못한 경우에 한한다)에는 그러하지 아니하다.
4. 채무자가 지급의 정지등이 있은 후 또는 그 전 6월 이내에 한 무상행위 및 이와 동일시할 수 있는 유상행위

나. 부인권의 일반적 성립요건

채무자의 행위로서, 채권자에게 손해를 끼치는 행위여야 한다. 여기에는 채무자의 일반재산을 절대적으로 감소시키는 사해행위 외에 채권자간의 평등을 저해하는 편파행위도 포함된다. 주로 문제되는 유형을 본다면, (1) 부동산 등 중요자산의 매각행위는 종래 소비하기 쉬운 금전으로 환가하는 것이어서 부인 대상이 된다고 보았으나, 최근 들어서는 구조조정 차원에서 적정가격에 매각된 경우는 제외해야 한다는 입장이 유력하다. (2) 변제기가 도래한 채권을 변제하는 행위도 특정 채권자에 대해서만 불평등 변제가 된다면 부인의 대상이 될 수

있다. (3) 담보권자에 대한 변제나 새로이 담보권을 설정해주는 행위도 부인의 대상이 될 수 있다.

표8-2. 개별적 부인권의 성립요건

<table>
<tr><th colspan="2">구분</th><th>근거규정</th><th>성립요건</th><th>수익자의 선의 · 악의 입증책임</th></tr>
<tr><td colspan="2">고의부인</td><td>제100조
제1항
제1호</td><td>회생채권자 · 회생담보권자를
해하는 것을 알고 한 행위</td><td>수익자가 행위 당시
회생채권자 · 회생담보권자를
해하는 사실을 알지 못하였음을
입증하면 부인권 불성립</td></tr>
<tr><td rowspan="2">위기부인</td><td>본지부인</td><td>제100조
제1항
제2호</td><td>채무자가 지급의 정지
등이 있은 후에 한
회생채권자 · 회생담보권자를
해하는 행위와 담보의 제공 또는
채무의 소멸에 관한 행위</td><td>관리인이 수익자가 그 행위 당시
지급의 정지등이 있는 것 또는
회생채권자 · 회생담보권자를
해하는 사실을 알고 있는
사실까지 입증해야 부인권 성립
(특수관계인인 수익자는 악의
추정)</td></tr>
<tr><td>비본지부인</td><td>제100조
제1항
제3호</td><td>채무자가 지급의 정지 등이 있은
후 또는 그 전 60일 이내의 한
담보의 제공 또는 채무의 소멸에
관한 행위로서 채무자의 의무에
속하지 아니하거나 그 방법이나
시기가 채무자의 의무에 속하지
아니하는 것(특수관계인
수익자는 1년이내)</td><td>수익자가 그 행위
당시 채무자가 다른
회생채권자 · 회생담보권자의
평등을 해하게 된 것을 알지 못한
사실을 입증하면 부인권 불성립
(특수관계인인 수익자는 악의
추정)</td></tr>
<tr><td colspan="2">무상부인</td><td>제100조
제1항
제4호</td><td>채무자가 지급의 정지 등이
있은 후 또는 그 전 6월 이내에
한 무상행위 및 이와 동일시할
수 있는 유상행위(특수관계인
수익자는 1년이내)</td><td>수익자의 선의 · 악의 불문하고
부인권 성립</td></tr>
</table>

다. 환취권

회생절차개시는 채무자에게 속하지 아니하는 재산을 채무자로부터 환취하는 권리에 영향을 미치지 아니한다(법 제70조). 환취권의 기초가 되는 권리는 소유권이 대표적이다.

라. 상계의 제한

회생절차가 개시된 후에는 회생채권이나 회생담보권은 회생계획에 의해서만 변제받는다. 따라서 회생계획에 의하지 않고 이를 소멸시키는 행위를 할 수 없으므로(채무의 면제는 제외) 관리인의 상계는 원칙적으로 허용되지 않는다. 또한 회생채권자 또는 회생담보권자는 채무자에 대한 채권이 회생절차의 채권신고기간 만료 전까지 변제기가 도래하는 경우에 한하여 그 기간 내에만 상계할 수 있다(법 제144조).

6. 회생채권, 회생담보권, 주식, 공익채권

가. 회생채권

원칙적으로 채무자에 대하여 회생절차개시 전의 원인으로 생긴 재산상의 청구권을 말한다(과거 회사정리법에서는 정리채권). 예컨대 회생절차가 개시된 시공사에 대하여 하자보수에 갈음한 손해배상청구권을 갖는 경우, 공사 하자의 원인이 회생절차 개시 전에 있었던 것이라면 그에 갈음한 손해배상청구권은 **회생채권**이 된다. 따라서 채무자에 대한 대부분의 채권은 회생채권에 해당한다. 회생채권은 개별적 행사가 금지되고(소송 및 강제집행 금지), 관리인이 제출하는 채권자목록에 기재되거나 채권자가 채권신고를 해야 하며(목록에 기재되지도 아니하고 신고하지도 아니한 회생채권은 원칙적으로 실권된다), 회생계획에 규정한 바에 따르지 않고는 변제 받을 수 없다.

나. 회생담보권

회생절차개시 당시 채무자의 재산에 존재하는 각종 담보권을 말한다. 회생담보권자는 그 채권액 중 담보권 목적물의 가액을 한도로 회생담보권자로 인정되고, 그 초과부분에 관하여는 회생채권자로 취급된다. **회생담보권** 또한 회생채권과 마찬가지로 개별적 행사가 금지되고 회생계획에 따라서만 변제 받을 수 있다.

다. 주식

주주는 그가 가진 주식으로 회생절차에 참가할 수 있다. 그러나 회생절차 개시 당시 채무자의 부채총액이 자산총액을 초과하는 경우에는 회생절차에서 의결권을 가지지 아니한다(법 제146조 제3항). 회생절차에서 주주는 권리행사에 많은 제약이 있다.

라. **공익채권**

주로 회생절차개시 후의 원인으로 생긴 채무자에 대한 청구권으로 법 제179조에 열거된 것만 **공익채권**으로 인정된다. 공익채권은 회생절차에 의하지 아니하고 수시로 변제하여야 하고 회생채권 또는 회생담보권보다 우선하여 변제하여야 한다.

1. 회생채권자, 회생담보권자와 주주 · 지분권자의 공동의 이익을 위하여 한 재판상 비용청구권
2. 회생절차개시 후의 채무자의 업무 및 재산의 관리와 처분에 관한 비용청구권

3. 회생계획의 수행을 위한 비용청구권. 다만, 회생절차종료 후에 생긴 것을 제외한다.
4. 제30조 및 제31조의 규정에 의한 비용 · 보수 · 보상금 및 특별보상금청구권
5. 채무자의 업무 및 재산에 관하여 관리인이 회생절차개시 후에 한 자금의 차입 그 밖의 행위로 인하여 생긴 청구권
6. 사무관리 또는 부당이득으로 인하여 회생절차개시 이후 채무자에 대하여 생긴 청구권
7. 제119조제1항의 규정에 의하여 관리인이 채무의 이행을 하는 때에 상대방이 갖는 청구권
8. 계속적 공급의무를 부담하는 쌍무계약의 상대방이 회생절차개시신청 후 회생절차개시 전까지 한 공급으로 생긴 청구권
9. 다음 각목의 조세로서 회생절차개시 당시 아직 납부기한이 도래하지 아니한 것
   가) 원천징수하는 조세. 다만, 「법인세법」 제67조(소득처분)의 규정에 의하여 대표자에게 귀속된 것으로 보는 상여에 대한 조세는 원천징수된 것에 한한다.
   나) 부가가치세 · 개별소비세 및 주세
   다) 본세의 부과징수의 예에 따라 부과징수하는 교육세 및 농어촌특별세
   라) 특별징수의무자가 징수하여 납부하여야 하는 지방세
10. 채무자의 근로자의 임금 · 퇴직금 및 재해보상금
11. 회생절차개시 전의 원인으로 생긴 채무자의 근로자의 임치금 및 신원보증금의 반환청구권
12. 채무자 또는 보전관리인이 회생절차개시신청 후 그 개시 전에 법

원의 허가를 받아 행한 자금의 차입, 자재의 구입 그 밖에 채무자의 사업을 계속하는 데에 불가결한 행위로 인하여 생긴 청구권

13. 제21조제3항의 규정에 의하여 법원이 결정한 채권자협의회의 활동에 필요한 비용

14. 채무자 및 그 부양을 받는 자의 부양료

15. 제1호부터 제14호까지에 규정된 것 외의 것으로서 채무자를 위하여 지출하여야 하는 부득이한 비용

7. 회생계획

가. 개념

회생계획이란 채무자의 효율적 회생을 위한 계획으로서 회생채권자 등 이해관계인에 대한 권리변경 및 변제방법 등 회생에 필요한 기본적 사항을 정한 것이며, 회생절차 수행의 기본규범이 되는 것이다. 회생계획안은 이러한 계획을 문서화한 것으로서, 관리인이 작성하여 관계인집회의 심리 및 결의를 거쳐 최종적으로 법원의 인가결정을 받음으로써 회생계획으로 효력이 발생한다.

나. 회생계획안의 작성원칙

먼저 '공정 · 형평의 원칙'은 회생담보권자, 회생채권자, 주주의 권

리를 변경하는 내용을 정함에 있어 법 제217조[1]에서정하는순위를고려하여공정하고형평에맞는차등을두어야한다는것이다. 따라서 회생채권자보다 주주를 우대하는 회생계획은 인정될 수 없다.

'평등의 원칙'은 같은 성질의 권리자 사이에서는 평등하여야 한다는 원칙이다. 같은 성질의 회생채권이나 회생담보권에 대하여 합리적인 이유 없이 권리의 감면 비율을 달리하는 것과 같은 차별은 허용되지 않는다.

'청산가치보장의 원칙'은 채권자가 회생절차에서 변제받을 금액이 채무자가 파산적 청산을 하는 경우 청산절차에서 배당받을 수 있는 금액보다 적어서는 안 된다는 원칙이다.

위와 같은 제 원칙에 기초하여 채권자들의 권리변경 및 변제자금 조달 등에 관한 내용을 포함하여 회생계획안을 작성하게 되는데, 회생채권의 경우 원리금의 일부 감면, 주식으로의 출자전환 및 최대 10년까지 분할변제 등의 내용이 일반적이다. 이러한 회생계획안에 대하여 채권액 기준 회생채권자 2/3, 회생담보권자 3/4 이상의 각 동의를 얻어 법원의 인가결정까지 받고 나면 회생계획으로 확정되며, 회생계획에 정한 대로 채권자의 권리가 변경된다.

다만, 회생계획은 채무자의 보증인이나 물상보증인에 대한 채권자의 권리에 영향을 미치지 않으므로, 회생계획에 따라 채무자의 채무

---

1) ① 회생계획에서는 다음 각호의 규정에 의한 권리의 순위를 고려하여 회생계획의 조건에 공정하고 형평에 맞는 차등을 두어야 한다.
   1. 회생담보권
   2. 일반의 우선권 있는 회생채권
   3. 제2호에 규정된 것 외의 회생채권
   4. 잔여재산의 분배에 관하여 우선적 내용이 있는 종류의 주주 · 지분권자의 권리
   5. 제4호에 규정된 것 외의 주주 · 지분권자의 권리
② 제1항의 규정은 제140조제1항 및 제2항의 청구권에 관하여는 적용하지 아니한다.

가 면책되거나 변경되더라도 보증인이나 물상보증인의 의무는 면책되거나 변경되지 아니한다. 이는 민사법상 일반원칙에 대한 중대한 예외규정이다. 그러나 채권자가 중소기업진흥공단, 신용보증기금, 기술신용보증기금인 경우에는 회생계획인가결정을 받는 시점에 주채무가 감경 또는 면제될 경우 연대보증채무도 동일한 비율로 감경 또는 면제된다(중소기업진흥에 관한 법률 제74조의2, 신용보증기금법 제30조의3, 기술신용보증기금법 제37조의3).

8. 회생절차의 종결과 폐지

가. 회생절차의 종결

회생계획이 이미 수행되었거나 앞으로 회생계획의 수행에 지장이 있다고 인정되지 않아 회생절차의 목적을 달성할 수 있다고 판단되는 경우에 회생절차를 종료시키는 것이다. 이 경우 관리인의 권한은 소멸되고 채무자의 권한이 회복되며, 회생채권자의 개별적 권리행사 제약도 해소된다. 다만 회생절차에서 이미 실권된 채권이나 회생계획에서 보호되지 않은 권리는 부활하지 않는다.

나. 회생절차의 폐지

종결과 달리 회생절차가 그 목적을 달성하지 못한 채 중도에 종료되는 것을 말한다. 폐지 시점에 따라 크게 ① 회생계획인가 전의 폐지와 ② 회생계획인가 후의 폐지로 나뉜다. 전자의 경우, 회생계획의 인가결정이 없었으므로 권리변경이나 실권의 문제가 발생하지 않으며, 파산선고는 임의적이다. 그러나 후자의 경우는 인가결정으로 인한 권리 변경과 실권의 효력이 유지되지만, 반드시 파산을 선고하도록 되어 있다. 회생계획 수행 실패로 인한 회생절차로부터의 퇴출 그리고 파산적 청산의 문제만 남는다.

9. 패스트트랙 회생과 간이회생절차

가. 법원의 패스트트랙 회생

서울중앙지방법원은 2011년 3월 신속하고 효율적인 기업회생을 위해서 **패스트트랙 회생제도**를 도입하였다. 이는 채권자들 사이에 사전 협상이 가능한 대기업에 대해서 기업구조조정촉진법상의 워크아웃 절차와 회생절차를 접목하여 회생기업을 조기에 시장으로 복귀시키는 방안이다. (따라서 대기업을 대상으로 하는 법원의 패스트트랙 회생은 중소기업을 대상으로 하는 은행권의 패스트트랙 워크아웃과는 구분되어야 한다). 패스트트랙 회생제도는 2005년부터 2008년까지 진행된 캠코 주도의 동아건설 Pre-packege방식의 M&A가 성공함으로서 계기가 되었다고 할 수 있다(본장 부록 참조).

표8-3. 패스트트랙 회생제도 시행 이후 서울중앙지법 사건의 소요일수

		사건수	평균값	표준편차	중간값
신청	신청~개시	214건	26일	17일	22일
	신청~취하/기각	12건/4건	26일/40일	11일/29일	25일/27일
개시	개시~인가전폐지	60건	113일	63일	93일
	개시~인가	90건	199일	70일	185일
인가	인가~종결	28건	180일	106일	156일
	인가~인가후폐지	5건	327일	185일	386일

그런데 2012년에 전국 법원에 접수된 803건의 회생사건의 대다수는 중소기업이었다. 법원은 대기업에서 성공적인 패스트 트랙에 준하여 중소기업에도 동일하게 신속한 절차를 진행하였지만, 대기업을 전제로 한 제도로서 중소기업에 대해서는 적합하지 않은 면이 일부 있었다.

이에 따라 법원은 중소기업청 · 중소기업진흥공단의 회생컨설팅 제도에 발맞추어 간이회생제도를 도입하여 2015년 시행하였다.

나. 간이회생절차

채무자회생법은 중소기업 등의 회생절차 접근성을 제고하기 위하여 2014. 12. 30일 개정을 통해 회생절차개시의 신청 당시 회생채권 및 회생담보권의 총액이 30억원 이하인 소액영업소득자[2)]의 경우 법원에 **간이회생절차**를 신청할 수 있도록 하였다.

간이회생절차 개시의 신청을 한 채무자는 신청서에서 그 신청이 간이회생절차 개시신청의 요건에 해당되지 아니할 경우에 회생절차개시의 신청을 하는 의사가 있는지 여부를 명확히 밝혀야 하고, 법원은 채무자가 소액영업소득자에 해당하지 아니하거나 개인인 소액영업소득자가 신청일 전 5년 이내에 개인회생절차 또는 파산절차에 의한 면책을 받은 사실이 있는 경우에는 ① 채무자가 회생절차개시의 신청을 하는 의사가 없음을 밝힌 경우 간이회생절차 개시신청의 기각결정을 하여야 하고, ② 채무자가 회생절차개시의 신청을 하는 의사가 있음을

2) 채무자회생법 제293조의2 (용어의 정의) 이 장에서 사용하는 용어의 뜻은 다음과 같다.
3. "간이회생절차"란 이 장의 규정에 따라 소액영업소득자에게 적용되는 회생절차를 말한다.
채무자회생법 시행령 제15조의3 (소액영업소득자의 범위) 법 제293조의2제2호에서 "대통령령으로 정하는 금액"이란 30억원을 말한다.

밝힌 경우에는 간이회생절차 개시신청의 기각결정과 회생절차개시결정 또는 회생절차개시신청의 기각결정을 하여야 한다.

법원은 간이회생절차 개시의 결정이 있은 후 회생계획인가결정의 확정 전에 채무자가 소액영업소득자에 해당되지 아니함이 밝혀지거나 개인인 소액영업소득자가 신청일 전 5년 이내에 개인회생절차 또는 파산절차에 의한 면책을 받은 사실이 밝혀진 경우에는 이해관계인의 신청에 의하거나 직권으로 간이회생절차 폐지의 결정을 하여야 하며, 다만 채권자 일반의 이익 및 채무자의 회생 가능성을 고려하여 회생절차를 속행할 수 있다.

그림8-2. 간이회생절차 개시의 신청

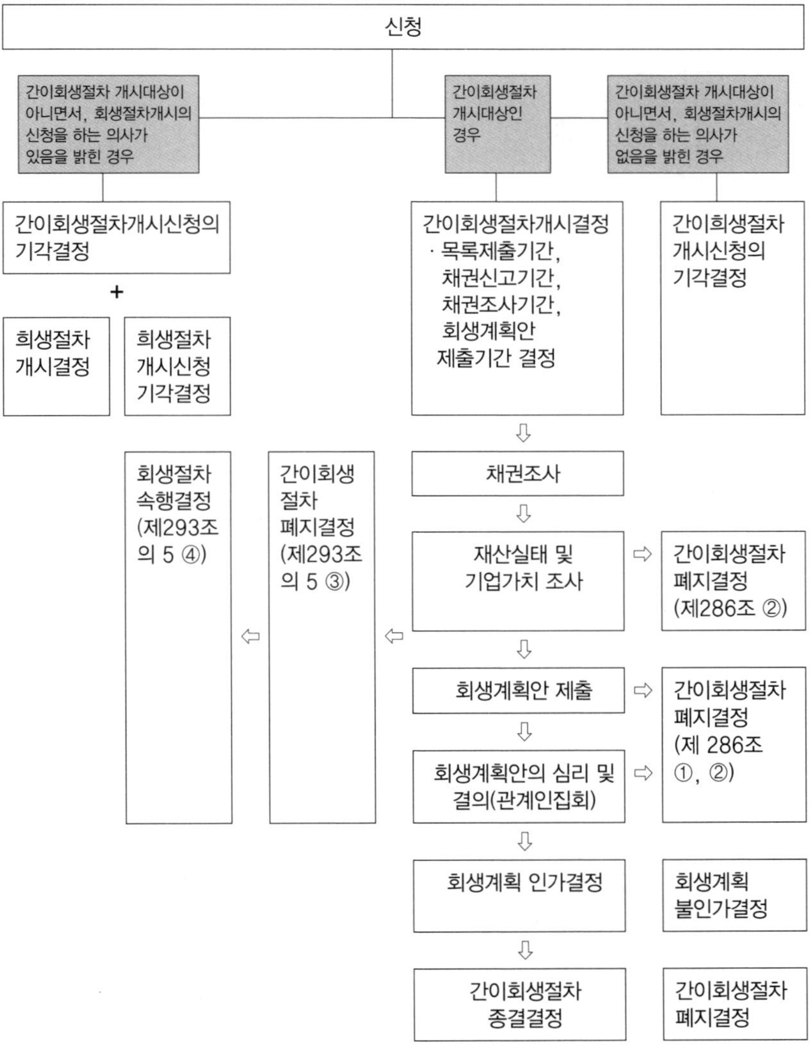

간이회생절차에서는 채무자의 재정적 파탄의 원인이 채무자의 이사 등이 행한 재산의 유용 또는 은닉이나 그에게 중대한 책임이 있는 부실경영에 기인하는 경우 등 관리인의 선임에 관한 채무자회생법 제74

조 제2항 각 호[3]의 어느 하나에 해당하는 경우를 제외하고는 관리인을 별도로 선임하지 아니하고 채무자(개인이 아닌 경우에는 그 대표자를 말한다)를 관리인으로 본다.

한편 간이회생절차에서 법원은 이해관계인의 신청에 의하거나 직권으로 관리위원회의 관리위원, 법원사무관, 변호사 · 공인회계사 또는 법무사의 자격이 있는 자, 법원주사보 · 검찰주사보 이상의 직에 근무한 경력이 있는 자 등을 **간이조사위원**으로 선임할 수 있으며[4], 간이조사위원은 조사위원의 업무를 대법원규칙으로 정하는 바에 따라 일반적으로 공정 · 타당하다고 인정되는 회계관행이 허용하는 범위 내에서 회계장부의 검토, 문서의 열람, 자산의 실사, 채무자 임직원에 대

---

3) 채무자회생법 제74조 (관리인의 선임) ② 법원은 다음 각호에 해당하는 때를 제외하고 개인인 채무자나 개인이 아닌 채무자의 대표자를 관리인으로 선임하여야 한다.

1. 채무자의 재정적 파탄의 원인이 다음 각목의 어느 하나에 해당하는 자가 행한 재산의 유용 또는 은닉이나 그에게 중대한 책임이 있는 부실경영에 기인하는 때
   가. 개인인 채무자
   나. 개인이 아닌 채무자의 이사
   다. 채무자의 지배인
2. 채권자협의회의 요청이 있는 경우로서 상당한 이유가 있는 때
3. 그 밖에 채무자의 회생에 필요한 때

4) 서울중앙지방법원은 채무자가 법인인 경우 회계법인 · 공인회계사 · 변호사 · 법무사를, 개인인 경우 법원사무관을 간이조사위원으로 선임하며, 채권 · 채무관계가 복잡해 상세한 조사가 필요한 경우에는 개인도 예외적으로 회계법인 등을 간이조사위원으로 선임하기로 하였다. 또 기존 회생절차에서 조사위원의 보수가 법인의 경우 1500만원, 개인의 경우 500만원 이상이던 것과 달리, 간이조사위원의 보수는 법인의 경우 300만원 내외, 개인의 경우 무료로 함으로써 채무자가 법원에 납부하는 예납금도 기존의 5분의 1 수준으로 줄어들게 되었다. 서울중앙지방법원은 간이회생절차 도입에 발맞추어 전담부를 설치하고 신청부터 인가까지의 기간을 3개월 정도로 단축해 사건을 신속하게 처리할 방침이다(머니투데이, 2015. 6. 29.자 기사 참조).

한 면담, 외부자료의 검색, 과거 영업실적을 통한 추세의 분석, 동종 업계의 영업에 관한 통계자료의 분석의 방법 가운데 채무자의 업종 및 영업특성에 비추어 효율적이라고 판단되는 하나 또는 그 이상의 방법을 선택하여 할 수 있으며, 회생절차를 진행함이 적정한지 여부에 관한 의견을 제출하는 경우 채무자의 영업 전망, 거래처의 유지 가능성, 공익채권의 규모, 운영자금의 조달 가능성 등에 관한 조사만을 토대로 의견을 제시할 수 있다.

간이회생절차는 회생계획안의 가결 요건에 관하여도 회생채권자의 조의 경우 제237조 제1호[5)]에도 불구하고, 의결권을 행사할 수 있는 회생채권자의 의결권의 총액의 3분의 2 이상에 해당하는 의결권을 가진 자의 동의가 있거나 의결권을 행사할 수 있는 회생채권자의 의결권의 총액의 2분의 1을 초과하는 의결권을 가진 자의 동의 및 의결권자의 과반수의 동의가 있는 경우에는 회생계획안에 관하여 회생채권자의 조에서 가결된 것으로 보도록 특례를 두었다.

---

5) 채무자회생법 제237조 (가결의 요건) 관계인집회에서는 다음 각호의 구분에 의하여 회생계획안을 가결한다.

1. 회생채권자의 조
   의결권을 행사할 수 있는 회생채권자의 의결권의 총액의 3분의 2이상에 해당하는 의결권을 가진 자의 동의가 있을 것
2. 회생담보권자의 조
   가. 제220조의 규정에 의한 회생계획안에 관하여는 의결권을 행사할 수 있는 회생담보권자의 의결권의 총액의 4분의 3이상에 해당하는 의결권을 가진 자의 동의가 있을 것
   나. 제222조의 규정에 의한 회생계획안에 관하여는 의결권을 행사할 수 있는 회생담보권자의 의결권의 총액의 5분의 4이상에 해당하는 의결권을 가진 자의 동의가 있을 것
3. 주주 · 지분권자의 조
   회생계획안의 가결을 위한 관계인집회에서 의결권을 행사하는 주주 · 지분권자의 의결권의 총수의 2분의 1이상에 해당하는 의결권을 가진 자의 동의가 있을 것

제2절 파산절차

1. 의의

파산절차는 경제적 파탄상태에 있는 채무자의 재산을 공정하게 환가하고 배당하는 것을 목적으로 한다. 파산절차의 흐름을 도표로 정리하면 아래와 같다.

그림8-3. 파산 절차

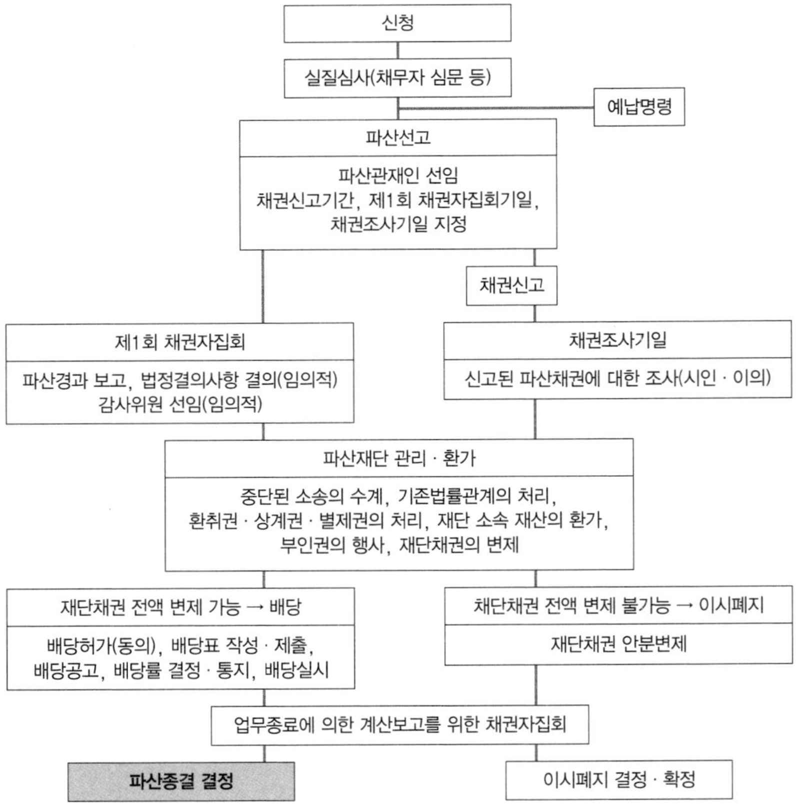

2. 회생절차와의 차이점

1) 파산절차는 회생이 어려운 채무자에 대한 청산절차이므로, 회생절차에 비해 절차가 단순하다. 앞서 본 회생절차에 관한 도산법의 법리는 파산절차에도 거의 유사하게 적용된다. 이하에서는 회생절차와 다른 파산절차의 특징에 대해 살펴본다.
2) 회생절차에서 회생채권, 회생담보권 · 공익채권으로 분류하던 채권을 파산절차에서는 파산채권 · 재단채권으로 분류한다. 재단채권의 전액 변제를 마친 이후에야 파산채권자에 대한 배당이 실시된다. 재단채권은 법 제473조[6]에 열거되어 있다.

---

6) 다음 각호의 어느 하나에 해당하는 청구권은 재단채권으로 한다.
  1. 파산채권자의 공동의 이익을 위한 재판상 비용에 대한 청구권
  2. 「국세징수법」 또는 「지방세기본법」에 의하여 징수할 수 있는 청구권(국세징수의 예에 의하여 징수할 수 있는 청구권으로서 그 징수우선순위가 일반 파산채권보다 우선하는 것을 포함하며, 제446조의 규정에 의한 후순위파산채권을 제외한다). 다만, 파산선고 후의 원인으로 인한 청구권은 파산재단에 관하여 생긴 것에 한한다.
  3. 파산재단의 관리 · 환가 및 배당에 관한 비용
  4. 파산재단에 관하여 파산관재인이 한 행위로 인하여 생긴 청구권
  5. 사무관리 또는 부당이득으로 인하여 파산선고 후 파산재단에 대하여 생긴 청구권
  6. 위임의 종료 또는 대리권의 소멸 후에 긴급한 필요에 의하여 한 행위로 인하여 파산재단에 대하여 생긴 청구권
  7. 제335조제1항의 규정에 의하여 파산관재인이 채무를 이행하는 경우에 상대방이 가지는 청구권
  8. 파산선고로 인하여 쌍무계약이 해지된 경우 그 때까지 생긴 청구권
  9. 채무자 및 그 부양을 받는 자의 부양료
  10. 채무자의 근로자의 임금 · 퇴직금 및 재해보상금
  11. 파산선고 전의 원인으로 생긴 채무자의 근로자의 임치금 및 신원보증금의 반환청구권

3) 회생절차에서 담보권은 회생담보권으로 취급되어 권리행사에 제약이 있으나, 파산절차에서 담보권은 별제권이라 하여 파산절차와 무관하게 행사할 수 있다. 채무자의 보증인에 대한 채권자의 권리행사도 자유롭게 가능하다.
4) 회생절차에서 채권자의 상계는 일정한 요건 아래 제한적으로 허용되지만, 파산절차에서는 채권자의 상계가 원칙적으로 자유롭게 허용된다. 상계의 담보적 기능이 가장 잘 발휘되는 영역이 바로 파산절차이다.
5) 회생절차에서 관리인이 수행하던 역할을 파산절차에서는 파산관재인이 수행한다. 파산관재인은 법원이 변호사 중에서 선임한다.

제8장 부록

⊙ 동아건설산업㈜ Pre-package방식 M&A 사례[1)]

동아건설은 외환위기를 맞아 법원에 법정관리 신청을 했으나 받아들여지지 않고, 2001년 5월 법원으로부터 파산선고를 받았다. 법원이 선임한 조사위원(삼일회계법인)이 산정한 동아건설의 계속기업가치 1.26조원이 청산가치 1.64조 원보다 적기 때문이었다. 당시 채권자들은 물론이고 동아건설 임직원들도 이미 가망이 없다고 포기한 상태였다. 그러나 2008년 9월 동아건설산업㈜의 채권단 회의에서 2대 채권자인 캠코의 신충태 당시 투자사업부장은 1대 채권자인 골드만삭스를 비롯한 채권자들에게 동아건설을 살릴 수 있는 방안이 있다고 간곡히 설득했다.

신충태 부장의 아이디어는 Pre-package방식의 M&A였다. M&A가 활발한 미국에서는 이미 일부 응용되고 있는 방식이었지만, 한국에서는 개념조차 생소했다. Pre-package방식의 M&A절차는 예비인수인의 미래경영계획(투자계획)을 반영해 회생절차 개시신청을 하고 회생계획안을 제출함으로써 법원의 회생절차로 편입시키는 방식이다. 신 부장은 동아건설의 단독 기업가치로는 도저히 법원의 회생절차 인가조건을 충족시킬 수 없는 만큼, 사전 M&A를 통해서 예비인수자를 선정한 뒤 이들의 미래경영계획을 반영해서 기업가치를 재창출하면 회생인가조건을 충족시킬 수 있을 것으로 보았다.

만일 동아건설을 살린다면 기업가치를 재창출해 캠코의 공적자금 투입액을 최대한 회수할 수 있고, 회사의 파산으로 직장을 잃게 될 많은 직원들을 구할 수도 있었다. 캠코는 동아건설의 최대 담보권자(별제권자)인 동시에 2대 파산채권자였으므로 최대 채권자인 골드만삭스와 협력한다면 동아건설의 경영을 정상화시킬 수 있고, 당시 채권자의 요구인 파산배당금 이상의 회수가 가능하면 관계인집회 시 가결 동의를 받는 데 문제가 없을 것이라고 판단했다.

캠코가 주도한 동아건설 Pre-package방식 M&A는 단계마다 많은 어려움이 있었지만 하나씩 잘 해결해 나가 2008년 3월 법원으로부터 회생절차 종결결정을 받

---

1) 본 사례는 2012년 6월 동아 비즈니스 리뷰에 게재된 "DBR · 캠코 CASE STUDY 3: 동아건설산업 Pre-packaged 방식 M&A"건으로, 신충태 외 '역발상 M&A로 살려낸 동아건설(2008)'을 참조함.

았다. 파산절차를 밟고 있던 회사로는 처음으로 다시 살아나게 된 것이었다. M&A 이후 동아건설은 자기자본이 충실해졌고, 높은 브랜드 이미지, 건설면허, 시공실적, 우수한 건설(토목) 기술력 등의 잠재적, 전략적 자산가치를 적극 활용해서 부가가치를 창출했다. 또한 공적자금의 회수를 극대화하는 계기가 되었다. 캠코는 외환위기 때 금융권으로부터 7,839억 원의 동아건설 부실채권을 2,510억 원에 인수해 1차적으로 4,208억 원을 회수(1,698억 원 초과 회수)하였고, 회생절차를 통해 2차적으로 1,643억원의 현금을 회수했다. 또한 동아건설의 회생으로 동아건설과 대한통운의 보증관계 등 연결고리를 단절시킨 효과는 이후에 진행된 대한통운 M&A에서 그 효과가 극대화되었다.

1. Pre-package방식 M&A의 배경

캠코는 2000년 12월 정리금융공사 등으로부터 동아건설의 총 채권 7,839억 원을 2,510억 원에 인수했고, 2001년 5월의 파산선고 후 2001년 9월 7일 제1회 채권자집회에서 별제권 (파산재단의 특정재산에서 다른 채권자보다 우선해 변제를 받을 수 있는 권리) 593억 원, 파산채권 7,929억 원을 인정받았다. 2004년 9월 당시 채권자였던 외환은행을 비롯한 9개 채권자들이 약 1조 2천억 원 규모의 파산채권을 공개입찰을 통해 공동 매각하기로 결정하였고 골드만삭스가 인수하였다.

이러한 상황에서 캠코는 외국계 투자은행의 국내 구조조정시장 독주를 막고[2), 기업가치를 창출해 공적자금 등의 회수를 극대화하며, 대량의 실업사태를 막기 위해 파산채권을 개별 매각하지 않고 동아건설을 회생시켜 M&A방식으로 매각하기로 결정했다. 캠코는 최대 담보권자이자 2대 채권자의 지위에서 최대채권자를 우선적으로 설득하는 것이 가능한 시나리오라고 판단했다. 캠코는 법원의 회생인가를 전제로 한 사전 제3자 매각(M&A)이 포함된 Pre-package방식의 '파산회사 동아건설의 경영정상화 추진계획'을 마련하고 이해관계자들을 끈질기게 설득하기로 결정했다.

2) 당시 외국계 투자은행 등 투자자들은 동아건설산업의 매각대상 파산채권이 대한통운 경영권과 연계되어 있다는 예측에 따라 관심도가 높았으며, 투자자들은 경영권 확보를 위해 캠코의 파산채권도 매각을 요청한 바 있었다.

2. 이해관계자 설득 과정

2005년 8월 캠코는 골드만삭스에게 서로 협력한다면 충분히 회사를 정상화 시킬 수 있으며, 파산절차를 진행할 경우보다 채권회수가 많은 회생계획안을 제시하면 심리 및 인가를 위한 제2-3회 관계인집회에서 회생계획안이 가결될 것이라는 점을 골드만삭스에게 집중 설명하였다. 2005년 12월 골드만삭스는 동아건설의 경영정상화 추진계획에 동의하였다.

최대채권자와 경영정상화 합의가 달성되었지만, 넘어야 할 산은 많이 남아 있었다. 법원, 정부기관, 채권자 등의 이해관계자들을 설득해야 했다. 캠코는 경영정상화 추진계획의 주요 추진경과, 방향, 절차, 기대효과 등을 이해관계자들에게 끈질기게 설명했다. 이 과정에서 당시 김우석 캠코 사장은 직접 TV프로그램에 출연해 동아건설의 잠재적 투자가치를 활용해 회사를 정상화시킨 후 종업원의 고용을 지속시키고 채권단의 채권 조기회수를 위해 캠코가 공공기관으로서 최선을 다하겠다고 언급하여 이해관계자들로부터 신뢰를 불러 일으켰다. 점차 이해관계자들은 부정적 인식에서 벗어나 우수한 기술력을 가진 회사를 파산시키기보다는 능력 있는 기업체가 인수한다는 계획에 긍정적인 생각을 갖게 되었다.

3. 계속기업가치 창출

캠코가 회생계획을 주도하면서 겪었던 어려움 중 한 가지가 파산기업의 계속기업가치 산정 문제였다. 법원으로부터 회생인가를 받기 위해서는 회사의 계속기업가치가 청산가치보다 높다는 점을 입증해야 했다. 동아건설은 계속기업가치가 미흡하여 두 차례 회생개시신청이 폐지 및 기각된 적이 있었으므로, 캠코는 M&A 추진에서 회생을 전제로 한 파산기업의 계속기업가치에 대한 보편타당한 산출방법을 확보해야 했다.

이를 위해 캠코는 관리위원회가 조사위원 풀로 구성한 16개 회계법인과 3개 신용평가사에 계속기업가치 산출방법에 대한 견해를 객관적으로 정리한 질의서를 발송하여 회신결과를 취합하는 방식으로 조사위원이 인정하는 객관적 계속기업가치 산출방법을 검토하였다. 파산기업이지만 M&A인수자가 선정되어서 회생절차로 전환될 경우 당해 기업의 계속기업가치가 어떻게 산출되어야 할지에 대해서 가장 보편타당한 견해가 어떤 것인지 질의하였다. 파산절차 중에 있다 하더라도 인수자를 선정해서 인수인이 이행가능한 운영자금 투자 및 영업활동에 대한 향후 경영계획이 반영된 미래현금흐름을 할인한 가액이 계속기업가치라는 것이 제1견해였다. 즉, 파산 중에 사전 M&A를 통해 인수인을 선정해 회생절차로 전환할 경우, 계속기업가치는 인수인의 향후 경영계획을 감안해 산정하는 것이 타당하다는 내용이다. 제2견해는 인수인을 고려하지 않고 기업활동을 계속할 경우의 가치만 계속기업가치로 판단한다는 의견이었다. 캠코가 추진한 회생계획을 위해서는 제1견해가 받아들여져야 했는데, 발송한 질의서 19건 중 17건이 회신되었고, 이중 16건이 제1견해가 타당한 것으로 답변하였다. 이를 바탕으로 캠코는 본격적으로 회생계획을 추진할 수 있는 기초를 마련하였다.

4. 면허복원 및 실적승계 문제

회생절차를 추진하던 중 나타난 암초가 건설업 면허복원 및 실적승계 문제였다. 채무자 회생 및 파산에 관한 법률에 따른 회생계획 인가결정을 받은 경우 파산으로 실효되었던 건설업 등록의 효력이 회복되고 기존 시공실적이 승계되는지 여부가 이슈로 떠오른 것이었다. 캠코는 법률자문사인 법무법인 광장과 사전에 동아건설의 관련 면허에 대해 검토를 진행했고, 건설업 면허는 승계될 것으로 판단해서 M&A를 진행했는데, 면허복원 및 과거 시공실적을 인정받지 못한다는 유권해석이 내려지면 당장 거래는 깨지게 될 최대 위기 상황이었다.

캠코는 담당부처인 건설교통부와 꾸준히 접촉해 건설업 면허가 복권될 수 있도록 의견을 피력했다. 외환위기 이후 투입된 공적자금 회수의 극대화와 일자리 창출이라는 중요한 목표에 이바지할 본건 거래가 순조롭게 진행될 수 있도록 협조를 요청했다. 주간사 측 법률자문사의 검토 내용도 함께 전달했다. 결국 2006년 6월 법무부에서는 회생계획 인가가 복권과 동일한 효력을 가진다는 취지의 유권해석을 내렸고, 법무부의 의견을 바탕으로 같은 해 9월 건설교통부에서도 동일한 내용의 유권해석을 발표했다. 해외시장에 널리 알려져 있던 동아건설의 면허와 시공실적을 인정받지 못할 경우 국가 경제적으로도 이득이 없다는 판단이 고려된 것이었다. 이로써 각종 공사 입찰에 참여하기 위해 필수적인 건설업 면허가 회복되어 동아건설의 M&A 및 회생절차가 순조롭게 진행될 수 있었다.

5. M&A 진행 경과 및 성과

캠코는 동아건설의 사전 예비인수예정자를 선정하기 위해 2006년 8월 28일 경쟁입찰을 실시했다. 입찰 결과 2006년 9월 6일 프라임-트라이던트 컨소시움을 우선협상대상자로 선정했고, 같은 해 11월 27일 주요 채권단과 인수예정자 간 투자계약을 체결했다. 이후 인수대금 6,780억 원이 납부되고, 회생계획안이 인가됨에 따라 실질적인 인수작업이 마무리되었다. 동아건설은 회생계획 종결결정으로 2006년 말 6조 5,000억 원에 달하던 자본잠식에서 벗어났고, 우발채무도 완전 해소됨에 따라 건실한 회사로 다시 태어났다. 2007년 10월 16일 서울중앙지방법원 제4파산부는 동아건설에 대한 회생계획 인가결정을, 2008년 3월 25일에는 회생절차 종결결정을 내렸다. 당시 법원은 보도자료를 통해 "동아건설은 6년 5개월 여 동안 파산절차를 진행하다가 회생절차를 통해 회생하는 최초의 사례이자, M&A를 위한 투자계획을 체결한 후 회생절차를 신청한 최초의 사례"라고 설명했다.

6. 성공 요인

캠코가 주도한 동아건설 Pre-packaged M&A는 파산기업도 잠재된 전략적 자산과 산업연관효과가 높은 기업이 결합할 경우 그 시너지 효과를 통해 회생이 가능함을 보여 준 실증사례이다. 활용가치가 높은 전략적 기업의 경우 도산보다는 회생을 추진하는 것이 투자이익 극대화 및 국가경제의 이익에 유리하다는 '역발상 M&A'의 교훈을 준 사례로 평가 받았다.

해당 기업과 연관효과가 큰 인수예정자를 미리 찾아 회생계획과 매각 후 경영계획을 접목하는 거래구조는 부실기업 회생의 새 모델을 제시한 것으로, 2010년 한성항공㈜이 신보창업투자를 사전 예비인수자로 선정해 회생절차를 종결하는 등 벤치마킹의 대상이 되기도 했다.

7. 협상 전략

캠코는 협상에서 상대방의 가치를 파악해 이를 충족시키려고 노력했고, 그 결과 협상은 모두 회생절차에 긍정적인 방향으로 진행될 수 있었다. 그 대표적인 성과가 채권자 협의체의 구성이었다. 동아건설은 회생 및 M&A를 추진할 당시 채권자 협의체가 구성되어 있지 않아서, 중요사항 결정 시 주요 채권기관들의 참여와 동의를 일일이 구해야만 했다. 캠코는 이러한 번거로움을 덜기 위해 주요 채권기관들을 대상으로 채권자 협의체를 구성하자고 제안했다. 그러나 채권기관들은 이 거래의 성공에 반신반의한 상태에서 거래가 중단될 경우 계약 주체인 채권단으로서 부담하게 될 위험을 염려하였기에 협의체 구성에 소극적이었다. 채권단 입장에서 본건 거래의 가장 중요한 가치는 리스크 회피였던 것이다. 이 점을 파악한 캠코는 만약 채권자가 통제할 수 없는 사유로 본 거래가 중지될 경우 계약 상 책임을 부담하지 않도록 하는 리스크 헤지 방안을 구상해 추진하고 있다는 점을 강조했다. 이와 함께 협의체 구성원이 될 경우 사전에 각종 정보를 공유하며, 우선협상 대상자 선정, 본 계약 체결, 회생계획안 작성 등 중요사항에 대해 직접 의사결정자로 참여할 수 있는 권한을 부여했다. 이 결과 채권기관 협의회가 2006년 7월 발족할 수 있었다.

8.'캠코' 브랜드 활용

캠코는 2년이 넘는 긴 기간 동안 정부, 채권단, 법원 등 다수의 이해관계자들을 지속적으로 설득하고 전원이 만족할 수 있는 거래구조를 설계함으로써, 복잡하고 다양한 이해관계를 효과적으로 조정하였다. 캠코는 축적된 공신력을 바탕으로 기업구조조정 전문기관으로서의 위치를 강조하였다. 이해관계자들로부터 신뢰를 얻기 위해 캠코의 CEO가 직접 나서서 동아건설의 회생 및 M&A의 성공 가능성을 홍보하였다. 당시 외국계 자본 대신 공공기관인 캠코가 직접 M&A주간사 역할을 함에 따라, 초반에 본건 거래 자체에 회의적이었던 이해관계자들의 마음도 서서히 움직였다.

Pre-packaged M&A를 활용한 파산기업의 회생이라는 한 번도 가지 않은 길을 처음으로 걸으면서 많은 어려움이 있었지만, 캠코는 국가경제에 기여하는 가치를 창조한다는 브랜드 이미지를 활용하여 이해당사자들로부터 유리한 협상을 이끌어 낼 수 있었다.

제8장 참고문헌

강남일, 채무자 회생 및 파산에 관한 법률 일부개정안 검토보고, 2014.11. 국회 법제사법위원회

구희근, 양인호, 중소기업 회생절차 개선 방안, 도산법 실무연구 127집, 법원도서관 2013

반완호, 기업회생 절차 진행 현황 분석 및 회생률 제고 방안, 2015.10.15. 생법회

신수정 · 신충태, "DBR · 캠코 CASE STUDY 3: 동아건설산업(주) Pre-packaged 방식 M&A", 동아 비즈니스 리뷰 2012. 6. (No.106)

신충태 외, '역발상 M&A로 살려낸 동아건설', 캠코, 2008

한민, 중소기업 회생절차 간소화 방안에 관한 연구, 2013 법무부 · 중소기업 진흥공단 용역과제, 2013.12.23

서울지방 법원 파산부 실무 연구회, 회생사건 실무, 박영사

홍성준, 중소기업 구조개선 전문가 과정 교안 Module, 대한상공회의소, 2014.

제9장

중소기업구조조정을 위한 지원 세제

제9장 중소기업 구조조정을 위한 지원 세제

본서가 (1) 중소기업을 대상으로 (2) 구조조정과 관련한 전반적인 내용을 다루는 것을 목적으로 하지만, 중소기업도 결국 기업의 한 형태라는 점에서 본 장에서는 중소기업을 포함한 일반기업의 구조조정 세제 전반을 소개한다. 중소기업의 담당자에게 필요한 내용이지만, 중소기업과 관련한 일반적인 세제와 금융기관의 구조조정을 위한 조세특례 부분도 다루지 않았다. 다만, 근래 시대적 화두가 된 고령화사회의 문제로 관심이 증대된 가업승계제도 등에 대하여는 별도의 절로 설명한다.

제1절에서는 기업구조조정 및 중소기업 구조조정지원세제의 의의, 제2절에서는 기업구조조정 관련 법인세법상 규정, 제3절에서는 중소기업의 구조조정을 위한 조세특례, 제4절에서는 일반법인의 기업구조조정을 위한 조세특례, 제5절에서는 중소기업 경영자를 위한 가업승계 지원제도, 제6절에서는 지방세특례제한법상 지원제도에 대하여 살펴보기로 한다.

제1절 중소기업 구조조정 지원 세제의 의의

우리나라 기업환경에 있어서 중소기업은 자금력이나 인적자원 면에서 대기업에 비해 매우 취약하므로, 현행 세법에서는 이를 위한 여러 가지 세제상 지원제도를 마련하고 있다.

기업구조조정과 관련하여 최근 몇 년간 법률과 회계제도상의 큰 변화가 있었다. 우선 회계분야에서는 상장기업과 비상장기업에 대해 한국채택국제회계기준과 일반기업회계기준을 각각 적용하며, 중소기업에는 **중소기업 회계기준**이 고시되었다.

기업구조조정에 대한 세제상 지원제도는 1997년말 외환위기로 인한 IMF지원 이후 본격화되었으며, 2009년과 2010년에 걸쳐 합병, 분할 등 기업구조조정에 관한 세제를 대폭 개정하였고, 2010년부터는 조세의 중립성을 제고하기 위한 연결납세제도가 본격적으로 시행되었다. 아울러 2011년 상법개정으로 삼각합병과 교부금합병제도 도입, 현물배당 허용 등이 이루어졌다.

기업의 제반 구조조정과정에서는 필연적으로 과세문제가 발생한다. 그 가운데 가장 문제가 되는 것은 이른바 **미실현이익의 과세**문제이다. 기업구조조정시점에서 미실현이익에 대하여 과세하는 경우 구조조정 당사자의 비용부담이 발생하여 기업구조조정의 걸림돌로 작용하게 된다. 현행 세법은 이러한 미실현이익의 과세문제를 해결하기 위하여 이월과세[1]와 과세이연[2]의 방법으로 구조조정시점에서는 과세하지 아니하고 미래의 과세사건이 발생하는 시점으로 과세시기를 미루고 있다.

---

1) "이월과세"란 개인이 종전사업용고정자산 등을 현물출자 등을 통하여 법인에 양도하는 경우 이를 양도하는 개인에 대해서는 양도소득세를 과세하지 아니하고, 그 대신 이를 양수한 법인이 그 사업용고정자산 등을 양도하는 경우 개인이 종전사업용고정자산 등을 그 법인에 양도한 날이 속하는 과세기간에 다른 양도자산이 없다고 보아 계산한 양도소득산출세액 상당액을 법인세로 납부하는 것을 말한다.(조세특례제한법 제2조①6)

2) "과세이연"이란 공장의 이전 등을 위하여 개인이 종전사업용고정자산 등을 양도하고 그 양도가액으로 신사업용고정자산 등을 대체취득한 경우 종전사업용고정자산등의 양도에 따른 양도차익 중 다음의 계산식에 따라 계산한 금액(과세이연금액)에 대해서는 양도소득세를 과세하지 아니하되, 신사업용고정자산등을 양도할 때 신사업용고정자산등의 취득가액에서 과세이연금액을 뺀 금액을 취득가액으로 보고 양도소득세를 과세하는 것을 말한다. 종전사업용고정자산등의 양도에 따른 양도차익 × (신사업용고정자산등의 취득가액 / 종전사업용고정자산등의 양도가액)(조세특례제한법 제2조①7)

표9-1. 기업구조조정을 위한 세법 규정

법인 세법[3]	합병 시 피합병법인에 대한 과세	제44조
	비적격 합병 시 합병법인에 대한 과세	제44조의2
	적격 합병 시 합병법인에 대한 과세특례	제44조의3
	합병 시 이월결손금 등 공제 제한	제45조
	분할 시 분할법인등에 대한 과세	제46조
	비적격 분할 시 분할신설법인등에 대한 과세	제46조의2
	적격 분할 시 분할신설법인등에 대한 과세특례	제46조의3
	분할 시 이월결손금 등 공제 제한	제46조의4
	분할 후 분할법인이 존속하는 경우의 과세특례	제46조의5
	물적분할 시 분할법인에 대한 과세특례	제47조
	기술혁신형 중소기업 주식인수 세액 공제	조특법12-3, 12-4
	개인이 벤처기업에 산업재산권 현물출자시 과세 이연	조특법 16-4
조세 특례 제한법	현물출자 시 과세특례	제47조의2
	교환으로 인한 자산양도차익 상당액의 손금산입	제50조
	창업자금에 대한 증여세 과세특례	제30조의5
	가업의 승계에 대한 증여세 과세특례	제30조의6
	중소기업 간의 통합에 대한 양도소득세의 이월과세 등	제31조
	법인전환에 대한 양도소득세의 이월과세	제32조
	사업전환 무역조정지원기업에 대한 과세특례	제33조
	사업전환 중소기업 및 무역조정지원기업에 대한 세액감면	제33조의2
	기업의 금융채무 상환을 위한 자산매각에 대한 과세특례	제34조
	자산의 포괄적 양도에 대한 과세특례	제37조
	주식의 포괄적 교환 · 이전에 대한 과세 특례	제38조
	주식의 현물출자 등에 의한 지주회사의 설립 등에 대한 과세특례	제38조의2
	내국법인의 외국자회사 주식 등의 현물출자에 대한 과세특례	제38조의3
	채무의 인수 · 변제에 대한 과세특례	제39조
	주주등의 자산양도에 관한 법인세 등 과세특례	제40조
	구조조정대상 부동산 취득자에 대한 양도소득세의 감면 등	제43조
	재무구조개선계획 등에 따른 기업의 채무면제익에 대한 과세특례	제44조
	감자에 대한 과세특례	제45조

	기업 간 주식등의 교환에 대한 과세특례	제46조
	벤처기업의 전략적 제휴를 위한 주식교환 등에 대한 과세특례	제46조의2
	전략적 제휴를 위한 비상장 주식교환등에 대한 과세특례	제46조의7
	기업매각 후 벤처기업등 재투자에 대한 과세특례	제46조의8
	벤처기업의 합병 시 이월결손금의 승계에 대한 과세특례	제47조의3
	합병에 따른 중복자산의 양도에 대한 과세특례[4)]	제47조의4
지방세특례제한법	기업합병 · 분할 등에 대한 감면	제57조의2
	중소기업간의통합에대한 양도소득분개인지방소득세의 이월과세등	제119조
	법인전환에 대한 양도소득분 개인지방소득세의 이월과세	제120조
	사업전환 무역조정지원기업에 대한 세액감면	제121조
	사업전환 중소기업 및 무역조정지원기업에 대한 세액감면	제122조
	주주등의 자산양도에 관한 개인지방소득세 과세특례	제123조
상속세 및 증여세법	기초공제(가업상속공제)	제18조

제2절 기업구조조정 관련 법인세법상 규정

1. 합병에 대한 과세특례

가. 합병에 대한 기본적인 과세체계

'합병'이란 둘 이상의 회사가 하나의 회사로 합쳐지는 것을 말한다. 이 경우 합병으로 인하여 소멸하는 회사를 '피합병법인'이라 하고, 합병 후 존속하는 회사를 '합병법인'이라 한다. 합병이 있게 되면 피합병

3) 이하 "주주 또는 출자자"는 "주주 등"으로, "주식 또는 출자지분"은 "주식 등"으로 혼용한다.

4) 조세특례제한법 체계상 "제6절 금융기관 구조조정을 위한 조세특례"에서 규정하고 있으나 이는 단순한 분류상 오류로 보이며, "제5절 기업구조조정을 위한 조세특례"에서 규정하는 것이 타당하다고 본다. 동법 시행령에서는 "제5절 기업구조조정을 위한 조세특례"에서 바르게 규정하고 있다.

법인은 모든 순자산을 합병법인에게 양도하고 합병법인의 주식 등[5)]의 대가를 받아 즉시 주주에게 교부하고 그 법적실체는 소멸하게 된다. 피합병법인이 합병으로 해산하는 경우에는 그 법인의 자산을 합병법인에 양도한 것으로 본다.

합병에 대한 기본적인 과세체계는 피합병법인에게 축적된 미실현이익이 합병을 계기로 관련 당사자에게 실현되었다는 생각에 기초를 두고 있다. 그러나 형식적 조직개편에 지나지 않는 **적격합병**의 경우에는 피합병법인의 미실현이익이 실현되었다고 보기 어려울 뿐만 아니라, 합병 당시에 관련 당사자에게 무거운 조세부담을 즉시 지우는 것은 원활한 구조조정을 저해하는 요인이 될 수 있다. 이러한 점을 고려하여 적격합병에 대해서는 각종 조세에 관한 과세이연을 규정하고 있다[6)].

나. 합병에 대한 개별적인 과세제도

1) 피합병법인 : 양도손익에 대한 법인세(법법 제44조)

① 비적격합병

피합병법인이 합병으로 해산하는 경우에는 그 법인의 자산을 합병법인에 양도한 것으로 본다. 이 경우 그 양도에 따라 발생하는 양도손익(양도가액[7)] − 순자산 장부가액)은 피합병법인이 합병등기일이 속하는 사업연도의 소득금액을 계산할 때 익금 또는 손금에 산입한다.

---

5) 이하 "주주 또는 출자자"는 "주주 등"으로, "주식 또는 출자지분"은 "주식 등"으로 혼용한다.

6) 임상엽외, 세법개론, 상경사, 2014, 447면

7) 양도가액 = 합병으로 받은 합병대가(합병교부주식가액 + 합병교부금) + 합병포합주식에 대한 합병교부주식 교부 간주액 + 합병법인이 납부하는 피합병법인의 법인세 등

② 적격합병[8]

적격합병의 경우에는 양도가액을 피합병법인의 합병등기일 현재의 순자산 장부가액으로 보아 양도손익이 없는 것으로 할 수 있다. 적격합병은 피합병법인의 순자산 장부가액이 합병법인에게 그대로 승계되어 소득창출을 위한 사업활동이 계속되는 것으로 보아 합병등기일 현재 순자산에 남아 있는 미실현이익(순자산가치 상승분)을 과세소득으로 인식하지 않는 것이다. 이처럼 피합병법인에게 과세되지 않은 양도차익은 합병법인에게 이월되어(carry-over) 과세된다.

2) 합병법인 : 승계받은 자산의 취득가액

① 비적격합병

합병법인이 합병으로 피합병법인의 자산을 승계한 경우에는 그 자산을 합병법인으로부터 합병등기일 현재의 시가로 양도받은 것으로 본다(법법 제44조의2).

② 적격합병

적격합병의 경우에는 합병법인은 피합병법인의 자산을 장부가액으로 양도받은 것으로 한다(법법 제44조의3).

---

8) 적격 합병의 요건 : ① 합병등기일 현재 1년 이상 사업을 계속하던 내국법인 간의 합병일 것 ② 피합병법인의 주주등이 합병으로 인하여 받은 합병대가의 총합계액 중 합병법인의 주식등의 가액이 80%이상이거나 합병법인의 모회사의 주식등의 가액이 80%이상인 경우로서 그 주식등이 대통령령으로 정하는 바에 따라 배정되고, 피합병법인의 주주등이 합병등기일이 속하는 사업연도의 종료일까지 그 주식등을 보유할 것 ③ 합병법인이 합병등기일이 속하는 사업연도의 종료일까지 피합병법인으로부터 승계받은 사업을 계속할 것

3) 피합병법인의 주주 : 의제배당소득에 대한 법인세 또는 소득세

① 합병으로 인한 의제배당

피합병법인의 주주는 다음과 같은 의제배당소득에 대한 법인세 또는 소득세의 납세의무를 진다.

합병으로 인한 의제배당금액 = 합병대가 - 소멸한 주식의 장부가액

② 합병차익의 자본금 전입으로 인한 의제배당

기업회계에서는 합병차익을 인식하지 않지만, 법인세법에 따르면 합병차익이 발생하며 동 합병차익을 자본금에 전입하는 경우 주주가 취득하는 일정한 무상주에 대하여는 의제배당소득에 대한 법인세 또는 소득세의 납세의무를 진다.

다. **합병시 이월결손금의 승계 및 공제**시한(법법 제45조)

1) 비적격합병

피합병법인의 합병등기일 현재 세무상 결손금은 합병법인에 승계되지 않고 소멸한다.

2) 적격합병

합병법인은 피합병법인의 합병등기일 현재 세무상 결손금을 승계한다. 이처럼 합병법인이 승계한 피합병법인의 결손금은 피합병법인으로부터 승계받은 사업에서 발생한 소득금액 범위에서 합병법인의 각 사업연도의 과세표준을 계산할 때 공제한다.

2. 인적분할에 대한 과세특례

가. 인적분할에 대한 기본적인 과세체계

'분할'이란 하나의 회사가 둘 이상의 회사로 분리되는 것을 말한다. 그 결과 분할되는 회사(양도회사)의 분할된 사업부문이 양수회사에 포괄승계되고 양수회사는 분할대가(분할교부주식 및 분할교부금)을 교부한다.

인적분할은 분할대가를 분할법인의 주주에게 교부하는 유형이며, 완전분할과 불완전분할의 경우에 모두 가능하다.

분할에 대한 기본적인 과세체계도 합병의 경우와 마찬가지로 분할법인에게 축적된 미실현손익이 분할을 계기로 관련 당사자에게 실현되었다는 생각에 기초를 두고 있다. 그러나 형식적 조직개편에 지나지 않는 적격분할의 경우에는 분할법인의 미실현이익이 실현되었다고 보기 어려울 뿐만 아니라, 분할 당시에 관련 당사자에게 무거운 조세부담을 즉시 지우는 것은 원활한 구조조정을 저해하는 요인이 될 수 있다. 이러한 점을 고려하여 적격분할에 대해서는 각종 조세에 관한 과세이연을 규정하고 있다.

나. 인적분할에 대한 개별적인 과세제도

1) 분할법인 : 양도손익에 대한 법인세(법법 제46조)

① 비적격분할

내국법인이 분할로 해산하는 경우 그 법인의 자산을 분할신설법인에 양도한 것으로 본다. 이 경우 그 양도에 따라 발생하는 양도손익(양도가액 – 순자산 장부가액)은 분할법인이 분할등기일이 속하는 사업연도의 소득금액을 계산할 때 익금 또는 손금에 산입한다. 그 취지는 피합병법인의 경우와 같이 분할법인의 미실현손익이 분할을 계기로 실현되었다는 데 있다.

② 적격분할[9)]

적격분할의 경우에는 양도가액을 분할법인의 분할등기일 현재 순자산 장부가액으로 보아 양도손익이 없는 것으로 할 수 있다.

2) 분할신설법인 : 승계받은 자산의 취득가액

① 비적격분할

분할신설법인이 분할로 분할법인의 자산을 승계한 경우에는 그 자산을 분할법인으로부터 분할등기일 현재의 시가로 양도받은 것으로 본다. 이것은 분할신설법인이 분할법인의 자산을 시가로 취득하여 사업을 새로 시작한 것으로 본다는 의미이다(법법 제46조의2).

② 적격분할

분할신설법인은 분할법인의 자산을 장부가액으로 양도받은 것으로 한다(법법 제46조의3).

---

9) 적격 분할의 요건 : ① 분할등기일 현재 5년 이상 사업을 계속하던 내국법인이 일정 요건을 모두 갖추어 분할하는 경우일 것 ② 분할법인의 주주가 분할신설법인으로부터 받은 분할대가의 전액이 주식으로서 그 주식이 분할법인의 주주가 소유하던 주식의 비율에 따라 배정되고, 분할법인의 일정한 지배주주 등이 분할등기일이 속하는 사업연도의 종료일까지 분할신설법인으로부터 받은 전체 주식의 50% 이상을 처분하지 않을 것 ③ 분할신설법인이 분할등기일이 속하는 사업연도의 종료일까지 분할법인으로부터 승계받은 사업을 계속할 것

3) 분할법인의 주주 : 의제배당소득에 대한 법인세 또는 소득세

① 분할로 인한 의제배당

분할법인의 주주는 다음과 같은 의제배당소득에 대한 법인세 또는 소득세의 납세의무를 진다.

분할로 인한 의제배당금액 = 분할대가 - 소멸한 주식의 장부가액

② 분할차익의 자본금 전입으로 인한 의제배당

기업회계에서는 분할차익을 인식하지 않지만, 법인세법에 따르면 분할차익이 발생하며 동 분할차익을 자본금에 전입하는 경우 주주가 취득하는 일정한 무상주에 대하여는 의제배당소득에 대한 법인세 또는 소득세의 납세의무를 진다.

다. 분할시 이월결손금의 승계 및 공제시한(법법 제46조의4)

1) 비적격분할

분할법인의 분할등기일 현재 세무상 결손금은 분할신설법인에 승계되지 않고 소멸한다.

2) 적격분할

분할신설법인은 분할법인의 분할등기일 현재 세무상 결손금을 승계한다. 이처럼 분할신설법인이 승계한 분할법인의 결손금은 분할법인으로부터 승계받은 사업에서 발생한 소득금액 범위에서 분할신설법인의 각 사업연도의 과세표준을 계산할 때 공제한다.

라. 분할 후 분할법인이 존속하는 경우의 과세특례(법법 제46조의5)

1) 비적격분할

존속분할의 경우 분할신설법인은 분할법인의 결손금을 승계할 수 없다.

2) 적격분할

적격분할에 해당하여 소멸한 분할법인의 자산을 장부가액으로 양도받은 경우 분할 신설법인(분할합병의 상대방법인 포함)은 분할법인의 분할등기일 현재 세무상 결손금 중 승계받은 사업에 속하는 결손금을 승계한다.

3. 적격 물적분할 및 적격 현물출자에 대한 과세특례

물적분할[10)]은 분할대가를 분할법인에게 교부하는 유형이며, 불완전분할의 경우에만 가능하다. 분할은 일반적으로 인적분할의 형태를 취하지만, 현행 상법은 분할법인이 분할신설법인의 주식총수를 취득하는 형태의 물적분할도 예외적으로 인정하고 있다. 물적분할은 기본적인 과세체계가 현물출자와 비슷하므로 함께 살펴본다.

---

10) 물적분할은 분할법인이 분할신설법인의 주식총수를 취득하므로 다음과 같은 점에서 인적분할과 다른 특징을 갖게 된다. ① 인적분할의 경우에는 분할법인이 사업부문 순자산을 양도한 것으로 간주하여 분할로 발생하는 양도손익을 계산하지만, 물적분할은 분할법인 자신이 분할대가를 취득하므로 일반적인 자산처분손익과 동일하게 사업부문 처분손익을 계산한다. ② 분할신설법인의 입장에서는 현물출자를 받고 설립된 경우와 유사하므로 분할매수차익과 분할매수차손(영업권)에 대한 과세문제는 발생하지 않는다. ③ 분할법인의 주주들의 입장에서는 분할대가를 지급받지 않고 보유주식도 소멸하지 않으므로 의제배당소득에 대한 과세문제가 발생하지 않는다.

가. 적격 물적분할 시 분할신설법인등에 대한 과세특례

물적분할을 한 경우 분할법인은 사업부문의 처분이익에 대한 과세문제가 발생한다. 이러한 사업부문 처분이익은 분리된 사업부문의 미실현이익이 물적분할을 통하여 실현된 것이므로 당연히 익금에 산입하여 과세되어야 할 것이다. 그러나 물적분할은 특정한 사업부문을 100% 지분을 갖는 완전자회사로 독립시키는 형식적인 조직개편에 지나지 않기 때문에 분할 당시에 과세할 것이 아니라 과세를 이연시켜 줄 필요가 있다. 이러한 취지에서 법인세법은 물적분할로 인한 자산양도차익에 대해서 과세이연제도를 마련하고 있다(법법 제47조).

나. 적격 **현물출자**[11] 시 과세특례

물적분할은 분할법인이 어느 사업부문에 속하는 자산 · 부채를 분할신설법인에 포괄적으로 양도하고 그 대가로 주식총수를 취득한다. 이것은 법인이 개별자산을 다른 법인에게 현물출자하고 주식을 취득하는 것과 비슷하다. 따라서 현물출자한 법인도 개별적인 자산 양도차익에 대한 법인세 과세문제가 발생한다.

---

11) 적격 현물출자의 요건 : ① 출자법인이 현물출자일 현재 5년 이상 사업을 계속한 법인일 것 ② 출자법인이 현물출자일 다음 날 현재 피출자법인의 발행주식총수의 80% 이상의 주식을 보유하고, 출자법인이 현물출자일이 속하는 사업연도의 종료일까지 피출자법인으로부터 받은 주식의 50% 이상을 처분하지 않을 것 ③ 사업의 계속성(피출자법인이 그 현물출자일이 속하는 사업연도의 종료일까지 출자법인으로부터 승계받은 사업을 계속할 것), 공동출자시 추가요건(다른 내국인 또는 외국인과 공동으로 출자하는 경우 공동으로 출자한 자가 출자법인의 특수관계인이 아닐 것. 2015년 세법개정안에서는 현물출자와 분할 간 과세 행정 제고를 위해서, 피출자법인이 승계 받은 사업이 출자법인으로부터 분리하여 사업이 가능한 독립된 사업일 것이라는 요건을 추가(단 부동산 임대업은 불인정).

이러한 **현물출자**에 따른 양도차익은 출자한 자산의 미실현이익이 현물출자를 통하여 실현된 것이므로 당연히 과세되어야 할 것이다. 그러나 현물출자한 법인은 출자한 재고자산이나 사업용 자산이 현물출자를 받은 법인의 주식으로 바뀌는 형식적인 변경에 지나지 않기 때문에 현물출자 당시 과세할 것이 아니라 과세를 이연시켜 원활한 구조조정이 이루어지게 할 필요가 있다. 이러한 점을 고려하여 일정요건을 갖춘 적격현물출자에 대해서는 현물출자로 인한 양도차익에 대한 과세이연제도를 마련하고 있다(법법 제47조의 2).

4. 교환으로 인한 자산양도차익 상당액의 손금산입

사업용고정자산을 교환하는 경우 그 교환으로 발생하는 양도차익은 익금에 해당한다. 그러나 내국법인이 2년 이상 그 사업에 직접 사용하던 고정자산으로서 일정한 사업용고정자산을 특수관계인 외의 다른 내국법인이 2년 이상 그 사업에 직접 사용하던 동일한 종류의 사업용 고정자산(교환취득자산)과 교환하는 경우 그 교환취득자산의 가액 중 교환으로 발생한 사업용고정자산의 양도차익에 상당하는 금액은 해당 사업연도의 소득금액을 계산할 때 일시상각충당금 등을 설정하여 손금에 산입할 수 있다(법법 제50조).

이 제도는 **사업부문의 맞교환**(Big Deal) 등을 통해 종전 사업부문(또는 종전 자산)의 미실현이익이 실현될 때 해당 사업의 계속성이 유지되는 경우 그에 대한 법인세 과세를 이연함으로써 원활한 구조조정을 가능케 하기 위해 도입된 것이다.

5. 연결납세제도(Consolidated Tax Return)

연결납세제도란 모법인과 자법인이 경제적으로 결합되어 있는 경우 경제적 실질에 따라 해당 모법인과 자법인을 하나의 과세단위로 보아 소득과 결손금을 통산하여 법인세를 과세하는 제도로서, 조직의 형태(동일 법인내 사업부 또는 별도의 자법인)와 관계없이 세부담이 동일하게 유지되도록 유지하는 제도이다[12].

법적 실질을 존중하여 개별 법인별로 과세소득을 산출하여 신고 · 납부하여야 하는 기존의 우리나라 법인세 과세제도하에서는, 특정 사업부문 A와 B를 동일 법인내의 사업부로 유지하는 경우 특정 사업부문 A에서 발생한 결손금은 특정 사업부문 B에서 발생한 이익과 상계되며 양 부문간 내부거래에 따른 손익을 인식하지 않는 반면, 특정 사업부문 A와 B를 모법인이 100% 주식을 보유하는 별개의 법인으로 각각 유지하는 경우 특수관계 있는 양 법인간의 손익을 통산할 수 없고, 양 법인간의 거래손익도 전부 인식하여야 한다.

반면, 연결납세방식을 채택한 연결집단의 경우 모법인과 법률적으로 독립되어 있는 자법인들 전체를 포괄한 기업집단을 하나의 과세대상으로 보아 각 연결법인의 소득과 결손금을 통산하고, 내부거래 손익을 제거한 다음 과세소득을 산출할 수 있도록 함으로써, 기업의 법률적 형태 변화에 따른 세부담의 불공평을 근본적으로 해소할 수 있게 되었다.

비록 연결납세방식은 개별기업의 각 사업연도 소득을 기초로 연결집단의 연결사업연도의 소득과 과세표준, 세액공제액 등을 별도로 산출하여야 하는 등 적용상 다소 복잡한 면이 있으나, 조세의 중립성을 보장하여 기업 경영조직의 효율화에 기여할 뿐만 아니라 사업조직의

12) 이연호외, 법인세, (주)광교이택스, 2010, 1504면

형태에 불구하고 같은 크기의 소득에 대해 동일한 세부담이 가능해져 세부담의 수평적 형평성을 제고하고, 기업과세의 선진화에 기여할 수 있다는 긍정적인 측면을 고려하여 2008.12.26 법인세법 개정시 도입하였으며, 1년간의 유예기간을 거쳐 2010.1.1 이후 최초로 개시하는 사업연도 분부터 적용한다.

연결납세방식은 일반 법인세 과세제도에 대한 특례적 성격의 제도로서 제도가 복잡하고 납세협력비용이 많이 소요될 우려가 있어, 연결납세방식의 적용여부는 기업의 자유로운 선택에 일임하고 있다.

연결납세방식을 선택한 경우에도 기업의 선택에 따라 연결납세방식을 중단할 수 있도록 하고 있으나, 최초 적용 후 5년간은 이를 포기할 수 없도록 하고 있다. 이는 연결납세방식의 적용기간을 임의로 선택할 수 있도록 할 경우 연결모법인의 소득에서 연결자법인의 결손금만을 공제한 후 연결납세방식의 적용을 포기하는 등의 방식으로 조세를 회피할 우려가 있기 때문이다.

제3절 중소기업의 구조조정을 위한 조세특례

1. 창업자금에 대한 증여세 과세특례

18세 이상인 거주자가 중소기업을 창업할 목적으로 60세 이상의 부모로부터 창업자금(30억원 한도)을 증여받는 경우에는 5억원을 공제하고 세율을 10%으로 하여 증여세를 부과한다. 창업자금을 증여받은 자는 증여받은 날부터 1년 이내에 창업을 하여야 하고, 3년이 되는 날까지 창업자금을 모두 해당 목적에 사용하여야 한다(조특법 제30조의5).

노부모로부터 창업자금을 증여받은 경우 낮은 세율[13]로 증여세를 부과하여 젊은 세대로의 부의 조기이전을 촉진하여 경제활력의 증진을 도모하려는데 그 취지가 있다. 이는 영구적인 감면이 아니라 증여한 직계존속의 사망시 창업자금을 상속재산가액에 가산하여 상속세로 정산하여 과세하는 제도(창업자금 사전상속제도)이다.

2. 기술혁신형 중소기업 합병, 주식인수 세액공제

인수가액이 시가의 150%이상이고 인수가액 중 주식 지급 비율이 20% 미만이며, 지분의 50% 초과인수 경우 기술가치 금액의 10%를 세액공제한다(조특법 16-4 조). 2015년 세법개정안에서는 인수가액의 150% 요건을 130%로 낮추고 있다.

3. 중소기업 간의 통합에 대한 양도소득세의 이월과세 등

중소기업간 통합[14]으로 인하여 소멸되는 중소기업이 사업용고정자

13) 상속세 및 증여세율

과세표준	세율	10억원 이하	30%
1억원 이하	10%	30억원 이하	40%
5억원 이하	20%	30억원 초과	50%

14) 요건 : ① 소비성서비스업을 제외한 사업을 영위하는 중소기업기본법에 의한 중소기업자간의 통합이어야 한다. ② 통합법인이 사업장별로 그 사업에 관한 주된 자산을 모두 승계하여 사업의 동일성이 유지될 것 ③통 합으로 인하여 소멸되는 사업장의 중소기업자가 통합법인의 주주 또는 출자자일 것 ④ 통합으로 인하여 소멸하는 사업장의 중소기업자가 통합으로 인하여 취득하는 주식 또는 지분의 가액이 통합으로 인하여 소멸하는 사업장의 순자산가액 이상일 것(조특법 시행령 제28조)

산을 통합법인에게 양도하는 경우 이를 양도하는 중소기업자에 대하여는 양도소득세를 과세하지 않고, 그 대신 이를 양수한 통합법인이 당해 사업용고정자산을 양도하는 경우 중소기업자가 법인에게 양도한 날이 속하는 과세기간에 다른 양도자산은 없다고 보아 계산한 양도소득세 산출세액 상당액을 법인세로 납부한다(조특법 제31조).

4. 법인전환에 대한 양도소득세의 이월과세

거주자가 사업용고정자산을 현물출자하거나 사업 양도·양수의 방법에 따라 법인(소비성서비스업을 경영하는 법인은 제외)으로 전환하는 경우 당해 사업용고정자산에 대해서는 이월과세를 적용받을 수 있다(법인세법 제32조).

5. **사업전환** 중소기업에 대한 세액감면

중소기업을 경영하는 내국인이 5년 이상 계속하여 경영하던 사업 및 무역조정지원기업이 경영하던 사업(전환전사업)을 법정기간내에 수도권과밀억제권역 밖(무역조정지원기업은 수도권과밀억제권역에서 사업을 전환하는 경우를 포함)에서 전환사업으로 전환하는 경우에는 사업전환일 이후 최초로 소득이 발생한 날이 속하는 과세연도와 그 다음 과세연도의 개시일부터 3년 이내에 끝나는 과세연도까지 해당 전환사업에서 발생하는 소득에 대한 소득세 또는 법인세의 50%에 상당하는 세액을 감면한다(조특법 제33조의2).

6. 개인이 벤처기업에 산업재산권 현물출자시 과세 이연

2015년 세법개정안에서는 개인이 산업재산권을 벤처기업에 현물출자시 과세이연 선택허용한다(조특법 16의4). 과세이연 방법은 현물출자로 취득한 주식 양도시 양도소득세로 과세한다.

- 양도차익 = 주식의 양도가액 - 취득가액(산업재산권의 취득가액)

제4절 일반법인의 기업구조조정을 위한 조세특례

1. **사업전환 무역조정지원기업**에 대한 과세특례 및 세액감면

가. 과세특례

자유무역협정 체결에 따른 무역조정 지원에 관한 법률 제6조에 따른 무역조정지원기업(무역조정지원기업)이 경영하던 사업(전환전사업)을 전환사업[15)]으로 전환하기 위하여 해당 전환전사업에 직접 사용하는 사업용고정자산(전환전사업용고정자산)을 양도하고 양도일부터 1년 이내에 전환사업에 직접 사용할 사업용고정자산을 취득하는 경우 전환전사업용고정자산을 양도함에 따라 발생하는 양도차익에 대해서는 해당 사업연도의 소득금액을 계산할 때 익금에 산입하지 아니할 수 있다. 해당 금액은 이후 3개 사업연도의 기간 동안 균분한 금액 이상을 익금에 산입하여야 한다(조특법 제33).

15) 광업 · 제조업 · 건설업 · 건설업 · 음식점업 등(조특법 시행령 제6조 ③)

거주자는 전환전사업의 사업장 건물 및 그 부속토지의 양도가액으로, 기계장치를 취득한 경우 양도소득세의 50%을 감면받고 건물 및 그 부속토지를 취득한 경우 과세이연을 받을 수 있다.

나. 세액감면

사업전환 중소기업에 대한 세액감면(제3절 제5호)의 내용과 동일하다(조특법 제33조의2).

2. 기업의 금융채무 상환을 위한 자산매각에 대한 과세특례

기업이 재무구조를 개선하기 위한 한시 조항으로서 자산을 양도한 날부터 일정기한까지 채무를 상환한다는 내용이 포함되어 있는 재무구조개선계획[16]에 따라 자산을 양도하는 경우에는 해당 자산을 양도함으로써 발생하는 양도차익 중 채무상환액에 상당하는 금액(양도차익상당액)에 대해서는 양도소득세를 분할납부하거나 같은 금액을 익

16) "재무구조개선계획"이란 다음의 어느 하나에 해당하는 것으로서 금융기관채무의 총액, 내용, 상환계획 및 양도할 자산의 내용, 양도 계획을 명시한 것을 말한다. ① 기업구조조정촉진법 제17조에 따른 채권은행협의회, 같은 법 제18조에 따른 주채권은행 또는 같은 법 제19조에 따른 채권금융기관협의회가 같은 법 제10조에 따라 기업과 체결한 경영정상화계획의 이행을 위한 약정 ② 재무구조개선 대상기업에 대한 채권을 가진 은행 간 재무구조개선 대상기업의 신용위험평가 및 구조조정방안 등에 대한 협의를 위하여 설치한 협의회(채권은행자율협의회)가 그 설치 근거 및 재무구조개선 대상기업에 더한 채권을 가진 은행의 공동관리절차를 규정한 협약에 따라 재무구조개선 대상기업과 체결한 경영정상화계획의 이행을 위한 특별약정 ③ 금융산업의 구조개선에 관한 법률 제10조에 따라 금융위원회가 해당 금융기관에 대하여 권고·요구 또는 명령하거나 그 이행계획을 제출할 것을 명한 적기시정조치 ④ 채무자 회생 및 파산에 관한 법률 제193조에 따른 회생계획으로서 같은 법 제245조에 따라 법원이 인가 결정을 선고한 것

금에 산입하지 아니할 수 있다(조특법 제34조)[17].

2015년 세법개정안에서는 기업활력제고를 위한 특별법에 따라 승인 사업재편계획에 따라 자산을 양도하여 금융채무 상환시 조특법 34조를 준용하여 자산양도차익을 4년 거쳐 3년 분할 익금산입하도록 한다(조특법 121-26조 신설).

3. **자산의 포괄적 양도**에 대한 과세특례

기업이 자산의 대부분을 양도하고 그 대가로 상대방기업의 주식을 교부받고 청산하는 경우 그 경제적 실질이 합병과 유사하므로 적격합병에 대한 과세특례와의 과세형평을 위하여 도입되었다.

내국법인(피인수법인)이 일정 요건[18]을 모두 갖추어 자산의 대부분을 다른 내국법인(인수법인)에 양도(자산의 포괄적 양도)하고 그 대가로 인수법인의 주식 등을 받고 청산하는 경우 양도하는 자산의 가액을 장부가액으로 할 수 있다(조특법 제37조).

---

17) ① 거주자 : 양도차익상당액에 대한 양도소득세를 해당 과세연도와 해당 과세연도의 종료일 이후 3개 과세연도의 기간 중 납부하지 아니하고 해당 세액은 그 다음 3개 과세연도의 기간 동안 균분한 금액 이상을 납부하는 방법 ② 내국법인 : 양도차익상당액을 해당 사업연도와 해당 사업연도의 종료일 이후 3개 사업연도의 기간 중 익금에 산입하지 아니하고 그 다음 3개 사업연도의 기간 동안 균분한 금액 이상을 익금에 산입하는 방법

18) ① 자산의 포괄적 양도일 현재 1년 이상 계속하여 사업을 하던 내국법인 간의 양도·양수일 것 ② 피인수법인이 인수법인으로부터 그 자산의 포괄적 양도로 인하여 취득하는 인수법인의 주식등의 가액과 금전, 그 밖의 재산가액의 총합계액(인수대가) 중 의결권 있는 인수법인의 주식 등의 가액이 95%이상으로서 그 주식 등이 대통령령으로 정하는 바에 따라 배정되고, 피인수법인 또는 대통령령으로 정하는 피인수법인의 주주 등이 자산의 포괄적 양도일이 속하는 사업연도의 종료일까지 그 주식 등을 보유할 것 ③ 인수법인이 자산의 포괄적 양도일이 속하는 사업연도의 종료일까지 피인수법인으로부터 승계받은 사업을 계속할 것. 2015년 개정세법안에서는 ② 항의 95% 요건을 80%로 완화 추진한다.

4. 주식의 포괄적 교환 · 이전에 대한 과세 특례

기업의 경쟁력을 제고하고 자발적 구조조정을 지원하기 위하여 상법에 따라 주식을 포괄적 교환 · 이전하고 다른 기업의 완전 자회사가 되는 경우 그 경제적 실질이 합병과 유사하므로 적격합병에 대한 과세 특례와의 과세형평을 고려하여 도입되었다.

내국법인이 일정 요건[19]을 모두 갖추어 「상법」 제360조의2에 따른 주식의 포괄적 교환 또는 같은 법 제360조의15에 따른 **주식의 포괄적 이전**(**주식의 포괄적 교환** 등)에 따라 주식의 포괄적 교환 등의 상대방 법인의 완전자회사로 되는 경우 그 주식의 포괄적 교환 등으로 발생한 완전자회사 주주의 주식양도차익에 상당하는 금액에 대한 양도소득세 또는 법인세에 대해서는 대통령령으로 정하는 바에 따라 완전자회사의 주주가 완전모회사의 주식을 처분할 때까지 과세를 이연받을 수 있다(조특법 제38조).

5. 주식의 현물출자 등에 의한 지주회사의 설립 등에 대한 과세특례

중소기업이 현행의 독립적인 소유지배구조로부터 지주회사 중심의

19) ① 주식의 포괄적 교환 · 이전일 현재 1년 이상 계속하여 사업을 하던 내국법인 간의 주식의 포괄적 교환 등일 것 ② 완전자회사의 주주가 완전모회사로부터 교환 · 이전대가를 받은 경우 그 교환 · 이전대가의 총합계액 중 주식의 가액이 80% 이상으로서 그 주식이 대통령령으로 정하는 바에 따라 배정되고, 완전모회사 및 대통령령으로 정하는 완전자회사의 주주가 주식의 포괄적 교환 등으로 취득한 주식을 교환 · 이전일이 속하는 사업연도의 종료일까지 보유할 것 ③ 완전자회사가 교환 · 이전일이 속하는 사업연도의 종료일까지 사업을 계속할 것

지배구조로 전환하여 지주회사의 설립 촉진을 통한 계열화와 지분 공유를 달성할 수 있다.

가. 지주회사의 설립 및 전환

내국법인의 내국인 주주가 법정기한 내에 일정 요건[20)]을 모두 갖추어 주식을 현물출자 함에 따라 독점규제 및 공정거래에 관한 법률에 따른 지주회사를 새로 설립하거나 기존의 내국법인을 지주회사로 전환하는 경우 그 현물출자로 인하여 취득한 주식의 가액 중 그 현물출자로 인하여 발생한 양도차익에 상당하는 금액에 대하여는 그 주주가 해당 지주회사의 주식을 처분할 때까지 양도소득세 또는 법인세의 과세를 이연받을 수 있다(조특법 제38조의2 ①).

나. 전환지주회사의 자회사 편입

내국법인의 내국인 주주가 현물출자 또는 분할에 의하여 지주회사로 전환한 내국법인에 주식을 법정기한 내에 현물출자하거나 그 전환지주회사의 자기주식과 교환하는 경우 그 현물출자 또는 자기주식교환으로 인하여 취득한 전환지주회사의 주식가액 중 현물출자 또는 자기주식교환으로 인하여 발생한 양도차익에 상당하는 금액에 대해서는 그 주주가 해당 전환지주회사의 주식을 처분할 때까지 양도소득세 또는 법인세의 과세를 이연받을 수 있다(조특법 제38조의2 ②).

---

20) ① 지주회사 및 현물출자를 한 주주 중 대통령령으로 정하는 주주가 현물출자로 취득한 주식을 현물출자일이 속하는 사업연도의 종료일까지 보유할 것 ② 현물출자로 인하여 지주회사의 자회사로 된 내국법인이 현물출자일이 속하는 사업연도의 종료일까지 사업을 계속할 것

다. 지주회사 수입배당금액의 익금불산입

내국법인 중 독점규제 및 공정거래에 관한 법률에 따른 지주회사, 금융지주회사법에 따른 금융지주회사, 기술의 이전 및 사업화 촉진에 관한 법률에 따른 공공연구기관첨단기술지주회사 및 산업교육진흥 및 산학연협력촉진에 관한 법률에 따른 산학연협력기술지주회사(지주회사)가 자회사(해당 지주회사가 출자한 법인)로부터 받은 수입배당금액 중 일정액을 각 사업연도의 소득금액을 계산할 때 다음과 같이 익금에 산입하지 아니한다.(법법 제18조의2)

표9-2. 지주회사 수입배당금 과세

지주회사가 자회사에 출자한 비율		익금불산입 대상금액
자회사가 주권상장법인인 경우	자회사가 비상장법인인 경우	
20% 이상 40% 이하	40%(20%)이상 80%이하	수입배당금액 × 80%
40% 초과	80% 초과	수입배당금액 × 100%

6. 내국법인의 외국자회사 주식 등의 현물출자에 대한 과세특례

내국법인이 외국기업과 기술 · 사업상의 제휴 또는 경영합리화를 위해 해외투자사업부문을 구조조정하는 과정에서 실질적인 현금의 유입은 없으나 세금을 납부하여야 하는 문제가 발생할 수 있으므로 이를 일정기간 유예함으로써 국내기업의 해외진출을 지원하기 위하여 도입되었다.

21) 지주회사의 자회사가 벤처기업인 경우에는 40% 대신에 20%로 한다.

5년 이상 계속하여 사업을 한 내국법인이 법정기한 내에 외국자회사[22]의 주식 등을 현물출자하여 새로운 외국법인을 설립하거나 이미 설립된 외국법인에 현물출자하는 경우 그 현물출자로 인하여 발생한 외국자회사의 주식 등의 양도차익에 상당하는 금액은 그 양도일부터 4년이 되는 날이 속하는 사업연도부터 각 사업연도의 소득금액을 계산할 때 그 금액을 36으로 나눈 금액에 해당 사업연도의 개월 수를 곱하여 산출한 금액을 익금에 산입한다(조특법 제38조의3).

7. 채무의 인수 · 변제에 대한 과세특례

내국법인의 주주 등(법인에 한정)이 해당 법인의 채무를 인수 · 변제하는 경우로서 일정 요건[23]을 갖춘 경우에는 해당 법인의 채무금액 중 해당 주주 등이 인수 · 변제한 금액은 해당 연도 주주 등의 소득금액을 계산할 때 손금에 산입한다(조특법 제39조).

채무가 인수 · 변제되어 채무가 감소한 법인은 소득금액을 계산할 때 채무의 감소액을 해당 사업연도와 해당 사업연도의 종료일 이후 3개 사업연도의 기간 중 익금에 산입하지 아니하고 그 다음 3개 사업연도의 기간 동안 균분한 금액 이상을 익금에 산입한다.

---

22) 내국법인이 현물출자일 현재 발행주식총수 또는 출자총액의 20% 이상을 출자하고 있는 외국법인

23) ① 재무구조개선계획에 따라 2012년 12월 31일까지 해당 내국법인의 지배주주 · 출자자 및 그 특수관계인(지배주주 등)의 소유주식 등을 특수관계인 외의 자에게 전부 양도할 것
② 법인청산계획서를 해당 내국법인의 납세지 관할세무서장에게 제출하고 2013년 12월 31일까지 해당 내국법인의 청산을 종결할 것

2015년 세법개정안에서는 기업활력제고를 위한 특별법에 따라 승인 받은 사업재편계획에 따라 모회사가 자회사의 구조조정을 위해 자회사의 금융채무를 인수 · 변제시 조특법 39조를 준용하여 모회사는 채무인수 · 변제액을 손금산입해 주고, 자회사는 채무면제이익을 4년 거치 3년분할 익금산입해 주며, 자회사 등 주주는 증여세 비과세를 제안한다(조특법 121-26조 신설).

또한 2015년 세법개정안에서는 모회사가 재무구조 개선 계획에 따라 자회사의 채무를 인수 변제하고 자회사의 지분을 양도 또는 청산할 경우 모회사의 인수변제 금액을 손금 산입하고 자회사는 채무면제익을 4년 거치 3년 분할 익금산입하도록 조특법 39조에 조항 신설을 추진한다.

8. 주주 등의 자산양도에 관한 법인세 등 과세특례

내국법인의 주주 등이 자산을 내국법인에 증여하는 경우 증여자와 수증자 모두 과세 문제가 대두되어 구조조정의 걸림돌이 될 수 있으므로 재무구조개선 대상법인에게 주주 등이 자산을 증여하는 경우에는 한시적으로 세제상 혜택을 부여하여 기업의 구조조정을 원활하게 지원하고 있다.(조특법 제40조)

가. 수증자

내국법인이 주주 등으로부터 일정 요건[24]을 모두 갖추어 자산을 무상으로 받은 경우에는 해당 사업연도의 소득금액을 계산할 때 해당 자산가액은 자산을 증여받은 날이 속하는 사업연도의 종료일 이후 3개 사업연도의 기간 중 익금에 산입하지 아니하고 그 다음 3개 사업연도의 기간 동안 균분한 금액 이상을 익금에 산입하여야 한다.

나. 증여자

주주 등이 소유하던 자산을 양도하고 그 양도대금을 해당 법인에 증여하는 경우에는 해당 자산을 양도함으로써 발생하는 양도차익 중 증여금액에 상당하는 금액(양도차익상당액)은 양도소득세를 감면하거나 같은 금액을 익금에 산입하지 아니할 수 있다[25].

또한 2015년 세법개정안에서는 기업활력제고를 위한 특별법에 따라 승인 받은 사업재편계획에 따라 주주가 자산을 무상 증여 시 조특법 40조를 준용하여 수증법인은 4년거치 3년 분할 익금산입하고 주주는 증여가액을 손금산업하도록 한다(조특법 121-26조 신설).

---

24) ① 재무구조개선계획에 따라 주주 등의 자산증여 및 법인의 채무상환이 이루어 질 것 ② 재무구조개선계획에는 금전의 경우 법인이 해당 금전을 받은 날부터 2015년 12월 31일까지, 금전 외의 자산의 경우에는 해당 자산을 양도한 날부터 2015년 12월 31일까지 그 양도대금을 금융기관에 대한 부채의 상환에 전액 사용한다는 내용이 포함되어 있을 것

25) ① 거주자 : 양도차익상당액에 대한 양도소득세의 100분의 100에 상당하는 세액을 감면하는 방법 ② 내국법인 : 양도차익상당액을 해당 사업연도의 소득금액을 계산할 때 익금에 산입하지 아니하는 방법

9. 구조조정대상 부동산 취득자에 대한 양도소득세의 감면 등

제40조[26] 제1항에 따라 양도소득세의 감면대상이 되는 부동산(구조조정대상부동산)을 1999년 12월 31일 이전에 취득한 자가 그 구조조정대상부동산을 취득한 날부터 5년 이내에 양도함으로써 발생하는 소득에 대해서는 양도소득세의 50%에 상당하는 세액을 감면하며, 그 구조조정대상부동산을 취득한 날부터 5년이 지난 후에 양도하는 경우에는 그 구조조정대상부동산을 취득한 날부터 5년간 발생한 양도소득금액의 50%에 상당하는 금액을 양도소득세 과세대상 소득금액에서 뺀다(조특법 제43조).

10. 재무구조개선계획 등에 따른 기업의 채무면제익에 대한 과세특례

내국법인이 금융기관으로부터 채무의 일부를 면제받은 일정한[27] 경우 한시조항으로서, 소득금액을 계산할 때 그 면제받은 채무에 상당하는 금액(**채무면제익**)은 해당 사업연도와 해당 사업연도의 종료일 이후 3개 사업연도의 기간 중 익금에 산입하지 아니하고 그 다음 3개 사업연도의 기간 동안 균분한 금액 이상을 익금에 산입한다(조특법

---

26) 주주 등의 자산양도에 관한 법인세 등 과세특례

27) ① 채무자 회생 및 파산에 관한 법률에 따른 회생계획인가의 결정을 받은 법인이 금융기관으로부터 채무의 일부를 면제받은 경우로서 그 결정에 채무의 면제액이 포함된 경우 ② 기업구조조정 촉진법에 따른 경영정상화계획의 이행을 위한 약정을 체결한 부실징후기업이 같은 법에 따른 채권금융기관으로부터 채무의 일부를 면제받은 경우로서 그 약정에 채무의 면제액이 포함된 경우 및 같은 법 제20조에 따른 반대채권자의 채권매수청구권의 행사와 관련하여 채무의 일부를 면제받은 경우 ③ 내국법인이 채권을 보유한 금융기관 간의 합의에 따라 채무를 면제받은 경우 ④ 그 밖에 내국법인이 관계 법률에 따라 채무를 면제받은 경우로서 대통령령으로 정하는 경우

제44조).

2015년 세법개정안에서는 기업활력제고를 위한 특별법에 따라 승인 받은 사업재편계획에 따라 금융기관으로부터 채무를 면제 받은 경우 조특법 44조를 준용하도록 제안하였다(조특법 121-26조 신설).

11. 감자에 대한 과세특례

내국법인이 2012년 12월 31일 이전에 재무구조개선계획에 따라 주주 등으로부터 해당 법인의 주식 등을 무상으로 받아 소각하는 경우 해당 주식 등의 가액은 해당 사업연도의 소득금액을 계산할 때 익금에 산입하지 아니한다(조특법 제45조).

주식 등을 증여한 주주 등(법인인 경우에 한정)의 경우 법인세법」 제52조[28]를 적용하지 아니하며 보유 주식 등을 전부 증여한 경우에는 해당 주식 등의 가액(장부가액)은 해당 사업연도의 소득금액을 계산할 때 손금에 산입한다.

법인이 주주 등으로부터 주식 등을 무상으로 받아 소각함으로써 해당 법인의 다른 주주 등이 얻는 이익에 대해서는 상속세 및 증여세법에 따른 증여 또는 법인세법에 따른 익금으로 보지 아니한다.

---

28) [부당행위계산의 부인] 세무서장 등은 내국법인의 행위 또는 소득금액의 계산이 특수관계인과의 거래로 인하여 그 법인의 소득에 대한 조세의 부담을 부당하게 감소시킨 것으로 인정되는 경우에는 그 법인의 행위 또는 소득금액의 계산에 관계없이 그 법인의 각 사업연도의 소득금액을 계산할 수 있다.

12. 기업 간 주식 등의 교환에 대한 과세특례

"기업 간 주식 등의 교환"은 빅딜(Big Deal)이라고도 하며 둘 이상의 기업집단이 특정 계열사의 주식을 교환하여 기업을 양수도하여 부실사업을 정비하는 구조조정을 말한다. 빅딜 과정에서 양도차익에 대한 과세문제가 발생하게 되는데 이러한 문제를 세제상 지원하여 기업 구조조정을 원활하게 하고 있다.

내국법인(교환대상법인)의 지배주주·출자자 및 그 특수관계인(지배주주 등)이 법정기한 내에 재무구조개선계획에 따라 그 소유 주식 등 전부를 양도하고 교환대상법인의 특수관계인이 아닌 다른 내국법인(교환양수법인)의 주식 등을 일정한 방법[29]으로 그 소유비율에 따라 양수하는 경우에는 주식 등을 양도함에 따라 발생한 양도차익에 상당하는 금액에 대한 양도소득세 또는 법인세에 대해서는 양수한 주식 등을 처분할 때까지 과세를 이연받을 수 있다(조특법 제46조).

2015년 세법개정안에서는 **기업활력 제고를 위한 특별법**에 따라 승인 받은 사업재편계획에 따라 주식 교환시 조특법 46조를 준용하여 주식양도차익에 대한 법인세 과세를 교환주식 처분 시까지 이연하고, 증권거래세 면제를 추진한다(조특법 121-26조 신설).

29) ① 교환양수법인이 이미 보유하거나 새롭게 발행한 주식등을 양수하는 방법 ② 교환양수법인의 지배주주 등이 보유한 주식 등의 전부를 양수하는 방법

13. 벤처기업의 전략적 제휴를 위한 주식교환 등에 대한 과세특례

주식회사인 법인(제휴법인)의 주주[30)]가 소유하는 제휴법인 주식을 일정 요건[31)]을 갖추어 2009년 12월 31일 이전에 벤처기업이 보유한 자기주식과 교환하거나 벤처기업에 현물출자하고 그 벤처기업으로부터 출자가액에 상당하는 주식을 새로 받음으로써 발생하는 양도차익에 대해서는 그 주주가 주식교환 등으로 인하여 취득한 벤처기업의 주식을 처분할 때까지 양도소득세의 과세를 이연받을 수 있다(조특법 제46조의2).

14. 전략적 제휴를 위한 비상장 주식교환 등에 대한 과세특례

벤처기업 등[32)]의 주주가 소유하는 벤처기업 등의 주식을 일정 요건

30) 그 법인의 발행주식총수의 100분의 10 이상을 보유한 주주를 말한다

31) ① 대통령령으로 정하는 바에 따라 벤처기업과 제휴법인 간의 전략적 제휴계획을 추진하고 그 계획에 따라 주식교환등이 이루어질 것 ② 제휴법인의 주주 1명과 대통령령으로 정하는 특수관계인이 벤처기업의 대통령령으로 정하는 최대주주와 대통령령으로 정하는 특수관계에 있지 아니할 것 ③ 제휴법인의 주주가 주식교환등으로 인하여 취득한 주식과 벤처기업이 주식교환등으로 보유한 주식을 각각 1년 이상 보유하도록 하는 계약을 제휴법인과 벤처기업 간에 체결할 것

32) 주권상장법인을 제외한 벤처기업(직전 사업연도의 연구 · 인력개발비가 매출액의 5% 이상인 중소기업을 포함)

[33]을 갖추어 법정기한 이전에 주식회사인 법인(제휴법인)이 보유한 자기주식 또는 제휴법인의 주주의 주식과 교환하거나 제휴법인에 현물출자하고 그 제휴법인으로부터 출자가액에 상당하는 주식을 새로 받음으로써 발생하는 양도차익에 대해서는 그 주주가 주식 교환 또는 현물출자로 인하여 취득한 제휴법인의 주식을 처분할 때까지 양도소득세의 과세를 이연받을 수 있다(조특법 제46조의7).

15. 기업매각 후 벤처기업 등 재투자에 대한 과세특례

벤처기업 또는 벤처기업이었던 기업이 벤처기업에 해당하지 아니하게 된 이후 7년 이내 기업(매각대상기업)의 주주가 법정기한 내에 그가 보유한 매각대상기업의 주식 중 일정비율 이상을 특수관계인 외의 자에게 양도하고 그 양도대금 중 80% 이상을 일정 요건[34]을 갖추어 출자 또는 투자(재투자)를 한 경우에는 매각대상기업의 주식의 매각으로 발생하는 양도차익에 대해서는 재투자로 취득한 주식 등을 처분할 때까지 양도소득세의 과세를 이연받을 수 있다(조특법 제46조의8).

33) ① 벤처기업 등과 제휴법인 간의 전략적 제휴계획을 추진하고 그 계획에 따라 주식교환 등이 이루어질 것 ② 벤처기업 등의 주주 1인과 특수관계인이 제휴법인의 최대주주와 특수관계에 있지 않을 것 ③ 벤처기업 등의 주주가 주식교환 등으로 인하여 취득한 주식과 제휴법인 또는 제휴법인의 주주가 주식교환 등으로 취득한 주식을 각각 1년 이상 보유하도록 하는 계약을 벤처기업 등과 제휴법인 간에 체결할 것

34) ① 주식을 양도한 날부터 대통령령으로 정하는 기간 내에 다음 각 목의 어느 하나에 해당하는 재투자를 할 것 가. 중소기업창업투자조합, 한국벤처투자조합, 신기술사업투자조합 또는 부품·소재전문투자조합에 출자하는 경우 나. 벤처기업투자신탁의 수익증권에 투자하는 경우 다. 벤처기업육성에 관한 특별조치법 제13조에 따른 조합에 출자한 금액을 벤처기업 등에 투자하는 경우 라. 벤처기업 등에 투자하는 경우 ② 매각대상기업의 주주 1인과 특수관계인이 제1호 다목 및 라목의 벤처기업 등의 최대주주와 특수관계에 있지 아니할 것 ③ 재투자로 취득한 주식 또는 출자지분을 3년 이상 보유할 것

16. 벤처기업의 합병 시 이월결손금의 승계에 대한 과세특례

법인이 2012년 12월 31일까지 벤처기업을 합병하는 경우로서 법인세법상 적격합병 요건[35]을 갖춘 경우에는 합병등기일 현재 피합병법인의 결손금은 합병법인의 각 사업연도의 과세표준을 계산할 때 공제할 수 있다(조특법 제47조의3).

17. **합병에 따른 중복자산의 양도**에 대한 과세특례

본 규정은 합병에 따라 발생하는 중복자산의 양도차익에 대한 이연과세제도로서 기업의 투자촉진을 유도하고 자발적인 구조조정을 지원하기 위하여 도입되었다.

제약업 등 대통령령으로 정하는 업종을 경영하는 내국법인 간에 법정기한 내에 합병(분할합병을 포함하며, 같은 업종 간의 합병으로 한정)함에 따라 중복자산이 발생한 경우로서 합병법인이 합병등기일부터 1년 이내에 그 중복자산을 양도하고 양도대금으로 양도일이 속하는 사업연도의 종료일까지 새로운 사업용고정자산을 취득하는 경우 그 중복자산을 양도함에 따라 발생하는 양도차익에 대해서는 해당 사업연도의 소득금액을 계산할 때 익금에 산입하지 아니할 수 있다. 이 경우 해당 금액은 양도일이 속하는 사업연도의 종료일 이후 3년이 되는 날이 속하는 사업연도부터 3개 사업연도의 기간 동안 균분한 금액 이상을 익금에 산입하여야 한다(조특법 제47조의4).

35) 법인세법 제44조 제2항(이 경우 같은 항 제1호를 적용할 때 벤처기업이 연구 · 개발 등 사업을 하기 위하여 자산을 취득하거나 비용을 지출한 때부터 1년이 지난 경우에는 1년 이상 계속하여 사업을 한 것으로 본다)

2015년 세법개정안에서는 기업활력제고를 위한 특별법에 따라 승인 받은 사업재편계획에 따라 합병 후 중복자산을 처분하고 새로운 사업용 고정자산 취득시 업종 제한 없이 조특법 47-4조를 준용하도록 제안하였다(조특법 121-26조 신설).

제5절 중소기업경영자를 위한 가업승계 지원제도

1. 가업의 승계에 대한 증여세 과세특례

본 규정은 중소기업 경영자가 생전에 자녀에게 가업을 증여함으로써 중소기업의 영속성을 유지하고 경제활력 증진을 도모하고자 도입되었다.

18세 이상인 거주자가 60세 이상의 부모[36)]로부터 가업의 승계를 목적으로 해당 가업의 주식 등을 증여받고 가업을 승계한 경우에는 그 주식 등의 가액 중 가업자산상당액에 대한 증여세 과세가액(100억원 한도)에서 5억원을 공제하고 세율을 10%(과세표준이 30억원을 초과하는 경우 그 초과금액에 대해서는 20%)으로 하여 증여세를 부과한다.(조특법 제30조의6).

향후에 상속이 개시되는 경우에 상속재산가액에 가산하여 상속세로 정산하여 과세한다.

---

36) 증여 당시 아버지나 어머니가 사망한 경우에는 그 사망한 아버지나 어머니의 부모를 포함한다.

2. 가업상속공제 제도

가. 개요

거주자의 사망으로 상속이 개시되는 경우로서 가업상속이 이루어지는 경우에는 가업상속재산가액[37]에 상당하는 금액을 피상속인이 계속하여 사업을 경영한 기간에 따라 다음의 금액을 한도로 상속세 과세가액에서 공제한다.(상속세 및 증여세법 제18조).

표9-3. 가업상속공제

사업 계속 기간	공제액
10년 이상	200억원
15년 이상	300억원
20년 이상	500억원

이는 그 가업을 상속받은 상속인이 상속세 과세가액에서 사업상속재산가액의 일정액을 공제받도록 함으로써 원활한 가업승계를 지원하기 위한 제도이다.

나. 가업상속의 범위

'가업상속'이란 중소기업 또는 규모의 확대 등으로 중소기업에 해당하지 아니하게 된 기업(상속이 개시되는 사업연도의 직전 사업연도의 매출액이 3천억원 이상인 기업 및 상호출자제한기업집단 내 기업은 제외)으로서 피상속인이 10년 이상 계속하여 경영한 중소기업을 상속

37) 소득세법을 적용받는 가업은 상속재산 중 가업에 직접 사용되는 토지, 건축물, 기계장치 등 사업용 자산을 말하며, 법인세법을 적용받는 가업은 상속재산 중 가업에 해당하는 법인의 주식 등을 말한다.

받거나 피상속인이 소유하고 있는 중소기업법인의 출자지분을 상속받는 것을 말하며, 피상속인과 그의 특수관계인의 주식 등을 합하여 해당기업의 발행주식총수 등의 50%(거래소에 상장되어 있는 법인이면 30%)이상을 계속하여 보유하는 경우에 한정한다.

다. 피상속인 및 상속인의 요건

1) 피상속인의 요건

피상속인이 가업의 영위기간 중 다음 중 어느 하나에 해당하는 기간을 대표이사(개인사업자인 경우 대표자)로 재직한 경우

① 100분의 50 이상의 기간

② 10년 이상의 기간(상속인이 피상속인의 대표이사 등의 직을 승계하여 승계한 날부터 상속개시일까지 계속 재직한 경우로 한정한다)

③ 상속개시일부터 소급하여 10년 중 5년 이상의 기간

2) 상속인의 요건

상속인이 다음의 요건을 모두 갖춘 경우(상속인의 배우자가 ①·② 및 ④의 요건을 모두 갖춘 경우에는 상속인이 그 요건을 갖춘 것으로 본다)

① 상속개시일 현재 18세 이상인 경우

② 상속개시일 전에 2년 이상 직접 가업에 종사한 경우

③ 상속인 1명이 해당 가업의 전부를 상속받은 경우

④ 상속세과세표준 신고기한까지 임원으로 취임하고, 상속세 신고기한부터 2년 이내에 대표이사 등으로 취임한 경우

제6절 지방세특례지원법상 지원제도

1. 기업합병 · 분할 등에 대한 감면(지특법 제57조의2)

가. 취득세 면제

다음에 해당하는 재산을 2015년 12월 31일까지 취득하는 경우에는 취득세를 면제한다.

① 소비성서비스업을 제외한 사업을 1년 이상 계속하여 영위한 법인간의 합병에 따라 양수하는 재산

② 법인세법 제46조제2항 각 호(물적분할의 경우에는 같은 법 제47조제1항을 말한다)의 요건을 갖춘 분할로 인하여 취득하는 재산

③ 법인세법 제47조의2에 따른 현물출자에 따라 취득하는 재산

④ 법인세법 제50조에 따른 자산교환에 따라 취득하는 재산

⑤ 조세특례제한법 제31조에 따른 중소기업 간의 통합에 따라 설립되거나 존속하는 법인이 양수하는 해당 사업용 재산

⑥ 조세특례제한법 제37조제1항 각 호의 요건을 모두 갖춘 자산의 포괄적 양도로 인하여 취득하는 재산.

⑦ 조세특례제한법 제32조에 따른 현물출자 또는 사업 양도 · 양수에 따라 취득하는 사업용 재산

나. 과점주주 취득세 면제

다음에 해당하는 경우에는 2015년 12월 31일까지 지방세법 제7

조 제5항[38]에 따라 과점주주가 해당 법인의 부동산을 취득한 것으로 보아 부과하는 취득세를 면제한다.

① 독점규제 및 공정거래에 관한 법률에 따른 지주회사(금융지주회사를 포함한다. 이하 이 조에서 "지주회사"라 한다)가 되거나 지주회사가 같은 법 또는 금융지주회사법에 따른 자회사의 주식을 취득하는 경우

② 조세특례제한법 제38조 제1항의 요건을 모두 갖춘 주식의 포괄적 교환 · 이전으로 완전자회사의 주식을 취득하는 경우

2. 기업구조조정을 위한 특례

가. 중소기업 간의 통합에 대한 양도소득분 개인지방소득세의 이월과세 등

중소기업 간의 통합으로 인하여 소멸되는 중소기업이 사업용고정자산을 통합에 의하여 설립된 법인 또는 통합 후 존속하는 법인에 양도하는 경우 그 사업용고정자산에 대해서는 이월과세를 적용받을 수 있다(지특법 제119조).

나. 법인전환에 대한 양도소득분 개인지방소득세의 이월과세

거주자가 사업용고정자산을 현물출자하거나 대통령령으로 정하는 사업 양도 · 양수의 방법에 따라 법인으로 전환하는 경우 그 사업용고

38) 법인의 주식 등을 취득함으로써 과점주주가 되었을 때에는 그 과점주주가 해당 법인의 부동산 등을 취득(법인설립 시에 발행하는 주식 또는 지분을 취득함으로써 과점주주가 된 경우에는 취득으로 보지 아니한다)한 것으로 본다.

정자산에 대해서는 이월과세를 적용받을 수 있다(지특법 제120조).

다. 사업전환 무역조정지원기업에 대한 세액감면

자유무역협정 체결에 따른 무역조정 지원에 관한 법률 제6조에 따른 무역조정지원기업이 경영하던 사업(전환전사업)을 전환사업으로 전환하기 위하여 해당 전환전사업에 직접 사용하는 사업용고정자산(전환전사업용고정자산)을 양도하고 양도일부터 1년 이내에 전환사업에 직접 사용할 사업용고정자산을 취득하는 경우로써 그 전환전사업의 사업장 건물 및 그 부속토지의 양도가액(전환전사업양도가액)으로 전환사업의 기계장치를 취득한 경우에는 대통령령으로 정하는 바에 따라 양도소득분 개인지방소득세의 100분의 50에 상당하는 세액을 감면받을 수 있다(지특법 제121조).

라. 사업전환 중소기업 및 무역조정지원기업에 대한 세액감면

중소기업을 경영하는 내국인이 5년 이상 계속하여 경영하던 사업 및 무역조정지원기업이 경영하던 사업(전환전사업)을 다음 각 호에 따라 2015년 12월 31일(공장을 신설하는 경우에는 2017년 12월 31일)까지 수도권과밀억제권역 밖(무역조정지원기업은 수도권과밀억제권역에서 사업을 전환하는 경우를 포함)에서 제100조제3항 각 호의 어느 하나에 해당하는 사업(전환사업)으로 전환하는 경우에는 사업전환일 이후 최초로 소득이 발생한 날이 속하는 과세연도(사업전환일부터 5년이 되는 날이 속하는 과세연도까지 해당 사업에서 소득이 발생하지 아니하는 경우에는 5년이 되는 날이 속하는 과세연도)와 그 다음 과세연도의 개시일부터 3년 이내에 끝나는 과세연도까지 해당 전환사업에서 발생하는 소득에 대한 개인지방소득세의 100분의 50에 상당하는 세액을 감면한다(지특법 제122조).

마. 주주 등의 자산양도에 관한 개인지방소득세 과세특례

조세특례제한법 제40조[39] 제1항에 따라 주주 등이 법인에 자산을 증여할 때 거주자인 주주 등이 소유하던 자산을 양도하고 2015년 12월 31일 이전에 그 양도대금을 해당 법인에 증여하는 경우에는 해당 자산을 양도함으로써 발생하는 양도차익 중 대통령령으로 정하는 증여금액에 상당하는 금액[40]에 대한 양도소득분 개인지방소득세를 면제한다(지특법 제123조).

39) 주주 등의 자산양도에 관한 법인세 등 과세특례

40) 양도한 자산의 양도차익 × [해당 자산의 양도가액 중 재무구조개선계획승인법인에게 증여한 금액 / (해당 자산의 양도가액 - 법 제40조 제3항에 따라 양도한 자산의 양도차익에 대하여 해당 법인이 농어촌특별세법에 따라 납부한 농어촌특별세액)]

제9장 참고문헌

기획재정부, 2015년 세법개정안. 2015.8.6.

김병선, 기업 활력 제고를 위한 특별법안 검토보고서, 국회 통상자원위원회 2015.10

이연호 외, 법인세, 광교이택스 2010

임상엽 외, 세법개론, 상경사, 2014

제10장

구조조정 투자자본

제10장 구조조정 투자자본

중소중견기업이 재무구조개선을 위해서 자본을 유치하기 위해서는 전략적 투자자 또는 **재무적 투자자**를 유치하여야 한다. 본 장에서는 재무적 투자자를 소개한다. 국내 모험자본 시장은 지난 10년간 비약적인 양적 성장을 이뤘으나 민간투자액은 정체된 상태다. 정부기금의 벤처투자조합 출자는 2005년 15%에 불과했지만, 모태펀드와 성장사다리펀드 등 정책금융의 출자 등으로 2014년에는 40%까지 급증했다. 외국에서는 민간 위탁 재간접투자펀드에 평균적으로 25%의 정부 벤처캐피탈이 참여하고 있다[1).

제1절 벤처캐피탈과 사모펀드

1. 벤처캐피탈

벤처캐피탈은 벤처기업에 투자하는 펀드이다. 중기청이 확인 · 인증하는 혁신형 중소기업(벤처기업)은 2002-2012년 중 4배(2배) 증가하였다. 벤처기업으로 인증받기 위해서는 (1)창업투자회사 등 벤처투자기관으로부터 투자를 받거나, (2)기업부설연구소를 보유하고 관련요건을 충족하거나, (3)기술보증기금(또는 중소기업진흥공단)으로

1) 박용린, '국내 프라이빗 에퀴티(PE) 산업의 발전방향' 자본시장연구원과 2015.5.7일 한국재무학회 공동 심포지움 참조

부터 기술성이 우수한 기업으로 평가를 받고 동시에 보증서를 발급받아야 한다.

표10-1. 혁신형 중소기업 변화 추이 (단위 : 개)

구분	'02	'03	'04	'05	'06	'07	'08	'09	'10	'11	'12
벤처기업	8,778	7,702 (−12.3)	7,967 (3.4)	9,732 (22.2)	12,218 (25.5)	14,015 (14.7)	15,401 (9.9)	18,893 (22.7)	24,645 (30.4)	26,148 (6.1)	28,193 (7.8)
Inno-biz	1,856	2,375 (28)	2,762 (16.3)	3,454 (25.1)	7,183 (108)	11,526 (60.5)	14,626 (26.9)	15,940 (9)	16,944 (6.3)	16,944 (0)	17,298 (2.1)
경영혁신형기업	-	-	-	-	2,619	6,510 (148.6)	11,324 (73.9)	13,988 (23.5)	16,642 (19)	17,558 (5.5)	14,867 (−15.3)
계	10,634	10,077	10,729	13,186	22,020	32,051	41,351	48,821	57,530	60,650	60,358
중복업체	1,134	1,519	1,890	2,455	5,006	7,650	8,988	9,735	14,393	14,348	13,216
합 계 (중복제외)	9,500	8,558 (−9.9)	8,839 (3.3)	10,731 (21.4)	17,014 (58.5)	24,401 (43.4)	32,363 (32.6)	39,086 (20.8)	43,137 (10.4)	46,302 (7.3)	47,142 (1.8)

(자료 : 중소기업청)

벤처캐피탈의 투자액은 2000년 닷컴버블 이후 급격히 감소하였다가, 2000년대 하반기이후 다시 증가하는 추세를 보이고 있다. 그러나 모태펀드 등 공공부문의 투자비중이 높아서, 민간부문이 스스로 활성화되었다고 볼 수는 없다.

국내 벤처캐피탈 펀드의 대부분이 **한국벤처투자**가 운영하는 모태펀드의 지원으로 결성되는 상황이다. 7개 정부부처가 출자자로 참여하여 2013년 말 289개 자펀드의 26.5%인 2조 2,301억원을 출자약정하였다. 투자기업은 2,299개로서 중소기업과 벤처기업에 6조 326억원이 투자되었다. 업력별로는 7년 초과 기업에 대한 투자비중이 41.9%로 높고, 초기기업 비중은 36.3%였다. 투자 유형별로는 보통주가 절반 이상이면서, 우선주, 프로젝트 투자 순을 보였다[2].

2) 국회예산정책처, 중소기업 모태펀드 운용실태 분석 용역보고서, 2014.8.

국내 벤처캐피탈이 초기 벤처기업에 투자를 꺼리는 이유는 벤처투자의 회수시장이 기업공개(IPO)가 17.8%인 반면, 인수합병(M&A)이 1%로서 부진하기 때문이다. 이에 따라서, 정부는 M&A활성화[3]와 코넥스 시장, 세컨더리 펀드를 추진하고 있다.

M&A활성화 방안

- ㅇ 사모펀드의 투자자금 회수가 원활히 이루어질 수 있도록 사모펀드가 최대주주인 기업에 대하여 실질적으로 상장 허용
- ㅇ 성장사다리펀드 內 중소 · 중견기업 M&A 지원펀드 규모를 3년내 1조원으로 확대
- ㅇ 구조조정 수요에 대응해 민간의 매수여력을 보완하기 위해 정책금융기관, 채권은행, 연기금 등이 함께 출자하는 「기업정상화촉진 PEF」 조성(1조원 이상, 시장수요에 따라 확대)
- ㅇ 구조조정 기업에 대해 기업간 주식교환시 해당 주식을 처분할 때까지 양도차익에 대한 과세를 이연
- ㅇ 역삼각합병 제도, 삼각분할, 삼각주식 교환제도 등 다양한 방식의 M&A를 도입하고, 간이영업양수도 허용 등 절차 개선

한국벤처투자(모태펀드)를 통해 세컨더리펀드가 2011년까지 총 17개, 7,413억원 결성되었으나 매년 1조원 규모의 구주 유통물량을 소화하기에는 역부족이다. 전체 시장규모 대비 세컨더리펀드는 10-15% 정도가 바람직하나 국내는 현재 5-6% 수준으로서 매우 부족한 모습이다.

3) 관계부처 합동, M&A 활성화 방안 발표, 2014.3.6. 보도자료.

표10-2. 세컨더리펀드 추이 (단위: 개, 억원)

연도		2002	2003	2004	2005	2006	2007	2008	2009	2010	2011
등록	수	1	1	2	1	-	1	1	-	5	5
	금액	500	300	500	1,190	-	200	1,638	-	980	2,105
말소	수	-	-	-	-	-	-	1	3	-	-
	금액	-	-	-	-	-	-	200	1,000	-	-
운영	수	1	2	4	5	5	6	6	3	8	13
	금액	500	800	1,300	2,490	2,490	2,690	4,128	3,128	4,108	6,213

(자료 : 한국벤처캐피탈협회)

2. 사모펀드(Private Equity Fund)

사모펀드(private equity fund)는 주로 비상장기업 지분에 장기 투자가치 창출 목적으로 투자하는 투자방식 또는 투자조직을 지칭한다. 사모투자 펀드는 사적 비공개 하에 50인 미만의 투자자에게 투자 권유하여 조성한 펀드로서, 불특정 다수 투자자로부터 조성하는 공모펀드와 구분된다.

비상장기업에 투자한 위험을 보전하기 위해서 경영권 또는 준 경영권 인수 대상기업에 투자하여, 투자대상기업에 적극적 관리(active management)를 통해서 가치를 창출한다. **바이아웃(buyout)**이란 재무적 투자자가 투자 대상기업의 지분 또는 핵심 자산을 인수하여 경영권을 획득하고, 적극적인 경영참여를 통해 사업구조조정 또는 기업지배구조개선 등의 방법으로 기업가치를 증대시킨 후, 매각함으로써 고수익을 추구하는 투자방식이다. 재무적 인수자의 활동이므로 전략적 인수자가 수행하는 인수합병(M&A)과 구분하여 바이아웃이라고 부른다. 인수자금 조달에서 차입금을 활용하는 경우 차입기업인수 또는 차입매수(LBO: leveraged buyout)라고도 부르며, 경영진이나 우리사주조합이 참여하는 경우를 구분하여 MBO(management buyout) 및 EBO(employee buyout)라고 부른다(제1장 제4절 그림1-16 LBO 참조).

사모펀드는 경영권 인수가 가능하므로, 사전적 구조조정 수행 능력을 가진다. 사모펀드가 법적으로 합자회사 형태이므로, 펀드 운용사도 '업무집행사원'이라고 칭한다. 사모펀드가 기업의 경영권 참여 목적의 투자를 수행하기 때문에 대기업집단에 속하는 금융기관은 사모펀드에 제한을 받는다.

가. PEF 업계 현황

국내 사모펀드(PEF)업계는 '04년 2개(약정액 0.4조원)로 출범하여 10년이 지난 '14년말 현재 277개(약정액 51.2조원)가 운용 중인 산업으로 성장하였다[4].

PEF 산업 10년의 주요 변화

구분	'04년말	'14년말	증가
▣ PEF 수 :	2개('04년말) →	**277개('14년말)**	275개↑
▣ 약 정 액 :	0.4조원('04년말) →	**51.2조원('14년말)**	50.8조원↑
▣ 이 행 액 :	0.3조원('04년말) →	**31.8조원('14년말)**	31.5조원↑

4) 금융감독원, 국내 사모투자전문회사 도입 10년 간의 변화 및 평가, 2015.3.11. 보도자료

국내 PEF산업은 준비기('04년-'07년) 및 도약기('08년-'11년)를 거쳐 2012년부터 투자회수 본격화, PEF 운용자간 운용능력 차별화 등이 진행되는 성장기에 진입하였다.

그림10-1. PEF 산업 발전단계

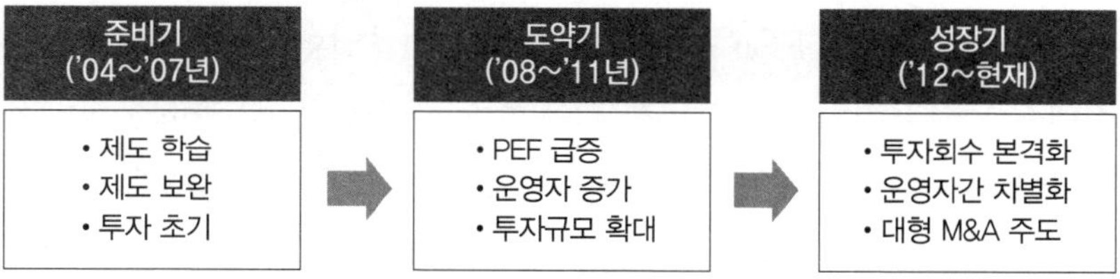

그림10-2. 등록 PEF 동향

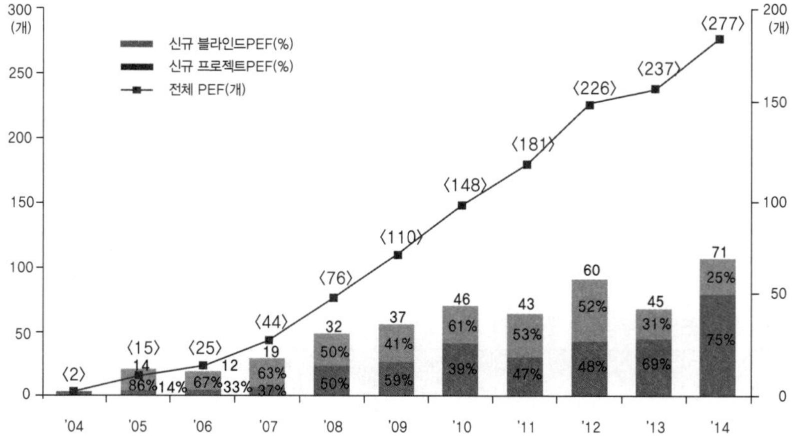

'09년을 저점으로 PEF 설립 · 운용실적이 있는 운용자가 추가설립하는 PEF의 비중이 지속적으로 상승하였다. 이는 연기금 등 기관투자자들이 전문성(PEF 운용경험 · 실적 등)에 기반하여 운용자를 선택하기 시작한데 기인한다.

※ 추가설립 PEF(수)/당해년도 신설 PEF(수) :
'07 (47.4%) → '09 (51.4%) → '11 (60.5%) → '13 (91.1%) → '14 (91.5%)

'14년말 현재 PEF 운용자(GP)는 총 162사이다.

준비기에는 외국 PEF 운용경험이 있는 전문인력을 보유한 PEF는 최대주주로서 기업경영(가치제고)에 주도적 역할을 수행하는 전략적 투자를 수행하였고, 금융회사 등이 운용하는 PEF는 최대주주의 부족자금을 지원한 후 최대주주의 경영을 감독하는 재무적 투자에 주력하였다. 도약기에는 기관투자자의 투자확대로 PEF설립이 용이해지자 모험자본 성격의 투자경험이 부족한 신규 운용자 진입이 급증하였고, 경영권 참여 투자능력이 부족한 운용자들이 증가하였다. 성장기에 들어서서는 투자실적 가시화, PEF 운용자간 운용능력 차별화가 진행되면서 전문운용사 위주의 산업으로 재편 중에 있다. PEF 전문운용사에서 전문성을 갖춘 인력들이 독립하여 신설 전문운용사로 등장하는 등 지속성장이 가능한 시스템이 구축되고 있다.

표10-3. PEF 업무집행사원(GP) 동향 (단위 : 개,%)

GP	준비기		도약기		성장기	
	'05말	'07말	'08말	'11말	'12말	'14말
전문운용사 (비중)	7 (50.0)	17 (48.6)	23 (47.9)	58 (46.8)	69 (48.9)	82 (50.6)
금융회사 (비중)	7 (50.0)	13 (37.1)	17 (35.4)	44 (35.5)	46 (32.6)	46 (28.4)
창투계 회사 (비중)	-	5 (14.3)	8 (16.7)	22 (17.7)	26 (18.4)	34 (21.0)
총 계	14	35	48	124	141	162

제도 도입 후 10년간 PEF의 총 투자규모(누적)는 46.1조원을 달성하였다.

그림10-3. 출자약정액 규모별 PEF 수 추이

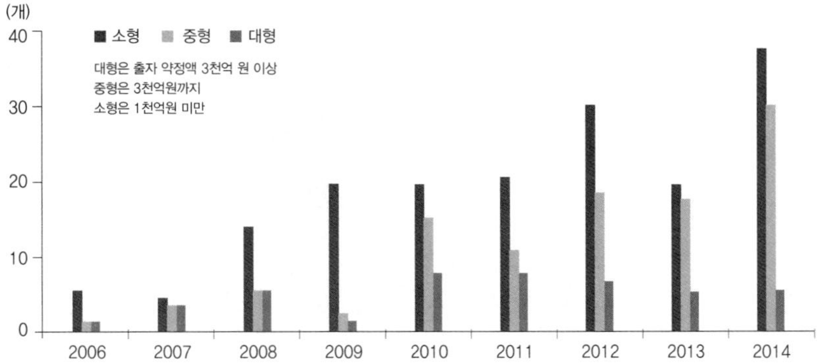

(자료 : 금융감독원)

지난 10년간 PEF가 투자한 회사수는 총 690사이다. 제한된 PEF 운용자만이 기업인수(Buyout)가 가능한 전문인력을 보유하고 있어 전략적 투자보다는 재무적 투자에 집중하였다. 기간 중 PEF가 전략적 투자자로서 투자회사의 경영에 직접 참여한 투자비중은 25.7%(177개사/690개사)에 머물렀다.

2014년 1월 월스트리트 저널은 한국 사모펀드 업계가 성장하면서 과거에 소홀했던 중견기업과 부실자산에 주력하고 있다고 보도하였다.

나. 성장자본으로서의 PEF

PEF는 기업구조조정 촉진 및 Buy-out(기업 경영권인수) 펀드를 통한 국내자본 육성을 위해 도입되었으나, 제도 도입시 기대와 달리

Buy-out 투자보다는 단순 재무적 투자가 주요 투자전략으로 활용되고 있다.

성장성 있는 중견 · 중소기업은 경영권의 완전매각은 원하지 않고, 소수지분에 투자하는 우호주주로서 PEF를 활용하며, 이를 **'Growth Capital'전략**이라고 칭한다.

그림10-4. PEF 투자유형

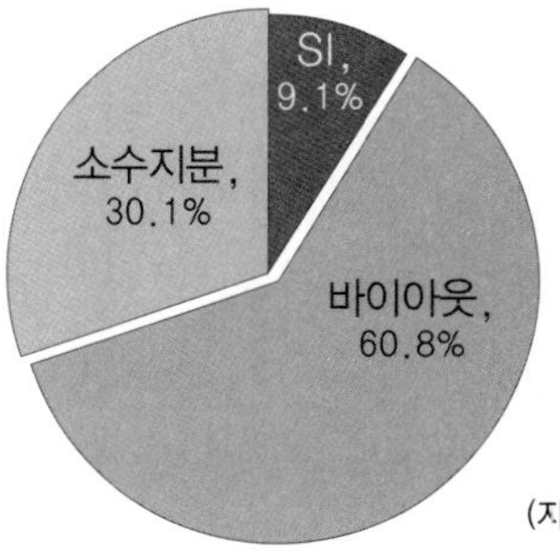

(자료 : 자본시장연구원)

중견 · 중소기업 입장에서 사모펀드의 투자는 소수지분이더라도, 기존 경영방식보다 한발 더 나아간 경영기법 도입으로 한계에 달한 기업들이 한 번 더 점프할 수 있는 계기가 될 수 있다. 로젠택배의 경우 베어링 PE가 투자한 후 택배 관련 수요예측과 가격정책을 정교하게 가져감으로써 수익성을 높일 수 있었고 KGB택배 인수로 성장세를 높였다. 로봇 완구업체인 영실업은 2012년 말 홍콩계 사모펀드인 HCP코리아 인베스트먼트에 경영권을 넘겼으며 이후 해외 마케팅을 강화해 매출액이 전년 대비 40.4% 증가한 721억원을 기록했다.

다. 상생 및 동반성장 PEF

2015년 2월 현재 262개의 PEF중에 6개의 상생 및 동반성장 펀드 및 3개 국민연금 코파 중견중소기업 글로벌 투자 파트너십들이 포함되어 있다(본장 부록 '사모투자전문회사(PEF) 등록현황' 참조).

라. 성장사다리 펀드

금융위원회는 창조경제시스템이 원활히 작동하도록 하기 위해 창업-성장-회수 · 재도전의 성장생태계 조성을 위한 **성장사다리펀드**를 운용하고 있다.

1) 조성 목적

- 창업 · 혁신 기업을 중심으로 충분한 자금 공급(지분증권 투자방식)
- 정책자금의 모험자본 역할 수행 및 민간자금 유입 기반 마련
- 지식재산권 등 다양한 자산을 활용한 자금조달 여건 조성
- 정책금융기관 간 협업을 통한 투융자 복합금융 제공

산업은행, 기업은행, 은행권 청년창업재단이 3년에 걸쳐서 1조 8,500억원을 출자하여 재원을 조성한다.

2) 운영 실적

- 2013. 05. 성장사다리펀드 결성계획 발표(금융위원회)
- 2013. 08. 성장사다리 통합펀드 결성
- 2013. 10. 스타트업펀드(1차) 운용사 5개사 선정
- 2013. 12. 세컨더리펀드(1차) 운용사 2개사 선정
  재기지원펀드(1차) 운용사 2개사 선정
- 2014. 01. 매칭프로그램 운용사 10개사 선정
- 2014. 05. IP펀드 운용사 2개사 선정
  코넥스활성화펀드 운용사 1개사 선정
  성장전략M&A펀드 운용사 2개사 선정

- 2014. 06. 스타트업펀드(2차-윈윈펀드) 운용사 1개사 선정
- 2014. 07. 스타트업펀드(2차) 운용사 4개사 선정
- 2014. 12. 기술가치평가 투자펀드 운용사 1개사 선정
- 2015. 01. K-Growth 글로벌펀드 운용사 5개사 선정
  재기지원펀드(2차) 운용사 1개사 선정

2014.3월 M&A시장 활성화 방안에서는 성장사다리펀드 내에 M&A지원펀드가 3년 내 1조원 규모로 조성된다. 정책금융기관, 채권은행, 연기금 등이 출자하는 1조원 규모의 기업정상화 촉진 PEF도 별도로 조성된다(재기지원 펀드에 대해서는 후술 참조).

2015년 성장사다리펀드는 최근 중견 · 중소기업 해외 진출을 위한 'K-Growth 글로벌펀드'와 M&A를 위한 'M&A펀드' 등을 총 1조원 규모로 조성하고 있다.

3) 운영 구조

- 성장사다리펀드는 시장실패 영역을 중심으로 선도적 장기 모험자본 역할을 수행함과 동시에 전문운용기관을 선정하여 시장친화적인 방법으로 운영하여 정책성과 수익성의 조화를 도모한다.
- 성장사다리 통합펀드는 정책목적에 부합하는 하위펀드를 선정 · 투자하고, 하위펀드 운용사는 개별 기업에 대한 투자를 집행하여 펀드를 운용한다.
  - ▶ 성장사다리 통합펀드
    - 법적유형 : 자본시장법상 증권집합투자기구
    - 존속기간 : 20년

그림10-5. 성장사다리펀드 운영 원칙

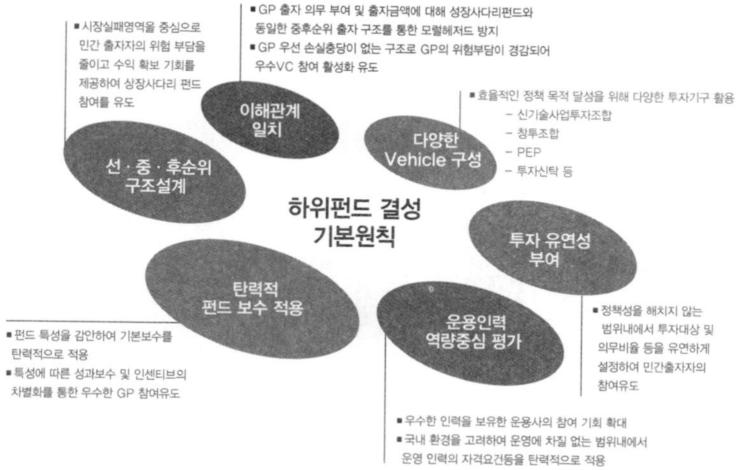

10-4. 성장사다리 하위펀드 결성 및 투자현황(2015.7월 현재) (단위: 개, 억원)

구분		펀드수	성장사다리출자	결정(예정)금액	투자기업	투자금액
창업	스타트업	10	1,375	2,769	91	1,204
	창조경제	4	450	986	–	–
	소계	14	1,825	3,755	91	1,204
성장	M&A	6	3,500	9,043	2	1,480
	IP	2	460	1,060	10	195
	K-Growth	5	1,500	4,050	2	30
	기술금융	5	1,200	4,800	–	–
	성장지원(매칭) VC	5	500	5,222	104	2,772
	성장지원(매칭) PE	5	1,000	11,667	13	3,338
	소계	28	8,160	35,842	131	7,815
회수 · 재도전	코넥스	1	250	400	12	266
	세컨더리	2	500	1,275	24	680
	재기지원	3	850	2,530	4	192
	소계	6	1,600	4,205	40	1,138
총계		**48**	**11,518**	**43,802**	**262**	**10,157**

(자료: 성장사다리펀드 사무국)

1) 1차 출자사업('13.8~'14.7) : 29개, 27,851억원 결성완료(사다리 6,085 출자)
2) 2차 출자사업('14.8~'15.7) : 19개, 15,951억원 결성예정(사다리 5,500 출자)
 - 창조경제 분야 추가 출자사업 진행예정(275억원)

성장사다리 펀드의 기업 규모별 투자 실적을 보면, 2015년 7월 현재 전체 투자중 중소중견기업에 기업수 기준 92.7%, 금액 기준 90%을 집행하였다.

표10-5. 성장사다리펀드의 기업 규모별 투자실적(2015.7월 현재) (단위: 개, 억원)

업력			규모			펀드종류			
3년 이하	3-7년	7년 초과	중소	중견	기타	펀드 조합	창투 조합	신기 조합	PEF
82	77	103	241	2	19	137	104	2	19
1,733	1,467	6,957	7,596	1,443	1,118	3,597	1,520	30	5,010

3. 투융자 복합방식 정책금융

가. 복합금융

정부는 중소기업 정책금융의 자금지원방식을 고수익·고위험의 혁신형 기업의 성격에 적합하도록 단순한 융자보다 **투융자 복합금융**으로 전환한다[5].

중소기업은 이자비용 등 자금조달 비용이 과도하게 발생하고, 주기적인 상환부담에 노출되고, 금융기관은 자금을 지원한 중소기업의 성장에 따른 이익을 함께 공유하기 어려운 상황에서, 금융위원회의 복합금융 프로그램[6]은 중소기업에 대한 투자와 융자 방식의 자금조달이 균형있게 이루어 질 수 있도록 지원을 강화할 필요에 대응한 것이다.

5) 재정경제부, 중소기업금융지원체계 개편 방안 2005.6.23.

6) 금융위원회, 창업·중소기업 금융환경 혁신을 위한 「정책금융 지원의 다양화 방안」 2012.4.19

지원대상은 기술력과 사업성이 우수하고, 성장잠재력이 풍부한 유망 중소기업 위주로 지원방식은 개별기업의 자금수요와 소요단계에 상응하는 맞춤형 투자 · 대출을 시행한다.

기업 성장단계에 부합하는 맞춤형 지원으로서, 창업 초기기업은 초기(기술개발단계)에서 투자 시행 후, 사업화 단계에서 대출로 지원한다.

성장 중소기업은 개별 프로젝트의 상황에 따라 대출 및 투자를 적절하게 매칭한다.

적합기업 발굴 후, 기업의 상황에 따라 동시 또는 순차적으로 투자 · 대출을 지원하며, 정책금융기관이 출자한 펀드가 투자하는 기업에 대해서는 운용사(GP)와 지원일정을 협의하여 투자와 대출 복합금융 형태로 지원한다.

그림10-6. 복합금융 지원 절차(Process)

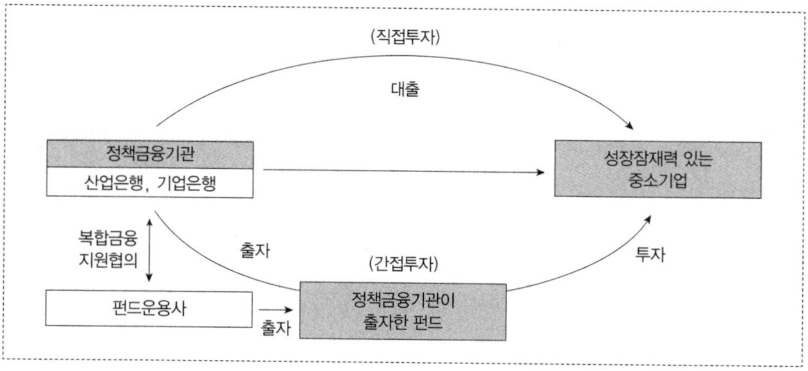

나. 상생협력전문회사

산업통상자원부는 2014. 11월 '제3차 동반성장 기본계획'에서 상생협력전문회사제도」의 도입을 추진한다. 상생협력을 목적으로 다자간 유한회사를 설립하여 투자를 원활하게 하는 특수목적회사(SPC) 제도를 활용하기 위하여, 상생법에 「상생협력전문회사」에 대한 법적 근거 마련을 추진한다.

투자 모기업과 독립적인 재정환경 제공 등을 위해 대기업이 「상생협력전문회사」에 투자하면 투자 후 발생소득에 대해 투자 후 발생 수익의 90% 이상 배당시 해당 사업연도 소득금액에서 전액 공제를 검토한다.

다. 2015년 기업투자촉진프로그램

정부는 '15년 경제정책 방향에서 대규모 투자지원을 위해 추진키로 한 "기업투자 촉진 프로그램(30조원)"의 운영계획을 확정하고 2월부터 시행하였다[7]. 지원대상기업은 중소 · 중견 · 대기업을 모두 포함한다.

동 프로그램은 기존 대출방식의 금융지원에서 벗어나 기업과의 공동투자 등을 통해 투자리스크를 분담하고, 수요에 따라 지원조건 등은 탄력적 · 맞춤형으로 운영하게 된다. 운용규모는 총 30조원으로서, 산은이 15조원 규모로 지원하고 1:1 매칭으로 기업(민간) 투자시 30조원 투자를 유도한다.

지원방식은 사업주체(SPC)앞 직접투자 또는 PEF 등 집합투자기구앞 직 · 간접 출자에 의한 지원이 가능하며, 기업수요 및 프로젝트 특성 등에 따라 투융자 복합금융(Package Financing), 회사채, 대출 등도 지원한다.

---

7) 5개부처 합동, 기업투자촉진프로그램(30조원) 2월부터 시행. 2015.2. 1 보도자료

그림10-7. 기업투자촉진 프로그램 SPC구조

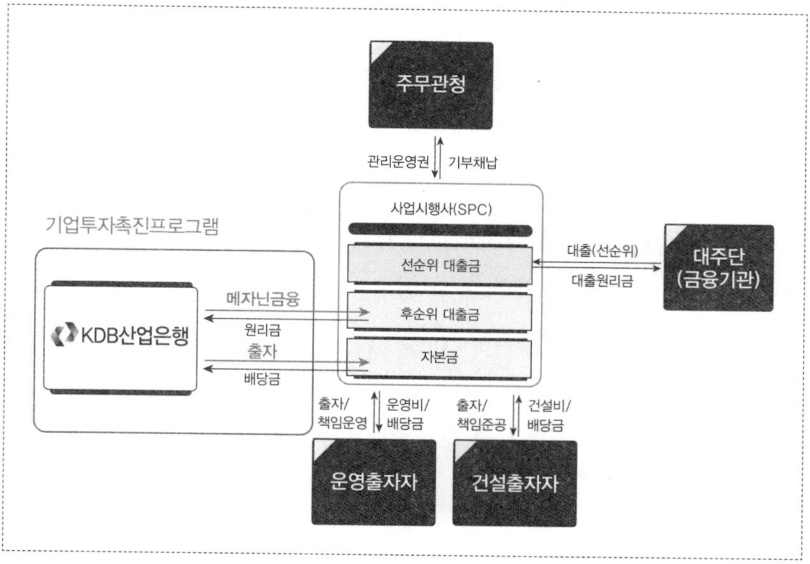

그림10-8. 기업투자촉진프로그램 기업에 직접 투자(예 : 신성장유망분야)

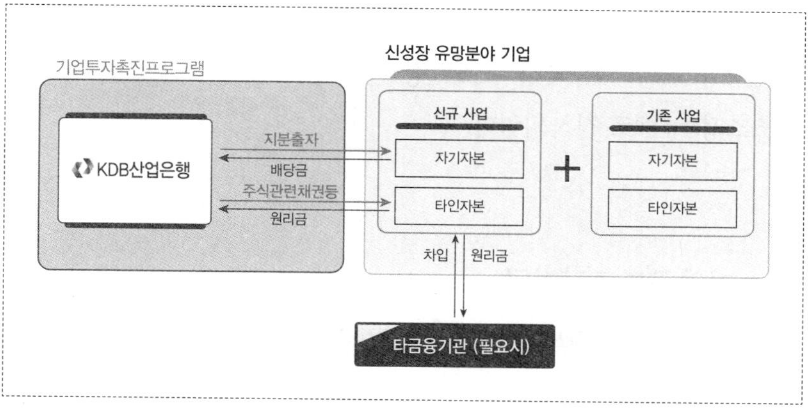

- 지원분야는 신성장산업, 전통 주력산업, SOC · 인프라 투자를 중심으로 하되 그 밖의 분야도 지원이 가능하다.

* 신성장산업: 유망서비스산업(보건 · 의료, 관광, 콘텐츠, 교육, 물류, SW 등), 13대 미래성장동력 산업, 17대 신성장동력 산업 등
* 주력산업: 반도체, 자동차, 조선, 기계, 철강, 정유 · 화학 등
* 대형 투자프로젝트: SOC 사업, 대형 플랜트 건설, 산업 인프라 구축 등

- 자금용도는 시설투자(사업장 구입, 건물 신 · 증축, 기계구입자금 등시설 가동 소요자금 포함), R&D자금, 사업구조개편을 위한 M&A · 분사시 소요자금(설비 · R&D투자 연계사업 우선) 등
- 지원한도는 건별 · 업체별 한도 제한없음
- 지원비율은 총 소요자금의 50% 이내를 원칙으로 하되 탄력운용

제2절 부실징후 발생 이후 투자하는 구조조정 펀드

외환위기 당시 기업구조조정기금(CRF)과 기업구조조정전문회사(CRC)가 도입되어 국내 구조조정 펀드의 효시가 되었으며, 현재는 구조조정 PEF로 정착되었다.

1. 기업구조조정기금 (CRF, Corporate Restructuring Fund)

기업구조조정펀드는 1998년 9월 입법된 증권투자회사법에 의거하여 산업은행 등 22개 금융기관이 공동금융기관들이 투자하여 설립되었으며 일반적인 증권투자회사(Mutual Fund)의 특별한 경우였

다[8]. 채무를 조정하거나 자본금을 증대시킴으로써 자산규모 5조원의 기업집단을 제외한 기업의 구조조정을 촉진하고 시중은행이 여신을 중지한 경제부문에 대해 유동성을 공급하자는 것이 그 설립취지였다.

재무적 곤경에 처한 기업이 발행한 유가증권에만 투자하므로 경영권 획득을 통한 경영정상화 활동을 할 수 없었다.

투자대상에 따라서는 통합펀드와 부채펀드로 구분되었다. 통합펀드(Mixed Fund)는 주식과 채권을 혼합하여 투자하는 펀드로 통상적으로 기업의 재무구조를 개선하기 위해서는 주식과 부채를 동시에 조정하는 것이 효율적이다. 부채펀드(Debt Fund)란 채권인수, 만기조정 등과 같이 채권 중심의 투자운용을 하는 펀드를 말한다.

8) 일반적인 증권투자회사 중 다음의 조건을 만족하는 증권투자회사는 구조조정증권 투자회사로 인정되어 세제를 비롯한 추가적인 특례를 적용받을 수 있었다. ① 자산 중 대통령령이 정하는 비율(50%) 이상을 공정거래법에 의한 대규모 기업집단에 속하지 않는 기업이 신규로 발행하는 유가증권으로서 대통령령이 정하는 유가증권에 투자하여야 함. ② 회사의 존속기간이 3년 이상이어야 함. ③ 폐쇄형 증권투자회사여야 함.

표10-6. 4개 기업구조조정기금의 1999년 8월 31일 현재 투자기업 내역

기금	운용자	운용대상
서울부채조정기금 : 6천억원	로스차일드에서 슈로더로 교체됨. 국내자문은 프라임플러스캐피탈	단기부채의 장기부채 전환 및 회사채, CB, BW인수 연간수익률 : 4.8% 한국정보통신, 한라시멘트, 한라건설, MSC, 밀양한천, 텔슨전자, 풀무원, 찬마루식품, 금호전기, 화승인더스트리 등 24개사
아이랑구조조정기금 : 3,333억원	State Streeet. 국내자문은 한국산업투자자문. 수익률 : 28.17%	운용 대상 : 부채조정 외에 증자참여 가능 텔슨전자, 태평양제약, 주성엔지니어링, 콤텍시스템, 아펙스, 데코, 씨엔아이, 정문정보, 한라시멘트, 대경기계기술, 2001아울렛, 모아텍, 한국OGK, 핸디소프트, 아남에스엔티, KTI산업, Vitual Iosystem, 동양제과,세원텔레콤, 풀무원, TB소프트, 태영, 서울경금속, 미강
무궁화 조정기금 : 3,333억원	템플턴. 국내자문은 쌍용템플턴투자자문. 수익률 : 8.5%	운용 대상 : 부채조정 외에 증자참여 가능 대창공업, 빙그레, 카스, 대현, 한라시멘트, 유니슨산업, 종근당, 대아건설, 하이트맥주, 닉소텔레콤, 스탠더드텔레콤, 한국컴퓨터, 양지원공구, 한샘, 한라건설, 한솔포렘, 피케이, 세우포리머
한강구조조정기금 : 3,333억원	Scudder Kemp. 국내자문은 대우투자자문. 수익률 : 16.17%	운용대상 : 부채조정 외에 증자참여 가능 하림, 우영, 탑금속, 한국코아, 미래와 사람, 대웅제약, 동진화성, 한일이화, 금강제화, 프로칩스, 대아건설, 동산씨엔지, 대하패션, KDC정보통신, 대원제약, 중앙소프트웨어, 터보테크, 제일냉동식품, 대영전자공업, 우성타이어, 마리텔레콤, 대신전연, 알루코, 와이어리스테크, 이수전자, 벤트리, 일동제약, 한성기업, 심텍, 오픈타운

운용 1년차인 1999년 8월에는 1.6조원의 재원 중 1.25조원을 76개 기업에 투자하여 평균 12.8%의 수익률을 기록하였다. 2000년 12월말 현재로는 123개 기업에 1조 8,995억원을 투자하고 있으며, 코스닥 등록기업이 35%를 차지하는 등 벤처펀드의 성격이 강하였다. 1개 기업당 평균 투자금액은 160억원 수준이었다.

CRF는 한강구조조정기금이 2008년 12월 청산되면서 실패한 구조조정펀드였다는 평가를 받았다. 1998년 설립된 이후 10년여간의 총 투자액은 7000억원이며 누적 수익은 880억원으로 집계됐다. 연평균 수익률이 2.1%에 그쳐 같은 기간 물가상승률의 절반에도 미치지 못한 것으로 나타났다.

2. 기업구조조정전문회사 (CRC, Corporate Restructuring Company)

구조조정전문회사(이하 CRC)는 벌처펀드(Vulture Fund)의 한국식 변형으로서 부실기업의 자산과 증권에 투자하고 이를 통하여 기업구조조정을 추진하려는 목적으로 설립되었다. CRC는 산업발전법을 설립근거로 하여 구조조정 대상기업에 투자하거나 해당기업을 인수한 후 정상화시켜서 매각하는 사업을 수행하는 상법상의 주식회사였다.

1997년 7월 M&A업계 전문가회의에서 M&A펀드의 허용 필요성이 제기되었고, 1998년 당시 대통령당선자에 대한 보고시 부실기업정리회사의 설립 필요성이 제기되어 1999년 2월 8일 산업발전법을 개정하여 기업구조조정전문회사 및 조합제도가 확정되었다.

CRC의 투자목적(업무영역)

① 구조조정 대상기업의 인수
금융과 보험업종은 배제하여 채권매입 후 출자전환하거나 주식취득을 통한 경영권 획득 또는 자회사를 통한 구조조정 대상기업 합병.

② 인수한 기업의 경영정상화
인수기업에 경영진을 파견하거나 이사회 참여를 통해 경영에 참여, 재무구조개선, 브랜드 교체, 마케팅 개선, 조직 슬림화, 기술도입 등 기업가치 제고 작업을 추진

③ 인수기업의 매각
인수기업이 정상화된 후 주식, 영업, 자산의 매각을 통해 투자자금을 회수하며, 인수기업에 대한 항구적인 지배를 방지하기 위해 인수 후 5년 이내 매각을 의무화

④ 구조조정 대상기업에 대한 융자, 출자

⑤ 구조조정 대상기업의 부동산, 설비 등 자산의 매입

⑥ 금융기관, 한국자산관리공사 등이 보유한 부실채권의 매입

⑦ 구조조정 대상기업에 대한 투자, M&A 중개, 법정관리(회생)절차 대행 등 구조조정의 부수업무

⑧ 자산유동화법상 자산보유자로서 ABS발행 및 자산관리 업무

CRC는 민간중심의 구조조정투자기구로서 외환위기 초기에 그 자본력의 한계로 인하여 외국자본에 대항하는 대항마의 역할을 수행하지는 못하였지만 구조조정 투자의 불모지였던 시기에 2008년 9월 까지 총 8조3천억원을 국내 중소·중견기업에 주식(신주) 또는 주식관련 사채 인수방식으로 투자함으로써 구조조정대상기업의 직접 금융공급원으로써 기여하였다. CRC의 고유계정에서는 중소기업 투자분이 많았다.

표10-7. CRC의 투자유형 구성 (단위: 건, 억원)

구분	2000		2001		2002		2003	
	건수	금액	건수	금액	건수	금액	건수	금액
경영권지분인수	13	794.6	16	1,131.4	11	1,385	11	582
소수지분인수	20	1,113	24	936.6	16	649.5	5	154.5
부실채권인수	13	3,791	20	4,481	18	4,657	18	2001.8
CRC조합출자	8	2,495	26	3,254	81	2,167	95	1,989
경영정상화	8	1,597	12	2,186	5	944	3	410.5
기타	11	1,167	22	1,713	30	8,539	10	8,104
계	73	10,959	120	13,703	161	10,655	142	5,949

(자료 : 이창용, Private Equity Fund 제도도입과 CRC의 발전방향, 2004.6.1 CRC 협회 세미나)

표10-8. CRC고유계정 투자현황(2008년 6월 투자잔액기준)

전문회사수	대상기업(86개)		투자금액	투자방법(억원, %)***				
	중소기업**	대기업*		신주	구주	CB/BW	부실채권	기타
27	73	13	2,410	1,023 (42)	520 (22)	759 (32)	33 (1)	75 (3)

* 대기업 : 자본금 80억원 이상 또는 상근직원이 300인 이상인 기업

** 중소기업에 대한 투자는 전체 대상기업 86개 업체 중 73개(85%), 전체 투자금액 2,410억원 중 1,293억원(53.7%)차지

*** 투자대상기업의 신규발행주식(신주)및 주식관련사채(CB/BW)에 1,782억원(74%)투자

CRC는 2009년 개정 산업발전법에 의해 "기업구조개선 사모투자전문회사(PEF)"로 대체되었다.

3. 기업재무안정 PEF

당초 PEF는 자금운용 대상을 주식 등으로 한정하고 투자목적 및 처분과 차입에 제한을 받는 등 많은 제약을 받으므로 투자자 모집이나

적정한 수익 확보가 힘들었으며 투자받은 기업에서도 경영권을 제한받는데 대한 거부감이 있어 구조조정 관련 PEF의 활성화가 지연되었다. 이에 자본시장을 활용한 기업구조조정 등을 활성화하는 차원에서 국내 민간자금이 보다 쉽게 모집될 수 있도록 기업재무안정 PEF에 대한 자산운용 등의 특례를 한시적으로 신설하였다.

기업재무안정 PEF는 2008년 글로벌 금융위기 이후 기업부실이 확산되자 자본시장을 통한 기업구조조정을 지원하기 위하여 2010년 한시적으로 도입된 후, 2013년 그 기간이 연장되었다. 그러나 국내 PEF에서 바이아웃 투자는 지난 10년간 25.7%로 낮은 수준이며, 기업재무안정 PEF의 결성액은 전체 결성액의 7.8%만을 점유하고 있다.

기업재무안정PEF의 결성액은 2010년 1,000억원, 2011년 1조 5,309억원, 2012년 1조 351억원, 2013년 4,654억원, 2014년 8,475억원을 기록하였다.

표10-9. 기업재무안정 PEF의 주요 투자 현황

PEF명	투자회사	인수일	투자금액(억원)
블루오션기업재무안정제1호	대우로지스틱스	2011. 5	1,200
Kofc-IBKS-케이스톤 기업재무안정	서울고속버스터미널, 금호고속, 대우건설	2012. 8	9,500
폴라리스오션기업재무안정	폴라리스쉬핑	2012. 9	1,300
케이티비시그마기업재무안정	동부특수강	2014. 6	1,100
유암코워크아웃제1차 기업재무안정	세하	2014.10	200

(자료 : 자본시장연구원)

4. 기업구조개선 PEF

2009년 3월 3일 개정된 산업발전법에서는 종전의 기업구조조정전문회사(CRC) 및 기업구조조정조합(CRC조합) 제도를 대신하여 「자본시장과 금융투자업에 관한 법률」에 따른 사모투자전문회사 중 그 재산의 100분의 50 이상을 구조조정 대상기업에 투자하는 "기업구조개선 사모투자전문회사" 제도를 도입하였다.

2009년에 골드마운트에셋의 골드마운트제일호(50억원)과 큐캐피탈의 큐씨피1호(301억원), 큐씨피2호(200억원)의 결성 실적이 있다.

표10-10. 기업구조개선 PEF와 기업재무안정 PEF의 비교

근거법	산업발전법	자본시장법
투자 기업	구조조정이 필요한 기업	구조조정이 필요한 기업
운용 대상	경영권 참여 목적의 투자 대상기업의 주식 10%이상 투자 펀드재산의 50% 이상을 주식에 투자	경영권 참여 여부와 관계없이 구조개선기업의 주식, BW, 부실채권, 부동산 등에 투자단, PEF재산의 50% 이상을 '구조개선기업과 관련된 자산'에 투자할 의무 부과
자금 차입	펀드재산의 10%SPC 차입 : 200% 이내	펀드재산의 200%SPC+PEF 차입 : 200% 이내
주식 처분	6개월 내 처분 금지	예외적 경우 허용
존속 기간	영구존속	2016년 11월
특징	경영권을 넘길 경우에만 재무구조 개선이 가능일시적 유동성부족기업이 경영권 양도없이 구조개선을 도모(부실채권매입 등)하는데 한계	경영권을 넘기지 않고 재무구조개선 가능PEF는 주식 취득이 없이도 NPL, 기업 보유 부동산 등 매입 가능

(자료 : 기업금융나들목)

5. 경영참여형 사모펀드와 전문투자형 사모펀드

2015년 10월 25일 시행된 개정 자본시장과 금융투자업에 관한 법률은 사모펀드 규율체계를 대대적으로 변경하고, 사모펀드의 진입, 설립, 운용 및 판매와 관련하여 규제를 대폭 완화하였다. 기존 자본시장법은 사모펀드를 일반사모펀드, 전문사모펀드(헤지펀드), 사모투자전문회사(PEF) 및 기업재무안정 사모투자전문회사(기업재무안정 PEF)의 네 가지로 구분하고 있었으나(기업구조개선 PEF는 산업발전법에 근거), 개정 자본시장법은 **경영참여형 사모펀드**와 **전문투자형 사모펀드**의 두 가지로 규율체계를 단순화하였다.

경영참여형 사모펀드는 기존의 체계를 유지하며, 2015년 10월 연합자산관리(유암코)는 주주은행들과 협의 등을 거쳐 기업구조조정 전문회사를 설립하였다. 유암코 기업구조조정전문회사는 기업재무안정 PEF 등을 통해 구조조정기업의 채권 · 주식 등을 인수하고, 재무구조개선 등 구조조정을 추진하며, 우선 소규모기업 구조조정부터 시작하고, 성공사례가 축적되면 업종별 · 산업별 구조조정으로 점차 확대한다.

그림10-9. 사모펀드 규율 체계 개편

기존
일반사모펀드
전문사모펀드(헤지펀드)
PEF
기업재무안정PEF

➡

개정
전문투자형 사모펀드
경영참여형 사모펀드

한편, 전문투자형 사모펀드의 경우 원칙적으로 순자산액의 400% 이내에서파생상품 투자, 채무보증 또는 담보제공 또는 금전차입을 원

칙적으로 허용하였다. 따라서 기존의 PEF들은 경영권 투자는 경영참여형 사모펀드로, 소수지분에 투자하는 성장자본은 전문투자형 사모펀드로 편성할 것으로 예상된다. 또한, 부실채권(distressed debt) 투자가 다목적 헤지펀드의 한 부문으로 정착될 수 있다. 기존 자본시장법상에 따르면 부동산, 특별자산 등 투자대상 별로 펀드를 설정하여야 했으나, 개정 자본시장법은 이러한 제한을 배제하여 하나의 전문투자형 사모펀드 내에 여러 가지 투자대상을 편입하는 것이 가능하기 때문이다.

6. 성장사다리 재기지원 펀드

재기지원펀드는 일시적으로 재무상황이 나빠져 워크아웃에 들어갔거나 회생절차(법정관리)를 밟는 기업 또는 은행과 채무조정 협약을 맺은 기업 등에 자본을 수혈해 기업을 정상화시키는 펀드다.

2014년 SG PE-케이스톤파트너스 컨소시엄은 630억원에 달하는 'SG-케이스톤 재기지원 기업재무안정PEF'를, 나우IB캐피탈은 500억원 규모인 '나우턴어라운드 성장사다리펀드 1호' 자금모집을 끝내고 금융감독원에 펀드 등록까지 마쳤다.

이들 펀드는 성장사다리펀드 중 재기지원펀드 운용사로 선정돼 각각 250억원을 출자받아 조성됐다. SG컨소시엄 펀드에는 과학기술공제회 · 외환은행 · 신한캐피탈 등 기관투자가가 자금모집에 참여했고, 나우IB캐피탈은 자체 자금을 포함해 상장기업 S사 등 여러 기업에서 투자를 유치해 펀드를 조성했다.

성장사다리펀드위원회는 재기지원 2차 펀드의 운용사로 에버베스트파트너스 · 유진자산운용 컨소시엄을 설정했다.

성장사다리가 해당 컨소시엄에 350억 원을 출자한다. 에버베스트 · 유진자산운용은 1,360억원 규모의 유진-에버베스트 턴어라운드 기업재무안정 사모투자전문회사를 결성했다.

운용사 입찰에서 메디치 인베스트먼트는 단독 운용을, 에버베스트파 트너스-유진자산운용, 연합자산관리-오퍼스, 파빌리온자산관리-케이씨앤파트너스가 공동운용사(co-GP)로 입찰에 참여했다.

재기지원펀드는 회생절차기업, 워크아웃기업 가운데 경영정상화와 재무구조개선 등을 지원하는 펀드로 M&A, NPL, 회생회사 보유 자산 매입, 회생절차기업에 대한 금융지원(DIP Financing) 등을 투자 방법으로 인정한다.

◎ 재기 지원 사례

2014년 재기 지원 사례 1.

'88년 설립하여 조선용 의장품을 생산해 온 중소기업으로, 우수한 기술력을 인정받아 현대중공업 등의 1차 협력업체로 등록된 C기업에 2014년에 40억원 투자 후 회생절차 조기 종결. - 조선업의 불황에 따른 유동성 악화로 기업회생을 신청('11.1월)하였으며, 회생절차 진행에 따라 제도권으로부터의 자금조달이 사실상 차단

○ (투자 후 성과) 성장사다리펀드는 오랜 업력에 따른 축적된 노하우 및 창업자의 도덕성 등을 종합적으로 감안하여 투자를 결정

- 성장사다리펀드는 국내 PEF 최초로 DIP 파이낸싱*을 통해 기업재기를 위해 필요한 신규자금을 공급

* 회생절차 개시 기업에 신규자금을 제공할 경우 법원이 해당 투자자에 최우선 변제권 부여

- C사는 투자자금을 경영정상화에 투입하여 회생절차 조기 종결을 위한 기틀을 마련

2014년 재기 지원 사례 2.

니트 수출기업 D사에 50억원의 선도적 투자로 여타 금융권의 후속 자금공급 유도 '68년 설립하여 니트의류를 나이키 등 해외 유명브랜드에 OEM방식(주문자 생산방식)으로 제조하여 수출하는 중소기업 - 국내 브랜드의 사업성 악화 및 KIKO거래 손실 등으로 워크아웃을 신청('09.7월)하였으며, 이후 매출 개선에도 추가 자금조달에 어려움 겪음

ㅇ (투자 후 성과) 성장사다리펀드는 회사의 워크아웃 상황보다는 수출경쟁력과 최근 재무개선 추세에 초점을 맞추어 투자를 결정
  - 성장사다리펀드의 투자 이후 여타 금융권의 자금공급(100억원)이 이어져 D사는 워크아웃 조기 졸업의 발판을 마련

7. 한국벤처투자의 재기지원 펀드

한국벤처투자(주)는 한국모태펀드의 2014년 2차 정시 운용사 선정에서 캡스톤파트너스(유)가 수요자 제안한 캡스톤 재기지원 펀드에 조합결성 최소금액 150억원으로 모태펀드의 30억원 출자를 결정하였다.

제3절 해외진출 지원 펀드

1. 국민연금의 **코파 펀드**

국민연금은 투자 다변화를 위해 대체투자 비중을 확대하고 있으며, 2011년부터 PEF를 조성하여 전략적 투자자인 대기업과 공동으로 투자하는 Corporate Partnership(코파) 매칭펀드 투자를 확대하고 있다. 코파펀드는 기업이 해외 기업 M&A나 현지 투자에 나설 때 국민연금이 재무적투자자(FI)로 참여해 동일한 금액으로 1대1 매칭 공동 펀드를 결성해 투자하는 방식이다. 2011년 도입된 뒤 포스코, 동원, KT, GS 등 30곳에 가까운 대기업·중견기업이 국민연금과 양해각서(MOU)를 체결했거나 펀드 결성을 마친 상태다. 약정금 규모만 약 10조원에 달한다. 투자가 집행된 건은 GS건설의 스페인 수처리업체 이니마 인수와 포스코의 캐나다 광산 투자 등이다.

표10-11. 국민연금 주요 코파펀드 현황(2015.8) (단위: 억원)

기업투자자	약정액	펀드집행	기업투자자	약정액	펀드집행
KT&G	3,920	13.2%	포스코	4,000	28.6%
GS건설	2,940	23.4%	동원그룹	2,900	
SK그룹	4,000		한국전력	3,480	29.9%
넥센그룹	2,940		LS그룹	3,000	
CJ그룹	4,900		인천공항	1,960	
풀무원	1,960	8.4%	롯데그룹	4,400	
중소중견1	2,000	36.0%	중소중견2	2,000	76.0%
중소중견3	1,400	33.0%	**합계**	**49,800**	**12.6%**

(자료 : 관련 업계)

국민연금은 2011년에는 팬아시아펀드를 결성하여 사모펀드 부문에서 SBI, IMM, MBK파트너스를, 벤처펀드 부문에서는 에이티넘 인베스트먼트, 린드먼 아시아 인베스트먼트, 소프트뱅크 벤처스, 스틱인베스트먼트, 인터베스트를 운용사로 선정하였다.

2. 산업은행의 중소 · 벤처기업 **해외진출 Platform 펀드**

산업은행과 한국벤처투자는 2010년부터 해외 부품소재 펀드를 조성하였다.

산업은행(정책금융공사)은 2013년에는 국내 중소기업의 해외시장 진출을 통한 우리 경제의 저성장 기조 극복과 글로벌 강소기업 육성을 위하여 벤처기업의 효과적인 해외진출을 지원하는 펀드를 조성하였다.

운용사는 2013년에는 KTB, 한국투자파트너스, 아주IB투자였으며, 2014년에는 스틱인베스트먼트, SBI 및 엠벤처투자였다.

표10-12. 구(旧) 정책금융공사의 해외진출 펀드 전략

투자전략	투자대상 및 효과
Cross-border M&A 투자	○ Outbound, Inbound M&A 관련 투자 - 전략적 제휴 등 지분투자 연계 광의의 M&A 투자 ○ (효과) 신속한 해외진출, 해외자금 유치 등
해외시장개척 Greenfield 투자	○ 경쟁력 보유 제품 · 서비스의 현지 직접생산/판매를 위한 해외진출투자 ○ (효과) 해외진출 장애요소 해소 및 글로벌화 지원
해외 첨단기술 확보 투자	○ 첨단기술 확보 투자 ○ (효과) 첨단기술의 국내 이전 및 사업화 또는 해외기업과 연계 사업지원, 국내투자 유도
국내기업 글로벌 소싱 지원 투자	○ 해외진출 기업의 현지조달 및 판매 · 유통망 관련 투자 ○ (효과) 해외진출 기업의 현지화 지원 등
해외시장 확대	○ 중소기업의 해외시장 개척 관련 투자 - 해외마케팅을 위한 현지법인 또는 합작투자 ○ (효과) 해외 매출처 주선 등 해외영업 확대 지원

산업은행(정책금융공사)은 2014년 7월 중동 걸프 인베스트먼트 코러레이션과 합작한 한국지씨씨 경제협력 펀드에 1,090.8억원의 출자를 약정하였다.

3. 성장사다리펀드의 K-Growth글로벌 펀드

「**K-Growth 글로벌펀드**」는 국내 중소 · 중견기업의 해외진출을 전문적으로 지원하려는 목적으로, 기업의 실질적 해외진출을 도울 수 있도록 설계된 펀드이다.

성장사다리 K-Growth 펀드는 2015년 7월 현재 5개 펀드 4,050억원을 결성하였다.

신한프랙시스 케이그로쓰 글로벌사모투자전문회사와 KTB 중소 · 중견기업 해외진출 PEF가 각 1,060억원 규모이고, 대우증권의 대우 글로벌 K-Growth PEF, 포스코기술투자의 성장사다리 POSCO K-Growth 글로벌펀드가 각 660억원이며, 엠벤처투자와 유안타 아시아의 글로벌성장지원투자조합이 610억원 규모이다.

4. 수출입은행 중소 · 중견기업 해외진출 펀드

2014년 12월 한국수출입은행이 처음으로 조성에 나선 '중소 · 중견기업 해외진출 펀드(PEF)' 운용사에 스틱인베스트먼트, 유니슨캐피탈, KTB PE 등 3곳이 선정됐다. 수출입은행이 3개 펀드에 500억원을 출자하여 총 5,700억원의 결성을 목표로 한다.

투자 대상
한국수출입은행법 제20조의2 및 동법 시행령 16조의3에 해당하는 중소 · 중견기업 해외진출사업 (중국진출 중심) ○ 중소 · 중견기업의 해외진출 - 국내 중소 · 중견기업이 추진하는 해외진출사업 및 해외공동투자 - 국내 중소 · 중견기업의 수출 촉진을 위한 사업 - 국내 중소 · 중견기업과 관련이 있는 외국기업에 대한 투자

수출입은행은 해외건설/플랜트 수주 지원펀드에 300억원 및 의료기관 및 연관 보건산업 분야 해외진출 펀드에 125억원을 출자했다. **'의료 글로벌 진출' 펀드**는 국내 최초의 의료전문 블라인드 펀드(blind fund · 투자대상을 특정하지 않고 투자자를 모집한 후 투자대상을 선정하는 펀드)로 보건복지부 100억원 등 총 500억원 규모로 조성되었다.

5. 한국벤처투자의 해외진출 펀드

한국벤처투자는 2010년부터 산업은행(정책금융공사)와 함께 **해외부품소재 펀드**를 결성하였다. 당시 산업은행이 부품소재 M&A PEF를 결성하였고, 정책금융공사는 한일부품소재 기업상생펀드의 운용을 KT캐피탈과 오릭스PE에 맡겼다. 같은 시기에 한국벤처투자는 정책금융공사와 함께 일본테크놀로지 투자펀드 1호를 설정하였다. 이 펀드는 국내 중소 · 벤처기업의 신수종사업의 발굴 및 원천기술 확보를 통한 경쟁력 강화 차원에서 일본의 부품소재 관련 원천기술을 보유한 업체와의 M&A 또는 기술도입, 설비활용, 판매망 확보 또는 브랜드 협력 등 전략적 제휴를 위한 지분투자 등의 수요가 있는 국내 중소 · 벤처기업을 지원 대상으로 하였다. 이 펀드는 초기 운용에 어려움을 겪었으나 5년 여 동안 248억원을 투자하여 308억원을 회수하였고, 잔존 자산도 160억원 이상으로 추산되는 괄목할 수익률로 한국중소기업의 저력을 입증하였다. 운용을 맡은 나우아이비캐피탈의 운용자는 "일본기업의 원천 기술을 인수하는 펀드를 더욱 활성화할 필요"를 지적한다.

한국벤처투자의 해외진출펀드는 2013년 1400억원으로 시작돼 2014년 2830억원이 조성됐고, 2015년 7월말 현재 7000억원대로 성장했다.

2013년 12월 해외진출 지원을 통한 중견기업 육성방안[9]에서는 벤처캐피탈이 기술개발 단계 및 시제품 단계에서도 계약이나 투자 방식으로 진출할 수 있도록 '성장 단계별 해외 진출 지원 정책'을 마련하였고, 2014년부터 중진계정과 보건계정에서 펀드가 결성되었다.

9) 이성복, 김상수 외, 해외진출 지원을 통한 중견기업 육성방안 보고서 - 벤처 투자정책을 중심으로, 2013.12. 자본시장연구원, 한국벤처투자

표10-13. 한국모태펀드의 해외투자 펀드 결성 실적 (단위: 백 만원)

연도	계정	운용사	조합명	결성금액	출자약정액
2014	중진	투썬인베스트먼트	투썬 그린포인트 미텔슈탄트 펀드 I	40,000	16,000
2014	중진	투썬인베스트먼트	투썬 그린포인트 미텔슈탄드 펀드 II	5,600	100
2014	중진	스틱인베스트먼트	스틱 해외진출 플랫폼 펀드	80,000	10,000
2014	중진	에스비아이인베스트먼트	에스비아이 아세안 스프링보드 투자조합	60,000	3,000
2014	중진	엠벤처투자	아세안바이오메디컬 투자조합	60,000	1,000
2014	중진	에스브이인베스트먼트	SV 한 · 중 바이오 · 헬스 케어 펀드	37,400	12,000
2014	보건	한국투자파트너스	한국투자 글로벌 제약산업 육성 사모투자 전문회사	135	20,000

(자료 : 한국벤처투자)

6. 기술금융 중국진출 펀드

금융위원회와 중소기업청은 2015년 1월 18일 '기술금융 · 벤처투자 활성화 방안'을 투자활성화 대책의 하나로 5개 부처의 2015년 '역동적 혁신경제' 업무보고에서 중국진출펀드(5,000억원) 계획을 발표하였다.

제4절 임원이 경영권을 승계하는 MBO

가업승계는 가족기업에서 주요 도전과제이다. 가업승계는 기업이 동일성을 유지하면서 상속이나 증여를 통하여 소유, 경영권을 후계자에게 이전하는 과정이다. 가업승계가 적기에 이루어지지 못하여 경영자가 고령화되면 적극적인 경영이 어려워져서 투자와 기술개발의 부진 및 기업가치 하락으로 이어지게 된다. 경쟁우위를 지키기 위해서는 창업자와 다음 세대 간에 지식전수가 필요하나, 지식은 개별적인 상황에 고유한 것이기 때문에 2세가 실무경험을 거쳐야만 전수될 수 있다. 가업승계 방식은 가족승계, 전문경영인 및 외부매각의 방식이 있다.

그림10-10. 가업승계 컨설팅 사례

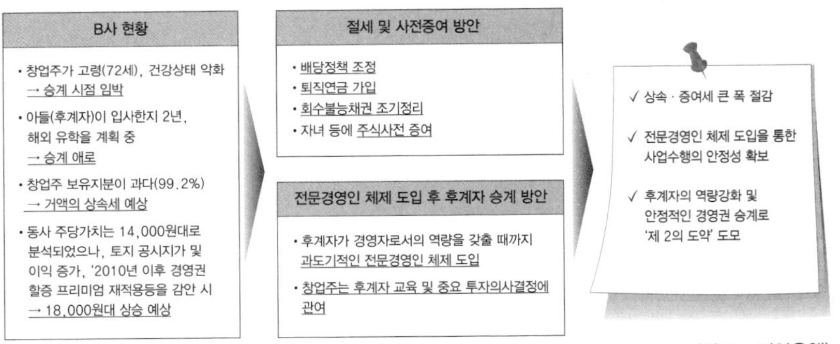

(자료 : 기업은행)

가업승계에서 자녀가 경영능력을 쌓는 동안 임원에게 한시적으로 경영을 맡기는 경우와 완전히 경영을 넘기는 두 가지 방안이 있을 수 있으나, 한시적으로 맡기려는 경우에는 사장이 회사 차입에 담보를 제공할 의무가 애로사항이 될 수 있다. 은행의 입장에서는 새로운 사장의 경영능력이 검증되지 않았으므로 담보요구를 지속할 가능성이 높은 것이다. 창업자 가문이 신 사장을 신뢰하여 담보를 제공하고 신 사장이 능력껏 담보를 제공하는 타협안이 있지만, 창업자가 사망하고 나면 더 이상 작동하기 어렵다. 새로운 사장은 재력이 있더라도 담보를 제공해야 한다면, 회사의 소유권을 요구할 것이다.

창업가문이 임원에게 소유권을 넘기는 경우에는 사모투자전문회사가 과반수 지분을 매입하고 신임 사장이 일부 지분을 매입한다. 창업가문은 창업이익을 실현하고 일부 지분을 잔존시킬 수도 있다. 이후 회사의 이익으로 회사가 사모펀드로부터 자사주를 매입함으로써, 또는 기업공개함으로써 사장의 소유권이 완성될 수 있다.

미국의 사례

미국의 경우 2차 세계대전 직후에 창업했던 다수 미국기업들이 70년대부터 창업자 은퇴기를 맞이하게 되면서 1970년대 미국의 사모투자전문회사들이 인수한 대상 기업 다수가 가족기업이었고, 한 세대 또는 가문이 회사를 팔기 원했다. 사모투자전문회사는 경영자로 남을 나머지 가족구성원들과 함께 경영권을 인수할 수 있었다.

일본의 사례

일본의 경우 CEO퇴임의 특징은 대체로 약 67세의 CEO가 자신의 진퇴 및 후계자 지명에 전권을 가지며, 4-6년만에 CEO는 회장 또는 고문으로 물러나고, 대부분 내부자가 승계(80%)한다. 승계자가 젊을수록 언론에서 호평받으며, 이사회는 CEO의 진퇴에 대해 거론하지 않는다. 일본인들은 사업승계를 경영문제로 보다는 상속의 문제로 인식하고 있다. 당장 사업이 바빠서 후계구도가 나오기 어려운 상황에서, 가족에게 경영능력이 없다면 현 임원에게 장래를 맡기는 대안이 자연스럽게 출현하였고, 상속세 부담으로 인하여 가업승계 컨설팅이 출현하였다. 창업주의 생전에 경영승계 논의를 꺼리는 성향이 있었으나, 글로벌 금융위기 당시 외국의 상황에 휘둘렸던 경험 이후에는 PEF의 투자를 받아 성장을 유지하고 경영권 이전에 대비하는 대안에 긍정적인 시각이 출현하였다[10). 제조업에 강한 가족기업의 세대교체가 진행되고 있는 일본 경제의 속성 상, 사업승계의 성패에 경제의 부활이 달려있다고 보인다. 일본에서는 젊은 경영자가 조기에 보유주식을 매각하는 조기은퇴형 MBO가 증가하고 있다[11). 전통적으로 사업의 일부를 직원에게 양도하여 독립시키는 '노렌와케'라는 제도가 있어서 MBO는 일본기업들이 수용하기 쉬운 M&A의 형태라고 할 수 있다.

일본에서 사업승계형 MBO는 사업승계에서는 후계자가 없거나, 있어도 상속세 부담이 발생하는 문제에서 비롯된다. 창업자 가문이 소유하는 체제에서 전문경영자를 영입하는 소유와 경영의 분리체제는 비상장회사의 경우에는 실무상 어렵다.

- 일본고순도화학(Japan Pure Chemical)

  1999년 5월 비상장인 일본고순도화학은 63세의 창업주가 은퇴와 지분매각을 발표하였으나 매수예정자가 경쟁사였다. 매각조건은 고용 보장 및 사업부 존속이었지만, 경영진이 즉각 반발하여 MBO로 매수하였고 매수가격은 38억 엔이었다. 경영진은 매각대금 40억 내지 50억 엔은 3년이면 벌 수 있다고 자신하였다.

  경영진은 후지은행계 벤처캐피탈로부터 공동출자를 받아 JPC Holdings를 설립하였다. 출자액 16억 엔 중 10%를 경영진이 출자하였다. 후지은행의 대출금 40억 엔을 추가하여 일본고순도화학의 주식과 영업권을 인수하였다. JPC Holdings가 일본고순도화학을 합병한 후 일본고순도화학으로 사명을 변경하였다. 지분율은 후지은행 캐피탈 80.6%, 경영진 8.3% 및 창업자 11.1%가 되었고 경영진에게는 신주인수권부사채가 부여되었다.

투자자 측면에서는 일본아시아 투자가 일본M&A센터와 합병하여 중소중견기업의 MBO를 전문으로 하는 펀드를 출범시켰다. 2001년에는 일본프라이빗에퀴티와 제이보크가 공동으로 사업승계와 사업재

10) Private equity sees new era of opportunity in Japan, 2015.5.17. 파이낸셜 타임즈

11) 日本バイアウト研究所 事業承継とバイアウト, 2011. p98

편 MBO펀드를 결성하였다.

2003년에는 일본프라이빗에퀴티와 산요전기가 타쿠미 계승펀드를 공동 결성하였고, 중소중견기업의 MBO가 다수 출현하였다. 2006년에는 GBI캐피탈과 야스다기업투자가 중견중소 식품가공회사 전문펀드를 공동 결성하였고, 중소기업기반정비기구는 사업승계에 문제가 있어 신사업 진출이 곤란한 기업의 경영을 지원하는 사업승계펀드 사업 진출을 공표하였다. 2007년에는 소루션디자인이 국내 중소기업 승계형 펀드를 결성하였다.

2008년에는 일본프라이빗에퀴티와 후쿠오카캐피탈이 규슈지역 사업승계 펀드를 결성하였다. 2010년에는 소루션디자인이 2호 펀드가 결성되었고 중소기업을 대상으로 하는 세계 최대의 사모투자전문회사인 Riverside Company가 고정밀수정발진자 제조업체인 나카앤컴퍼니를 인수하였다. 리소나 은행은 경영권 승계대상기업 주식을 일시 보유함으로써 5억 엔 이내에서 경영권을 지원하는 펀드를 운영하고 있다.

국내의 사례

국내에서도 "아들은 대주주 정도로 빠지도록 하고 전문경영인이나 내부 임직원 중 가장 뛰어난 사람을 최고경영자로 앉힐 생각이다."라고 말하는 중소기업 오너가 있다[12]. 일본에서 사업승계의 주요 수단으로 활용되고 있는 MBO는 국내의 사업승계에서도 활용되고 있다.

2014년 10월 새마을금고중앙회와 주요 캐피털사 등 6개 기관투자가가 참여한 420억원 규모 사모펀드가 최근 부산을 대표하는 중견 조선기자재 업체 '선보공업'과 계열사 '선보하이텍' 지분 절반 가까이를 인수하기로 합의했다.

12) 기업 운명 가르는 CEO승계, 매일경제신문, 2012.5.18

기존 최대주주가 대표직을 유지하며 경영 전반을 챙긴다. 펀드운용과 자금모집을 맡은 이음프라이빗에쿼티(PE)가 선보공업 측과 공동경영한다. 네파의 경우도 전 대표이사가 1년 간 경영에 참여하였다. 영실업의 경우는 내부인력이 대표이사로 발탁하였다.

광다이오드(LED) 조명업체 선일일렉콤도 가업 · 승계 이슈에 얽혀 지분 100%를 2014년 2월 이음프라이빗에쿼티(PE)에 155억원에 넘겼다. 사장 지분 60%와 임직원 40%의 지분이 모두 포함되었다.

2013년 말 중견 의류업체인 약진통상은 상속세 부담을 고민하다 과반이 넘는 지분과 경영권을 글로벌 사모펀드인 칼라일에 매각했다.

제5절 재무적 투자자의 실사와 기업가치 컨설팅

1. 벤처캐피탈의 **투자 전 실사**

벤처캐피탈은 벤처기업 투자에서 회사의 기술력, 향후 매출 발생 가능성 및 대표이사의 진실성 등을 주로 검토한다. 본절에서는 각 실사항목을 소개한다.

가. 제품특성 실사

애플, 넷스케이프, 야후! 들은 혁신제품에서 대박을 낸 벤처들이고 점진적인 벤처기업은 현존하고 있는 기술을 개선하거나 다른 기술과 융합시키는 경우로서 Cisco Systems을 들 수 있다.

혁신기술과 제품을 개발하려면 타깃시장이 형성될 준비가 되어있지 않거나 시장을 만들기가 실패할 리스크가 있으며, 막상 시장이 형성된다 하더라고 다른 경쟁사들이 몰리는 경향이 있어 어려운 일이다. 다수의 벤처캐피탈은 대박보다는 Cisco와 같이 점진적인 기술을 선호하며, 이는 벤처기업이 1등을 하지 못하더라도 대기업에 피 인수되면 투자자와 설립자 모두에게 이익을 주기 때문이다. 미국 벤처캐피탈은 점진적(evolutionary) 기업 위주로 포트폴리오를 구성하여 리스크가 적고 투자금 회수기간이 짧으므로 수익이 좋은 편이다.

기술적인 리스크(technical risk)는 기업이 계획하고 있는 기술개발에 실패하거나, 기업의 기술이 수익을 창출할만한 제품이나 서비스로 상용화 되지 못할 경우를 평가하는 것으로, 벤처캐피탈은 전문가의 컨설팅 등을 통해 충분한 기술실사를 한다.

제품이 개발단계에 있으면 기술의 실행가능성이 불명확하기 때문에 벤처캐피탈은 기술에 대해 더 깊이 파악한다. 기술의 실행가능성이 명확하더라도 기술이 최고 품질의 제품을 창출할지에 대한 의문이 잔존한다.

기업이 제품을 내놓는 시점선택에 있어서도, 기업들은 제품개발을 계획보다 늦게 시작하는 경향이 있는데 시장의 기회는 일정한 기간에만 존재하므로 목표기간 안에 제품을 출시하는 것이 중요하다. 벤처캐피탈은 '제품개발 스케줄'대비 시장의 현재 상태와 미래를 예측하여 기업의 제품의 위치 및 제품과 상응하는 트렌드의 흐름을 파악한다. 벤처캐피탈은 시장이 성장하기를 기다릴 수 없을뿐더러, 소비자들이 제품 또는 서비스를 사용하도록 교육시키는 비용에 투자를 할 수도 없기 때문이다.

벤처캐피탈이 시장의 상태와 기술의 트렌드를 이해하려는 노력을 미국에서는 "30,000보 시찰"라고 일컫는다. 기술적 트렌드 및 시장상황을 알기 위해 투자은행 및 리서치업체 등의 분석과 조언을 듣고 무역박람회 및 업계 세미나에 참석하고 업종 전문잡지를 읽고 기술자, 기업가, 산업전문가 및 다른 벤처캐피탈과 끊임없이 만난다. 벤처캐피탈들은 이러한 노력을 통해 시장에 어떤 혁신들이 나타나 성공할 것이고, 또 어떤 것들이 실패할지 미리 예측하는 능력을 훈련한다.

나. 재무실사(Financial Due Diligence)

벤처캐피탈은 초기 단계의 회사에 투자하면서 전통적인 재무분석을 실행하기가 어렵다. 초기단계 회사들도 역사적 재무수치를 제공하기가 대부분은 불가능하다. 또한 벤처기업들의 가장 가치있는 자산인 경영과 기술인력, 사업비밀 등은 재무제표에 반영되지 않는다. 따라서 벤처투자의 재무분석은 대부분 프로젝트나 미래 재무제표(예상 재무제표)에 역점을 두는 경향이 있다.

재무제표의 추정은 벤처캐피탈이 투자결정을 내리는데 기본적인 근거가 될 수 있다. 벤처캐피탈들은 이러한 예상수치를 만들기 위해 사용되었던 가정들을 설명하기 위해서 상당한 분량의 각주 설명을 요구한다. 재무 예상수치의 신뢰도가 중요하므로, 작성과정에서의 가정들이 현실적이고, 논리적이며, 달성가능하고 해당 산업의 표준과 일치해야 하며, 차이가 있다 하더라도 설명가능하여야 한다. 벤처캐피탈들은 기업에서 제공한 예상수치를 자신들이 느끼기에 더욱 합리적인 가정들에 근거하여 하향 조정한다.

손익계산서에서 벤처캐피탈은 벤처기업이 비용예상에 있어 상품개발비용으로 추정하는 것이 무엇인지를 설명하고 그 상품개발이 생산 스케줄과 연관을 맺고 있는지를 확인하려고 할 것이다. 제공된 평균 판매단가가 시장에서 상응하는 제품의 가격과 일치하는지를 확인한다. 비용예상에 있어서 벤처캐피탈들은 회사가 임금(경쟁력 있는 보상체계에 근거한), 재료비, 각 제품을 생산하는데 드는 간접비용을 포함한 정확한 비용예상을 요구한다.

재무상태표에서, 벤처캐피탈들은 손익계산서와 현금흐름표가 일치하는 지를 확인하고, 예상된 재고수준과 자본지출수준이 예상 매출액을 지탱할 수 있는지를 확인한다. 현금흐름표에서 벤처캐피탈들은 또한 회사의 현금흐름표가 그들의 손익계산서와 대차대조표(재무상태표)와 일치하고 있는지, 이러한 재무제표상의 지출과 지급 결정에 근거하였는지 확인한다.

다. 자금조달 구조

벤처기업은 개발지연에 대비하여 자금조달에서 어느 정도 여유를 둘 필요가 있다. 회사가 차기 자금조달 계획에 도달하지 못한 상태에서 자본을 다 써버리게 되면 낮은 평가액에서 급히 자금을 조달할 수 밖에 없는 상태에 빠지게 되기 때문이다. 그러나 자금조달액을 늘리려면 벤처기업가가 자신의 지분비율 희석화(Dilution)를 감수해야 한다. 지분희석화란 회사가 신주를 발행할 때 기존 투자자들이 직면하는 지분비율 감소효과이다.

벤처캐피탈은 벤처기업의 미래 자금수요도 파악한다. 장래 자금 수요가 클수록 리스크가 클 뿐 아니라, 투자가 성공했더라도 벤처캐피탈들의 지분이 희석화(Dilution)가 커지기 때문이다. 또한 벤처캐피탈들은 차후에 벤처기업에 발생할 추가 자금소요에 대비해 펀드의 가용재원을 유보해 둘 필요가 있다. 벤처캐피탈은 벤처기업이 벤처캐피탈 이외에 차입을 조달할 능력도 판단한다.

벤처캐피탈은 회사가 과도한 부채부담에 노출되지 않는 선에서, 어느 정도의 차입조달을 하도록 장려하는데, 이는 지분희석화를 최소화할 수 있기 때문이다. 벤처기업의 차입은 벤처투자자금을 받았다는 것을 전제로 조달된다. 대출기관도 벤처기업이 부채를 갚을 수 있는 능력을 판단하기 위하여 벤처캐피탈과 같은 방식으로 실사를 한다.

라. 경영 실사

초기 벤처기업들은 관리체계나 경영진이 잘 갖추어져 있지 않다. 따라서 벤처캐피탈은 벤처기업의 경영실사에 많은 시간을 투입하며, 인재를 제대로 리크루팅하고 있는지 확인하고 있다.

미국의 전설적인 벤처 투자자 아서 락(Artuur Rock)은 “일반적으로 사업계획 그 자체보다 사업계획을 준비하는 사람에게 더 많은 주의를 기울여야 한다”고 말했다. 벤처캐피탈이 경영진에 중점을 두는 이유는 그들이 경영자로서 내리는 수 많은 결정들(크든 작든)에 따라 벤처기업의 수익이 결정되기 때문이다. 어떤 벤처캐피탈은 투자를 검토할 때 제안 그 자체보다 제안자의 이력서를 더 중요시하라고 주장한다. 또한 창업단계의 회사에 몸 담은 경험자를 선호한다. 벤처기업가의 과거 경력에서 사업실패한 경험이 있더라도 대다수의 벤처캐피탈은 과거 실수로부터 학습을 한 기업가를 선호한다.

마. 지적재산권 실사

지적재산권은 지식재산 중에서 법령이나 조약 등에 따라 인정되거나 보호되는 권리로서 산업재산권과 저작권으로 구분되며, 전통 지적재산권 범주에 포함되기 어려운 분야를 '신지식재산권'으로 구분한다. 지식재산권은 법령 등에 의해 독점적 효력이 발생하고 재산적 가치가 실현된다는 점에서 단순한 기술 및 아이디어 등과 구분된다.

일반적으로 특허권은 출원 후 20년간, 저작권은 창작시점부터 사후 70년간 특허법.저작권법 등 관련 법률로 권리를 보호한다.

벤처캐피탈은 벤처기업이 소유하고 있는 지적재산권(IP)에 특별한 관심을 가지며, 특히 하이테크기업의 경우 기업가치를 분석하는데 있어 IP실사가 중요하다. 지식재산권의 소유권이 벤처기업이 아닌 정부기관이나 연구기관이 소유하는 경우가 있으며, 이러한 기관들로부터 지원을 받은 연구에서 생긴 IP에 대한 권한을 지원기관에 귀속시키거나, 공공목적으로 사용되어야 하는 조건이 설정된 경우가 있다. 벤처캐피탈은 벤처기업이 지식재산권 소유기관에게 주식을 제공하는 방식을 더 선호한다.

2. PEF의 실사와 기업가치 컨설팅

PEF의 실사는 벤처캐피탈과 대비하여 보다 성숙한 기업에 투자하므로, 실사의 범위와 기간이 더 확장된다.

과거에 PEF들은 투자과정에서 투자담당 파트너와 운영 파트너가 힘을 합치고 업계 전문가의 자문을 얻어서 실사를 내부에서 수행하였다. 그러나 기업인수 환경이 더 경쟁적이 되면서 실사과정도 더욱 조직화되면서, PEF들은 기업전략컨설팅회사의 조력을 받게 되었다.

기존에 가용한 시장조사들은 일반화되고 날자가 지나간 것들인데 반해, 기업들은 전문화되어 있다. 대상회사의 고객에 대한 설문과 면담은 가장 예민한 부분이므로, 당해 회사의 스폰서 하에 리서치회사가 수행할 필요가 있다. 경쟁사에 대한 조사를 하는 데에도 제3자인 컨설턴트가 경쟁사의 영업담당자들로부터 입수하는 경로가 가장 효율적이다.

PEF의 투자 이후에도 컨설팅 펌들이 사모투자펀드에게 사업/전략 실사와 가치창출을 위한 자문을 제공한다.

그림10-11. 해외 PEF에서 오퍼레이션 전문조직 운용

오퍼레이팅 파트너 모델	직능별 전문가 활용 모델	컨설턴트 활용 모델
• 산업 전문가나 기업에서 핵심 경영진을 역임한 C-Level(CEO, CFO 등) 임원 활용 • 특정 산업 내 개인 인적 네트워크와 기업경영 경험 활용 • 투자처 발굴이나 투자 후 경영 전략을 제공 및 포트폴리오 기업 이사회 참여 • CD&R이 유명	• 구매, 마케팅, 생산, 재무, 법무 등 특정 분야의 전문성을 갖춘 전직 중간관리자, 컨설턴트, 회계사, 변호사 • 피투자기업이 특정 분야의 자문을 필요로 하는 경우 이를 지원 • 이러한 지원은 사모펀드 운용사가 보유한 모든 기업에 대해 이루어짐 • Blackstone이 사용	• 투자기업마다 조직 내 컨설턴트들이 지정 • 해당 기업 경영진과 장기사업전략 수립부터 기업가치 제고 활동 일체를 수행 • 대부분의 글로벌 사모펀드 운용사가 사용하는 방식 • KKR의 제휴 컨설팅 조직인 KKR Capstone이 유명

(자료 : 자본시장연구원)

국내 상위 GP사의 운용자산 규모는 해외 GP와 비교하여 작으며, 관리보수율도 해외 보다 소폭 낮은 상황이다. 국내 GP는 관리보수의 절반 정도를 운용인력 인건비로 지출하고 있으며, 순이익률은 평균 10%로 추정되어 영업수익의 사내 유보는 미미하다. 따라서 고 비용이 소모되는 오퍼레이션 전문조직을 갖추기는 어려운 상황이다[13].

13) 박용린, 국내 프라이빗 에퀴티 산업 현황 및 발전 방향, 2015.5.7.

성장사다리펀드에서도 PEF 운용자들이 재무전문가만의 집단인 상태이므로, 참여인력의 투자경력 인정범위를 확대하여 산업계 등 다양한 유관 경력의 70%를 인정한다. 이 경우 퇴직자 활용에도 유용할 것이다[14].

특히 PEF가 소수 정예로 운용됨에 따라서 운용자들이 중소기업에 투자판단을 하기 어려운 점을 감안하여, 중소기업 건강진단과 자원봉사 컨설팅을 수행한 결과물을 성장사다리펀드에 연계하는 방식이 활용 가능할 것이다.

제6절 PEF의 옵션부 투자

PEF가 옵션부 투자를 통해 사실상 대출행위를 하는 일부 업계관행이 있어 경영참여를 통한 기업가치 제고라는 제도 취지를 저해함에 따라, 바람직한 PEF시장 육성에 장애가 될 수 있다.

금융위원회는 PEF 옵션부 투자실태를 점검하여, 원칙적으로 창의적이고 다양한 투자구조가 가능토록 PEF의 옵션부 투자를 허용하되, PEF의 목적달성과 무관한 금전대여 성격의 옵션부 투자는 전면적으로 금지하였다. 다만, 금전대여성 옵션부 투자라고 하더라도 대주주의 전횡방지 목적의 계약상 의무위반 등 제한적 요건을 모두 충족하는 경우에는 예외적으로 인정한다.

① (행사조건) 옵션 등의 행사가 투자대상기업 최대주주의 전횡방

14) 서종군, '국내 프라이빗 에퀴티(PE) 산업의 발전방향' 자본시장연구원과 2015.5.7일 한국재무학회 공동 심포지엄

지 또는 경영실적 개선과 연계하여 체결한 계약상 의무가 불이행된 경우

〈가능한 행사조건(예시)〉 • 주요 경영사항과 관련된 계약상의 의무를 위반 • PEF측이 선임한 임원 해임 **〈불가능한 행사조건(예시)〉** • 일정한 투자기간이 경과하면 '별도의 조건 없이' 옵션을 행사 • 일정 투자기간 후 단순 상장 성공 · 실패 여부 또는 주가가 특정 수준에 미달할 경우 옵션 행사

② (행사가격) 옵션 등의 행사가격이 피투자기업의 영업실적을 기초로 산정된 객관적이고 합리적인 수준일 것

③ (자료작성 · 보관) 업무집행사원이 옵션 등의 행사조건 및 행사가격의 합리성을 입증하는 구체적이고 객관적인 자료를 작성하여 보관할 것

아울러, 대주주 지분 매각시 2 · 3대주주가 동일조건으로 매각할 것을 대주주에게 요구할 수 있는 주주간 동반매도참여권(tag-along) 또는 동반매각요청권(drag-along) 계약은 가능토록 허용한다.

제10장 부록

표10-14. 사모투자전문회사(PEF) 등록 현황 (2015.02.28.현재)

회사명	등록일	GP		비고
보고	2005-09-02	보고인베스트먼트		
엠비케이파트너스	2005-09-08	엠비케이파트너스		
맥쿼리코리아오퍼튜니티즈	2005-09-26	맥쿼리코리아오퍼튜니티즈운용		
미래에셋파트너스삼호	2006-09-11	미래에셋자산운용		
케이티비이천육	2006-10-02	KTB투자증권		
제일호과학기술	2006-12-28	한화인베스트먼트		
국민유선방송투자 이호	2007-02-07	엠비케이파트너스		
디지털컨버전스바이아웃	2007-04-26	티스톤		
프리모리스	2007-11-22	아이엠엠프라이빗에쿼티		
제이호과학기술	2007-12-03	에스비아이인베스트먼트		
국민유선방송투자일호	2008-02-21	엠비케이파트너스		
엔브이에쿼티펀드1호	2008-05-22	도미누스인베스트먼트	유진자산운용	
티스톤2호	2008-07-03	티스톤		
지앤에이	2008-07-08	지앤에이프라이빗에쿼티		
신한제2호	2008-07-14	신한프라이빗에쿼티투자자문		
아이엠엠로즈골드	2008-08-01	아이엠엠프라이빗에쿼티		
네오플럭스제1호	2008-08-07	네오플럭스		
미래에셋파트너스오호	2008-08-07	미래에셋자산운용		
에이치앤큐제이호	2008-08-11	에이치앤큐아시아퍼시픽코리아		
지엘에이제일호	2008-09-11	글로벌리더스		
스카이레이크글로벌인큐베스트제3호	2008-09-24	스카이레이크인베스트먼트		
엠비케이파트너스 이호	2008-11-18	엠비케이파트너스		
아시아클린에너지	2009-05-26	KTB투자증권	케이티비프라이빗에쿼티	
티앤지일호	2009-06-29	티아이피피파트너스		
스틱코리아신성장동력첨단융합	2009-07-30	스틱인베스트먼트		
케이디비밸류제육호	2009-07-30	한국산업은행		
에이치에스에이 제1호	2009-08-05	하우자산운용		
뱅가드	2009-08-11	KT캐피탈	아시아밸류인베스트	

회사명	등록일	GP		비고
스카이레이크제4호0901	2009-09-21	스카이레이크인베스트먼트		
아이비케이옥터스녹색성장	2009-11-11	중소기업은행	옥터스인베스트먼트파트너스	
엠에이치제일호	2009-11-16	엠에이치		
케이비글랜우드제일호	2009-12-01	글랜우드투자자문	KB투자증권	
하나제일호	2009-12-28	하나대투증권		
신성장동력그린퓨처	2010-01-07	한국산업은행	대우증권	
린드먼제육호글로벌미래성장	2010-01-11	린드먼아시아인베스트먼트		
부품소재엠앤에이	2010-01-27	한국산업은행		부품소재
기업재무개선메자닌	2010-01-28	한국산업은행	티스톤	
우리블랙스톤코리아오퍼튜니티1호	2010-02-10	우리프라이빗에퀴티	블랙스톤코리아어드바이저스	
피씨엠파트너스1호	2010-02-18	피씨엠		
케이디비칸서스밸류	2010-02-22	한국산업은행	칸서스자산운용	
스카이레이크 제5호	2010-03-08	스카이레이크인베스트먼트		
케이티엘아이지 에이스	2010-03-24	KT캐피탈	엘아이지투자증권	
케이티비신성장동력	2010-04-08	케이티비프라이빗에쿼티	KTB투자증권	
일자리창출 중소기업투자	2010-04-22	중소기업은행	에스케이증권	
대신흥국제일호	2010-05-06	대신증권	흥국투신	
케이비아이씨제삼호	2010-07-06	케이비인베스트먼트		
아이앤제이제1호	2010-07-16	아이앤제이투자자문		
차이나플래티넘	2010-09-02	한국산업은행	KTB투자증권	
아이엠엠인베스트먼트2호	2010-09-27	아이엠엠인베스트먼트		
화이텍글로벌신성장	2010-10-13	화이텍인베스트먼트		
신한마리타임제1호	2010-10-28	신한금융투자		
코에프씨케이디비씨제이케이엘프런티어챔프2010의1호	2010-11-04	산은캐피탈	제이케이엘파트너스	
코에프씨우리그로쓰챔프2010의3호	2010-11-22	NH투자증권		
코에프씨큐씨피아이비케이씨프런티어챔프2010의2호	2010-11-23	큐캐피탈파트너스	아이비케이캐피탈	
코에프씨 스카이레이크그로쓰챔프 2010의5호	2010-11-25	스카이레이크인버스먼트		
코에프씨맥쿼리그로쓰챔프2010의1호	2010-11-29	맥쿼리코리아오퍼튜니티즈운용		

회사명	등록일	GP		비고
코에프씨스틱그로쓰챔프 2010의2호	2010-12-06	스틱인베스트먼트		
코에프씨하나동부프런티어 챔프2010의6호	2010-12-09	하나대투증권	동부증권	
코에프씨신한프런티어챔프 2010의4호	2010-12-13	신한금융투자	신한캐피탈	
코에프씨케이비아이씨 프런티어챔프2010의5호	2010-12-13	케이비인베스트먼트		
아이비케이 기업재무안정	2010-12-15	중소기업은행	아이비케이투자증권	재무안정
코에프씨미래에셋그로쓰챔프 2010의4호	2010-12-17	미래에셋자산운용		
코에프씨케이티비프런티어챔프 2010의3호	2011-01-21	KTB투자증권	케이티비프라이빗에 쿼티	
코에프씨교보한화그로쓰챔프 2010의6호	2011-01-24	교보증권	한화인베스트먼트	
한앤컴퍼니제일호	2011-01-31	한앤컴퍼니		
보고제이의일호	2011-02-10	보고인베스트먼트	보고인베스트먼트그룹	
보고제이의이호	2011-02-18	보고인베스트먼트	보고인베스트먼트그룹	
이큐파트너스 제1호 글로벌	2011-03-04	이큐파트너스		코파/포스코
아주아이비나우그로쓰캐피탈	2011-03-15	아주아이비투자	나우아이비캐피탈	
뮤젠 기업재무안정	2011-03-21	뮤젠에셋		재무안정
스탠다드차타드프라이빗에쿼 티코리아제일호	2011-03-22	스팬다드차타드프라이 빗에쿼티매니저스코리아		
스탠다드차타드프라이빗에쿼 티코리아제이호	2011-03-22	스팬다드차타드프라이 빗에쿼티매니저스코리아		
에스피제일호	2011-03-24	에스피인베스트먼트		
유나이티드턴어라운드제일차 기업재무안정	2011-03-25	디스커버리인베스트먼트	연합자산관리, UTC	재무안정
스페라	2011-03-28	더리치파트너스	KT캐피탈	
코에프씨대신아주아이비그로쓰 챔프2010의7호	2011-03-29	아주아이비투자	대신증권	
블루오션기업재무안정제1호	2011-04-15	NH투자증권	카무르인베스트먼트 파트너스	재무안정
이레볼루션제1호	2011-04-25	NH투자증권	카무르인베스트먼트 파트너스	
코스톤일호	2011-04-26	코스톤아시아		
현대동양농식품	2011-05-03	현대증권	유안타인베스트먼트	
인터내셔널아시안제일호	2011-05-11	인터내셔널아시안그룹		
유나이티드피에프제일차 기업재무안정	2011-06-24	연합자산관리		재무안정

회사명	등록일	GP		비고
미래에셋파트너스칠호	2011-07-25	미래에셋자산운용	미래에셋증권	
리딩밸류2호	2011-08-12	리딩투자증권	엠케이인베스트먼트	
코에프씨 현대중공업협력사 동반성장 제일호	2011-08-26	중소기업은행	하이투자증권	동반성장
코에프씨 케이티씨-오릭스 한일 부품소재 상생2호	2011-09-07	KT캐피탈	오릭스프라이빗에쿼티코리아	상생/일본투자
큐씨피2011코퍼릿파트너쉽	2011-11-17	큐캐피탈파트너스		코파 ICT&G
타이코	2011-11-17	유안타증권	코스톤아시아	
도미누스네오스타	2011-12-06	도미누스인베스트먼트	도미누스인베스트먼트투자자문	이엠피인프라아시아
엘앤에스 신성장동력 알앤비디	2011-12-08	엘앤에스벤처캐피탈		
자베즈 제일호	2011-12-15	자베즈파트너스		
아이엠엠인베스트먼트3호	2011-12-21	아이엠엠인베스트먼트		
코에프씨 스카이레이크 글로벌 윈윈 1호	2011-12-22	스카이레이크인베스트먼트		
신영제일호	2012-01-12	신영증권		
아이엠엠로즈골드2	2012-01-17	아이엠엠프라이빗에쿼티		
유암코 기업재무안정	2012-01-20	연합자산관리		재무안정
디아이에이제이 제이차 기업재무안정	2012-01-20	디스커버리인베스트먼트	아주캐피탈	재무안정
에스비아이 팬아시아	2012-02-01	에스비아이팬아이시아펀드GPC	에스비아이인베스트먼트	국민연금팬아시아
엠브이피창투2012	2012-02-14	스마일게이트인베스트먼트		
케이티비엔에이치엔차이나	2012-03-14	KTB네트워크	NHN인베스트먼트	
엘앤에스 아이씨티밸류업 1호	2012-03-14	엘앤에스벤처캐피탈		
동원 케이디비 이큐피 글로벌투자파트너쉽	2012-03-26	한국산업은행	이큐파트너스	코파/동원그룹
유나이티드턴어라운드제이차 기업재무안정	2012-03-26	연합자산관리	오퍼스프라이빗에쿼티	재무안정
코스톤사모투자전문회사사호	2012-04-06	코스톤아시아		
제이케이엘제사호	2012-04-10	제이케이엘파트너스		
케이앤케이드림파트너스	2012-04-18	더케이파트너스		
디에스씨드림제1호	2012-04-27	디에스씨인베스트먼트		
코스톤사모투자전문회사오호	2012-05-09	코스톤아시아		
코에프씨 포스코 한화케이비 동반성장 제이호	2012-05-11	케이비인베스트먼트	한화인베스트먼트	동반성장
아이엠엠코퍼릿파트너쉽제1호	2012-05-15	아이엠엠인베스트먼트	아이엠엠프라이빗에쿼티	코파/GS건설

회사명	등록일	GP		비고
한라에스브이	2012-05-24	에스브이인베스트먼트		
코에프씨 에스케이 협력사 동반성장 제삼호	2012-05-31	산은캐피탈	에스케이증권	동반성장
제이케이엘 그로쓰챔프 2011의1호	2012-06-25	제이케이엘파트너스		
원익 그로쓰챔프 2011의3호	2012-06-25	원익투자파트너스		
이큐파트너스 아시아인프라	2012-06-29	이큐파트너스		
코에프씨 아이비케이에스 케이스톤 기업재무안정	2012-06-29	아이비케이투자증권	케이스톤파트너스	재무안정
코에프씨 밸류업	2012-07-02	케이비인베스트먼트	한화인베스트먼트	
불스앤플래니트	2012-07-05	에스앤제이인베스트		
에이치에스에이제이호	2012-07-05	하우자산운용		
파트너스 제3호 동반성장	2012-08-07	파트너스인베스트먼트		동반성장
도미누스전략성장1호	2012-08-17	도미누스인베스트먼트		
엠브이피창투2012-2	2012-08-24	스마일게이트인베스트먼트		
엠비케이파트너스 2011	2012-08-30	엠비케이파트너스		
보고제이호	2012-08-31	보고인베스트먼트그룹		
아이엠엠가디언코인베스트	2012-08-31	아이엠엠프라이빗에쿼티		
리더스 제이호	2012-09-07	산은캐피탈	에스케이증권	
엔에이치엘비그로쓰챔프 2011의 사호	2012-09-11	엘비인베스트먼트	NH투자증권	
엠비케이파트너스 2012의 1호	2012-09-21	엠비케이파트너스		
엠비케이파트너스 2012의 2호	2012-09-21	엠비케이파트너스		
엠비케이파트너스 2012의 3호	2012-09-21	엠비케이파트너스		
폴라리스오션기업재무안정	2012-09-24	하우자산운용	유안타증권	재무안정
엠비케이파트너스 2011의 2호	2012-09-25	엠비케이파트너스		
케이티글로벌투자파트너쉽	2012-09-28	루터어소시에잇코리아	케이비인베스트먼트	
케이티씨엔피그로쓰챔프 2011의 2호	2012-10-11	KT캐피탈	네오플럭스	
퓨처제이호	2012-10-22	미래에쿼티파트너스	교보증권	
케이쓰리삼호	2012-10-24	케이쓰리에쿼티파트너스		
우리콜럼버스1호	2012-11-02	우리프라이빗에쿼티		
에스케이케이디비 글로벌투자파트너쉽	2012-11-09	한국산업은행	에스케이증권	코파/SK
스틱 세컨더리 제삼호	2012-11-20	스틱인베스트먼트		
큐씨피6호 프로젝트	2012-11-20	큐캐피탈파트너스		
미라클2012재무안정	2012-11-21	코스톤아시아		재무안정

회사명	등록일	GP		비고
신한스톤브릿지 페트로	2012-11-23	신한프라이빗에쿼티 투자전문	스톤브릿지캐피탈	
아이비케이아주스타시커스 제일호	2012-12-06	중소기업은행	아주아이비투자	
글로벌 네트웍스	2012-12-12	지앤에이프라이빗에쿼티	하나대투증권	코파
보고이글포드	2012-12-12	보고인베스트먼트그룹		
엔에이치에스지사모투자전문회사제이호	2012-12-27	농협은행	에스지프라이빗에쿼티	
아이엠엠로즈골드2알파	2013-01-08	아이엠엠프라이빗에쿼티		테마색 유치 역외
카무르제일호	2013-01-14	카무르인베스트먼트파트너스		
아이비케이에스케이에스 중소중견 글로벌투자파트너쉽	2013-02-01	중소기업은행	에스케이증권	중소중견기업 코파
자베즈 제이호	2013-02-01	자베즈파트너스		
도미누스 신성장	2013-02-22	도미누스인베스트먼트		
스카이레이크 파워컨트롤	2013-02-26	스카이레이크인베스트먼트		
소울베이인도차이나	2013-04-03	소울베이코리아		
코에프씨칸서스 기업재무안정	2013-04-09	칸서스파트너스		재무안정
유나이티드턴어라운드제삼차 기업재무안정	2013-04-15	연합자산관리	에버베스트파트너스	재무안정
도미누스글로벌1호	2013-04-19	도미누스인베스트먼트		
엠비케이파트너스케이씨지뉴인	2013-04-22	엠비케이파트너스	케이씨지뉴인인베스트먼트그룹	
유니슨세이버	2013-04-25	유니스캐피탈코리아		
케이디비에이치더블유아이 글로벌엠앤에이	2013-05-09	한국산업은행	한화인베스트먼트	
케이쓰리제사호	2013-05-30	케이쓰리에쿼티파트너스		
코에프씨에스지에스케이 기업재무안정	2013-06-10	에스지프라이빗에쿼티	에스케이증권	재무안정
아이비케이포스코트루벤 기업재무안정	2013-06-11	중소기업은행	트루벤인베스트먼트	재무안정
후성메디치 동반성장 제일호	2013-06-14	메디치인베스트먼트		동반성장
골프존카운티케이스톤제일차	2013-06-17	골프존카운티	케이스톤파트너스	
타이코2013	2013-06-25	코스톤아시아	유안타인베스트먼트	
제이케이엘퀀테사 2013의1호	2013-06-26	제이케이엘파트너스	퀀테사인베스트먼트	
스카이레이크 신성장 바이아웃	2013-06-28	스카이레이크인베스트먼트		
아이엠엠인프라	2013-07-08	아이엠엠인베스트먼트		
이니티움2013	2013-08-26	칸서스파트너스	소미인베스트먼트	

회사명	등록일	GP		비고
엠이피제4호	2013-08-27	미래에쿼티파트너스		
파로스 기업재무안정	2013-08-28	하우자산운용	메디치인베스트먼트	재무안정
다산일호	2013-10-29	엠비케이파트너스		
다산이호	2013-10-29	엠비케이파트너스		
케이에이치큐제삼호	2013-11-06	에이치앤큐코리아파트너스		
비엔더블유엔피1호	2013-11-08	네오플럭스	비엔더블유인베스트먼트	
케이티비한국호주글로벌협력	2013-11-13	케이티비프라이빗에쿼티		정책금융공사 해외진출
엠비케이파트너스삼호의이	2013-11-18	엠비케이파트너스		
다산삼호	2013-11-18	엠비케이파트너스		
다산사호	2013-11-21	엠비케이파트너스		
아이비케이엔에이치스몰자이언트	2013-12-03	중소기업은행	농협은행	
코스톤팔호	2013-12-06	코스톤아시아		
피에스지	2013-12-09	루터어소시에잇코리아		
스탠다드차타드프라이빗에쿼티제삼호	2013-12-18	스탠다드차타드프라이빗에쿼티매니져스코리아		중소중견기업코파
코에프씨 글로벌헬스케어제1호	2013-12-26	미래에셋자산운용	뉴레이크얼라이언스매니지먼트	
키스톤-현대증권 제1호	2013-12-26	키스톤프라이빗에쿼티	현대증권	
그린제일호	2014-01-09	신영증권	대우증권	
케이디비대우 헌터스	2014-01-22	대우증권		
이음바이아웃제일호	2014-01-29	이음프라이빗에쿼티		
프랙시스 제2호	2014-01-29	프랙시스캐피탈파트너스		
아르스마그나	2014-01-29	카무르인베스트먼트파트너스		
케이디비대우토파즈	2014-01-29	대우증권		
아이엠엠인프라 제3호	2014-02-07	아이엠엠인베스트먼트		
한국전력 우리 스프랏 글로벌	2014-02-10	키움투자자산운용	스프랏코라아지피	코파/한전
아이엠엠토르원코인베스트	2014-02-20	아이엠엠프라이빗에쿼티		
제이앤티 제1호	2014-02-20	제이앤티인베스트먼트		
케이디비대우루비	2014-02-24	대우증권		
케이디비대우가넷	2014-02-24	대우증권		
투썬피재츠	2014-02-25	투썬인베스트		
스틱씨제이글로벌투자파트너쉽	2014-03-04	스틱인베스트먼트	타임와이즈인베스트먼트	코파/CJ

회사명	등록일	GP		비고
아이엠엠인프라 제2호	2014-03-07	아이엠엠인베스트먼트		
엔에이치 큐씨피 중소중견 글로벌투자파트너쉽	2014-03-31	큐캐피탈파트너스	농협은행	
케이디비밸류제칠호	2014-04-09	한국산업은행		
케이파트너스	2014-04-10	트루벤인베스트먼트		
린드먼글로벌협력성장	2014-04-15	린드먼아시아인베스트먼트		
보이저제일호	2014-04-17	카무르인베스트먼트 파트너스	카무르캐피탈 매니지먼트	
보고이호국민성장	2014-04-25	보고인베스트먼트그룹		
케이비즈	2014-04-29	트루벤인베스트먼트		
글로벌에어	2014-05-14	스카이레이크인베스트먼트	헤이스팅스코리아	코파/공항공사
풀무원글로벌투자파트너쉽	2014-05-14	지앤에이프라이빗에쿼티	한국바이오기술투자	코파/풀무원
한앤컴퍼니제1의2호	2014-05-19	한앤컴퍼니		
코에프씨 케이티비 큐씨피 디벡스 제일호	2014-05-20	케이티비프라이빗에쿼티	큐캐피탈파트너스	
모네	2014-05-23	크레센도에쿼티파트너스		
알에스지	2014-05-23	루터어소시에잇코리아		
알에스지투	2014-05-23	루터어소시에잇코리아		
유니슨캐피탈	2014-06-13	유니슨캐피탈코리아		
케이디비시그마기업재무안정	2014-06-13	한국산업은행		재무안정
시너지	2014-06-17	지케이파트너스	한국투자파트너스	에너지
아이엠엠인프라 제4호	2014-06-18	아이엠엠인베스트먼트		
케이쓰리제오호	2014-06-18	케이쓰리에쿼티파트너스		
에스지차이나제팔호	2014-06-19	에스지프라이빗에쿼티		
엔에이치글랜우드제일호	2014-06-26	농협은행	글랜우드투자자문	
이큐파트너스제이호기업재무안정	2014-06-26	이큐파트너스		
엔브이메자닌펀드	2014-06-26	도미누스인베스트먼트		
한국지씨씨경제협력	2014-07-02	케이비인베스트먼트	이오스파트너즈	정책금융공사 중동합작
넥센글로벌 공동	2014-07-02	씨엘에스에이캐피탈 파트너스코리아	칼릭스인베스트먼트	코파/넥센
칸서스 네오	2014-07-21	칸서스자산운용	칸서스파트너스	
큐씨피중소중견그로쓰2013	2014-07-21	큐캐피탈파트너스		
엔에이치아주아이비 중소중견그로쓰2013	2014-07-21	농협은행	아주아이비투자	
칼리스타파워시너지	2014-08-01	칼리스타캐피탈		

회사명	등록일	GP		비고
보고프론티어	2014-08-14	프론티어인베스트	한화인베스트먼트	
대우 오퍼튜너티	2014-09-17	대우증권		
나우턴어라운드 성장사다리펀드1호 기업재무안정	2014-09-17	나우아이비캐피탈		재무안정/재기지원
에스지 케이스톤 재기지원 기업재무안정	2014-09-23	에스지프라이빗에쿼티	케이스톤파트너스	재무안정/재기지원
아이비케이씨 동양 중소중견 그로쓰 2013	2014-09-23	아이비케이캐피탈	유안타인베스트먼트	
코스톤마에스트로	2014-09-25	코스톤아시아		
서울투자 수성 이음	2014-10-07	서울투자파트너스	이음프라이빗에쿼티	
케이디비씨 이앤	2014-10-13	산은캐피탈	이앤인베스트먼트	
에코2014	2014-10-13	이음프라이빗에쿼티	코스톤아시아	
퀀테사 제일호	2014-10-15	퀀테사인베스트먼트		
유암코 워크아웃 제일차 기업재무안정	2014-10-16	연합자산관리		재무안정
맥쿼리코리아오퍼튜니티즈 제3호	2014-10-29	맥쿼리코리아오퍼튜니티즈운용		
케이디비씨이음제일호	2014-10-29	산은캐피탈	이음프라이빗에쿼티	
프랙시스제3호	2014-11-03	프랙시스캐피탈파트너스		
파라투스 제일호	2014-11-21	파라투스인베스트먼트		
케이디비드리니티디에이치아이씨	2014-11-24	산업은행	트리니티에쿼티파트너스	
솔인베스트 제2호	2014-11-26	솔인베스트		
아이엠엠인프라 제5호	2014-11-26	아이엠엠인베스트먼트		
제이케이엘 제7호 성장전략 엠앤에이 2014	2014-12-03	제이케이엘파트너스		
한국 글로벌 인프라 기업재무안정	2014-12-04	아이비케이투자증권	한국투자파트너스	재무안정
한앤컴퍼니 제2의 1호	2014-12-04	한앤컴퍼니		
비케이 컨스탄트 기업재무안정	2014-12-05	부국증권		재무안정
키스톤-송현 밸류 크리에이션	2014-12-05	키스톤프라이빗에쿼티	송현인베스트먼트	
에이치엔 엔에스씨	2014-12-12	하나대투증권		
2014 스틱 성장동력 M&A	2014-12-15	스틱인베스트먼트		
하나발전인프라제일호	2014-12-22	하나대투증권		
한국투자글로벌제약산업육성	2015-01-30	한국투자파트너스		
기술금융 제일호	2015-01-30	중소기업은행	에스케이증권	
페트라3호	2015-02-24	아이엠엠인베스트먼트	티알인베스트먼트	
롯데케이비대우증권코스모 글로벌투자파트너쉽	2015-02-27	한국산업은행	대우증권	코파/롯데

제10장 참고문헌

구정한, 기업 성장단계별 맞춤형 지원을 위한 정책금융 역할 강화 방안, 2015.10.8

국회재정위원회, 한국수출입은행법 일부 개정법률안, 2013.12.

금융연구원, 창조경제 구현을 위한 혁신 · 창업기업에 대한 자금지원 활성화 방안, 2013. 12 용역보고서

금융위원회, 시장 자생적인 투자 → 성장 → 회수 → 재투자의 벤처생태계 구축을 지원하는중소 · 벤처기업 투자금융 활성화 방안 마련, 2015.7.17 보도자료

금융위원회, 사모투자전문회사(PEF) 옵션부 투자 모범규준 개정 2013.4.11. 보도자료

박용린, 국내 프라이빗 에퀴티 산업 현황 및 발전 방향, 2015.5.7.

금융위원회, 사모펀드 활성화를 위한「자본시장법」및 하위법령 개정안 일괄 시행에 따른 주요 변경 사항 안내, 2015.10.26. 보도자료

산은경제연구소, 미 부실채권 시장의 동향과 벌처펀드의 부상, 2009.1.

성장사다리펀드 사무국, 2차년도 운영성과 및 향후 계획, 2015.8.12 보도자료

수출입은행 중소중견금융본부, 창조결제 활성화를 위한 중소중견기업 지원전략, 2015.5.8.

안유미, 국내 기업집단의 재무건전성과 구조조정 현황, 자본시장연구원, 2015.6.16

이성복, 김상수 외, 해외진출 지원을 통한 중견기업 육성방안 보고서 - 벤처 투자정책을 중심으로, 2013.12. 자본시장연구원, 한국벤처투자

하나금융경영연구소, 사모펀드, 일 중소기업 승계에서 기회 발굴, 금융경영 브리프, 2015.6.8.

KANGA KONG, South Korea Private-Equity Firms Start to Target Midsize, Distressed Companies, , Wall Street Journal, Jan. 14, 2014

표그림 목차
–
색인

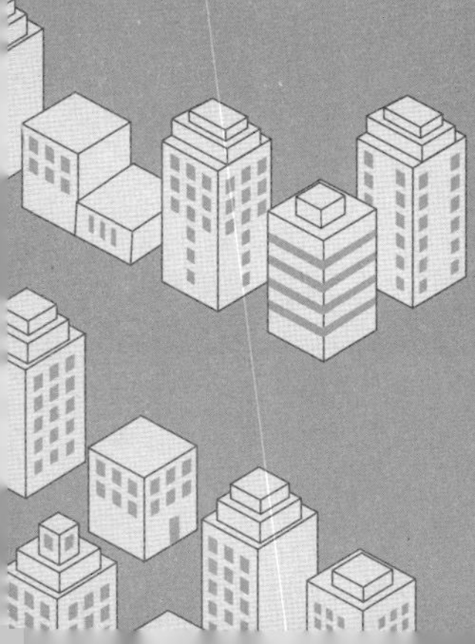

제1장 기업구조조정론

제2장 중소기업 제도

제3장 중소기업 사업구조조정

제4장 중소기업 재무구조조정

제5장 조직 재설계와 인적자원 관리

제6장 이익구조조정 및 관리구조조정

제7장 워크아웃

제8장 회생절차와 파산절차

제9장 중소기업구조조정을 위한 지원 세제

제10장 구조조정 투자자본

색인

지은이 가나다순

고세훈 프로썸경영컨설팅 대표, 경영학박사
건국대학교 신산업융합과 초빙교수, 기술보증기금 컨설팅 전문위원

권순철 법무법인 지평 변호사

김규진 다산회계법인 상무, 대우증권 기업금융부, 캠코 기업개선부
「스트레스 테스트」, 「신용파생상품의 활용」, 「한국의 정크본드」, 「구조조정 개설」,
「경영자의 기업인수 MBO」, 「헤지펀드 핸드북」, 「기업구조조정 총설」 등 다수 출간

권오경 아이티씨지㈜ 컨설턴트
우리은행 지점장, 경기지방중소기업청 비즈니스지원단 자문전문위원

김세도 한국비즈컨설팅㈜ 전문위원, 코레일네트웍스 본부장, ㈜LG CNS 부장

김중협 ㈜알앤지 마케팅 고문, ㈜씨디엘호텔 코리아 재정상무, 롯데호텔

박상우 세무법인 성우 대표세무사
국세청, 삼일회계법인, 인덕대학교 세무회계과 교수

송호근 리버월(주) 대표, 서울테크노파크 전문위원, (유)멘토경영 대표

신충태 한국자산관리공사 대외협력위원(옴부즈만), 교수, 지역본부장, 투자사업부장, MBA
한마음금융㈜ 초대 대표이사, 신한은행 기업금융센터 SRM, 「배드뱅크 설립과 운영」,
「프로젝트 금융투자」, 「부동산 PF의 정석」 등 다수 출간

장경석 ㈜한국기업연구원 컨설턴트, 경영학 박사
신한은행(조흥B) 기업지점장 · 부장, 한국기업회생경영협회 이사, 숭실대학교 강의